Das Schweizer Recht im B2B-Bereich
aus Sicht deutscher Exporteure

Europäische Hochschulschriften

European University Studies

Publications Universitaires Européennes

Reihe II **Rechtswissenschaft**

Series II Law

Série II Droit

Band/ Volume **6040**

Carina Wollenweber-Starke

Das Schweizer Recht im B2B-Bereich aus Sicht deutscher Exporteure

PETER LANG

Bibliografische Information der Deutschen Nationalbibliothek
Die Deutsche Nationalbibliothek verzeichnet diese Publikation in der Deutschen Nationalbibliografie; detaillierte bibliografische Daten sind im Internet über http://dnb.d-nb.de abrufbar.

Zugl.: Siegen, Univ., Diss., 2018

Bei diesem Werk handelt es sich um eine von der Fakultät III Wirtschaftswissenschaften, Wirtschaftsinformatik und Wirtschaftsrecht der Universität Siegen, Fachrichtung Deutsches und Europäisches Wirtschaftsrecht, angenommene Dissertation.

Tag der Promotion war der 14.06.2018.

Der amtierende Dekan ist Herr Prof. Dr. Volker Wulf.
Erstgutachter war Prof. Dr. Peter Krebs. Das Zweitgutachten erstellte Prof. Dr. Hannes Rösler.

D 467
ISSN 0531-7312
ISBN 978-3-631-76934-8 (Print)
E-ISBN 978-3-631-76935-5 (E-PDF)
E-ISBN 978-3-631-76936-2 (EPUB)
E-ISBN 978-3-631-76937-9 (MOBI)
DOI 10.3726/b14730

Diese Publikation wurde begutachtet.

www.peterlang.com

Vorwort

So eine Arbeit wird eigentlich nie fertig, man muß sie für fertig erklären, wenn man nach Zeit und Umständen das mögliche getan hat.
Johann Wolfgang von Goethe (1749–1832)

Das vorliegende Werk beruht auf der Dissertation, die im Oktober 2017 von der Fakultät III Wirtschaftswissenschaften, Wirtschaftsinformatik und Wirtschaftsrecht der Universität Siegen angenommen wurde. Gesetzesänderungen und Literatur, soweit verfügbar, wurden bis 01.07.2018 berücksichtigt.

Mein besonderer Dank gilt Herrn Prof. Dr. Peter Krebs für die Themenfindung, die Betreuung und Unterstützung meiner Arbeit sowie für die stets unverzügliche Beantwortung aller meiner Fragen. Ebenso möchte ich Herrn Prof. Dr. Hannes Rösler für die Erstellung des Zweitgutachtens danken.

Nicht zuletzt danke ich meinem Mann Christian und meiner Mama Susanne, die mich durch diese intensive Phase begleitet und mir Verständnis entgegengebracht haben, sowie meinen Großeltern für ihren Glauben an mich.

Bad Berleburg, im Juli 2018 Carina Wollenweber-Starke

Inhaltsübersicht

Inhaltsverzeichnis

Tabellenverzeichnis

Abkürzungsverzeichnis

a. A.	andere Ansicht
Abl.	Amtsblatt der Europäischen Union
Abs.	Absatz
AcP	Archiv für die civilistische Praxis
a. F.	alte Fassung
AG	Amtsgericht
AGB	Allgemeine Geschäftsbedingungen
AJP	Aktuelle Juristische Praxis
a.M.	am Main
Anh.	Anhang
Art.	Artikel
AT	Allgemeiner Teil
AVB	Allgemeine Versicherungsbedingungen
B2B	Business to Business
B2C	Business to Consumer
BAG	Bundesarbeitsgericht
Ba/Ho	Baumbach/Hopt
Ba/Ro	Bamberger/Roth
BB	Betriebsberater
BeckOK	Beck'scher Online-Kommentar
BeckRS	Beck Rechtsprechung
Beil.	Beilage
BGB	Bürgerliches Gesetzbuch
BGE	Entscheidungen des Schweizerischen Bundesgerichts
BGer	Bundesgericht
BGH	Bundesgerichtshof
BJM	Basler juristische Mitteilungen
BK	Berner Kommentar
BR	Baurecht
B/S/E-K	Brunner/Schnyder/Eisner-Kiefer
BSK	Basler Kommentar
bspw.	beispielsweise
BT	Besonderer Teil
BT-Drs.	Drucksache des Deutschen Bundestages
BV	Bundesverfassung der Schweizerischen Eidgenossen

BVGer	Bundesverwaltungsgericht
bzgl.	bezüglich
bzw.	beziehungsweise
CH	Schweiz
CHK	Handkommentar zum Schweizer Privatrecht
CISG	United Nations Convention on Contracts for the International Sale of Goods
CR	Computer und Recht – Zeitschrift für die Praxis des Rechts der Informationstechnologien
D	Deutschland
ders.	derselbe
d. h.	das heißt
dies.	dieselbe(n)
Diss.	Dissertation
E/B/J/S	Ebenroth/Boujong/Joost/Strohn
EigVV	Verordnung betreffend die Eintragung der Eigentumsvorbehalte
Einf v	Einführung vor
EJLR	European Journal of Law Reform
EL	Ergänzungslieferung
etc.	et cetera
EU	Europäische Union
EuGH	Europäischer Gerichtshof
EuZW	Europäische Zeitschrift für Wirtschaftsrecht
evtl.	eventuell
EZB	Europäische Zentralbank
f.	folgende/r
ff.	fortfolgende
Fn.	Fußnote
FS	Festschrift
gem.	gemäß
ggf.	gegebenenfalls
G/H/M/P	Girsberger/Huguenin/Müller-Chen/Purtschert
G/S/S/E	Gauch/Schluep/Schmid/Emmenegger
HGB	Handelsgesetzbuch
h. L.	herrschende Lehre
h. M.	herrschende Meinung
H/R/S	Hartung/Regula/Schaeuffelen
Hrsg.	Herausgeber

Hs.	Halbsatz
i. d. R.	in der Regel
i. H. v.	in Höhe von
InsO	Insolvenzordnung
IPR	Internationales Privatrecht
i. R. d.	im Rahmen der/des
i. S. d.	im Sinne des
i. V. m.	in Verbindung mit
JuS	Juristische Schulung
JZ	JuristenZeitung
Kap.	Kapitel
KG	Kartellgesetz
KMU	kleine und mittlere Unternehmen
K/P/P	Kramer/Probst/Perrig
K/W/A/F	Kren Kostkiewicz/Wolf/Amstutz/Fankhauser
LG	Landgericht
M/B/K/P	Münch/Böhringer/Kasper Lehne/Probst
MDR	Monatsschrift für Deutsches Recht
MüKo	Münchener Kommentar
NJOZ	Neue Juristische Online-Zeitschrift
NJW	Neue Juristische Wochenschrift
NJW-RR	Neue Juristische Wochenschrift Rechtsprechungs-Report
Nr.	Nummer
NZA	Neue Zeitschrift für Arbeitsrecht
NZBau	Neue Zeitschrift für Baurecht und Vergaberecht
NZM	Neue Zeitschrift für Miet- und Wohnungsrecht
NZV	Neue Zeitschrift für Verkehrsrecht
o. g.	oben genannten
OLG	Oberlandesgericht
OR	Obligationenrecht
PKG	Die Praxis des Kantonsgerichtes von Graubünden
PrHG	Produktehaftpflichtgesetz
RdE	Recht der Energiewirtschaft
RegE	Regierungsentwurf
RG	Reichsgericht
RGZ	Entscheidungen des Reichsgerichts in Zivilsachen
RIW	Recht der internationalen Wirtschaft
Rn.	Randnummer

S.	Seite
SAG	Die Schweizerische Aktiengesellschaft
SchRModG	Schuldrechtsmodernisierungsgesetz
SJZ	Schweizerische Juristen-Zeitung
sog.	sogenannte(n)
SZW	Schweizerische Zeitschrift für Wirtschafts- und Finanzmarktrecht
Tab.	Tabelle
u. a.	unter anderem
U/B/H	Ulmer/Brandner/Hensen
Überbl v	Überblick vor
UN	United Nations
u. U.	unter Umständen
UWG	Gesetz gegen den unlauteren Wettbewerb
Var.	Variante
VG	Verwaltungsgericht
VO	Verordnung
Vorbem.	Vorbemerkung
VVG	Versicherungsvertragsgesetz
W/L/P	Wolf/Lindacher/Pfeiffer
WM	Wertpapier-Mitteilungen
z. B.	zum Beispiel
ZBJV	Zeitschrift des Bernischen Juristenvereins
ZEuP	Zeitschrift für Europäisches Privatrecht
ZGB	Zivilgesetzbuch
ZGS	Zeitschrift für das gesamte Schuldrecht
ZIP	Zeitschrift für Wirtschaftsrecht und Insolvenzpraxis
zit.	zitiert
ZSR	Zeitschrift für schweizerisches Recht
z. T.	zum Teil

Definitionsverzeichnis

Das folgende Verzeichnis enthält Begriffe des Schweizer Rechts, welche in der vorliegenden Arbeit regelmäßig verwendet werden, sowie die Definitionen dazu.

Entwehrung	Als *Entwehrung* wird der Fall bezeichnet, dass ein Dritter dem Käufer die Sache aufgrund von zur Zeit des Vertragsschlusses bereits bestehenden Rechtsgründen wenigstens teilweise entzieht, also vom Käufer die Herausgabe der Sache verlangt. Dies ergibt sich aus Art. 192 I OR. Es ist sowohl eine teilweise als auch eine vollständige *Entwehrung* möglich. Praxisfälle zur *Entwehrung* sind selten. Diese befassen sich dann meist mit abhanden gekommenen Sachen.
Erfüllungsort	Leistungsort
Fahrniskauf	Kauf von beweglichen Sachen
Obligationenrecht	Schuldrecht
Speziesschuld	Stückschuld
Übervorteilung	Wucher
Verrechnung	Aufrechnung
Wandelung	Die *Wandelung* ist mit dem Rücktritt zu vergleichen und bedeutet ebenfalls die Rückgängigmachung des Kaufes. Jedoch wird nicht jeder Rücktritt als Wandelung bezeichnet. Vielmehr bezieht sich dieser Begriff lediglich auf den Anspruch aus Sachmängelgewährleistung gem. Art. 205 I 1. Alt. OR. Vor der Schuldrechtsmodernisierung von 2002 wurde dieses Wort auch im deutschen Recht verwendet.

1. Teil: Einleitung und Zielsetzung der Arbeit

In Deutschland hat sich die Gewohnheit gefestigt, dass sich deutsche Unternehmen mit ausländischen Vertragspartnern auf ein nicht-deutsches Recht[1] – insbesondere auf Schweizer Recht[2] – einigen, obwohl häufig keine der Parteien einen direkten Bezug zu diesem Land oder seinem Rechtssystem aufweist[3] und es sich demnach um ein *neutrales* Recht handelt.[4] Allerdings sind insbesondere bei der Wahl des Schweizer Rechts mangelnde Detailkenntnisse zu beklagen.[5] Den Parteien sind häufig die anwendbaren gesetzlichen Bestimmungen nicht bekannt, wenn ein Problem vertraglich überhaupt nicht, lediglich unzureichend oder rechtlich unzulässig geregelt ist.[6] Daraus können sich Fallstricke ergeben, die der deutsche Unternehmer kennen sollte, um gegen Nachteile zu seinen Lasten gewappnet zu sein. Zwar sind sich deutsches und Schweizer Recht sehr ähnlich[7], aber an entscheidenden Stellen können Abweichungen verheerende Folgen mit sich bringen.

---

1 *Adomeit*, Vertragsparität, NJW 1994, 2467, 2469; *Maier-Reimer*, AGB-Recht, NJW 2017, 1, 1; *Ostendorf/Kluth*, in: Ostendorf/Kluth, Wirtschaftsverträge, § 1, Rn. 9.

2 *Boog/Eschment*, Auftrag, RIW 2015, 245, 245; *Boog/Stark-Traber*, Werkvertrag, RIW 2012, 817, 817; *Brachert/Dietzel*, Flucht, ZGS 2005, 441, 441; *Ehle/Brunschweiler*, AGB-Recht, RIW 2012, 262, 262; *Kessel/Stomps*, Haftungsklauseln, BB 2009, 2666, 2666; *Kondring*, Flucht, RIW 2010, 184, 185; *Lischek/Mahnken*, Vertragsverhandlungen, ZIP 2007, 158, 163; *Müller/Griebeler/Pfeil*, AGB-Kontrolle, BB 2009, 2658, 2662; *Ostendorf/Kluth*, in: Ostendorf/Kluth, Wirtschaftsverträge, § 1, Rn. 10; *Pfeiffer*, Flucht, in: FS Graf von Westphalen, 555, 555; *Rothermel*, Kauf-, Liefer- und Vertriebsrecht, S. 5, 166.

3 *Boog/Eschment*, Auftrag, RIW 2015, 245, 245; *Boog/Stark-Traber*, Werkvertrag, RIW 2012, 817, 817; *Fountoulakis*, Choice, EJLR 2005, 303, 305; *Kondring*, Flucht, RIW 2010, 184, 185; *Magaud*, Vorteile, RIW 1996, 387, 389; *Rothermel*, Kauf-, Liefer- und Vertriebsrecht, S. 407; *Voser/Boog*, Schweizer Recht, RIW 2009, 126, 126.

4 *Rothermel*, Kauf-, Liefer- und Vertriebsrecht, S. 8, 166, 407.

5 *Boog/Eschment*, Auftrag, RIW 2015, 245, 245; *Boog/Stark-Traber*, Werkvertrag, RIW 2012, 817, 817; *Ehle/Brunschweiler*, AGB-Recht, RIW 2012, 262, 263; *Pfeiffer*, Flucht, in: FS Graf von Westphalen, 555, 556; *Voser/Boog*, Schweizer Recht, RIW 2009, 126, 126.

6 *Boog/Eschment*, Auftrag, RIW 2015, 245, 246; *Boog/Stark-Traber*, Werkvertrag, RIW 2012, 817, 818; *Ostendorf/Kluth*, in: Ostendorf/Kluth, Wirtschaftsverträge, § 1, Rn. 9, 16; *Voser/Boog*, Schweizer Recht, RIW 2009, 126, 127; *Wittibschlager*, Einführung, Rn. 318.

7 *Boog/Stark-Traber*, Werkvertrag, RIW 2012, 817, 832; *Kondring*, Flucht, RIW 2010, 184, 185; *Pfeiffer*, Flucht, in: FS Graf von Westphalen, 555, 556.

Diese Arbeit unterstellt, dass das materielle Schweizer Recht[8] wirksam zwischen den Vertragsparteien vereinbart wird. Ob und unter welchen Voraussetzungen dies möglich wäre[9], wird demnach nicht thematisiert. Sowohl das UN-Kaufrecht – das sog. CISG – als auch die Kollisionsnormen des internationalen Privatrechts – das IPR – werden zudem wirksam ausgeschlossen.

Bei den Vertragsparteien handelt es sich nur um Unternehmer, sodass Geschäfte mit Verbrauchern nicht behandelt werden. Außerdem wird ausschließlich die Perspektive eines deutschen Exporteurs als Verkäufer beleuchtet. Für diesen Fall werden mögliche Risiken aufgezeigt, die die Wahl des Schweizer Rechts im (Fahrnis-)Kauf- und Werklieferungsvertragsrecht mit sich bringen kann. Dem entspricht, dass sich die Präferenz zur Wahl des Schweizer Rechts insbesondere beim internationalen Handel und bei Verträgen über die Herstellung beweglicher Sachen feststellen lässt.[10] Grundstücks-, Unternehmens- und Forderungskäufe finden hier keine Beachtung. Zudem wird unterstellt, dass keine Tiere verkauft werden, da diesen insbesondere im Schweizer Recht spezielle Regelungen gewidmet sind. Auch der Kauf von gebrauchten Sachen wird stellenweise explizit geregelt und in der vorliegenden Arbeit nicht thematisiert. Aus dem Gesagten ergibt sich ebenfalls, dass Anlagenbauverträge hier keine Beachtung finden, sofern sie lediglich als Werkvertrag einzustufen sind, was insbesondere bei kundenspezifischen Anfertigungen der Fall sein dürfte.[11]

Grundsätzlich ist unbeachtlich, in welchem Staat der ausländische – also nicht-deutsche – Vertragspartner des deutschen Exporteurs ansässig ist. Sofern das Schweizer Recht jedoch Besonderheiten für Schweizer Käufer enthält, wird explizit auf diese Regelungen und den Umgang mit ihnen hingewiesen.

Auffällig ist, dass es trotz der bekannten *Flucht ins Schweizer Recht* kaum Literatur oder sonstiges Informationsmaterial zu dieser Thematik gibt. Allerdings lässt sich festhalten, dass sich mehr Werke[12] und auch Seminare[13] mit den vielen

---

8 Siehe 2. Teil, A., I.

9 Siehe *Ostendorf*, in: Ostendorf/Kluth, Wirtschaftsverträge, § 13, Rn. 15 ff.; *Pfeiffer*, in: W/L/P, AGB-Recht, 2. Teil, Rn. 14 ff.; *Thüsing*, in: Vertragsrecht, Rechtswahlklauseln, Rn. 1 ff.

10 *Boog/Eschment*, Auftrag, RIW 2015, 245, 245; *Boog/Stark-Traber*, Werkvertrag, RIW 2012, 817, 817.

11 *Zons*, in: Bock/Zons, Anlagenbau, Teil A, I., Fn. 18.

12 Siehe *Greiner*, Wahl; *Pfeiffer*, Flucht, in: FS Graf von Westphalen, 555, 555 ff.; *Rothermel*, Kauf-, Liefer- und Vertriebsrecht, S. 166 ff.; *Trendelberend*, Vorteile.

13 Siehe <united-kingdom.taylorwessing.com/fileadmin/files/docs/ Kauf-_Liefer-_und_Werkvertr%C3%A4ge_nach_Schweizer_Recht _April_2013.pdf>.

Vorteilen des Schweizer Rechts – und hier hauptsächlich des AGB-Rechts – befassen als mit den durchaus unterschätzten Nachteilen[14], welche erhebliche Risiken mit sich bringen können. Wirklich umfangreiche Materialien sind auf diesem Gebiet noch nicht vorhanden. Die vorliegende Arbeit soll dazu beitragen, diese praxisrelevante Lücke zu schließen und die deutschen Unternehmen stärker für die Thematik zu sensibilisieren. Dies geschieht insbesondere durch einen Vergleich zwischen dem deutschen und dem Schweizer Schuldrecht. Verweise auf Schweizer Normen und deren Abdruck im vorhandenen Gesetzesverzeichnis helfen dem deutschen Exporteur, sich mit diesen vertraut zu machen und den Vergleich der Rechtsordnungen besser nachvollziehen zu können. Dadurch sollen die für eine Rechtswahl erforderlichen Grund- und Detailkenntnisse aufgebaut bzw. vertieft werden.

Des Weiteren ist es möglich, dass sich der deutsche Exporteur vor einiger Zeit ausführlich zum Schweizer Recht beraten ließ, sich aber inzwischen das Gesetz, die Rechtsprechung und/oder die herrschende Meinung geändert haben.[15] Somit ginge der deutsche Exporteur von einer überholten Rechtsauffassung aus, was ebenfalls zu nicht zu unterschätzenden Problemen führen kann. Die Arbeit weist daher an den erforderlichen Stellen auf neue relevante Änderungen im Schweizer Recht hin, um dieser Gefahr zu begegnen.

Weiterführend werden Gestaltungsmöglichkeiten für Verträge aufgezeigt und Musterklauseln vorgeschlagen, mit denen die Rechtslage *entschärft* und zugunsten des deutschen Exporteurs beeinflusst werden kann. Auf die Unterstützung bei der Formulierung von Vertragspassagen soll besonderen Wert gelegt werden. Anzumerken bleibt, dass die vorgeschlagenen Klauseln lediglich der Orientierung dienen. Eine situationsbedingte Modifikation kann und wird durchaus angebracht und sinnvoll sein. Der jeweilige Vertragsgestalter hat darüber im Einzelfall zu entscheiden.

Des Weiteren sei noch darauf hingewiesen, dass der Vergleich der beiden Rechtssysteme grundsätzlich auf dem aktuellen Stand der Gesetze, Rechtsprechung und Literatur basiert. Demnach können zukünftige Änderungen nicht

---

14 Siehe jedoch *Boog/Stark-Traber*, Werkvertrag, RIW 2012, 817, 817 ff.; *Fountoulakis*, Choice, EJLR 2005, 303, 308 ff.; *Ostendorf/Kluth*, in: Ostendorf/Kluth, Wirtschaftsverträge, § 1, Rn. 17; *Pfeiffer*, Flucht, in: FS Graf von Westphalen, 555, 555 ff.; *Rothermel*, Kauf-, Liefer- und Vertriebsrecht, S. 166 ff.; *Voser/Boog*, Schweizer Recht, RIW 2009, 126, 126 ff.

15 Vgl. *Schumacher*, Vertragsgestaltung, Rn. 414 ff.

berücksichtigt werden. Es wird davon ausgegangen, dass der betroffene Vertrag zum jetzigen Zeitpunkt geschlossen wird. Für künftige Änderungen in diesen Bereichen – z. B. das *Obligationenrecht 2020*[16] betreffend – könnte ein weiterer Rechtsvergleich zu dieser Thematik geboten sein.

---

16 Siehe 2. Teil, A., VII. und B., II., 7., c., 2), d); siehe hierzu auch unter <www.or2020.ch/>.

2. Teil: Das Schweizer Recht im B2B-Bereich aus Sicht deutscher Exporteure

A. Die Wahl des Schweizer Rechts bei Kauf- und Werklieferungsverträgen

I. Der Begriff des Schweizer Rechts

Zuerst gilt es zu klären, was die Vertragsparteien genau vereinbaren, wenn von *Schweizer Recht* die Rede ist. Bei dieser Wahl finden unmittelbar die materiellen Regeln des Schweizer Rechts Anwendung.[17] Unter dem materiellen Recht wird hier lediglich das Privatrecht verstanden.[18] Gewählt werden die Regelungen zum vertraglichen Schuldverhältnis, welche bspw. den Vertragsschluss und die Rechte und Pflichten der jeweiligen Parteien betreffen.[19] Der Schweizer Begriff des Obligationenrechts – kurz OR – ist mit dem deutschen Begriff des Schuldrechts gleichzusetzen.[20] Es bildet demnach einen Teil des Schweizer Rechts.[21] Die zwingenden Bestimmungen einer Rechtsordnung sind immer unabänderlicher Bestandteil der Rechtswahl.[22] Wie bereits erwähnt[23] wird für das vorliegende Werk angenommen, dass das CISG von den Parteien ausdrücklich ausgeschlossen wird, da dieses aufgrund der Zugehörigkeit zum Schweizer Recht[24] anderenfalls Geltung erlangen würde.

---

17 *Bugg*, Contracts, S. 88; *Piltz*, Kaufrecht, NJW 1989, 615, 617.

18 *Pinnells/Eversberg*, Kaufverträge, S. 23, Fn. 22.

19 *Rothermel*, Kauf-, Liefer- und Vertriebsrecht, S. 6.

20 *G/S/S/E*, OR AT, Rn. 9; *Honsell*, OR BT, S. 1; *Huguenin*, OR, Rn. 1; *Kern/Bettinger*, OR 2020, ZEuP 2014, 562, 563.

21 *Rothermel*, Kauf-, Liefer- und Vertriebsrecht, S. 408.

22 *Ostendorf*, in: Ostendorf/Kluth, Wirtschaftsverträge, § 3, Rn. 59; *Thüsing*, in: Vertragsrecht, Rechtswahlklauseln, Rn. 4.

23 Siehe 1. Teil.

24 *Birkhäuser/Schmid*, in: M/B/K/P, Vertragshandbuch, Kap. 20, Rn. 22.1; *Boog/Stark-Traber*, Werkvertrag, RIW 2012, 817, 818; *Gelzer*, in: M/B/K/P, Vertragshandbuch, Kap. 18, Rn. 14.1; *ders.*, Wünschbarkeit, S. 7; *Keller/Siehr*, Kaufrecht, S. 178; *A. Koller*, in: Guhl, OR, § 41, Rn. 129, 143; *Schumacher*, Vertragsgestaltung, Rn. 1702; *Wittibschlager*, Einführung, Rn. 600.

Das auf den Vertrag anwendbare Sachenrecht, welches sich bspw. mit Eigentum und Besitz befasst, kann nicht gewählt werden.[25] Dieses richtet sich nach dem internationalen Grundsatz der belegenen Sache (*lex rei sitae*), wonach das Recht desjenigen Staates anwendbar ist, in welchem sich die Sache befindet.[26] Dies gilt es z. B. bei einem Eigentumsvorbehalt[27] zu beachten.[28]

Jedes Gericht wendet nach dem *lex fori*-Grundsatz zudem sein eigenes nationales Prozessrecht an[29], welches auch Verfahrens- oder formelles Recht genannt wird.[30] Dieses kann demnach nicht direkt zwischen den Parteien vereinbart, sondern nur indirekt durch die Wahl des Gerichtsstandes festgelegt werden.[31] Aufgabe des Prozessrechts ist es jedoch, dem materiellen Recht zur Verwirklichung zu verhelfen.[32]

Der gewerbliche Rechtsschutz richtet sich nach dem weltweit geltenden *Schutzlandprinzip*, sodass das Recht des Staates anwendbar ist, für welchen der Schutz besteht.[33] Zudem gilt das Wettbewerbsrecht des betroffenen Marktes.[34] Demnach muss dies nicht zwangsläufig das Wettbewerbsrecht der Schweiz sein. Es kann auch nicht explizit zwischen den Parteien vereinbart werden. Dies umfasst ebenfalls das Kartellrecht.[35] Die Nationalität der Parteien ist irrelevant.[36] Darüber hinaus ist den Parteien die Rechtswahl bspw. in folgenden Bereichen entzogen: Produkthaftung, Steuer- und Strafrecht.[37] Auch insolvenzrechtliche

---

25 *Ostendorf*, in: Ostendorf/Kluth, Wirtschaftsverträge, § 3, Rn. 87; *Rothermel*, Kauf-, Liefer- und Vertriebsrecht, S. 7.

26 BGE 113 II 501, 503 f.; *Beckmann*, in: Staudinger, § 449 BGB, Rn. 182; *Rothermel*, Kauf-, Liefer- und Vertriebsrecht, S. 7, 394, 406; *Schwander*, Gestaltung, in: Furrer/Arter, Vertriebsverträge II, S. 136.

27 Siehe 2. Teil, B., XIX., 2.

28 *Rothermel*, Kauf-, Liefer- und Vertriebsrecht, S. 7.

29 *Bugg*, Contracts, S. 88; *Giesecke*, Rechtswahl, S. 189, 271; *Ostendorf*, in: Ostendorf/Kluth, Wirtschaftsverträge, § 3, Rn. 133; *Rothermel*, Kauf-, Liefer- und Vertriebsrecht, S. 8, 405.

30 *Pinnells/Eversberg*, Kaufverträge, S. 23, Fn. 22.

31 Siehe 2. Teil, B., XVIII.

32 *Egger*, Probleme, SZW 1990, 12, 17.

33 *Rothermel*, Kauf-, Liefer- und Vertriebsrecht, S. 7.

34 *Pfeiffer*, Flucht, in: FS Graf von Westphalen, 555, 565 f.; *Rothermel*, Kauf-, Liefer- und Vertriebsrecht, S. 7.

35 *Bugg*, Contracts, S. 88; *Rothermel*, Kauf-, Liefer- und Vertriebsrecht, S. 7, 293; *Schumacher*, Vertragsgestaltung, Rn. 1690.

36 *Rothermel*, Kauf-, Liefer- und Vertriebsrecht, S. 293.

37 *Bugg*, Contracts, S. 88.

Sachverhalte werden durch die Rechtswahl nicht erfasst.[38] Es ist das Insolvenzrecht desjenigen Staates anwendbar, in welchem das Insolvenzverfahren eröffnet wird (*lex loci concursus*).[39] Die Parteien sind demnach in der eigentlichen Rechtswahl stark eingeschränkt.

II. Die Bedeutung des Kaufvertrages

Im Wirtschaftsverkehr stellt der Kaufvertrag diejenige Vertragsform dar, welche am häufigsten verwendet wird[40] und allen anderen Verträgen in ihrer praktischen Bedeutung überlegen ist.[41] Der Kaufvertrag kann als Grundgeschäft des gesamten Handels bezeichnet werden.[42] Dieser ist regelmäßig kein Dauerschuldverhältnis; ein Sukzessivlieferungskauf ist allerdings möglich[43] und auch verbreitet.[44] In einem solchen Fall hat der Verkäufer die Ware, welche nur der Gattung nach bestimmt ist, in einzelnen Teilleistungen zu liefern.[45] Generell gilt, dass der Gattungskauf bei Liefergeschäften im Geschäftsverkehr im Gegensatz zum Stück- oder Spezieskauf, wie dieser in der Schweizer Literatur[46] auch genannt wird, die bedeutendere Rolle einnimmt.[47] Ein Versendungs- oder Distanzkauf stellt den Regelfall des internationalen Handelskaufes dar.[48] Bei diesem muss der Verkäufer seiner Schickschuld nachkommen und die Sache an den bestimmten Ort versenden.[49]

---

38 *Ostendorf*, in: Ostendorf/Kluth, Wirtschaftsverträge, § 3, Rn. 87.

39 *Ders.*, ebenda, Rn. 92.

40 *Honsell*, OR BT, S. 24; *Huguenin*, OR, Rn. 2330; *Keller/Siehr*, Kaufrecht, S. 3; *Locher*, in: M/B/K/P, Vertragshandbuch, Kap. 2, Rn. 8.

41 *Keller/Siehr*, Kaufrecht, S. 3; *von Büren*, OR BT, S. 5.

42 *Streiff/Pellegrini/von Kaenel*, Vertragsvorlagen, S. 46.

43 *Honsell*, OR BT, S. 23; *Huguenin*, Rn. 58, 61, 2332, 2362; *Keller/Siehr*, Kaufrecht, S. 5, 147; *Voser/Boog*, Schweizer Recht, RIW 2009, 126, 127.

44 *A. Koller*, in: Guhl, OR, § 41, Rn. 49.

45 *Huguenin*, OR, Rn. 2362; *Keller/Siehr*, Kaufrecht, S. 5, 147; *A. Koller*, in: Guhl, OR, § 41, Rn. 49.

46 Siehe *G/S/S/E*, OR AT, Rn. 97; *Huguenin*, OR, Rn. 676; *Keller/Siehr*, Kaufrecht, S. 9; *Lanz*, Abgrenzung, recht 1996, 248, 250; *Rey*, Sachenrecht, Rn. 156.

47 *Gelzer*, in: M/B/K/P, Vertragshandbuch, Kap. 18, Rn. 7.2; *Honsell*, OR BT, S. 127; *Keller/Siehr*, Kaufrecht, S. 33; *A. Koller*, in: Guhl, OR, § 42, Rn. 47; *Schönle*, in: ZK OR, Art. 190, Rn. 22.

48 *Akikol*, Sachmängelhaftung, Rn. 145; *Giesecke*, Rechtswahl, S. 85; *Keller/Siehr*, Kaufrecht, S. 18; *Markus*, Vertragsgerichtsstände, AJP 2010, 971, 976.

49 *Akikol*, Sachmängelhaftung, Rn. 140; *Gelzer*, Wünschbarkeit, S. 28; *G/S/S/E*, OR AT, Rn. 2120; *Huguenin*, OR, Rn. 705, 2369, 2498; *Keller/Siehr*, Kaufrecht, S. 18; *A. Koller*,

Häufig werden im B2B-Bereich[50] auch Rahmenverträge geschlossen, welche für sämtliche zukünftigen Geschäfte Geltung erlangen sollen[51], jedoch regelmäßig ohne eine Abschlusspflicht zu begründen.[52] Durch die frühzeitige Festlegung einzelner oder aller Bedingungen findet eine Rationalisierung der Geschäftsbeziehung statt.[53] Die zeitlich nachgelagerten Einzelverträge dienen dann der Ausfüllung, Konkretisierung und Spezifizierung des Rahmenvertrages.[54] In den meisten Fällen stellt ein Produktabruf des Käufers lediglich das Angebot dar, welches der Lieferant noch ausdrücklich oder stillschweigend annehmen muss.[55] In der vorliegenden Arbeit wird davon ausgegangen, dass die Parteien sowohl einen Einzelkaufvertrag als auch einen Rahmenvertrag abschließen können, welcher dann als Dauerschuldverhältnis einzustufen ist.[56]

III. Der B2B- und der kaufmännische Verkehr

B2B steht für *business-to-business* und bedeutet sowohl im deutschen[57] als auch im Schweizer Recht[58], dass lediglich der unternehmerische Geschäftsverkehr betroffen ist. Demnach werden Verträge mit Verbrauchern ausgeschlossen. Davon zu unterscheiden ist der *kaufmännische Verkehr*[59], unter welchem nach Schweizer

---

in: BSK OR, Art. 185, Rn. 13; *Schraner*, in: ZK OR, Art. 74, Rn. 37 f.; *Schwenzer*, OR AT, Rn. 7.06.

50 Siehe 2. Teil, A., III.

51 *Basedow*, in: MüKo BGB, § 305, Rn. 90; *Lenkaitis/Löwisch*, Inhaltskontrolle, ZIP 2009, 441, 449; *Ostendorf/Sauthoff*, in: Ostendorf/Kluth, Wirtschaftsverträge, § 18, Rn. 207; *Schumacher*, Vertragsgestaltung, Rn. 1017; *Weber*, Rahmenverträge, ZSR 1987, 403, 403 f.

52 *Bucher*, OR AT, S. 109; *G/S/S/E*, OR AT, Rn. 1099; *Ostendorf/Sauthoff*, in: Ostendorf/Kluth, Wirtschaftsverträge, § 18, Rn. 210; vgl. *Mann*, Vertriebsrecht, Rn. 19.

53 *G/S/S/E*, OR AT, Rn. 1099; *Ostendorf/Sauthoff*, in: Ostendorf/Kluth, Wirtschaftsverträge, § 18, Rn. 207; *Schumacher*, Vertragsgestaltung, Rn. 1020; *Weber*, Rahmenverträge, ZSR 1987, 403, 406.

54 *Weber*, Rahmenverträge, ZSR 1987, 403, 410.

55 *Mann*, Vertriebsrecht, Rn. 20; *Schaeuffelen*, in: H/R/S, Rechtsfragen, S. 10.

56 *Schaeuffelen*, in: H/R/S, Rechtsfragen, S. 10.

57 *Berger*, Reform, NJW 2010, 465, 465; *Kaufhold*, Anmerkung, ZIP 2010, 631, 631; *Lenkaitis/Löwisch*, Inhaltskontrolle, ZIP 2009, 441, 441; *Maier-Reimer*, AGB-Recht, NJW 2017, 1, 1; *Mann*, Vertriebsrecht, Rn. 124; *Müller*, Plädoyer, NZM 2016, 185, 186.

58 *Boog/Stark-Traber*, Werkvertrag, RIW 2012, 817, 817; *Furrer*, Freizeichnungsklauseln, in: FS Fischer, 109, 111; *Giesecke*, Rechtswahl, S. 17; *Huguenin*, OR, Rn. 408, 635m.

59 *Huguenin*, OR, Rn. 2384.

Recht allein der Kauf zum Zweck des Wiederverkaufs verstanden wird.[60] Daraus ergibt sich, dass der Käufer auch eine Privatperson sein könnte.[61] Demnach stellt nicht jeder *kaufmännische Verkehr* ein B2B-Geschäft dar, aber auch nicht jeder B2B-Verkehr fällt unter den *kaufmännischen Verkehr* nach Schweizer Recht.

Obwohl im Gesetz weder der *Kaufmann*[62] noch das *kaufmännische Geschäft*[63] definiert wird, existieren in diesem Zusammenhang einige Sonderregelungen wie bspw. Art. 190 I OR für das Fixgeschäft.[64] Erwirbt ein Unternehmer eine Sache zum eigenen Gebrauch – wie bspw. Büroausstattung –, so liegt nach dieser Definition kein *kaufmännischer Verkehr* vor, sodass diese Sonderregelungen nicht anwendbar sind.[65] *Huguenin*[66] zufolge sollte eine Differenzierung dahingehend stattfinden, dass bei erworbenen Waren, welche mit dem Unternehmenszweck verbunden sind, von *kaufmännischem Verkehr* ausgegangen werden müsste, während dies bei Produkten, die nicht darunter zu subsumieren sind, nicht der Fall sei. *Koller*[67] vertritt die Auffassung, dass bereits der Kauf und spätere Verkauf einer Sache nicht mehr als *kaufmännischer Verkehr* anzusehen sei, wenn zwischenzeitlich eine Umgestaltung erfolge. Es lässt sich demnach feststellen, dass die Differenzierungskriterien nicht einheitlich verwendet werden.[68] Um im Vorfeld etwaige Rechtsunsicherheiten zu vermeiden, ist es den Vertragsparteien anzuraten, z. B. in der Präambel des Vertrages festzuhalten, welche Ziele

---

60 BGE 120 II 296, 299; BGE 65 II 171, 173; BGE 49 II 220, 229; BGE 49 II 28, 35; *Gelzer*, in: M/B/K/P, Vertragshandbuch, Kap. 18, Rn. 3.2; *G/H/M/P*, Vertragsgestaltung, Rn. 147; *Honsell*, OR BT, S. 60; *Hrubesch-Millauer*, in: CHK OR, Art. 190, Rn. 3; *Huguenin*, OR, Rn. 2381; *Keller/Siehr*, Kaufrecht, S. 32 f.; *A. Koller*, in: BSK OR, Art. 190, Rn. 7; *Kren Kostkiewicz*, in: K/W/A/F, OR Handkommentar, Art. 190, Rn. 4; *von Büren*, OR BT, S. 12; *Wittibschlager*, Einführung, Rn. 616.

61 *Hrubesch-Millauer*, in: CHK OR, Art. 190, Rn. 3; *A. Koller*, in: BSK OR, Art. 190, Rn. 8, 14; **a. A.** *Huguenin*, OR, Rn. 2383.

62 *Kuoni*, Haftungsbegrenzung, Rn. 134; *Kuster*, Verzugszinssatz, AJP 2008, 275, 276.

63 *Kuster*, Verzugszinssatz, AJP 2008, 275, 276.

64 *Gelzer*, in: M/B/K/P, Vertragshandbuch, Kap. 18, Rn. 3.2; *G/H/M/P*, Vertragsgestaltung, Rn. 147; *Honsell*, OR BT, S. 60; *Hrubesch-Millauer*, in: CHK OR, Art. 190, Rn. 1; *Huguenin*, OR, Rn. 2514; *Kren Kostkiewicz*, in: K/W/A/F, OR Handkommentar, Art. 107, Rn. 3; *Kuster*, Verzugszinssatz, AJP 2008, 275, 276.

65 BGE 90 II 285, 285 ff.; *Hrubesch-Millauer*, in: CHK OR, Art. 190, Rn. 3; *Keller/Siehr*, Kaufrecht, S. 33; *A. Koller*, in: BSK OR, Art. 190, Rn. 8; *Kuster*, Verzugszinssatz, AJP 2008, 275, 276 f.; **a. A.** *Honsell*, OR BT, S. 60; *Schönle*, in: ZK OR, Art. 190, Rn. 19 f.

66 *Huguenin*, OR, Rn. 2382.

67 *A. Koller*, in: BSK OR, Art. 190, Rn. 10; **a. A.** *Schönle*, in: ZK OR, Art. 190, Rn. 19.

68 *Huguenin*, OR, Rn. 2384.

und Absichten mit dem Vertragsschluss verfolgt werden[69], wozu ebenfalls ein allfälliger Weiterverkauf gehört.[70] Die Parteien können auch vereinbaren, dass die kaufmännischen Sonderregelungen zwischen ihnen in jedem Fall Geltung erlangen sollen, um etwaigen Unsicherheiten vorab zu begegnen. Dies ergibt sich etwa aus dem Umstand, dass Art. 190 OR dispositives Recht darstellt[71], sodass im Umkehrschluss auch eine Vereinbarung dieser Sonderregelungen für den *nicht-kaufmännischen* B2B-Verkehr zulässig sein muss.

IV. Die Hauptgründe für die Wahl des Schweizer Rechts

Es stellt sich die Frage, warum deutsche Exporteure im internationalen Geschäftsverkehr das ihnen vertraute deutsche Recht aufgeben und stattdessen das Schweizer Recht wählen. Insbesondere ist dies der Fall, wenn das Schweizer Recht für beide Parteien *fremd* ist und somit keine Partei einen Wissensvorsprung nutzen kann.[72] Der Vertragspartner wird eher geneigt sein, sich auf ein *drittes* Recht einzulassen als auf das *Heimatrecht* der anderen Partei oder gänzlich auf den vorteilhaften Vertrag zu verzichten. Demnach wird sich das deutsche Recht als Vertragsstatut regelmäßig nicht durchsetzen lassen.[73] Die Schweiz und schließlich auch ihr Recht werden dagegen als unparteiisch und damit als neutral angesehen.[74] Somit wird davon ausgegangen, dass auch die Rechtsordnung keine Partei bevorzugt. Es ist jedoch offensichtlich, dass die politische Neutralität eines Landes in keinem Zusammenhang mit einem für beide Parteien ausgewogenen Rechtssystem steht.[75] Darüber hinaus ist aber anzumerken, dass das Schweizer Recht dem deutschen Recht näher steht als den meisten anderen Rechtsordnungen.[76]

---

69 *G/H/M/P*, Vertragsgestaltung, Rn. 148; *Streiff/Pellegrini/von Kaenel*, Vertragsvorlagen, S. 53, Fn. 23; siehe *Schumacher*, Vertragsgestaltung, S. 826.

70 *G/H/M/P*, Vertragsgestaltung, Rn. 148.

71 *Hrubesch-Millauer*, in: CHK OR, Art. 190, Rn. 2.

72 *Giesecke*, Rechtswahl, S. 11.

73 *Ostendorf/Kluth*, in: Ostendorf/Kluth, Wirtschaftsverträge, § 1, Rn. 15.

74 *Ehle/Brunschweiler*, AGB-Recht, RIW 2012, 262, 263; *Fountoulakis*, Choice, EJLR 2005, 303, 306 f.; *Giesecke*, Rechtswahl, S. 11; *Kondring*, Flucht, RIW 2010, 184, 185; *Magaud*, Vorteile, RIW 1996, 387, 389; *Ostendorf*, in: Ostendorf/Kluth, Wirtschaftsverträge, § 13, Rn. 13; *Rothermel*, Kauf-, Liefer- und Vertriebsrecht, S. 166.

75 *Fountoulakis*, Choice, EJLR 2005, 303, 306, 329; *Ostendorf*, in: Ostendorf/Kluth, Wirtschaftsverträge, § 13, Rn. 13.

76 *Ostendorf*, in: Ostendorf/Kluth, Wirtschaftsverträge, § 8, Rn. 40; *Pfeiffer*, Flucht, in: FS Graf von Westphalen, 555, 556.

Der Vertrag dient den Parteien als Mittel zur Verwirklichung von unternehmerischen Zielen und Projekten.[77] Auch in der Schweiz stellt die Privatautonomie den Grundsatz des Vertragsrechts dar.[78] Der Gesetzgeber geht davon aus, dass der Bürger seine Angelegenheiten selbst regeln dürfen soll.[79] Somit kann gem. Art. 19 I OR von den Parteien alles vereinbart werden, was i. R. d. Gesetzes zulässig ist.[80] Auch aufgrund dieser weitgehenden Privatautonomie wird häufig das Recht der Schweiz gewählt.[81] Insbesondere der Umgang mit Allgemeinen Geschäftsbedingungen – kurz AGB – wird meistens liberaler gehandhabt als nach deutschem Recht[82], womit das Schweizer Recht als verwenderfreundlicher bezeichnet werden kann.[83] Es sind bspw. umfassendere Möglichkeiten gegeben, die Haftung zu beschränken oder sogar völlig auszuschließen.[84] Dies liegt u. a. daran, dass AGB-spezifische Regelungen nicht vorhanden sind.[85] Auch stellen Klauseln, welche den Vertragspartner nicht weit einschränken dürfen, einen Kostenfaktor dar.[86] Dies bedeutet, dass die Rechte der anderen Partei so weit wie

77 *Brödermann*, Vertragsgestaltung, NJW 2012, 971, 971.

78 *Bucher*, in: BSK OR, Vorbem. zu Art. 1–40 f., Rn. 5; *ders.*, OR AT, S. 87; *Gloor*, Übernahmeverschulden, Rn. 613; *Greiner*, Wahl, S. 1; *G/S/S/E*, OR AT, Rn. 612; *Hochstrasser*, Personenschäden, AJP 2016, 910, 916; *Honsell*, OR BT, S. 10; *Huguenin*, OR, Rn. 4; *Ostendorf/Kluth*, in: Ostendorf/Kluth, Wirtschaftsverträge, § 1, Rn. 10; *Schumacher*, Vertragsgestaltung, Rn. 176; *Wittibschlager*, Einführung, Rn. 369.

79 *Bucher*, OR AT, S. 88.

80 *Gloor*, Übernahmeverschulden, Rn. 613; *G/S/S/E*, OR AT, Rn. 628; *Huguenin*, OR, Rn. 392; *A. Koller*, in: Guhl, OR, § 2, Rn. 13; *Schumacher*, Vertragsgestaltung, Rn. 176; *Wittibschlager*, Einführung, Rn. 373.

81 *Jansen*, Klauselkontrolle, ZEuP 2010, 69, 86; *Ostendorf/Kluth*, in: Ostendorf/Kluth, Wirtschaftsverträge, § 1, Rn. 10; *Rothermel*, Kauf-, Liefer- und Vertriebsrecht, S. 5.

82 *Ehle/Brunschweiler*, AGB-Recht, RIW 2012, 262, 262; *Kern/Bettinger*, OR 2020, ZEuP 2014, 562, 571; *Lischek/Mahnken*, Vertragsverhandlungen, ZIP 2007, 158, 163; *Ostendorf*, in: Ostendorf/Kluth, Wirtschaftsverträge, § 8, Rn. 40; *Pfeiffer*, Flucht, in: FS Graf von Westphalen, 555, 556; *Rothermel*, Kauf-, Liefer- und Vertriebsrecht, S. 5, 10, 166.

83 *Ehle/Brunschweiler*, AGB-Recht, RIW 2012, 262, 262; *Kern/Bettinger*, OR 2020, ZEuP 2014, 562, 571; *Rothermel*, Kauf-, Liefer- und Vertriebsrecht, S. 166.

84 *Boog/Stark-Traber*, Werkvertrag, RIW 2012, 817, 829; *Brachert/Dietzel*, Flucht, ZGS 2005, 441, 441; *Ehle/Brunschweiler*, AGB-Recht, RIW 2012, 262, 263; *Kessel/Stomps*, Haftungsklauseln, BB 2009, 2666, 2666; *Pfeiffer*, Flucht, in: FS Graf von Westphalen, 555, 563; *Voser/Boog*, Schweizer Recht, RIW 2009, 126, 133; siehe 2. Teil, B., XI.

85 *Ostendorf*, in: Ostendorf/Kluth, Wirtschaftsverträge, § 8, Rn. 40; *Pfeiffer*, Flucht, in: FS Graf von Westphalen, 555, 556.

86 *Jansen*, Klauselkontrolle, ZEuP 2010, 69, 87.

möglich eingeschränkt werden, um eigene Kosten zu vermeiden und so einen größtmöglichen Gewinn erwirtschaften zu können.

Des Weiteren wird die sog. *geltungserhaltende Reduktion*[87] sowohl innerhalb als auch außerhalb von AGB zugelassen.[88] Diese Möglichkeit ist regelmäßig einer der Gründe für die Wahl des Schweizer Rechts.[89]

Letztendlich wird das Schweizer Recht auch vereinbart, weil die Parteien die effektive Rechtsdurchsetzung der Schweizer Gerichte begrüßen.[90] Sowohl die ordentlichen Gerichte als auch die Schiedsgerichte sollen einen guten Ruf genießen.[91] Jedoch sei angemerkt, dass die Wahl des Rechts und des Gerichtsstandes völlig unabhängig voneinander sind.[92] Auch die zentrale Lage innerhalb Europas stellt ein Argument für diese Rechtswahl dar, wenn eine Verknüpfung mit einem Schweizer (Schieds-)Gerichtsstand erfolgt.[93] Zwar ist es regelmäßig sinnvoll, einen Gleichlauf von Rechtswahl und Gerichtsstand zu erreichen; erforderlich ist dies jedoch nicht.[94]

V. Allgemeine Vor- und Nachteile des Schweizer Rechts

1. Allgemeine Vorteile des Schweizer Rechts

Das Schweizer Recht ist ebenso wie das deutsche Recht eine hoch entwickelte, leistungsfähige Rechtsordnung[95] und lässt sich dem *civil law*-System zuzuordnen[96], wodurch es vorhersehbarer ist, als es eine dem *common law*-Kreis[97]

---

87 Siehe 2. Teil, B., II., 8.

88 *Brachert/Dietzel*, Flucht, ZGS 2005, 441, 441; *Kondring*, Flucht, RIW 2010, 184, 185; *Ostendorf*, in: Ostendorf/Kluth, Wirtschaftsverträge, § 8, Rn. 46; *Rothermel*, Kauf-, Liefer- und Vertriebsrecht, S. 5, 166, 171; *Voser/Boog*, Schweizer Recht, RIW 2009, 126, 126.

89 *Brachert/Dietzel*, Flucht, ZGS 2005, 441, 441; *Kondring*, Flucht, RIW 2010, 184, 185; *Rothermel*, Kauf-, Liefer- und Vertriebsrecht, S. 5, 166; *Voser/Boog*, Schweizer Recht, RIW 2009, 126, 126.

90 *Fountoulakis*, Choice, EJLR 2005, 303, 307.

91 *Dies.*, ebenda; *Magaud*, Vorteile, RIW 1996, 387, 389 jedoch ohne nähere Begründung.

92 *Fountoulakis*, Choice, EJLR 2005, 303, 307.

93 *Magaud*, Vorteile, RIW 1996, 387, 389.

94 *Ostendorf*, in: Ostendorf/Kluth, Wirtschaftsverträge, § 13, Rn. 12.

95 *Pfeiffer*, Flucht, in: FS Graf von Westphalen, 555, 556.

96 *Bugg*, Contracts, S. 6, Fn. 8; *Hertel*, Rechtskreise, Notarius International 1-2/2009, 157, 158.

97 Hierzu siehe auch weiterführend *Hertel*, Rechtskreise, Notarius International 1-2/2009, 157, 157 ff.

zuzuordnende Rechtsordnung wäre.[98] Darüber hinaus werden bei der Wahl des Schweizer Rechts die konkreten Risiken aus Sicht der deutschen Exporteure nicht so hoch sein wie bei anderen Rechtsordnungen[99], da eine Zugehörigkeit zum deutschen Rechtskreis besteht[100], welcher wiederum der Rechtsfamilie des *civil law* zugeordnet werden kann.[101] Schließlich ist deutlich erkennbar, dass die beiden Rechtssysteme auf gemeinsamen Wurzeln beruhen[102] und demnach miteinander verwandt sind[103], obwohl schließlich eigenständige Kodifikationen entstanden sind.[104] Auch die Rechtsermittlungskosten sind durch die rechtshistorische Nähe[105] entsprechend gering.[106]

Es ist festzustellen, dass das Schweizer Recht insbesondere im Schuldrecht der deutschen Gesetzeslage vor Inkrafttreten des Schuldrechtsmodernisierungsgesetzes – SchRModG – entspricht.[107] Dies lässt sich bspw. an der Verwendung des Begriffs *Wandelung*[108] in § 462 BGB a. F. erkennen.[109] Auch die frühere Unterscheidung zwischen *aliud* und *peius*[110] dürfte vielen deutschen Juristen bekannt

98 *Fountoulakis*, Choice, EJLR 2005, 303, 305.

99 *Ostendorf*, in: Ostendorf/Kluth, Wirtschaftsverträge, § 8, Rn. 40; *Pfeiffer*, Flucht, in: FS Graf von Westphalen, 555, 556.

100 *Hertel*, Rechtskreise, Notarius International 1-2/2009, 157, 158, 164; *Kuoni*, Haftungsbegrenzung, Fn. 2; *Ostendorf*, in: Ostendorf/Kluth, Wirtschaftsverträge, § 8, Rn. 40; *Pfeiffer*, Flucht, in: FS Graf von Westphalen, 555, 556; vgl. *Bugg*, Contracts, S. 4.

101 *Hertel*, Rechtskreise, Notarius International 1-2/2009, 157, 158.

102 *Bucher*, Entwicklung, ZEuP 2003, 353, 353 f.; *Hertel*, Rechtskreise, Notarius International 1-2/2009, 157, 164.

103 *Bucher*, Entwicklung, ZEuP 2003, 353, 373; *Klafft*, in: Ostendorf/Kluth, Wirtschaftsverträge, § 21, Rn. 64.

104 *Hertel*, Rechtskreise, Notarius International 1-2/2009, 157, 164.

105 Hierzu siehe auch weiterführend *Bucher*, Jahre, ZSR 1983, 251, 274; *ders.*, Entwicklung, ZEuP 2003, 353, 353 ff.

106 *Ostendorf*, in: Ostendorf/Kluth, Wirtschaftsverträge, § 8, Rn. 40.

107 *Ders.*, ebenda; *Rothermel*, Kauf-, Liefer- und Vertriebsrecht, S. 167.

108 Siehe 2. Teil, B., VII., 1., a., 1), b), (1), (a) und X., 5.

109 *Boerner*, Sachmängelhaftung, ZIP 2001, 2264, 2270; *Rothermel*, Kauf-, Liefer- und Vertriebsrecht, S. 167; *Wertenbruch*, Bindung, JZ 2002, 862, 862; siehe BGH, NJW 1993, 2436, 2437; BT-Drs. 14/6040, S. 220; *Derleder*, Wechsel, NJW 2003, 998, 999; *Graf von Westphalen*, Einkaufsbedingungen, S. 137; *Magaud*, Vorteile, RIW 1996, 387, 388; *Pause*, Geltendmachung, NJW 1993, 553, 553, 556; *Regula*, in: H/R/S, Rechtsfragen, S. 81 f.

110 Siehe 2. Teil, B., VIII., 2., b.

sein.[111] Darüber hinaus existierte vor dem SchRModG die Nacherfüllung[112] noch nicht als primärer Anspruch des Käufers.[113] Punktuell lässt sich sogar feststellen, dass eine Angleichung zwischen Schweizer und deutschem Recht zu erkennen ist. Dies betrifft z. B. die Verjährungsfrist im Bereich von Sachmängelansprüchen.[114]

Für den deutschen Exporteur ist die große Ähnlichkeit zwischen deutschem und Schweizer Recht demnach als großer Vorteil zu werten.[115] Er kann häufig auf sein intuitives Gespür vertrauen, welches er aus dem deutschen Recht mitbringt.[116] Schließlich ergeben sich wertvolle Wettbewerbsvorteile gegenüber anderen Vertragspartnern wie bspw. niedrigere Transaktionskosten.

Im Vergleich zum BGB fällt positiv auf, dass die Begriffs- und Systembildung im OR nicht so streng und technisch ist, wodurch die Lesbarkeit der Normen gefördert wird.[117] Aufgrund der Tatsache, dass das Gesetz bspw. durch eine markant einfache und verständliche Sprache derart gestaltet worden ist, dass sich selbst der juristische Laie zurecht finden soll[118], kann davon ausgegangen werden, dass den juristisch vorgebildeten Mitarbeitern des deutschen Exporteurs dies erst recht gelingt.

Generell gilt, dass ein gut zugängliches Recht die Ungewissheit und somit die Transaktionskosten senkt, wodurch der Vertrag an Effizienz gewinnt.[119] Aufgrund der sprachlichen Nähe fallen die Rechtsermittlungskosten relativ gering aus.[120] Demnach ist positiv, dass die Schweizer Literatur zum größten Teil in der deutschen Sprache erhältlich ist[121], wodurch das Verständnis und damit die Rechtsfindung in hohem Maße erleichtert wird. Zudem befassen sich deutsche Rechtsabteilungen und Rechtsanwälte immer mehr mit ausländischen

---

111 *Rothermel*, Kauf-, Liefer- und Vertriebsrecht, S. 167; siehe BT-Drs. 14/6040, S. 211.
112 Siehe 2. Teil, B., X., 3.
113 *Rothermel*, Kauf-, Liefer- und Vertriebsrecht, S. 167; siehe BT-Drs. 14/6040, S. 220, 235.
114 Siehe 2. Teil, B., XIV., 3.
115 *Klafft*, in: Ostendorf/Kluth, Wirtschaftsverträge, § 21, Rn. 64; *Kondring*, Flucht, RIW 2010, 184, 185; *Pfeiffer*, Flucht, in: FS Graf von Westphalen, 555, 556.
116 *Kondring*, Flucht, RIW 2010, 184, 185; *Pfeiffer*, Flucht, in: FS Graf von Westphalen, 555, 556; *Rothermel*, Kauf-, Liefer- und Vertriebsrecht, S. 167.
117 *Honsell*, OR BT, S. 2.
118 *Huguenin/Meise*, OR 2020, SZW 2015, 280, 289 f.
119 *Fountoulakis*, Choice, EJLR 2005, 303, 315.
120 *Ostendorf*, in: Ostendorf/Kluth, Wirtschaftsverträge, § 8, Rn. 40.
121 *Pfeiffer*, Flucht, in: FS Graf von Westphalen, 555, 556; *Rothermel*, Kauf-, Liefer- und Vertriebsrecht, S. 166.

Rechtsordnungen – insbesondere dem Schweizer Recht[122] –, sodass es nicht verwundert, wenn die Bibliotheken der deutschen Unternehmen z. T. bereits mit den grundlegenden Schweizer Kommentaren wie dem *Basler Kommentar* oder dem *Berner Kommentar* ausgestattet sind.[123] Darüber hinaus stehen auch kostenpflichtige Datenbanken zur Verfügung.[124] Die Bundesgerichtsentscheide sind sogar frei und kostenlos im Internet abrufbar[125] und häufig in deutscher Sprache vorhanden. Des Weiteren beherrscht auch die ganz große Mehrheit der Schweizer Anwälte die deutsche Sprache, sodass einem Informationsaustausch auf sprachlicher Ebene keine Hindernisse im Weg stehen dürften.[126]

In Bezug auf die Kommunikation mit dem Rechtsbeistand stellen die sonst häufig zu beachtenden Überlegungen der Zeitverschiebung, räumlichen Entfernung und eingeschränkten Erreichbarkeit[127] bei der Wahl des Schweizer Rechts keine größeren Probleme dar. Begrüßenswert ist zudem, dass einige Schweizer Autoren in ihren Ausführungen des Öfteren explizit einen Rechtsvergleich zum deutschen Recht vornehmen.[128]

Die vergleichsweise geringe Zahl an gerichtlichen Entscheidungen kann zu einer wünschenswerten Vereinfachung des Rechts beitragen.[129] Im Hinblick auf AGB liegt ein Vorteil darin, dass sich der AGB-Verwender unter Anwendung des Schweizer Rechts im Vorfeld nicht durch Unmengen an Urteilen *kämpfen* muss, um dann festzustellen, dass seine Klausel unwirksam wäre.[130] Schließlich lässt sich festhalten, dass das Fallmaterial zu gewissen AGB-Klauseltypen im Vergleich zum deutschen Recht sehr gering ausfällt.[131] Es ist auch bekannt, dass Schweizer Autoren häufig auf das deutsche Recht zurückgreifen, wenn das eigene Rechtssystem noch keine eindeutige Lösung für ein Problem bereithält.[132] Dies wirkt sich wiederum als Vorteil für den deutschen Exporteur aus.

---

122 *Ostendorf*, in: Ostendorf/Kluth, Wirtschaftsverträge, § 13, Rn. 14.
123 *Kondring*, Flucht, RIW 2010, 184, 185.
124 *Rothermel*, Kauf-, Liefer- und Vertriebsrecht, S. 166; siehe <www.swisslex.ch>.
125 *Rothermel*, Kauf-, Liefer- und Vertriebsrecht, S. 166; siehe <www.bger.ch>.
126 *Pfeiffer*, Flucht, in: FS Graf von Westphalen, 555, 556.
127 *Ostendorf*, in: Ostendorf/Kluth, Wirtschaftsverträge, § 13, Rn. 8.
128 *Rothermel*, Kauf-, Liefer- und Vertriebsrecht, S. 166; siehe insbesondere *Honsell*, OR BT; *Rey*, Sachenrecht; *von Tuhr/Escher*, OR AT; *Wittibschlager*, Einführung.
129 *Pfeiffer*, Flucht, in: FS Graf von Westphalen, 555, 556 f.
130 *Ders.*, ebenda, 555, 557.
131 *Ders.*, ebenda, 555, 561.
132 *Giesecke*, Rechtswahl, S. 45; *Pfeiffer*, Flucht, in: FS Graf von Westphalen, 555, 556; siehe *Wiegand*, Rechtsprechung 2001/2002, ZBJV 2003, 802, 826.

Da die Schweiz kein Mitglied der EU ist[133], greifen u. a. deren Verordnungen, Richtlinien oder auch die Urteile des EuGH nicht. Allerdings orientiert sich der Schweizer Gesetzgeber immer wieder an den privatrechtlichen[134] EU-Richtlinien[135] und wird dies wohl auch in Zukunft tun.[136] Es handelt sich hierbei nicht nur um eine *europäische Beeinflussung* in Bezug auf die Gesetzgebung, sondern auch auf Rechtsprechung[137] sowie Lehre.[138] Demnach ist die Rechtsprechung des EuGH für die Schweizer Gerichte richtungsweisend[139], wenn auch nicht direkt verbindlich.[140] Die freiwillige Übernahme von europäischen Regelungen und Ansichten wird als *autonomer Nachvollzug* bezeichnet.[141] Jedoch ist dieser Begriff angesichts der bestehenden wirtschaftlichen und politischen Zwänge als *euphemistisch* einzustufen.[142] Schließlich verbinden zahlreiche bilaterale Verträge die EU und die Schweiz.[143] Im Fall von Divergenzen entscheidet demnach nicht etwa ein Gericht, sondern es müssen die diplomatischen Mittel des bilateralen Ausschusses sowie des Verhandelns herangezogen werden.[144]

Die Kosten, welche durch die Wahl des Schweizer Rechts z. B. im Haftungsfall gespart werden, können intern mit denjenigen aufgerechnet werden, welche wiederum nach deutschem Recht angefallen wären. Somit besteht die Möglichkeit, dass sich das Schweizer Recht im Ergebnis als günstiger für den deutschen Exporteur erweist als das bekannte deutsche Recht.

---

133 *Huguenin/Meise*, OR 2020, SZW 2015, 280, 284; *Kramer*, Methodenlehre, S. 325; *Probst*, in: K/P/P, AGB, Rn. 314; *Rothermel*, Kauf-, Liefer- und Vertriebsrecht, S. 361.

134 *Kramer*, Methodenlehre, S. 324.

135 *Gelzer*, Wünschbarkeit, S. 2; *G/S/S/E*, OR AT, Rn. 22b; *Probst*, in: K/P/P, AGB, Rn. 448; vgl. *A. Koller*, AGB-Recht, AJP 2016, 279, 288.

136 *Kramer*, Methodenlehre, S. 324.

137 *Breitenmoser/Weyeneth*, Abkommen, EuZW 2012, 854, 857; siehe BGE 139 III 217, 217 ff.; BGE 137 III 226, 228 ff.

138 *G/S/S/E*, OR AT, Rn. 22d.

139 *Markus*, Vertragsgerichtsstände, AJP 2010, 971, 971; *Probst*, in: K/P/P, AGB, Rn. 448; ähnlich auch BGE 129 III 335, 350 ff.

140 *Probst*, in: K/P/P, AGB, Rn. 448.

141 *Breitenmoser/Weyeneth*, Abkommen, EuZW 2012, 854, 856; *Gelzer*, Wünschbarkeit, S. 2; *G/S/S/E*, OR AT, Rn. 22d; *Kramer*, Methodenlehre, S. 324; *Probst*, in: K/P/P, AGB, Rn. 447; *Stoffel/Seitz*, Autonomer Nachvollzug, EuZW 2012, 841, 841; vgl. *Gut/Higi/Schönle*, in: ZK OR, Art. 199, Rn. 15; *Schnyder*, Dogmatik, in: B/S/E-K, AGB, S. 69.

142 *Kramer*, Methodenlehre, S. 324; vgl. *Stoffel/Seitz*, Autonomer Nachvollzug, EuZW 2012, 841, 841.

143 *Breitenmoser/Weyeneth*, Abkommen, EuZW 2012, 854, 854; *Stoffel/Seitz*, Autonomer Nachvollzug, EuZW 2012, 841, 841.

144 *Stoffel/Seitz*, Autonomer Nachvollzug, EuZW 2012, 841, 843.

2. *Allgemeine Nachteile des Schweizer Rechts*

Internationalen Vertragsabschlüssen haftet generell ein höheres Risiko durch unbekannte oder besondere Einschränkungen an als rein nationalen Geschäften.[145] Allgemein gilt, dass beide Parteien bestrebt sein werden, eine Rechtswahl zu treffen, bei der *ex ante* entsprechende Rechtsklarheit u. a. über Definitionen herrscht, sodass eine störungsfreie Vertragsdurchführung gewährleistet wird und kosten- sowie zeitintensive Streitigkeiten vermieden werden können.[146] Durch die im Vergleich zum BGB weniger strenge und technische Begriffs- sowie Systembildung treten jedoch gewisse Ungenauigkeiten auf.[147]

Grundsätzlich ist festzuhalten, dass bei der Wahl ausländischen Rechts die Kenntnisse nicht so detailliert vorhanden sein werden wie beim eigenen Rechtssystem.[148] Dies bedeutet im Streitfall, dass der Aufwand und somit auch die Kosten in die Höhe schnellen können.[149] Es muss nachdrücklich betont werden, dass sich das deutsche und das Schweizer Rechtssystem trotz aller Gemeinsamkeiten doch deutlich voneinander unterscheiden.[150] Darüber hinaus ist zu beachten, dass zusätzlich zum eigenen Recht auch immer die Änderungen in Gesetzgebung und Rechtsprechung im – in diesem Fall – Schweizer Recht verfolgt werden müssen[151], wodurch wiederum Aufwand und Kosten anfallen. Auch der Käufer wird dies machen, sodass auf seine Unkenntnis nicht vertraut werden sollte.

Des Weiteren fällt der Zugang zu Rechtsquellen wie Literatur mitunter schwer.[152] Aufgrund der Einzelfallbezogenheit des AGB-Rechts[153] existieren

---

145 *Brödermann*, Vertragsgestaltung, NJW 2012, 971, 973; *Kondring*, Flucht, RIW 2010, 184, 191; *Ostendorf/Kluth*, in: Ostendorf/Kluth, Wirtschaftsverträge, § 1, Rn. 16; *Pfeiffer*, Flucht, in: FS Graf von Westphalen, 555, 556; *Pinnells/Eversberg*, Kaufverträge, S. 34; *Rothermel*, Kauf-, Liefer- und Vertriebsrecht, S. 1.

146 *Giesecke*, Rechtswahl, S. 74.

147 *Honsell*, OR BT, S. 2.

148 *Fountoulakis*, Choice, EJLR 2005, 303, 304; *Giesecke*, Rechtswahl, S. 3; *Kollmann*, AGB, NJOZ 2011, 625, 628; *Kondring*, Flucht, RIW 2010, 184, 191; *Pfeiffer*, Flucht, in: FS Graf von Westphalen, 555, 556; *Pinnells/Eversberg*, Kaufverträge, S. 34.

149 *Fountoulakis*, Choice, EJLR 2005, 303, 304; *Giesecke*, Rechtswahl, S. 3; *Kondring*, Flucht, RIW 2010, 184, 191; *Pfeiffer*, Flucht, in: FS Graf von Westphalen, 555, 556.

150 *Giesecke*, Rechtswahl, S. 5; *Voser/Boog*, Schweizer Recht, RIW 2009, 126, 126 ff.

151 *Ostendorf/Kluth*, in: Ostendorf/Kluth, Wirtschaftsverträge, § 1, Rn. 16; vgl. *Schumacher*, Vertragsgestaltung, Rn. 916.

152 *Giesecke*, Rechtswahl, S. 3.

153 Siehe 2. Teil, B., II., 6., b., 1) und 7., c., 2), b).

bspw. kaum Formularbücher mit Musterklauseln zum Schweizer Recht.[154] Möchte der Vertragsgestalter ein solches verwenden, so muss ihm stets bewusst sein, dass dieses zumeist auf einen reinen Schweizer Sachverhalt zugeschnitten sein wird. Auffällig ist, dass die Vertragsformulierungen erschreckend simpel und oberflächlich aufgebaut sind, da erwartet wird, dass ein Schweizer Gericht diese vernünftig auslegen wird.[155] Beispielhaft sei auf folgende Musterklauseln verwiesen: „Jede Haftung des Verkäufers für Entwehrung[156] und Mängel wird wegbedungen."[157] „Beide Parteien leisten keine Gewähr für Mängel irgendwelcher Art."[158] „Die Kosten der Übergabe werden ganz vom Käufer getragen."[159] „Die Arbeit soll bis Ende März 20… fertig sein."[160] Demnach sind eigene Modifizierungen und Ergänzungen unumgänglich, und dem Verwender stehen keine *sicheren* Klauseln zur Verfügung.

In Fällen, in denen das Gesetz doch Regelungen zu AGB enthält, sind keine Klausellisten als Orientierungshilfe vorhanden[161], wie dies bspw. aus §§ 308, 309 BGB[162] für den B2C-Verkehr bekannt ist. Auch bedeutet die Tatsache, dass weder das Gesetz noch das höchste Gericht eine Klausel eindeutig als unzulässig qualifiziert, nicht, dass die Klausel auch tatsächlich wirksam vereinbart werden kann. Jedoch ist grundsätzlich von der Zulässigkeit einer Klausel auszugehen. *Pfeiffer*[163] sieht den im Vergleich zum deutschen Recht geringeren Fundus an höchstrichterlicher Rechtsprechung als einen Grund für Rechtsunsicherheit. Diese kann sich zusätzlich durch die weite Machtfülle des Richters in diesem Zusammenhang verstärken.[164]

Darüber hinaus ist insbesondere bei einer Zusammenarbeit mit einem Schweizer Anwalt zu beachten, dass viele Deutschschweizer mit einem mehr oder weniger ausgeprägten Dialekt sprechen, sodass die Kommunikation mit anderen deutschsprachigen Personen u. U. sowohl durch einen anderen Wortschatz als

154 Siehe jedoch *Berni*, Hardware, in: Jörg/Arter, Internet-Recht, S. 17 ff.; *Furrer*, Freizeichnungsklauseln, in: FS Fischer, 109, 109 ff.; *G/H/M/P*, Vertragsgestaltung; M/B/K/P, Vertragshandbuch; *Streiff/Pellegrini/von Kaenel*, Vertragsvorlagen.

155 *Schwander*, Gestaltung, in: Furrer/Arter, Vertriebsverträge II, S. 113.

156 Siehe 2. Teil, B., X., 8., a.

157 *Streiff/Pellegrini/von Kaenel*, Vertragsvorlagen, S. 50.

158 *Dies.*, ebenda, S. 61.

159 *Dies.*, ebenda, S. 50.

160 *Dies.*, ebenda, S. 184.

161 *Pfeiffer*, Flucht, in: FS Graf von Westphalen, 555, 559; *Trendelberend*, Vorteile, S. 84.

162 Siehe 2. Teil, B., II., 7., b., 2), a).

163 *Pfeiffer*, Flucht, in: FS Graf von Westphalen, 555, 557.

164 *Schumacher*, Vertragsgestaltung, Rn. 306, 379.

auch durch eine unterschiedliche Aussprache beeinträchtigt werden könnte.[165] Im Bereich der Schriftsprache wird zumeist eine bessere Verständigung gewährleistet sein.[166] Jedoch ist an dieser Stelle zu bemerken, dass deutsche Rechtsbegriffe und Rechtsvorstellungen von denjenigen in der Schweiz abweichen können.[167] Bspw. verwendet das deutsche Recht den Begriff *Aufrechnung*, während im Schweizer Recht *Verrechnung* geläufig ist.[168] Darüber hinaus sind die Amtssprachen der Schweiz gem. Art. 70 I BV deutsch, französisch und italienisch.[169] Aufgrund dieser Dreiteilung und der Tatsache, dass alle Sprachfassungen des Gesetzes den gleichen Rang innehaben, ergeben sich auch Unterschiede im Gesetzestext, wodurch die Komplexität erhöht wird.[170] Des Weiteren ist zu beachten, dass sich diese sprachliche Dreiteilung bspw. auf die Gerichtsurteile des Bundesgerichts auswirkt, sodass ein Urteil nicht zwingend in deutscher Sprache vorhanden sein muss, sondern auch lediglich auf Französisch oder Italienisch vorliegen kann. Dies wird allerdings eher selten der Fall sein.

Zu einem Problem führen könnte die Tatsache, dass die Schweiz[171] im Vergleich zu Deutschland[172] nur eine geringe Bevölkerungszahl aufweist.[173] Als Folge daraus wird weniger vor den Gerichten geklagt, weshalb zwangsläufig eine Rechtsfrage seltener höchstrichterlich beantwortet werden wird.[174] Zu beachten ist jedoch ebenfalls, dass auch Ausländer – sprich Nicht-Schweizer – vor einem Schweizer Gericht klagen können, sodass die Bevölkerungszahl letztendlich nicht vollumfänglich aussagekräftig ist. Aus dem Geschäftsbericht von 2016 des Schweizer Bundesgerichts geht hervor, dass in den beiden zivilrechtlichen Abteilungen 2.084

---

165 *Ders.*, ebenda, Rn. 1184.

166 *Ders.*, ebenda, Rn. 1189.

167 *Ders.*, ebenda, Rn. 1223.

168 *G/S/S/E*, OR AT, Rn. 3201; *von Tuhr/Escher*, OR AT, S. 190.

169 *Kramer*, Methodenlehre, S. 82; *Perrig*, in: K/P/P, AGB, Rn. 152; *Schumacher*, Vertragsgestaltung, Rn. 921, 1229; *Wittibschlager*, Einführung, Rn. 18.

170 *Schumacher*, Vertragsgestaltung, Rn. 921.

171 Derzeit leben etwa 8.417.700 Einwohner in der Schweiz; siehe <www.bfs.admin.ch/bfs/de/home/statistiken/bevoelkerung/stand-entwicklung.html>.

172 Derzeit leben etwa 82.800.000 Einwohner in Deutschland; siehe <www.destatis.de/DE/ZahlenFakten/GesellschaftStaat/Bevoelkerung/Bevoelkerungsstand/Bevoelkerungsstand.html;jsessionid=4EACFB5F64FFC9F1592F61959DEA839A.cae1#Tabellen>.

173 *Pfeiffer*, Flucht, in: FS Graf von Westphalen, 555, 556.

174 *Akikol*, Sachmängelhaftung, Rn. 1187; *Pfeiffer*, Flucht, in: FS Graf von Westphalen, 555, 556.

Eingänge und 2.045 Erledigungen zu verzeichnen waren.[175] Die 12 Zivilsenate des deutschen BGH meldeten für diesen Zeitraum insgesamt 6.531 eingegangene sowie 6.328 erledigte Rechtssachen.[176] Demnach ist zwar ersichtlich, dass – gemessen an der Bevölkerungszahl – verhältnismäßig viele zivilrechtliche Entscheidungen am Bundesgericht ergehen; diese machen jedoch insgesamt weniger als ein Drittel der Entscheidungen in den Zivilsenaten des BGH aus.

Des Weiteren wird das Schweizer Recht im Vergleich zum deutschen Recht regelmäßig höhere Transaktionskosten mit sich bringen. Dies liegt bspw. auch daran, dass sich der deutsche Exporteur aufgrund der milden AGB-Inhaltskontrolle nach Schweizer Recht[177] mehr mit den Einkaufsbedingungen des Käufers beschäftigen muss, als dies nach deutschem Recht erforderlich wäre.[178]

Zusätzlich besteht ebenfalls die Möglichkeit, dass der Vertragspartner zurückschreckt, wenn bspw. der deutsche Exporteur bewusst Schweizer Recht vereinbaren möchte. Schließlich werden damit in erster Linie die liberalen AGB-Regelungen und damit einhergehend die weiten Haftungsfreizeichnungsmöglichkeiten[179] verbunden. Dies kann dazu führen, dass Misstrauen in der anderen Partei geweckt wird und die Verträge und AGB noch einmal genauer geprüft werden als üblich. Im schlimmsten Fall finden erst gar keine ernsthaften Verhandlungen statt, da insbesondere dem Verwender bereits im Vorfeld unterstellt werden könnte, unfaire Gestaltungsmöglichkeiten für sich selbst nutzen zu wollen.

VI. Die Systematik des Schweizer Rechts

1. Der Aufbau von OR und ZGB

Das Zivil- und Handelsrecht sind im OR und dem Zivilgesetzbuch – ZGB – kodifiziert.[180] Zusammen bilden sie die Gesamtkodifikation des Privatrechts.[181] Allerdings trennt das Schweizer Recht im Gegensatz zum deutschen Recht nicht

175 Siehe <www.bger.ch/bger-bgergb16_d.pdf>.

176 Siehe <www.bundesgerichtshof.de/DE/Service/Statistik/Taetigkeitsberichte/Taetigkeit2016/taetigkeit2016_node.html>.

177 Siehe 2. Teil, B., II., 7., c.

178 Siehe 2. Teil, B., II., 7., d.

179 Siehe 2. Teil, A., IV.

180 *Bucher*, Entwicklung, ZEuP 2003, 353, 359; *Wittibschlager*, Einführung, Rn. 118.

181 *Schwenzer*, OR AT, Rn. 2.03.

zwischen Zivil- und Handelsrecht in Form eines BGB und HGB, sondern bildet ein sog. *monistisches System*.[182]

Das OR ist in insgesamt fünf Abteilungen gegliedert, von welchen nur die ersten beiden das eigentliche Schuldrecht enthalten.[183] Es erfolgt eine Aufteilung in einen allgemeinen und einen besonderen Teil.[184] Zum AT zählen z. B. das Delikts- und das Bereicherungsrecht.[185] Des Weiteren sind bspw. das Sachen-, Familien- und Erbrecht im ZGB und nicht im OR zu finden.[186] Jedoch ist zu beachten, dass das ZGB und das OR eine innere Einheit bilden.[187] So enthält das ZGB u. a. sachenrechtliche Normen wie Art. 715 ZGB, welche insbesondere für den Kaufvertrag relevant sind.[188] Außerdem entfalten die Bestimmungen des jeweiligen AT eine generelle Gültigkeit sowohl für das OR als auch das ZGB.[189]

2. *Nachteile aufgrund der Systematik*

a. *Allgemeines*

Grundsätzlich gilt, dass sich der deutsche Jurist schnell mit dem System des Schweizer Rechts vertraut machen kann.[190] Dennoch sollte er nicht vollkommen selbständig versuchen, das Schweizer Recht oder dessen Systematik zu verstehen. Ohne eine rechtliche Beratung oder die Hinzuziehung der entsprechenden

---

182 *Honsell*, OR BT, S. 1; *A. Koller*, in: Guhl, OR, § 1, Rn. 17; *Kuoni*, Haftungsbegrenzung, Rn. 134; *Rothermel*, Kauf-, Liefer- und Vertriebsrecht, S. 170; *Schwenzer*, OR AT, Rn. 2.06; *Wittibschlager*, Einführung, Rn. 124, 306; vgl. *Bucher*, Jahre, ZSR 1983, 251, 262; *ders.*, Entwicklung, ZEuP 2003, 353, 359.

183 *G/S/S/E*, OR AT, Rn. 8 f.; *Huguenin/Meise*, OR 2020, SZW 2015, 280, 283.

184 *G/S/S/E*, OR AT, Rn. 8; *Honsell*, OR BT, S. 7; *Huguenin*, OR, Rn. 7; *dies./Meise*, OR 2020, SZW 2015, 280, 283; *Schwenzer*, OR AT, Rn. 2.01; *Wittibschlager*, Einführung, Rn. 304.

185 *Honsell*, OR BT, S. 7.

186 *Ders.*, ebenda; *Schwenzer*, OR AT, Rn. 2.04; *Wittibschlager*, Einführung, Rn. 125.

187 *G/S/S/E*, OR AT, Rn. 13; *A. Koller*, in: Guhl, OR, § 1, Rn. 14; *Schumacher*, Vertragsgestaltung, Rn. 180, 403; *Schwenzer*, OR AT, Rn. 2.04; *Wiegand*, Picasso-Entscheid, recht 1989, 101, 108; *Wittibschlager*, Einführung, Rn. 123.

188 *Wittibschlager*, Einführung, Rn. 602.

189 *G/S/S/E*, OR AT, Rn. 14, 17; *Huguenin*, OR, Rn. 17; *dies./Meise*, OR 2020, SZW 2015, 280, 283; *A. Koller*, OR AT, Rn. 4.04; *ders.*, in: Guhl, OR, § 1, Rn. 15; *Schumacher*, Vertragsgestaltung, Rn. 180; *Schwenzer*, OR AT, Rn. 2.04; *Wittibschlager*, Einführung, Rn. 124; vgl. *Furrer/Wey*, in: CHK OR, Art. 100, Rn. 6.

190 *Rothermel*, Kauf-, Liefer- und Vertriebsrecht, S. 167.

Literatur[191] wird dies wahrscheinlich nicht innerhalb einer angemessenen Zeit gelingen.

b. Die Verweisungstechnik

Im BGB existiert eine Verweisungstechnik, welche die Rechtslage übersichtlich und nachvollziehbar gestaltet. So listet etwa § 437 BGB alle gesetzlichen Rechte des Käufers bei Mängeln sowie deren Fundorte im Gesetzestext auf. Dem Schweizer OR ist diese Regelungsweise grundsätzlich fremd.[192] Vereinzelt finden sich jedoch ebenfalls Verweise, wenn auch eher versteckt wie bei Art. 99 III OR, welcher auf die Regelungen der deliktsrechtlichen Bestimmungen aus Art. 42 ff. OR Bezug nimmt[193], ohne jedoch auf einzelne konkrete Normen zu verweisen. Dies führt dazu, dass ein Teil der Bestimmungen davon erfasst ist und ein anderer Teil nicht[194], sodass Rechtsunsicherheit und Unklarheit eintreten.

c. Die systematische Anordnung von Bestimmungen

Hilfreich für einen schnellen und guten Zugang ist auch eine gewisse Systematik. Im Schweizer Recht lässt sich feststellen, dass die systematische Anordnung nicht immer stringent ist, sodass bspw. die Bestimmungen über die Verjährung[195] auch innerhalb des AT – z. B. in Art. 60, 67, 127 ff. OR – sehr verstreut sind.[196]

d. Der Vorrang des besonderen Teils

Des Weiteren wäre es bspw. nach deutschem Verständnis geboten, dass der besondere dem allgemeinen Teil stets vorgeht[197], *lex specialis derogat legi generali.*[198] Nach Schweizer Recht gilt dieser Grundsatz nicht immer, sodass z. B. teleologische Erwägungen zu beachten sind.[199] In Frage kommt die ausschließliche Geltung der Sondernormen oder die zusätzliche Anwendbarkeit der allgemeinen Regeln.[200] Bspw. ist im Bereich von Art. 97–109 OR (AT) bzw. Art. 197 ff. OR (BT)

---

191 Siehe BSK OR; *G/S/S/E*, OR AT; *Huguenin*, OR; *Wittibschlager*, Einführung.
192 Siehe aber auch *Schumacher*, Vertragsgestaltung, Rn. 932 f.
193 *Furrer/Wey*, in: CHK OR, Art. 109, Rn. 32; *G/S/S/E*, OR AT, Rn. 2908.
194 *G/S/S/E*, OR AT, Rn. 2918.
195 Siehe 2. Teil, B., XIV.
196 *Huguenin/Meise*, OR 2020, SZW 2015, 280, 288.
197 *Trendelberend*, Vorteile, S. 151.
198 *Honsell*, Konkurrenz, SJZ 2007, 137, 139; *Jung*, Handelsrecht, § 1, Rn. 1; *Keller/Siehr*, Kaufrecht, S. 31, 103.
199 *Keller/Siehr*, Kaufrecht, S. 31, 103.
200 *Dies.*, ebenda.

für das Schweizer Kaufrecht eine Anspruchskonkurrenz der allgemeinen und besonderen Gewährleistungsregelungen sowohl nach Rechtsprechung[201] als auch nach h. L.[202] möglich, wenn zusätzliche Voraussetzungen erfüllt werden.[203] Im Ergebnis entsteht daraus zwar nur eine beschränkte Alternativität.[204] Allerdings wird die eigentliche Systematik durchbrochen. Ähnliches gilt für Art. 199 OR im Verhältnis zu Art. 100 I OR[205] sowie für Art. 197 OR zu Art. 24 I Nr. 4 OR.[206] Im Bereich des Werklieferungsvertrages wird die Alternativität zwischen dem AT und dem BT in Bezug auf Schadensersatzansprüche aufgrund von Mängeln jedoch abgelehnt[207], sodass der BT dem AT wieder vorgeht.

e. Der Ergänzungsbedarf des unvollständigen Gesetzes

Darüber hinaus ist anzumerken, dass der Gesetzestext des OR während seines langen Bestehens kaum verändert worden ist[208], sodass er nicht immer den Anforderungen an den modernen Rechts- und insbesondere Handelsverkehr genügt[209] und die Anpassungen an die heutige Zeit zu einem Großteil einzig über die Judikatur erfolgen.[210] Daraus folgt, dass es ohne Kenntnisse der Rechtsprechung und Lehre nicht mehr möglich ist, bspw. den OR AT zu verstehen oder

---

201 BGE 133 III 335, 339; BGE 114 II 131, 134; BGE 109 II 319, 322; BGE 108 II 102, 104; BGE 107 II 419, 421; BGE 107 II 161, 165; BGE 90 II 86, 88.

202 *Akikol*, Sachmängelhaftung, Rn. 119; *G/H/M/P*, Vertragsgestaltung, Rn. 160; *G/S/S/E*, OR AT, Rn. 2631; *Huguenin*, OR, Rn. 2695; *Wiegand*, in: BSK OR, Art. 107, Rn. 5; *Wittibschlager*, Einführung, Rn. 628; **a. A.** *Honsell*, OR BT, S. 117; *A. Koller*, in: Guhl, OR, § 42, Rn. 62; *Müller-Chen*, CHK OR, Art. 197, Rn. 7.

203 Siehe 2. Teil, B., X., 7., b.

204 *Akikol*, Sachmängelhaftung, Rn. 119; *Honsell*, in: BSK OR, Vorbem. zu Art. 197–210, Rn. 6; *ders.*, OR BT, S. 117; **a. A.** *Keller/Siehr*, Kaufrecht, S. 105 f.; siehe BGE 133 III 335, 339; BGE 114 II 131, 134; BGE 107 II 419, 421; BGE 107 II 161, 165.

205 *Honsell*, OR BT, S. 9; siehe 2. Teil, B., XI., 3., i., 2).

206 Siehe 2. Teil, B., VII., 1., a., 1), b), (1).

207 BGE 136 III 273, 274; BGE 133 III 335, 341; BGE 117 II 550, 553; BGE 100 II 30, 32; BGer 4A_387/2014 vom 27.10.2014, E. 4.2; *Bühler*, in: ZK OR, Art. 368, Rn. 14; *Furrer/Wey*, in: CHK OR, Art. 107, Rn. 3; *G/S/S/E*, OR AT, Rn. 2630; *Hürlimann/Siegenthaler*, in: CHK OR, Art. 368, Rn. 15; *Huguenin*, OR, Rn. 3187; *Wiegand*, in: BSK OR, Art. 107, Rn. 5; *Zindel/Pulver/Schott*, in: BSK OR, Art. 368, Rn. 78.

208 *Huguenin/Meise*, OR 2020, SZW 2015, 280, 281 f.; vgl. *Schumacher*, Vertragsgestaltung, Rn. 184.

209 *Schumacher*, Vertragsgestaltung, Rn. 184.

210 *Huguenin/Meise*, OR 2020, SZW 2015, 280, 281 f.; *Schumacher*, Vertragsgestaltung, Rn. 920.

gar anzuwenden.[211] Dies gilt insbesondere, wenn sogar Anspruchsgrundlagen vorhanden sind, welche sich nicht mehr aus dem Gesetzestext ergeben.[212] Im Ergebnis wird hierdurch ein rechtsunsicherer Zustand kreiert. Die aufgezeigten Probleme sowie einige entdeckte Regelungslücken sollen jedoch durch das *Obligationenrecht 2020*[213] beseitigt werden.[214]

f. Schlussfolgerungen

Dem deutschen Exporteur muss demnach bewusst sein, dass ihm das Schweizer Gesetz nicht immer Hilfe leisten wird. Es wird für ihn allein aus dem Gesetzestext heraus schwer nachvollziehbar sein, welche weiteren Regelungen und Tatbestandsmerkmale noch zu beachten sind. Eine ausreichende Kenntnis der Rechtslage oder zumindest eine sehr detaillierte Vertragsgestaltung[215] in diesem Bereich sind demnach unumgänglich.

VII. Der Entwurf zum Obligationenrecht 2020

Seit 2013 existiert ein Entwurf zur Reform des allgemeinen Obligationenrechts der Schweiz, welcher von 23 Schweizer Hochschullehrerinnen und -lehrern[216] als *Obligationenrecht 2020* veröffentlicht wurde.[217] Noch offen ist derzeit, ob eine Umsetzung erfolgen wird und falls ja, wie diese aussehen könnte.[218] Der voraussichtliche Einfluss auf die Gesetzgebung wird bislang lediglich als gering eingeschätzt.[219]

Zu beachten ist, dass der Entwurf ausschließlich die erste Abteilung des OR – also den AT – umfasst, sodass einzelne Vertragsverhältnisse wie bspw. der Kaufvertrag nicht unmittelbar betroffen sind.[220] Allerdings hat der AT auch Einfluss

211 *Huguenin/Meise*, OR 2020, SZW 2015, 280, 282.

212 *Dies.*, ebenda.

213 Siehe 2. Teil, A., VII. und B., II., c., 2), d).

214 *Huguenin/Meise*, OR 2020, SZW 2015, 280, 287, 291.

215 Siehe 2. Teil, C.

216 Siehe <<or2020.ch/Or2020/Forschunggruppe>> sowie <<www.rwi.uzh.ch/fr/lehreforschung/alphabetisch/huguenin/snf.html>>.

217 *Huguenin/Meise*, OR 2020, SZW 2015, 280, 280 f.; *Kern/Bettinger*, OR 2020, ZEuP 2014, 562, 562.

218 *Huguenin/Meise*, OR 2020, SZW 2015, 280, 289; *Kern/Bettinger*, OR 2020, ZEuP 2014, 562, 562; *Perrig*, in: K/P/P, AGB, Rn. 100.

219 *Perrig*, in: K/P/P, AGB, Rn. 100.

220 *Huguenin/Meise*, OR 2020, SZW 2015, 280, 281; *Kern/Bettinger*, OR 2020, ZEuP 2014, 562, 564; *Probst*, in: K/P/P, AGB, Rn. 449.

auf den BT, wenn besondere Regelungen nicht getroffen werden oder wenn eine Anspruchskonkurrenz[221] vorliegt. Demnach hat der deutsche Exporteur auf ggf. eintretende Änderungen des OR zu achten.

Realistischerweise muss aber auch betont werden, dass die großzügigen Gestaltungsmöglichkeiten im Schweizer Recht dafür sorgen, dass sich dieses Recht im Wettbewerb der Rechtsordnungen bisher gut behauptet.[222] Es ist fraglich, ob der Schweizer Gesetzgeber diese Freiheiten, welche mitunter durch das *OR 2020*[223] eingeschränkt würden, aufzugeben bereit ist.

VIII. Die Fallkonstellationen

Die vorliegende Arbeit nimmt an, dass der deutsche Exporteur, sein ausländischer Vertragspartner oder auch beide Parteien simultan AGB verwenden könnten oder auch darauf verzichten. Demnach kann jede Partei Verwender und/oder Kunde sein, sodass sämtliche Fallkonstellationen möglich sind. Wenn von *Einkaufsbedingungen* die Rede ist, handelt es sich immer um die AGB des Käufers. Wird hingegen nur von *AGB* gesprochen, kann es sich sowohl um die AGB des Verkäufers bzw. des deutschen Exporteurs als auch um die des Käufers – also die Einkaufsbedingungen – handeln. Ob nur diejenigen des Verkäufers gemeint sind, ist jeweils aus dem Zusatz und/oder dem Kontext ersichtlich.

Aufgrund der Tatsache, dass mehrere Fallkonstellationen denkbar sind, ergibt sich weiteres Konfliktpotential, welches es zu beachten und zu reduzieren gilt. Die Nachteile für den deutschen Exporteur können demnach aus unterschiedlichen Quellen abgeleitet werden und durch diverse Situationen entstehen. Grundsätzlich sind alle Bestandteile des Vertrages risikobehaftet. Je nach Ausgestaltung sind dies die Individualvereinbarung, die AGB des Verkäufers sowie die Einkaufsbedingungen des Käufers. Zudem wird Gesetzesrecht eingreifen, wenn ein Bereich vertraglich überhaupt nicht, lediglich unzureichend oder rechtlich unzulässig geregelt ist. Insbesondere aufgrund von Unwissenheit kann der deutsche Exporteur durch diese dispositiven oder zwingend anwendbaren Normen überrascht werden. Außerdem birgt die Vereinbarung eines *fremden*, eher unbekannten Rechts immer mehr Gefahren als das *eigene*, vertraute Recht, sodass zusätzlich allgemeine Nachteile als Risiko bestehen.

Zusammengefasst lassen sich demnach insgesamt fünf große Risikobereiche feststellen:

---

221 Siehe 2. Teil, A., VI., 2., d.

222 Siehe 2. Teil, B., II., 7., c., 2), d).

223 Siehe 2. Teil, A., VII. und B., II., 7., c., 2), d).

1. allgemeine Nachteile i. V. m. der Schweiz und ihrem Rechtssystem[224],
2. die Individualvereinbarung,
3. das zwingende oder dispositiv eingreifende Schweizer Recht an sich,
4. die Einkaufsbedingungen des Käufers und
5. die AGB des deutschen Exporteurs.

So ist es bspw. möglich, dass das Schweizer Gesetzesrecht stellenweise von sich aus den Käufer gegenüber dem Verkäufer bevorzugt. Dann muss jedoch auch diese Schweizer Norm anwendbar sein. Dies ist denkbar, wenn:

- keine Partei AGB in den Vertrag einbringt;
- in den AGB keine entsprechende Regelung getroffen wird;
- die einschlägige AGB-Klausel unwirksam ist;
- sich die AGB der Parteien zu diesem Themenbereich widersprechen[225];
- keine wirksame Individualvereinbarung getroffen wird.

Demnach ist es für den deutschen Exporteur unumgänglich, sich intensiv mit dem Schweizer Recht auseinanderzusetzen.

Allerdings können sich Probleme auch aus den Einkaufsbedingungen des Käufers ergeben. So ist es möglich, dass für den deutschen Exporteur nachteilige Klauseln in den Vertrag eingebracht werden, welche in dieser Form nach deutschem Recht nicht zulässig gewesen wären. Dies kann der Fall sein, wenn:

- der Verkäufer keine AGB hat;
- der Verkäufer seine AGB nicht wirksam in den Vertrag einbringen kann;
- die AGB des Verkäufers zu dem Thema schweigen und die Parteien vereinbart haben oder es sich ergibt, dass nur diejenigen Klauseln nicht gelten, die sich widersprechen, zusätzliche und ergänzende Klauseln[226] jedoch schon;
- die Einkaufsbedingungen des Käufers verhandelt werden und zu Individualvereinbarungen erstarken.[227]

Nicht zu unterschätzende Risiken können auch durch die eigenen AGB entstehen, wenn bspw. der deutsche Exporteur irrtümlicherweise von deren Geltung oder Wirksamkeit ausgeht oder das dispositive Recht einen besseren Schutz darstellen würde. Dies ist möglich, wenn:

224 Siehe auch 2. Teil, A., V. und VI.
225 Siehe 2. Teil, B., II., 3.
226 Siehe 2. Teil, B., II., 3., b., 2).
227 Siehe 2. Teil, B., II., 4.

- die AGB nicht wirksam in den Vertrag einbezogen werden;
- die Klauseln nicht wirksam formuliert worden sind;
- das dispositive Recht für den Verkäufer günstiger gewesen wäre als seine AGB.

Die Individualvereinbarung stellt aufgrund der vielfältigen Gestaltungsmöglichkeiten zum Nachteil des deutschen Exporteurs ebenfalls sehr großes Gefahrenpotential dar, auf welches zu achten ist. Darüber hinaus existieren auch allgemeine Nachteile, welche mit der Wahl eines ausländischen Rechts oder explizit mit der Wahl des Schweizer Rechts zusammenhängen.[228] Die sich daraus ergebenden Risiken kann der deutsche Exporteur häufig nicht selbst beseitigen, aber ggf. minimieren.

IX. Siemens als Beispiel für ein deutsches Unternehmen, welches das Schweizer Recht anwendet

Die *Siemens AG* nutzt bei internationalen Verträgen das Schweizer Recht. In § 15.2 ihrer AGB – Allgemeine Lieferbedingungen von Siemens Industry für Kunden mit Sitz außerhalb Deutschlands, Stand Mai 2012 – heißt es:

> „Auf diesen Vertrag findet das materielle schweizerische Recht Anwendung unter Ausschluss des Internationalen Privat-/Kollisionsrechts und des Übereinkommens der Vereinten Nationen über Verträge über den internationalen Warenkauf vom 11.04.1980 (CISG)".[229]

Begründet wird dies von *Andreas Dietzel*, Chief Counsel bei der *Siemens AG*, damit, dass es im Schweizer Recht die *Fesseln der deutschen Jurisdiktion* nicht gebe und die Vertragsfreiheit auch bei der Anwendung von AGB akzeptiert werde.[230]

X. Exkurs: Das Schweizer Recht auch bei reinen Inlandsgeschäften?

Bei Betrachtung der Vorteile, welche das Schweizer Recht insbesondere im AGB-Recht[231] für den B2B-Bereich aufweist, muss sich die Frage aufdrängen, ob dies auch für deutsche Unternehmer untereinander bei reinen Inlandsgeschäften eine Lösung darstellen könnte, um der strengen und kontrovers diskutierten

---

228 Siehe hierzu 2. Teil, A., V. und VI.

229 <mall.industry.siemens.com/legal/de/v_gl_i_dexport_d.pdf>.

230 <www.handelsblatt.com/finanzen/steuern-recht/recht/vertragsfreiheit-klatsche-fuer-die-unternehmen/3393280.html>.

231 Siehe *Trendelberend*, Vorteile.

AGB-Kontrolle[232] zu entgehen.[233] Ein reiner Inlandssachverhalt liegt dabei immer dann vor, wenn Anknüpfungspunkte lediglich zu einem Land existieren.[234]

Jedoch scheidet eine Vereinbarung eines ausländischen Rechts zwischen zwei deutschen Unternehmen regelmäßig aus.[235] Gem. Art. 3 III Rom I-VO[236] finden neben dem gewählten Recht auch diejenigen zwingenden Regelungen des in diesem Falle deutschen Rechts Anwendung, von welchen nicht vertraglich abgewichen werden kann. Demnach steht es den deutschen Parteien zwar frei, ein ausländisches Recht zu wählen. Sie können aber bspw. der deutschen AGB-Inhaltskontrolle[237] mangels Dispositivität nicht entgehen.[238] Im Grunde handelt es sich somit um eine Teilrechtswahl.[239]

Ein Teil der Lehre[240] vertritt allerdings die Auffassung, dass die Parteien bei Vereinbarung des Schweizer Rechts i. V. m. einem Schweizer Schiedsgericht die Vorteile dieser Rechtswahl selbst bei reinen Inlandsgeschäften nutzen könnten. Mangels höchstrichterlicher Bestätigung dieser Ansicht ist eine solche Vorgehensweise den Parteien aber nicht anzuraten. Zur Vermeidung der deutschen AGB-Inhaltskontrolle wäre höchstens eine *auch-körperliche Rechtsflucht*[241] denkbar[242], wodurch jedoch der reine Inlandssachverhalt entfiele.

---

232 Siehe 2. Teil, B., II., 7., b., 3).

233 *Kollmann*, AGB, NJOZ 2011, 625, 628; *Kondring*, Flucht, RIW 2010, 184, 184; *Lenkaitis/Löwisch*, Inhaltskontrolle, ZIP 2009, 441, 444.

234 *Rothermel*, Kauf-, Liefer- und Vertriebsrecht, S. 6 f., 53, 395, 404.

235 *Kollmann*, AGB, NJOZ 2011, 625, 628; *Kondring*, Flucht, RIW 2010, 184, 185; *Lenkaitis/Löwisch*, Inhaltskontrolle, ZIP 2009, 441, 444 f.; *Ostendorf/Kluth*, in: Ostendorf/Kluth, Wirtschaftsverträge, § 1, Rn. 14.

236 Verordnung (EG) Nr. 593/2008 des Europäischen Parlaments und des Rates vom 17. Juni 2008 über das auf vertragliche Schuldverhältnisse anzuwendende Recht, ABl. L 177 vom 04.07.2008, S. 6.

237 Siehe 2. Teil, B., II., 7., b.

238 OLG Frankfurt, NJW-RR 1989, 1018, 1018; *Kondring*, Flucht, RIW 2010, 184, 186; *Ostendorf/Kluth*, in: Ostendorf/Kluth, Wirtschaftsverträge, § 1, Rn. 14; *Richter*, AGB, S. 23; *Rothermel*, Kauf-, Liefer- und Vertriebsrecht, S. 3, 6 f., 53 f.; *Stoffels*, AGB-Recht, Rn. 234 f.

239 *Kondring*, Flucht, RIW 2010, 184, 186.

240 *Boog/Stark-Traber*, Werkvertrag, RIW 2012, 817, 829, Fn. 272; *Ostendorf*, in: Ostendorf/Kluth, Wirtschaftsverträge, § 13, Rn. 75; *Richter*, AGB, S. 23; *Voser/Boog*, Schweizer Recht, RIW 2009, 126, 133.

241 Bei einer auch-körperlichen Rechtsflucht findet eine Sitzverlegung in einen anderen Staat statt.

242 Vgl. *Lenkaitis/Löwisch*, Inhaltskontrolle, ZIP 2009, 441, 447 f.

B. Nachteile im Recht der Kauf- und Werklieferungsverträge

I. Der Werklieferungsvertrag

1. Definition und rechtliche Einordnung

Unter einem Werklieferungsvertrag wird die vertragliche Vereinbarung zur Herstellung und anschließenden Übereignung einer Sache verstanden.[243] Während gem. § 650 1 BGB nach deutschem Recht die Vorschriften zum Kauf auch auf den Werklieferungsvertrag Anwendung finden, zählt dieser im Schweizer Recht trotz Stofflieferungspflicht regelmäßig zum Werkvertrag.[244] Insbesondere ist dies der Fall, wenn die Sache auf die individuellen Bedürfnisse des Bestellers zugeschnitten ist.[245] Außerdem kann von einem Werkvertrag ausgegangen werden, wenn der Hersteller einer besonderen Weisungsgebundenheit dem Besteller gegenüber unterliegt oder der Produktionsprozess von erhöhter Wichtigkeit ist.[246]

Wird ein Standardprodukt in Serie produziert, so liegt hingegen der Kauf einer künftigen Sache vor.[247] Dies gilt ohnehin, wenn die Sache bei Vertragsschluss bereits hergestellt worden ist.[248] Demnach sind industrielle Serienprodukte stets dem Kauf zuzuordnen.[249] Dabei ist es für den Hersteller im Grunde irrelevant,

---

243 *Akikol*, Sachmängelhaftung, Rn. 235; *Honsell*, OR BT, S. 282 f.; *Keller/Siehr*, Kaufrecht, S. 13; *A. Koller*, in: Guhl, OR, § 47, Rn. 7; *Weidenkaff*, in: Palandt, Einf v § 433 BGB, Rn. 18.

244 BGE 117 II 425, 428; BGE 117 II 273, 274; BGE 103 II 33, 35; BGE 72 II 347, 349; *Akikol*, Sachmängelhaftung, Rn. 235; *Bühler*, in: ZK OR, Art. 363, Rn. 142; *Honsell*, OR BT, S. 283; *Huguenin*, OR, Rn. 3127; *Keller/Siehr*, Kaufrecht, S. 13; *A. Koller*, in: Guhl, OR, § 47, Rn. 7; *Straub*, in: M/B/K/P, Vertragshandbuch, Kap. 64, Rn. 0.1; *Zindel/Pulver/Schott*, in: BSK OR, Art. 363, Rn. 21.

245 BGE 124 III 456, 459; BGE 72 II 347, 349; BGE 42 II 622, 634; BGer 4C_301/2002 vom 22.01.2003, E. 2.1; *Honsell*, OR BT, S. 25, 282; *Huguenin*, OR, Rn. 2398, 3132; *Keller/Siehr*, Kaufrecht, S. 13; *Wittibschlager*, Einführung, Rn. 604.

246 *Huguenin*, OR, Rn. 2398; *Keller/Siehr*, Kaufrecht, S. 13; *Schönle*, in: ZK OR, Art. 184, Rn. 133 f.

247 *Boog/Stark-Traber*, Werkvertrag, RIW 2012, 817, 819; *Honsell*, OR BT, S. 25, 282; *Huguenin*, OR, Rn. 2398, 3132; *Keller/Siehr*, Kaufrecht, S. 13; siehe BGE 103 II 33, 35; BGE 72 II 347, 349.

248 BGE 124 III 456, 459; *Boog/Stark-Traber*, Werkvertrag, RIW 2012, 817, 818; *Gelzer*, Wünschbarkeit, S. 100; *Honsell*, OR BT, S. 282; *Huguenin*, OR, Rn. 3130; *A. Koller*, in: BK OR, Art. 363, Rn. 104.

249 *Honsell*, OR BT, S. 282.

welcher Abnehmer das Produkt erwerben wird.[250] Außerdem kann von einem Kaufvertrag ausgegangen werden, wenn der Abnehmer zwar Weisungen gibt, diese sich allerdings weniger auf den Herstellungsvorgang, sondern eher auf die Eigenschaften der Sache beziehen.[251]

2. *Die Rechtsfolgen*

a. *Die gesetzliche Lage*

Im Gegensatz zum BGB[252] unterscheidet das OR[253] in Bezug auf die Mängelgewährleistung der Art. 197 ff. und 368 ff. OR noch stark zwischen Kauf- und Werkvertrag, obwohl die Regelungen einander nachgebildet sind.[254] Für den deutschen Exporteur ist demnach von entscheidender Bedeutung, dass er den ihm vorliegenden Vertrag klar als Kauf- oder als Werk(lieferungs)vertrag klassifizieren kann, um daraus seine Rechte und Pflichten ableiten zu können.[255] Diese Vertragsarten unterscheiden sich bspw. beim Gefahrübergang gem. Art. 185 und 376 OR und in Bezug auf Rechte wie den Nachbesserungsanspruch.[256] Auch das Rücktrittsrecht gem. Art. 366 und 377 OR wird unterschiedlich geregelt.[257] Es muss demnach geschaut werden, welche Abweichungen sich im deutschen Kaufrecht im Vergleich zum Schweizer Werkvertragsrecht ergeben. Dabei sind jedoch die Besonderheiten des § 650 BGB zu berücksichtigen. Innerhalb dieser Arbeit wird an den entsprechenden Stellen auf die Nachteile hingewiesen, welche sich aus der unterschiedlichen Einordnung des Werklieferungsvertrages ergeben können.

---

250 *Boog/Stark-Traber*, Werkvertrag, RIW 2012, 817, 819; *Huguenin*, OR, Rn. 2398, 3132; *Schönle*, in: ZK OR, Art. 184, Rn. 134.

251 *Huguenin*, OR, Rn. 2398.

252 BT-Drs. 14/6040, S. 230; *Boerner*, Sachmängelhaftung, ZIP 2001, 2264, 2265; *Faust*, in: Ba/Ro, BeckOK BGB, § 439, Rn. 3; *Lorenz*, Selbstvornahme, NJW 2005, 1321, 1323.

253 *Boog/Stark-Traber*, Werkvertrag, RIW 2012, 817, 817; *Huguenin*, OR, Rn. 2399; *Keller/Siehr*, Kaufrecht, S. 13; *Voser/Boog*, Schweizer Recht, RIW 2009, 126, 127.

254 *Von Büren*, OR BT, S. 146; **a. A.** *Zindel/Pulver/Schott*, in: BSK OR, Art. 368, Rn. 5.

255 *Boog/Stark-Traber*, Werkvertrag, RIW 2012, 817, 817; *Honsell*, OR BT, S. 283; *Huguenin*, OR, Rn. 2399; *Voser/Boog*, Schweizer Recht, RIW 2009, 126, 127.

256 *Boog/Stark-Traber*, Werkvertrag, RIW 2012, 817, 818; *Honsell*, OR BT, S. 25, 283; *Keller/Siehr*, Kaufrecht, S. 13; siehe 2. Teil, B., X., 3.

257 *Huguenin*, OR, Rn. 2399; *Keller/Siehr*, Kaufrecht, S. 13; siehe 2. Teil, B., X., 6.

b. Vertragliche Möglichkeiten

Nach Schweizer Recht ist die gesetzliche Gewährleistungsordnung grundsätzlich dispositiver Natur.[258] Mit Ausnahme von bspw. Art. 199 OR, welcher das arglistige Verschweigen von Mängeln regelt[259], können fast alle Regelungen derart geändert werden, dass z. B. die Gewährleistung ausgeschlossen oder beschränkt wird.[260] Dies gilt demnach ebenfalls für das Werkvertragsrecht.[261] Die Parteien sind somit in der Lage, für ihren Vertrag bestimmte Regelungen eines anderen Vertragstyps vorzusehen[262], solange dies gem. Art. 19 I OR in den Schranken des Gesetzes[263] geschieht.[264] Demnach werden die Rechtsfolgen klar festgelegt, und die Parteien schaffen für sich selbst die benötigte Rechtssicherheit.

Anzumerken bleibt, dass es nicht ausreicht, wenn die Parteien den Vertrag nur dem Namen nach anders qualifizieren, da die rechtliche Einordnung dem Parteiwillen entzogen ist.[265] Bspw. wird aus einem Werkvertrag kein Auftrag, nur weil die Parteien den Vertrag so bezeichnen.[266]

II. Das AGB-Recht

Im Folgenden wird das AGB-Recht der beiden Rechtsordnungen in seinen allgemeinen Ausprägungen dargestellt und verglichen. Im Laufe der Arbeit ist es aber immer wieder erforderlich, i. R. d. speziellen Bereiche und Klauseln auf die AGB-Thematik zurückzukommen und entsprechend zu verweisen.[267]

---

258 BGE 91 II 344, 348; *Schwander*, Gestaltung, in: Furrer/Arter, Vertriebsverträge II, S. 128.

259 *Richter*, AGB, S. 125; *Voser/Boog*, Schweizer Recht, RIW 2009, 126, 128.

260 BGE 91 II 344, 348.

261 *Boog/Stark-Traber*, Werkvertrag, RIW 2012, 817, 819; *Straub*, in: M/B/K/P, Vertragshandbuch, Kap. 64, Rn. 27.2; *Zindel/Pulver/Schott*, in: BSK OR, Vorbem. zu Art. 363–379, Rn. 21.

262 *G/S/S/E*, OR AT, Rn. 1039; *Schumacher*, Vertragsgestaltung, Rn. 207 f.

263 Siehe auch 2. Teil, B., II., 7., c., 2), c) und XI., 3., c. und i., 1) und k. und XIII., 2.

264 *G/S/S/E*, OR AT, Rn. 1039; *Schumacher*, Vertragsgestaltung, Rn. 207.

265 BGE 131 III 217, 219; BGE 129 III 664, 667; BGE 99 II 313, 313; BGer 4P_235/2004 vom 10.01.2005, E. 3.4; *Berni*, Hardware, in: Jörg/Arter, Internet-Recht, S. 19 f., 35; *G/S/S/E*, OR AT, Rn. 1038; *Schumacher*, Vertragsgestaltung, Rn. 204, 1443.

266 *Schumacher*, Vertragsgestaltung, Rn. 204.

267 Siehe auch 2. Teil, B., XII., 2. und XVI. und XVII.

1. Allgemeines

Allgemeine Geschäftsbedingungen – oder kurz AGB – sind immer von einer Vertragspartei einseitig formuliert.[268] Verhandlungen über einzelne Klauseln finden nicht statt.[269] Des Weiteren sollen AGB für eine Vielzahl gleichartiger Verträge verwendet werden.[270] Damit ist die Schweizer Definition von AGB deckungsgleich mit derjenigen im deutschen Recht[271], welche in § 305 I 1 BGB normiert ist. AGB werden häufig auch Formular-, Standard- oder Massenverträge genannt.[272]

2. Die Bedeutung und Ziele von AGB im B2B-Verkehr

a. Die überragende Bedeutung von AGB

Ein modernes Wirtschaftsleben ohne AGB ist nicht mehr vorstellbar.[273] Nur selten werden Verträge zwischen Unternehmern ohne den Einfluss von AGB

---

268 *Adams*, Begründung, BB 1989, 781, 782; *G/H/M/P*, Vertragsgestaltung, Rn. 77, 328; *Graf von Westphalen*, Einkaufsbedingungen, S. 10; *Greiner*, Wahl, S. 4; *Huguenin*, OR, Rn. 233; *Kaufhold*, Anmerkung, ZIP 2010, 631, 632; *Kut*, in: CHK OR, Art. 1, Rn. 47; *Lichtensteiger*, in: M/B/K/P, Vertragshandbuch, Kap. 5, Rn. 3.1; *Schwenzer*, OR AT, Rn. 44.01; *Stöckli*, Art. 8 UWG, BR 2011, 184, 184.

269 BGer 4P_135/2002 vom 28.11.2002, E. 3.1; *Hess/Ruckstuhl*, AGB-Kontrolle, AJP 2012, 1188, 1193; *Huguenin*, OR, Rn. 605; *dies.*, AGB, recht 1995, 85, 85; *Richter*, AGB, S. 9; *Schwenzer*, OR AT, Rn. 44.01; *Stöckli*, Art. 8 UWG, BR 2011, 184, 184.

270 BGer 4P_135/2002 vom 28.11.2002, E. 3.1; *Greiner*, Wahl, S. 4; *Huguenin*, OR, Rn. 605; *A. Koller*, AGB-Recht, AJP 2016, 279, 279; *Kut*, in: CHK OR, Art. 1, Rn. 47; *Lichtensteiger*, in: M/B/K/P, Vertragshandbuch, Kap. 5, Rn. 3.1; *Rusch*, in: M/B/K/P, Vertragshandbuch, Kap. 4, Rn. 2; *Zellweger-Gutknecht/Bucher*, in: BSK OR, Anh. Art. 1, Rn. 47.

271 *Ehle/Brunschweiler*, AGB-Recht, RIW 2012, 262, 263; *Greiner*, Wahl, S. 4; *A. Koller*, AGB-Recht, AJP 2016, 279, 279 f.; *Kramer*, in: K/P/P, AGB, Rn. 15; *Kuoni*, Haftungsbegrenzung, Rn. 71; *Richter*, AGB, S. 32 f.

272 *A. Koller*, in: Guhl, OR, § 13, Rn. 1; *ders.*, AGB-Recht, AJP 2016, 279, 280; vgl. *Kut*, in: CHK OR, Art. 1, Rn. 47.

273 *Bieger*, Mängelrüge, Rn. 410; *Gottschalk*, Transparenzgebot, AcP 206 (2006), 555, 559; *Hess/Ruckstuhl*, AGB-Kontrolle, AJP 2012, 1188, 1193; *A. Koller*, in: Guhl, OR, § 13, Rn. 49; *Kuoni*, Haftungsbegrenzung, Rn. 66; *Ramstein*, AGB, RIW 1988, 440, 440.

geschlossen[274], sodass diese einen beherrschenden Platz einnehmen[275] und naturgemäß weit verbreitet sind.[276] Insbesondere in der Industrie und im Großhandel muss mit ihnen gerechnet werden.[277] Auf die Verwendung von eigenen oder anderweitig bezogenen Mustern oder Textbausteinen wird somit praktisch nie verzichtet.[278] Diese stellen auch immer AGB dar.[279] Das Gleiche gilt grundsätzlich ebenfalls für Verhandlungsprotokolle, wenn Standardformulierungen verwendet werden.[280] Schließlich wird der Verwender regelmäßig bestimmte Alternativen vorgeben, zwischen denen sich der Kunde – mehr oder weniger freiwillig – entscheiden kann.[281] Oft werden AGB auch Bestandteil eines Rahmenvertrags, welcher für eine bestimmte Art von Rechtsgeschäften Gültigkeit erlangen soll[282] und im Ergebnis wirtschaftlich sehr bedeutend ist. Dann gelten die AGB für alle erfassten Einzelverträge und müssen nicht immer wieder neu einbezogen werden.[283]

Innerhalb des B2B-Bereichs existieren große Unterschiede in Bezug auf AGB: Zum einen gibt es Massengeschäfte, bei denen die AGB – hauptsächlich Einkaufs- oder Lieferbedingungen – nur beigefügt werden.[284] Zum anderen wird

---

274 *G/H/M/P*, Vertragsgestaltung, Rn. 77, 328; *Leuschner*, AGB-Kontrolle, JZ 2010, 875, 875; *Lischek/Mahnken*, Vertragsverhandlungen, ZIP 2007, 158, 158; *Maier-Reimer*, AGB-Recht, NJW 2017, 1, 1; *Ostendorf/Kluth*, in: Ostendorf/Kluth, Wirtschaftsverträge, § 1, Rn. 11; *Richter*, AGB, S. 1; *Stoffels*, AGB-Recht, Rn. 344.

275 *Baudenbacher*, AGB-Gesetz, ZBJV 1987, 505, 506.

276 *Graf von Westphalen*, in: Vertragsrecht, Individualvereinbarung, Rn. 2; *Jung*, Handelsrecht, § 1, Rn. 5.

277 *Baudenbacher*, AGB-Gesetz, ZBJV 1987, 505, 506.

278 *Leuschner*, AGB-Kontrolle, JZ 2010, 875, 876, 878; *Lischek/Mahnken*, Vertragsverhandlungen, ZIP 2007, 158, 158.

279 *Graf von Westphalen*, in: Vertragsrecht, Individualvereinbarung, Rn. 2; *ders.*, Einkaufsbedingungen, S. 11; *Maier-Reimer*, AGB-Recht, NJW 2017, 1, 3; *Mann*, Vertriebsrecht, Rn. 132; *Schaeuffelen*, in: H/R/S, Rechtsfragen, S. 36; *Schumacher*, Vertragsgestaltung, Rn. 1429.

280 *Graf von Westphalen*, in: Vertragsrecht, Individualvereinbarung, Rn. 37; *ders.*, Einkaufsbedingungen, S. 12; *Schaeuffelen*, in: H/R/S, Rechtsfragen, S. 36.

281 *Graf von Westphalen*, in: Vertragsrecht, Individualvereinbarung, Rn. 37.

282 *G/S/S/E*, OR AT, Rn. 1128d; *A. Koller*, AGB-Recht, AJP 2016, 279, 283; *Lenkaitis/Löwisch*, Inhaltskontrolle, ZIP 2009, 441, 449; *Ramstein*, AGB, RIW 1988, 440, 441.

283 *G/S/S/E*, OR AT, Rn. 1128d; *Huguenin*, OR, Rn. 606; *A. Koller*, AGB-Recht, AJP 2016, 279, 283; *Perrig*, in: K/P/P, AGB, Rn. 119; *Schwenzer*, OR AT, Rn. 45.02.

284 *Koch*, AGB-Recht, BB 2010, 1810, 1810; *Wildhaber*, Inhaltskontrolle, SJZ 2011, 537, 544.

über sehr komplexe Geschäfte verhandelt[285], bei welchen die Standardbedingungen als Verhandlungseinstieg verwendet werden.[286]

b. Die Ziele des AGB-Verwenders

Ziele der Verwendung von AGB sind in jeder Rechtsordnung die Rationalisierung[287], Standardisierung[288] sowie Vereinfachung der Abwicklung von Massengeschäften[289] und somit die Reduzierung der Transaktionskosten[290] durch die Beschleunigungsfunktion von AGB.[291] Es sollen möglichst alle denkbaren Fälle situationsgerecht abgedeckt[292] und sowohl die Effektivität als auch die Effizienz

---

285 Siehe 2. Teil, B., II., 4.

286 *Koch*, AGB-Recht, BB 2010, 1810, 1810; *Wildhaber*, Inhaltskontrolle, SJZ 2011, 537, 544.

287 BGer 4C_282/2003 vom 15.12.2003, E. 3.1; *Gauch*, Vertragshaftung, recht 2006, 77, 86; *Gottschalk*, Transparenzgebot, AcP 206 (2006), 555, 559; *Graf von Westphalen*, Verkaufsbedingungen, S. 1; *Greiner*, Wahl, S. 1; *G/S/S/E*, OR AT, Rn. 1120; *Huguenin*, AGB, recht 1995, 85, 85; *Kessel/Jüttner*, Individualabrede, BB 2008, 1350, 1350; *A. Koller*, in: Guhl, OR, § 13, Rn. 49; *Leuschner*, AGB-Kontrolle, JZ 2010, 875, 879 f.; *Ramstein*, AGB, RIW 1988, 440, 440; *Richter*, AGB, S. 95; *Zellweger-Gutknecht/Bucher*, in: BSK OR, Anh. Art. 1, Rn. 47.

288 *Eisner-Kiefer*, AVB, in: B/S/E-K, AGB, S. 91; *Gauch*, Vertragshaftung, recht 2006, 77, 86; *G/H/M/P*, Vertragsgestaltung, Rn. 328; *Lischek/Mahnken*, Vertragsverhandlungen, ZIP 2007, 158, 159; *Zellweger-Gutknecht/Bucher*, in: BSK OR, Anh. Art. 1, Rn. 47.

289 *Baudenbacher*, AGB-Gesetz, ZBJV 1987, 505, 506 f.; *Bieger*, Mängelrüge, Rn. 410; *Eisner-Kiefer*, AVB, in: B/S/E-K, AGB, S. 91 f.; *Graf von Westphalen*, Verkaufsbedingungen, S. 1; *G/S/S/E*, OR AT, Rn. 1119; *Huguenin*, OR, Rn. 606; *Kessel/Jüttner*, Individualabrede, BB 2008, 1350, 1350; *A. Koller*, AGB-Recht, AJP 2016, 279, 279; *Lischek/Mahnken*, Vertragsverhandlungen, ZIP 2007, 158, 158; *Pfeiffer*, in: W/L/P, AGB-Recht, 1. Teil, Rn. 1; *Rusch*, in: M/B/K/P, Vertragshandbuch, Kap. 4, Rn. 1; *Schmid*, AGB, ZBJV 2012, 1, 1.

290 *Basedow*, in: MüKo BGB, Vorbem. § 305, Rn. 5; *G/H/M/P*, Vertragsgestaltung, Rn. 77, 329; *Greiner*, Wahl, S. 1; *Huguenin*, AGB, recht 1995, 85, 85; *Kuoni*, Haftungsbegrenzung, Rn. 66; *Leuschner*, AGB-Kontrolle, AcP 207 (2007), 491, 503 f.; *Leyens/Schäfer*, Inhaltskontrolle, AcP 210 (2010), 771, 779; *Lischek/Mahnken*, Vertragsverhandlungen, ZIP 2007, 158, 159; *Rusch*, in: M/B/K/P, Vertragshandbuch, Kap. 4, Rn. 1; *Schumacher*, Vertragsgestaltung, Rn. 286, 1618; vgl. *Bieger*, Mängelrüge, Fn. 456.

291 *Aderhold/Koch/Lenkaitis*, Vertragsgestaltung, § 20, Rn. 1; *Leyens/Schäfer*, Inhaltskontrolle, AcP 210 (2010), 771, 785; *Schumacher*, Vertragsgestaltung, Rn. 1609.

292 *Adams*, Begründung, BB 1989, 781, 783; *Eisner-Kiefer*, AVB, in: B/S/E-K, AGB, S. 92; *Zellweger-Gutknecht/Bucher*, in: BSK OR, Anh. Art. 1, Rn. 47.

gesteigert werden.[293] AGB sind ebenfalls hilfreich, wenn die betroffene Materie noch nicht gesetzlich geregelt ist[294] oder Unsicherheiten zwischen Lehre und Rechtsprechung bestehen.[295] Zudem erlauben sie die Konzentration auf die individuelle Vertragsgestaltung[296] und schaffen die Möglichkeit, selbst komplexe Verträge durch juristisch nicht geschultes Personal zum Abschluss bringen zu können.[297] Wenn das geltende Gesetzesrecht als ungerecht betrachtet wird, sind AGB in der Lage, diese Ungerechtigkeiten zu beheben.[298] Darüber hinaus strebt der Verwender regelmäßig die Stärkung der eigenen Rechtsposition im Verhältnis zum dispositiven Gesetzesrecht an.[299] Aber auch das Aufzwingen bestimmter Bedingungen sowie die Verlagerung des Risikos werden häufig beabsichtigt.[300] Laut *Grüneberg*[301] sollen diese sogar die wichtigsten Zwecke von AGB darstellen, sodass sich aus ihnen regelmäßig Nachteile für den Vertragspartner ergeben.[302] Besonders bedenklich ist die Abwälzung von Haftungs- und Prozessrisiken.[303]

---

293 *Schnyder*, Dogmatik, in: B/S/E-K, AGB, S. 41.

294 *Baudenbacher*, AGB-Gesetz, ZBJV 1987, 505, 507; *Eisner-Kiefer*, AVB, in: B/S/E-K, AGB, S. 92; *Gordon-Vrba*, AGB-Kontrolle, in: B/S/E-K, AGB, S. 265; *Grüneberg*, in: Palandt, Überbl v § 305 BGB, Rn. 5; *Kessel/Jüttner*, Individualabrede, BB 2008, 1350, 1350; *Pfeiffer*, in: W/L/P, AGB-Recht, 1. Teil, Rn. 2; *Richter*, AGB, S. 5; *Rusch*, in: M/B/K/P, Vertragshandbuch, Kap. 4, Rn. 1; *Schumacher*, Vertragsgestaltung, Rn. 1604; *Schwenzer*, OR AT, Rn. 44.02.

295 *Schumacher*, Vertragsgestaltung, Rn. 1604.

296 *Ders.*, ebenda, Rn. 1603.

297 *A. Koller*, AGB-Recht, AJP 2016, 279, 280.

298 *Schumacher*, Vertragsgestaltung, Rn. 1605.

299 BT-Drs. 7/3919, S. 9; *Adams*, Begründung, BB 1989, 781, 782.

300 BT-Drs. 7/3919, S. 9; *Baudenbacher*, AGB-Gesetz, ZBJV 1987, 505, 507; *Berger*, Reform, NJW 2010, 465, 468; *Hess/Ruckstuhl*, AGB-Kontrolle, AJP 2012, 1188, 1193; *G/H/M/P*, Vertragsgestaltung, Rn. 329; *Grüneberg*, in: Palandt, Überbl v § 305 BGB, Rn. 6; *G/S/S/E*, OR AT, Rn. 1120; *A. Koller*, in: Guhl, OR, § 13, Rn. 49; *Leuschner*, AGB-Kontrolle, AcP 207 (2007), 491, 504; *Pfeiffer*, in: W/L/P, AGB-Recht, 1. Teil, Rn. 3; *Ramstein*, AGB, RIW 1988, 440, 440; *Richter*, AGB, S. 5; *Roberto/Walker*, AGB-Kontrolle, recht 2014, 49, 49; *Schmid*, AGB, ZBJV 2012, 1, 1; *Schnyder*, Dogmatik, in: B/S/E-K, AGB, S. 41.

301 *Grüneberg*, in: Palandt, Überbl v § 305 BGB, Rn. 6.

302 *Adams*, Begründung, BB 1989, 781, 782; *Greiner*, Wahl, S. 1; *Grolimund*, AGB, in: B/S/E-K, AGB, S. 227; *Huguenin*, OR, Rn. 607; *dies.*, AGB, recht 1995, 85, 85; *A. Koller*, in: Guhl, OR, § 13, Rn. 49; *ders.*, AGB-Recht, AJP 2016, 279, 281; *Roberto/Walker*, AGB-Kontrolle, recht 2014, 49, 49; *Schumacher*, Vertragsgestaltung, Rn. 1615; *Stöckli*, Art. 8 UWG, BR 2011, 184, 184.

303 *Baudenbacher*, AGB-Gesetz, ZBJV 1987, 505, 507.

AGB werden demnach zur Durchsetzung von Verhandlungsmacht benutzt[304] und sind mit einer erhöhten Missbrauchsgefahr verbunden.[305] Es lässt sich festhalten, dass AGB sowohl Segen als auch Fluch sein können.[306]

3. *Die beidseitige Verwendung von AGB*

Nach dem Gesagten ist es nicht verwunderlich, wenn beide Parteien ihre eigenen AGB verwenden möchten: einmal als Allgemeine Verkaufs- und Lieferbedingungen und einmal als Allgemeine Einkaufsbedingungen.[307]

a. *Die alleinige Durchsetzung der AGB*

Für die Einschätzung des Risikopotentials ist es von enormer Wichtigkeit, ob ausschließlich die eigenen AGB in den Vertrag eingebracht werden können oder nicht. Wenn die Verhandlungsmacht einer Partei (sog. *bargaining power*) viel stärker ist als diejenige der anderen Partei, kann der Abschluss oder Inhalt des Vertrages einseitig diktiert werden, was wiederum die *Vertragsparität* beseitigt.[308] Eine Partei ist dann in der Lage, ausschließlich ihre eigenen AGB wirksam in den Vertrag einzubeziehen[309], obwohl auch die andere Partei eigene AGB hat. Ist dies der Fall für den deutschen Exporteur, so ist mit erheblich weniger Nachteilen im Schweizer Recht zu rechnen.

---

304 *G/S/S/E*, OR AT, Rn. 1120; *Pfeiffer*, in: W/L/P, AGB-Recht, 1. Teil, Rn. 3; *Schmid*, AGB, ZBJV 2012, 1, 1; *Schumacher*, Vertragsgestaltung, Rn. 1615.

305 *Kramer*, in: K/P/P, AGB, Rn. 5; *ders.*, AGB, SJZ 1985, 17, 17; **a. A.** *Adams*, Begründung, BB 1989, 781, 783.

306 *Rusch*, in: M/B/K/P, Vertragshandbuch, Kap. 4, Rn. 1.

307 *Bohnstedt*, Vertragsrecht, S. 112; *Eugster*, Verweisung, SJZ 1978, 344, 344; *G/H/M/P*, Vertragsgestaltung, Rn. 334; *Graf von Westphalen*, in: Vertragsrecht, Vertragsabschlussklauseln, Rn. 46; *G/S/S/E*, OR AT, Rn. 1130; *A. Koller*, AGB-Recht, AJP 2016, 279, 291; *Kramer*, AGB, SJZ 1985, 17, 19 f.; *Kuoni*, Haftungsbegrenzung, Rn. 111; *Perrig*, in: K/P/P, AGB, Rn. 233; *Schaeuffelen*, in: H/R/S, Rechtsfragen, S. 29; *Schwenzer*, OR AT, Rn. 45.14.

308 *Fountoulakis*, Choice, EJLR 2005, 303, 305; *G/S/S/E*, OR AT, Rn. 622; *Schumacher*, Vertragsgestaltung, Rn. 283.

309 Siehe 2. Teil, B., II., 5.

b. Die Kollision von AGB

1) Die vertretenen Ansichten

a) Allgemeines

Regelmäßig wird sich in der Praxis keine der Parteien durchsetzen können, sodass die Problematik sich widersprechender AGB auch weit verbreitet zu sein scheint.[310] Dies führt häufig zu Problemen[311], insbesondere wenn die Abweichungen wichtige Bereiche wie Gewährleistungsansprüche, anwendbares Recht und Gerichtsstand betreffen.[312] Fraglich ist nun, was in einem solchen Fall, welcher auch als *battle of the forms*[313], *AGB-Kollision*[314] oder *Kampf der Formulare*[315] bezeichnet wird, gilt.

b) Die Theorie des letzten Wortes

Wenn beide Vertragsparteien auf der Einbeziehung ihrer AGB bestehen, galt früher nach deutschem Recht die *Theorie des letzten Wortes.*[316] Diese wird auch als *last-shot*-Regelung bezeichnet und bedeutet, dass ausschließlich diejenigen AGB Anwendung finden, die als letztes vor Vertragsschluss unwidersprochen an die andere Partei übersandt worden sind.[317] Bei längeren Verhandlungen konnte

---

310 *A. Koller*, AGB-Recht, AJP 2016, 279, 291; *Kramer*, AGB, SJZ 1985, 17, 20; *Perrig*, in: K/P/P, AGB, Rn. 233; *Rothermel*, Kauf-, Liefer- und Vertriebsrecht, S. 60.

311 *Fountoulakis*, Choice, EJLR 2005, 303, 305; *Jansen*, Klauselkontrolle, ZEuP 2010, 69, 85.

312 *Eugster*, Verweisung, SJZ 1978, 344, 344.

313 *Bugg*, Contracts, S. 28; *Fountoulakis*, Choice, EJLR 2005, 303, 305; *G/S/S/E*, OR AT, Rn. 1130; *Jäggi/Gauch/Hartmann*, in: ZK OR, Art. 18, Rn. 521; *Kramer*, AGB, SJZ 1985, 17, 20; *Kuoni*, Haftungsbegrenzung, Rn. 111; *Ostendorf/Sauthoff*, in: Ostendorf/Kluth, Wirtschaftsverträge, § 18, Rn. 63; *Rothermel*, Kauf-, Liefer- und Vertriebsrecht, S. 15, 394; *Schwenzer*, OR AT, Rn. 45.14; *Wittibschlager*, Einführung, Rn. 439; *Zellweger-Gutknecht/Bucher*, in: BSK OR, Anh. Art. 1, Rn. 66.

314 *Perrig*, in: K/P/P, AGB, Rn. 233.

315 *Ders.*, ebenda.

316 BGH, NJW 1973, 2106, 2106; *Bohnstedt*, Vertragsrecht, S. 113; *Graf von Westphalen*, in: Vertragsrecht, Vertragsabschlussklauseln, Rn. 47; *ders.*, Verkaufsbedingungen, S. 44; *ders.*, Einkaufsbedingungen, S. 32; *Grüneberg*, in: Palandt, § 305 BGB, Rn. 54; *Rothermel*, Kauf-, Liefer- und Vertriebsrecht, S. 60; *Schaeuffelen*, in: H/R/S, Rechtsfragen, S. 29.

317 *Bohnstedt*, Vertragsrecht, S. 112 f.; *Bugg*, Contracts, S. 28; *Eugster*, Verweisung, SJZ 1978, 344, 344; *Graf von Westphalen*, Verkaufsbedingungen, S. 43; *Kramer*, AGB, SJZ 1985, 17, 20; *Ostendorf/Sauthoff*, in: Ostendorf/Kluth, Wirtschaftsverträge, § 18, Rn. 64; *Ramstein*, AGB, RIW 1988, 440, 442; *Rothermel*, Kauf-, Liefer- und

es also passieren, dass mit jedem Schriftstück die jeweiligen AGB wieder und wieder versendet wurden.[318] Der BGH[319] leitete diese Rechtsprechung hauptsächlich aus § 150 II BGB ab.[320] Diese Ansicht wurde jedoch für das deutsche Recht aufgegeben.[321]

Nach Schweizer Recht ist die Anwendung dieser Theorie zwar noch umstritten, wird aber überwiegend abgelehnt.[322] Dies gilt insbesondere, wenn eine Abwehrklausel vorhanden ist.[323] Durch diese würden nicht nur die sich widersprechenden, sondern auch die ergänzenden Klauseln der anderen Partei ausgeschlossen.[324]

c) Das Restgültigkeitsprinzip

Die aktuelle Lösung nach deutschem Recht sieht das sog. *Restgültigkeitsprinzip*[325] vor, welches auch als *Prinzip der Kongruenzgeltung*[326], *Konsens-Dissens-Prinzip*[327] oder *knock out approach*[328] bzw. *knock out rule*[329] bezeichnet wird. Wenn Teile der Einkaufs- und Lieferbedingungen dieselbe Intention anstreben, gelten diese AGB-Bestimmungen vor den gesetzlichen Regelungen.[330] Im Umkehrschluss

---

Vertriebsrecht, S. 15, 405, 412; *Schaeuffelen*, in: H/R/S, Rechtsfragen, S. 29; *Zellweger-Gutknecht/Bucher*, in: BSK OR, Anh. Art. 1, Rn. 67.

318 *Bohnstedt*, Vertragsrecht, S. 113.

319 BGH, NJW 1973, 2106, 2106.

320 *Graf von Westphalen*, Verkaufsbedingungen, S. 43; *ders.*, Einkaufsbedingungen, S. 32.

321 BGH, NJW-RR 2001, 484, 485; BGH, NJW 1985, 1838, 1839; BGH, NJW 1973, 2106, 2107.

322 *Eugster*, Verweisung, SJZ 1978, 344, 345; *G/H/M/P*, Vertragsgestaltung, Rn. 335; *Greiner*, Wahl, S. 10; *G/S/S/E*, OR AT, Rn. 1130a; *A. Koller*, AGB-Recht, AJP 2016, 279, 291; *Kramer*, AGB, SJZ 1985, 17, 20; *Kuoni*, Haftungsbegrenzung, Rn. 112; *Perrig*, in: K/P/P, AGB, Rn. 233; *Schwenzer*, OR AT, Rn. 45.15; *Zellweger-Gutknecht/Bucher*, in: BSK OR, Anh. Art. 1, Rn. 67.

323 *Greiner*, Wahl, S. 10; *Perrig*, in: K/P/P, AGB, Rn. 233; *Ramstein*, AGB, RIW 1988, 440, 442.

324 BGH, NJW-RR 2001, 484, 485; *Grüneberg*, in: Palandt, § 305 BGB, Rn. 54.

325 *Rothermel*, Kauf-, Liefer- und Vertriebsrecht, S. 15, 60, 404, 410.

326 *Graf von Westphalen*, in: Vertragsrecht, Vertragsabschlussklauseln, Rn. 55; *Greiner*, Wahl, S. 10; *Grüneberg*, in: Palandt, § 305 BGB, Rn. 54.

327 *Graf von Westphalen*, Verkaufsbedingungen, S. 44.

328 *Bugg*, Contracts, S. 28.

329 *Rothermel*, Kauf-, Liefer- und Vertriebsrecht, S. 15, 60, 404, 410.

330 BGH, NJW-RR 2001, 484, 485; BGH, NJW 1985, 1838, 1839; *Bohnstedt*, Vertragsrecht, S. 114; *Graf von Westphalen*, in: Vertragsrecht, Vertragsabschlussklauseln, Rn. 55; *ders.*, Verkaufsbedingungen, S. 45; *Grüneberg*, in: Palandt, § 305 BGB, Rn. 54;

bedeutet dies, dass dort, wo ein Dissens besteht, keine der Klauseln zur Anwendung gelangt[331] und stattdessen das dispositive Recht anwendbar ist.[332] Seine Aufgabe ist es schließlich, Vertragslücken mit dem mutmaßlichen Willen der Parteien zu füllen.[333]

Auch die h. M.[334] in der Schweiz folgt grundsätzlich dieser Theorie.[335] Schließlich gehören auch beide Staaten dem *civil law*-Rechtskreis an[336], welcher sich überwiegend für den *knock out approach* ausspricht.[337] Jedoch gilt es zu beachten, dass sich die Schweizer Literatur[338] im Vergleich zur deutschen nur relativ wenig mit der Problematik zu befassen scheint.[339] Höchstrichterliche Rechtsprechung existiert zu dieser Thematik – soweit ersichtlich – noch nicht.

G/S/S/E, OR AT, Rn. 1130a; *Ostendorf/Sauthoff*, in: Ostendorf/Kluth, Wirtschaftsverträge, § 18, Rn. 65; *Schaeuffelen*, in: H/R/S, Rechtsfragen, S. 30.

331 BGH, NJW 1985, 1838, 1839; BGH, NJW 1973, 2106, 2107; *Bohnstedt*, Vertragsrecht, S. 114; *Bugg*, Contracts, S. 28; *Eugster*, Verweisung, SJZ 1978, 344, 345; *Graf von Westphalen*, Verkaufsbedingungen, S. 45; *Greiner*, Wahl, S. 10; *G/S/S/E*, OR AT, Rn. 1130a; *A. Koller*, OR AT, Rn. 23.76; *Kramer*, in: BK OR, Art. 1, Rn. 160; *Rothermel*, Kauf-, Liefer- und Vertriebsrecht, S. 15, 60, 404, 410; *Schaeuffelen*, in: H/R/S, Rechtsfragen, S. 30; *Zellweger-Gutknecht/Bucher*, in: BSK OR, Anh. Art. 1, Rn. 68.

332 *Bugg*, Contracts, S. 28; *Graf von Westphalen*, in: Vertragsrecht, Vertragsabschlussklauseln, Rn. 51; *ders.*, Verkaufsbedingungen, S. 44; *ders.*, Einkaufsbedingungen, S. 33; *Greiner*, Wahl, S. 10; *Kramer*, AGB, SJZ 1985, 17, 20; *Ostendorf/Sauthoff*, in: Ostendorf/Kluth, Wirtschaftsverträge, § 18, Rn. 65; *Rothermel*, Kauf-, Liefer- und Vertriebsrecht, S. 60; *Schaeuffelen*, in: H/R/S, Rechtsfragen, S. 30; *Zellweger-Gutknecht/Bucher*, in: BSK OR, Anh. Art. 1, Rn. 68.

333 *Handschin*, Gesellschaft, SJZ 2013, 485, 489; *Schumacher*, Vertragsgestaltung, Rn. 182.

334 *Eugster*, Verweisung, SJZ 1978, 344, 345; *Furrer*, Freizeichnungsklauseln, in: FS Fischer, 109, 126; *A. Koller*, OR AT, Rn. 23.76; *ders.*, AGB-Recht, AJP 2016, 279, 291; *Kramer*, in: BK OR, Art. 1, Rn. 160; *ders.*, in: K/P/P, AGB, Rn. 61; *ders.*, AGB, SJZ 1985, 17, 20; *Kuoni*, Haftungsbegrenzung, § 3, Rn. 112; *Perrig*, in: K/P/P, AGB, Rn. 148, 234; *ders.*, Einbeziehung, in: B/S/E-K, AGB, S. 194; *Schwenzer*, OR AT, Rn. 45.15; *Zellweger-Gutknecht/Bucher*, in: BSK OR, Anh. Art. 1, Rn. 68.

335 *Ehle/Brunschweiler*, AGB-Recht, RIW 2012, 262, 269; *Ramstein*, AGB, RIW 1988, 440, 442; *Rothermel*, Kauf-, Liefer- und Vertriebsrecht, S. 172.

336 *Bugg*, Contracts, S. 6, Fn. 8.

337 *Ders.*, ebenda, S. 28.

338 Siehe *A. Koller*, AGB-Recht, AJP 2016, 279, 291; *Perrig*, in: K/P/P, AGB, Rn. 148; *Rusch*, in: M/B/K/P, Vertragshandbuch, Kap. 4, Rn. 7; *Schwenzer*, OR AT, Rn. 45.14 f.

339 *Eugster*, Verweisung, SJZ 1978, 344, 344; *Kramer*, AGB, SJZ 1985, 17, 19.

d) Die Theorie der vertragstypischen Leistung

In der Schweizer Literatur existiert daneben noch die Auffassung, dass die AGB derjenigen Partei Geltung erlangen, die die vertragstypische Leistung erbringt.[340] Dies wäre im vorliegenden Fall der deutsche Exporteur als Verkäufer, wodurch sich für ihn lediglich Vorteile und keine Nachteile ergeben würden. Letztendlich handelt es sich aber um eine zu vernachlässigende Mindermeinung, welche vorsichtshalber nicht berücksichtigt werden sollte.

2) Die Bedeutung sich ergänzender AGB

Des Öfteren wird es passieren, dass die AGB der einen Partei eine Klausel zu einem bestimmten Themenbereich enthalten, während die anderen AGB in diesem Punkt eine Lücke aufweisen.[341] Dann ist nach deutschem Recht der Einzelfall zu betrachten um herauszufinden, ob der *schweigende* Vertragspartner mit der Geltung der Klausel einverstanden ist.[342] Grundsätzlich wird die Auslegung[343] ergeben, dass das dispositive Recht gewollt ist und nicht die ergänzende AGB-Klausel.[344] Liegt innerhalb der AGB der *schweigenden* Partei eine Abwehrklausel vor, welche sowohl widersprechende als auch zusätzliche Bestimmungen der anderen Partei ausschließt, so gilt ebenfalls ausschließlich das Gesetz.[345]

Bei Anwendung des Schweizer Rechts vertreten *Zellweger-Gutknecht/Bucher*[346] für den Fall, dass sich die AGB einer Partei zu einem Bereich äußern, während die anderen schweigen, dass ausschließlich die vorhandene AGB-Klausel gelten solle und nicht die dispositiv eingreifende Gesetzesnorm. Weder in der Schweizer Lehre noch in der Rechtsprechung scheint diese Thematik weiter behandelt zu werden, sodass im Zweifel von der vorliegenden Ansicht auszugehen ist.

340 *Ramstein*, AGB, RIW 1988, 440, 442; *Zellweger-Gutknecht/Bucher*, in: BSK OR, Anh. Art. 1, Rn. 69.

341 *Bohnstedt*, Vertragsrecht, S. 115; *Graf von Westphalen*, in: Vertragsrecht, Vertragsabschlussklauseln, Rn. 59; *ders.*, Einkaufsbedingungen, S. 34; *Schaeuffelen*, in: H/R/S, Rechtsfragen, S. 31.

342 *Graf von Westphalen*, Einkaufsbedingungen, S. 34 f.; *Schaeuffelen*, in: H/R/S, Rechtsfragen, S. 31.

343 Siehe 2. Teil, B., II., 6.

344 *Graf von Westphalen*, in: Vertragsrecht, Vertragsabschlussklauseln, Rn. 59; *ders.*, Einkaufsbedingungen, S. 35; **a. A.** *Bohnstedt*, Vertragsrecht, S. 115 f.

345 BGH, NJW-RR 2001, 484, 485; BGH, NJW 1985, 1838, 1840; *Schaeuffelen*, in: H/R/S, Rechtsfragen, S. 31.

346 *Zellweger-Gutknecht/Bucher*, in: BSK OR, Anh. Art. 1, Rn. 68.

3) Die Wahrscheinlichkeit der Neutralisierung

Letztendlich haben die AGB in der Praxis eine große Bedeutung erlangt[347], obwohl davon ausgegangen werden kann, dass bei einer AGB-Kollision zumindest zu einem großen Teil eine Neutralisierung der AGB stattfindet und so wiederum das Gesetzesrecht eingreifen muss.[348] Insbesondere bei professionell verfassten AGB sollte nicht von einer inhaltlichen Übereinstimmung ausgegangen werden.[349] Allerdings gilt, dass sowohl im deutschen als auch im Schweizer Recht die Vereinbarung des dispositiven Rechts aufgrund der Kollision der AGB regelmäßig nicht als zufriedenstellende Lösung für beide Vertragsparteien anzusehen ist, sodass eine Verhandlungslösung vorzuziehen sein kann.[350]

4) Der Vergleich der Rechtsordnungen

Während nach deutschem Recht das *Restgültigkeitsprinzip* bei einer Kollision von AGB gilt[351], existieren im Schweizer Recht noch kleinere Rechtsunsicherheiten.[352] Der deutsche Exporteur kann aber davon ausgehen, dass die Situation wie nach deutschem Recht zu handhaben sein wird.[353]

5) Die Vertragsgestaltung

Generell ist auf eigene Lücken in den AGB zu achten und eine Abwehrklausel einzufügen, welche nicht nur gegen die widersprechenden, sondern vorsichtshalber auch gegen die ergänzenden Klauseln vorgeht. Da die Einkaufsbedingungen des Käufers insbesondere nach Schweizer Recht eine enorme Gefahrenquelle darstellen[354], ist dringend zu einer solchen Abwehrklausel zu raten.[355] Schließlich können die eigenen AGB nicht gegen alle Eventualitäten gewappnet sein. Eine entsprechende Abwehrklausel kann auch aus einem

347 Siehe 2. Teil, B., II., 2., a.

348 *Bohnstedt*, Vertragsrecht, S. 116; *Perrig*, in: K/P/P, AGB, Rn. 233.

349 *Bohnstedt*, Vertragsrecht, S. 114; *Perrig*, in: K/P/P, AGB, Rn. 233.

350 *Graf von Westphalen*, Verkaufsbedingungen, S. 48.

351 Siehe 2. Teil, B., II., 3., b., 1), c).

352 Siehe 2. Teil, B., II., 3., b., 1), b) und d).

353 Siehe 2. Teil, B., II., 3., b., 1), c).

354 Siehe 2. Teil, A., VIII. und B., II., 7., d.

355 *Mann*, Vertriebsrecht, Rn. 46; *Perrig*, in: K/P/P, AGB, Rn. 234; vgl. *Schaeuffelen*, in: H/R/S, Rechtsfragen, S. 31.

deutschen Musterklauselbuch[356] übernommen werden. Klauseln, die inhaltsgleich in beiden AGB vorhanden sind, stellen keine Gefahr dar.

Der Unsicherheit zu sich ergänzenden AGB[357] sollte der deutsche Exporteur durch eine ausdrückliche vertragliche Regelung begegnen. Die folgende Formulierung könnte dabei in die Abwehrklausel integriert werden:

> „Der Ausschluss der […] gilt auch dann, wenn die Allgemeinen Geschäftsbedingungen zu einzelnen Regelungspunkten keine gesonderte Regelung enthalten."[358]

Unabhängig von den gesetzlichen Regelungen können die Parteien bspw. auch individualvertraglich vereinbaren, dass beide AGB-Werke parallel gelten sollen. An den Stellen, an denen die Klauseln voneinander abweichen oder sich zumindest ergänzen, wird dann explizit das eingreifende Gesetzesrecht für anwendbar erklärt. Wiederum sei jedoch darauf hingewiesen, dass das dispositive Recht nicht immer interessengerecht sein muss.[359]

4. *Vertragsverhandlungen und der Vorrang der Individualabrede*

a. *Allgemeines*

Vielfach gehen dem Vertragsabschluss Verhandlungen voraus.[360] Insbesondere bei Verträgen mit hohen Auftragsvolumina wie z. B. bei Rahmenverträgen sind Aushandlungen typisch[361], während dies für den gewöhnlichen Handelskauf aufgrund des zu hohen Ressourcenaufwands nicht gilt.[362] Hier werden die Liefer- oder Bestellbedingungen routinemäßig verwendet.[363] Generell kann gesagt werden, dass die Bedeutsamkeit des individuell ausgehandelten Vertrages stark

---

356 Siehe auch *Graf von Westphalen*, Verkaufsbedingungen, S. 3; *Schmitt/Stange*, B2B, Kap. 1, Rn. 1.

357 Siehe 2. Teil, B., II., 3., b., 2).

358 *Schmitt/Stange*, B2B, Kap. 3, Rn. 1.

359 *Graf von Westphalen*, Verkaufsbedingungen, S. 48.

360 *G/S/S/E*, OR AT, Rn. 946.

361 *Basedow*, in: MüKo BGB, § 305, Rn. 37; *Fountoulakis*, Choice, EJLR 2005, 303, 304; *Jansen*, Klauselkontrolle, ZEuP 2010, 69, 86; *Kähler*, Aushandlung, BB 2015, 450, 453.

362 *Adams*, Begründung, BB 1989, 781, 783; *Basedow*, in: MüKo BGB, § 305, Rn. 37; *Giesecke*, Rechtswahl, S. 15; *Lischek/Mahnken*, Vertragsverhandlungen, ZIP 2007, 158, 159; *Schwenzer*, OR AT, Rn. 44.03.

363 *Lischek/Mahnken*, Vertragsverhandlungen, ZIP 2007, 158, 159.

eingeschränkt wurde.[364] Individualvereinbarungen werden demnach lediglich die Ausnahme darstellen.[365]

Sowohl nach deutschem – hier gem. § 305b BGB[366] – als auch nach Schweizer Recht[367] haben Individualabreden stets Vorrang vor AGB.[368] Die *konkret-individuelle* Kommunikation zwischen den Parteien ist gegenüber den *abstrakt-generellen* Regelungen vorzugswürdig.[369] Demnach ist die Selbstbestimmung der Parteien entscheidend.[370] Schließlich darf niemand widersprüchlich zu seinem eigenen Verhalten handeln (Verbot des *venire contra factum proprium*).[371]

In der Praxis findet sich häufig die Situation, dass zwischen Individualvereinbarungen und AGB ein Widerspruch vorliegt.[372] Der Vorrang der Individualvereinbarung gilt auch dann, wenn sich die Bestimmungen in dieser und in den AGB zwar nicht ausdrücklich widersprechen, aber sie nur schlecht zueinander passen.[373] Für die Geltung der AGB ist es demnach erforderlich, dass sich diese in die Individualabrede einfügen oder zu einer harmonischen Ergänzung beitragen.[374] Den Vertragsparteien muss nicht bewusst sein, dass sie durch eine Individualabrede eine AGB-Klausel ändern.[375] Die Individualabrede geht auch vor, wenn diese erst nach Vertragsschluss getroffen wird.[376]

---

364 *G/S/S/E*, OR AT, Rn. 622.

365 *Huguenin*, OR, Rn. 283.

366 *Ehle/Brunschweiler*, AGB-Recht, RIW 2012, 262, 264; *G/S/S/E*, OR AT, § 9, Fn. 279.

367 BGE 125 III 263, 266 f.; BGE 123 III 35, 44; BGE 93 II 317, 326; BGE 81 II 346, 350; BGer 5C_271/2004 vom 12.07.2005, E. 2; *Baudenbacher*, AGB-Gesetz, ZBJV 1987, 505, 513; *Ehle/Brunschweiler*, AGB-Recht, RIW 2012, 262, 264; *Gauch*, Vertragshaftung, recht 2006, 77, 83; *G/S/S/E*, OR AT, Rn. 1131; *Huguenin*, OR, Rn. 613; *Perrig*, in: K/P/P, AGB, Rn. 245; *Schumacher*, Vertragsgestaltung, Rn. 858; *Schwenzer*, OR AT, Rn. 45.09.

368 *A. Koller*, AGB-Recht, AJP 2016, 279, 290; *Kuoni*, Haftungsbegrenzung, Rn. 104.

369 *G/S/S/E*, OR AT, Rn. 1132; *Kramer*, in: BK OR, Art. 1, Rn. 210; *Schumacher*, Vertragsgestaltung, Rn. 858.

370 *Baudenbacher*, AGB-Gesetz, ZBJV 1987, 505, 513; *Perrig*, in: K/P/P, AGB, Rn. 247; *Schumacher*, Vertragsgestaltung, Rn. 858.

371 *Perrig*, in: K/P/P, AGB, Rn. 160, 247; *Schwenzer*, OR AT, Rn. 45.09.

372 *A. Koller*, AGB-Recht, AJP 2016, 279, 290; *Perrig*, in: K/P/P, AGB, Rn. 249.

373 *G/S/S/E*, OR AT, Rn. 1132; *Jäggi/Gauch/Hartmann*, in: ZK OR, Art. 18, Rn. 527; *Kramer*, in: BK OR, Art. 1, Rn. 212; *Kuoni*, Haftungsbegrenzung, Rn. 418; *Perrig*, in: K/P/P, AGB, Rn. 245; *Roberto/Walker*, AGB-Kontrolle, recht 2014, 49, 51.

374 *G/S/S/E*, OR AT, Rn. 1132; *Jäggi/Gauch/Hartmann*, in: ZK OR, Art. 18, Rn. 527; *Perrig*, in: K/P/P, AGB, Rn. 245.

375 *Perrig*, in: K/P/P, AGB, Rn. 245.

376 *A. Koller*, AGB-Recht, AJP 2016, 279, 291.

Des Weiteren lässt sich feststellen, dass die Kontrolle von individuell vereinbarten Klauseln milder ausfällt als von AGB.[377] Die nicht beanstandete *Härte* von Individualvereinbarungen ergibt sich schließlich aus der Vermutung, dass für sie mit einem Entgegenkommen an einer anderen Stellen bezahlt worden ist.[378] Demnach versuchen viele AGB-Verwender, die AGB zu Individualvereinbarungen erstarken zu lassen.[379] Umgekehrt sind die Kunden häufig bemüht, den Schutz der AGB-Kontrolle[380] nicht durch Vertragsverhandlungen zu verlieren.[381]

b. Im deutschen Recht

1) Allgemeines

Gem. § 305 I 3 BGB müssen die Vertragsbedingungen im Einzelnen ausgehandelt werden. Dies bedeutet, dass jede Klausel für sich ausgehandelt sein muss (*soweit*).[382] An dieses Aushandeln werden vom BGH in ständiger Rechtsprechung[383] sehr strenge Anforderungen[384] gestellt[385], sodass es nicht verwunderlich ist, wenn die Flucht in die Individualvereinbarung regelmäßig misslingt.[386] Folglich

---

377 *Kramer*, in: K/P/P, AGB, Rn. 22; *Leuschner*, AGB-Kontrolle, JZ 2010, 875, 878; *Schaeuffelen*, in: H/R/S, Rechtsfragen, S. 34; *Trendelberend*, Vorteile, S. 24; siehe 2. Teil, B., II., 7., d.

378 *Jansen*, Klauselkontrolle, ZEuP 2010, 69, 91.

379 *Kappus*, Weg, NJW 2016, 33, 33.

380 Siehe 2. Teil, B., II., 7.

381 *Leuschner*, AGB-Kontrolle, JZ 2010, 875, 878.

382 BGH, NJW-RR 1996, 783, 787; BGH, NJW 1986, 1803, 1803; *Graf von Westphalen*, in: Vertragsrecht, Individualvereinbarung, Rn. 12, 23; *ders.*, Verkaufsbedingungen, S. 15; *ders.*, Einkaufsbedingungen, S. 15; *Kähler*, Aushandlung, BB 2015, 450, 453; *Lischek/Mahnken*, Vertragsverhandlungen, ZIP 2007, 158, 160; *Pfeiffer*, in: W/L/P, AGB-Recht, 2. Teil, Rn. 41; *Rabe*, Auswirkungen, NJW 1987, 1978, 1980.

383 BGH, NJW 2013, 856, 856; BGH, NJW 2005, 2543, 2544; BGH, NJW-RR 2005, 1040, 1040; BGH, NJW 1988, 410, 410; BGH, NJW-RR 1987, 144, 145.

384 Siehe 2. Teil, B., II., 4., b., 2) und 3).

385 *Berger*, Aushandeln, NJW 2001, 2152, 2152; *Graf von Westphalen*, Einkaufsbedingungen, S. 20; *ders.*, Reformbedarf, NJW 2009, 2977, 2981; *Kappus*, Weg, NJW 2016, 33, 33; *Kollmann*, AGB, NJOZ 2011, 625, 628; *Kuoni*, Haftungsbegrenzung, Rn. 78; *Leuschner*, Kontrollstrenge, NJW 2016, 1222, 1223; *Maier-Reimer*, AGB-Recht, NJW 2017, 1, 2 f.; *Miethaner*, Schlüsselstelle, NJW 2010, 3121, 3121; *Müller*, Plädoyer, NZM 2016, 185, 187; *Richter*, AGB, S. 36.

386 *Kappus*, Weg, NJW 2016, 33, 33; *Maier-Reimer*, AGB-Recht, NJW 2017, 1, 4.

existieren kaum BGH-Entscheidungen[387], in denen es gelungen ist, der AGB-Kontrolle durch ein Aushandeln zu entgehen.[388]

Des Weiteren ist die genaue Abgrenzung zwischen AGB und Individualvereinbarung weiterhin umstritten, sodass zusätzliche Unklarheiten für den Rechtsanwender bestehen.[389] Auch ist § 305 I 2 BGB zu beachten, welcher besagt, dass es sich bei den AGB nicht um einen äußerlich gesonderten Bestandteil handeln muss. Vielmehr könnte selbst eine einzelne Klausel aus einem Individualvertrag als AGB zu qualifizieren sein.[390] Demnach ist streng danach zu differenzieren, welche Klausel als AGB und welche als Individualvereinbarung einzuordnen ist.[391]

2) Das Kriterium des Aushandelns

Nach Rechtsprechung[392] und h. M.[393] in Deutschland geht ein tatsächliches Aushandeln über bloßes Verhandeln hinaus. Während sich *Verhandeln* auf die bloße Tätigkeit bezieht, bedeutet *Aushandeln*, dass die Parteien aufgrund ihrer autonomen Selbstbestimmung ein gewisses Ergebnis erreichen wollten und ihnen dies auch gelungen ist.[394] Die Ansicht, dass im B2B-Verkehr ein bloßes Verhandeln ausreichen soll[395], vermag nicht zu überzeugen.[396] Entscheidend ist, dass der gesetzesfremde Kerngehalt ernsthaft zur Disposition gestellt und dem

---

387 Siehe jedoch BGH, BeckRS 2010, 20703; BGH, NJW-RR 2009, 947, 948; BGH, BeckRS 2009, 20713; BGH, NJW 2008, 2250, 2253; BGH, NJW 2008, 987, 989; BGH, NJW 1996, 1676, 1677; BGH, NJW 1992, 2283, 2285.

388 *Miethaner*, Schlüsselstelle, NJW 2010, 3121, 3124.

389 *Leuschner*, AGB-Kontrolle, JZ 2010, 875, 882; *Miethaner*, Schlüsselstelle, NJW 2010, 3121, 3121.

390 BGH, NJW 1997, 135, 135; BGH, NJW 1979, 2387, 2388; *Graf von Westphalen*, in: Vertragsrecht, Individualvereinbarung, Rn. 23; *ders.*, Verkaufsbedingungen, S. 14.

391 *Graf von Westphalen*, in: Vertragsrecht, Individualvereinbarung, Rn. 23.

392 BGH, NJW 2013, 856, 856; BGH, NJW 2005, 2543, 2544; BGH, NJW-RR 2005, 1040, 1040; BGH, NJW 1991, 1678, 1679; BGH, NJW 1988, 410, 410; BGH, NJW-RR 1987, 144, 145.

393 *Basedow*, in: MüKo BGB, § 305, Rn. 35; *Graf von Westphalen*, in: Vertragsrecht, Individualvereinbarung, Rn. 1; *ders.*, Verkaufsbedingungen, S. 15; *Grüneberg*, in: Palandt, § 305 BGB, Rn. 20; *Schlosser*, in: Staudinger, § 305 BGB, Rn. 36; *Wackerbarth*, Inhaltskontrolle, AcP 200 (2000), 45, 82.

394 *Graf von Westphalen*, in: Vertragsrecht, Individualvereinbarung, Rn. 1.

395 *Berger*, Aushandeln, NJW 2001, 2152, 2153; *Lischek/Mahnken*, Vertragsverhandlungen, ZIP 2007, 158, 160; *Wackerbarth*, Inhaltskontrolle, AcP 200 (2000), 45, 82.

396 *Graf von Westphalen*, in: Vertragsrecht, Individualvereinbarung, Rn. 13; *ders.*, Reformbedarf, NJW 2009, 2977, 2981; *Stoffels*, AGB-Recht, Rn. 148b.

Vertragspartner des AGB-Verwenders die nötige Gestaltungsfreiheit eingeräumt wird, um auch die eigenen Interessen wahren zu können.[397] Wird der gesetzesfremde Kerngehalt zwar abgemildert, aber nicht aufgehoben, so bleibt die Einstufung als AGB auch weiterhin bestehen.[398]

Unter *Aushandeln* versteht der BGH des Weiteren, dass der AGB-Verwender den Kunden sowohl über den Inhalt als auch über die Tragweite einer nicht leicht verständlichen Klausel aufklärt oder anderweitig sicherstellt, dass die Klausel tatsächlich verstanden wurde.[399] Die Erörterung und das gemeinsame Lesen der Klausel wird noch nicht als ausreichend erachtet.[400] Es wird zudem dringend empfohlen, die Belehrung umfassend zu dokumentieren.[401] Selbst wenn der Kunde über juristischen Sachverstand verfügt, sind die Anforderungen nicht weniger streng.[402] Auch die Anwesenheit eines Anwalts oder Hausjuristen vermag an den Vorgaben nichts zu ändern.[403]

Allgemein kann festgehalten werden, dass die Verhandlungsszenarien in der Realität sehr unterschiedlich ausfallen können.[404] Dabei ist anzumerken, dass es grundsätzlich nicht auf die Dauer der Verhandlungen ankommt.[405] Allerdings liegt hierin ein Indiz[406], da in diesem Fall ein Kräftegleichgewicht vermutet

---

397 BGH, NJW 2013, 856, 856; BGH, NJW 2005, 2543, 2544; BGH, NJW-RR 2005, 1040, 1040; BGH, NJW 1988, 410, 410; BGH, NJW-RR 1987, 144, 145; *Basedow*, in: MüKo BGB, § 305, Rn. 35; *Graf von Westphalen*, Verkaufsbedingungen, S. 15; *Grüneberg*, in: Palandt, § 305 BGB, Rn. 20; *Schlosser*, in: Staudinger, § 305 BGB, Rn. 36.

398 *Maier-Reimer*, AGB-Recht, NJW 2017, 1, 3.

399 BGH, NJW 2005, 2543, 2544; *Gottschalk*, Transparenzgebot, AcP 206 (2006), 555, 566 f.; *Kähler*, Aushandlung, BB 2015, 450, 451; **a. A.** BGH, NJW 2000, 1110, 1111; *Basedow*, in: MüKo BGB, § 305, Rn. 40; *Graf von Westphalen*, Verkaufsbedingungen, S. 16; *ders.*, Einkaufsbedingungen, S. 15; *Kappus*, Weg, NJW 2016, 33, 33 f.; *Miethaner*, Schlüsselstelle, NJW 2010, 3121, 3121.

400 BGH, NJW 2003, 1805, 1807; *Basedow*, in: MüKo BGB, § 305, Rn. 40.

401 *Miethaner*, Schlüsselstelle, NJW 2010, 3121, 3125.

402 BGH, NJW 2013, 1668, 1669; *Basedow*, in: MüKo BGB, § 305, Rn. 35.

403 *Graf von Westphalen*, Einkaufsbedingungen, S. 18.

404 *Berger*, Reform, NJW 2010, 465, 468; *ders.*, Aushandeln, NJW 2001, 2152, 2154; *Kessel/Jüttner*, Individualabrede, BB 2008, 1350, 1352; *Lischek/Mahnken*, Vertragsverhandlungen, ZIP 2007, 158, 159.

405 LG Frankfurt a.M., NZBau 2004, 44, 45; *Graf von Westphalen*, Einkaufsbedingungen, S. 19; *Kähler*, Aushandlung, BB 2015, 450, 451; *Kessel/Jüttner*, Individualabrede, BB 2008, 1350, 1351.

406 *Graf von Westphalen*, in: Vertragsrecht, Individualvereinbarung, Rn. 18; *Kähler*, Aushandlung, BB 2015, 450, 451.

werden kann[407] und vernünftige Geschäftspartner regelmäßig langwierige Verhandlungen vermeiden würden, wenn das Ergebnis bereits feststünde.[408] Dennoch muss festgehalten werden, dass selbst bei Verträgen mit großen Volumina, bei welchen intensive Verhandlungen mit meist juristischer Unterstützung von nicht geringem Umfang stattfinden, die AGB-Inhaltskontrolle[409] häufig nur stellenweise verhindert werden kann.[410]

3) Die Verhandlungsbereitschaft

Von Anfang an muss der Verwender deutlich und unaufgefordert die Verhandlungsbereitschaft signalisieren.[411] Der bloße Hinweis, dass Anmerkungen oder Änderungswünsche mitgeteilt werden sollen, bedeutet noch nicht, dass dem Kunden ernsthaft Gelegenheit durch den AGB-Verwender gegeben wird, eigene Vorschläge mit der tatsächlichen Möglichkeit der Durchsetzung einzubringen.[412] Allenfalls wird dadurch eine gewisse Verhandlungsbereitschaft angedeutet.[413] Auch eine Vereinbarung, dass eine bestimmte Klausel als ausgehandelt angesehen werden soll, ist nicht ausreichend.[414] Schließlich bedeutet dies noch kein Aushandeln der Klausel, sondern lediglich, dass die *Aushandelns*-Klausel gelesen wurde.[415] Zudem würde die Darlegungs- und Beweislast zum Nachteil des Kunden

---

407 *Graf von Westphalen*, in: Vertragsrecht, Individualvereinbarung, Rn. 18.

408 *Kähler*, Aushandlung, BB 2015, 450, 451.

409 Siehe 2. Teil, B., II., 7., b.

410 *Leuschner*, Kontrollstrenge, NJW 2016, 1222, 1223; *ders.*, AGB-Kontrolle, JZ 2010, 875, 876; *Lischek/Mahnken*, Vertragsverhandlungen, ZIP 2007, 158, 160.

411 BGH, NJW 2016, 1230, 1232; BGH, NJW 2003, 1805, 1807; BGH, NJW 1988, 410, 410; BGH, NJW-RR 1987, 144, 145; *Kappus*, Weg, NJW 2016, 33, 33; *Kaufhold*, AGB-Anschein, NJW 2014, 3488, 3489 f.; *Kessel/Jüttner*, Individualabrede, BB 2008, 1350, 1350.

412 BGH, NJW 2016, 1230, 1232; BGH, NJW-RR 2005, 1040, 1041; *Graf von Westphalen*, Verkaufsbedingungen, S. 15; *ders.*, Einkaufsbedingungen, S. 18; *Leuschner*, Kontrollstrenge, NJW 2016, 1222, 1222; *Miethaner*, Schlüsselstelle, NJW 2010, 3121, 3122.

413 BGH, NJW 2016, 1230, 1232; *Kähler*, Aushandlung, BB 2015, 450, 453.

414 BGH, NJW 2014, 1725, 1727; OLG Saarbrücken, NJW-RR 2016, 53, 55; *Basedow*, in: MüKo BGB, § 305, Rn. 39; *Graf von Westphalen*, in: Vertragsrecht, Beweislastklauseln, Rn. 58; *Grüneberg*, in: Palandt, § 305 BGB, Rn. 21; *Kähler*, Aushandlung, BB 2015, 450, 450; *Kappus*, Weg, NJW 2016, 33, 34; *Kaufhold*, AGB-Anschein, NJW 2014, 3488, 3489; *Miethaner*, Schlüsselstelle, NJW 2010, 3121, 3122; *Wackerbarth*, Inhaltskontrolle, AcP 200 (2000), 45, 84 f.

415 *Wackerbarth*, Inhaltskontrolle, AcP 200 (2000), 45, 85.

verschoben.[416] Auch lassen sich die zwingenden Voraussetzungen der §§ 305 ff. BGB nicht individualrechtlich vermeiden.[417] Ein *opt-out* aus dem Schutzbereich ist demnach nicht zulässig.[418] Wenn der Kunde Änderungsvorschläge unterbreitet, bedeutet dies ebenfalls noch kein Aushandeln, wenn der Verwender diesen Vorschlägen nicht zustimmt, sondern diese kategorisch ablehnt.[419]

4) Die Änderung der AGB-Klausel

Die Bereitschaft, eine AGB-Klausel zu ändern, zeigt sich meist darin, dass tatsächlich erkennbare Änderungen der AGB-Klausel vorgenommen werden.[420] Die unveränderte Übernahme einer Klausel kann ausnahmsweise auch ausreichend sein, wenn nachgewiesen wird, dass dies nur aufgrund einer anderweitigen Verbesserung zugunsten des Kunden geschehen ist[421] oder der Kunde nach ausgiebiger Erörterung von der Sachgerechtigkeit der Klausel überzeugt ist.[422] Ohne Textänderung ist ein Aushandeln nach BGH-Rechtsprechung[423] zwar grundsätzlich unter besonderen Umständen möglich, aber faktisch nicht gegeben[424] oder zumindest extrem selten.[425] Der BGH konkretisiert schließlich nicht, wann diese *besonderen Umstände* vorliegen könnten.[426] Demnach handelt es sich

---

416 *Graf von Westphalen*, in: Vertragsrecht, Individualvereinbarung, Rn. 2.

417 BGH, NJW 2014, 1725, 1728; OLG Saarbrücken, NJW-RR 2016, 53, 55; *Kappus*, Weg, NJW 2016, 33, 34; *Kaufhold*, AGB-Anschein, NJW 2014, 3488, 3489.

418 *Kappus*, Weg, NJW 2016, 33, 34.

419 BGH, NJW 2003, 1805, 1808.

420 BGH, NJW 2015, 1952, 1953; BGH, NJW 2000, 1110, 1111 f.; BGH, NJW 1988, 410, 410; BGH, NJW-RR 1987, 144, 145; OLG Saarbrücken, NJW-RR 2016, 53, 54; *Graf von Westphalen*, Verkaufsbedingungen, S. 16; *ders.*, Einkaufsbedingungen, S. 16; *ders.*, Reformbedarf, NJW 2009, 2977, 2982; *Leuschner*, Kontrollstrenge, NJW 2016, 1222, 1223.

421 BGH, NJW 2015, 1952, 1953; *Graf von Westphalen*, AGB-Recht 2015, NJW 2016, 2228, 2229.

422 BGH, NJW 2015, 3025, 3026; *Grüneberg*, in: Palandt, § 305 BGB, Rn. 20; *Schlosser*, in: Staudinger, § 305 BGB, Rn. 44.

423 BGH, NJW 2015, 1952, 1953; BGH, NJW 2013, 856, 856; BGH, NJW 2000, 1110, 1112; BGH, NJW-RR 1987, 144, 145.

424 *Miethaner*, Schlüsselstelle, NJW 2010, 3121, 3126.

425 *Graf von Westphalen*, Einkaufsbedingungen, S. 19.

426 Siehe BGH, NJW 2015, 1952, 1953; BGH, NJW 2013, 856, 856; BGH, NJW 2000, 1110, 1112; BGH, NJW-RR 1987, 144, 145.

bei aus einem Mustervertragstext übernommenen Klauseln fast ausschließlich um AGB, welche der Inhaltskontrolle unterliegen.[427]

5) Die Vermutung für das Vorliegen von AGB

Besonders wichtig für die Praxis ist, dass der BGH eine Vermutung in Form des Beweises eines ersten Anscheins in Bezug auf das Vorliegen von AGB aufgestellt hat.[428] Dieser ergibt sich z. B. aus der Erscheinungsform[429], dem typischen Aufbau und allgemein gehaltenen Klauseln.[430] Auch wird ein Anschein erzeugt, wenn das Vertragswerk umfassend aus Sicht einer Partei formuliert ist und Klauseln beinhaltet, welche Nachteile für den Vertragspartner enthalten.[431] Demnach ist es von entscheidender Bedeutung, dass der Nachweis des Gangs der Vertragsverhandlungen erbracht werden kann.[432] Dies gelingt z. B. durch Bearbeitung eines Entwurfs im Änderungsmodus, sodass die Änderungen und Ergänzungen für jede Partei sichtbar gemacht werden.[433]

6) Die Paket-Lösung

In der Praxis findet sich insbesondere bei aufwendigeren Verhandlungen häufig der Fall, dass an einer Stelle auf eine Klausel bestanden wird, um bei einer anderen AGB-Bestimmung Zugeständnisse zu machen (sog. *Paket-Lösung*).[434] Allerdings wird es kaum geschehen, dass die Vertragsparteien bestimmen, welches Zugeständnis an einer Stelle mit welchem anderen *verrechnet* wird, damit eine

---

427 *Lischek/Mahnken*, Vertragsverhandlungen, ZIP 2007, 158, 160.

428 BGH, NJW 2015, 1952, 1953; BGH, NJW 2000, 1110, 1111; *Graf von Westphalen*, Verkaufsbedingungen, S. 14; *ders.*, AGB-Recht 2015, NJW 2016, 2228, 2228; *Kappus*, Weg, NJW 2016, 33, 34; *Kaufhold*, AGB-Anschein, NJW 2014, 3488, 3490; *dies.*, Anmerkung, ZIP 2010, 631, 633; *Richter*, AGB, S. 33.

429 BGH, NJW 2000, 1110, 1111.

430 BGH, NJW 2004, 502, 503; *Graf von Westphalen*, AGB-Recht 2015, NJW 2016, 2228, 2228; *Schaeuffelen*, in: H/R/S, Rechtsfragen, S. 40.

431 BGH, NJW 2014, 1725, 1727; BGH, NJW 2004, 502, 503; *Graf von Westphalen*, AGB-Recht 2015, NJW 2016, 2228, 2228; *Miethaner*, Schlüsselstelle, NJW 2010, 3121, 3122.

432 *Graf von Westphalen*, Verkaufsbedingungen, S. 16 f.; *ders.*, AGB-Recht 2015, NJW 2016, 2228, 2229 f.; *Kappus*, Weg, NJW 2016, 33, 35; *Kaufhold*, AGB-Anschein, NJW 2014, 3488, 3491; *Klafft*, in: Ostendorf/Kluth, Wirtschaftsverträge, § 21, Rn. 58.

433 *J. Schmidt*, Konsequenzen, NZM 2016, 377, 379.

434 *Basedow*, in: MüKo BGB, § 305, Rn. 41; *Berger*, Reform, NJW 2010, 465, 468; *Lischek/Mahnken*, Vertragsverhandlungen, ZIP 2007, 158, 159; *Miethaner*, Schlüsselstelle, NJW 2010, 3121, 3123, 3127; *Richter*, AGB, S. 38.

Kompensation stattfindet.[435] Ist dies jedoch der Fall – bspw. wenn in einem Teilpunkt nachgegeben wird – so könnte ein Aushandeln durchaus bejaht werden.[436] Wird hingegen nur die Reduzierung eines Wertes erreicht – z. B. die Höhe einer Vertragsstrafe[437] – so muss trotz Änderung der Klausel nicht zwingend eine Individualvereinbarung vorliegen.[438] Inhaltlich zur Disposition gestellt ist die Klausel nur dann, wenn der Kunde darüber entscheiden kann, ob sie auch in Gänze gestrichen werden soll.[439] Eine solche *Paket-Lösung* hat der BGH jedoch bislang noch nicht bejahen können.[440]

7) Die Ausstrahlungswirkung

Ebenfalls ist anzumerken, dass das Aushandeln einzelner Klauseln eine sog. *Ausstrahlungswirkung* auf andere Klauseln haben könnte.[441] Dann müssten die Klauseln jedoch in einem inneren Kontext stehen.[442] Dies ist wiederum nur anhand des jeweiligen Einzelfalles auszumachen.[443] Es ist möglich, dass die Änderung

---

435 *Lischek/Mahnken*, Vertragsverhandlungen, ZIP 2007, 158, 161; *Richter*, AGB, S. 39; *J. Schmidt*, Konsequenzen, NZM 2016, 377, 379.

436 BGH, NJW 1998, 2600, 2601; BGH, NJW 1988, 410, 411; *Miethaner*, Schlüsselstelle, NJW 2010, 3121, 3122.

437 Siehe 2. Teil, B., XIII.

438 *Miethaner*, Schlüsselstelle, NJW 2010, 3121, 3122; vgl. *Maier-Reimer*, AGB-Recht, NJW 2017, 1, 3.

439 BGH, NJW 2000, 1110, 1112; *Graf von Westphalen*, Einkaufsbedingungen, S. 15 f.; *Maier-Reimer*, AGB-Recht, NJW 2017, 1, 3; *Miethaner*, Schlüsselstelle, NJW 2010, 3121, 3122.

440 *Maier-Reimer*, AGB-Recht, NJW 2017, 1, 3.

441 BGH, NJW 2013, 2027, 2028; BGH, NJW 2013, 856, 858; *Basedow*, in: MüKo BGB, § 305, Rn. 39; *Graf von Westphalen*, Verkaufsbedingungen, S. 18; *ders.*, Einkaufsbedingungen, S. 17; *Grüneberg*, in: Palandt, § 305 BGB, Rn. 22; *Kappus*, Weg, NJW 2016, 33, 35; *Kollmann*, AGB, NJOZ 2011, 625, 626; *Müller*, Plädoyer, NZM 2016, 185, 191; *Schaeuffelen*, in: H/R/S, Rechtsfragen, S. 38; **a. A.** BGH, NJW 2003, 1805, 1808; BGH, NJW-RR 1996, 783, 787; BGH, NJW 1982, 2309, 2309; OLG Saarbrücken, NJW-RR 2016, 53, 54; *Leuschner*, Kontrollstrenge, NJW 2016, 1222, 1223; *ders.*, AGB-Kontrolle, JZ 2010, 875, 876; *Lischek/Mahnken*, Vertragsverhandlungen, ZIP 2007, 158, 161; *Miethaner*, Schlüsselstelle, NJW 2010, 3121, 3126.

442 *Graf von Westphalen*, in: Vertragsrecht, Individualvereinbarung, Rn. 12; *Kappus*, Weg, NJW 2016, 33, 35; *Schaeuffelen*, in: H/R/S, Rechtsfragen, S. 38; *Ulmer/Habersack*, in: U/B/H, AGB-Recht, § 305, Rn. 55.

443 *Graf von Westphalen*, Einkaufsbedingungen, S. 17; *Kappus*, Weg, NJW 2016, 33, 35; *Kollmann*, AGB, NJOZ 2011, 625, 626; *Schaeuffelen*, in: H/R/S, Rechtsfragen, S. 38; *Ulmer/Habersack*, in: U/B/H, AGB-Recht, § 305, Rn. 55.

mehrerer Klauseln im Vertrag ein wichtiges Indiz dafür darstellt, dass der gesamte Vertrag als Individualvereinbarung zu qualifizieren ist.[444] Allerdings hält sich die Rechtsprechung[445] in Bezug auf die *Ausstrahlungswirkung* noch sehr zurück[446], sodass genaue Regeln nicht bestehen und klare Vorhersagen nicht getroffen werden können.[447] Im Zweifel ist davon auszugehen, dass diejenigen Klauseln, welche keine Veränderung am Vertragstext erfahren haben, der Inhaltskontrolle der §§ 307 ff. BGB unterliegen.[448] Die Beweislast für die Ausstrahlung von ausgehandelten Klauseln auf andere Vertragsbestimmungen liegt beim Verwender.[449]

8) Die AGB-Falle

Demnach ist im deutschen Recht primär davon auszugehen, dass selbst bei Verhandlungen im B2B-Bereich nur einzelne Klauseln den AGB-Charakter verlieren, nicht aber der ganze Vertrag. Diese Vorgehensweise wird auch *Term-by-Term-Approach* oder *Jenga-Effekt* genannt.[450] Folge davon ist, dass die deutsche Rechtsprechung dem Kunden die Möglichkeit bietet, ein Aushandeln absichtlich zu unterlassen, damit er sich später auf die Unwirksamkeit der AGB-Klausel berufen kann.[451] Diese Vorgehensweise wird auch als *AGB-Falle* bezeichnet.[452]

---

444 BGH, NJW 2013, 2027, 2028; *Badedow,* in: MüKo BGB, § 305, Rn. 39; *Graf von Westphalen*, Verkaufsbedingungen, S. 19; *Müller*, Plädoyer, NZM 2016, 185, 191; *Richter*, AGB, S. 37; *Ulmer/Habersack*, in: U/B/H, AGB-Recht, § 305, Rn. 55; **a. A.** *Leuschner*, AGB-Kontrolle, JZ 2010, 875, 876.

445 BGH, NJW 2003, 1805, 1808; BGH, NJW 1998, 2600, 2601; BGH, NJW 1992, 2759, 2760; BGH, NJW 1982, 2309, 2309; OLG Saarbrücken, NJW-RR 2016, 53, 54; **a. A.** LG Frankfurt a.M., NZBau 2004, 44, 45.

446 *Graf von Westphalen*, in: Vertragsrecht, Individualvereinbarung, Rn. 24; *Kappus*, Weg, NJW 2016, 33, 36; *Kollmann*, AGB, NJOZ 2011, 625, 626; *Leuschner*, Kontrollstrenge, NJW 2016, 1222, 1223; *J. Schmidt*, Konsequenzen, NZM 2016, 377, 379.

447 *Kollmann*, AGB, NJOZ 2011, 625, 626.

448 *Leuschner*, AGB-Kontrolle, JZ 2010, 875, 876.

449 *Lischek/Mahnken*, Vertragsverhandlungen, ZIP 2007, 158, 160.

450 *Richter*, AGB, S. 47.

451 LG Frankfurt a.M., NZBau 2004, 44, 45; *Graf von Westphalen*, in: Vertragsrecht, Individualvereinbarung, Rn. 11; *Kessel/Jüttner*, Individualabrede. BB 2008, 1350, 1351; *Klafft*, in: Ostendorf/Kluth, Wirtschaftsverträge, § 21, Rn. 58; *Leyens/Schäfer*, Inhaltskontrolle, AcP 210 (2010), 771, 791; *Lischek/Mahnken*, Vertragsverhandlungen, ZIP 2007, 158, 161; *Rabe*, Auswirkungen, NJW 1987, 1978, 1979; *Richter*, AGB, S. 38.

452 *Kaufhold*, Anmerkung, ZIP 2010, 631, 632; *Kessel/Jüttner*, Individualabrede, BB 2008, 1350, 1351.

Auf diesem Wege können Kosten des Kunden für die Verhandlungen gespart werden, und es müssen auch keine Zugeständnisse von seiner Seite an anderer Stelle gemacht werden.[453]

Die Möglichkeit der *AGB-Falle* stößt jedoch auf Kritik in der Literatur: Nach *Leyens/Schäfer*[454] diene die AGB-Kontrolle dann nicht mehr der Vertragsgerechtigkeit, sondern erlaube es dem Kunden, den Verwender auf opportunistische Weise auszubeuten. *Graf von Westphalen*[455] zufolge führe dieses unfaire Verhalten des Kunden weder zu einem sach- noch interessengerechten Resultat und stelle somit einen klassischen Fall der Treuwidrigkeit dar.

c. Im Schweizer Recht

Nach Schweizer Recht ist entscheidend, dass ernsthafte Verhandlungen geführt werden, bei denen die Einflussnahme beider Parteien gegeben ist[456], sodass die AGB im Ergebnis individualisiert werden.[457] Von einer solchen Einflussnahme kann ausgegangen werden, wenn sich die Verhandlungen über einen längeren Zeitraum erstrecken, kommentierte Entwürfe mit Änderungsvorschlägen ausgetauscht werden oder sich der Kunde anwaltliche Hilfe gesucht hat.[458] Es ist jedoch nicht ausreichend, dass der Kunde seine Bedenken äußert, aber der Verwender jegliche Anpassung ablehnt.[459] Vielmehr muss der Verwender seine tatsächliche Bereitschaft signalisieren, den Inhalt der AGB ernsthaft zu diskutieren.[460]

Durch Protokolle der Vertragsverhandlungen und Vertragsentwürfe kann der Nachweis des Verhandelns erbracht werden.[461] Die Frage, ob die Änderung einer Klausel zwingend notwendig ist, um eine Individualabrede zu erreichen, wird nicht einheitlich beantwortet.[462] Jedoch lässt ein Urteil des Bundesgerichts[463] anklingen, dass eine Änderung nicht verlangt werden könne, da die Äußerungen

---

453 *Richter*, AGB, S. 48.

454 *Leyens/Schäfer*, Inhaltskontrolle, AcP 210 (2010), 771, 791.

455 *Graf von Westphalen*, in: Vertragsrecht, Individualvereinbarung, Rn. 11.

456 *Perrig*, in: K/P/P, AGB, Rn. 248; *Schumacher*, Vertragsgestaltung, Rn. 843; *Wildhaber*, Inhaltskontrolle, SJZ 2011, 537, 542.

457 *Schumacher*, Vertragsgestaltung, Rn. 1651.

458 *Wildhaber*, Inhaltskontrolle, SJZ 2011, 537, 542 f.

459 *Perrig*, in: K/P/P, AGB, Rn. 248; *Probst*, in: K/P/P, AGB, Rn. 84.

460 *Perrig*, in: K/P/P, AGB, Rn. 248; *Probst*, in: K/P/P, AGB, Rn. 84.

461 *Schumacher*, Vertragsgestaltung, Rn. 843, 1651.

462 *Ehle/Brunschweiler*, AGB-Recht, RIW 2012, 262, 264; *Hess/Ruckstuhl*, AGB-Kontrolle, AJP 2012, 1188, 1193; *Richter*, AGB, S. 42.

463 BGer 4P_135/2002 vom 28.11.2002, E. 3.3.

des Kunden zu einzelnen Klauseln den Verwender bereits darauf hinweisen, dass der Kunde vom Vertragsinhalt umfassend Kenntnis erlangt habe.[464] Die Lehre[465] geht ebenfalls davon aus, dass auch eine unverändert gebliebene AGB-Klausel eine Individualabrede sein kann. Bloß formelle Änderungen wie die Berichtigung von Rechtschreibfehlern sind hingegen nicht ausreichend, um die Qualifizierung als AGB aufzugeben.[466] Ein Hinweis, dass den Anforderungen an ein Verhandeln entsprochen wurde und eine Klausel nicht mehr als AGB, sondern als Individualvereinbarung zu qualifizieren ist, dürfte auch nach Schweizer Recht nicht genügen.[467]

Zudem wird nicht verlangt, dass jede einzelne Klausel zur Disposition gestellt wird.[468] Ausreichend sind vielmehr Änderungen an mehreren Klauseln, die dafür sorgen, dass der gesamte Vertrag nicht mehr als Formularvertrag anzusehen ist.[469] Das Bundesgericht[470] führt hierzu aus, dass derjenige, der an einigen Stellen Klauseländerungen verlange, den Vertrag in Gänze wahrgenommen habe, sodass ihm andere Punkte nicht entgangen sein könnten. Demnach wird der sog. *All-or-Nothing-Approach* oder *Domino-Effekt* verfolgt.[471] Dennoch können sich innerhalb eines Vertrages sowohl Individualvereinbarungen als auch AGB-Klauseln befinden.[472] *Probst*[473] ist hingegen kritischer als das Bundesgericht in Bezug auf die *Ausstrahlungswirkung* von Verhandlungen, sodass Klauseln ihren AGB-Charakter erst verlieren sollen, wenn sie auch tatsächlich Gegenstand von Verhandlungen sind, wobei eine tatsächliche Änderung keine Voraussetzung darstelle. Diese Ansicht ist jedoch zugunsten der Rechtssicherheit abzulehnen.

Nach Rechtsprechung des Bundesgerichts[474] ist es folglich auch nicht möglich, sich als Kunde auf das *taktische Nichtverhandeln*[475] zu stützen, um sich in

464 *Richter*, AGB, S. 42.
465 *Perrig*, in: K/P/P, AGB, Rn. 248; *Probst*, in: K/P/P, AGB, Rn. 84; *Schumacher*, Vertragsgestaltung, Rn. 843.
466 *Probst*, in: K/P/P, AGB, Rn. 83.
467 *Ehle/Brunschweiler*, AGB-Recht, RIW 2012, 262, 264.
468 BGer 4P_135/2002 vom 28.11.2002, E. 3.3; *Kramer*, in: BK OR, Art. 1, Rn. 182; *Trendelberend*, Vorteile, S. 23.
469 BGer 4P_135/2002 vom 28.11.2002, E. 3.3; *Richter*, AGB, S. 36.
470 BGer 4P_135/2002 vom 28.11.2002, E. 3.3.
471 *Richter*, AGB, S. 48.
472 *Schumacher*, Vertragsgestaltung, Rn. 843.
473 *Probst*, in: K/P/P, AGB, Rn. 85.
474 BGer 4P_135/2002 vom 28.11.2002, E. 3.3.
475 Siehe 2. Teil, B., II., 4., b., 8).

einem Prozess auf die Ungültigkeit einer AGB-Klausel zu berufen.[476] Aufgrund der Tatsache, dass fast immer ernsthafte Verhandlungen über einzelne Klauseln stattfinden, wenn es sich um wertvolle Vertragsgegenstände handelt, unterliegen B2B-Verträge nach Schweizer Recht schnell nicht mehr der AGB-Kontrolle.[477]

d. Der Vergleich der Rechtsordnungen

1) Die Gemeinsamkeiten

Beiden Rechtsordnungen ist gemein, dass Individualabreden der Geltung von AGB vorgehen[478] und dass sie weniger schutzbedürftig sind als Formularverträge.[479] Weder das deutsche[480] noch das Schweizer Recht[481] hält es für die Einstufung als Individualabrede für ausreichend, wenn der Kunde zwar Änderungsvorschläge für die AGB unterbreitet, diese aber kategorisch vom Verwender abgelehnt werden. Eine konkrete Änderung der Klausel soll aber nicht zwingend nötig sein.[482] Ein einfacher, wenn auch schriftlicher Hinweis, dass den Anforderungen an eine Individualabrede entsprochen wurde, dürfte nach keiner der beiden Rechtsordnungen ausreichen.[483]

2) Die Unterschiede

Im Vergleich fällt jedoch auf, dass das Schweizer Recht eine Individualvereinbarung deutlich früher annimmt als das deutsche Recht.[484] Schließlich dürfte ein *Verhandeln* leichter zu beweisen sein als ein *Aushandeln*[485], wodurch nach Schweizer Recht der Beweis, dass es sich um eine Individualabrede handelt, viel müheloser gelingt als nach deutschem Recht.[486] Nach Schweizer Recht deuten

---

476 *Richter*, AGB, S. 48.

477 *Trendelberend*, Vorteile, S. 24.

478 Siehe 2. Teil, B., II., 4., a.

479 *Kramer*, in: K/P/P, AGB, Rn. 22; *Leuschner*, AGB-Kontrolle, JZ 2010, 875, 878; *Trendelberend*, Vorteile, S. 24; siehe 2. Teil, B., II., 7., d.

480 BGH, NJW 2003, 1805, 1808.

481 *Perrig*, in: K/P/P, AGB, Rn. 248; *Probst*, in: K/P/P, AGB, Rn. 84.

482 Siehe 2. Teil, B., II., 4., b., 4) und c.

483 *Ehle/Brunschweiler*, AGB-Recht, RIW 2012, 262, 264; siehe 2. Teil, B., II., 4., b., 3) und c.

484 *Ehle/Brunschweiler*, AGB-Recht, RIW 2012, 262, 264; *Trendelberend*, Vorteile, S. 24.

485 *Ehle/Brunschweiler*, AGB-Recht, RIW 2012, 262, 264.

486 *Trendelberend*, Vorteile, S. 24.

bereits eine gewisse Länge der Verhandlung[487] und die juristische Beratung[488] darauf hin, dass Individualvereinbarungen vorliegen, während dies nach deutschem Recht nicht der Fall ist.[489] Des Weiteren lässt sich auch feststellen, dass das Schweizer Recht liberaler bzgl. der *Ausstrahlungswirkung* von Klauseln auf den restlichen Vertrag ist[490], sodass häufiger Individualabreden vorliegen. Die Möglichkeit der *AGB-Falle* (*taktisches Nichtverhandeln*)[491] ist im Schweizer Recht nicht gegeben.[492]

3) Schlussfolgerungen

Aufgrund der Tatsache, dass nach Schweizer Recht AGB bei Verhandlungen schneller als Individualabreden eingestuft werden als nach deutschem Recht[493], sollte der deutsche Exporteur als Verwender demnach seine Vertragsverhandlungen generell und insbesondere diejenigen über die wichtigsten Klauseln möglichst exakt dokumentieren[494], um schnell und einfach beweisen zu können, dass seine AGB zu Individualabreden erstarkt sind. Dies ist allerdings nur wichtig, wenn die Klausel als AGB überhaupt unwirksam sein kann.

Die Annahme der *Ausstrahlungswirkung*[495] von verhandelten Klauseln liegt im Interesse des Verwenders. Die aus dem deutschen Recht bekannte *AGB-Falle*[496] kann von der Gegenseite nicht zielführend eingesetzt werden. Zwar wird die AGB-Kontrolle im Schweizer Recht generell weniger strikt durchgeführt als im deutschen Recht.[497] Allerdings sind der Vertragsfreiheit auch hier einige Grenzen[498] gesetzt, die durch eine Individualabrede umgangen werden könnten. Da Verhandlungen immer Kosten generieren[499], bietet sich demnach an dieser Stelle im Schweizer Recht ein wirtschaftlicher Vorteil für den deutschen Exporteur als Verwender, wenn durch die Verhandlungen auch beabsichtigt wird, AGB

---

487 *Wildhaber*, Inhaltskontrolle, SJZ 2011, 537, 542 f.

488 *Dies.*, ebenda.

489 Siehe 2. Teil, B., II., 4., b., 3).

490 Siehe 2. Teil, B., II., 4., b., 7) und c.

491 Siehe 2. Teil, B., II., 4., b., 8).

492 Siehe 2. Teil, B., II., 4., c.

493 *Ehle/Brunschweiler*, AGB-Recht, RIW 2012, 262, 264; *Trendelberend*, Vorteile, S. 24.

494 *Ehle/Brunschweiler*, AGB-Recht, RIW 2012, 262, 264; vgl. *Schumacher*, Vertragsgestaltung, Rn. 843.

495 Siehe 2. Teil, B., II., 4., d., 2).

496 Ebenda.

497 Siehe 2. Teil, B., II., 7., d.

498 Siehe 2. Teil, B., II., 7., c., 2).

499 *Richter*, AGB, S. 46.

zu vermeiden. Dann sind bereits kürzere und weniger umfangreiche Verhandlungen zielführend.

Besonderes Augenmerk ist wiederum auf die Tatsache zu richten, dass sich nicht nur der deutsche Exporteur durch das Schweizer Recht Vorteile verschaffen kann: Auch der Verwender von Einkaufsbedingungen kann mithilfe des Schweizer Rechts und den großzügigeren Regelungen seine Klauseln einfacher und schneller zu Individualabreden werden lassen und so der Abwehrklausel des deutschen Exporteurs[500] entgehen. Der Verkäufer muss demnach darüber informiert sein, dass Verhandlungen für ihn ein zweischneidiges Schwert sind, welche durchaus zu sehr bedeutenden Nachteilen führen können.

5. Die Einbeziehungs- und Geltungskontrolle

a. Allgemeines

Aufgrund der Tatsache, dass die Einbeziehung von AGB einen Teil des materiellen Rechts bildet, richtet sie sich im grenzüberschreitenden Rechtsverkehr nach dem Recht des Hauptvertrages.[501] In diesem Fall ist auch hier das Schweizer Recht anwendbar. Damit die AGB ihre Wirkung entfalten können, müssen sie sowohl nach deutschem[502] als auch nach Schweizer Recht[503] zuerst nach den allgemeinen Regeln wirksam in den Vertrag einbezogen werden, sodass die Übername der AGB vom Konsens der Parteien gedeckt ist.[504] Die AGB werden Vertragsbestandteil, wenn eine ausdrückliche Vereinbarung erfolgt.[505] Diese liegt bspw. bei einem Rahmenvertrag vor, welcher die Geltung bestimmter AGB

---

500 Siehe 2. Teil, B., II., 3., b., 5).

501 *Graf von Westphalen*, Verkaufsbedingungen, S. 60; *Rothermel*, Kauf-, Liefer- und Vertriebsrecht, S. 15.

502 *Graf von Westphalen*, Einkaufsbedingungen, S. 22.

503 BGE 118 II 295, 297; *G/S/S/E*, OR AT, Rn. 1124a; *Huguenin*, OR, Rn. 614; *Klett/Hurni*, AGB-Geltungskontrolle, recht 2012, 80, 80 f.; *A. Koller*, in: Guhl, OR, § 13, Rn. 50; *Perrig*, Einbeziehung, in: B/S/E-K, AGB, S. 170; *Wittibschlager*, Einführung, Rn. 437.

504 *Bucher*, OR AT, S. 154; *G/S/S/E*, OR AT, Rn. 1124; *Huguenin*, OR, Rn. 233, 614; *Kramer*, in: K/P/P, AGB, Rn. 3; *Kuoni*, Haftungsbegrenzung, Rn. 84; *Perrig*, Einbeziehung, in: B/S/E-K, AGB, S. 171; *Rothermel*, Kauf-, Liefer- und Vertriebsrecht, S. 63; *Rusch*, in: M/B/K/P, Vertragshandbuch, Kap. 4, Rn. 4; *Schmid*, AGB, ZBJV 2012, 1, 2; *Wittibschlager*, Einführung, Rn. 437.

505 BGer 4C_282/2003 vom 15.12.2003, E. 3.1; *Bucher*, OR AT, S. 154; *Huguenin*, OR, Rn. 614; *Kut*, in: CHK OR, Art. 1, Rn. 51; *Perrig*, Einbeziehung, in: B/S/E-K, AGB, S. 171; *Schnyder*, Dogmatik, in: B/S/E-K, AGB, S. 48.

für künftige Verträge vorsieht.[506] Erforderlich ist die Ausdrücklichkeit allerdings nicht.[507] Wird auf die AGB verwiesen, so wird im Schweizer Recht von einer *Globalübernahme*[508] gesprochen, wenn der Vertragspartner die AGB nicht zur Kenntnis nimmt, nicht überlegt oder deren Tragweite nicht versteht.[509] Die tatsächliche Kenntnisnahme ist für die Einbeziehung in den Vertrag nicht erforderlich.[510] Ggf. ist noch die Branchenüblichkeit zu beachten.[511]

Ein Vorteil für den deutschen Exporteur ist, dass die Einbeziehungs- und Geltungskontrolle nach Schweizer Recht nahezu identisch erfolgt wie nach deutschem Recht[512], sodass der deutsche Exporteur vorgehen kann, wie er es bereits gewohnt ist. Die geforderte sichere Rechtskenntnis[513] über die Einbeziehung ist demnach – wenn u. U. auch nur unbewusst – vorhanden. Nach beiden Rechtsordnungen findet zudem eine erleichterte Einbeziehung der AGB statt, wenn sich die Parteien in einer laufenden Geschäftsbeziehung befinden.[514]

---

506 *Kut*, in: CHK OR, Art. 1, Rn. 52.

507 BGer 4C_282/2003 vom 15.12.2003, E. 3.1; *Huguenin*, OR, Rn. 614; *Klett/Hurni*, AGB-Geltungskontrolle, recht 2012, 80, 81; *Kut*, in: CHK OR, Art. 1, Rn. 51; *Perrig*, Einbeziehung, in:B/S/E-K, AGB, S. 171; *Schnyder*, Dogmatik, in: B/S/E-K, AGB, S. 48.

508 Siehe 2. Teil, B., II., 7., c., 2), b), (1).

509 *G/S/S/E*, OR AT, Rn. 1128c; *Huguenin*, OR, Rn. 233, 618; *A. Koller*, in: Guhl, OR, § 13, Rn. 50; *Roberto/Walker*, AGB-Kontrolle, recht 2014, 49, 51; *Rusch*, in: M/B/K/P, Vertragshandbuch, Kap. 4, Rn. 5; *Schumacher*, Vertragsgestaltung, Rn. 1590; *Schwenzer*, OR AT, Rn. 45.03; vgl. BGE 119 II 443, 446; BGE 108 II 416, 418; BGE 64 II 355, 357; BGer 4C_282/2003 vom 15.12.2003, E. 3.1.

510 *Klett/Hurni*, AGB-Geltungskontrolle, recht 2012, 80, 81; *Kut*, in: CHK OR, Art. 1, Rn. 52; *Perrig*, in: K/P/P, AGB, Rn. 135; *Rusch*, in: M/B/K/P, Vertragshandbuch, Kap. 4, Rn. 5; *Schnyder*, Dogmatik, in: B/S/E-K, AGB, S. 48; *Schumacher*, Vertragsgestaltung, Rn. 1652; *Schwenzer*, OR AT, Rn. 45.03; *Wittibschlager*, Einführung, Rn. 437.

511 *Perrig*, in: K/P/P, AGB, Rn. 136, 216; *Rothermel*, Kauf-, Liefer- und Vertriebsrecht, S. 63.

512 *Trendelberend*, Vorteile, S. 25; vgl. *Kuoni*, Haftungsbegrenzung, Rn. 85.

513 *Perrig*, Einbeziehung, in: B/S/E-K, AGB, S. 203.

514 *Richter*, AGB, S. 80; vgl. *Graf von Westphalen*, in: Vertragsrecht, Vertragsabschlussklauseln, Rn. 35; *ders.*, Einkaufsbedingungen, S. 24; *G/S/S/E*, OR AT, Rn. 1128a; *Kut*, in: CHK OR, Art. 1, Rn. 56; *Perrig*, in: K/P/P, AGB, Rn. 114, 136; *Schumacher*, Vertragsgestaltung, Rn. 1590; *Zellweger-Gutknecht/Bucher*, in: BSK OR, Anh. Art. 1, Rn. 53.

Allerdings ist auch zu beachten, dass die Schweizer Rechtsprechung[515] mit äußerster Zurückhaltung agiert, wenn es darum geht, AGB gänzlich ohne Vereinbarung und mittels eines Handelsbrauchs in einen Vertrag einzubeziehen.[516] Nach deutschem Recht ist dies hingegen anerkannt.[517] Demnach wird bei Anwendung des Schweizer Rechts dringend empfohlen, explizit auf die AGB hinzuweisen und diese dem Vertragsangebot beizulegen.[518] Dies gilt generell bei Vertragsschlüssen im internationalen Bereich.[519] Die AGB sollten im besten Fall von der anderen Partei gegengezeichnet werden.[520]

b. Überraschende Klauseln

Gem. § 305c I BGB werden Klauseln in AGB nicht Vertragsbestandteil, wenn sie nach den Umständen für den Kunden so ungewöhnlich sind, dass dieser nicht mit ihnen zu rechnen braucht. Demnach müssen zwei Voraussetzungen vorliegen: die objektive Ungewöhnlichkeit der Klausel sowie ein subjektives Überraschungsmoment.[521]

Eine AGB-Klausel ist überraschend, wenn ein sog. *Überrumpelungseffekt* vorhanden ist.[522] Dieser besteht, wenn die Regelung von den Erwartungen des Kunden deutlich abweicht und dieser unter den gegebenen Umständen vernünftigerweise nicht mit einer solchen Klausel rechnen muss.[523] Bei der Beurteilung der Ungewöhnlichkeit wird nicht auf die spezielle Kenntnis des betroffenen Vertragspartners abgestellt, sondern auf den typischen Personenkreis für derartige

---

515 Befürwortend Bezirksgericht Affoltern, SJZ 1967, 160, 161; Kantonsgericht Zug (1. Instanz), SJZ 1966, 330, 330; ablehnend Landgericht Uri, SJZ 1993, 12, 12.

516 *Greiner*, Wahl, S. 9; vgl. *Kuoni*, Haftungsbegrenzung, Rn. 108 f.

517 *Graf von Westphalen*, in: Vertragsrecht, Vertragsabschlussklauseln, Rn. 39; siehe BGH, NJW-RR 1987, 94, 95.

518 Vgl. *Graf von Westphalen*, Verkaufsbedingungen, S. 9; *ders.*, Einkaufsbedingungen, S. 23; *Schmitt*, in: Schmitt, Praxishandbuch, Kap. 3, Rn. 171.

519 *Rothermel*, Kauf-, Liefer- und Vertriebsrecht, S. 15.

520 *Perrig*, in: K/P/P, AGB, Rn. 156; *Rothermel*, Kauf-, Liefer- und Vertriebsrecht, S. 15; *Schumacher*, Vertragsgestaltung, Rn. 847.

521 *Grüneberg*, in: Palandt, § 305c BGB, Rn. 3 f.; *Richter*, AGB, S. 71.

522 BGH, NJW-RR 2002, 485, 486; BGH, NJW-RR 2001, 1420, 1421; BGH, NJW 1995, 2637, 2638; BGH, NJW 1982, 2309, 2309; *Gottschalk*, Transparenzgebot, AcP 206 (2006), 555, 572; *Grüneberg*, in: Palandt, § 305c BGB, Rn. 4.

523 BGH, NJW-RR 2004, 780, 781; BGH, NJW-RR 2002, 485, 486; BGH, NJW-RR 2001, 1420, 1421; BGH, NJW 1995, 2637, 2638; BGH, NJW 1995, 2553, 2554; BGH, NJW 1982, 2309, 2309 f.

Verträge.[524] Allerdings können die individuellen Umstände auch Einfluss haben.[525] Die Ungewöhnlichkeit und das Überraschungsmoment sind häufig sehr eng verbunden.[526]

Der Kunde muss mit der Klausel rechnen, wenn er diese bereits kennt oder seine Kenntnisnahme zu erwarten ist.[527] Haftungsfreizeichnungsklauseln[528] werden regelmäßig nicht als überraschend eingestuft.[529] Durch eine verständliche und drucktechnisch hervorgehobene Klausel wird der *Überraschungseffekt* entfallen, wenn davon ausgegangen werden kann, dass der Vertragspartner die Klausel wahrnimmt.[530] Allerdings ist zu beachten, dass dies nicht gilt, wenn der Kunde wegen konkreter Umstände, welche dem Vertragsschluss vorausgehen, nicht mit der Klausel rechnen muss.[531] In einem solchen Fall verliert die Regelung nur durch einen ganz individuellen Hinweis den *Ungewöhnlichkeitscharakter*.[532]

Im deutschen Recht wird die Regelung über die Ungewöhnlichkeit der Einbeziehungskontrolle zugeordnet.[533] Im Schweizer Recht hingegen findet eine Inhaltskontrolle maßgeblich durch die sog. *Ungewöhnlichkeitsregel* statt, weshalb diese auch in jenem Zusammenhang[534] erläutert wird, obwohl sie weitestgehend mit der deutschen Regelung vergleichbar ist.[535]

---

524 BGH, NJW-RR 2001, 1420, 1421; BGH, NJW 1995, 2637, 2638; *Gottschalk*, Transparenzgebot, AcP 206 (2006), 555, 573; *Greiner*, Wahl, S. 11.

525 BGH, NJW-RR 2004, 780, 781; BGH, NJW-RR 2002, 485, 486; BGH, NJW-RR 2001, 1420, 1421; BGH, NJW 1995, 2553, 2554; *Greiner*, Wahl, S. 11; *Stoffels*, AGB-Recht, Rn. 338.

526 BGH, NJW 2010, 671, 672; *Richter*, AGB, S. 72.

527 BGH, NJW-RR 2004, 780, 781; *Grüneberg*, in: Palandt, § 305c BGB, Rn. 4; *Richter*, AGB, S. 72.

528 Siehe 2. Teil, B., XI.

529 *Graf von Westphalen*, in: Vertragsrecht, Freizeichnungs- und Haftungsbegrenzungsklauseln, Rn. 23.

530 BGH, NJW-RR 2002, 485, 487; *Graf von Westphalen*, in: Vertragsrecht, Freizeichnungs- und Haftungsbegrenzungsklauseln, Rn. 23; *Grüneberg*, in: Palandt, § 305c BGB, Rn. 4; *Richter*, AGB, S. 72.

531 BGH, NJW-RR 2002, 485, 487; *Gottschalk*, Transparenzgebot, AcP 206 (2006), 555, 575.

532 BGH, NJW-RR 2002, 485, 487; *Gottschalk*, Transparenzgebot, AcP 206 (2006), 555, 575; *Grüneberg*, in: Palandt, § 305c BGB, Rn. 4.

533 *Grüneberg*, in: Palandt, § 305c BGB, Rn. 1; *Richter*, AGB, S. 71.

534 Siehe 2. Teil, B., II., 7., c., 2), b).

535 *Ehle/Brunschweiler*, AGB-Recht, RIW 2012, 262, 265; *G/S/S/E*, OR AT, Rn. 1136; *Müller/Griebeler/Pfeil*, AGB-Kontrolle, BB 2009, 2658, 2662; *Ostendorf*, in: Ostendorf/Kluth, Wirtschaftsverträge, § 8, Rn. 44; *Pfeiffer*, Flucht, in: FS Graf von Westphalen,

6. *Die Auslegung*

Des Weiteren hat die Rechtswahl Auswirkungen auf die Auslegung des Vertrages.[536] Die Auslegungskontrolle befasst sich mit der Interpretation von AGB.[537]

a. *Im deutschen Recht*

1) Allgemeines

Für AGB sind die allgemeinen Regeln der §§ 133, 157 BGB nicht anwendbar.[538] Demnach sind Individualvereinbarungen und AGB prinzipiell unterschiedlich auszulegen.[539] Bei AGB gilt der Grundsatz der objektiven Auslegung[540] bei Vertragsschluss.[541] Danach muss aus Sicht eines rechtlich nicht vorgebildeten Durchschnittskunden eine einheitliche Auslegung erfolgen.[542] Diese wird anhand des Wortlauts aus der Perspektive eines redlichen und verständigen Vertragspartners nach Treu und Glauben stattfinden.[543] Eine Differenzierung in der Form, dass denselben AGB eine unterschiedliche Auslegung zugrunde gelegt wird, darf jedoch stattfinden, wenn AGB gegenüber verschiedenen Kundenkreisen[544] (z. B. im B2B- und B2C-Geschäft)[545] oder innerhalb des Unternehmerverkehrs

---

555, 560; vgl. *A. Koller*, AGB-Recht, AJP 2016, 279, 286; *Kuoni*, Haftungsbegrenzung, Rn. 98 f.

536 *Ostendorf*, in: Ostendorf/Kluth, Wirtschaftsverträge, § 3, Rn. 57.

537 *Perrig*, in: K/P/P, AGB, Rn. 235.

538 *Basedow*, in: MüKo BGB, § 305c, Rn. 28; *Grüneberg*, in: Palandt, § 305c BGB, Rn. 16; *Stoffels*, AGB-Recht, Rn. 360; **a. A.** OLG Saarbrücken, NJW-RR 2016, 53, 55; *Schlosser*, in: Staudinger, § 305c BGB, Rn. 126 ff.

539 *Basedow*, in: MüKo BGB, § 305c, Rn. 28; *Ehle/Brunschweiler*, AGB-Recht, RIW 2012, 262, 266; *Richter*, AGB, S. 85; *Schlewing*, Vertragsgestaltung, NZA-Beil. 2012, 33, 34.

540 BGH, NJW 2009, 3422, 3423; BGH, NJW-RR 2007, 1697, 1700; OLG Saarbrücken, NJW-RR 2016, 53, 55; *Basedow*, in: MüKo BGB, § 305c, Rn. 22; *Grüneberg*, in: Palandt, § 305c BGB, Rn. 16; *Schlosser*, in: Staudinger, § 305c BGB, Rn. 126.

541 *Thüsing*, in: Vertragsrecht, Auslegung, Rn. 14.

542 BGH, NJW 2010, 293, 294; BGH, NJW-RR 2010, 1436, 1437; BGH, NJW 2006, 1056, 1056; *Graf von Westphalen*, AGB-Recht 2010, NJW 2011, 2098, 2098; *Grüneberg*, in: Palandt, § 305c BGB, Rn. 16.

543 BGH, NJW-RR 2010, 1436, 1438; BGH, NJW 2009, 3422, 3423; BGH, NJW 2006, 1056, 1056; OLG Saarbrücken, NJW-RR 2016, 53, 55; *Ehle/Brunschweiler*, AGB-Recht, RIW 2012, 262, 266; *Graf von Westphalen*, AGB-Recht 2010, NJW 2011, 2098, 2098; *Grüneberg*, in: Palandt, § 305c BGB, Rn. 16; *Schlewing*, Vertragsgestaltung, NZA-Beil. 2012, 33, 34.

544 *Basedow*, in: MüKo BGB, § 305c, Rn. 24; *Thüsing*, in: Vertragsrecht, Auslegung, Rn. 8.

545 BGH, NJW-RR 2004, 1248, 1249; *Trendelberend*, Vorteile, S. 28.

bei divergierenden Untergruppen (bspw. Hersteller, Einzel- und Großhändler)[546] verwendet werden.

Unberücksichtigt bleiben hingegen einzelfallbezogene und individuelle Umstände des Vertragsschlusses.[547] Dies lässt sich damit begründen, dass AGB einen *abstrakt-generellen* Charakter besitzen und für eine Vielzahl von Verträgen bestimmt sind.[548] Es handelt sich eben nicht um zwischen den Parteien individuell ausgehandelte Vereinbarungen.[549] Ausnahmsweise wird der objektive Sinn einer Klausel nicht berücksichtigt, wenn beide Parteien übereinstimmend der Regelung eine andere Bedeutung beimessen möchten.[550] Eine historische Auslegung von AGB-Klauseln erfolgt nicht, da die Vorstellungen des Verfassers bei der Gestaltung der AGB nicht maßgeblich sind.[551] Diese sind dem Kunden regelmäßig auch gar nicht bekannt.[552]

2) Die Unklarheitenregel

Gem. § 305c II BGB sind AGB im Zweifel zulasten des Verwenders auszulegen. Diese sog. *Unklarheitenregel* existiert auch im B2B-Bereich.[553] Dabei gilt zuvorderst der Grundsatz der *kundenfeindlichsten* Auslegung, sodass diejenige noch vertretbare Auslegung anzuwenden ist, welche zur Unwirksamkeit der Klausel führt.[554] Zu beachten ist, dass die *Unklarheitenregel* erst als letztes Mittel nach

---

546 *Berger/Kleine*, AGB-Gestaltung, NJW 2007, 3526, 3527; *Schlosser*, in: Staudinger, § 305c BGB, Rn. 127; *Trendelberend*, Vorteile, S. 28 f.

547 BGH, NJW 1990, 2383, 2383; BGH, NJW 1989, 222, 224; *Basedow*, in: MüKo BGB, § 305c, Rn. 23; *Ehle/Brunschweiler*, AGB-Recht, RIW 2012, 262, 266; *Grüneberg*, in: Palandt, § 305c BGB, Rn. 16; *Thüsing*, in: Vertragsrecht, Auslegung, Rn. 10.

548 *Graf von Westphalen*, AGB-Recht 2010, NJW 2011, 2098, 2103; *Thüsing*, in: Vertragsrecht, Auslegung, Rn. 3.

549 *Thüsing*, in: Vertragsrecht, Auslegung, Rn. 3.

550 BGH, NJW-RR 2010, 63, 64; BGH, NJW 2009, 3422, 3423; *Basedow*, in: MüKo BGB, § 305c, Rn. 26; *Grüneberg*, in: Palandt, § 305c BGB, Rn. 16; *Schlosser*, in: Staudinger, § 305c BGB, Rn. 127; *Thüsing*, in: Vertragsrecht, Auslegung, Rn. 16.

551 BGH, NJW 2012, 3238, 3239; BGH, NJW-RR 2000, 1341, 1342; *Thüsing*, in: Vertragsrecht, Auslegung, Rn. 12.

552 BGH, NJW 2012, 3238, 3239; BGH, NJW-RR 2000, 1341, 1342; *Stoffels*, AGB-Recht, Rn. 360; *Thüsing*, in: Vertragsrecht, Auslegung, Rn. 12.

553 BGH, NJW-RR 1988, 113, 113 f.; *Grüneberg*, in: Palandt, § 305c BGB, Rn. 15; *Stoffels*, AGB-Recht, Rn. 369; *Thüsing*, in: Vertragsrecht, Auslegung, Rn. 36.

554 BGH, NJW 2013, 291, 292; BGH, NJW 2009, 2051, 2051; BGH, NJW 2008, 2172, 2173; BGH, NJW 2004, 1588, 1589; OLG Karlsruhe, NJW 2016, 2670, 2674; OLG München, NJW-RR 1987, 661, 661; *Basedow*, in: MüKo BGB, § 305c, Rn. 34; *Graf von*

allen anderen Auslegungsmethoden angewandt werden darf, wenn noch mindestens zwei rechtlich vertretbare Auslegungsmöglichkeiten verbleiben.[555]

3) Das Restriktionsprinzip

Das sog. *Restriktionsprinzip* besagt, dass Klauseln, welche den Vertragspartner des AGB-Verwenders in seinen Rechten einschränken, einer engen Auslegung unterliegen[556], wenn eine Einschränkung derjenigen Rechte des Kunden stattfindet, welche nach dispositivem Recht und ohne Einbeziehung von AGB gelten würden.[557] Nach deutschem Recht kommt diesem Prinzip keine Beachtung mehr zu.[558] Zum einen wird die Funktion bereits durch die *Unklarheitenregel* übernommen.[559] Zum anderen würde eine sog. *verdeckte Inhaltskontrolle* stattfinden, welche die gesetzlich gewollte Trennung zwischen Auslegung und Inhaltskontrolle aufhebt.[560] Zudem ist zu sagen, dass das *Restriktionsprinzip* das Verbot der *geltungserhaltenden Reduktion*[561] unterlaufen würde.[562]

Westphalen, Einkaufsbedingungen, S. 173 f.; *Schlewing*, Vertragsgestaltung, NZA-Beil. 2012, 33, 34; *Stadler*, in: Jauernig, § 305c BGB, Rn. 5; *Thüsing*, in: Vertragsrecht, Auslegung, Rn. 41.

555 BGH, NJW-RR 2016, 526, 527; BGH, NJW-RR 2010, 63, 64; BGH, NJW 2007, 504, 506; BGH, NJW 2002, 3232, 3233; BGH, NJW 1997, 3434, 3435; BGH, NJW-RR 1995, 1303, 1304; *Grüneberg*, in: Palandt, § 305c BGB, Rn. 15; *Schlewing*, Vertragsgestaltung, NZA-Beil. 2012, 33, 34; *Stoffels*, AGB-Recht, Rn. 370; *Thüsing*, in: Vertragsrecht, Auslegung, Rn. 38.

556 *Kuoni*, Haftungsbegrenzung, Rn. 429; *Schlosser*, in: Staudinger, § 305c BGB, Rn. 125; *Stadler*, in: Jauernig, § 305c BGB, Rn. 8; *Stoffels*, AGB-Recht, Rn. 376; *Thüsing*, in: Vertragsrecht, Auslegung, Rn. 47.

557 *Thüsing*, in: Vertragsrecht, Auslegung, Rn. 47.

558 *Basedow*, in: MüKo BGB, § 305c, Rn. 27; *Schlosser*, in: Staudinger, § 305c BGB, Rn. 125; *Hu. Schmidt*, in: Ba/Ro, BeckOK BGB, § 305c, Rn. 56; *Stoffels*, AGB-Recht, Rn. 379; *Thüsing*, in: Vertragsrecht, Auslegung, Rn. 47.

559 *Basedow*, in: MüKo BGB, § 305c, Rn. 27; *Stoffels*, AGB-Recht, Rn. 376; *Thüsing*, in: Vertragsrecht, Auslegung, Rn. 47.

560 *Basedow*, in: MüKo BGB, § 305c, Rn. 27; *Stadler*, in: Jauernig, § 305c BGB, Rn. 8; *Stoffels*, AGB-Recht, Rn. 377; *Thüsing*, in: Vertragsrecht, Auslegung, Rn. 47.

561 Siehe 2. Teil, B., II., 8.

562 *Hu. Schmidt*, in: Ba/Ro, BeckOK BGB, § 305c, Rn. 56; *Stadler*, in: Jauernig, § 305c BGB, Rn. 8; *Stoffels*, AGB-Recht, Rn. 377.

b. Im Schweizer Recht

1) Allgemeines

Im Schweizer Recht wird die Auslegung von Individualabreden und AGB sowohl nach Rechtsprechung[563] als auch nach Literatur[564] nach denselben Regeln durchgeführt. Somit sind AGB individualvertragskonform auszulegen.[565] Dabei ist gem. Art. 18 I OR primär zu berücksichtigen, was beide Parteien übereinstimmend gewollt haben.[566] Ist dies unmöglich, so wird der mutmaßliche Wille der Parteien durch objektivierte – d. h. normative – Auslegung bestimmt.[567] Dabei ist es die Aufgabe des Richters, den Vertragsinhalt der Parteien durch Auslegung zu ermitteln, wenn sich diese darüber uneinig sind.[568] Der Richter sucht nach einer sachgerechten Lösung, da nicht davon ausgegangen werden kann, dass sich die Parteien auf eine nicht-sachgerechte Vereinbarung verständigt hätten.[569] Die objektivierte Auslegung muss aus Sicht einer vernünftig und redlich urteilenden Person erfolgen.[570]

---

563 BGE 135 III 225, 227; BGE 135 III 1, 6; BGE 133 III 675, 681; BGE 122 III 118, 121; BGE 117 II 609, 621; BGE 115 II 264, 268; BGer 5C_271/2004 vom 12.07.2005, E. 2.

564 *Ehle/Brunschweiler*, AGB-Recht, RIW 2012, 262, 266; *G/H/M/P*, Vertragsgestaltung, Rn. 341; *G/S/S/E*, OR AT, Rn. 1125, 1144; *Jäggi/Gauch/Hartmann*, in: ZK OR, Art. 18, Rn. 513; *Kern/Bettinger*, OR 2020, ZEuP 2014, 562, 571; *Klafft*, in: Ostendorf/Kluth, Wirtschaftsverträge, § 21, Rn. 62; *Klett/Hurni*, AGB-Geltungskontrolle, recht 2012, 80, 83; *A. Koller*, AGB-Recht, AJP 2016, 279, 292; *Roberto/Walker*, AGB-Kontrolle, recht 2014, 49, 53; *Rusch*, in: M/B/K/P, Vertragshandbuch, Kap. 4, Rn. 11; *Wittibschlager*, Einführung, Rn. 437.

565 *G/S/S/E*, OR AT, Rn. 1241; *Kut*, in: CHK OR, Art. 1, Rn. 60; *Roberto/Walker*, AGB-Kontrolle, recht 2014, 49, 52.

566 BGE 117 II 609, 621; BGE 116 II 431, 435; BGE 115 II 264, 268; BGE 107 II 161, 163; *G/S/S/E*, OR AT, Rn. 214, 1200; *Huguenin*, OR, Rn. 275, 2648; *T. Koller*, AGB, recht 1999, 43, 45; *Perrig*, in: K/P/P, AGB, Rn. 237; *Rusch*, Auslegung, AJP 2014, 205, 206; *Wittibschlager*, Einführung, Rn. 408.

567 BGE 138 III 659, 666 f.; BGE 137 III 145, 148; BGE 125 III 263, 266; BGE 116 II 431, 434; BGE 115 II 264, 268; BGer 5C_271/2004 vom 12.07.2005, E. 2; *G/S/S/E*, OR AT, Rn. 1201; *Huguenin*, OR, Rn. 275; *Rusch*, Auslegung, AJP 2014, 205, 206; *Wittibschlager*, Einführung, Rn. 408.

568 *G/S/S/E*, OR AT, Rn. 1196; *Perrig*, in: K/P/P, AGB, Rn. 237; *Wittibschlager*, Einführung, Rn. 408.

569 BGE 122 III 420, 424; BGE 119 II 368, 372; BGE 117 II 609, 621; BGE 115 II 264, 268; *G/S/S/E*, OR AT, Rn. 1201; *Huguenin*, OR, Rn. 282; *Klett/Hurni*, AGB-Geltungskontrolle, recht 2012, 80, 83; *Perrig*, in: K/P/P, AGB, Rn. 268.

570 BGE 129 III 118, 122; BGE 116 II 431, 434 f.; *G/S/S/E*, OR AT, Rn. 1201; *Jäggi/Gauch/Hartmann*, in: ZK OR, Art. 18, Rn. 370; *Perrig*, in: K/P/P, AGB, Rn. 238.

Zunächst findet die Auslegung anhand des Wortlauts der Norm statt.[571] Die Meinung von Experten ist irrelevant, wenn die Auslegung eines Ausdrucks nach dem sog. *Vertrauensprinzip* vorgenommen wird.[572] Dabei kommt es allein auf die Auffassung der anderen Vertragspartei unter Berücksichtigung von Treu und Glauben an.[573] Der Wortlaut hat zunächst Vorrang vor den anderen Auslegungsmethoden.[574] Allerdings ist die reine *Buchstabenauslegung* ohne Berücksichtigung anderer Element unzulässig.[575] Demnach sind bspw. weitere Vertragsbedingungen, der von den Parteien verfolgte Zweck oder weitere Umstände zu beachten.[576] Durch die teleologische und systematische Auslegung ergibt sich die Korrektur einer Klausel.[577] Diese kann auch durch das historische Auslegungselement erfolgen.[578] Darüber hinaus gilt es zu beachten, dass im Zweifel diejenige Auslegung vorzugswürdig ist, welche dem dispositiven Recht entspricht, da eine Abweichung der hinreichenden Deutlichkeit bedarf.[579]

---

571 BGE 133 III 406, 409; BGE 131 III 606, 611; BGer 4P_235/2004 vom 10.01.2005, E. 3.4; *G/S/S/E*, OR AT, Rn. 1206; *Jäggi/Gauch/Hartmann*, in: ZK OR, Art. 18, Rn. 372; *Ramstein*, AGB, RIW 1988, 440, 443; *Richter*, AGB, S. 87; *Trendelberend*, Vorteile, Fn. 326; *Walter*, Methodenpluralismus, recht 1999, 157, 158; *Wittibschlager*, Einführung, Rn. 408.

572 BGE 116 II 431, 435.

573 BGE 116 II 431, 435; *T. Koller*, AGB, recht 1999, 43, 52; *Ramstein*, AGB, RIW 1988, 440, 443.

574 BGE 135 III 295, 302; BGE 133 III 406, 409; BGE 133 III 61, 67; BGE 131 III 606, 611; BGE 130 III 417, 425; BGE 129 III 118, 122; BGer 4C_460/2004 vom 24.06.2005, E. 1.1; BGer 4P_235/2004 vom 10.01.2005, E. 3.4; *Akikol*, Sachmängelhaftung, Rn. 256; *Emmenegger/Zbinden*, Bankgarantie, in: Emmenegger, Kreditsicherheiten, S. 153 f.; *G/S/S/E*, OR AT, Rn. 1206; *Jäggi/Gauch/Hartmann*, in: ZK OR, Art. 18, Rn. 399; *Kramer*, Methodenlehre, S. 84, 188; *Wiegand*, in: BSK OR, Art. 18, Rn. 18.

575 BGE 135 III 295, 302; BGE 133 III 61, 67; BGE 131 III 606, 611; BGE 92 II 342, 349; BGE 88 II 341, 344 f.; BGer 4P_235/2004 vom 10.01.2005, E. 3.4; *G/S/S/E*, OR AT, Rn. 1228; *Huguenin*, OR, Rn. 288; *Kramer*, Methodenlehre, S. 86; *Wiegand*, in: BSK OR, Art. 18, Rn. 37; *ders.*, Rechtsprechung 2001/2002, ZBJV 2003, 802, 814.

576 BGE 133 III 406, 409; BGer 4C_460/2004 vom 24.06.2005, E. 1.1.

577 BGE 133 III 257, 265; *Rusch*, Auslegung, AJP 2014, 205, 207; *Walter*, Methodenpluralismus, recht 1999, 157, 158.

578 BGE 133 III 257, 265; *Huguenin*, OR, Rn. 290; *Jäggi/Gauch/Hartmann*, in: ZK OR, Art. 18, Rn. 388 f.; *Walter*, Methodenpluralismus, recht 1999, 157, 158; *Wiegand*, in: BSK OR, Art. 18, Rn. 27.

579 BGE 126 III 388, 391; BGE 122 III 118, 121; BGE 119 II 368, 372; BGE 117 II 609, 621; *G/S/S/E*, OR AT, Rn. 1230; *Huguenin*, OR, Rn. 295; *Perrig*, in: K/P/P, AGB, Rn. 268; *Schumacher*, Vertragsgestaltung, Rn. 405.

Maßgeblich ist ausschließlich der Zeitpunkt des Vertragsabschlusses.[580] Die gesamten Umstände des Einzelfalles müssen Berücksichtigung finden.[581] Zudem erfolgt die Auslegung der einzelnen Vertragsbestimmungen anhand der Gesamtheit des Vertrages.[582] Somit ist nach Rechtsprechung[583] und h. L.[584] das *Vertrauensprinzip* anzuwenden, wodurch es denkbar ist, dass dieselbe Klausel in verschiedenen Fällen auch unterschiedlich auszulegen ist.[585] Eine Ausnahme von diesen Grundsätzen besteht allerdings, wenn eine Klausel eine Gesetzesnorm wiederholt, sodass die Auslegung mangels anderer Anhaltspunkte i. S. d. Gesetzes erfolgt, obwohl die Parteien die Klausel explizit in ihren Vertrag aufgenommen haben.[586]

2) Die Unklarheitenregel

Die Auslegungsgrundsätze sind in einer Stufenfolge geregelt.[587] Versagen alle anderen Regelungen, so ist subsidiär die *Unklarheitenregel* anzuwenden.[588] Diese besagt, dass unklare Regeln gegen den Verwender auszulegen

---

580 *G/S/S/E*, OR AT, Rn. 1223; *Huguenin*, OR, Rn. 293; *T. Koller*, AGB, recht 1999, 43, 45; *Perrig*, in: K/P/P, AGB, Rn. 237; *Ramstein*, AGB, RIW 1988, 440, 443; *Wiegand*, in: BSK OR, Art. 18, Rn. 36.

581 BGE 135 III 1, 6; BGE 133 III 675, 681; BGE 133 III 607, 610; BGE 120 V 445, 452; BGE 117 II 609, 621; BGE 115 II 264, 268; BGer 5C_271/2004 vom 12.07.2005, E. 2; *Bieger*, Mängelrüge, Rn. 420; *G/S/S/E*, OR AT, Rn. 1241; *Huguenin*, OR, Rn. 282; *Kern/Bettinger*, OR 2020, ZEuP 2014, 562, 571; *Kramer*, in: BK OR, Art. 18, Rn. 60; *Ramstein*, AGB, RIW 1988, 440, 443; *Wittibschlager*, Einführung, Rn. 408.

582 BGE 128 III 265, 267; BGE 122 III 118, 121; BGE 117 II 609, 622; BGer 4P_235/2004 vom 10.01.2005, E. 3.4; *G/S/S/E*, OR AT, Rn. 1229; *Ramstein*, AGB, RIW 1988, 440, 443; *Wiegand*, in: BSK OR, Art. 18, Rn. 38; *Wittibschlager*, Einführung, Rn. 408.

583 BGE 129 III 118, 122; BGE 128 III 265, 267; BGE 127 III 444, 445; BGE 126 III 59, 67; BGE 120 V 445, 452; BGE 116 II 431, 434; BGE 115 II 264, 268; BGE 109 II 452, 458; BGE 107 II 161, 163.

584 *G/S/S/E*, OR AT, Rn. 216, 1226; *Huguenin*, OR, Rn. 2648; *A. Koller*, AGB-Recht, AJP 2016, 279, 292; *T. Koller*, AGB, recht 1999, 43, 45; *Ramstein*, AGB, RIW 1988, 440, 443; *Roberto/Walker*, AGB-Kontrolle, recht 2014, 49, 53; *Rusch*, Auslegung, AJP 2014, 205, 206.

585 *Perrig*, in: K/P/P, AGB, Rn. 236; *Wiegand*, in: BSK OR, Art. 18, Rn. 55.

586 *G/S/S/E*, OR AT, Rn. 1241; *Perrig*, in: K/P/P, AGB, Rn. 241, 269.

587 BGE 122 III 118, 124; *Huguenin*, OR, Rn. 629.

588 BGE 122 III 118, 124; BGE 109 II 213, 219; BGE 107 II 226, 230; BGE 99 II 290, 292; BGer 5C_271/2004 vom 12.07.2005, E. 2; *G/S/S/E*, OR AT, Rn. 1232; *Huguenin*, OR, Rn. 629; *Klett/Hurni*, AGB-Geltungskontrolle, recht 2012, 80, 83; *Roberto/Walker*, AGB-Kontrolle, recht 2014, 49, 53 f.; *Rusch*, Auslegung, AJP 2014, 205, 207; *Trendelberend*, Vorteile, S. 126.

sind.[589] Sie wird umso eher angewandt, je komplizierter das Vertragswerk ausgestaltet ist und je weniger Einfluss der Kunde auf die Klausel ausüben konnte.[590] Lange Sätze mit kompliziertem Inhalt werden für eine geschäftsunerfahrene Partei regelmäßig kaum verständlich sein.[591] Zwar fand eine explizite Normierung der *Unklarheitenregel* nur in das Versicherungsvertragsgesetz – das VVG – Einzug.[592] Allerdings sind sich Lehre[593] und Rechtsprechung[594] einig, dass sie für sämtliche Rechtsgebiete gelten soll. Schließlich ist der Verwender immer für eine eindeutige textliche Fassung verantwortlich.[595]

Ob mehrdeutige Wendungen vorliegen, bestimmt sich nach der Bedeutung der im täglichen Sprachgebrauch verwendeten Wörter.[596] Kommen mehrere Interpretationsmöglichkeiten in Frage, so wird aus dem Kontext auf das von den Parteien Gewollte geschlossen.[597] Im Zweifel wird diejenige Auslegung gewählt, welche für den Kunden das beste Ergebnis liefert.[598] Dabei ist allerdings

---

589 BGE 133 III 607, 610; BGE 124 III 155, 158; BGE 122 III 118, 121; BGE 117 II 609, 622; BGE 115 II 264, 268; BGer 5C_271/2004 vom 12.07.2005, E. 2; *Bucher*, OR AT, S. 185; *Gottschalk*, Transparenzgebot, AcP 206 (2006), 555, 576; *G/S/S/E*, OR AT, Rn. 1232; *Huguenin*, OR, Rn. 629; *dies.*, AGB, recht 1995, 85, 87; *Ramstein*, AGB, RIW 1988, 440, 443; *Roberto/Walker*, AGB-Kontrolle, recht 2014, 49, 54; *Wiegand*, in: BSK OR, Art. 100, Rn. 3; *Zellweger-Gutknecht/Bucher*, in: BSK OR, Anh. Art. 1, Rn. 59.

590 *Bucher*, OR AT, S. 185.

591 *Baddeley*, Unterwerfungserklärungen, ZBJV 2008, 357, 369.

592 *G/S/S/E*, OR AT, Rn. 1231; *Huguenin*, OR, Rn. 630; *A. Koller*, AGB-Recht, AJP 2016, 279, 288; *Lichtensteiger*, in: M/B/K/P, Vertragshandbuch, Kap. 5, Rn. 3.3; *Perrig*, in: K/P/P, AGB, Rn. 253; *Schwenzer*, OR AT, Rn. 45.10; *Trendelberend*, Vorteile, S. 124.

593 *G/S/S/E*, OR AT, Rn. 1232; *Huguenin*, OR, Rn. 630; *A. Koller*, AGB-Recht, AJP 2016, 279, 288; *Perrig*, in: K/P/P, AGB, Rn. 253; *Schwenzer*, OR AT, Rn. 45.10; *Trendelberend*, Vorteile, S. 124.

594 BGE 122 III 118, 121; BGE 117 II 609, 622; BGE 115 II 264, 268, BGE 113 II 49, 52; BGE 109 II 213, 219; BGE 99 II 290, 292; BGE 99 II 67, 75 f.; BGE 97 II 72, 74; BGE 87 II 234, 242.

595 BGE 132 III 264, 267; BGE 113 II 49, 52; *Greiner*, Wahl, S. 14; *G/S/S/E*, OR AT, Rn. 1231; *A. Koller*, OR AT, Rn. 23.79; *ders.*, AGB-Recht, AJP 2016, 279, 288; *Kramer*, in: BK OR, Art. 1, Rn. 109; *Perrig*, in: K/P/P, AGB, Rn. 255; *Schmid*, AGB, ZBJV 2012, 1, 2 f.; *Trendelberend*, Vorteile, S. 124.

596 BGE 115 II 264, 269; BGE 104 II 281, 283; *G/S/S/E*, OR AT, Rn. 1207.

597 BGE 115 II 264, 269.

598 BGE 120 V 445, 452; BGE 117 II 609, 622; BGE 115 II 264, 268; BGE 97 II 72, 74, 76; *Eisner-Kiefer*, AVB, in: B/S/E-K, AGB, S. 98; *Grolimund*, Überprüfung, HAVE 2007, 145, 149; *A. Koller*, OR AT, Rn. 23.80; *Kramer*, in: BK OR, Art. 1, Rn. 109; *Perrig*, in:

anzumerken, dass die *kundenfeindlichste* Auslegung, welche sogar zu einer Ungültigkeit der Klausel führen würde, nicht maßgebend ist, da diese nicht zur *individuell-konkreten* Auslegungskontrolle passt.[599]

Die *Unklarheitenregel* findet demnach keine Anwendung, wenn sich der AGB-Verwender einer sprachlich eindeutigen Formulierung der Klausel bedient.[600] Jedoch neigt die Praxis[601] dazu, selbst bei sprachlich eindeutigen, aber inhaltlich unangemessenen Klauseln eine Unklarheit festzustellen.[602] Angesichts der Tatsache, dass im B2B-Bereich keine offene Inhaltskontrolle existiert[603], versuchen die Befürworter einer solchen die ihrer Meinung nach angemessenen Ergebnisse durch andere Methoden zu erreichen. Darin ist jedoch eine sog. *verdeckte Inhaltskontrolle*[604] zu sehen, welche als methodisch und rechtspolitisch unbefriedigend einzustufen ist.[605] Aufgrund der damit verbundenen Rechtsunsicherheit wird das Bundesgericht dazu angehalten, die *Unklarheitenregel* wieder ihrer ursprünglichen Funktion zuzuführen.[606]

3) Das Restriktionsprinzip

Regelungen, welche vom Gesetz abweichen und die Stellung des Kunden verschlechtern, werden durch den Richter nach dem *Restriktionsprinzip* restriktiv ausgelegt.[607] Dadurch findet wiederum eine *verdeckte*

K/P/P, AGB, Rn. 260; *Rusch*, Scheinkulanz, AJP 2015, 1233, 1236; *Trendelberend*, Vorteile, S. 124; *Wittibschlager*, Einführung, Rn. 437.

599 *Perrig*, in: K/P/P, AGB, Rn. 261; **a. A.** *Rusch*, Auslegung, AJP 2014, 205, 206 f.

600 *Baudenbacher*, AGB-Gesetz, ZBJV 1987, 505, 518; *G/H/M/P*, Vertragsgestaltung, Rn. 351; *Greiner*, Wahl, S. 15; *Huguenin*, recht 1995, 85, 87; *Perrig*, in: K/P/P, AGB, Rn. 262; *Trendelberend*, Vorteile, S. 127.

601 Siehe BGE 107 II 161, 163 f.; BGE 82 II 445, 445 ff.

602 *Baudenbacher*, AGB-Gesetz, ZBJV 1987, 505, 518; *Perrig*, in: K/P/P, AGB, Rn. 263.

603 *Grolimund*, AGB, in: B/S/E-K, AGB, S. 228; *G/S/S/E*, OR AT, Rn. 1152a; *Hess/Ruckstuhl*, AGB-Kontrolle, AJP 2012, 1188, 1192; *Huguenin*, OR, Rn. 612; *Mönnich*, AGB, in: B/S/E-K, AGB, S. 289; *Ostendorf*, in: Ostendorf/Kluth, Wirtschaftsverträge, § 8, Rn. 43; *Richter*, AGB, S. 114; *Rothermel*, Kauf-, Liefer- und Vertriebsrecht, S. 171.

604 Siehe 2. Teil, B., II., 7., c., 2), c).

605 *Baudenbacher*, AGB-Gesetz, ZBJV 1987, 505, 518.

606 *Kramer*, in: BK OR, Art. 1, Rn. 208; *Perrig*, in: K/P/P, AGB, Rn. 263.

607 BGE 126 III 59, 67; BGE 122 III 118, 121; BGE 117 II 609, 622; BGE 115 II 474, 479; BGE 115 II 264, 268; BGE 109 II 24, 24; BGE 91 II 344, 348; BGE 71 II 236, 239; *G/S/S/E*, OR AT, Rn. 1230; *Huguenin*, OR, Rn. 295; *Perrig*, in: K/P/P, AGB, Rn. 267; *Richter*, AGB, S. 88; *Trendelberend*, Vorteile, S. 125; *Wiegand*, in: BSK OR, Art. 18, Rn. 39; *Wittibschlager*, Einführung, Rn. 437.

Inhaltskontrolle[608] statt.[609] Im B2B-Verkehr ist jedoch eine gewisse Zurückhaltung angezeigt, da die Abweichung vom dispositiven Recht durchaus gewollt ist.[610]

4) Die Bestimmung eigener Auslegungsregeln

Die Vertragsparteien dürfen i. R. d. Gesetzes ihre eigenen Auslegungsregeln bestimmen[611], welche dann wiederum ausgelegt werden können.[612] Diese Praxis findet insbesondere bei komplexen Vertragswerken Anwendung.[613] Häufig werden Wortdefinitionen vereinbart, damit die Bedeutung einzelner Ausdrücke zweifelsfrei festgestellt werden kann.[614] Bspw. sollte im Vertrag definiert werden, was unter *vertraulichen Informationen*[615] oder *Fremdwährungsschuld*[616] zu verstehen ist. Bei mehrsprachigen AGB-Fassungen wird generell eine Version als maßgebend vereinbart.[617] Des Weiteren sind auch *Widerspruchsregeln* verbreitet, welche bspw. den Rang verschiedener Vertragsbestandteile – etwa Rahmenvertrag und AGB – festlegen.[618] Anzumerken bleibt, dass Vereinbarungen mit dem Schutz der Persönlichkeit aus Art. 27 II ZGB unvereinbar sind, welche einer Partei das alleinige Recht zuweisen, die Auslegung einzelner Wörter oder auch die Rangfolge widersprüchlicher Bestimmungen einseitig festzulegen.[619] Im Ergebnis führt die Bestimmung eigener Auslegungsregel dazu, dass die Rechtssicherheit im Bereich der Auslegung durch die Parteien selbst gestärkt werden kann.

---

608 Siehe 2. Teil, B., II., 7., c., 2), c).

609 *Perrig*, in: K/P/P, AGB, Rn. 270.

610 *Ders.*, ebenda.

611 *G/S/S/E*, OR AT, Rn. 1236; *Huguenin*, OR, Rn. 291; *Kuoni*, Haftungsbegrenzung, Rn. 381; *Perrig*, in: K/P/P, AGB, Rn. 271; *Schumacher*, Vertragsgestaltung, Rn. 337; *Schwenzer*, OR AT, Rn. 33.05; *Wittibschlager*, Einführung, Rn. 408.

612 *Huguenin*, OR, Rn. 291; *Perrig*, in: K/P/P, AGB, Rn. 272.

613 *G/S/S/E*, OR AT, Rn. 1236; *Perrig*, in: K/P/P, AGB, Rn. 271.

614 *G/S/S/E*, OR AT, Rn. 1238; *Perrig*, in: K/P/P, AGB, Rn. 271; *Schumacher*, Vertragsgestaltung, Rn. 337; *Schwander*, Gestaltung, in: Furrer/Arter, Vertriebsverträge II, S. 113; *Schwenzer*, OR AT, Rn. 33.05.

615 *Pinnells/Eversberg*, Kaufverträge, S. 44.

616 *Dies.*, ebenda, S. 42.

617 *Perrig*, in: K/P/P, AGB, Rn. 271.

618 *G/S/S/E*, OR AT, Rn. 1238; *Perrig*, in: K/P/P, AGB, Rn. 271; vgl. *Perrig*, Einbeziehung, in: B/S/E-K, AGB, S. 179 f.; *Schmittat*, Vertragsgestaltung, Rn. 102; *Schumacher*, Vertragsgestaltung, Rn. 337, 699, 852.

619 *G/S/S/E*, OR AT, Rn. 1239; *Perrig*, in: K/P/P, AGB, Rn. 272, Fn. 1200; *Schumacher*, Vertragsgestaltung, Rn. 337; vgl. *Huguenin/Reitze*, in: BSK ZGB, Art. 27, Rn. 17.

c. Der Vergleich der Rechtsordnungen

Im Bereich der Auslegung existieren erhebliche Unterschiede zwischen den beiden Rechtsordnungen. Während nach deutschem Recht bei der Auslegung von Individualabreden und AGB differenziert vorgegangen werden muss[620], erfolgt deren Auslegung unter Anwendung des Schweizer Rechts prinzipiell nach den gleichen Grundsätzen.[621] Die nach deutschem Recht vorgenommene einheitliche Auslegung von AGB, welche den konkreten Einzelfall und die Vorstellungen der Vertragsparteien ignoriert[622], trifft demnach in der Schweizer Literatur[623] überwiegend auf Ablehnung. Aufgrund der Beachtung des Einzelfalles kann es bereits an dieser Stelle zu einer unterschiedlichen Auslegung kommen. Jedoch ist auch zu berücksichtigen, dass die subjektive Auslegung nach Schweizer Recht aufgrund der *Vertrauenstheorie* eine Objektivierung erfährt.[624] Schließlich ist ebenfalls entscheidend, welche Auffassung der Vertragspartner nach Treu und Glauben haben durfte.[625] In Bezug auf die historische Auslegung ergibt sich, dass diese nach Schweizer Recht zu berücksichtigen ist[626], während sie unter Anwendung des deutschen Rechts keine Rolle spielt.[627] Sowohl nach deutschem[628] als auch nach Schweizer Recht[629] ist die Auslegung zum Zeitpunkt des Vertragsschlusses maßgeblich.

Zwar existiert nach beiden Rechtssystemen die sog. *Unklarheitenregel*.[630] Bei deren Anwendung verfahren deutsche Richter allerdings wesentlich strenger als

---

620 Siehe 2. Teil, B., II., 6., a., 1).

621 Siehe 2. Teil, B., II., 6., b., 1).

622 Siehe 2. Teil, B., II., 6., a., 1).

623 *Bucher*, OR AT, S. 159; *G/S/S/E*, OR AT, Rn. 1240 f.; *Jäggi/Gauch/Hartmann*, in: ZK OR, Art. 18, Rn. 515; *A. Koller*, OR AT, Rn. 23.79; *Kramer*, in: BK OR, Art. 1, Rn. 218; *Perrig*, in: K/P/P, AGB, Rn. 241; *Ramstein*, AGB, RIW 1988, 440, 443; *Wiegand*, in: BSK OR, Art. 18, Rn. 55; siehe 2. Teil, B., II., 6., b., 1).

624 *Greiner*, Wahl, S. 15.

625 *Ders.*, ebenda.

626 BGE 133 III 257, 265; *Huguenin*, OR, Rn. 290; *Jäggi/Gauch/Hartmann*, in: ZK OR, Art. 18, Rn. 388 f.; *Walter*, Methodenpluralismus, recht 1999, 157, 158; *Wiegand*, in: BSK OR, Art. 18, Rn. 27.

627 Siehe 2. Teil, B., II., 6., a., 1).

628 *Thüsing*, in: Vertragsrecht, Auslegung, Rn. 14.

629 *G/S/S/E*, OR AT, Rn. 1223; *Huguenin*, OR, Rn. 293; *T. Koller*, AGB, recht 1999, 43, 45; *Perrig*, in: K/P/P, AGB, Rn. 237; *Ramstein*, AGB, RIW 1988, 440, 443; *Wiegand*, in: BSK OR, Art. 18, Rn. 36.

630 *Greiner*, Wahl, S. 15; *G/S/S/E*, OR AT, § 9, Fn. 368, § 10, Fn. 94; *Kern/Bettinger*, OR 2020, ZEuP 2014, 562, 571; *A. Koller*, OR AT, Rn. 23.53; *ders.*, AGB-Recht, AJP 2016,

ihre Schweizer Kollegen.[631] So führt das nach deutschem Recht zuvorderst vorgenommene Prinzip der *kundenfeindlichsten* Auslegung dazu, dass der Verwender im Zweifel sogar mit der Unzulässigkeit einer Klausel rechnen muss[632], während diese Vorgehensweise nach Schweizer Recht abgelehnt wird.[633] In Bezug auf das *Restriktionsprinzip* ist festzuhalten, dass dieses nach deutschem Recht abgelehnt wird[634], aber nach Schweizer Recht zulässig ist.[635] Dies ist u. a. auf den unterschiedlichen Umgang mit der *geltungserhaltenden Reduktion*[636] zurückzuführen. An dieser Stelle ergibt sich eine Bevorzugung des Verwenders gegenüber dem Kunden. Jedoch ist festzuhalten, dass aufgrund der fehlenden offenen Inhaltskontrolle im Schweizer Recht[637] die Gerichte dazu geneigt sind, eine *verdeckte Inhaltskontrolle*[638] mit Hilfe der *Unklarheitenregel*[639] und des *Restriktionsprinzips*[640] durchzuführen, wodurch sich Rechtsunsicherheit für beide Parteien ergibt.

Dieselben AGB können demnach in beiden Rechtsordnungen unterschiedlich interpretiert werden, sodass diese Abweichungen u. U. zu anderen Ergebnissen führen: Während Klauseln nach deutschem Recht unzulässig sind, besteht die Möglichkeit, dass das Schweizer Recht lediglich aufgrund der Auslegung zu dem Ergebnis gelangt, dass diese Klauseln als wirksam einzustufen sind[641] und – prinzipiell auch – umgekehrt.

Der deutsche Exporteur sollte sich weder als Verwender noch als Kunde auf bereits gerichtlich entschiedene Fälle verlassen. Er kann nicht von den Fehlern

---

279, 287; *Kuoni*, Haftungsbegrenzung, Rn. 421 f.; *Ostendorf*, in: Ostendorf/Kluth, Wirtschaftsverträge, § 8, Rn. 44; *Richter*, AGB, S. 93; *Wittibschlager*, Einführung, Rn. 437; siehe 2. Teil, B., II., 6., a., 2) und b., 2).

631 *Kuoni*, Haftungsbegrenzung, Rn. 436.

632 BGH, NJW 2013, 291, 292; BGH, NJW 2009, 2051, 2051; BGH, NJW 2008, 2172, 2173; BGH, NJW 2004, 1588, 1589; OLG Karlsruhe, NJW 2016, 2670, 2674; OLG München, NJW-RR 1987, 661, 661; *Basedow*, in: MüKo BGB, § 305c, Rn. 34; *Graf von Westphalen*, Einkaufsbedingungen, S. 173 f.; *Schlewing*, Vertragsgestaltung, NZA-Beil. 2012, 33, 34; *Stadler*, in: Jauernig, § 305c BGB, Rn. 5; *Thüsing*, in: Vertragsrecht, Auslegung, Rn. 41.

633 *Perrig*, in: K/P/P, AGB, Rn. 261; **a. A.** *Rusch*, Auslegung, AJP 2014, 205, 206 f.

634 Siehe 2. Teil, B., II., 6., a., 3).

635 Siehe 2. Teil, B., II., 6., b., 3).

636 Siehe hierzu noch ausführlicher unter 2. Teil, B., II., 8.

637 Siehe 2. Teil, B., II., 7., c.

638 Siehe 2. Teil, B., II., 7., c., 2), b), (3).

639 Siehe 2. Teil, B., II., 6., b., 2).

640 Siehe 2. Teil, B., II., 6., b., 3).

641 *Trendelberend*, Vorteile, S. 30.

anderer AGB-Verwender lernen oder sich gültige Klauselgestaltungen abschauen. Vielmehr muss von Fall zu Fall selbst entschieden werden. Dadurch entfällt z. T. die Rationalisierung, welche durch die objektive Auslegung nach deutschem Recht gewährleistet wird.[642] Allerdings führt dies im Umkehrschluss auch dazu, dass sich der Käufer als Kunde aufgrund der subjektiven bzw. objektivierten Auslegung ebenfalls nicht auf andere Urteile berufen kann und demnach nicht sicher sein wird, ob eine Klausel als wirksam oder unwirksam einzustufen ist.[643] Dadurch sinkt dann die Wahrscheinlichkeit einer Klageerhebung.[644] Zwar ist dies als Vorteil einzustufen. Der deutsche Exporteur sollte sich aber nicht darauf verlassen, dass nicht geklagt wird. Wenn doch Klage erhoben wird, ist der Ausgang schlecht voraussehbar. Wenn es sich jedoch um die Einkaufsbedingungen des Käufers handelt, wird auch der deutsche Exporteur aufgrund des erhöhten Klagerisikos eher davon abgehalten, die umstrittene Klausel vor Gericht prüfen zu lassen.

Der pauschalen Aussage, dass im Schweizer Recht die Auslegung von AGB aus Sicht des Verwenders als vorteilhaft einzustufen sei[645], kann demnach insbesondere in Bezug auf die schlechte Vergleichbarkeit und die damit einhergehende Rechtsunsicherheit nicht uneingeschränkt zugestimmt werden, obwohl die Tendenz deutlich erkennbar ist. Es ist zu bedenken, dass diejenigen Vorteile, welche der deutsche Exporteur als Verwender aufgrund der Auslegungsregeln nach Schweizer Recht erlangt, auch für den Käufer gelten, wodurch sich dieser im Verhältnis zum deutschen Exporteur in eine bessere Position bringen kann. Aufgrund der Tatsache, dass AGB individualvertragskonform auszulegen sind[646] und demnach keine Möglichkeit besteht, bereits gerichtlich entschiedene Fälle als Auslegungshilfe heranzuziehen, lassen sich die Einkaufsbedingungen erneut als Gefahrenquelle identifizieren. Allerdings dürfen und sollten die Vertragsparteien auch eigene Auslegungsregeln[647] bestimmen, welche die Rechtsunsicherheit im Ergebnis minimieren können. In erster Linie ist dabei an Wortdefinitionen[648] zu denken, welche der Auslegung in bestimmter Hinsicht eine Grenze setzen.[649]

---

642 *Dies.*, ebenda.

643 *Dies.*, ebenda.

644 *Dies.*, ebenda.

645 *Dies.*, ebenda.

646 *G/S/S/E*, OR AT, Rn. 1241; *Kut*, in: CHK OR, Art. 1, Rn. 60; *Roberto/Walker*, AGB-Kontrolle, recht 2014, 49, 52.

647 Siehe 2. Teil, B., II., 6., b., 4).

648 Ebenda.

649 *G/S/S/E*, OR AT, Rn. 1238; *Perrig*, in: K/P/P, AGB, Rn. 271; *Schumacher*, Vertragsgestaltung, Rn. 337; *Schwander*, Gestaltung, in: Furrer/Arter, Vertriebsverträge II, S. 113; *Schwenzer*, OR AT, Rn. 33.05.

7. *Die Inhaltskontrolle*

a. *Allgemeines*

Die Inhaltskontrolle beschäftigt sich mit der Frage, ob eine Klausel aufgrund ihres Inhalts als wirksam angesehen werden kann oder nicht.[650] Im Vorfeld lassen sich gewisse Klauselgruppen identifizieren, welche in der Lage sind, für ein erhebliches Missverhältnis zwischen den Vertragsparteien zu sorgen: Freizeichnungsklauseln[651], Klauseln zur einseitigen Abänderung des Vertrags, Abreden über Konventionalstrafen[652] und pauschalierten Schadensersatz, Klauseln in Bezug auf Verrechnungsverbote[653], Verwirkungs- und Schriftformklauseln[654], Abreden über die Verjährung[655], Fiktionsklauseln (z. B. den Zugang von Erklärungen betreffend), Auslegungs-[656] und Beweislastklauseln[657] sowie Rechtswahl-, Gerichtsstands-[658] und Schiedsgerichtsklauseln.[659] Insbesondere die Verwendung von Gerichtsstands- und Beweislastklauseln sowie von Verrechnungsverboten dienen der Eindämmung von Prozessrisiken zulasten des Kunden.[660] Alle vorgenannten Klauseln können als besonders gefährlich eingestuft werden, sodass der deutsche Exporteur auf diese in den Einkaufsbedingungen des Käufers achten und ggf. gegen diese vorgehen sollte.

b. *Im deutschen Recht*

1) Die Notwendigkeit der Inhaltskontrolle

Im deutschen Recht existieren diverse Schutzmechanismen zugunsten des Kunden, um der einseitigen Ausnutzung der Vertragsgestaltungsfreiheit durch den Verwender zu begegnen.[661] Schließlich nimmt der Verwender diese regelmäßig

---

650 *G/S/S/E*, OR AT, Rn. 1146; *Probst*, in: K/P/P, AGB, Rn. 273; *Rothermel*, Kauf-, Liefer- und Vertriebsrecht, S. 404.

651 Siehe 2. Teil, B., XI.

652 Siehe 2. Teil, B., XIII.

653 Siehe 2. Teil, B., XII.

654 Siehe 2. Teil, B., XVI.

655 Siehe 2. Teil, B., XIV.

656 Siehe 2. Teil, B., II., 6.

657 Siehe 2. Teil, B., XVII.

658 Siehe 2. Teil, B., XVIII.

659 *Schmid*, AGB, ZBJV 2012, 1, 12 f.

660 *Baudenbacher*, AGB-Gesetz, ZBJV 1987, 505, 508.

661 BGH, NJW 1994, 2825, 2826; *Graf von Westphalen*, Verkaufsbedingungen, S. 12; *Leuschner*, AGB-Kontrolle, JZ 2010, 875, 877; siehe auch 2. Teil, B., II., 6., a.

nur für sich selbst in Anspruch.[662] Als Rechtsfertigungsgrund der Inhaltskontrolle gilt die mangelnde Gestaltungsfreiheit durch die einseitige Vorformulierung der AGB-Klauseln[663], sodass eine Informationsasymmetrie des Verwenders in Bezug auf die Vertragsbedingungen existiert.[664] Die Meinung, dass die Inhaltskontrolle aus dem Ungleichgewicht zwischen den Vertragsparteien resultiere, welches u. a. aufgrund von Imparität, Disparität, intellektueller oder wirtschaftlicher Unterlegenheit des Kunden oder auch von überlegener Verhandlungsmacht des Verwenders entsteht, wird zunehmend abgelehnt.[665] Im Ergebnis bewirkt die Inhaltskontrolle einen nachhaltigen Eingriff in die Privatautonomie.[666]

Der Verwender rechnet regelmäßig damit oder muss zumindest damit rechnen, dass der Inhalt von AGB durch den Kunden nicht beachtet wird.[667] Schließlich ist es auch typisch, dass der Kunde diesen nicht zur Kenntnis nimmt[668] und sich keine weiteren Gedanken über die einzelnen AGB-Bestimmungen macht.[669] Dies geschieht regelmäßig erst im Schadensfall.[670] Dann ist ein Schutz vor bestimmten Klauseln besonders wichtig. Die Inhaltskontrolle setzt bereits unterhalb der Schwelle für sittenwidriges Verhalten an.[671] Demnach gestaltet sich die Wirksamkeitskontrolle im AGB-Bereich deutlich strenger als bei

---

662 BGH, NJW 2010, 1131, 1132; OLG München, NJW-RR 1987, 661, 661; *Berger*, Reform, NJW 2010, 465, 468; *Graf von Westphalen*, Reformbedarf, NJW 2009, 2977, 2981; *Kaufhold*, Anmerkung, ZIP 2010, 631, 632; *Leuschner*, AGB-Kontrolle, JZ 2010, 875, 877; *Leyens/Schäfer*, Inhaltskontrolle, AcP 210 (2010), 771, 778.

663 *Becker*, Grenze, S. 123; *Wackerbarth*, Inhaltskontrolle, AcP 200 (2000), 45, 63.

664 *Becker*, Grenze, S. 53 f., 123; *Gottschalk*, Transparenzgebot, AcP 206 (2006), 555, 562; *Kötz*, Schutzzweck, JuS 2003, 209, 213; vgl. *Wackerbarth*, Inhaltskontrolle, AcP 200 (2000), 45, 78.

665 *Adams*, Begründung, BB 1989, 781, 783; *Becker*, Grenze, S. 51 f.; *Kötz*, Schutzzweck, JuS 2003, 209, 210; *Wackerbarth*, Inhaltskontrolle, AcP 200 (2000), 45, 89.

666 *Gottschalk*, Transparenzgebot, AcP 206 (2006), 555, 561; *Kötz*, Schutzzweck, JuS 2003, 209, 209.

667 *G/H/M/P*, Vertragsgestaltung, Rn. 362; *Wackerbarth*, Inhaltskontrolle, AcP 200 (2000), 45, 79.

668 *Graf von Westphalen*, Einkaufsbedingungen, S. 43.

669 *Adams*, Begründung, BB 1989, 781, 784; *Wackerbarth*, Inhaltskontrolle, AcP 200 (2000), 45, 78.

670 *G/H/M/P*, Vertragsgestaltung, Rn. 362.

671 OLG München, NJW-RR 1987, 661, 661; *Berger*, Reform, NJW 2010, 465, 467; *Honsell*, Bürgschaft, NJW 1994, 565, 566; *Wackerbarth*, Inhaltskontrolle, AcP 200 (2000), 45, 57.

Individualvereinbarungen.[672] Selbst im B2B-Verkehr ist die Inhaltskontrolle nicht mehr nur die Ausnahme, sondern bereits die Regel.[673]

2) Die Inhaltskontrolle von AGB-Klauseln

Obwohl die Inhaltskontrolle von AGB-Klauseln außerordentlich wichtig ist, wird diese im Folgenden für das deutsche Recht nur skizzenhaft dargestellt, da sie in den Grundlagen als bekannt vorausgesetzt wird.[674]

a) Die Klauselkataloge der §§ 308 und 309 BGB

Die §§ 308, 309 BGB beinhalten Klauselkataloge mit und ohne Wertungsmöglichkeit.[675] Während § 309 BGB die Klauseln der sog. *schwarzen Liste* enthält, welche in jedem Fall unwirksam gegenüber Verbrauchern sind, existiert bei den Bestimmungen der *grauen Liste* aus § 308 BGB ein gewisser Wertungsspielraum durch unbestimmte Rechtsbegriffe.[676] Gem. § 310 I 1 BGB sind die Regelungen der §§ 308, 309 BGB jedoch nicht unmittelbar im B2B-Verkehr anwendbar. Es ist allerdings auch zu beachten, dass Klauseln, welche gegenüber Verbrauchern unwirksam sind, nicht automatisch im unternehmerischen Bereich wirksam sein müssen.[677] Der BGH[678] nimmt an, dass eine Indizwirkung von den §§ 308, 309 BGB ausgehe, sodass eine Klausel, welche gegen diese Normen verstoße, auch im unternehmerischen Geschäftsverkehr als unangemessene Benachteiligung i. S. d. § 307 BGB[679] zu werten sei.[680] Der Praxis wird regelrecht empfohlen,

---

672 *Leuschner*, AGB-Kontrolle, JZ 2010, 875, 878; *Schaeuffelen*, in: H/R/S, Rechtsfragen, S. 34; *Trendelberend*, Vorteile, S. 24.

673 *Kollmann*, AGB, NJOZ 2011, 625, 629; *Leuschner*, Kontrollstrenge, NJW 2016, 1222, 1222.

674 Für eine ausführliche Darstellung siehe *Stoffels*, AGB-Recht, Rn. 382 ff.; W/L/P, AGB-Recht.

675 *Richter*, AGB, S. 107.

676 *Jansen*, Klauselkontrolle, ZEuP 2010, 69, 102 f.; *Kuoni*, Haftungsbegrenzung, Rn. 721; *Richter*, AGB, S. 107.

677 BGH, NJW 2007, 3774, 3775; *Basedow*, in: MüKo BGB, § 310, Rn. 7; *Greiner*, Wahl, S. 18; *Lenkaitis/Löwisch*, Inhaltskontrolle, ZIP 2009, 441, 445; *Rabe*, Auswirkungen, NJW 1987, 1978, 1981; *Richter*, AGB, S. 108.

678 BGH, NJW 2007, 3774, 3775; BGH, NJW-RR 2005, 247, 248; BGH, NJW 1984, 1750, 1751.

679 Siehe 2. Teil, B., II., 7., b., 2), b).

680 LG Itzehoe, NJW 2002, 2479, 2479; *Basedow*, in: MüKo BGB, § 310, Rn. 7 f.; *Graf von Westphalen*, in: Vertragsrecht, Aufrechnungsklauseln, Rn. 18; *ders.*, Verkaufsbedingungen, S. 90; *Lenkaitis/Löwisch*, Inhaltskontrolle, ZIP 2009, 441, 442; *Maier-Reimer*,

bei jeder Prüfung auf Wirksamkeit einer AGB-Klausel zunächst den Maßstab der §§ 308, 309 BGB anzuwenden.[681] Demnach findet in diesem Bereich eine faktische Gleichbehandlung von unternehmerischem und nicht-unternehmerischem Verkehr statt.[682]

b) Die Generalklausel des § 307 BGB

AGB-Klauseln sind zudem gem. § 307 I 1 BGB unwirksam, wenn sie den Kunden entgegen dem Gebot von Treu und Glauben unangemessen benachteiligen. Gem. § 307 I 2 BGB kann sich eine solche unangemessene Benachteiligung auch daraus ergeben, dass die Bestimmung nicht klar und verständlich ist und so gegen das sog. *Transparenzgebot* verstößt. Zu beachten sind die äußere Gestaltung, die Bestimmtheit der Klausel sowie eine mögliche Verschleierung der Rechtslage durch die betroffene AGB-Bestimmung.[683] Daraus ergibt sich, dass lediglich die Unklarheit einer Klausel ohne eine inhaltliche Benachteiligung des Kunden die Regelung nicht ungültig werden lässt.[684] Eine unangemessene Benachteiligung ist erst zu bejahen, wenn der Kunde in seiner materiellen Rechtslage negativ beeinflusst wird.[685] Findet jedoch eine Besserstellung durch die unklare Klausel statt, so liegt regelmäßig keine unangemessene Benachteiligung vor.[686]

Durch § 307 II BGB wird § 307 I BGB konkretisiert.[687] Demnach ist im Zweifel eine unangemessene Benachteiligung anzunehmen, wenn eine Bestimmung mit wesentlichen Grundgedanken der gesetzlichen Regelung, von der abgewichen wird, nicht zu vereinbaren ist (§ 307 II Nr. 1 BGB) oder wenn eine Bestimmung wesentliche Rechte oder Pflichten, die sich aus der Natur des Vertrages ergeben, so einschränkt, dass die Erreichung des Vertragszwecks gefährdet ist (§ 307 II Nr. 2 BGB). Dabei ist es unerheblich, ob es sich bei der gesetzlichen Regelung,

---

AGB-Recht, NJW 2017, 1, 3; *Rabe*, Auswirkungen, NJW 1987, 1978, 1980; *Richter*, AGB, S. 108; *Schlosser*, in: Staudinger, Vorbem. zu §§ 305 ff. BGB, Rn. 24; *Wurmnest*, in: MüKo BGB, § 309 Nr. 3, Rn. 10.

681 *Wurmnest*, in: MüKo BGB, § 307, Rn. 77.

682 BGH, NJW 2005, 2006, 2007; LG Itzehoe, NJW 2002, 2479, 2479; *Kuoni*, Haftungsbegrenzung, Rn. 528; *Lenkaitis/Löwisch*, Inhaltskontrolle, ZIP 2009, 441, 441; *Maier-Reimer*, AGB-Recht, NJW 2017, 1, 3; *Stoffels*, AGB-Recht, Rn. 553.

683 *Grüneberg*, in: Palandt, § 307 BGB, Rn. 25 ff.; *Richter*, AGB, S. 100; *Thüsing*, in: Vertragsrecht, Transparenzgebot, Rn. 9 f.; *Wurmnest*, in: MüKo BGB, § 307, Rn. 58.

684 OLG Karlsruhe, NJW 2016, 2670, 2672.

685 OLG Karlsruhe, NJW 2016, 2670, 2672.

686 OLG Karlsruhe, NJW 2016, 2670, 2672; *Graf von Westphalen*, Bestandsaufnahme, NJW 2002, 12, 17; *Wurmnest*, in: MüKo BGB, § 307, Rn. 56.

687 *Richter*, AGB, S. 96.

von welcher abgewichen wird, um dispositives Gesetzesrecht oder lediglich um einen ungeschriebenen, aber allgemein anerkannten Rechtsgrundsatz handelt.[688] Die Frage nach einer unangemessenen Benachteiligung muss durch eine umfassende Interessenabwägung entschieden werden.[689] Dabei ist bedeutsam, ob es sich um den B2B- oder den B2C-Verkehr handelt.[690]

c) Einzubeziehende Faktoren

Eine Klausel ist auch immer im Kontext des gesamten Vertrages zu betrachten.[691] Dabei kann es geschehen, dass eine an sich unkritische Klausel erst im Zusammenspiel mit weiteren Regelungen unwirksam wird.[692] Dies wird als *Summierungs-* oder *Verstärkungseffekt* bezeichnet.[693] Aber auch der umgekehrte Fall ist denkbar: Die Kompensation einer unangemessen benachteiligenden Klausel ist allerdings lediglich durch eine konnexe, in einer Wechselbeziehung stehenden Bestimmung möglich (sog. *Kompensationseffekt*).[694] Die Klauseln dürfen zudem nur in den AGB und nicht auch in einer Individualvereinbarung enthalten sein.[695] Von der Abwägung ausgeschlossen ist aber der Preis, sodass ein

---

688 *Grüneberg*, in: Palandt, § 307 BGB, Rn. 29; *Richter*, AGB, S. 102; *Wurmnest*, in: MüKo BGB, § 307, Rn. 68.

689 *Grüneberg*, in: Palandt, § 307 BGB, Rn. 12; *Richter*, AGB, S. 96; *Wurmnest*, in: MüKo BGB, § 307, Rn. 3.

690 Vgl. BGH, NJW 2014, 2708, 2713.

691 BGH, NJW 2003, 888, 890; BGH, NJW 1993, 532, 532; BGH, NJW 1989, 582, 582; *Coester*, in: Staudinger, § 307 BGB, Rn. 124; *Greiner*, Wahl, S. 23; *Grüneberg*, in: Palandt, § 307 BGB, Rn. 13; *Richter*, AGB, S. 97; *Stoffels*, AGB-Recht, Rn. 485; *Thüsing*, in: Vertragsrecht, Haftungserweiterungsklauseln, Rn. 10; *Wurmnest*, in: MüKo BGB, § 307, Rn. 34.

692 BGH, NJW-RR 2009, 947, 948; BGH, NJW 2007, 997, 999; BGH, NJW 2006, 2116, 2117; BGH, NJW 2005, 2006, 2006 f.; BGH, NJW 1993, 532, 532; *Greiner*, Wahl, S. 23; *Grüneberg*, in: Palandt, § 307 BGB, Rn. 13; *Kuoni*, Haftungsbegrenzung, Rn. 500; *Richter*, AGB, S. 97; *Stoffels*, AGB-Recht, Rn. 485; *Wurmnest*, in: MüKo BGB, § 307, Rn. 35.

693 BGH, NJW-RR 2009, 947, 948; BGH, NJW 2006, 2116, 2117; BGH, NJW 2005, 2006, 2006 f.; BGH, NJW 1993, 532, 532; *Greiner*, Wahl, S. 23; *Grüneberg*, in: Palandt, § 307 BGB, Rn. 13; *Richter*, AGB, S. 97; *Stoffels*, AGB-Recht, Rn. 485; *Wurmnest*, in: MüKo BGB, § 307, Rn. 35.

694 BGH, NJW 2003, 888, 890; BGH, NJW 1991, 1886, 1887, 1888; BGH, NJW 1985, 1836, 1838; *Coester*, in: Staudinger, § 307 BGB, Rn. 125; *Grüneberg*, in: Palandt, § 307 BGB, Rn. 14; *Richter*, AGB, S. 97; *Thüsing*, in: Vertragsrecht, Haftungserweiterungsklauseln, Rn. 10; *Wurmnest*, in: MüKo BGB, § 307, Rn. 36.

695 *Thüsing*, in: Vertragsrecht, Haftungserweiterungsklauseln, Rn. 10.

niedriger Preis nicht in der Lage ist, die benachteiligende Wirkung einer Klausel auszugleichen.[696]

3) Schlussfolgerungen

Da das deutsche AGB-Recht, welches primär für den Verbraucher geschaffen wurde, weitgehend auf den B2B-Bereich übertragen wird[697], können die Bedürfnisse des kaufmännischen Verkehrs nicht ausreichend beachtet werden.[698] Dies führt zu einer Erschwerung des auf einfache, schnelle sowie flexible Strukturen angewiesenen unternehmerischen Verkehrs.[699] Die Generalnorm des § 307 BGB wird insbesondere im B2B-Bereich durch die sehr umfangreiche Rechtsprechung überstrapaziert.[700] Dies führt zu einer gewissen Unzuverlässigkeit und Unvorhersehbarkeit, sodass von einem rechtssicheren Rahmen für die Gestaltung kalkulierbarer Klauseln häufig nicht mehr gesprochen werden kann.[701] Allerdings ist auch hervorzuheben, dass Gerichtsentscheidungen zur Wirksamkeit von Einkaufsbedingungen – im Vergleich zu Verkaufs-AGB – sehr selten sind.[702]

Die Strenge der deutschen Inhaltskontrolle ist auch im unternehmerischen Bereich wohl bekannt.[703] Das AGB-Recht wird schließlich als *Fessel* bezeichnet[704], da selbst durchaus sinnvolle Klauselgestaltungen untersagt werden.[705] Generell gilt, dass die AGB-Rechtsprechung des BGH rigoros ist.[706] Demnach muss eine

---

696 BGH, NJW 1993, 2442, 2444; BGH, NJW 1980, 1953, 1954; *Grüneberg*, in: Palandt, § 307 BGB, Rn. 18; *Richter*, AGB, S. 97; *Wurmnest*, in: MüKo BGB, § 307, Rn. 43 f.

697 Siehe 2. Teil, B., II., 7., a., 2), a).

698 *Berger*, Reform, NJW 2010, 465, 466; *Kondring*, Flucht, RIW 2010, 184, 184 f.; *Lenkaitis/Löwisch*, Inhaltskontrolle, ZIP 2009, 441, 441.

699 *Lenkaitis/Löwisch*, Inhaltskontrolle, ZIP 2009, 441, 443.

700 *Greiner*, Wahl, S. 1 f.; *Schlosser*, in: Staudinger, Vorbem. zu §§ 305 ff. BGB, Rn. 24.

701 *Lenkaitis/Löwisch*, Inhaltskontrolle, ZIP 2009, 441, 443.

702 *Graf von Westphalen*, Einkaufsbedingungen, S. 1; siehe aber BGH, NJW 2006, 47, 47 ff.

703 *Giesecke*, Rechtswahl, S. 10 f.; *Kappus*, Weg, NJW 2016, 33, 33; *Kollmann*, AGB, NJOZ 2011, 625, 625; *Kondring*, Flucht, RIW 2010, 184, 184; *Lenkaitis/Löwisch*, Inhaltskontrolle, ZIP 2009, 441, 441; *Leuschner*, Kontrollstrenge, NJW 2016, 1222, 1223; *ders.*, AGB-Kontrolle, JZ 2010, 875, 876; *Maier-Reimer*, AGB-Recht, NJW 2017, 1, 1; *Pfeiffer*, Flucht, in: FS Graf von Westphalen, 555, 556; *Rothermel*, Kauf-, Liefer- und Vertriebsrecht, S. 15.

704 *Ostendorf/Kluth*, in: Ostendorf/Kluth, Wirtschaftsverträge, § 1, Rn. 9.

705 *Kollmann*, AGB, NJOZ 2011, 625, 625; *Lenkaitis/Löwisch*, Inhaltskontrolle, ZIP 2009, 441, 443.

706 *Graf von Westphalen*, Verkaufsbedingungen, S. 2.

ständige Überwachung erfolgen, um die Verwendung von unwirksamen Klauseln auszuschließen. Auch lässt sich für das deutsche Recht festhalten, dass die richterliche Kontrolle von AGB nicht immer zu einem angemessenen Interessenausgleich zwischen den Parteien führt, wie dieser z. B. bei Verhandlungen[707] hätte erreicht werden können.[708] Der Kunde profitiert jedoch regelmäßig von der sehr strengen Inhaltskontrolle und dem damit einhergehenden Schutz, ohne eigene Anstrengungen vornehmen zu müssen. Insbesondere bei Massengeschäften werden AGB kaum einer genauen Prüfung unterzogen.[709] Auch die Verwendung der *AGB-Falle*[710] kann sich für den Kunden lohnen.

c. *Im Schweizer Recht*

1) Allgemeines

Im Schweizer Recht existiert im Bereich der AGB ein liberales Vertragsmodell.[711] Die großzügigen Gestaltungsmöglichkeiten gelten als entscheidender Faktor für diese Rechtswahl.[712] Doch hier lauern auch Gefahren[713] für den B2B-Verkehr[714], da AGB ebenfalls in Verträgen von erheblicher Tragweite eingesetzt werden.[715]

Im Gegensatz zu anderen Ländern hat der Schweizer Gesetzgeber im Grunde keine gesetzlichen Regelungen zu AGB erlassen.[716] Nur vereinzelt existiert kodifiziertes Recht, wie Art. 8 UWG für den B2C-Verkehr, Art. 256 II a und 288 II a

---

707 Siehe 2. Teil, B., II., 4.

708 *Gottschalk*, Transparenzgebot, AcP 206 (2006), 555, 564.

709 *Jansen*, Klauselkontrolle, ZEuP 2010, 69, 93; *Koch*, AGB-Recht, BB 2010, 1810, 1810.

710 Siehe 2. Teil, B., II., 4., b., 8).

711 *Baudenbacher*, AGB-Gesetz, ZBJV 1987, 505, 509; *Rothermel*, Kauf-, Liefer- und Vertriebsrecht, S. 5.

712 *Ehle/Brunschweiler*, AGB-Recht, RIW 2012, 262, 263; *Müller/Griebeler/Pfeil*, AGB-Kontrolle, BB 2009, 2658, 2663; *Rothermel*, Kauf-, Liefer- und Vertriebsrecht, S. 5; siehe 2. Teil, A., IV.

713 Siehe 2. Teil, B., II., 2., b. und 7., a.

714 *Wildhaber*, Inhaltskontrolle, SJZ 2011, 537, 541.

715 *Stöckli*, Art. 8 UWG, BR 2011, 184, 184.

716 *Bucher*, OR AT, S. 155; *Ehle/Brunschweiler*, AGB-Recht, RIW 2012, 262, 263; *Greiner*, Wahl, S. 2; *G/S/S/E*, OR AT, Rn. 1122; *Huguenin/Meise*, OR 2020, SZW 2015, 280, 286; *Huguenin*, AGB, recht 1995, 85, 86; *Jansen*, Klauselkontrolle, ZEuP 2010, 69, 71; *Kern/Bettinger*, OR 2020, ZEuP 2014, 562, 571; *T. Koller*, AGB, recht 1999, 43, 45; *Kuoni*, Haftungsbegrenzung, Rn. 68; *Müller/Griebeler/Pfeil*, AGB-Kontrolle, BB 2009, 2658, 2662; *Ostendorf*, in: Ostendorf/Kluth, Wirtschaftsverträge, § 3, Rn. 67; *Schwenzer*, OR AT, Rn. 44.04; *Wittibschlager*, Einführung, Rn. 436.

OR sowie Art. 35 VVG zeigen.[717] Demnach sind die AGB überwiegend nach den allgemeinen Bestimmungen des OR[718] sowie nach den von der Rechtsprechung entwickelten, allgemeinen Grundsätzen zu beurteilen.[719]

2) Die Inhaltskontrolle von AGB-Klauseln

Die Schweizer Rechtsprechung und Lehre haben ein dreistufiges Kontrollsystem gegen den Missbrauch von AGB entwickelt.[720] Das allgemeine Schweizer Recht ist danach sowohl für die Frage, ob die AGB wirksamer Bestandteil des Vertrages geworden sind (*Geltungskontrolle*[721]) und wie ihre Auslegung erfolgt (*Auslegungskontrolle*[722]), als auch für eine gewisse inhaltliche Kontrolle (*Inhaltskontrolle*[723]) zuständig, welche im Folgenden dargestellt wird.

a) Die offene Inhaltskontrolle des Art. 8 UWG

(1) Allgemeines

Die offene Inhaltskontrolle von AGB ist in Art. 8 UWG regelt.[724] Gem. dieser Norm handelt insbesondere unlauter, wer AGB verwendet, die in Treu und Glauben verletzender Weise zum Nachteil der Konsumentinnen und Konsumenten ein erhebliches und ungerechtfertigtes Missverhältnis zwischen den vertraglichen

717 *G/S/S/E*, OR AT, Rn. 1122; *A. Koller*, AGB-Recht, AJP 2016, 279, 279.

718 *A. Koller*, AGB-Recht, AJP 2016, 279, 279; *Ramstein*, AGB, RIW 1988, 440, 441; *Schwenzer*, OR AT, Rn. 44.04; *Wittibschlager*, Einführung, Rn. 436; siehe 2. Teil, B., II., 7., c., 2), c).

719 *A. Koller*, AGB-Recht, AJP 2016, 279, 279; *Ramstein*, AGB, RIW 1988, 440, 441.

720 *Baudenbacher*, AGB-Gesetz, ZBJV 1987, 505, 512; *Ehle/Brunschweiler*, AGB-Recht, RIW 2012, 262, 263; *Eisner-Kiefer*, AVB, in: B/S/E-K, AGB, S. 92; *Grolimund*, Überprüfung, HAVE 2007, 145, 149; *Kramer*, in: K/P/P, AGB, Rn. 18; *Kut*, in: CHK OR, Art. 1, Rn. 50; *Perrig*, in: K/P/P, AGB, Rn. 101; *Schnyder*, Dogmatik, in: B/S/E-K, AGB, S. 48.

721 Siehe 2. Teil, B., II., 5., a.

722 *Baudenbacher*, AGB-Gesetz, ZBJV 1987, 505, 512; *Ehle/Brunschweiler*, AGB-Recht, RIW 2012, 262, 263; *G/S/S/E*, OR AT, Rn. 1124a f.; *Kramer*, in: K/P/P, AGB, Rn. 21; *Perrig*, in: K/P/P, AGB, Rn. 103; *Roberto/Walker*, AGB-Kontrolle, recht 2014, 49, 50; *Schmid*, AGB, ZBJV 2012, 1, 2; *Schnyder*, Dogmatik, in: B/S/E-K, AGB, S. 50; siehe 2. Teil, B., II., 6., b.

723 *Huguenin*, OR, Rn. 631; *Kramer*, in: K/P/P, AGB, Rn. 22; *Schnyder*, Dogmatik, in: B/S/E-K, AGB, S. 51.

724 *Greiner*, Wahl, S. 44; *G/S/S/E*, OR AT, Rn. 1150e; *Ostendorf*, in: Ostendorf/Kluth, Wirtschaftsverträge, § 8, Rn. 43; *Richter*, AGB, S. 114; *Roberto/Walker*, AGB-Kontrolle, recht 2014, 49, 50.

Rechten und Pflichten vorsehen. Die Inhaltskontrolle gilt demnach nicht im B2B-Bereich, sondern nur zwischen Unternehmern und Konsumenten – also lediglich im B2C-Bereich. Somit werden ausschließlich die durchaus schutzbedürftigen Konsumenten in ihren Rechten gestärkt[725], während eine offene Inhaltskontrolle für den unternehmerischen Verkehr nicht existiert.[726] In Folge dessen muss im Nichtkonsumenten-Bereich auf die durch die Rechtsprechung entwickelten Grundsätze der sog. *verdeckten Inhaltskontrolle*[727] zurückgegriffen werden.[728]

(2) Die Kritik an der neuen Norm

Die Tatsache, dass für den B2B-Verkehr keine offene Inhaltskontrolle existiert, stößt verbreitet auf vehemente Kritik in der Literatur.[729] Schließlich wurde Art. 8 UWG erst 2012 revidiert[730], sodass eine entsprechende Implementierung möglich gewesen wäre. Bereits vor der Gesetzesänderung plädierte die Lehre[731] für eine offene Inhaltskontrolle, welche sich an den allgemeinen Grundsätzen des

---

725 *Roberto/Walker*, AGB-Kontrolle, recht 2014, 49, 52.

726 *Grolimund*, AGB, in: B/S/E-K, AGB, S. 228; *G/S/S/E*, OR AT, Rn. 1152a; *Hess/Ruckstuhl*, AGB-Kontrolle, AJP 2012, 1188, 1192; *Huguenin*, OR, Rn. 612; *Mönnich*, AGB, in: B/S/E-K, AGB, S. 289; *Ostendorf*, in: Ostendorf/Kluth, Wirtschaftsverträge, § 8, Rn. 43; *Richter*, AGB, S. 114; *Rothermel*, Kauf-, Liefer- und Vertriebsrecht, S. 171.

727 Siehe 2. Teil, B., II., 7., c., 2), b), (3).

728 *T. Koller*, AGB-Inhaltskontrolle, AJP 2008, 943, 944 f.; *Roberto/Walker*, AGB-Kontrolle, recht 2014, 49, 50; *Voser/Boog*, Schweizer Recht, RIW 2009, 126, 133.

729 *Ehle/Brunschweiler*, AGB-Recht, RIW 2012, 262, 268; *G/H/M/P*, Vertragsgestaltung, Rn. 346; *Grolimund*, AGB, in: B/S/E-K, AGB, S. 235; *G/S/S/E*, OR AT, Rn. 1148a, 1157b; *Honsell*, in: BSK OR, Art. 199, Rn. 2; *Huguenin*, OR, Rn. 633; *Jung*, AGB-Inhaltskontrolle, in: B/S/E-K, AGB, S. 150 f.; *T. Koller*, AGB-Inhaltskontrolle, AJP 2008, 943, 952; *Kuoni*, Haftungsbegrenzung, Rn. 805; *Mönnich*, AGB, in: B/S/E-K, AGB, S. 298; *Schmid*, AGB, ZBJV 2012, 1, 19; *Schwenzer*, OR AT, Rn. 46.07; *Stöckli*, Art. 8 UWG, BR 2011, 184, 187; *Wildhaber*, Inhaltskontrolle, SJZ 2011, 537, 538; *Zellweger-Gutknecht/Bucher*, in: BSK OR, Anh. Art. 1, Rn. 55.

730 *G/S/S/E*, OR AT, Rn. 1149; *Hess/Ruckstuhl*, AGB-Kontrolle, AJP 2012, 1188, 1188; *Honsell*, in: BSK OR, Art. 199, Rn. 2; *Huguenin*, OR, Rn. 610; *Kern/Bettinger*, OR 2020, ZEuP 2014, 562, 572; *Klett/Hurni*, AGB-Geltungskontrolle, recht 2012, 80, 80; *Ostendorf*, in: Ostendorf/Kluth, Wirtschaftsverträge, § 8, Rn. 43; *Pfeiffer*, in: W/L/P, AGB-Recht, 1. Teil, Rn. 86.

731 *Baddeley*, Unterwerfungserklärungen, ZBJV 2008, 357, 373; *Bucher*, OR AT, S. 157 f.; *Grolimund*, Überprüfung, HAVE 2007, 145, 160 f.; *Huguenin*, AGB, recht 1995, 85, 87; *Klett/Hurni*, AGB-Geltungskontrolle, recht 2012, 80, 80; *Kramer*, AGB, SJZ 1985, 17, 23; *Schmid*, AGB, ZBJV 2012, 1, 3.

OR anlehnen sollte.[732] Schließlich stelle diese Art der Kontrolle das notwendige Korrektiv für die fehlende Vertragsverhandlung[733] dar.[734] Des Weiteren spreche es nicht für eine gerechte Rechtsordnung, wenn eine marktmächtige Partei das dispositive Gesetzesrecht durch unfaire Klauseln ersetzen könne.[735] Selbst Unternehmen – insbesondere KMU[736] – bräuchten wirksame Instrumente, um bspw. gegen unfaire AGB vorgehen zu können.[737] Aber die Gesetzgebung vertritt die Ansicht, dass noch nicht einmal KMU des hohen Schutzes einer offenen Inhaltskontrolle bedürfen[738], obwohl sie ebenfalls von missbräuchlichen AGB-Bestimmungen betroffen sein können.[739] Somit wird die offene Inhaltskontrolle aufgrund der nicht vorhandenen effektiven Gesetze[740] und der Scheu der Schweizer Gerichte vor einer offenen Rechtsfortbildung[741] nach wie vor abgelehnt. Auch ein fehlendes Problembewusstsein wird vermutet.[742] Vorrangig wird jedoch der liberale Respekt vor dem geschlossenen Vertrag angegeben.[743] In der Literatur kommt daher der Wunsch auf, dass die Wertungen des neuen Art. 8 UWG mittelbar durch die Geltungs- und Auslegungskontrolle[744] auch für den B2B-Bereich Wirkung entfalten sollen.[745]

---

732 *Bucher*, OR AT, S. 157 f.; *Huguenin*, AGB, recht 1995, 85, 87; *Roberto/Walker*, AGB-Kontrolle, recht 2014, 49, 52.

733 Siehe 2. Teil, B., II., 4.

734 *Rusch*, Recht einfach, LeGes 2012/3, 337, 345.

735 *Schmid*, AGB, ZBJV 2012, 1, 3.

736 *Eisner-Kiefer*, AVB, in: B/S/E-K, AGB, S. 104; *G/S/S/E*, OR AT, Rn. 1121a, 1152a; *Kuoni*, Haftungsbegrenzung, Rn. 805; *Schwenzer*, OR AT, Rn. 46.06.

737 *G/H/M/P*, Vertragsgestaltung, Rn. 346; *Stöckli*, Art. 8 UWG, BR 2011, 184, 188.

738 *Eisner-Kiefer*, AVB, in: B/S/E-K, AGB, S. 103; *Hess/Ruckstuhl*, AGB-Kontrolle, AJP 2012, 1188, 1194, 1196; *Roberto/Walker*, AGB-Kontrolle, recht 2014, 49, 52; *Schmid*, AGB, ZBJV 2012, 1, 7.

739 *Hess/Ruckstuhl*, AGB-Kontrolle, AJP 2012, 1188, 1194.

740 *Trendelberend*, Vorteile, S. 77.

741 *Baudenbacher*, AGB-Gesetz, ZBJV 1987, 505, 518 f.; *G/H/M/P*, Vertragsgestaltung, Rn. 79; *Grolimund*, Überprüfung, HAVE 2007, 145, 155; *Trendelberend*, Vorteile, S. 77.

742 *Baudenbacher*, AGB-Gesetz, ZBJV 1987, 505, 520.

743 BGE 109 II 452, 457; BGE 84 II 13, 29; *Greiner*, Wahl, S. 44.

744 Siehe 2. Teil, B., II., 5. und 6.

745 *Mönnich*, AGB, in: B/S/E-K, AGB, S. 298.

(3) Der Wegfall von Art. 8 UWG a. F.

Die offene Inhaltskontrolle gegenüber Verbrauchern im UWG ist eine der wesentlichen Neuerungen im Schweizer Recht. Art. 8 UWG gilt nun aber nicht mehr zwischen Unternehmern. Zwar konnte auch Art. 8 UWG a. F. aufgrund einer ungeschickten Formulierung (*Irreführung*) nicht für eine effektive AGB-Kontrolle sorgen.[746] Vielmehr handelte es sich bei dieser Norm um einen „zahnlosen Papiertiger"[747], was daran lag, dass sie nur in seltenen (Extrem-)Fällen angewandt wurde[748], welche auch durch die *Ungewöhnlichkeitsregel*[749] hätten gelöst werden können.[750] Außerdem konnte die Anwendbarkeit von Art. 8 UWG a. F. durch einen klaren und unmissverständlichen Hinweis auf die nachteilige Klausel beseitigt werden.[751] Allerdings war ein weiteres Instrument zur Verteidigung gegen AGB vorhanden, sodass nun insbesondere für KMU eine Verschlechterung der Rechtslage eingetreten ist.[752]

Der Wegfall der Norm im B2B-Bereich ist für den deutschen Exporteur als Verwender ein kleiner Vorteil, jedoch für ihn als Kunden ein weiterer Nachteil, sofern das Schweizer Wettbewerbsrecht[753] überhaupt zur Anwendung gelangt. Dies gilt es ebenfalls zu beachten. Jedoch sei noch angemerkt, dass die

---

746 *Akikol*, Sachmängelhaftung, Rn. 243; *Baudenbacher*, AGB-Gesetz, ZBJV 1987, 505, 526; *Gauch*, Vertragshaftung, recht 2006, 77, 84; *Gonzenbach*, Konsumenten-AGB, recht 1993, 28, 28; *Greiner*, Wahl, S. 2; *G/S/S/E*, OR AT, Rn. 1150a; *Honsell*, OR BT, S. 91; *Huguenin*, OR, Rn. 610, 634; *dies.*, AGB, recht 1995, 85, 86; *Jung*, AGB-Inhaltskontrolle, in: B/S/E-K, AGB, S. 137; *Kern/Bettinger*, OR 2020, ZEuP 2014, 562, 572; *Klett/Hurni*, AGB-Geltungskontrolle, recht 2012, 80, 83; *A. Koller*, in: Guhl, OR, § 13, Rn. 53; *Pfeiffer*, in: W/L/P, AGB-Recht, 1. Teil, Rn. 86; *ders.*, Flucht, in: FS Graf von Westphalen, 555, 558 f.; *Schmid*, AGB, ZBJV 2012, 1, 4; *Voser/Boog*, Schweizer Recht, RIW 2009, 126, 133; *Zellweger-Gutknecht/Bucher*, in: BSK OR, Anh. Art. 1, Rn. 55.

747 *Gordon-Vrba*, AGB-Kontrolle, in: B/S/E-K, AGB, S. 266.

748 *G/S/S/E*, OR AT, Rn. 1150a; *Hess/Ruckstuhl*, AGB-Kontrolle, AJP 2012, 1188, 1189.

749 Siehe 2. Teil, B., II., 7., c., 2), b).

750 *G/S/S/E*, OR AT, Rn. 1150a; *A. Koller*, in: Guhl, OR, § 13, Rn. 53; siehe BGE 119 II 443.

751 *A. Koller*, in: Guhl, OR, § 13, Rn. 53; *ders.*, AGB-Recht, AJP 2016, 279, 290.

752 *Probst*, in: Jung/Spitz, UWG, Art. 8, Rn. 284; *ders.*, in: K/P/P, AGB, Rn. 500.

753 Siehe 2. Teil, A., I.

AGB-Inhaltskontrolle aus systematischen Gründen generell nicht ins UWG[754], sondern in das Umfeld der Art. 19 ff. OR[755] oder zumindest in ein Spezialgesetz[756] gehört.

b) Die Ungewöhnlichkeitsregel

(1) Die Global- und die Vollübernahme

Damit die sog. *Ungewöhnlichkeitsregel* anwendbar wird, muss zuvor eine *Globalübernahme* der AGB stattgefunden haben.[757] Die AGB werden bspw. global akzeptiert, wenn sie vor der Unterzeichnung nicht vom Kunden gelesen werden[758], was insbesondere aufgrund der zu hohen Transaktionskosten häufig geschieht.[759] Im B2B-Bereich kann allerdings eher erwartet werden, dass der Kunde die AGB liest.[760] Trifft dies zu und hat diese Partei die Bedingungen auch verstanden und in irgendeiner Form akzeptiert, so hat eine *Vollübernahme* der AGB stattgefunden.[761] Werden die AGB zwar gelesen, aber nicht verstanden, so ist jedenfalls bei einem KMU als Kunden davon auszugehen, dass die AGB zusätzlich noch erläutert werden müssen, damit die Annahme einer *Vollübernahme* gerechtfertigt

754 *Gonzenbach*, Konsumenten-AGB, recht 1993, 28, 28; *Hess/Ruckstuhl*, AGB-Kontrolle, AJP 2012, 1188, 1212; *Honsell*, in: BSK OR, Art. 199, Rn. 2; *Huguenin*, AGB, recht 1995, 85, 93; *Jung*, AGB-Inhaltskontrolle, in: B/S/E-K, AGB, S. 140; *Probst*, in: K/P/P, AGB, Rn. 310; *Zellweger-Gutknecht/Bucher*, in: BSK OR, Anh. Art. 1, Rn. 55; **a. A.** vertretbar *Baudenbacher*, AGB-Gesetz, ZBJV 1987, 505, 526.

755 *Bieger*, Mängelrüge, Rn. 523; *Hess/Ruckstuhl*, AGB-Kontrolle, AJP 2012, 1188, 1212; *Huguenin*, AGB, recht 1995, 85, 93; *Jung*, AGB-Inhaltskontrolle, in: B/S/E-K, AGB, S. 163.

756 *Bieger*, Mängelrüge, Rn. 523; *Hess/Ruckstuhl*, AGB-Kontrolle, AJP 2012, 1188, 1212; *Jung*, AGB-Inhaltskontrolle, in: B/S/E-K, AGB, S. 163.

757 *Grolimund*, Überprüfung, HAVE 2007, 145, 158.

758 BGE 119 II 443, 446; *Baddeley*, Unterwerfungserklärungen, ZBJV 2008, 357, 368; *Greiner*, Wahl, S. 10; *G/S/S/E*, OR AT, Rn. 1128c; *T. Koller*, AGB, recht 1999, 43, 55; *Ramstein*, AGB, RIW 1988, 440, 441; *Roberto/Walker*, AGB-Kontrolle, recht 2014, 49, 51.

759 *Basedow*, in: MüKo BGB, Vorbem. § 305, Rn. 5; *Greiner*, Wahl, S. 10; *Jansen*, Klauselkontrolle, ZEuP 2010, 69, 84; *Kötz*, Schutzzweck, JuS 2003, 209, 211; *Leuschner*, AGB-Kontrolle, JZ 2010, 875, 879; *Maier-Reimer*, AGB-Recht, NJW 2017, 1, 2; *Richter*, AGB, S. 9; *Rusch*, in: M/B/K/P, Vertragshandbuch, Kap. 4, Rn. 2; *Wackerbarth*, Inhaltskontrolle, AcP 200 (2000), 45, 70.

760 *Grolimund*, AGB, in: B/S/E-K, AGB, S. 230.

761 *Perrig*, in: K/P/P, AGB, Rn. 116; *Probst*, in: K/P/P, AGB, Rn. 86.

ist.[762] Wird auf eine ungewöhnliche Klausel speziell hingewiesen[763], so wird eine *Vollübernahme* vermutet.[764] Liegt diese vor, so darf die *Ungewöhnlichkeitsregel* nicht angewandt werden.[765]

AGB lassen sich durch die *Ungewöhnlichkeitsregel* einschränken, obwohl eine globale Zustimmung zu diesen erfolgt ist.[766] Ungewöhnliche Klauseln sind nicht bindend, da der Kunde nicht mit ihnen rechnen muss und der AGB-Verwender nicht auf die Akzeptanz dieser Bestimmungen vertrauen darf.[767] Die Ungültigkeit von ungewöhnlichen Klauseln in AGB ergibt sich demnach aus dem *Vertrauensprinzip*.[768] Sollte ursprünglich noch der AGB-Verwender geschützt werden, so ist heute anerkannt, dass sich ein Paradigmenwechsel zum Schutz des Kunden vollzogen hat.[769] Mit einer *Globalübernahme* von AGB geht dieser allerdings auch bewusst ein gewisses Risiko ein.[770] Ungewöhnliche Bestimmungen sind dennoch nicht vom Konsens gedeckt und werden nie Vertragsbestandteil.[771] Das Argument, mit der *Globalübernahme* habe die Klausel im Einvernehmen Geltung erlangt, greift demnach nicht immer.[772] Die *Ungewöhnlichkeitsregel* gilt nur bei für den Kunden nachteiligen Klauseln, sodass zwar ungewöhnliche, aber dennoch günstige Klauseln nicht zu beanstanden sind.[773]

---

762 *Probst*, in: K/P/P, AGB, Rn. 86.

763 Siehe 2. Teil, B., II., 7., c., 2), b), (3).

764 BGE 135 III 225, 227; BGE 135 III 1, 9; *A. Koller*, AGB-Recht, AJP 2016, 279, 285.

765 *Huguenin*, OR, Rn. 626; *Klett/Hurni*, AGB-Geltungskontrolle, recht 2012, 80, 85; *A. Koller*, OR AT, Rn. 23.42; *ders.*, AGB-Recht, AJP 2016, 279, 285; *Perrig*, in: K/P/P, AGB, Rn. 175.

766 BGE 135 III 1, 7; BGE 119 II 443, 446; BGer 4A_187/2007 vom 09.05.2008, E. 5.1; *Akikol*, Sachmängelhaftung, Rn. 243; *Baddeley*, Unterwerfungserklärungen, ZBJV 2008, 357, 369; *G/S/S/E*, OR AT, Rn. 935, 1136; *Huguenin*, OR, Rn. 619; *dies.*, AGB, recht 1995, 85, 87; *T. Koller*, AGB, recht 1999, 43, 46; *Wittibschlager*, Einführung, Rn. 437.

767 BGer 4C_282/2003 vom 15.12.2003, E. 3.1; *Huguenin*, OR, Rn. 623; *Roberto/Walker*, AGB-Kontrolle, recht 2014, 49, 52; *Zellweger-Gutknecht/Bucher*, in: BSK OR, Anh. Art. 1, Rn. 60.

768 BGE 119 II 443, 446; *Huguenin*, OR, Rn. 620; *T. Koller*, AGB-Inhaltskontrolle, AJP 2008, 943, 947; *Roberto/Walker*, AGB-Kontrolle, recht 2014, 49, 52.

769 *T. Koller*, AGB-Inhaltskontrolle, AJP 2008, 943, 947.

770 *Huguenin*, OR, Rn. 620; *A. Koller*, OR AT, Rn. 23.42.

771 BGE 138 III 411, 412; BGE 135 III 225, 227; BGE 135 III 1, 7; *G/S/S/E*, OR AT, Rn. 1136; *Huguenin*, OR, Rn. 620; *Klett/Hurni*, AGB-Geltungskontrolle, recht 2012, 80, 82; *A. Koller*, OR AT, Rn. 23.42; *Perrig*, in: K/P/P, AGB, Rn. 189.

772 *T. Koller*, AGB-Inhaltskontrolle, AJP 2008, 943, 947.

773 *A. Koller*, AGB-Recht, AJP 2016, 279, 285; *Kut*, in: CHK OR, Art. 1, Rn. 53.

(2) Die Kriterien der Ungewöhnlichkeit

Damit die *Ungewöhnlichkeitsregel* Anwendung findet, müssen die Kriterien der objektiven und subjektiven Ungewöhnlichkeit kumulativ erfüllt sein.[774]

(a) Die objektive Ungewöhnlichkeit

Objektiv ungewöhnlich ist eine Klausel, wenn mit ihr im Allgemeinen nicht gerechnet werden muss[775] und sie deshalb überraschend ist.[776] Dies ist bei geschäftsfremdem Inhalt gegeben.[777] Darunter versteht man, dass eine wesentliche Änderung des Vertragscharakters beabsichtigt ist oder in erheblichem Maße von dem gesetzlichen Vertragstypus abgewichen wird.[778] Generell gilt, dass der Grad der Beeinträchtigung der Rechtsstellung einer Vertragspartei Aufschluss über die Ungewöhnlichkeit einer Klausel geben kann.[779] Entscheidend ist hier immer die Verfremdung des ganzen Geschäfts.[780]

Entgegen der allgemeinen Bedeutung des Wortes *ungewöhnlich* kommt es nicht darauf an, wie üblich oder verbreitet die AGB-Klausel innerhalb einer

---

774 BGE 138 III 411, 412 f.; *Bieger*, Mängelrüge, Rn. 418; *G/H/M/P*, Vertragsgestaltung, Rn. 338; *G/S/S/E*, OR AT, Rn. 1138; *Klett/Hurni*, AGB-Geltungskontrolle, recht 2012, 80, 84; *T. Koller*, AGB-Inhaltskontrolle, AJP 2008, 943, 949; *ders.*, AGB, recht 1999, 43, 56; *Ostendorf*, in: Ostendorf/Kluth, Wirtschaftsverträge, § 8, Rn. 44; *Perrig*, in: K/P/P, AGB, Rn. 176; *Ramstein*, AGB, RIW 1988, 440, 442; *Richter*, AGB, S. 116; *Schnyder*, Dogmatik, in: B/S/E-K, AGB, S. 50.

775 *Roberto/Walker*, AGB-Kontrolle, recht 2014, 49, 52.

776 BGer 4C_282/2003 vom 15.12.2003, E. 3.1; *G/S/S/E*, OR AT, Rn. 1137.

777 BGE 138 III 411, 413; BGE 135 III 225, 227; BGE 135 III 1,7; BGE 109 II 452, 458; BGer 4A_187/2007 vom 09.05.2008, E. 5.1; *Ehle/Brunschweiler*, AGB-Recht, RIW 2012, 262, 265; *G/S/S/E*, OR AT, Rn. 1138; *Huguenin*, OR, Rn. 623; *Klett/Hurni*, AGB-Geltungskontrolle, recht 2012, 80, 84; *Ramstein*, AGB, RIW 1988, 440, 442; *Richter*, AGB, S. 119.

778 BGE 138 III 411, 413; BGE 135 III 225, 227; BGE 135 III 1, 7; BGE 119 II 443, 446; BGE 109 II 452, 458; BGer 4A_187/2007 vom 09.05.2008, E. 5.1; *Gauch*, Vertragshaftung, recht 2006, 77, 83 f.; *Huguenin*, OR, Rn. 623; *Klett/Hurni*, AGB-Geltungskontrolle, recht 2012, 80, 84; *Kramer*, in: BK OR, Art. 1, Rn. 205; *Ramstein*, AGB, RIW 1988, 440, 442; *Richter*, AGB, S. 119.

779 BGE 138 III 411, 413; BGE 135 III 225, 227 f.; BGE 135 III 1, 7; BGE 119, II 443, 446; BGer 4A_187/2007 vom 09.05.2008, E. 5.1; *Bornhauser/Rusch*, Hilfspersonenhaftung, AJP 2010, 1228, 1237; *G/S/S/E*, OR AT, Rn. 1138; *Huguenin*, OR, Rn. 623; *Perrig*, in: K/P/P, AGB, Rn. 180; *Richter*, AGB, S. 119; *Rusch*, in: M/B/K/P, Vertragshandbuch, Kap. 4, Rn. 9.

780 BGE 119 II 443, 446; *T. Koller*, AGB-Inhaltskontrolle, AJP 2008, 943, 950.

Branche ist.[781] Selbst branchenübliche Bestimmungen können demnach objektiv ungewöhnlich sein.[782] Allerdings lässt sich auch feststellen, dass der objektiv ungewöhnliche Charakter einer Klausel mit der Zeit entfallen kann, wenn diese innerhalb einer Branche nachhaltig verbreitet ist, sodass sie nicht mehr als *geschäftsfremd* bezeichnet werden kann.[783]

Der *Überraschungseffekt* kann sich auch aus der ungewöhnlichen – also versteckten – Platzierung der Klausel[784] oder aus Abweichungen zu vorangegangenen Vertragsverhandlungen[785] ergeben. Gewöhnlich formulierte Bestimmungen können als überraschend anzusehen sein, wenn sie im Kontext des gesamten Vertrages gelesen werden.[786] Das Bundesgericht[787] spricht sich nur bei wenigen, besonders „krassen"[788] Klauseln für die objektive Ungewöhnlichkeit aus.[789] Somit wird ein strenger Maßstab angelegt.[790] Bspw. stufte es eine Klausel in einem Versicherungsvertrag als ungewöhnlich ein, nach welcher zwar eine Deckung für Schäden bei grobfahrlässigem Verschulden besteht, aber für Fälle ohne oder leichter Fahrlässigkeit wiederum abgelehnt wird.[791] Des Weiteren ist die objektive Ungewöhnlichkeit bei einer Klausel in einem Versicherungsvertrag gegeben, die das Kündigungsrecht des Versicherten bei Anpassung der Prämien und Selbstbehalte ausschließt, wenn die Vertragsänderung auf einer behördlichen Anordnung bei einer gesetzlich geregelten Deckung beruht.[792]

---

781 *Richter*, AGB, S. 119; *Rusch*, in: M/B/K/P, Vertragshandbuch, Kap. 4, Rn. 9.

782 *T. Koller*, AGB-Inhaltskontrolle, AJP 2008, 943, 950; *Perrig*, in: K/P/P, AGB, Rn. 179.

783 *Perrig*, in: K/P/P, AGB, Rn. 181.

784 BGer 4A_291/2009 vom 28.07.2009, E. 2.5; BGer 5C_134/2004 vom 01.10.2004, E. 4.2; *G/S/S/E*, OR AT, Rn. 1137; *Perrig*, in: K/P/P, AGB, Rn. 181.

785 BGer 5C_134/2004 vom 01.10.2004, E. 4.2; *G/S/S/E*, OR AT, Rn. 1137; *Perrig*, in: K/P/P, AGB, Rn. 181.

786 *Perrig*, in: K/P/P, AGB, Rn. 181.

787 Siehe BGE 138 III 411, 414 f.; BGE 135 III 225, 228; BGE 135 III 1, 11 ff.; BGE 119 II 443, 446; BGE 116 II 459, 461; BGE 109 II 452, 456 ff.; BGer 4A_39/2009 vom 07.04.2009, E. 3.4 ff.; BGer 4A_187/2007 vom 09.05.2008, E. 5.4; BGer 5P_115/2005 vom 13.05.2005, E. 1.2; BGer 5C_74/2002 vom 07.05.2002, E. 2c.

788 *T. Koller*, AGB-Inhaltskontrolle, AJP 2008, 943, 951.

789 *Ders.*, ebenda; siehe *Kut*, in: CHK OR, Art. 1, Rn. 54.

790 *Huguenin*, OR, Rn. 620; *T. Koller*, AGB-Inhaltskontrolle, AJP 2008, 943, 951.

791 BGer 4A_187/2007 vom 09.05.2008, E. 5.4.2.

792 BGE 135 III 1, 11 ff.

(b) Die subjektive Ungewöhnlichkeit

Eine subjektive Ungewöhnlichkeit besteht, wenn die Klausel zwar branchenüblich ist, aber der Kunde nicht aus dieser Branche stammt.[793] Voraussetzung ist jedoch, dass die Unerfahrenheit des Branchenfremden für den AGB-Verwender erkennbar ist.[794] Dies wird aus dem *Vertrauensprinzip* abgeleitet.[795] Demnach wird die Ungewöhnlichkeit einer Klausel aus Sicht des Kunden während des Vertragsschlusses beurteilt.[796] Schließlich ist jeweils im Einzelfall zu entscheiden.[797] Eine AGB-Klausel kann somit in einem Fall als ungewöhnlich zu qualifizieren sein, während dieselbe Bestimmung in einem anderen Fall zulässig ist.[798] Im Zweifel ist anzunehmen, dass der Kunde die ungewöhnliche Klausel nicht akzeptieren wollte.[799]

Allerdings zählen nicht nur für die Gegenseite überraschende oder generell unübliche Klauseln dazu, wie der Wortlaut vermuten lassen würde.[800] Vielmehr beabsichtigt die Rechtsprechung mitunter den Schutz der schwächeren Vertragspartei vor schwerwiegenden Nachteilen.[801] Der Kunde muss allerdings auch kein Verbraucher sein.[802] Häufig sind ebenfalls kleine oder mittelgroße Unternehmen – demnach

---

793 BGE 138 III 411, 412; BGE 119 II 443, 446; BGE 109 II 452, 458; BGer 4A_187/2007 vom 09.05.2008, E. 5.1; *Huguenin*, OR, Rn. 623; *Ramstein*, AGB, RIW 1988, 440, 442; *Roberto/Walker*, AGB-Kontrolle, recht 2014, 49, 52.

794 BGE 109 II 452, 458; BGer 4A_187/2007 vom 09.05.2008, E. 5.1; *Ehle/Brunschweiler*, AGB-Recht, RIW 2012, 262, 265; *Huguenin*, OR, Rn. 623; *Ramstein*, AGB, RIW 1988, 440, 442; *Richter*, AGB, S. 118.

795 BGE 119 II 443, 446; *Huguenin*, OR, Rn. 623; *Richter*, AGB, S. 118.

796 BGE 138 III 411, 412; BGE 135 III 1, 7; BGE 119 II 443, 446; BGE 109 II 452, 458; BGer 4A_187/2007 vom 09.05.2008, E. 5.1; *Bucher*, OR AT, S. 184; *Huguenin*, OR, Rn. 623; *T. Koller*, AGB, recht 1999, 43, 55; *Richter*, AGB, S. 118; *Rusch*, Auslegung, AJP 2014, 205, 206.

797 BGE 135 III 1, 7; BGer 4A_187/2007 vom 09.05.2008, E. 5.1; *Huguenin*, OR, Rn. 623; *T. Koller*, AGB, recht 1999, 43, 55; *Richter*, AGB, S. 118; *Roberto/Walker*, AGB-Kontrolle, recht 2014, 49, 52.

798 *T. Koller*, AGB-Inhaltskontrolle, AJP 2008, 943, 946; *Perrig*, in: K/P/P, AGB, Rn. 178; *Rusch*, in: M/B/K/P, Vertragshandbuch, Kap. 4, Rn. 9.

799 *T. Koller*, AGB-Inhaltskontrolle, AJP 2008, 943, 947.

800 *Roberto/Walker*, AGB-Kontrolle, recht 2014, 49, 52 f.

801 BGE 135 III 225, 227; BGE 135 III 1, 7; BGE 109 II 452, 457; *G/S/S/E*, OR AT, Rn. 1139c; *Roberto/Walker*, AGB-Kontrolle, recht 2014, 49, 53; *Trendelberend*, Vorteile, S. 119.

802 BGer 5P_115/2005 vom 13.05.2005, E. 1.1; *T. Koller*, AGB, recht 1999, 43, 55; *Pfeiffer*, Flucht, in: FS Graf von Westphalen, 555, 560.

KMU[803] oder Startups[804]– betroffen. Aber auch geschäftserfahrenere Vertragspartner können als *schwache* Partei angesehen werden.[805] Unter *Schwäche* wird schließlich nicht nur die ökonomische Unterlegenheit oder ein Wissensgefälle verstanden.[806] Auch der Mangel an vernünftigen Alternativen zählt dazu.[807] Diese sind u. a. nicht gegeben, wenn alle potentiellen Vertragspartner ähnliche AGB verwenden[808] und somit ein sog. *faktisches Konditionenkartell*[809] existiert.

Letztendlich sind die Konturen für die subjektive Ungewöhnlichkeit noch sehr unscharf, sodass die Beurteilung des Bundesgerichts nicht sicher vorhergesagt werden kann.[810] Allerdings ist eine Klausel in einer Rechtsbeziehung mit einem Konsumenten schneller als ungewöhnlich einzustufen als gegenüber einem Unternehmer.[811] Es gilt generell zu beachten, dass die subjektive Ungewöhnlichkeit im B2B-Bereich nicht leichthin angenommen werden darf.[812] Sofern kein faktischer Unterwerfungszwang vorliegt, ist eine AGB-Kontrolle ausgeschlossen, wenn sich in etwa gleich starke Partner gegenüberstehen.[813] Dies gilt sowohl für zwei Großunternehmen als auch für zwei KMU.[814] Darüber hinaus wird einem Unternehmer eine gewisse Geschäftserfahrung unterstellt[815], sodass er eine spezifische Klausel leichter verstehen muss als ein Verbraucher und ein Gericht ihm vorhalten wird, dass keine Rückfragen bei dem Verwender gestellt wurden.[816]

---

803 BGer 4A_187/2007 vom 09.05.2008, E. 5.1; *Perrig*, in: K/P/P, AGB, Rn. 177.

804 *Perrig*, in: K/P/P, AGB, Rn. 215.

805 *T. Koller*, AGB-Inhaltskontrolle, AJP 2008, 943, 948; *Perrig*, in: K/P/P, AGB, Rn. 177.

806 *T. Koller*, AGB-Inhaltskontrolle, AJP 2008, 943, 948; *Perrig*, in: K/P/P, AGB, Rn. 177.

807 BGE 109 II 452, 457; *Huguenin*, OR, Rn. 620; *T. Koller*, AGB-Inhaltskontrolle, AJP 2008, 943, 948; *ders.*, AGB, recht 1999, 43, 55; *Perrig*, in: K/P/P, AGB, Rn. 177; *Richter*, AGB, S. 116; *Trendelberend*, Vorteile, S. 119.

808 *T. Koller*, AGB-Inhaltskontrolle, AJP 2008, 943, 948; *ders.*, AGB, recht 1999, 43, 55; *Richter*, AGB, S. 116; *Schmid*, AGB, ZBJV 2012, 1, 1; *Trendelberend*, Vorteile, S. 119.

809 *T. Koller*, AGB-Inhaltskontrolle, AJP 2008, 943, 949.

810 *Ders.*, ebenda, 943, 952.

811 *Huguenin*, OR, Rn. 623; *A. Koller*, OR AT, Rn. 23.43; *ders.*, AGB-Recht, AJP 2016, 279, 284; *Perrig*, in: K/P/P, AGB, Rn. 175, 232.

812 *Grolimund*, AGB, in: B/S/E-K, AGB, S. 229.

813 *Ders.*, ebenda.

814 *Ders.*, ebenda.

815 *Ders.*, ebenda, S. 230; *Kessel/Stomps*, Haftungsklauseln, BB 2009, 2666, 2669; *Kuoni*, Haftungsbegrenzung, Rn. 174; *Perrig*, in: K/P/P, AGB, Rn. 215.

816 *Grolimund*, AGB, in: B/S/E-K, AGB, S. 230.

(3) Das Instrument der verdeckten Inhaltskontrolle

Zwar handelt es sich bei der AGB-Kontrolle formal um eine Geltungskontrolle.[817] I. R. d. Prüfung von Klauseln nach der *Ungewöhnlichkeitsregel* wird letztlich aber immer auch eine sog. *verdeckte Inhaltskontrolle* vorgenommen.[818] Es ist dabei unbedingt zu beachten, dass allein die Unbilligkeit einer Klausel nicht zu einer Anwendung der *Ungewöhnlichkeitsregel* führt.[819] Allerdings kann die Unbilligkeit als ein Indiz für deren Ungewöhnlichkeit betrachtet werden.[820] Unbilliges wird demnach nur gelegentlich beseitigt.[821] Das Gesagte gilt ebenso im unternehmerischen Verkehr.[822]

Die Vermengung von Geltungs- und Inhaltskontrolle wird als methodisch unbefriedigend und rechtspolitisch ungenügend eingestuft.[823] Schließlich haben die offene Inhaltskontrolle und die *Ungewöhnlichkeitsregel* eigentlich unterschiedliche Funktionen zu erfüllen.[824] Begrüßenswert wäre eine offene Inhaltskontrolle, welche nicht unter einem *Deckmantel* arbeiten müsste.[825]

---

817 *Akikol*, Sachmängelhaftung, Rn. 243; *Baudenbacher*, AGB-Gesetz, ZBJV 1987, 505, 517; *Eisner-Kiefer*, AVB, in: B/S/E-K, AGB, S. 114; *Huguenin*, OR, Rn. 611; *T. Koller*, AGB-Inhaltskontrolle, AJP 2008, 943, 951; *Kramer*, AGB, SJZ 1985, 17, 21; *Perrig*, in: K/P/P, AGB, Rn. 180; siehe 2. Teil, B., II., 5.

818 *Baddeley*, Unterwerfungserklärungen, ZBJV 2008, 357, 373; *Baudenbacher*, AGB-Gesetz, ZBJV 1987, 505, 517; *G/S/S/E*, OR AT, Rn. 1148b; *Huguenin*, OR, Rn. 611; *T. Koller*, AGB-Inhaltskontrolle, AJP 2008, 943, 950; *Kramer*, AGB, SJZ 1985, 17, 21; *Pfeiffer*, Flucht, in: FS Graf von Westphalen, 555, 561; *Richter*, AGB, S. 116; *Roberto/Walker*, AGB-Kontrolle, recht 2014, 49, 53; *Rothermel*, Kauf-, Liefer- und Vertriebsrecht, S. 171; *Rusch*, Auslegung, AJP 2014, 205, 207; *Schmid*, AGB, ZBJV 2012, 1, 3; *Stöckli*, Art. 8 UWG, BR 2011, 184, 187; *Wildhaber*, Inhaltskontrolle, SJZ 2011, 537, 538.

819 *G/S/S/E*, OR AT, Rn. 1139c; *A. Koller*, AGB-Recht, AJP 2016, 279, 284; *Perrig*, in: K/P/P, AGB, Rn. 180.

820 *A. Koller*, OR AT, Rn. 23.34; *ders.*, AGB-Recht, AJP 2016, 279, 284; vgl. BGE 135 III 225, 227 f.

821 *A. Koller*, in: Guhl, OR, § 13, Rn. 53.

822 *Stöckli*, Art. 8 UWG, BR 2011, 184, 187.

823 *Baudenbacher*, AGB-Gesetz, ZBJV 1987, 505, 517; *Kramer*, AGB, SJZ 1985, 17, 21.

824 *Kramer*, AGB, SJZ 1985, 17, 21, Fn. 31.

825 *Schmid*, AGB, ZBJV 2012, 1, 3.

(4) Die Beseitigung der subjektiven Ungewöhnlichkeit

Grenzen sind der *verdeckten Inhaltskontrolle* durch die tatsächliche Kenntnis oder ein Kennenmüssen der ungewöhnlichen Klausel gesetzt.[826] Somit entfiele die subjektive Ungewöhnlichkeit[827], ohne dass der Verwender den überraschenden oder geschäftsfremden Inhalt der Bestimmung ändern müsste.[828] Mit anderen Worten ist eine ungewöhnliche Klausel von der Zustimmung der schwächeren oder unerfahreneren Partei nur ausgenommen, sofern diese nicht explizit auf die Klausel hingewiesen worden ist.[829]

Die Schwelle für die Beseitigung wird jedoch als relativ hoch angesehen.[830] Diese kann überschritten werden, indem in gebührender Weise auf eindeutig formulierte AGB hingewiesen wird.[831] Zu denken ist an eine optische Hervorhebung an einem gut sichtbaren Ort[832] durch Fettdruck[833], Unterstreichung[834] oder farbliche Unterscheidung vom restlichen AGB-Text.[835] Auch eine größere Schrift erreicht diesen Zweck.[836] Zu bedenken ist, dass auf eine gewisse Bestimmung gesondert hingewiesen werden muss[837]; ein pauschaler Hinweis auf das komplette AGB-Regelungswerk ist nicht ausreichend.

---

826 *Huguenin*, OR, Rn. 626; *Roberto/Walker*, AGB-Kontrolle, recht 2014, 49, 53.

827 *T. Koller*, AGB-Inhaltskontrolle, AJP 2008, 943, 947; *Richter*, AGB, S. 118.

828 *Perrig*, in: K/P/P, AGB, Rn. 182.

829 BGE 138 III 411, 412; BGE 135 III 225, 227; BGE 135 III 1, 7; BGE 119 II 443, 446; BGer 4A_187/2007 vom 09.05.2008, E. 5.1; *T. Koller*, AGB, recht 1999, 43, 46.

830 *T. Koller*, AGB-Inhaltskontrolle, AJP 2008, 943, 947.

831 *Baddeley*, Unterwerfungserklärungen, ZBJV 2008, 357, 371; *Eisner-Kiefer*, AVB, in: B/S/E-K, AGB, S. 95; *G/H/M/P*, Vertragsgestaltung, Rn. 340; *Grolimund*, Überprüfung, HAVE 2007, 145, 149; *Huguenin*, OR, Rn. 626; *dies.*, AGB, recht 1995, 85, 87; *Richter*, AGB, S. 116, 170; *Roberto/Walker*, AGB-Kontrolle, recht 2014, 49, 53; *Wildhaber*, Inhaltskontrolle, SJZ 2011, 537, 538.

832 BGE 119 II 443, 446; *Baddeley*, Unterwerfungserklärungen, ZBJV 2008, 357, 371; *G/H/M/P*, Vertragsgestaltung, Rn. 340; *Huguenin*, OR, Rn. 626; *Roberto/Walker*, AGB-Kontrolle, recht 2014, 49, 53.

833 *Baddeley*, Unterwerfungserklärungen, ZBJV 2008, 357, 371; *G/H/M/P*, Vertragsgestaltung, Rn. 340; *G/S/S/E*, OR AT, Rn. 1136; *Huguenin*, OR, Rn. 626; *dies.*, AGB, recht 1995, 85, 87; *T. Koller*, AGB, recht 1999, 43, 46; *Perrig*, in: K/P/P, AGB, Rn. 182; *Rusch*, in: M/B/K/P, Vertragshandbuch, Kap. 4, Rn. 10; *Trendelberend*, Vorteile, S. 127; siehe *Streiff/Pellegrini/von Kaenel*, Vertragsvorlagen, S. 60.

834 *Perrig*, in: K/P/P, AGB, Fn. 725; siehe *Streiff/Pellegrini/von Kaenel*, Vertragsvorlagen, S. 56.

835 *Perrig*, in: K/P/P, AGB, Fn. 725.

836 *Ders.*, ebenda, Rn. 182.

837 *Ders.*, ebenda, Rn. 124; *ders.*, Einbeziehung, in: B/S/E-K, AGB, S. 177 f.

Folglich sollte der Verwender diese ungewöhnlichen Klauseln so aufbereiten, dass sie von dem Vertragspartner wahrgenommen werden müssen.[838] Dies ist zum eigenen Schutz auch ratsam, wenn der Kunde die AGB bereits von früheren Vertragsabschlüssen kennt.[839] Es ist zudem empfehlenswert, den expliziten Hinweis nachweislich zu dokumentieren und Erläuterungen zu den Vertragsbestimmungen zu geben.[840] So lässt sich die *Ungewöhnlichkeitsregel* vermeiden.

Der AGB-Verwender kann somit direkten Einfluss auf die subjektive Ungewöhnlichkeit einer Klausel nehmen und diese mit einfachen Mitteln entfallen lassen.[841] Dann wird nicht mehr von einer *Global-*, sondern nur noch von einer *Vollübernahme*[842] ausgegangen[843], und die *Ungewöhnlichkeitsregel* ist aufgrund der Kenntnisfiktion[844] hinfällig[845], sodass auch noch so einseitig formulierte Klauseln Bestand haben können, solange sie zwingendem Recht nicht widersprechen.[846]

Diese etablierte Vorgehensweise der Kenntnisfiktion wird von der Literatur[847] zunehmend kritisiert. Schließlich bedeute die grammatikalische Kenntnisnahme der Klausel durch den Kunden regelmäßig nicht, dass auch deren Inhalt verstanden und in der vorliegenden Form akzeptiert worden sei.[848]

---

838 *Ehle/Brunschweiler*, AGB-Recht, RIW 2012, 262, 266; *Huguenin*, OR, Rn. 626; *dies.*, AGB, recht 1995, 85, 87.

839 *T. Koller*, AGB-Inhaltskontrolle, AJP 2008, 943, 948.

840 *Ehle/Brunschweiler*, AGB-Recht, RIW 2012, 262, 266.

841 *Baudenbacher*, AGB-Gesetz, ZBJV 1987, 505, 517; *Huguenin*, OR, Rn. 633; *A. Koller*, AGB-Recht, AJP 2016, 279, 285; *T. Koller*, AGB-Inhaltskontrolle, AJP 2008, 943, 946; *Kramer*, AGB, SJZ 1985, 17, 21; *Richter*, AGB, S. 118; *Wildhaber*, Inhaltskontrolle, SJZ 2011, 537, 538.

842 Siehe 2. Teil, B., II., 7., c., 2), b), (1).

843 *Huguenin*, OR, Rn. 618, 626; *A. Koller*, AGB-Recht, AJP 2016, 279, 285; *Perrig*, in: K/P/P, AGB, Rn. 175.

844 *Perrig*, in: K/P/P, AGB, Rn. 184.

845 *Huguenin*, OR, Rn. 626; *Klett/Hurni*, AGB-Geltungskontrolle, recht 2012, 80, 85; *A. Koller*, OR AT, Rn. 23.40; *ders.*, AGB-Recht, AJP 2016, 279, 285; *Perrig*, in: K/P/P, AGB, Rn. 175.

846 *Klett/Hurni*, AGB-Geltungskontrolle, recht 2012, 80, 85; *Perrig*, in: K/P/P, AGB, Rn. 105.

847 *Perrig*, in: K/P/P, AGB, Rn. 184; *Zellweger-Gutknecht*, Finanzmarktprivatrecht, recht 2011, 82, 83.

848 *Zellweger-Gutknecht*, Finanzmarktprivatrecht, recht 2011, 82, 83.

(5) Weitere Grenzen der Ungewöhnlichkeitsregel

Generell wird die Inhaltskontrolle im Schweizer Recht stark einzelfallbezogen angewendet und kann nur bzgl. konkreter Klauselarten – etwa Freizeichnungsklauseln[849] – verallgemeinert werden.[850] Zu beachten ist darüber hinaus, dass ebenfalls zwischen dem B2B- und dem B2C-Verkehr unterschieden wird[851], sodass auch aus diesem Grund nicht immer pauschale Aussagen bspw. über die Gültigkeit einer Klausel getroffen werden können. Dadurch entsteht Rechtsunsicherheit für beide Parteien.

Darüber hinaus ist zu bedenken, dass an sich unzulässige AGB-Klauseln gelegentlich durch andere, die Gegenpartei bevorzugende AGB oder sogar Individualvereinbarungen kompensiert und demnach wieder zulässig werden können.[852]

(6) Schlussfolgerungen

Aufgrund der Tatsache, dass gesetzliche Sondervorschriften zur AGB-Kontrolle nicht vorhanden sind[853], ist der Kunde maßgeblich auf den Schutz durch die *Ungewöhnlichkeitsregel* angewiesen.[854] Nach dem Wegfall des Art. 8 UWG a. F.[855] ist die praktische Bedeutung der *Ungewöhnlichkeitsregel* insbesondere für KMU gestiegen.[856] Ungerechtfertigt erscheinende AGB werden aufgrund der *Ungewöhnlichkeitsregel* jedoch eher selten verworfen.[857] Im Allgemeinen gilt, dass AGB gerichtlich kaum inhaltlich kontrolliert werden.[858]

Der Kunde sollte sich somit nicht auf die *verdeckte Inhaltskontrolle* verlassen[859], da eine wünschenswerte Rechtssicherheit nicht gewährleistet ist[860] und von einem effektiven Schutz nicht gesprochen werden kann.[861] Im Ergebnis wird

---

849 Siehe 2. Teil, B., XI.

850 *T. Koller*, AGB, recht 1999, 43, 50; *Trendelberend*, Vorteile, S. 33.

851 BGE 77 II 154, 156; *Greiner*, Wahl, S. 6.

852 *Schumacher*, Vertragsgestaltung, Rn. 1649 f.

853 Siehe 2. Teil, B., II., 7., c., 1).

854 *Akikol*, Sachmängelhaftung, Rn. 243.

855 Siehe 2. Teil, B., II., 7., c., 2), a), (3).

856 *Probst*, in: K/P/P, AGB, Rn. 516.

857 *Schnyder*, Dogmatik, in: B/S/E-K, AGB, S. 51; siehe auch Beispiele in 2. Teil, B., II., 7., c., 2), b), (2), (a).

858 *Baddeley*, Unterwerfungserklärungen, ZBJV 2008, 357, 369.

859 *T. Koller*, AGB-Inhaltskontrolle, AJP 2008, 943, 951 f.

860 *Ders.*, ebenda, 943, 953.

861 *Kramer*, AGB, SJZ 1985, 17, 21; *Schwenzer*, OR AT, Rn. 45.12.

die *verdeckte Inhaltskontrolle* als ein methodologisch und praktisch unzulängliches Mittel angesehen.[862]

Steht der Kunde einem AGB-Verwender gegenüber, so hat er häufig nur die Wahl, ob der Vertrag zu den gegebenen Bedingungen oder gar nicht geschlossen wird (*take it or leave it*).[863] Es besteht dann nicht die Möglichkeit, die Vertragsgestaltungsfreiheit wahrzunehmen, sondern lediglich die Vertragsabschlussfreiheit.[864] Die Ursachen für diese Situation sind mannigfaltig.[865] Weist der AGB-Verwender nun noch explizit auf ungewöhnliche Klauseln hin, so entfällt ein wichtiger Schutz für den Kunden.[866] Von einer AGB-gestützten Verhandlungstaktik[867] ist im Schweizer Recht abzuraten.

Im Zweifel ist davon auszugehen, dass eine Klausel zulässig ist oder zulässig gestaltet werden kann. Ist der Kunde in der Lage, gültige oder gültig gestaltete Bestimmungen zu verhandeln und abzuändern, so sollte dies geschehen.[868] Ist er unsicher, ob eine Klausel Gültigkeit erlangt hat, so ist Vorsicht geboten, da Verhandlungen dazu führen können, dass die AGB-Klausel erst zulässig wird.[869]

c) Weitere Nichtigkeitsgründe für AGB

(1) Allgemeines

Da im Schweizer Recht keine effektiven AGB-spezifischen Normen existieren[870], ist der Richter gezwungen, für die Inhaltskontrolle von AGB auf die allgemeinen gesetzlichen Regelungen für Verträge zurückzugreifen[871], welche auch für

---

862 *T. Koller*, AGB-Inhaltskontrolle, AJP 2008, 943, 945.

863 *Berger*, Reform, NJW 2010, 465, 467 f.; *G/H/M/P*, Vertragsgestaltung, Rn. 77; *Graf von Westphalen*, Verkaufsbedingungen, S. 12; *ders.*, Plädoyer, NJW 2016, 369, 374; *G/S/S/E*, OR AT, Rn. 1121c; *Koch*, AGB-Recht, BB 2010, 1810, 1812; *T. Koller*, AGB-Inhaltskontrolle, AJP 2008, 943, 948; *Roberto/Walker*, AGB-Kontrolle, recht 2014, 49, 50; *Schwenzer*, OR AT, Rn. 44.03.

864 *Graf von Westphalen*, Verkaufsbedingungen, S. 12.

865 Siehe auch 2. Teil, B., II., 2., b.

866 Siehe 2. Teil, B., II., 7., c., 2), b), (4).

867 Siehe 2. Teil, B., II., 4., c.

868 Vgl. *Schumacher*, Vertragsgestaltung, Rn. 288.

869 Siehe 2. Teil, B., II., 4., c.

870 Siehe 2. Teil, B., II., 7., c., 1).

871 BGE 102 II 256, 264; *Bieger*, Mängelrüge, Rn. 414; *Greiner*, Wahl, S. 44; *A. Koller*, in: Guhl, OR, § 13, Rn. 53; *ders.*, AGB-Recht, AJP 2016, 279, 282; *T. Koller*, AGB, recht 1999, 43, 45 f.; *Perrig*, in: K/P/P, AGB, Rn. 101; *Pfeiffer*, Flucht, in: FS Graf von Westphalen, 555, 557, 559; *Schmid*, AGB, ZBJV 2012, 1, 20; *Schwenzer*, OR AT, Rn. 46.01; *Trendelberend*, Vorteile, S. 88.

die Individualabrede gelten[872] und daher bei jeder Vertragsgestaltung zu beachten sind. Das zwingende Recht übernimmt somit ebenfalls die Funktion der Inhaltskontrolle.[873]

Darüber hinaus muss angemerkt werden, dass auch weitere Gründe für die Nichtigkeit von AGB oder auch Individualabreden bestehen können, welche nicht im Zusammenhang mit dem Schweizer Recht stehen. Dies trifft bspw. auf das deutsche Wettbewerbsrecht zu. Diese Normen sind zwar ebenfalls zu beachten, fallen allerdings aus dem Untersuchungsbereich der vorliegenden Arbeit heraus.

(2) Aus dem OR

Gem. Art. 19 I OR ist die inhaltliche Vertragsfreiheit gewährleistet, solange die Schranken des Gesetzes eingehalten werden. Von den gesetzlichen Vorschriften abweichende Vereinbarungen sind gem. Art. 19 II OR nur zulässig, wenn das Gesetz keine unabänderliche Vorschrift aufstellt oder die Abweichung keinen Verstoß gegen die öffentliche Ordnung, gegen die guten Sitten oder gegen das Recht der Persönlichkeit darstellt. Die Rechtsprechung wäre demnach durchaus in der Lage, eine offene Inhaltskontrolle auf Art. 19 II OR zu stützen.[874] Die Zahl unabänderlicher Normen ist jedoch gering.[875] Als zwingend werden z. B. Art. 100 I, II OR, Art. 101 II, III OR sowie Art. 199 OR angesehen[876], die in Bezug auf Haftungsbeschränkungen und -freizeichnungen[877] relevant sind. Art. 163 III OR, welcher Konventionalstrafen[878] betrifft, kann ebenfalls nicht wirksam abgeändert werden.[879]

Verträge dürfen gem. Art. 20 I OR keinen unmöglichen (1. Var.), widerrechtlichen (2. Var.) oder sittenwidrigen (3. Var.) Inhalt aufweisen. Zu beachten ist,

---

872 *G/S/S/E*, OR AT, Rn. 1146a; *Schmid*, AGB, ZBJV 2012, 1, 17; *Schwenzer*, OR AT, Rn. 46.01.

873 *Rusch*, in: M/B/K/P, Vertragshandbuch, Kap. 4, Rn. 3.

874 *Baudenbacher*, AGB-Gesetz, ZBJV 1987, 505, 528; *Brunner*, Entwicklung, in: B/S/E-K, AGB, S. 21; *Hochstrasser*, Personenschäden, AJP 2016, 910, 918; *Huguenin/Meise*, in: BSK OR, Art. 19/20, Rn. 26; *Huguenin*, OR, Rn. 408, 612, 637; *Mönnich*, AGB, in: B/S/E-K, AGB, S. 298; *Schnyder*, Dogmatik, in: B/S/E-K, AGB, S. 51; *Schwenzer*, OR AT, Rn. 46.07; vgl. *Honsell*, in: BSK OR, Art. 199, Rn. 2.

875 *Bucher*, OR AT, S. 245.

876 *G/S/S/E*, OR AT, Rn. 1147; *Roberto/Walker*, AGB-Kontrolle, recht 2014, 49, 52.

877 Siehe 2. Teil, B., XI.

878 Siehe 2. Teil, B., XIII.

879 *G/S/S/E*, OR AT, Rn. 1147; *Schumacher*, Vertragsgestaltung, Rn. 244; *Trendelberend*, Vorteile, S. 91.

dass das Bundesgericht in diesem Bereich bislang noch keine im Vergleich zu Individualvereinbarungen verschärfte Kontrolle für AGB vorgenommen hat.[880] Unmöglichkeit bedeutet, dass eine Leistung objektiv nicht erbracht werden kann.[881] In diesem Fall muss sie bereits von Beginn an vorhanden sein[882], was den Unterschied zur nachträglichen Unmöglichkeit bei Art. 97 I und 119 OR ausmacht.[883] Die Widerrechtlichkeit ist nur nach der Schweizer Rechtsordnung zu beurteilen.[884] Demnach bedeutet ein Verstoß gegen ausländisches Recht keine Widerrechtlichkeit i. S. d. Art. 20 I OR.[885] Allerdings ist in diesem Fall ein Verstoß gegen die guten Sitten denkbar.[886]

Des Weiteren ist Art. 28 I OR zu beachten, welcher besagt, dass ein Vertrag, der durch absichtliche Täuschung entstanden ist, für den Getäuschten nicht verbindlich ist. Da sich auch Unternehmer auf diese Regelung berufen dürfen[887], kann dies eine weitere Grenze für AGB darstellen.[888]

(3) Aus dem ZGB

Aus Art. 2 II ZGB geht hervor, dass der offenbare Missbrauch eines Rechts keinen Schutz findet. Allerdings wird darunter keine Inhaltsschranke im eigentlichen Sinne verstanden.[889] Vielmehr ist in einem solchen Fall die Berufung auf die

---

880 *Honsell*, in: BSK OR, Art. 199, Rn. 2; *ders.*, OR BT, S. 92; vgl. aber zumindest Hinweis in BGE 109 II 213, 217.

881 BGE 96 II 18, 21; BGE 95 II 547, 554; *G/S/S/E*, OR AT, Rn. 631; *Huguenin/Meise*, in: BSK OR, Art. 19/20, Rn. 46; *Huguenin*, OR, Rn. 426, 2475; *A. Koller*, OR AT, Rn. 53.06; *Lichtensteiger*, in: M/B/K/P, Vertragshandbuch, Kap. 5, Rn. 1.2; *Schwenzer*, OR AT, Rn. 64.02; *Wittibschlager*, Einführung, Rn. 401.

882 BGE 96 II 18, 21; BGE 95 II 547, 554; *G/S/S/E*, OR AT, Rn. 633; *Huguenin*, OR, Rn. 426; *Lichtensteiger*, in: M/B/K/P, Vertragshandbuch, Kap. 5, Rn. 1.2.

883 *G/S/S/E*, OR AT, Rn. 633; *Huguenin*, OR, Rn. 429.

884 *G/S/S/E*, OR AT, Rn. 645; *Huguenin/Meise*, in: BSK OR, Art. 19/20, Rn. 19; *Huguenin*, OR, Rn. 396, 403; *A. Koller*, in: Guhl, OR, § 7, Rn. 22, 32; *Schwenzer*, OR AT, Rn. 32.05; *Wittibschlager*, Einführung, Rn. 401.

885 BGE 80 II 49, 51; BGer 4A_415/2013 vom 20.01.2014, E. 7; *G/S/S/E*, OR AT, Rn. 654; *Huguenin*, OR, Rn. 403; *A. Koller*, in: Guhl, OR, § 7, Rn. 32; *Wittibschlager*, Einführung, Rn. 402.

886 BGE 80 II 49, 51 f.; BGE 76 II 33, 41; BGer 4A_753/2011 vom 16.07.2012, E. 6.6; *G/S/S/E*, OR AT, Rn. 654; *Huguenin/Meise*, in: BSK OR, Art. 19/20, Rn. 42; *Huguenin*, OR, Rn. 403; *A. Koller*, in: Guhl, OR, § 7, Rn. 32; *Wittibschlager*, Einführung, Rn. 402.

887 *Stöckli*, Art. 8 UWG, BR 2011, 184, 187.

888 *Ders.*, ebenda.

889 BGE 115 II 232, 236; *Sturm*, Rechtsmissbrauch, SJZ 1993, 373, 375; *Trendelberend*, Vorteile, S. 107.

betroffene Klausel unzulässig, sodass es sich grundsätzlich um ein Instrument der Ausübungskontrolle handelt, welches allerdings für die Inhaltskontrolle benutzt wird.[890] Lediglich in Ausnahmefällen und unter besonderen Umständen ist das Verhalten des Verwenders rechtsmissbräuchlich, sodass Art. 2 II ZGB der Klausel die Wirkung zu versagen vermag.[891] Das Rechtsmissbrauchsverbot stellt schließlich kein Mittel dar, um für eine allgemeine Vertragsgerechtigkeit zu sorgen.[892]

Gem. Art. 27 I ZGB kann weder auf die Rechts- noch auf die Handlungsfähigkeit verzichtet werden. Diese Norm dient dem Schutz der Entscheidungsfreiheit und soll insbesondere Rechtsgeschäfte unterbinden, welche negativen Einfluss auf die eigene Entscheidungsbefugnis über einen langen Zeitraum nehmen sollen.[893] Das Persönlichkeitsrecht dient auch juristischen Personen, welche Schutz erfahren, wenn z. B. die freie wirtschaftliche Betätigung betroffen ist.[894] In extremen Fällen führt dies dazu, dass eine Klausel nicht angewandt werden darf.[895] Im Grunde handelt es sich dabei um Fälle, welche auch bereits unter die Widerrechtlichkeit oder Sittenwidrigkeit gem. Art. 20 I OR fallen können.[896]

(4) Aus dem UWG und KG

Zu beachten ist, dass das Schweizer Wettbewerbs- und Kartellrecht nur bei einem tatsächlichen Bezug zur Schweiz Anwendung finden.[897] Zwar ist Art. 8 UWG nur für Konsumenten anwendbar.[898] Allerdings gilt Art. 2 UWG mangels anderer Angaben auch in Bezug auf den kaufmännischen Verkehr.[899] Klauseln können

---

890 *Trendelberend*, Vorteile, S. 107.

891 *Brunner*, Entwicklung, in: B/S/E-K, AGB, S. 21; *Trendelberend*, Vorteile, S. 107, 115.

892 *Sturm*, Rechtsmissbrauch, SJZ 1993, 373, 375.

893 BGE 114 II 159, 163; *Aebi-Müller*, in: CHK ZGB, Art. 27, Rn. 6; *Greiner*, Wahl, S. 55; *Huguenin/Meise*, in: BSK OR, Art. 19/20, Rn. 43 f.; *Huguenin*, OR, Rn. 424 f.; *Schwenzer*, OR AT, Rn. 32.23.

894 BGE 114 II 159, 162; BGE 106 II 369, 377 ff.; *Greiner*, Wahl, S. 55; *G/S/S/E*, OR AT, Rn. 659; *Huguenin/Reitze*, in: BSK ZGB, Art. 27, Rn. 3; vgl. *Aebi-Müller*, in: CHK ZGB, Art. 27, Rn. 3.

895 *Aebi-Müller*, in: CHK ZGB, Art. 27, Rn. 8; *Brunner*, Entwicklung, in: B/S/E-K, AGB, S. 21; *Bucher*, OR AT, S. 157; *Schmid*, AGB, ZBJV 2012, 1, 17; vgl. *Huguenin/Reitze*, in: BSK ZGB, Art. 27, Rn. 1.

896 *G/S/S/E*, OR AT, Rn. 656; vgl. *Aebi-Müller*, in: CHK ZGB, Art. 27, Rn. 7.

897 Siehe 2. Teil, A., I.

898 Siehe auch 2. Teil, B., II., 7., c., 2), a), (1).

899 *Jung*, in: Jung/Spitz, UWG, Art. 2, Rn. 7b.

demnach gegen diese lauterkeitsrechtliche Grundnorm verstoßen.[900] Gem. Art. 2 UWG ist u. a. jedes täuschende oder in anderer Weise gegen den Grundsatz von Treu und Glauben verstoßende Verhalten unlauter und somit widerrechtlich, welches das Verhältnis zwischen Anbietern und Abnehmern beeinflusst. Zu bedenken ist allerdings, dass die Anwendung von Art. 2 UWG nicht zu einer Umgehung von Art. 8 UWG führen darf, da der Gesetzgeber ausdrücklich nur den Konsumenten schützen wollte.[901] Im Gegensatz zum deutschen Recht, nach welchem nur die in § 8 III UWG genannten Parteien zur Klage berechtigt sind, steht es gem. Art. 10 I UWG auch den *Kunden* zu, gegen unlautere Handlungen vorzugehen. Unter dem Begriff des *Kunden* wird an dieser Stelle die gesamte aktuelle und potentielle Marktgegenseite – d. h. sowohl Konsumenten als auch Unternehmer – subsumiert.[902] Im Ergebnis könnte bspw. der deutsche Exporteur gegen den Schweizer Vertragspartner vorgehen, wenn dieser unlautere AGB verwendet. Dies gilt allerdings nur dann, wenn das Schweizer UWG auch einschlägig ist.[903]

Soweit das Schweizer Kartellrecht Anwendung findet[904], kann auch dieses in der Lage sein, schwächere Vertragsparteien vor den AGB marktmächtiger Unternehmer zu schützen.[905]

d) Der Entwurf zum Obligationenrecht 2020

Der Entwurf zum *OR 2020* statuiert in Art. 33 I eine allgemeine Inhaltskontrolle, welche sich an Art. 8 UWG anlehnt, aber auch im B2B-Verkehr gelten soll.[906] Dies könnte ein neuer Ansatzpunkt für eine funktionsfähige Inhaltskontrolle von AGB im Schweizer Recht werden. Allerdings würde diese Regelung durch Art. 33 II OR 2020 in dem Sinne eingeschränkt, dass die Ungültigkeit einer Klausel nur innerhalb eines Jahres nach Vertragsschluss geltend gemacht werden könnte. Diese Frist ließe die Inhaltskontrolle wieder zum „zahnlosen

---

900 *Ders.*, AGB-Inhaltskontrolle, in: B/S/E-K, AGB, S. 154 f.; *Probst*, in: K/P/P, AGB, Rn. 515; *Schnyder*, Dogmatik, in: B/S/E-K, AGB, S. 42, 51; *Stöckli*, Art. 8 UWG, BR 2011, 184, 187.

901 *Probst*, in: K/P/P, AGB, Rn. 515.

902 *Jung/Spitz*, in: Jung/Spitz, UWG, Art. 10, Rn. 17.

903 Siehe 2. Teil, A., I.

904 Ebenda.

905 *Gut/Higi/Schönle*, in: ZK OR, Art. 199, Rn. 26; *Kramer*, in: K/P/P, AGB, Rn. 8; *Probst*, in: K/P/P, AGB, Rn. 595; *Roberto/Walker*, AGB-Kontrolle, recht 2014, 49, 54; *Schumacher*, Vertragsgestaltung, Rn. 1629; vgl. *Baudenbacher*, AGB-Gesetz, ZBJV 1987, 505, 527.

906 *Kern/Bettinger*, OR 2020, ZEuP 2014, 562, 572; *Perrig*, in: K/P/P, AGB, Rn. 264.

Tiger" werden, da typischerweise erst im Streitfall nach der Gültigkeit einer Klausel gefragt wird.[907] Insbesondere bei Langfristgeschäften wird diese Zeitspanne nicht ausreichend sein.

Ein exemplarischer Klauselkatalog, welcher dem Verwender als Leitlinie zur Verfügung stehen könnte, soll nicht implementiert werden.[908] Die Rechtssicherheit in diesem Bereich würde sich demnach nicht verbessern, und die Verantwortung läge weiterhin bei der Rechtsprechung. Auch die Unklarheiten im Zusammenhang mit einer *geltungserhaltenden Reduktion*[909] würden nicht ausgeräumt.[910]

In Bezug auf AGB lässt sich festhalten, dass selbst bei Umsetzung des *OR 2020*, welche derzeit noch fraglich ist[911], das Schweizer Recht weiter sehr verwenderfreundlich einzustufen bliebe.[912] Dies liegt auch daran, dass sich die Mehrheit der Entwurfsverfasser weiterhin durch dieses Merkmal im Wettbewerb der Rechtsordnungen auszeichnen möchte.[913] Schließlich steht fest, dass das AGB-Recht einen bedeutenden Einfluss auf diesen Wettbewerb hat.[914] Im Ergebnis erscheint eine Ausweitung der AGB-Inhaltskontrolle auf den B2B-Verkehr eher unwahrscheinlich zu sein.[915]

d. Der Vergleich der Rechtsordnungen

Grundsätzlich verfügt das Schweizer Recht über keine Gesetze, welche speziell für AGB gelten.[916] Vielmehr soll das AGB-Recht an einer gewissen *Unterregulierung* leiden[917], wodurch sich Schwierigkeiten bei der Behandlung von AGB ergeben.[918] Zwar existieren ebenfalls normierte Regelungen wie Art. 19 II OR, welche auch auf AGB Anwendung finden.[919] Allerdings greifen diese i. d. R. nur

---

907 *Kern/Bettinger*, OR 2020, ZEuP 2014, 562, 573.
908 *Dies.*, ebenda, 562, 572.
909 Siehe 2. Teil, B., II., 8.
910 *Kern/Bettinger*, OR 2020, ZEuP 2014, 562, 573.
911 *Huguenin/Meise*, OR 2020, SZW 2015, 280, 289; *Kern/Bettinger*, OR 2020, ZEuP 2014, 562, 562; *Perrig*, in: K/P/P, AGB, Rn. 100.
912 *Kern/Bettinger*, OR 2020, ZEuP 2014, 562, 573.
913 *Dies.*, ebenda.
914 *Lischek/Mahnken*, Vertragsverhandlungen, ZIP 2007, 158, 163; *Richter*, AGB, S. 1.
915 *Huguenin/Meise*, OR 2020, SZW 2015, 280, 286; *Ostendorf*, in: Ostendorf/Kluth, Wirtschaftsverträge, § 8, Rn. 45.
916 Siehe 2. Teil, B., II., 7., c., 1).
917 *Kuoni*, Haftungsbegrenzung, Rn. 478.
918 *T. Koller*, AGB, recht 1999, 43, 43.
919 Siehe 2. Teil, B., II., 7., c., 2), c).

in besonders schwerwiegenden Fällen[920], da die Besonderheiten der AGB nicht berücksichtigt werden.[921] Demnach beseitigt das allgemeine Gesetzesrecht unbillige Regelungen nur gelegentlich, sodass es als wenig wirksam einzustufen ist.[922] Das deutsche Recht verfügt über ausreichend Normen speziell für AGB[923], womit deren Besonderheiten durchaus Rechnung getragen wird.

Es ist festzuhalten, dass das Schweizer Bundesgericht AGB-Klauseln und Individualvereinbarungen im Grunde identisch behandelt.[924] Die *Ungewöhnlichkeits-*[925] und *Unklarheitenregel*[926] sowie der Vorrang der Individualvereinbarung[927] stellen jedoch Unterschiede dar.[928] Demnach gilt nach Schweizer Recht, dass individuelle Vereinbarungen wirksam sein können, während dieselbe Regelung als AGB u. U. als unzulässig einzustufen ist.[929] Aber auch nach deutschem Recht sind AGB strenger zu bewerten als Individualabreden.[930]

Parallelen lassen sich zwischen Art. 8 UWG und § 307 BGB feststellen: Grundsätzlich entsprechen sich die Generalklauseln mit ihren Kontrollmaßstäben.[931] Unterschiedlich ist jedoch, dass die Schweizer Norm nicht für den B2B-Verkehr gilt.[932] Das Schweizer Recht bedient sich dann der *Ungewöhnlichkeitsregel*.[933] Die ungewöhnlichen Klauseln wiederum weisen Ähnlichkeiten mit den überraschenden Klauseln gem. § 305c I BGB auf.[934] Während nach Schweizer Recht bei der Subjektivität der Ungewöhnlichkeit auf den individuellen Kunden abgestellt

920 Ebenda.
921 *Pfeiffer*, Flucht, in: FS Graf von Westphalen, 555, 567; *Trendelberend*, Vorteile, S. 115.
922 *Trendelberend*, Vorteile, S. 127 f.
923 Siehe 2. Teil, B., II., 7., b., 2).
924 *Baudenbacher*, AGB-Gesetz, ZBJV 1987, 505, 515; *Zellweger-Gutknecht/Bucher*, in: BSK OR, Anh. Art. 1, Rn. 65.
925 Siehe 2. Teil, B., II., 7., c., 2), b).
926 Siehe 2. Teil, B., II., 6., b., 2).
927 Siehe 2. Teil, B., II., 4., a.
928 *Baudenbacher*, AGB-Gesetz, ZBJV 1987, 505, 515.
929 *Kramer*, in: K/P/P, AGB, Rn. 22.
930 *Leuschner*, AGB-Kontrolle, JZ 2010, 875, 878; *Schaeuffelen*, in: H/R/S, Rechtsfragen, S. 34; *Trendelberend*, Vorteile, S. 24.
931 *Pfeiffer*, in: W/L/P, AGB-Recht, 1. Teil, Rn. 86.
932 Siehe 2. Teil, B., II., 7., c., 2), a), (1).
933 Siehe 2. Teil, B., II., 7., c., 2), b).
934 *Ehle/Brunschweiler*, AGB-Recht, RIW 2012, 262, 265; *G/S/S/E*, OR AT, Rn. 1136; *Müller/Griebeler/Pfeil*, AGB-Kontrolle, BB 2009, 2658, 2662; *Ostendorf*, in: Ostendorf/Kluth, Wirtschaftsverträge, § 8, Rn. 44; *Pfeiffer*, Flucht, in: FS Graf von Westphalen, 555, 560; vgl. *A. Koller*, AGB-Recht, AJP 2016, 279, 286; *Kuoni*, Haftungsbegrenzung, Rn. 98 f.

wird[935], ist nach deutschem Recht der typische Adressatenkreis maßgebend[936], wodurch eine gewisse Einheitlichkeit und Rechtssicherheit erreicht wird, welche im Schweizer Recht für beide Parteien fehlt.

Die *verdeckte Inhaltskontrolle* ist nach Schweizer Recht nur anwendbar, wenn sowohl das objektive als auch das subjektive Kriterium mit den jeweils strengen Maßstäben erfüllt sind.[937] Die deutsche Inhaltskontrolle kennt eine solche Kumulation nicht. Zudem müssen die AGB nach Schweizer Recht zuvor global[938] übernommen worden sein, um die *verdeckte Inhaltskontrolle* auszulösen.[939] Eine *Vollübernahme* ist nicht ausreichend.[940] Aus § 307 BGB geht diese Voraussetzung nicht hervor.[941] Demnach sorgt die Schweizer Lösung in noch weniger Fällen für eine effektive Inhaltskontrolle, wodurch der deutsche Exporteur als Kunde beeinträchtigt wird.

Die *verdeckte Inhaltskontrolle* nach Schweizer Recht kann zum einen durch den Hinweis auf die Ungewöhnlichkeit einer Klausel[942], zum anderen durch eine sprachlich eindeutige Formulierung[943] verhindert werden. Ein effektiver Schutz vor unbilligen AGB wird demnach durch die *verdeckte Inhaltskontrolle* nicht erreicht.[944] Nach deutschem Recht besteht nicht die Möglichkeit, der Inhaltskontrolle durch einen Hinweis zu entgehen[945], da zusätzlich zu den Einschränkungen

---

935 BGE 138 III 411, 412; BGE 135 III 1, 7; BGE 119 II 443, 446; BGE 109 II 452, 458; BGer 4A_187/2007 vom 09.05.2008, E. 5.1; *Bucher*, OR AT, S. 184; *Huguenin*, OR, Rn. 623; *T. Koller*, AGB, recht 1999, 43, 55; *Richter*, AGB, S. 118; *Rusch*, Auslegung, AJP 2014, 205, 206.

936 BGH, NJW-RR 2001, 1420, 1421; BGH, NJW 1995, 2637, 2638; *Gottschalk*, Transparenzgebot, AcP 206 (2006), 555, 573; *Greiner*, Wahl, S. 11.

937 Siehe 2. Teil, B., II., 7., c., 2), b), (2).

938 Siehe 2. Teil, B., II., 7., c., 2), b), (1).

939 *Grolimund*, Überprüfung, HAVE 2007, 145, 158.

940 *Huguenin*, OR, Rn. 626; *Klett/Hurni*, AGB-Geltungskontrolle, recht 2012, 80, 85; *A. Koller*, OR AT, Rn. 23.40; *ders.*, AGB-Recht, AJP 2016, 279, 285; *Perrig*, in: K/P/P, AGB, Rn. 175.

941 *Grolimund*, Überprüfung, HAVE 2007, 145, 158.

942 Siehe 2. Teil, B., II., 7., c., 2), b), (4).

943 *Baudenbacher*, AGB-Gesetz, ZBJV 1987, 505, 518; *G/H/M/P*, Vertragsgestaltung, Rn. 351; *Greiner*, Wahl, S. 15; *Huguenin*, AGB, recht 1995, 85, 87; *Perrig*, in: K/P/P, AGB, Rn. 262; *Trendelberend*, Vorteile, S. 127.

944 *Baddeley*, Unterwerfungserklärungen, ZBJV 2008, 357, 373, 389; *Jansen*, Klauselkontrolle, ZEuP 2010, 69, 71; *Kramer*, in: BK OR, Art. 1, Rn. 208; *ders.*, AGB, SJZ 1985, 17, 21; *Trendelberend*, Vorteile, S. 127.

945 *Müller/Griebeler/Pfeil*, AGB-Kontrolle, BB 2009, 2658, 2662.

auf der Einbeziehungs- und Ausübungsebene[946] eine eigenständige Inhaltskontrolle stattfindet.[947] Es ist lediglich denkbar, dass eine Klausel ihren *Überraschungseffekt* durch individuelle Hinweise verliert oder eine Klausel aufgrund einer klaren und verständlichen Formulierung nicht gegen das *Transparenzgebot* verstößt.[948] Die eigentliche Inhaltskontrolle kann so jedoch nie umgangen werden. Während unter Anwendung des deutschen Rechts eine klare Trennung von Geltungs- und Inhaltskontrolle beabsichtigt ist[949], findet im Schweizer Recht eine regelrechte Vermischung statt.[950] Durch die Möglichkeit des Verwenders, der *verdeckten Inhaltskontrolle* nach Schweizer Recht auszuweichen, ergeben sich schwerwiegende Nachteile für den deutschen Exporteur, sofern dieser Kunde ist und sich nicht gegen die Einkaufsbedingungen des Käufers durchsetzen kann. Solch gravierende Risiken sind nach deutschem Recht nicht zu befürchten.

Nach deutschem Recht wird zudem eine weitgehende Gleichbehandlung zwischen dem unternehmerischen Verkehr und dem mit Verbrauchern herbeigeführt.[951] Demnach ist nicht entscheidend, ob zwischen den Vertragspartnern tatsächlich ein individuelles Gefälle – welcher Art auch immer[952] – vorliegt. Vielmehr rechtfertigt die mangelnde Gestaltungsfreiheit des Kunden aufgrund der Vorformulierung der AGB-Klausel durch den Verwender die Inhaltskontrolle.[953] Daraus ergibt sich jedoch ebenfalls, dass die Gestaltung kalkulierbarer Klauseln schwierig ist[954] und häufig selbst sinnvolle Klauselgestaltungen untersagt werden.[955] Nach Schweizer Recht scheidet die *verdeckte Inhaltskontrolle* regelmäßig aus, wenn sich die Parteien auf Augenhöhe begegnen.[956] Der Anwendung von

946 Siehe 2. Teil, B., II., 5.

947 *Trendelberend*, Vorteile, S. 131.

948 BGH, NJW-RR 2002, 485, 487; *Graf von Westphalen*, in: Vertragsrecht, Freizeichnungs- und Haftungsbegrenzungsklauseln, Rn. 23; *Grüneberg*, in: Palandt, § 305c BGB, Rn. 4; *Richter*, AGB, S. 72.

949 *Basedow*, in: MüKo BGB, § 305c, Rn. 27; *Stadler*, in: Jauernig, § 305c BGB, Rn. 8; *Stoffels*, AGB-Recht, Rn. 377; *Thüsing*, in: Vertragsrecht, Auslegung, Rn. 47.

950 Siehe 2. Teil, B., II., 7., c., 2), b), (3).

951 BGH, NJW 2005, 2006, 2007; LG Itzehoe, NJW 2002, 2479, 2479; *Kuoni*, Haftungsbegrenzung, Rn. 528; *Lenkaitis/Löwisch*, Inhaltskontrolle, ZIP 2009, 441, 441; *Maier-Reimer*, AGB-Recht, NJW 2017, 1, 3; *Stoffels*, AGB-Recht, Rn. 553.

952 Siehe 2. Teil, B., II., 7., b., 1) und c., 2), b), (2), (b).

953 *Wackerbarth*, Inhaltskontrolle, AcP 200 (2000), 45, 63.

954 *Lenkaitis/Löwisch*, Inhaltskontrolle, ZIP 2009, 441, 443.

955 *Kollmann*, AGB, NJOZ 2011, 625, 625; *Lenkaitis/Löwisch*, Inhaltskontrolle, ZIP 2009, 441, 443.

956 *Grolimund*, AGB, in: B/S/E-K, AGB, S. 229.

AGB-Bestimmungen, welche in Bezug auf die jeweilige Situation angemessen oder üblich sind, steht kaum ein Hindernis[957] im Weg. Dies benachteiligt den deutschen Exporteur, wenn er Kunde ist.

Anzumerken bleibt erneut, dass weniger Schweizer Quellen[958] zum Thema Musterklauseln existieren als in der deutschen Literatur[959]. Im Schweizer AGB-Recht liegt eine starke Einzelfallbezogenheit vor, sodass kaum verallgemeinerungsfähige Aussagen getroffen werden können.[960] Aber auch generell bereitet die Behandlung von AGB Schwierigkeiten, welche mitunter auf die zahlreichen Unklarheiten in Lehre und Rechtsprechung zurückzuführen sind.[961] Damit herrscht Rechtsunsicherheit für beide Parteien. So ist der Kunde bspw. nicht in der Lage, seine Prozesschancen adäquat einzuschätzen.[962] Im deutschen Recht wird die Rechtssicherheit durch konkretisierende Rechtsprechung und die Indizwirkung der Klauselkataloge aus §§ 308, 309 BGB[963] gestärkt[964], obwohl dies gegen den Gesetzeswortlaut des § 310 I 1 BGB spricht. Klauselkataloge sind im Schweizer AGB-Recht noch nicht einmal für den B2C-Bereich vorhanden.[965] Selbst bei Übernahme des *OR 2020* würden solche planmäßig nicht implementiert.[966]

Während nach deutschem Recht ein *Kompensationseffekt* nur mit anderen AGB-Bestimmungen zulässig ist[967], können im Schweizer Recht auch Individualvereinbarungen für einen Ausgleich sorgen.[968] Auch an dieser Stelle zeigen sich die liberaleren Möglichkeiten des Schweizer Rechts. Der deutsche Exporteur als Kunde müsste demnach sogar damit rechnen, dass eigentlich unzulässige Klau-

---

957 Siehe jedoch 2. Teil, B., II., 7., c., 2), c).

958 Siehe jedoch *Berni*, Hardware, in: Jörg/Arter, Internet-Recht, S. 17 ff.; *Furrer*, Freizeichnungsklauseln, in: FS Fischer, 109, 109 ff.; *G/H/M/P*, Vertragsgestaltung; M/B/K/P, Vertragshandbuch; *Streiff/Pellegrini/von Kaenel*, Vertragsvorlagen.

959 Siehe *Graf von Westphalen*, Verkaufsbedingungen; *Schmitt/Stange*, B2B; Schmitt, Praxishandbuch; *Stoffels*, AGB-Recht; W/L/P, AGB-Recht.

960 Siehe 2. Teil, B., II., 6., b., 1) und 7., c., 2), b).

961 *T. Koller*, AGB, recht 1999, 43, 43.

962 *Trendelberend*, Vorteile, S. 129.

963 Siehe 2. Teil, B., II., 7., b., 2), a).

964 *Leyens/Schäfer*, Inhaltskontrolle, AcP 210 (2010), 771, 797; *Trendelberend*, Vorteile, S. 133.

965 *Grolimund*, Überprüfung, HAVE 2007, 145, 159; *Hess/Ruckstuhl*, AGB-Kontrolle, AJP 2012, 1188, 1212; *Kramer*, in: K/P/P, AGB, Rn. 23; *Mönnich*, AGB, in: B/S/E-K, AGB, S. 289 f.; vgl. *A. Koller*, AGB-Recht, AJP 2016, 279, 289.

966 *Kern/Bettinger*, OR 2020, ZEuP 2014, 562, 572.

967 *Thüsing*, in: Vertragsrecht, Haftungserweiterungsklauseln, Rn. 10.

968 *Schumacher*, Vertragsgestaltung, Rn. 1649 f.

seln durch diese Methode doch noch Gültigkeit erlangen, wobei die Reichweite größer ist als nach deutschem Recht.

Unter Anwendung des deutschen Rechts ist die Ausnutzung der *AGB-Falle* möglich[969], während sich diese Chance im Schweizer Recht nicht bietet.[970] Somit ergibt sich ein weiterer Nachteil für den deutschen Exporteur, der den Einkaufsbedingungen des Käufers gegenübersteht. Der aus dem deutschen Recht bekannte Präventivschutz des Kunden[971] existiert demnach im Schweizer Recht nicht.[972]

Die Unterschiede zwischen deutschem und Schweizer Recht zeigen, dass selbst AGB bei Massengeschäften, welche unter das Schweizer Recht fallen, zumindest gelesen werden sollten.[973] Es wird generell dringend empfohlen, Verträgen mit AGB nie ungelesen zuzustimmen. Optimal wäre, wenn diese bereits vor ggf. anstehenden Verhandlungen gelesen und überprüft werden könnten. Der deutsche Exporteur muss sich bewusst machen, dass die Einkaufsbedingungen immer eine nicht zu unterschätzende Gefahrenquelle darstellen.[974]

Schließlich gilt auch, dass eine verlässliche Klauselkontrolle in der Lage ist, die Transaktionskosten zu senken.[975] Liegt eine solche nicht vor, so muss der Kunde selbständig für eine Kontrolle sorgen, wodurch bei ihm zumindest Prüf- und Verhandlungskosten anfallen. Dies bedeutet einen Nachteil für den deutschen Exporteur, wenn der Käufer Einkaufsbedingungen in den Vertrag einbringt. Aber auch in dem Fall, dass der deutsche Exporteur Verwender ist, muss er damit rechnen, dass der Käufer die AGB nicht ohne Weiteres akzeptiert und in Verhandlungen tritt. Dies sorgt für Transaktionskosten auf beiden Seiten.

Aufgrund der fehlenden direkten Inhaltskontrolle im B2B-Geschäft lässt sich sagen, dass die Privatautonomie nach Schweizer Recht im AGB-Bereich stärker ausgeprägt ist als nach deutschem Recht.[976] Dies bedeutet im Umkehrschluss aber, dass der Vertragspartner des AGB-Verwenders weniger Schutz erfährt. Von einem „archaischen El Dorado“[977] in Bezug auf inhaltlich unkontrollierte AGB ist die Rede. Es wird sogar betont, dass sich die Verwendung von unfairen

---

969 Siehe 2. Teil, B., II., 4., b., 8).
970 Siehe 2. Teil, B., II., 4., c.
971 Siehe 2. Teil, B., II., 7., b.
972 Siehe 2. Teil, B., II., 7., c.
973 Vgl. *Schumacher*, Vertragsgestaltung, Rn. 288.
974 Siehe 2. Teil, A., VIII.
975 *Jansen*, Klauselkontrolle, ZEuP 2010, 69, 72, 85.
976 *G/H/M/P*, Vertragsgestaltung, Rn. 79.
977 *Gauch*, Vertragshaftung, recht 2006, 77, 85.

oder gar ungültigen AGB nach Schweizer Recht im Vergleich zu den Rechtsordnungen der Nachbarländer lohne.[978] Insbesondere der Schutz von KMU, welcher nach Schweizer Recht besonders wichtig wäre, wird durch den Wegfall von Art. 8 UWG a. F. weiter geschwächt.[979] Doch auch alle anderen Unternehmer sind davon betroffen[980], sodass sich ein Nachteil für den deutschen Exporteur als Kunden ergibt.

Im Ergebnis stellt das AGB-Recht des Schweizer Rechtssystems die größte Chance und zugleich das größte Risiko für den deutschen Exporteur dar und bedarf deshalb erhöhter Aufmerksamkeit. Schließlich ist davon auszugehen, dass auch der Käufer seine Einkaufsbedingungen in den Vertrag einbeziehen möchte. Der deutsche Exporteur, der nicht AGB-Verwender ist, muss sich von der Haltung „Das AGB-Recht wird's schon richten"[981] unter allen Umständen lösen. Ist er Verwender, so sind auch hier Nachteile wie mangelnde Einheitlichkeit, Rechtsunsicherheit und ggf. zusätzliche Kosten zu beachten. Demnach handelt es sich keineswegs um einen problemfreien Weg zu mehr Gestaltungsspielraum innerhalb von AGB.[982] Dies muss dem deutschen Exporteur als Verwender bewusst sein.

In Bezug auf eine offene Inhaltskontrolle der AGB wird eine Annäherung der beiden Rechtssysteme zwar in der Literatur gewünscht.[983] Diese ist in naher Zukunft aber sehr unwahrscheinlich.[984] Es bleibt abzuwarten, welche Veränderungen das *OR 2020*[985] ggf. mit sich bringt und ob die gravierenden Nachteile des Schweizer AGB-Rechts für den deutschen Exporteur als Kunden reduziert werden können.

---

978 *Rusch*, in: M/B/K/P, Vertragshandbuch, Kap. 4, Rn. 3.

979 *Probst*, in: Jung/Spitz, UWG, Art. 8, Rn. 284; *ders.*, in: K/P/P, AGB, Rn. 500.

980 Siehe 2. Teil, B., II., 7., c., 2), a), (3).

981 *Kollmann*, AGB, NJOZ 2011, 625, 629.

982 *Pfeiffer*, Flucht, in: FS Graf von Westphalen, 555, 567.

983 Siehe 2. Teil, B., II., 7., c., 2), a), (2).

984 *Huguenin/Meise*, OR 2020, SZW 2015, 280, 286; *Ostendorf*, in: Ostendorf/Kluth, Wirtschaftsverträge, § 8, Rn. 45.

985 Siehe 2. Teil, A., VII. und B., II., 7., c., 2), d).

8. *Die geltungserhaltende Reduktion*

Unter der sog. *geltungserhaltenden Reduktion* wird die Reduzierung von gegen zwingendes Recht verstoßenden Vertragsklauseln auf das gesetzlich zulässige Maß verstanden.[986]

a. *Im deutschen Recht*

1) Das Verbot der geltungserhaltenden Reduktion

Im deutschen Recht existiert sowohl nach Rechtsprechung[987] als auch nach h. L.[988] ein generelles Verbot der *geltungserhaltenden Reduktion.* Demnach ist eine Klausel, welche gegen geltendes Gesetzesrecht verstößt, grundsätzlich im Ganzen unwirksam.[989] Es gilt das *Alles-oder-Nichts-Prinzip.*[990] Dies trifft auch für den kaufmännischen Verkehr zu.[991] Begründet wird diese Entscheidung damit, dass es nicht Aufgabe der Gerichte sei, für den Verwender eine Regelung zu finden, die gerade noch zulässig ist.[992] Des Weiteren laufe diese Reduktion dem Zweck des AGB-Rechts zuwider, auf angemessene Klauseln in der Praxis

---

986 *Ehle/Brunschweiler*, AGB-Recht, RIW 2012, 262, 269; *Fuhrer*, Anmerkungen, HAVE 2010, 32, 32; *Rothermel*, Kauf-, Liefer- und Vertriebsrecht, S. 171; *Schaeuffelen*, in: H/R/S, Rechtsfragen, S. 42; *Schlewing*, Vertragsgestaltung, NZA-Beil. 2012, 33, 33; *Trendelberend*, Vorteile, S. 210; *Zirlick*, Freizeichnung, S. 393.

987 BGH, NJW 2006, 1059, 1060; BGH, NJW 2005, 1574, 1576; BGH, NJW 2003, 2899, 2899; BGH, NJW 1999, 1031, 1032; BGH, NJW 1998, 2284, 2286; BGH, NJW-RR 1998, 1426, 1427; BGH, NJW 1993, 335, 336; BGH, NJW 1985, 319, 320; BGH, NJW 1984, 2816, 2817.

988 *Graf von Westphalen*, in: Vertragsrecht, Freizeichnungs- und Haftungsbegrenzungsklauseln, Rn. 127; *Grüneberg*, in: Palandt, § 306 BGB, Rn. 6; *Hess/Ruckstuhl*, AGB-Kontrolle, AJP 2012, 1188, 1210; *Kollmann*, AGB, NJOZ 2011, 625, 629; *Richter*, AGB, S. 162; *Schlewing*, Vertragsgestaltung, NZA-Beil. 2012, 33, 33; *Hu. Schmidt*, in: Ba/Ro, BeckOK BGB, § 306, Rn. 16; *Stadler*, in: Jauernig, § 276 BGB, Rn. 54; *Stoffels*, AGB-Recht, Rn. 593; *Voser/Boog*, Wahl des Schweizer Rechts, 2009 RIW, 126, 135; **a. A.** *Leyens/Schäfer*, Inhaltskontrolle, AcP 210 (2010), 771, 801; in Bezug auf die Individualabrede *Basedow*, in: MüKo BGB, § 306, Rn. 13.

989 BGH, NJW 2006, 1059, 1060; BGH, NJW 1985, 319, 320; *Grüneberg*, in: Palandt, § 306 BGB, Rn. 6; *Richter*, AGB, S. 162; *Schaeuffelen*, in: H/R/S, Rechtsfragen, S. 42.

990 *Langer*, Haftungsausschluss, WM 2006, 1233, 1237.

991 BGH, NJW 1993, 1786, 1787; BGH, NJW 1985, 319, 320; *Grüneberg*, in: Palandt, § 306 BGB, Rn. 6.

992 BGH, NJW 2006, 1059, 1060; BGH, NJW 1984, 2816, 2817; BGH, NJW 1984, 48, 49; *Hu. Schmidt*, in: Ba/Ro, BeckOK BGB, § 306, Rn. 16; *Trendelberend*, Vorteile, S. 213.

hinzuwirken.[993] Anderenfalls könne der Verwender seine Konditionen zu nachteilig für den Kunden und damit unangemessen formulieren und müsse lediglich damit rechnen, dass das Gericht die Klausel auf das gerade noch zulässige Maß reduziert[994] und nicht auf das dispositive Gesetzesrecht zurückgreift, welches die Rechte und Pflichten der Parteien gerecht verteile.[995] Auch sei eine *geltungserhaltende Reduktion* nicht im Rechtsfolgensystem des § 306 BGB vorgesehen.[996] Darüber hinaus müsse eine Klausel transparent sein, damit der Kunde seine Rechte und Pflichten abschätzen könne.[997]

2) Der Blue-Pencil-Test

Ausnahmsweise kann jedoch eine Reduzierung erfolgen, wenn eine Klausel sprachlich und inhaltlich abtrennbare, aber unbedenkliche Bestandteile enthält, welche selbst nach der Streichung aus sich heraus noch verständlich sind (sog. *Blue-Pencil-Test*).[998] Sobald eine sprachliche oder inhaltliche Umgestaltung erforderlich wäre, entfällt diese Möglichkeit.[999] Dies gilt ebenfalls, wenn die verbleibende Klausel ohne den gestrichenen Teil nicht mehr sinnvoll wäre.[1000] Dies ist z. B. der Fall, wenn der gestrichene Passus von besonders einschneidender Bedeutung ist, sodass im Grunde von einer völlig neuen Klausel ausgegangen werden muss.[1001]

---

993 BGH, NJW 2006, 1059, 1060; BGH, NJW 1992, 575, 576; BGH, NJW 1986, 1610, 1612; BGH, NJW 1984, 48, 49; BGH, NJW 1983, 1320, 1321; *Leyens/Schäfer*, Inhaltskontrolle, AcP 210 (2010), 771, 800; *Schlewing*, Vertragsgestaltung, NZA-Beil. 2012, 33, 34; *Trendelberend*, Vorteile, S. 212.

994 BGH, NJW 2006, 1059, 1060; BGH, NJW 1992, 575, 576; BGH, NJW 1986, 1610, 1612; BGH, NJW 1984, 48, 49; *Trendelberend*, Vorteile, S. 213.

995 OLG München, NJW-RR 1987, 661, 661.

996 *Schlewing*, Vertragsgestaltung, NZA-Beil. 2012, 33, 37.

997 BGH, NJW 1984, 48, 49; BGH, NJW 1983, 1320, 1321; *Rabe*, Auswirkungen, NJW 1987, 1978, 1984.

998 BGH, NJW 2006, 1059, 1060; BGH, NJW 2006, 996, 999; BGH, NJW 2003, 2899, 2899; BGH, NJW 1999, 1108, 1109; BGH, NJW 1998, 2284, 2286; BGH, NJW 1984, 2816, 2817; *Graf von Westphalen*, Einkaufsbedingungen, S. 201; *Grüneberg*, in: Palandt, § 306 BGB, Rn. 7; *Richter*, AGB, S. 162 f.; *Schlewing*, Vertragsgestaltung, NZA-Beil. 2012, 33, 36; *Hu. Schmidt*, in: Ba/Ro, BeckOK BGB, § 306, Rn. 17; *Trendelberend*, Vorteile, S. 210.

999 BGH, NJW 2006, 1059, 1060; BGH, NJW 2003, 2899, 2899; BGH, NJW 1984, 2816, 2817; *Schlewing*, Vertragsgestaltung, NZA-Beil. 2012, 33, 35.

1000 BGH, NJW 1984, 2816, 2817; *Graf von Westphalen*, Einkaufsbedingungen, S. 201.

1001 BGH, NJW 1984, 2816, 2817; *Graf von Westphalen*, Einkaufsbedingungen, S. 201.

Theoretisch wäre es demnach denkbar, dass diese Methode auch bei Haftungsklauseln[1002] anwendbar sein könnte, welche mehrere Schadenspositionen – z. B. entgangenen Gewinn oder Betriebsausfallschäden – enthalten, sodass lediglich die unzulässigen Bestandteile gestrichen werden.[1003] Gewissheit und Rechtssicherheit hat der Verwender jedoch nicht.[1004] Vielmehr ist eine Berufung auf den *Blue-Pencil-Test* sehr risikobehaftet und wird nur in seltenen Fällen gelingen.[1005] Bspw. bejahte der BGH[1006] die Anwendung des *Blue-Pencil-Tests* bei zusammengefassten Vertragsstrafeklauseln, sodass eine isolierte Inhaltskontrolle für jede Klausel zulässig war. Allerdings ist anzumerken, dass die Herabsetzung einer Vertragsstrafe[1007] auf ein zulässiges Maß nicht möglich ist.[1008] Wiederum wäre die vollständige Nichtigkeit der Klausel die Folge. Festzuhalten bleibt ebenso, dass die Grenze zwischen der *geltungserhaltenden Reduktion*, der Aufrechterhaltung von teilbaren Klauseln sowie der *ergänzenden Vertragsauslegung*[1009] nicht immer einfach zu ziehen sein wird.[1010]

b. Im Schweizer Recht

Die h. L.[1011] geht im Hinblick auf Art. 20 II OR[1012] davon aus, dass die Reduktion bspw. einer Freizeichnungsklausel[1013] auf das erlaubte Maß zulässig

---

1002 Siehe 2. Teil, B., XI.

1003 *Richter*, AGB, S. 163.

1004 *Dies.*, ebenda.

1005 *Trendelberend*, Vorteile, S. 217.

1006 BGH, NJW-RR 2001, 738, 738.

1007 Siehe 2. Teil, B., XIII.

1008 EuGH, NJW 2013, 2579, 2582; *Grüneberg*, in: Palandt, § 306 BGB, Rn. 7; *Mann*, Vertriebsrecht, Rn. 170.

1009 Siehe 2. Teil, B., XV., 1., d.

1010 *Hu. Schmidt*, in: Ba/Ro, BeckOK BGB, § 306, Rn. 16.

1011 *Furrer*, Freizeichnungsklauseln, in: FS Fischer, 109, 125; *Gonzenbach*, Konsumenten-AGB, recht 1993, 28, 30; *G/S/S/E*, OR AT, Rn. 706, 3082; *A. Koller*, OR AT, Rn. 13.137; *Kondring*, Flucht, RIW 2010, 184, 185; *Kramer*, in: BK OR, Art. 19–20, Rn. 357 ff.; *Lichtensteiger*, in: M/B/K/P, Vertragshandbuch, Kap. 5, Rn. 1.7; *Roberto/Walker*, AGB-Kontrolle, recht 2014, 49, 61; *Weber*, in: BK OR, Art. 100, Rn. 156; *Wiegand*, in: BSK OR, Art. 100, Rn. 4; *Zirlick*, Freizeichnung, S. 393; **a. A.** *Bornhauser/Rusch*, Hilfspersonenhaftung, AJP 2010, 1228, 1238; *Furrer/Wey*, in: CHK OR, Art. 100, Rn. 18; *Rusch*, in: M/B/K/P, Vertragshandbuch, Kap. 4, Rn. 13; *Schwenzer*, OR AT, Rn. 24.08; *Wittibschlager*, Einführung, Rn. 368.

1012 Siehe 2. Teil, B., XV., 2., a.

1013 Siehe 2. Teil, B., XI.

sei.[1014] In der Rechtsprechung existieren sowohl Fälle, welche für eine *geltungserhaltende Reduktion* sprechen[1015], als auch solche, die dagegen sprechen.[1016] Bspw. reduzierte das Bundesgericht[1017] einen überhöhten Zinssatz[1018], sodass nur derjenige bestehen blieb, welcher noch rechtskonform vereinbart werden durfte.

Ein Urteil in der höchstrichterlichen Rechtsprechung der Schweiz[1019] scheint nun aber einen Wandel eintreten zu lassen, sodass die Rechtslage mit derjenigen nach deutschem Recht[1020] vergleichbar wäre.[1021] Auch Stimmen in der Literatur[1022] sprechen sich für eine Nichtigkeit der gesamten unzulässigen Klauseln aus. Schließlich trage die *geltungserhaltende Reduktion* zur Aufrechterhaltung und Verstärkung des gestörten Kräfteverhältnisses zwischen den Parteien bei[1023], wodurch eine Benachteiligung des Kunden entstehe.[1024] Für den Verwender bestehe ein erheblicher Anreiz, bspw. seine Haftung in Gänze zu beschränken.[1025] Es wird auch vertreten, dass der Kunde in einem solchen Fall entscheiden können müsse, ob die Klausel geltungserhaltend reduziert werden oder nichtig sein soll.[1026]

Jedoch muss auch beachtet werden, was genau das Gericht entschieden hat: Demnach sei eine *geltungserhaltende Reduktion* unzulässig, wenn gegen eine zwingende Norm verstoßen werde, welche dem Schutz der schwächeren Partei dient, und innerhalb der AGB erheblich von der gesetzlichen Ordnung abgewichen

1014 *G/H/M/P*, Vertragsgestaltung, Rn. 360; *Rothermel*, Kauf-, Liefer- und Vertriebsrecht, S. 171; *Voser/Boog*, Schweizer Recht, RIW 2009, 126, 135.

1015 BGE 131 II 467, 470; BGE 130 III 66, 74; BGE 123 III 292, 296 ff.; BGE 117 II 273, 275 f.; BGE 114 II 159, 163; BGE 107 II 216, 219 f.; BGE 93 II 189, 192; BGE 38 II 494, 499.

1016 BGE 96 II 129, 132 f.; BGE 80 II 327, 336; BGE 67 II 221, 224 f.; BGer 4A_404/2008 vom 18.12.2008, E. 5.6.3.2.1.

1017 BGE 93 II 189, 192.

1018 Siehe 2. Teil, B., X., 1., a.

1019 BGer 4A_404/2008 vom 18.12.2008, E. 5.6.3.2.1.

1020 Siehe 2. Teil, B., II., 8., a., 1).

1021 *Boog/Stark-Traber*, Werkvertrag, RIW 2012, 817, 830; *Ehle/Brunschweiler*, AGB-Recht, RIW 2012, 262, 269.

1022 *Fuhrer*, Anmerkungen, HAVE 2010, 32, 32; *Kramer*, in: BK OR, Art. 19–20, Rn. 377; *Roberto/Walker*, AGB-Kontrolle, recht 2014, 49, 62; *Rusch*, Schadensabwälzungsklauseln, SZW 2012, 439, 443; differenzierend *Schwenzer*, OR AT, Rn. 32.45.

1023 *Fuhrer*, Anmerkungen, HAVE 2010, 32, 32; *Rusch*, Schadensabwälzungsklauseln, SZW 2012, 439, 443; *Schwenzer*, OR AT, Rn. 32.45.

1024 *Fuhrer*, Anmerkungen, HAVE 2010, 32, 32; *Schwenzer*, OR AT, Rn. 32.45.

1025 *Kuoni*, Haftungsbegrenzung, Rn. 597.

1026 *Kramer*, in: BK OR, Art. 19–20, Rn. 377 ff.; *Schwenzer*, OR AT, Rn. 32.45.

werde, sodass zu vermuten sei, dass gezielt der Schutzzweck der Norm unterlaufen werden solle.[1027] Der entsprechende Fall stammte zudem aus dem Konsumentenbereich, sodass sehr fraglich ist, ob das Gericht bei einem B2B-Sachverhalt ähnlich entschieden hätte.[1028] Zu erwähnen ist, dass auch weiterhin bei Verbraucherverträgen nicht davon ausgegangen wird, dass eine *geltungserhaltende Reduktion* in AGB generell nicht mehr zulässig sei.[1029] Dann sollte dies erst recht für den unternehmerischen Verkehr gelten. Des Weiteren muss die fragliche Klausel durch AGB global[1030] übernommen worden sein.[1031] Dies ist jedoch nicht immer der Fall.[1032] Zudem wird ein Verstoß gegen zwingende Normen zum Schutz der schwächeren Partei im B2B-Bereich nur ausnahmsweise gegeben sein.[1033] Würde die Normendichte zunehmen, so wären zwingende Vorschriften häufiger anzutreffen.[1034] Darüber hinaus spreche für die Zulässigkeit der *geltungserhaltenden Reduktion*, dass selbst das Gesetz diese z. T. vorsehe – z. B. in Art. 20 II, 163 III, 417 und 269 ff. OR.[1035] Des Weiteren entspreche das Ergebnis dieser Vorgehensweise besser den Interessen der Parteien, da es dem Vereinbarten näher komme als die vollständige Unwirksamkeit einer Klausel.[1036]

Von einem verallgemeinerungsfähigen Grundsatz der Unzulässigkeit der *geltungserhaltenden Reduktion* kann also nicht ausgegangen werden[1037], sodass auch weiterhin die Möglichkeit für den Verwender besteht, eine Klausel innerhalb von AGB auf das gerade noch zulässige Maß reduzieren zu dürfen.

1027 BGer 4A_404/2008 vom 18.12.2008, E. 5.6.3.2.1.

1028 *Boog/Eschment*, Auftrag, RIW 2015, 245, 254; *Boog/Stark-Traber*, Werkvertrag, RIW 2012, 817, 830.

1029 *A. Koller*, AGB-Recht, AJP 2016, 279, 290.

1030 Siehe 2. Teil, B., II., 7., c., 2), b), (1).

1031 *Fuhrer*, Anmerkungen, HAVE 2010, 32, 32.

1032 Siehe 2. Teil, B., II., 7., c., 2), b), (1) und (4).

1033 *Richter*, AGB, S. 165, 167.

1034 *Fuhrer*, Anmerkungen, HAVE 2010, 32, 32.

1035 BGE 123 III 292, 298; BGE 96 II 129, 132 f.; *A. Koller*, OR AT, Rn. 13.137; *Trendelberend*, Vorteile, S. 214.

1036 BGE 114 II 159, 163; BGE 107 II 216, 218 ff.; BGE 93 II 189, 192; *Kramer*, in: BK OR, Art. 19–20, Rn. 358; *Trendelberend*, Vorteile, S. 214.

1037 *Boog/Eschment*, Auftrag, RIW 2015, 245, 254; *Boog/Stark-Traber*, Werkvertrag, RIW 2012, 817, 830; *Hess/Ruckstuhl*, AGB-Kontrolle, AJP 2012, 1188, 1209 f.; *Richter*, AGB, S. 164 f., 170.

c. Der Vergleich der Rechtsordnungen

Während nach deutschem Recht eine *geltungserhaltende Reduktion* als unzulässig einzustufen ist[1038] und der *Blue-Pencil-Test* nur ausnahmsweise Abhilfe schaffen kann[1039], darf sich der Verwender von AGB nach Schweizer Recht die *geltungserhaltende Reduktion* im B2B-Verkehr uneingeschränkt zunutze machen.[1040] Diese Möglichkeit stellt sogar regelmäßig einen – wenn auch im Vergleich zur fehlenden AGB-Inhaltskontrolle weniger relevanten – Grund für die Wahl des Schweizer Rechts[1041] dar.[1042]

Für den deutschen Exporteur als Verwender ergeben sich an dieser Stelle Vorteile durch das Schweizer Recht.[1043] Ihm ist dennoch zur Vorsicht zu raten.[1044] Er sollte seine Vertragsklauseln genau prüfen und diejenigen, die das zulässige Maß ersichtlich überschreiten, so überarbeiten, dass ihre Wirksamkeit – zumindest mutmaßlich – gewahrt bleibt. Schließlich soll der Vertragspartner nicht zu zeit- und kostenintensiven Verhandlungen oder Gerichtsprozessen provoziert werden.

Als Kunde muss sich der deutsche Exporteur bewusst machen, dass auch die Klauseln in den Einkaufsbedingungen des Käufers geltungserhaltend reduziert werden können. Dies stellt einen erheblichen Nachteil dar. Schließlich ist auch im Voraus nicht absehbar, wo die Gerichte die Grenze zum gerade noch Zulässigen ziehen werden, sodass keine Rechtssicherheit gegeben ist. Der deutsche Exporteur wird sich genau überlegen müssen, ob sich ein Prozess überhaupt lohnt, wenn die Klausel nicht in Gänze entfällt. Um dem vorzubeugen, sollten Bestimmungen, welche in der vorliegenden Form nicht akzeptiert werden können, im Vorfeld verhandelt werden. Doch auch dadurch entstehen erneut Transaktionskosten für beide Parteien.

1038 Siehe 2. Teil, B., II., 8., a., 1).

1039 Siehe 2. Teil, B., II., 8., a., 2).

1040 Siehe 2. Teil, B., II., 8., b.

1041 Siehe 2. Teil, A., IV.

1042 *Brachert/Dietzel*, Flucht, ZGS 2005, 441, 441; *Kondring*, Flucht, RIW 2010, 184, 185; *Rothermel*, Kauf-, Liefer- und Vertriebsrecht, S. 5, 166; *Voser/Boog*, Schweizer Recht, RIW 2009, 126, 126.

1043 *Trendelberend*, Vorteile, S. 217.

1044 *G/H/M/P*, Vertragsgestaltung, Rn. 360.

III. Die Geltung von Handelsbräuchen

Gem. § 346 HGB ist auf die im Handelsverkehr geltenden Gewohnheiten und Gebräuche Rücksicht zu nehmen. Das OR enthält keine spezielle Regelung zu Handelsbräuchen.[1045] Das Wissen um einen Handelsbrauch bedeutet nicht unbedingt, dass dieser auch gewollt ist.[1046] Demnach kann darauf geschlossen werden, dass Handelsbräuche nur durch konkludente Übernahme Vertragsbestandteil werden, wenn weitere Voraussetzungen wie bspw. die Beachtung in einem früheren Rechtsgeschäft eingehalten werden.[1047]

Im Ergebnis muss der deutsche Exporteur davon ausgehen, dass ihm bekannte Handelsbräuche im Schweizer Recht nicht unbedingt gelten. Dies kann sich wiederum positiv, aber auch negativ für ihn auswirken. Ihm muss jedenfalls bewusst sein, dass dieses Risiko besteht. Wird besonderen Wert auf einen Handelsbrauch gelegt, so sollte dieser explizit in den Vertrag aufgenommen werden.

IV. Das kaufmännische Bestätigungsschreiben

Die folgenden Ausführungen zum kaufmännischen Bestätigungsschreiben gelten sowohl für das deutsche als auch für das Schweizer Recht, sofern nichts Abweichendes beschrieben wird. Wenn auf ein Angebot nicht mittels Annahme geantwortet wird, kommt i. d. R. auch kein Vertrag zustande.[1048] Anders sieht es jedoch bei sog. *kaufmännischen Bestätigungsschreiben* aus, bei welchen nach einem formlos geschlossenen Vertrag ein Bestätigungsschreiben verschickt wird, um die Konditionen klarzustellen.[1049] Diese Vorgehensweise ist im B2B-Verkehr sehr verbreitet.[1050]

1045 *Akikol*, Sachmängelhaftung, Rn. 263.

1046 BGE 91 II 356, 359; *Streiff/Pellegrini/von Kaenel*, Vertragsvorlagen, S. 46.

1047 *Akikol*, Sachmängelhaftung, Rn. 263.

1048 *Bohnstedt*, Vertragsrecht, S. 63; *Graf von Westphalen*, in: Vertragsrecht, Vertragsabschlussklauseln, Rn. 37; *Huguenin*, OR, Rn. 226; *Jung*, Handelsrecht, § 34, Rn. 15; *A. Koller*, in: Guhl, OR, § 13, Rn. 32; *Kramer*, AGB, SJZ 1985, 17, 19; *Kuoni*, Haftungsbegrenzung, Rn. 41; *Probst*, in: K/P/P, AGB, Rn. 568; *Schaeuffelen*, in: H/R/S, Rechtsfragen, S. 6; *Schwenzer*, OR AT, Rn. 28.33; *Wittibschlager*, Einführung, Rn. 379.

1049 BGH, NJW 2011, 1965, 1966; *Bohnstedt*, Vertragsrecht, S. 63; *Graf von Westphalen*, Einkaufsbedingungen, S. 27; *G/S/S/E*, OR AT, Rn. 1159; *Huguenin*, OR, Rn. 229; *Jung*, Handelsrecht, § 34, Rn. 17; *Keller/Siehr*, Kaufrecht, S. 6; *Kramer*, Schweigen, recht 1990, 99, 100; *Schaeuffelen*, in: H/R/S, Rechtsfragen, S. 6; *Wittibschlager*, Einführung, Rn. 382; *Zellweger-Gutknecht/Bucher*, in: BSK OR, Art. 6, Rn. 22.

1050 *Graf von Westphalen*, Einkaufsbedingungen, S. 27; *G/S/S/E*, OR AT, Rn. 1159; *Huguenin*, OR, Rn. 229; *A. Koller*, in: Guhl, OR, § 13, Rn. 34; *Perrig*, in: K/P/P, AGB,

Meistens liegt eine Übereinstimmung zwischen dem mündlich Besprochenen und dem Bestätigungsschreiben vor.[1051] Allerdings können auch Abweichungen vorhanden sein, indem Vereinbarungen inhaltlich modifiziert, weggelassen oder hinzugefügt werden.[1052] Darüber hinaus kann in dem Bestätigungsschreiben auch ein Vertrag bestätigt werden, welcher nie geschlossen wurde.[1053] Im Falle der Abweichung – welcher Art auch immer – hat der Empfänger unverzüglich zu widersprechen, damit der Vertrag nicht mit dem neuen Inhalt geschlossen wird.[1054] Nach deutschem Recht handelt es sich um einen Handelsbrauch[1055], welcher allerdings nicht (mehr) über § 346 HGB[1056], sondern kraft Gewohnheitsrecht[1057] Anwendung findet.

Eine Ausnahme besteht laut Rechtsprechung[1058] und Lehre[1059], wenn das Schreiben so weit von dem eigentlich zwischen den Parteien Vereinbarten abweicht, dass

---

Rn. 225; *Schwenzer*, OR AT, Rn. 28.44; *Zellweger-Gutknecht/Bucher*, in: BSK OR, Art. 6, Rn. 22.

1051 *G/S/S/E*, OR AT, Rn. 1160; *Kramer*, Schweigen, recht 1990, 99, 100.

1052 *G/S/S/E*, OR AT, Rn. 1160; *Jung*, Handelsrecht, § 34, Rn. 17; *Kramer*, Schweigen, recht 1990, 99, 101; *Zellweger-Gutknecht/Bucher*, in: BSK OR, Art. 6, Rn. 25.

1053 *Graf von Westphalen*, Einkaufsbedingungen, S. 27; *Jung*, Handelsrecht, § 34, Rn. 18; *Kramer*, Schweigen, recht 1990, 99, 101.

1054 BGH, NJW 2011, 1965, 1966; BGE 123 III 35, 41; BGE 114 II 250, 251; BGE 100 II 18, 22; BGer 4C_382/2001 vom 12.03.2002, E. 3b; *Bohnstedt*, Vertragsrecht, S. 63; *Graf von Westphalen*, in: Vertragsrecht, Vertragsabschlussklauseln, Rn. 40; *ders.*, Einkaufsbedingungen, S. 30; *Greiner*, Wahl, S. 9; *G/S/S/E*, OR AT, Rn. 1163; *Huguenin*, OR, Rn. 229; *Jung*, Handelsrecht, § 34, Rn. 17; *Keller/Siehr*, Kaufrecht, S. 6; *Kramer*, Schweigen, recht 1990, 99, 103; *Ramstein*, AGB, RIW 1988, 440, 442; *Schaeuffelen*, in: H/R/S, Rechtsfragen, S. 6; *Zellweger-Gutknecht/Bucher*, in: BSK OR, Art. 6, Rn. 26.

1055 BGH, NJW 2011, 1965, 1966; *Achilles/B. Schmidt*, in: Ensthaler, § 346 HGB, Rn. 123; *Mann*, Vertriebsrecht, Rn. 28; siehe 2. Teil, B., III.

1056 So aber noch *Graf von Westphalen*, in: Vertragsrecht, Schiedsgerichtsklauseln, Rn. 6, Vertragsabschlussklauseln, Rn. 40; *ders.*, Einkaufsbedingungen, S. 28, 30.

1057 BGH, NJW 2011, 1965, 1966; *Hopt*, in: Ba/Ho, § 346 HGB, Rn. 18; *Jung*, Handelsrecht, § 34, Rn. 17; *Klappstein*, in: Heidel/Schall, § 346 HGB, Rn. 35, 41; *Lehmann-Richter*, in: BeckOK HGB, § 346, Rn. 48.

1058 BGH, NJW 1994, 1288, 1288; BGH, NJW 1985, 1333, 1333; BGH, NJW 1973, 2106, 2107; BGE 114 II 250, 252; BGer 4C_16/2000 vom 24.01.2001, E. 3b/cc.

1059 *Graf von Westphalen*, Einkaufsbedingungen, S. 28; *G/S/S/E*, OR AT, Rn. 1164; *Huguenin*, OR, Rn. 230; *Jung*, Handelsrecht, § 34, Rn. 19; *A. Koller*, in: Guhl, OR, § 13, Rn. 34; *Kramer*, Schweigen, recht 1990, 99, 103; *Schaeuffelen*, in: H/R/S, Rechtsfragen, S. 8; *Wittibschlager*, Einführung, Rn. 382; *Zellweger-Gutknecht/Bucher*, in: BSK OR, Art. 6, Rn. 27.

nicht mit der Zustimmung des Empfängers gerechnet werden darf. Zu beachten ist, dass h. M.[1060] und die deutsche Rechtsprechung[1061] die Einführung von branchenüblichen AGB auf diesem Wege als zulässig erachten, wodurch besondere Vorsicht geboten ist.

Demnach ist ersichtlich, dass die Rechtsfigur des *kaufmännischen Bestätigungsschreibens* nicht nur nach deutschem Recht, sondern auch bei Anwendung des Schweizer Rechts existiert[1062] und die Rechtslage vergleichbar ist. Allerdings ist dem deutschen Exporteur u. U. nicht bewusst, dass das *kaufmännische Bestätigungsschreiben* auch im Schweizer Recht anerkannt ist und dies keine Spezialität des deutschen Rechts darstellt. Es ist unbedingt darauf zu achten, dass der Käufer seine Einkaufsbedingungen nicht durch ein *kaufmännisches Bestätigungsschreiben* in den Vertrag einbringt, sondern der deutsche Exporteur umgehend handelt, da das Risiko, welches von den gegnerischen Bedingungen ausgeht, im Schweizer Recht größer ist als nach deutschem Recht.[1063]

V. Der Leistungsort

1. Der Vergleich der Rechtsordnungen

Grundsätzlich sind die Parteien frei, den Leistungsort selbst durch Vertrag zu bestimmen, § 269 I BGB bzw. Art. 74 I OR. Unter dem Leistungsort ist der Ort zu verstehen, an welchem der Schuldner seine Leistungshandlung vornehmen muss.[1064] Sowohl das Schweizer Gesetz als auch die überwiegende Literatur benutzen jedoch anstatt *Leistungsort* den Begriff *Erfüllungsort*.[1065]

Nach deutschem Recht ist gem. § 269 I BGB im Zweifel der Wohn- bzw. Geschäftssitz des Schuldners zur Zeit der Entstehung des Schuldverhältnisses der Leistungsort, wenn ein solcher weder bestimmt noch den Umständen

---

1060 *Achilles/B. Schmidt*, in: Ensthaler, § 346 HGB, Rn. 135; *Bucher*, OR AT, S. 142, Fn. 98; *Graf von Westphalen*, in: Vertragsrecht, Vertragsabschlussklauseln, Rn. 40; *ders.*, Einkaufsbedingungen, S. 29; *G/S/S/E*, OR AT, Rn. 1160, 1171; *Jung*, Handelsrecht, § 34, Rn. 19; *Mann*, Vertriebsrecht, Rn. 32; *Schaeuffelen*, in: H/R/S, Rechtsfragen, S. 9; *Schumacher*, Vertragsgestaltung, Rn. 1658; zurückhaltend *Perrig*, in: K/P/P, AGB, Rn. 227; **a. A.** *Kramer*, Schweigen, recht 1990, 99, 101; *ders.*, AGB, SJZ 1985, 17, 19.

1061 BGH, NJW 1970, 2021, 2023; BGH, NJW 1952, 1369, 1369 f.

1062 Vgl. *Greiner*, Wahl, S. 9; *G/S/S/E*, OR AT, Rn. 1168; *Huguenin*, OR, Rn. 230; *Pfeiffer*, Flucht, in: FS Graf von Westphalen, 555, 565; *Zellweger-Gutknecht/Bucher*, in: BSK OR, Art. 6, Rn. 22 ff.

1063 Siehe 2. Teil, B., II., 7., d. und 8., c.

1064 *Schwenzer*, OR AT, Rn. 7.03.

1065 *Dies.*, ebenda.

zu entnehmen ist. Dies gilt für Gattungsschulden auch im Schweizer Recht, Art. 74 II Nr. 3 OR. Bei einer Stückschuld ist die Sache gem. Art. 74 II Nr. 2 OR an demjenigen Ort zu übergeben, an welchem sie sich zur Zeit des Vertragsschlusses befand. Jedoch müssen beide Parteien von dem Lageort zu jenem Zeitpunkt wissen.[1066] Die Kenntnis über den richtigen Leistungsort ist wichtig, da der Verkäufer dort zu erfüllen hat, um nicht in Schuldnerverzug zu geraten.[1067]

Tab. 1: Der Überblick über den gesetzlichen Leistungsort

	Leistungsort	
	D	CH
Gattungsschuld	Geschäftssitz des Schuldners, § 269 I BGB	Geschäftssitz des Schuldners, Art. 74 II Nr. 3 OR
Stückschuld	**Geschäftssitz des Schuldners, § 269 I BGB**	**Bekannter Ort der Sache, Art. 74 II Nr. 2 OR**

Durch diese Abweichung könnten Nachteile für den deutschen Exporteur bei einer Stückschuld entstehen. Es ist denkbar, dass sich die Sache zum Zeitpunkt des Vertragsschlusses an einem für den Verkäufer ungünstigen Ort befunden hat. Erhöhte Aufwendungen könnten sich bspw. dadurch ergeben, dass sich der deutsche Exporteur oder sein Erfüllungsgehilfe zu diesem Ort begeben muss, um die Übergabe zu bewerkstelligen.

Da sich durch die vom deutschen Recht abweichende Regelung auch Vorteile für den deutschen Exporteur ergeben könnten, sollte er als Verkäufer zumindest von der Norm wissen, sodass Abweichungen vom Gesetz mit dessen Wissen und Wollen vereinbart werden und er nicht selbst Klauseln zu seinen Lasten schafft.

2. Die Besonderheiten im Handelsverkehr

Zusätzlich ist im Schweizer Handelsverkehr die Übung zu beachten, dass der Verkäufer die Versendung der Sache zum Geschäftssitz des Käufers übernimmt.[1068]

1066 *Huguenin*, OR, Rn. 703; *A. Koller*, in: Guhl, OR, § 30, Rn. 18; *Leu*, in: BSK OR, Art. 74, Rn. 5; *Schraner*, in: ZK OR, Art. 74, Rn. 83; *Schwenzer*, OR AT, Rn. 7.15; *von Tuhr/Escher*, OR AT, S. 42.

1067 *G/S/S/E*, OR AT, Rn. 2145; *Schwenzer*, OR AT, Rn. 7.04; *von Tuhr/Escher*, OR AT, S. 39; *Wittibschlager*, Einführung, Rn. 319.

1068 *A. Koller*, in: BSK OR, Art. 184, Rn. 87.

Dies entspricht jedoch lediglich einer Vermutung.[1069] Ist der Leistungsort aus den Umständen zu bestimmen, so sind die Natur der Verpflichtung, die Verkehrssitte sowie mögliche Usancen in einer Branche entscheidend.[1070]

Bei weltweiten Transaktionen mit Gütern haben sich einheitliche Vertragsklauseln eingebürgert[1071], welche als *International Commercial Terms* – oder kurz *Incoterms* – bezeichnet[1072] und von der Internationalen Handelskammer entwickelt werden.[1073] Während unter Anwendung des deutschen Rechts diese *Incoterms* im internationalen Handelsverkehr als Vereinbarung eines Leistungsortes anzusehen sind[1074], ist es nach Schweizer Recht umstritten, ob dies zutrifft[1075], da die Klauseln auch als bloße Gefahrtragungsregeln angesehen werden könnten.[1076]

3. *Die Vertragsgestaltung*

Zwar ist davon auszugehen, dass es sich bei der zu verkaufenden Sache zunehmend um Gattungsware handeln wird[1077], sodass eine Abweichung vom deutschen Recht ohnehin nicht mehr vorhanden ist.[1078] Dem deutschen Exporteur wird dennoch empfohlen, im Kauf- oder Rahmenvertrag explizit zu vereinbaren, wo der Leistungsort sein soll[1079], um den Rechtsunsicherheiten

1069 *Ders.*, ebenda.

1070 *Leu*, in: BSK OR, Art. 74, Rn. 3.

1071 *Berni*, Hardware, in: Jörg/Arter, Internet-Recht, S. 28; *Jung*, Handelsrecht, § 49, Rn. 7; *A. Koller*, in: Guhl, OR, § 41, Rn. 117; *Schwenzer*, OR AT, Rn. 7.07.

1072 *Huguenin*, OR, Rn. 698; *Jung*, Handelsrecht, § 49, Rn. 7; *Rothermel*, Kauf-, Liefer- und Vertriebsrecht, S. 403; *Schumacher*, Vertragsgestaltung, Rn. 1740; *Schwenzer*, OR AT, Rn. 7.07.

1073 *Mann*, Vertriebsrecht, Rn. 571.

1074 BGH, NJW-RR 2013, 309, 309.

1075 Befürwortend BGE 49 II 232, 235; *Huguenin*, OR, Rn. 698; *Leu*, in: BSK OR, Art. 74, Rn. 3; *Markus*, Vertragsgerichtsstände, AJP 2010, 971, 976, Fn. 60, 979; *Schwenzer*, OR AT, Rn. 7.08; *von Büren*, OR BT, S. 8; *Wittibschlager*, Einführung, Rn. 320; ablehnend *Keller/Siehr*, Kaufrecht, S. 18; *Schraner*, in: ZK OR, Art. 74, Rn. 39.

1076 *Rothermel*, Kauf-, Liefer- und Vertriebsrecht, S. 105.

1077 *Gelzer*, in: M/B/K/P, Vertragshandbuch, Kap. 18, Rn. 7.2; *Honsell*, OR BT, S. 127; *Keller/Siehr*, Kaufrecht, S. 33; *A. Koller*, in: Guhl, OR, § 42, Rn. 47; *Schönle*, in: ZK OR, Art. 190, Rn. 22.

1078 Siehe 2. Teil, B., V., 1.

1079 *Huguenin*, OR, Rn. 698.

im Schweizer Recht proaktiv entgegenzuwirken, da die bloße Angabe einer *Incoterms 2010*-Klausel als nicht ausreichend betrachtet werden könnte.[1080]

VI. Der Wechselkurs bei Fremdwährungsschulden

Nach deutschem Recht erfolgt die Umrechnung der Fremdwährungsschuld gem. § 244 II BGB nach dem Kurswert, der zur Zeit der Zahlung für den Zahlungsort maßgebend ist. Im Schweizer Recht bestimmt sich der Wechselkurs zum einen nach dem Leistungsort[1081] und zum anderen nach dem Wechselkurs im Zeitpunkt der Fälligkeit.[1082] Durch das Abstellen auf diese Zeit wird dem Schuldner das Spekulieren auf einen für ihn günstigeren Wechselkurs – Anstieg der Fremdwährung gegenüber der Landeswährung – nach Eintritt der Fälligkeit zum Nachteil des Gläubigers gestattet.[1083] Der deutsche Exporteur trägt somit das Risiko des Kursverlustes.[1084] Wird der Schuldner in Verzug gesetzt, so kann der Gläubiger diesen Kursverlust i. R. d. Verzugsschadens geltend machen.[1085] Während der Schuldner unter den Voraussetzungen des Art. 84 II OR auch in Inlandswährung erfüllen darf[1086], kann der Gläubiger lediglich die Zahlung in der Fremdwährung fordern.[1087] Abweichende Vereinbarungen sind allerdings möglich.[1088]

Um der ganzen Problematik auszuweichen und den Schuldner nicht in Versuchung zu führen, empfiehlt es sich, auf Fremdwährungsschulden zu verzichten und den EURO (€) als Währung zu vereinbaren, wenn dies vertraglich durchsetzbar ist. Eine Alternative besteht darin, dass eine sog. *Wertsicherungsklausel* in

1080 Siehe 2. Teil, B., V., 2.

1081 Siehe 2. Teil, B., V.

1082 *G/S/S/E*, OR AT, Rn. 2308; *Huguenin*, OR, Rn. 688; *A. Koller*, in: Guhl, OR, § 11, Rn. 6; *Schwenzer*, OR AT, Rn. 75.02.

1083 *G/S/S/E*, OR AT, Rn. 2308; *A. Koller*, in: Guhl, OR, § 11, Rn. 6; *Schraner*, in: ZK OR, Art. 84, Rn. 201; vgl. BGE 49 II 12.

1084 *Wittibschlager*, Einführung, Rn. 324.

1085 BGE 123 III 241, 243; BGE 117 II 256, 258; *G/S/S/E*, OR AT, Rn. 2308; *Keller/Siehr*, Kaufrecht, S. 40; *von Tuhr/Escher*, OR AT, S. 145.

1086 BGE 134 III 151, 154; *G/S/S/E*, OR AT, Rn. 2307; *Huguenin*, OR, Rn. 688, 2444; *A. Koller*, in: Guhl, OR, § 11, Rn. 6; *Schumacher*, Vertragsgestaltung, Rn. 774.

1087 BGE 134 III 151, 154; BGer 4A_303/2012 vom 30.10.2012, E. 2.3; BGer 4A_218/2010 vom 06.10.2010, E. 5.1; BGer 4A_206/2010 vom 15.12.2010, E. 4.1.2; *G/S/S/E*, OR AT, Rn. 2307; *A. Koller*, in: Guhl, OR, § 11, Rn. 6.

1088 *A. Koller*, in: Guhl, OR, § 11, Rn. 6; *Schumacher*, Vertragsgestaltung, Rn. 775.

den Vertrag aufgenommen wird[1089], welche im internationalen Verkehr durchaus üblich ist.[1090] Durch sie wird die Anpassung der nominalistisch festgelegten Geldleistung an Umstandsveränderungen erreicht.[1091]

VII. Die Anfechtung

1. Die Irrtumsanfechtung

a. Die Konkurrenz zwischen Eigenschaftsirrtum und Mängelhaftung

1) Im Kaufrecht

a) Im deutschen Recht

Nach deutschem Recht wird die Anfechtung wegen eines Eigenschaftsirrtums aus § 119 II BGB durch die Vorschriften zur Mängelhaftung verdrängt und somit ausgeschlossen[1092], sofern die Normen der Mängelhaftung anwendbar sind.[1093] Dies liegt daran, dass prinzipiell eine schnelle Abwicklung von Kaufverträgen gewollt ist, welche durch die Frist aus § 121 II BGB vereitelt werden könnte.[1094] Des Weiteren würde die Möglichkeit zur Irrtumsanfechtung das Erfordernis der Nachfristsetzung im Bereich der Nacherfüllung[1095] obsolet werden lassen.[1096] Eine solche sofortige Lösung vom Kaufvertrag ist mit § 439 BGB nicht vereinbar.[1097] Das Gesagte gilt ebenfalls für die Rechtsmängelhaftung.[1098]

1089 *Huguenin*, OR, Rn. 2445; *A. Koller*, in: Guhl, OR, § 11, Rn. 10; *Schumacher*, Vertragsgestaltung, Rn. 777; *Schwenzer*, OR AT, Rn. 10.04; *Wiegand*, in: BSK OR, Art. 18, Rn. 109; *Wittibschlager*, Einführung, Rn. 324.

1090 *A. Koller*, in: Guhl, OR, § 11, Rn. 10.

1091 *Weber*, Rahmenverträge, ZSR 1987, 403, 420.

1092 BGH, NJW-RR 2008, 222, 223; *Armbrüster*, in: MüKo BGB, § 119, Rn. 28; *Arnet*, Bemerkungen, AJP 2000, 1162, 1165; *Ellenberger*, in: Palandt, § 119 BGB, Rn. 28; *Honsell*, in: BSK OR, Vorbem. zu Art. 197–210, Rn. 11; *ders.*, OR BT, S. 125; *ders.*, Konkurrenz, SJZ 2007, 137, 139; *Ostendorf*, in: Ostendorf/Kluth, Wirtschaftsverträge, § 3, Rn. 67; *Rothermel*, Kauf-, Liefer- und Vertriebsrecht, S. 170; *Wendtland*, in: Ba/Ro, BeckOK BGB, § 119, Rn. 8, 43.

1093 *Mansel*, in: Jauernig, § 119 BGB, Rn. 16; *Wendtland*, in: Ba/Ro, BeckOK BGB, § 119, Rn. 8.

1094 *Armbrüster*, in: MüKo BGB, § 119, Rn. 29; *Wendtland*, in: Ba/Ro, BeckOK BGB, § 119, Rn. 8.

1095 Siehe 2. Teil, B., X., 3.

1096 *Armbrüster*, in: MüKo BGB, § 119, Rn. 29.

1097 *Ellenberger*, in: Palandt, § 119 BGB, Rn. 28.

1098 *Ders.*, ebenda.

b) Im Schweizer Recht

(1) Die Anspruchskonkurrenz

(a) Allgemeines

Im Schweizer Recht ist sowohl nach Rechtsprechung[1099] als auch nach Literatur[1100] eine Anfechtung wegen Irrtums möglich, wenn sich dieser gem. Art. 24 I Nr. 4 OR auf eine wesentliche Eigenschaft der Sache bezieht. Dies wird auch als *Grundlagenirrtum* bezeichnet.[1101] Demnach darf der Käufer ggf. wählen, ob er sich auf die Anfechtung oder die Sachmängelgewährleistung berufen möchte.[1102] Zu beachten ist jedoch, dass die Sachmängelansprüche im Schweizer Recht im Wesentlichen nur den Wandelungs- und den Minderungsanspruch gem. Art. 205 I OR[1103] umfassen. Die Wandelung i. S. d. Art. 205 I 1. Alt. OR ist in etwa mit dem Rücktritt gleichzusetzen.[1104] Gemeint ist demnach ebenfalls die Rückgängigmachung des Kaufes.[1105] Jedoch wird nicht jeder Rücktritt als Wandelung bezeichnet. So ist ebenfalls der Begriff Vertragsaufhebung[1106] z. B. im Zusammenhang mit Art. 107 II 3. Var. OR geläufig. Im deutschen Recht wurde der

---

1099 BGE 127 III 83, 85; BGE 126 III 59, 65 f.; BGE 114 II 131, 134; BGE 109 II 319, 322; BGE 108 II 102, 104; BGE 107 II 419, 421; BGE 98 II 15, 20 f.; BGE 83 II 18, 21.

1100 *Akikol*, Sachmängelhaftung, Rn. 70; *Bucher*, OR BT, S. 109; *G/H/M/P*, Vertragsgestaltung, Rn. 161; *G/S/S/E*, OR AT, Rn. 806, 2937; *Keller/Siehr*, Kaufrecht, S. 107 f.; *A. Koller*, in: Guhl, OR, § 42, Rn. 63; *Kut*, in: CHK OR, Art. 23–24, Rn. 8; *Rothermel*, Kauf-, Liefer- und Vertriebsrecht, S. 170; **a. A.** *Gelzer*, Wünschbarkeit, S. 70, Fn. 539; *Honsell*, in: BSK OR, Vorbem. zu Art. 197–210, Rn. 9; *ders.*, OR BT, S. 121 ff.; *ders.*, Konkurrenz, SJZ 2007, 137, 137; *Kramer*, Bemerkungen, AJP 2001, 1454, 1456; *Schwenzer*, in: BSK OR, Vorbem. zu Art. 23–31, Rn. 9; *dies.*, OR AT, Rn. 39.40.

1101 BGE 83 II 18, 23; *Gauch*, Sachgewährleistung, recht 2001, 184, 185; *G/S/S/E*, OR AT, Rn. 775; *Honsell*, OR BT, S. 121; *Huguenin*, OR, Rn. 447; *A. Koller*, in: Guhl, OR, § 15, Rn. 5; *Kut*, in: CHK OR, Art. 23–24, Rn. 27; *Schwenzer*, OR AT, Rn. 37.23; *Wittibschlager*, Einführung, Rn. 414.

1102 BGE 114 II 131, 134; *Gelzer*, Unterscheidung, AJP 1997, 703, 704 f.; *Kut*, in: CHK OR, Art. 23–24, Rn. 8; *Wiegand*, Rechtsprechung 2001/2002, ZBJV 2003, 802, 815.

1103 Siehe 2. Teil, B., X., 5.

1104 *Richter*, AGB, S. 122; *Voser/Boog*, Schweizer Recht, RIW 2009, 126, 130.

1105 *Boerner*, Sachmängelhaftung, ZIP 2001, 2264, 2265; *Honsell*, OR BT, S. 104; *Kren Kostkiewicz*, in: K/W/A/F, OR Handkommentar, Art. 205, Rn. 1; *Müller-Chen*, in: CHK OR, Art. 205, Rn. 10.

1106 *Gelzer*, in: M/B/K/P, Vertragshandbuch, Kap. 18, Rn. 7.1.

Begriff der Wandelung vor der Schuldrechtsmodernisierung von 2002 verwendet.[1107] Dies ist bspw. aus § 462 BGB a. F. ersichtlich.

(b) Die Befürwortung der Anspruchskonkurrenz

Begründet wird die Anspruchskonkurrenz damit, dass die Sachmängelgewährleistung die Vertragserfüllung und die Anfechtung die Vertragsentstehung betreffe und somit kein Fall des *lex specialis* gegeben sei.[1108] Darüber hinaus werde der Käufer bereits durch die strengen Regelungen zur Mängelrüge[1109] und Verjährung[1110] benachteiligt, sodass er sich als schutzwürdigerer Teil zumindest noch auf die Irrtumsanfechtung berufen können solle[1111], für welche die Erhebung der Mängelrüge nicht erforderlich sei.[1112]

(c) Die Ablehnung der Anspruchskonkurrenz

Es bleibt festzuhalten, dass die Konkurrenz von Sachmängelhaftung und Irrtumsanfechtung als grundlegendes Problem des OR bezeichnet wird.[1113] Dies liegt daran, dass die Geltendmachung des *Grundlagenirrtums* auch dann möglich sein soll, wenn der Anspruch aus Sachmängelhaftung nach Art. 210 OR verjährt oder nach Art. 201 OR präkludiert ist.[1114] Zudem handele es sich eben doch

---

1107 *Boerner*, Sachmängelhaftung, ZIP 2001, 2264, 2270; *Rothermel*, Kauf-, Liefer- und Vertriebsrecht, S. 167; *Wertenbruch*, Bindung, JZ 2002, 862, 862; siehe BGH, NJW 1993, 2436, 2437; BT-Drs. 14/6040, S. 220; *Derleder*, Wechsel, NJW 2003, 998, 999; *Graf von Westphalen*, Einkaufsbedingungen, S. 137; *Magaud*, Vorteile, RIW 1996, 387, 388; *Pause*, Geltendmachung, NJW 1993, 553, 553, 556; *Regula*, in: H/R/S, Rechtsfragen, S. 81 f.

1108 *Huguenin*, OR, Rn. 601; *Keller/Siehr*, Kaufrecht, S. 108.

1109 Siehe 2. Teil, B., IX.

1110 Siehe 2. Teil, B., XIV., 3.

1111 BGE 114 II 131, 138; *Rusch*, Grundlagenirrtum, SJZ 2010, 553, 556; *Wiegand*, Rechtsprechung 2001/2002, ZBJV 2003, 802, 819.

1112 *Honsell*, OR BT, S. 89, 122 f.; *ders.*, Konkurrenz, SJZ 2007, 137, 137; *Keller/Siehr*, Kaufrecht, S. 108; *A. Koller*, in: Guhl, OR, § 42, Rn. 63; *Kut*, in: CHK OR, Art. 23–24, Rn. 8; *Schwenzer*, OR AT, Rn. 39.40; vgl. BGE 114 II 131, 138; *Rusch*, Grundlagenirrtum, SJZ 2010, 553, 554.

1113 *Honsell*, Konkurrenz, SJZ 2007, 137, 137; **a. A.** *Rusch*, Grundlagenirrtum, SJZ 2010, 553, 554.

1114 *Arnet*, Bemerkungen, AJP 2000, 1162, 1165; *Honsell*, in: BSK OR, Vorbem. zu Art. 197–210, Rn. 9; *ders.*, Konkurrenz, SJZ 2007, 137, 137; *Schwenzer*, in: BSK OR, Vorbem. zu Art. 23–31, Rn. 10; *dies.*, OR AT, Rn. 39.41.

um *lex specialis*, sodass die Irrtumsanfechtung verdrängt werden müsse.[1115] Es existiere kein Fall der Sachmängelhaftung, in welchem Wandelung begehrt werde, der nicht auch unter die Irrtumsanfechtung aus Art. 24 I Nr. 4 OR fiele.[1116] Sobald eine objektiv verkehrswesentliche oder zugesicherte Eigenschaft fehle, handele es sich gem. Art. 24 I Nr. 4 OR um einen Irrtum über einen bestimmten Sachverhalt, welcher nach Treu und Glauben im Geschäftsverkehr die notwendige Grundlage des Vertrages darstellt.[1117] Da die Wandelung nur bei wesentlichen Mängeln zulässig ist[1118], liegt eine Tatbestandsdeckung vor.[1119] Des Weiteren würde ein und derselbe Lebenssachverhalt zu unterschiedlichen, sich sogar widersprechenden Rechtsfolgen führen.[1120] Darüber hinaus sei erwähnt, dass beim Viehkauf die Irrtumsanfechtung durch das Sachmängelrecht verdrängt wird.[1121]

Trotz der z. T. sogar überzeugenden Argumente ist der deutsche Exporteur besser beraten, wenn er die Ansicht des Bundesgerichts[1122] für maßgeblich hält und damit rechnet, dass eine Konkurrenz zwischen der Irrtumsanfechtung und der Mängelhaftung gegeben ist.

(2) Weitere Meinungsverschiedenheiten

Vorrangig tritt der *Grundlagenirrtum* nur bei einem Spezieskauf oder bei zugesicherten Eigenschaften auf.[1123] Insbesondere im Fall des Spezieskaufs steht bereits bei Vertragsschluss fest, mit welcher Sache der Verkäufer den Vertrag erfüllen

---

1115 *Arnet*, Bemerkungen, AJP 2000, 1162, 1165; *Honsell*, in: BSK OR, Vorbem. zu Art. 197–210, Rn. 9; *ders.*, Konkurrenz, SJZ 2007, 137, 137; vgl. *Schwenzer*, in: BSK OR, Vorbem. zu Art. 23–31, Rn. 10.

1116 *Honsell*, in: BSK OR, Vorbem. zu Art. 197–210, Rn. 9; *ders.*, Konkurrenz, SJZ 2007, 137, 138.

1117 *Honsell*, Konkurrenz, SJZ 2007, 137, 138.

1118 *Giesecke*, Rechtswahl, S. 216; *Honsell*, in: BSK OR, Art. 197, Rn. 13; *ders.*, OR BT, S. 86; *Keller/Siehr*, Kaufrecht, S. 87.

1119 *Honsell*, Konkurrenz, SJZ 2007, 137, 138.

1120 *Ders.*, in: BSK OR, Vorbem. zu Art. 197–210, Rn. 9; *ders.*, Konkurrenz, SJZ 2007, 137, 139.

1121 BGE 114 II 131, 134; BGE 111 II 67, 70 f.; BGE 70 II 48, 50; *Gauch*, Sachgewährleistung, recht 2001, 184, 185; *Honsell*, in: BSK OR, Vorbem. zu Art. 197–210, Rn. 10; *ders.*, Konkurrenz, SJZ 2007, 137, 139; *Schwenzer*, in: BSK OR, Vorbem. zu Art. 23–31, Rn. 11; *dies.*, OR AT, Rn. 39.40.

1122 BGE 127 III 83, 85; BGE 126 III 59, 65 f.; BGE 114 II 131, 134; BGE 109 II 319, 322; BGE 108 II 102, 104; BGE 107 II 419, 421; BGE 98 II 15, 20 f.; BGE 83 II 18, 21.

1123 BGE 114 II 131, 139; *Honsell*, OR BT, S. 121.

will, sodass der Käufer schon zu diesem von Art. 23 OR geforderten Zeitpunkt den falschen Vorstellungen erliegen konnte.[1124]

Ausgeschlossen ist der *Grundlagenirrtum*, wenn eine Gattungsschuld betroffen ist und nicht die ganze Gattung den Mangel aufweist.[1125] Der Irrtum muss sich demnach auf eine Eigenschaft der ganzen Gattung beziehen, da sonst nur eine mangelhafte Lieferung vorliegt und kein Irrtum bei Vertragsschluss.[1126] Schließlich steht bei diesem mangels Aussonderung noch nicht fest, mit welcher Sache erfüllt werden wird, sodass sich auch keine fehlerhafte Vorstellung bei dem Käufer bilden konnte.[1127] Dies ist jedoch eine der Voraussetzungen gem. Art. 23 OR. Im Ergebnis wird die Berufung auf einen *Grundlagenirrtum* wegen Mangelhaftigkeit bei Gattungswaren praktisch ausgeschlossen.[1128] *Rusch*[1129] kritisiert die unterschiedliche Behandlung von Gattungs- und Spezieskauf und bejaht in beiden Fällen die parallele Geltung der Ansprüche. Solange das Bundesgericht dieser Ansicht nicht zustimmt, ist das Risiko für den deutschen Exporteur überschaubar, da vorrangig Gattungsware geliefert werden wird.[1130] Allerdings wurde die Irrtumsanfechtung bspw. bei der Lieferung einer unbrauchbaren Maschine[1131] und bei unzulänglichem Ertrag einer chemischen Reinigungsanlage[1132] zugelassen. Dies sind Bereiche, welche auch für den deutschen Exporteur relevant werden können.

1124 Vgl. *Huguenin*, OR, Rn. 602; *Rusch*, Grundlagenirrtum, SJZ 2010, 553, 553.

1125 BGer 4C_300/2006 vom 19.02.2007, E. 5.3; *Honsell*, in: BSK OR, Vorbem. zu Art. 197–210, Rn. 9; *ders.*, OR BT, S. 121; *ders.*, Konkurrenz, SJZ 2007, 137, 137; *Huguenin*, OR, Rn. 602; *Kut*, in: CHK OR, Art. 23–24, Rn. 8; *Müller-Chen*, CHK OR, Art. 197, Rn. 9; *Ostendorf*, in: Ostendorf/Kluth, Wirtschaftsverträge, § 9, Rn. 34; *Rusch*, Grundlagenirrtum, SJZ 2010, 553, 553; *Schwenzer*, in: BSK OR, Vorbem. zu Art. 23–31, Rn. 9.

1126 *Honsell*, in: BSK OR, Vorbem. zu Art. 197–210, Rn. 9; *ders.*, Konkurrenz, SJZ 2007, 137, 137 f.

1127 BGer 4C_300/2006 vom 19.02.2007, E. 5.3; *Huguenin*, OR, Rn. 602; *Rusch*, Grundlagenirrtum, SJZ 2010, 553, 553, 556.

1128 *Müller-Chen*, CHK OR, Art. 197, Rn. 9.

1129 *Rusch*, Grundlagenirrtum, SJZ 2010, 553, 555.

1130 *Gelzer*, in: M/B/K/P, Vertragshandbuch, Kap. 18, Rn. 7.2; *Honsell*, OR BT, S. 127; *Keller/Siehr*, Kaufrecht, S. 33; *A. Koller*, in: Guhl, OR, § 42, Rn. 47; *Schönle*, in: ZK OR, Art. 190, Rn. 22.

1131 BGE 83 II 18, 21.

1132 BGE 84 II 515, 519 f.

Anzumerken bleibt, dass der Käufer bei der von ihm getroffenen Wahl bleiben muss.[1133] Dies trifft sowohl auf die Anfechtung[1134] als auch auf die Geltendmachung der Gewährleistung zu, da in Letzterer simultan eine Genehmigung des Vertrages gem. Art. 31 I OR liege.[1135] Würde das Bundesgericht der Lehrmeinung von *Gauch*[1136] folgen, so bedeutete die Geltendmachung von Gewährleistungsansprüchen insbesondere dann keine Genehmigung des Vertrages, wenn der Käufer nicht weiß, dass er sich auch auf die Irrtumsanfechtung berufen könnte. Somit wäre wiederum die Möglichkeit gegeben, von einem Rechtsbehelf zum anderen zu wechseln, wodurch Rechtssicherheit und Schnelligkeit im geschäftlichen Verkehr leiden würden. Zudem fände eine Benachteiligung des deutschen Exporteurs statt. Derzeit ist jedoch nicht von einem Wandel in der Rechtsprechung auszugehen.

Des Weiteren ist hinzuzufügen, dass das Bundesgericht[1137] dem Gesagten auch in Bezug auf die Rechtsmängelhaftung[1138] zustimmt, während die Lehre[1139] geteilter Meinung ist. Im Zweifel wird der Ansicht des Bundesgerichts erneut der Vorzug zu gewähren sein, sodass sich die Praxis darauf einstellen muss.

1133 BGE 127 III 83, 85 f.; BGE 108 II 102, 104; *Honsell*, in: BSK OR, Vorbem. zu Art. 197–210, Rn. 12; *ders.*, OR BT, S. 125; *ders.*, Konkurrenz, SJZ 2007, 137, 139; *Huguenin*, OR, Rn. 601, 2701.

1134 BGE 108 II 102, 104; *Honsell*, in: BSK OR, Vorbem. zu Art. 197–210, Rn. 12; *ders.*, Konkurrenz, SJZ 2007, 137, 139.

1135 BGE 127 III 83, 86; BGE 88 II 410, 412; *Honsell*, in: BSK OR, Vorbem. zu Art. 197–210, Rn. 12; *ders.*, Konkurrenz, SJZ 2007, 137, 139; *Huguenin*, OR, Rn. 601, 2701; *Kut*, in: CHK OR, Art. 23–24, Rn. 8; *Schmidlin*, in: BK OR, Art. 31, Rn. 120; **a. A.** *Gauch*, Sachgewährleistung, recht 2001, 184, 186 f., 189; *Kramer*, Bemerkungen, AJP 2001, 1454, 1456; *Müller-Chen*, CHK OR, Art. 197, Rn. 9; *Wiegand*, Rechtsprechung 2001/2002, ZBJV 2003, 802, 816.

1136 *Gauch*, Sachgewährleistung, recht 2001, 184, 187.

1137 BGE 114 II 131, 139 f.; BGE 109 II 319, 322.

1138 Siehe 2. Teil, B., X., 8.

1139 Befürwortend *Gut/Higi/Schönle*, in: ZK OR, Art. 192, Rn. 23; *Huguenin*, OR, Rn. 524, 2568, 2584; *Keller/Siehr*, Kaufrecht, S. 53, 70; *Rusch*, Grundlagenirrtum, SJZ 2010, 553, 556, 560; ablehnend *Bucher*, OR AT, S. 206, Fn. 45; *A. Koller*, OR AT, Rn. 14.81 ff.; *Kramer*, Bemerkungen, AJP 2001, 1454, 1456; *Schwenzer*, in: BSK OR, Vorbem. zu Art. 23–31, Rn. 12; *dies.*, OR AT, Rn. 39.42.

(3) Die modifizierte Teilnichtigkeit

Die Regeln von der *modifizierten Teilnichtigkeit* des Art. 20 II OR[1140] sind auf den *Grundlagenirrtum* übertragbar.[1141] Demnach ist der Vertrag bei Teilbarkeit nicht zwingend unverbindlich[1142], sondern kann auch mit dem *hypothetischen Willen* der Parteien aufrechterhalten werden.[1143] Beide Vertragspartner können sich darauf berufen[1144], sofern der Irrende den *Grundlagenirrtum* an sich und dies rechtzeitig geltend macht.[1145]

c) Der Vergleich der Rechtsordnungen

Grundsätzlich ist festzuhalten, dass im Gegensatz zum deutschen Recht[1146] nach Schweizer Recht[1147] eine Anfechtung wegen Irrtums auch zulässig ist, wenn sich der Irrtum auf eine wesentliche Eigenschaft der Sache bezieht.[1148] Für den deutschen Exporteur ergibt sich ein Nachteil daraus, dass dem Käufer ein weiterer Anspruch zur Verfügung steht, welcher durch das deutsche Recht der Mängelhaftung ausgeschlossen wird. Problematisch für beide Parteien ist, dass einige erhebliche Rechtsunsicherheiten zu dieser Thematik bestehen.[1149] Dies betrifft insbesondere das Verhältnis von Irrtumsanfechtung und Rechtsmängelhaftung.[1150] Demnach könnte sich ein Prozess als risikoreich erweisen. Allerdings sind auch einige Einschränkungen relevant[1151], welche hauptsächlich den Käufer betreffen, wodurch die Gefahr für den deutsche Exporteur wiederum reduziert wird.

1140 Siehe 2. Teil, B., XV., 2., a.

1141 BGE 135 III 537, 541, 544; BGE 130 III 49, 56 f.; *G/S/S/E*, OR AT, Rn. 852; *Huguenin*, OR, Rn. 586; *Schwenzer*, OR AT, Rn. 39.09.

1142 BGE 116 II 685, 687; *Huguenin*, OR, Rn. 562.

1143 BGE 116 II 685, 687; *G/S/S/E*, OR AT, Rn. 852; *Huguenin/Meise*, in: BSK OR, Art. 19/20, Rn. 65; *Huguenin*, OR, Rn. 587.

1144 *G/S/S/E*, OR AT, Rn. 852; *Schmidlin*, in: BK OR, Art. 25, Rn. 27.

1145 BGE 116 II 685, 687; BGE 107 II 419, 423 f.; BGE 96 II 101, 106; BGE 78 II 216, 217 f.; *Bucher*, OR AT, S. 214; *G/S/S/E*, OR AT, Rn. 85; *Huguenin*, OR, Rn. 564; *Schmidlin*, in: BK OR, Art. 25, Rn. 27.

1146 Siehe 2. Teil, B., VII., 1., a., 1), a).

1147 Siehe 2. Teil, B., VII., 1., a., 1), b), (1), (a).

1148 *Wittibschlager*, Einführung, Rn. 628.

1149 Siehe 2. Teil, B., VII., 1., a., 1), b), (1), (a) und (2).

1150 Siehe 2. Teil, B., VII., 1., a., 1), b), (2).

1151 Siehe 2. Teil, B., VII., 1., a., 1), b), (2) und (3).

d) Die Vertragsgestaltung

Gegen die Nachteile im Schweizer Recht schützt sich der deutsche Exporteur bereits, wenn er die Zusicherung von Eigenschaften vermeidet oder wenigstens einschränkt. Außerdem entfällt das Recht zur Irrtumsanfechtung wegen wesentlicher Eigenschaften, wenn es sich bei der Ware um eine Gattungsschuld handelt, was regelmäßig der Fall sein wird.[1152]

Aufgrund der Tatsache, dass die Irrtumsregeln dispositiver Natur sind, lässt sich auch die Berufung auf einen Irrtum ausschließen.[1153] Werden eindeutig bestimmte Eigenschaften in einem Gewährleistungsausschluss[1154] erwähnt, so gilt für diesen Bereich auch ein Ausschluss des *Grundlagenirrtums*.[1155] Bei einem allgemeinen Haftungsausschluss[1156] findet hingegen eine einengende Auslegung statt.[1157] Dies gilt insbesondere für AGB.[1158]

Für den Fall, dass der Verkäufer die Sachmängelgewährleistung in zulässiger Weise wegbedungen hat, trägt der Käufer das Risiko für das Vorhandensein bestimmter Eigenschaften der Kaufsache.[1159] Demnach ist die Geltendmachung des *Grundlagenirrtums* ausgeschlossen.[1160] Findet lediglich eine zeitliche oder

---

1152 Siehe 2. Teil, B., VII., 1., a., 1), b), (2).

1153 *Schwenzer*, in: BSK OR, Art. 24, Rn. 33; vgl. *Kut*, in: CHK OR, Art. 23–24, Rn. 35.

1154 Siehe 2. Teil, B., XI.

1155 BGE 126 III 59, 66; BGE 123 III 165, 170; BGE 95 III 21, 23; BGE 91 II 275, 279; BGE 53 II 143, 153; *Arnet*, Bemerkungen, AJP 2000, 1162, 1165 f.; *Honsell*, in: BSK OR, Art. 199, Rn. 6; *ders.*, OR BT, S. 94; *Huguenin*, OR, Rn. 2645; *Keller/Siehr*, Kaufrecht, S. 108, 111 f.; *Kramer*, Bemerkungen, AJP 1997, 1287, 1287; *Müller-Chen*, CHK OR, Art. 197, Rn. 7; *Schwenzer*, in: BSK OR, Art. 24, Rn. 33; *Wiegand*, Rechtsprechung 1999/2000, ZBJV 2002, 316, 332.

1156 Siehe 2. Teil, B., XI., 3., j., 3).

1157 BGer 4A_492/2012 vom 22.11.2012, E. 5; *Huguenin*, OR, Rn. 2646; *Schwenzer*, in: BSK OR, Art. 24, Rn. 33.

1158 *Schwenzer*, in: BSK OR, Art. 24, Rn. 33; siehe 2. Teil, B., II., 6., b.

1159 BGE 91 II 275, 279; *G/S/S/E*, OR AT, Rn. 807a; *Huguenin*, OR, Rn. 2645a; *Kren Kostkiewicz*, in: K/W/A/F, OR Handkommentar, Art. 199, Rn. 10; *Wiegand*, Rechtsprechung 1999/2000, ZBJV 2002, 316, 332.

1160 BGE 126 III 59, 66; BGE 91 II 275, 279; *Gelzer*, in: M/B/K/P, Vertragshandbuch, Kap. 18, Rn. 7.5; *G/S/S/E*, OR AT, Rn. 807a; *Huguenin*, OR, Rn. 2645a; *Keller/Siehr*, Kaufrecht, S. 109; *Kren Kostkiewicz*, in: K/W/A/F, OR Handkommentar, Art. 199, Rn. 10; *Schwenzer*, in: BSK OR, Art. 24, Rn. 33.

inhaltliche Beschränkung statt, so ist die Berufung auf Art. 24 I Nr. 4 OR jedoch weiterhin zulässig.[1161]

Damit eine umfassende Haftungsreduzierung im Interesse des deutschen Exporteurs vorgenommen werden kann, bietet es sich vorsorglich an, die Berufung auf den Irrtum wie folgt auszuschließen.

> „Beim Vorliegen eines Sachmangels kann die Käuferin ausschliesslich [sic!] das vertragliche Nachbesserungsrecht geltend machen. Die Irrtumsanfechtung wird hiermit ausdrücklich ausgeschlossen."[1162]

Dabei ist es Sache des deutschen Exporteurs, welche Gewährleistungsrechte er dem Käufer zugesteht, sodass eine Modifikation der vorliegenden Klausel sinnvoll erscheint und es nicht bei dem vertraglichen Nachbesserungsrecht[1163] bleiben muss. Wird die Klausel jedoch in dieser Form übernommen, so ist darauf zu achten, dass auch ein vertraglicher Nachbesserungsanspruch vereinbart wird.

2) Im Werklieferungsvertragsrecht

Aufgrund der Tatsache, dass für den Werklieferungsvertrag andere Regeln gelten[1164], ist eine Berufung auf den *Grundlagenirrtum* ausgeschlossen, sodass in diesem Bereich keine Konkurrenz besteht.[1165] Es wird argumentiert, dass die Sache bei Vertragsschluss noch nicht hergestellt worden sei, sodass keine fehlerhafte Vorstellung existieren könne.[1166] *Rusch* merkt jedoch an, dass aufgrund von Weisungen des Bestellers der Mangel bereits im Kern angelegt sein könnte, sodass auch hier eine Anspruchskonkurrenz zulässig sein müsse.[1167]

1161 BGE 91 II 275, 279; BGE 83 II 18, 22; *G/S/S/E*, OR AT, Rn. 807a; *Huguenin*, OR, Rn. 2645a; *Keller/Siehr*, Kaufrecht, S. 112; *Kren Kostkiewicz*, in: K/W/A/F, OR Handkommentar, Art. 199, Rn. 10; *Müller-Chen*, in: CHK OR, Art. 199, Rn. 10; **a. A.** *Honsell*, in: BSK OR, Art. 199, Rn. 6; siehe 2. Teil, B., XI., 3., h.

1162 *G/H/M/P*, Vertragsgestaltung, Rn. 186.

1163 Siehe 2. Teil, B., X., 3., a., 5).

1164 Siehe 2. Teil, B., I., 2., a.

1165 BGE 115 II 460, 461; BGE 114 II 131, 137 f.; BGE 109 II 333, 335; *G/S/S/E*, OR AT, Rn. 945; *Huguenin*, OR, Rn. 604; *Kut*, in: CHK OR, Art. 23–24, Rn. 10; *Rusch*, Grundlagenirrtum, SJZ 2010, 553, 553; *Schwenzer*, in: BSK OR, Vorbem. zu Art. 23–31, Rn. 14; *dies.*, OR AT, Rn. 39.44; *Zindel/Pulver/Schott*, in: BSK OR, Art. 368, Rn. 80.

1166 *Hürlimann/Siegenthaler*, in: CHK OR, Art. 368, Rn. 15; *Huguenin*, OR, Rn. 324, 521, 604; *Rusch*, Grundlagenirrtum, SJZ 2010, 553, 553 f., 556.

1167 *Rusch*, Grundlagenirrtum, SJZ 2010, 553, 560.

Der deutsche Exporteur sollte demnach auf eine mögliche Änderung in der Rechtsprechung achten, welche derzeit aber nicht zu erwarten ist. Vorsorglich ist es ihm auch gestattet, die Irrtumsanfechtung vertraglich auszuschließen.[1168]

b. Das Verschuldenserfordernis

Zwar wird die Anfechtung aufgrund der damit zusammenhängenden Schadensersatzpflicht in der Praxis nur selten ausgeübt. Allerdings spielt die Möglichkeit, sich von einem geschlossenen Vertrag doch noch lösen zu können, eine bedeutsame Rolle.[1169] Dies gilt insbesondere, wenn im Ergebnis die Schadensersatzpflicht vermieden werden kann.

Im deutschen Recht existiert eine Kausalhaftung des Irrenden aus § 122 BGB.[1170] Verschulden ist nicht notwendig.[1171] Eine Voraussetzung für die Schadensersatzpflicht im Schweizer Recht ist die Fahrlässigkeit, Art. 26 I OR. Das Verhalten des Erklärenden wird mit einer gewissen Strenge beurteilt.[1172] Im Falle des Erklärungsirrtums ist die Fahrlässigkeit praktisch immer gegeben.[1173] Allerdings muss dies bei einem *Grundlagenirrtum*[1174] nicht der Fall sein.[1175] Schließlich darf der Erklärende die Angaben der anderen Vertragspartei über Eigenschaften des Vertragsgegenstandes ohne Überprüfung akzeptieren.[1176]

Liegt keine Fahrlässigkeit vor, so muss auch kein Schadensersatz gezahlt werden. Macht der deutsche Exporteur bspw. Zusicherungen zu seinen Waren, so kann die Schadensersatzpflicht des Käufers bei einer Anfechtung wegen eines *Grundlagenirrtums* ggf. entfallen. Er kann sich aber schützen, indem er das Anfechtungsrecht vertraglich ausschließt.[1177]

1168 Siehe 2. Teil, B., VII., 1., a., 1), d).

1169 *Bohnstedt*, Vertragsrecht, S. 78.

1170 BGE 69 II 234, 239; *Ellenberger*, in: Palandt, § 122 BGB, Rn. 1; *Schwenzer*, in: BSK OR, Art. 26, Rn. 11; *dies.*, OR AT, Rn. 39.30.

1171 BGE 69 II 234, 239; *Ellenberger*, in: Palandt, § 122 BGB, Rn. 1; *Schmidlin*, in: BK OR, Art. 26, Rn. 3; *Schwenzer*, in: BSK OR, Art. 26, Rn. 2.

1172 BGE 105 II 23, 27; *Schwenzer*, in: BSK OR, Art. 26, Rn. 2; *dies.*, OR AT, Rn. 39.30.

1173 *Schwenzer*, in: BSK OR, Art. 26, Rn. 2; *dies.*, OR AT, Rn. 39.30.

1174 Siehe 2. Teil, B., VII., 1., a., 1), b), (1), (a).

1175 *Schwenzer*, in: BSK OR, Art. 26, Rn. 2; *dies.*, OR AT, Rn. 39.30.

1176 BGE 113 II 25, 29 f.; *Schwenzer*, in: BSK OR, Art. 26, Rn. 2; *dies.*, OR AT, Rn. 39.30.

1177 Siehe 2. Teil, B., VII., 1., a., 1), d).

c. *Die Anfechtungsfrist*

1) Im deutschen Recht

Gem. § 121 I 1 BGB muss eine Anfechtung wegen Irrtums aus § 119 BGB und wegen falscher Übermittlung aus § 120 BGB ohne schuldhaftes Zögern – d. h. unverzüglich – stattfinden, sobald der Anfechtungsberechtigte von dem Anfechtungsgrund Kenntnis erlangt. Bei einer Anfechtung gegenüber einem Abwesenden reicht es gem. § 121 I 2 BGB aus, wenn die Anfechtungserklärung unverzüglich abgeschickt worden ist. *Unverzüglich* bedeutet nicht *sofort*.[1178] Dem Anfechtungsberechtigten muss eine angemessene Prüfungs- und Überlegungsfrist eingeräumt werden.[1179] Als Obergrenze kann i. d. R. eine Frist von zwei Wochen angesehen werden.[1180] Grundsätzlich ist die Zeitspanne allerdings deutlich kürzer zu bemessen.[1181] Sind seit Abgabe der Willenserklärung bereits zehn Jahre verstrichen, so ist gem. § 121 II BGB keine Anfechtung mehr möglich.

2) Im Schweizer Recht

Nach Schweizer Recht gilt gem. Art. 31 I OR, dass eine Anfechtung wegen Irrtums binnen Jahresfrist erklärt werden muss. Diese beginnt ebenfalls mit der Entdeckung, Art. 31 II OR. Allerdings existiert keine absolute Ausschlussfrist[1182], welche jedoch in Analogie zu Art. 127 OR zehn Jahre betragen würde.[1183] Während das Bundesgericht zunächst keine Klärung dieser Frage vorgenommen hat[1184], wurde die absolute Ausschlussfrist später jedoch ausdrücklich verneint.[1185] Die

---

1178 *Armbrüster*, in: MüKo BGB, § 121, Rn. 7; *Ellenberger*, in: Palandt, § 121 BGB, Rn. 3; *Wendtland*, in: Ba/Ro, BeckOK BGB, § 121, Rn. 7.

1179 BGH, NJW 2005, 1869, 1869; *Ellenberger*, in: Palandt, § 121 BGB, Rn. 3.

1180 BAG, NJW 1980, 1302, 1303; OLG Hamm, NJW-RR 1990, 523, 523; *Armbrüster*, in: MüKo BGB, § 121, Rn. 7; *Ellenberger*, in: Palandt, § 121 BGB, Rn. 3; *Wendtland*, in: Ba/Ro, BeckOK BGB, § 121, Rn. 7.1.

1181 *Wendtland*, in: Ba/Ro, BeckOK BGB, § 121, Rn. 7.1.

1182 BGE 114 II 131, 140; *Arnet*, Bemerkungen, AJP 2000, 1162, 1165; *Bucher*, OR AT, S. 213; *Gauch*, Grundlagenirrtum, SAG 1989, 152, 155; *Honsell*, Konkurrenz, SJZ 2007, 137, 140; *Huguenin*, OR, Rn. 580; *A. Koller*, in: Guhl, OR, § 16, Rn. 27; *Oguzman*, L'annulation, SJZ 1963, 265, 267; *Schwenzer*, in: BSK OR, Art. 31, Rn. 13; *dies.*, OR AT, Rn. 39.16.

1183 *Arnet*, Bemerkungen, AJP 2000, 1162, 1165; *Honsell*, OR BT, S. 122; *Huguenin*, OR, Rn. 580; *Schwenzer*, OR AT, Rn. 39.16.

1184 BGE 101 II 203, 210; *Schwenzer*, in: BSK OR, Art. 31, Rn. 13.

1185 BGE 114 II 131, 140; *Schwenzer*, in: BSK OR, Art. 31, Rn. 13.

Literatur[1186] hält die absolute Ausschlussfrist besonders bei bereits vollzogenen Verträgen für notwendig. *Wiegand*[1187] spricht sich sogar für eine Fünfjahresfrist aus. Die Berufung auf einen Irrtum ist gem. Art. 25 I OR jedoch nicht statthaft, wenn sie Treu und Glauben entgegensteht.[1188] Dies ist bspw. der Fall, wenn eine unnütze Rechtsausübung vorliegt oder ein krasses Missverhältnis der Interessen besteht.[1189]

3) Der Vergleich der Rechtsordnungen

Im Ergebnis hat der Erklärende im Schweizer Recht bei Anfechtung wegen Irrtums wesentlich länger Zeit, um diese zu erklären.[1190] Dies liegt zum einen daran, dass nach deutschem Recht unverzüglich nach Entdeckung eine Anfechtung zu erfolgen hat[1191] und das Schweizer Recht eine einjährige Frist gewährt.[1192] Zum anderen existiert nach deutschem Recht eine absolute Ausschlussfrist[1193], welche im Schweizer Recht noch nicht anerkannt ist.[1194] Es entsteht somit eine längere Unsicherheit unter Anwendung des Schweizer Rechts als nach deutschem Recht.

Der deutsche Exporteur hat zwar selbst die Vorteile und kann bspw. länger über die eigene Anfechtung wegen Irrtums nachdenken, aber er muss auch damit rechnen, dass sich der Käufer das Schweizer Recht zunutze macht. Generell sinkt mit dem Voranschreiten der Zeit die Wahrscheinlichkeit, dass der deutsche Exporteur ggf. das Risiko auf seinen Lieferanten überwälzen kann.[1195]

1186 *Gauch*, Grundlagenirrtum, SAG 1989, 152, 155 f., 160; *Honsell*, OR BT, S. 122; *ders.*, Konkurrenz, SJZ 2007, 137, 140; *Huguenin*, OR, Rn. 580; *Merz*, Rechtsprechung, ZBJV 1990, 252, 256 ff.; *Schwenzer*, in: BSK OR, Art. 31, Rn. 13; *dies.*, OR AT, Rn. 39.16; *Wiegand*, Picasso-Entscheid, recht 1989, 101, 108; **a. A.** *Oguzman*, L'annulation, SJZ 1963, 265, 269; *Schmidlin*, in: BK OR, Art. 31, Rn. 128.

1187 *Wiegand*, Picasso-Entscheid, recht 1989, 101, 108.

1188 *Gauch*, Sachgewährleistung, recht 2001, 184, 185; *Schwenzer*, in: BSK OR, Art. 31, Rn. 13; *dies.*, OR AT, Rn. 39.17; vgl. *Gauch*, Grundlagenirrtum, SAG 1989, 152, 155.

1189 BGE 132 III 737, 741; BGE 123 III 200, 203; *Huguenin*, OR, Rn. 485.

1190 Siehe 2. Teil, B., VII., 1., c., 2).

1191 Siehe 2. Teil, B., VII., 1., c., 1).

1192 Siehe 2. Teil, B., VII., 1., c., 2).

1193 Siehe 2. Teil, B., VII., 1., c., 1).

1194 Siehe 2. Teil, B., VII., 1., c., 2).

1195 *Wiegand*, Picasso-Entscheid, recht 1989, 101, 104.

2. *Die Anfechtung wegen Wucher*

a. *Im deutschen Recht*

Gem. § 138 II BGB ist ein Rechtsgeschäft insbesondere nichtig, durch das jemand unter Ausbeutung der Zwangslage, der Unerfahrenheit, des Mangels an Urteilsvermögen oder der erheblichen Willensschwäche eines anderen sich oder einem Dritten für eine Leistung Vermögensvorteile versprechen oder gewähren lässt, die in einem auffälligen Missverhältnis zu der Leistung stehen. Dabei ist sowohl der Geld- als auch der Sachwucher umfasst.[1196] Juristische Personen können ebenfalls Bewucherter sein.[1197]

Sind die Tatbestandsmerkmale von § 138 II BGB nicht vollends erfüllt, so könnte das Rechtsgeschäft als wucherähnlich i. S. d. § 138 I BGB zu qualifizieren sein.[1198] Verstößt ein Rechtsgeschäft gegen die guten Sitten, so ist es gem. § 138 I BGB ebenfalls nichtig.

b. *Im Schweizer Recht*

Die Schweizer Norm des Art. 21 I OR setzt ein offenbares Missverhältnis zwischen der Leistung und der Gegenleistung durch einen Vertrag voraus, dessen Abschluss von der einen Partei durch Ausbeutung der Notlage, der Unerfahrenheit oder des Leichtsinns des Vertragspartners herbeigeführt worden ist. Demnach wird die betroffene Partei in eine unterlegene Verhandlungsposition versetzt[1199], welche sich bspw. aus der marktmächtigen Stellung der Gegenpartei ergibt.[1200] Auch für eine juristische Person kann dies zutreffen.[1201]

Wenn ein Fall der Übervorteilung vorliegt, wird regelmäßig davon auszugehen sein, dass die Gegenleistung für die Ware zu hoch ist und demnach der Käufer benachteiligt wird. Es muss aber ebenfalls beachtet werden, dass nicht nur die Hauptleistungspflicht, sondern der Wert aller Leistungen, Rechte und

---

1196 *Armbrüster*, in: MüKo BGB, § 138, Rn. 140.

1197 *Wendtland*, in: Ba/Ro, BeckOK BGB, § 138, Rn. 51; vgl. *Armbrüster*, in: MüKo BGB, § 138, Rn. 149.

1198 BGH, NJW 2003, 1860, 1861; *Armbrüster*, in: MüKo BGB, § 138, Rn. 143; *Mansel*, in: Jauernig, § 138 BGB, Rn. 24.

1199 *G/S/S/E*, OR AT, Rn. 736.

1200 *G/S/S/E*, OR AT, Rn. 737; *Kramer*, in: BK OR, Art. 21, Rn. 39; *Kut*, in: CHK OR, Art. 21, Rn. 15.

1201 BGE 123 III 292, 301; BGer 4A_21/2009 vom 11.03.2009, E. 3.3; *G/S/S/E*, OR AT, Rn. 737; *Kramer*, in: BK OR, Art. 21, Rn. 14; *Kuoni*, Haftungsbegrenzung, Rn. 146; *Kut*, in: CHK OR, Art. 21, Rn. 3; *Schwenzer*, OR AT, Rn. 32.52.

Pflichten zu berücksichtigen ist.[1202] So ist insbesondere auch die Abbedingung der Haftung[1203] in die Waagschale zu legen, sodass sich daraus eine Übervorteilung ergeben kann.[1204]

Dem Übervorteilten steht dann ein Anfechtungsrecht zu, welches gem. Art. 21 I OR innerhalb eines Jahres ausgeübt werden kann. Fristbeginn ist gem. Art. 21 II OR der Vertragsabschluss. Auf den Wegfall bspw. der Notlage wird nicht abgestellt.[1205] Demnach muss der Verletzte sein Recht durch entsprechende Erklärung selbst ausüben[1206] und darf nicht von der Nichtigkeit des Vertrages ausgehen.

Obwohl sich Art. 21 OR nicht zu dem Problem der *Teilunverbindlichkeit*[1207] äußert, ist eine sinngemäße Anwendung passend, sodass der Vertrag nicht vollumfänglich nichtig wird, sondern der Übervorteilte auch nur eine Veränderung verlangen kann[1208], welche sich an den *hypothetischen Parteiwillen* anlehnt.[1209] So kann bspw. das überhöhte Entgelt für eine Leistung angepasst werden.[1210] Auch der Wegfall einer einzigen Klausel – etwa einer Haftungs- oder Freizeichnungsklausel[1211] – ist denkbar.[1212]

Liegt hingegen ein sittenwidriger Vertrag vor, so ist das Geschäft gem. Art. 20 I OR als nichtig anzusehen.

1202 *Huguenin*, OR, Rn. 456; *Keller/Siehr*, Kaufrecht, S. 116; *Kramer*, in: BK OR, Art. 21, Rn. 18; *Kut*, in: CHK OR, Art. 21, Rn. 9.

1203 Siehe 2. Teil, B., XI.

1204 *Keller/Siehr*, Kaufrecht, S. 116; **a. A.** BGE 85 II 402, 412 f.

1205 *Bucher*, OR AT, S. 234; *Huguenin*, OR, Rn. 578; *Kramer*, in: BK OR, Art. 21, Rn. 57; *Schwenzer*, OR AT, Rn. 32.54.

1206 *Bucher*, OR AT, S. 234; *Huguenin/Meise*, in: BSK OR, Art. 21, Rn. 15; *Kut*, in: CHK OR, Art. 21, Rn. 20; *Schwenzer*, OR AT, Rn. 32.54.

1207 Siehe 2. Teil, B., XV., 2., a.

1208 BGE 123 III 292, 300, 305; BGE 78 II 216, 218; *Gauch*, Teilnichtigkeit, recht 1989, 95, 100; *G/S/S/E*, OR AT, Rn. 754; *Huguenin/Meise*, in: BSK OR, Art. 21, Rn. 15; *Huguenin*, OR, Rn. 589; *A. Koller*, in: Guhl, OR, § 7, Rn. 55; *Kramer*, in: BK OR, Art. 21, Rn. 49; *Kut*, in: CHK OR, Art. 21, Rn. 21; *Schraner*, in: ZK OR, Art. 73, Rn. 118; *Schwenzer*, OR AT, Rn. 32.55; **a. A.** BGE 84 II 107, 112.

1209 BGE 123 III 292, 300; *G/S/S/E*, OR AT, Rn. 754; *Huguenin*, OR, Rn. 589; *Schraner*, in: ZK OR, Art. 73, Rn. 118.

1210 BGE 123 III 292, 300; *Huguenin*, OR, Rn. 589; *Kut*, in: CHK OR, Art. 21, Rn. 21.

1211 Siehe 2. Teil, B., XI.

1212 *G/S/S/E*, OR AT, Rn. 754.

c. *Der Vergleich der Rechtsordnungen*

Anders als nach deutschem Recht[1213] führt ein offenbares Missverhältnis nicht automatisch zur Nichtigkeit des Rechtsgeschäftes, sondern dem Übervorteilten steht nach Schweizer Recht[1214] ein Anfechtungsrecht zur Verfügung.[1215] Es ist zu beachten, dass sich der Anfechtungsberechtigte ein Jahr lang ab Vertragsschluss überlegen darf, ob er sein Anfechtungsrecht nutzen möchte[1216], woraus Unsicherheit für den Anfechtungsgegner entsteht. Ist dies der deutsche Exporteur, so ergibt sich an dieser Stelle ein Nachteil für ihn. Er muss während dieser Zeitspanne damit rechnen, dass der Vertrag doch angefochten wird und sein Gewinn nicht verbucht werden kann. Nach Ablauf dieser Zeit wird die Rechtssicherheit allerdings wieder hergestellt.

Möglich ist, dass der Käufer benachteiligt wird und der Vertrag nach deutschem Recht nichtig wäre, sodass er keine Verbindlichkeit für den deutschen Exporteur begründen würde. Nach Schweizer Recht könnte der Vertrag auch mangels Anfechtung in Gänze bestehen bleiben oder lediglich eine einzelne Klausel entfallen[1217], sodass der Verkäufer weiterhin verpflichtet wäre. Je nach Situation würde dies Vor- oder Nachteile für den deutschen Exporteur mit sich bringen, welche aber im Vorfeld kaum vorherzusagen sind.

Es ist theoretisch auch denkbar, dass der deutsche Exporteur die übervorteilte Partei darstellt. Dies ist gegeben, wenn der Käufer nur ein unverhältnismäßig geringes oder gar kein Entgelt anbietet.[1218] Auch in diesem Ausnahmefall sollte die Rechtslage bekannt sein. Der deutsche Exporteur muss dann sein eigenes Anfechtungsrecht innerhalb der Jahresfrist aktiv ausüben und darf nicht von einer automatischen Nichtigkeit ausgehen.

Zwar führt die Möglichkeit, nach den Regeln der *Teilunverbindlichkeit*[1219] den Vertrag aufrechtzuerhalten[1220], zu durchaus sachgerechten Anpassungen. Allerdings ergeben sich erneut Unsicherheiten für beide Parteien, da im Vorfeld nicht unbedingt voraussehbar ist, inwiefern Änderungen eintreten.

1213 Siehe 2. Teil, B., VII., 2., a.

1214 Siehe 2. Teil, B., VII., 2., b.

1215 *Huguenin/Meise*, in: BSK OR, Art. 21, Rn. 15; *Schwenzer*, OR AT, Rn. 32.54; *Wittibschlager*, Einführung, Rn. 407.

1216 Siehe 2. Teil, B., VII., 2., b.

1217 *G/S/S/E*, OR AT, Rn. 754.

1218 *Dies.*, ebenda, Rn. 735.

1219 Siehe 2. Teil, B., XV., 2., a.

1220 Siehe 2. Teil, B., VII., 2., b.

Die hohen Beweisanforderungen und die zeitliche Komponente sorgen jedoch dafür, dass die Bestimmung in der Praxis nur wenig bedeutend ist.[1221] Die Gefahr, die von dieser Norm ausgeht, ist für den deutschen Exporteur demnach von untergeordneter Bedeutung. Liegt ein Rechtsgeschäft vor, welches gegen die guten Sitten verstößt, so ist es sowohl nach deutschem[1222] als auch nach Schweizer Recht[1223] nichtig.

VIII. Der Sachmangelbegriff

1. Allgemeines

Sowohl die Ansprüche wegen Nichterfüllung als auch die Mängelgewährleistungsansprüche sollen den Konflikt zwischen Käufer und Verkäufer lösen.[1224] Der Käufer ist daran interessiert, die Mängelgewährleistungsrechte schnell und unkompliziert geltend machen zu dürfen, sodass für ihn eine niedrige Schwelle bzw. ein weiter Anwendungsbereich vorteilhaft ist.[1225] Der Verkäufer wünscht jedoch die Vermeidung der Gewährleistungshaftung und demnach hohe Schwellen für das Vorliegen eines Mangels.[1226] Folglich ist von entscheidender Bedeutung, welcher Sachmangelbegriff zugrunde gelegt wird.

Der Sachmangelbegriff des Schweizer Rechts weist viele Gemeinsamkeiten mit demjenigen aus § 434 BGB auf[1227], ist aber z. T. enger gefasst.[1228] Dies hat zur Folge, dass nach Schweizer Recht einige Fälle als Nichterfüllung angesehen werden, während im deutschen Recht Schlechterfüllung vorliegt.[1229] Der Käufer hat dann nur einen Vertragserfüllungsanspruch.[1230] Allerdings kann auch der umgekehrte Fall vorliegen.[1231] Der deutsche Exporteur sollte demnach die unterschiedliche Verwendung des Sachmangelbegriffs kennen.

1221 *Schwenzer*, OR AT, Rn. 32.48; vgl. *Wendtland*, in: Ba/Ro, BeckOK BGB, § 138, Rn. 40.

1222 Siehe 2. Teil, B., VII., 2., a.

1223 Siehe 2. Teil, B., VII., 2., b.

1224 *Giesecke*, Rechtswahl, S. 21.

1225 *Dies.*, ebenda, S. 73 f.

1226 *Dies.*, ebenda, S. 74.

1227 *Dies.*, ebenda, S. 75 ff.; *Richter*, AGB, S. 121; *Voser/Boog*, Schweizer Recht, RIW 2009, 126, 129.

1228 *Giesecke*, Rechtswahl, S. 75 ff.; *Voser/Boog*, Schweizer Recht, RIW 2009, 126, 129.

1229 *Voser/Boog*, Schweizer Recht, RIW 2009, 126, 129; siehe 2. Teil, B., VIII., 2., b. und c.

1230 BGE 121 III 453, 458 f.; *Honsell*, OR BT, S. 131; *Voser/Boog*, Schweizer Recht, 2009, S. 129.

1231 Siehe 2. Teil, B., VIII., 2., a.

2. *Im Kaufrecht*

a. Mängelbegründende Eigenschaften

1) Allgemeines

Im Bereich der mängelbegründenden Eigenschaften geht es um die Frage, inwieweit ein Mangel der Sache anhaften muss.[1232] Je weiter der Bezug zwischen Sache und Mangel sein kann, desto mehr Eigenschaften sind in der Lage, einen Mangel zu begründen, was wiederum zu den Mängelgewährleistungsrechten führt und Vorteile für den Käufer haben kann.[1233]

2) Im deutschen Recht

Nach deutschem Recht ist grundsätzlich zwar ein mittelbarer Bezug zwischen Sache und Eigenschaft ausreichend.[1234] Die Frage, ob jeder tatsächliche Bezug zur Umwelt einen Mangel begründen kann, ist jedoch noch ungeklärt.[1235] Während sich die Literatur[1236] dafür ausspricht, hat die Rechtsprechung[1237] noch kein richtungsweisendes Urteil gefällt. Zwar verfügt das deutsche Recht auch über ähnliche Institute wie selbständige Garantieverträge oder -zusagen[1238], wie bereits aus § 443 BGB hervorgeht. Jedoch handelt es sich dann nicht mehr um den Bereich der klassischen Mängelgewährleistung[1239], und es müssen noch zusätzliche, oftmals strengere Voraussetzungen erfüllt sein.[1240]

1232 *Giesecke*, Rechtswahl, S. 78; *Redeker*, Verkäuferhaftung, NJW 2012, 2471, 2472; *Weidenkaff*, in: Palandt, § 434 BGB, Rn. 11.

1233 *Giesecke*, Rechtswahl, S. 78.

1234 *Dies.*, ebenda; *Redeker*, Verkäuferhaftung, NJW 2012, 2471, 2472; *Weidenkaff*, in: Palandt, § 434 BGB, Rn. 10.

1235 BT-Drs. 14/6040, S. 213; *Schulze/Ebers*, Streitfragen, JuS 2004, 462, 462; *Weidenkaff*, in: Palandt, § 434 BGB, Rn. 11.

1236 *Berger*, in: Jauernig, § 434 BGB, Rn. 6; *Redeker*, Verkäuferhaftung, NJW 2012, 2471, 2473 f.; *Schulze/Ebers*, Streitfragen, JuS 2004, 462, 463; *Westermann*, in: MüKo BGB, § 434, Rn. 9; **a. A.** *Faust*, in: Ba/Ro, BeckOK BGB, § 434, Rn. 30.

1237 BGH, NJW 2016, 2874, 2874; BGH, NJW 2013, 1948, 1949; BGH, NJW 2011, 1217, 1218.

1238 *Berger*, in: Jauernig, § 434 BGB, Rn. 6; *Giesecke*, Rechtswahl, S. 30, 79; *Weidenkaff*, in: Palandt, § 443 BGB, Rn. 9.

1239 *Giesecke*, Rechtswahl, S. 79; *Weidenkaff*, in: Palandt, § 443 BGB, Rn. 12.

1240 *Giesecke*, Rechtswahl, S. 79; vgl. *Weidenkaff*, in: Palandt, § 443 BGB, Rn. 10.

3) Im Schweizer Recht

Das Schweizer Recht hingegen erlaubt auch rein wirtschaftliche Beziehungen, ohne dass ein rechtlicher oder tatsächlicher Bezug zur Sache vorhanden sein muss.[1241] Der Wortlaut des Art. 197 I OR spricht zunächst gegen die Berücksichtigung wirtschaftlicher Mängel.[1242] Jedoch gewährt Art. 197 I OR den Parteien auch die Freiheit, wirtschaftliche Aspekte als zugesicherte Eigenschaft zu vereinbaren.[1243] Eigenschaften können schließlich rechtlicher, körperlicher oder wirtschaftlicher Art sein.[1244] Demnach sind auch bloß mittelbar anhaftende Eigenschaften wie die Rendite (etwa Mietzins oder Umsatz) in der Lage, einen Sachmangel zu begründen.[1245] Die tägliche Leistungskapazität einer Maschine[1246] sowie die Anzahl der gefahrenen Kilometer[1247] zählen ebenfalls dazu. Es sind jedoch auch strikte Verbindlichkeitsvoraussetzungen zu beachten.[1248] Eine derartige Zusicherung liegt vor, wenn der Verkäufer ausdrücklich oder konkludent[1249], in ernsthafter und verbindlicher Weise ausdrückt, dass der Kaufsache bestimmte und objektiv nachprüfbare Eigenschaften anhaften.[1250] Fehlt dann die zugesicherte Eigenschaft, liegt immer ein Mangel vor.[1251]

1241 BGE 87 II 244, 245; *Giesecke*, Rechtswahl, S. 78; *Honsell*, in: BSK OR, Art. 197, Rn. 2; *Keller/Siehr*, Kaufrecht, S. 73, 78; *Voser/Boog*, Schweizer Recht, RIW 2009, 126, 129; **a. A.** *Müller-Chen*, CHK OR, Art. 197, Rn. 21.

1242 *Akikol*, Sachmängelhaftung, Rn. 163; *Giesecke*, Rechtswahl, S. 40 f.

1243 *Akikol*, Sachmängelhaftung, Rn. 163; *Giesecke*, Rechtswahl, S. 41; *Honsell*, in: BSK OR, Art. 197, Rn. 2; *von Büren*, OR BT, S. 25.

1244 BGE 87 II 244, 245; *Akikol*, Sachmängelhaftung, Rn. 158; *Giesecke*, Rechtswahl, S. 41; *Honsell*, in: BSK OR, Art. 197, Rn. 2; *Huguenin*, OR, Rn. 2609; *Keller/Siehr*, Kaufrecht, S. 73; *A. Koller*, in: Guhl, OR, § 42, Rn. 11; *Müller-Chen*, in: CHK OR, Art. 197, Rn. 14; *Voser/Boog*, Schweizer Recht, RIW 2009, 126, 129.

1245 BGE 87 II 244, 245; BGE 81 II 207, 209; BGer 4A_237/2009 vom 26.10.2009, E. 5.1; *Giesecke*, Rechtswahl, S. 41; *Honsell*, OR BT, S. 82; *A. Koller*, in: Guhl, OR, § 42, Rn. 11; *von Büren*, OR BT, S. 25; vgl. *Müller-Chen*, in: CHK OR, Art. 197, Rn. 14.

1246 BGE 26 II 739, 741; *Akikol*, Sachmängelhaftung, Rn. 1128.

1247 BGE 87 II 244, 245; BGE 71 II 239, 240 f.

1248 *Giesecke*, Rechtswahl, S. 78.

1249 *Dies.*, ebenda, S. 42; *Keller/Siehr*, Kaufrecht, S. 74; *Müller-Chen*, in: CHK OR, Art. 197, Rn. 14.

1250 BGE 109 II 24, 24; BGE 104 II 265, 267 f.; BGE 88 II 410, 416; BGer 4A_237/2009 vom 26.10.2009, E. 5.1; *Giesecke*, Rechtswahl, S. 42; *Keller/Siehr*, Kaufrecht, S. 73 f.

1251 *Giesecke*, Rechtswahl, S. 43.

4) Der Vergleich der Rechtsordnungen

Während nach deutschem Recht noch ungeklärt ist, ob jeder tatsächliche Bezug zur Umwelt in der Lage ist, einen Mangel zu begründen[1252], reicht dieser nach Schweizer Recht aus.[1253] Im Wirtschaftsleben kann dieser Möglichkeit enorme Bedeutung beigemessen werden, da auch die Ertragskraft von mehreren zusammen verkauften Produkten eine wichtige Rolle spielt.[1254] Bei entsprechender Marktmacht des Käufers ist dieser in der Lage, sein Verwendungsrisiko im Zusammenhang mit bspw. der Ertragskraft der Sache dem Verkäufer aufzuerlegen.[1255]

Im Bereich der mängelbegründenden Eigenschaften stellt sich das Schweizer Recht demnach als besonders käuferfreundlich und im Umkehrschluss als nachteilig für den Verkäufer heraus.[1256] Der deutsche Exporteur sollte demnach darauf achten, dass er weder ausdrücklich noch konkludent bspw. eine Ertragskraft zusichert, deren Fehlen dann zu den Mängelgewährleistungsansprüchen führen kann.

b. Die Lieferung einer falschen Sache

1) Der Vergleich der Rechtsordnungen

Als *aliud* wird eine Sache bezeichnet, welche nicht zu der geschuldeten Gattung gehört.[1257] *Peius* ist eine Sache mit Mangel, welche allerdings der vereinbarten Gattung zugeordnet werden kann.[1258] Wird nach deutschem Recht eine falsche Sache – also ein *aliud* – geliefert, so gilt dies gem. § 434 III BGB als Sachmangel. Im Schweizer Recht muss hingegen differenziert werden: Ist eine Stückschuld vereinbart, so führt die Lieferung einer falschen Sache auch hier zu den Gewährleistungsrechten.[1259] Beim Gattungskauf jedoch liegt keine Schlecht-, sondern

---

1252 Siehe 2. Teil, B., VIII., 2., a., 2).

1253 Siehe 2. Teil, B., VIII., 2., a., 3).

1254 *Giesecke*, Rechtswahl, S. 78.

1255 *Dies.*, ebenda, S. 79.

1256 *Dies.*, ebenda, S. 78.

1257 *Akikol*, Sachmängelhaftung, Rn. 105; *Gelzer*, Wünschbarkeit, S. 66; *Giesecke*, Rechtswahl, S. 46; *Honsell*, in: BSK OR, Art. 206, Rn. 2; *ders.*, OR BT, S. 81, 129; *Huguenin*, OR, Rn. 2588; *Wittibschlager*, Einführung, Rn. 328.

1258 *Akikol*, Sachmängelhaftung, Rn. 105; *Giesecke*, Rechtswahl, S. 46; *Honsell*, OR BT, S. 81, 129; *Huguenin*, OR, Rn. 2589; *Kramer*, aliud-Lieferung, recht 1997, 78, 79.

1259 BGE 121 III 453, 455; BGE 82 II 411, 416; *Akikol*, Sachmängelhaftung, Rn. 198; *Honsell*, in: BSK OR, Art. 197, Rn. 2; *ders.*, OR BT, S. 81; *Keller/Siehr*, Kaufrecht, S. 17, 30; *Kramer*, aliud-Lieferung, recht 1997, 78, 79; *von Tuhr/Escher*, OR AT, S. 2; **a. A.** *Birkhäuser/Schmid*, in: M/B/K/P, Vertragshandbuch, Kap. 20, Rn. 9.3; *Bucher*, OR

Nichterfüllung vor[1260], da die Kaufsache nicht abgeliefert wird.[1261] Im Ergebnis muss dies wie ein Schuldnerverzug behandelt werden.[1262]

Tab. 2: Die Lieferung einer falschen Sache

	D	**CH**
Stückschuld	Schlechterfüllung	Schlechterfüllung
Gattungsschuld	**Schlechterfüllung**	**Nichterfüllung**

2) Die Abgrenzung von aliud und peius im Schweizer Recht

a) Allgemeines

Im Schweizer Recht ist eine Gleichstellung von *aliud*- und *peius*-Leistung unbekannt.[1263] Diese Unterscheidung beim Gattungskauf kann zu Schwierigkeiten führen.[1264] Es ist von entscheidender Bedeutung, ob nur eine vorgesehene Eigenschaft fehlt oder ob die Sache sogar einer anderen Gattung angehört[1265], da nur mit gattungsgemäßer Ware erfüllt werden kann.[1266] Die vorliegende Frage ist

---

BT, S. 115; *Gelzer*, in: M/B/K/P, Vertragshandbuch, Kap. 18, Rn. 7.1; *ders.*, Wünschbarkeit, S. 66; *Giesecke*, Rechtswahl, S. 59; *Lanz*, Abgrenzung, recht 1996, 248, 250; differenzierend *Müller-Chen*, CHK OR, Art. 197, Rn. 25.

1260 BGE 121 III 453, 457; BGer 4C_204/2002 vom 09.10.2003, E. 5.1; *Akikol*, Sachmängelhaftung, Rn. 105; *Gelzer*, in: M/B/K/P, Vertragshandbuch, Kap. 18, Rn. 7.1; *ders.*, Unterscheidung, AJP 1997, 703, 703; *G/S/S/E*, OR AT, Rn. 2634; *Honsell*, OR BT, S. 81, 129; *Huguenin*, OR, Rn. 2588, 3160; *Keller/Siehr*, Kaufrecht, S. 17, 30, 77; *Kramer*, aliud-Lieferung, recht 1997, 78, 79; *Kren Kostkiewicz*, in: K/W/A/F, OR Handkommentar, Art. 206, Rn. 2; *von Tuhr/Escher*, OR AT, S. 2; *Voser/Boog*, Schweizer Recht, RIW 2009, 126, 129; *Wittibschlager*, Einführung, Rn. 328.

1261 *Lanz*, Abgrenzung, recht 1996, 248, 253 f.

1262 BGE 121 III 453, 458; BGer 4C_204/2002 vom 09.10.2003, E. 5.1; *Akikol*, Sachmängelhaftung, Rn. 105; *Huguenin*, OR, Rn. 2588; *Keller/Siehr*, Kaufrecht, S. 77.

1263 *Akikol*, Sachmängelhaftung, Rn. 196; *Giesecke*, Rechtswahl, S. 59; *Honsell*, in: BSK OR, Art. 206, Rn. 3; *ders.*, OR BT, S. 81, 129; *Müller-Chen*, CHK OR, Art. 197, Rn. 26.

1264 *Akikol*, Sachmängelhaftung, Rn. 202; *Bucher*, OR BT, S. 118; *Fountoulakis*, Choice, EJLR 2005, 303, 308; *Gelzer*, in: M/B/K/P, Vertragshandbuch, Kap. 18, Rn. 7.1; *ders.*, Wünschbarkeit, S. 69; *Honsell*, in: BSK OR, Art. 206, Rn. 2; *Huguenin*, OR, Rn. 2587; *Müller-Chen*, in: CHK OR, Art. 197, Rn. 26, Art. 206, Rn. 2.

1265 *Akikol*, Sachmängelhaftung, Rn. 105; *Gelzer*, in: M/B/K/P, Vertragshandbuch, Kap. 18, Rn. 7.1; *ders.*, Unterscheidung, AJP 1997, 703, 703; *Giesecke*, Rechtswahl, S. 80; *Honsell*, OR BT, S. 129.

1266 *Lanz*, Abgrenzung, recht 1996, 248, 251.

dabei theoretisch wie praktisch nur schwer zu beantworten.[1267] Schließlich lässt sich der Gattungsbegriff beliebig weit oder eng fassen.[1268] Das Gesetz schweigt zu dieser Thematik.[1269]

Anhand eines Beispiels aus der Schweizer Rechtsprechung[1270] lässt sich die einfach erscheinende Problematik verdeutlichen: Der Käufer erwarb einen Hubstapler eines bestimmten Typs mit einem Automatikgetriebe. Geliefert wurde jedoch ein Hubstapler mit Handschaltgetriebe. Fraglich war, ob die Sache einer anderen Gattung angehört und demnach eine Nichterfüllung vorliegt oder ob die Sache lediglich einen Mangel aufweist, welcher zu den Sachmängelgewährleistungsansprüchen führt.[1271] Das Gericht entschied, dass das Automatikgetriebe in diesem Fall als Gattungsmerkmal anzusehen sei und im Ergebnis eine Nichterfüllung vorliege.[1272] Auch handelt es sich nach Schweizer Recht bereits um eine Nichterfüllung, wenn ein *Jaguar Mk X Model 1963* anstatt eines *Jaguar Modell 1964* geliefert wird.[1273]

b) Der relative und der abstrakte Gattungsbegriff

Da der relative Gattungsbegriff anzuwenden ist, wird die Frage, ob die Sache noch dieser Gattung entspricht, nicht durch abstrakte, objektive Kriterien bestimmt, sondern ist vorrangig aufgrund der Umschreibung des Vertragsgegenstandes zu entscheiden.[1274] Schließlich können die Parteien sowohl die geschuldete Sache[1275] als auch deren Eigenschaften[1276] autonom festlegen. Dies ergibt sich aus

---

1267 *Akikol*, Sachmängelhaftung, Rn. 105; *Keller/Siehr*, Kaufrecht, S. 30; *Lanz*, Abgrenzung, recht 1996, 248, 248.

1268 BGE 121 III 453, 456; *Gelzer*, Unterscheidung, AJP 1997, 703, 707; *Honsell*, in: BSK OR, Art. 206, Rn. 2; *ders.*, OR BT, S. 129; *Huguenin*, OR, Rn. 2380; *Lanz*, Abgrenzung, recht 1996, 248, 252; *Schwenzer*, OR AT, Rn. 8.04.

1269 *Gelzer*, Wünschbarkeit, S. 67.

1270 BGE 121 III 453.

1271 Siehe 2. Teil, B., VIII., 2., b., 1).

1272 BGE 121 III 453, 459.

1273 BGE 94 II 26, 29 ff.; *Bucher*, OR BT, S. 118; *Fountoulakis*, Choice, EJLR 2005, 303, 308.

1274 BGE 121 III 453, 456 f.; BGE 94 II 26, 30; *Akikol*, Sachmängelhaftung, Rn. 202; *Lanz*, Abgrenzung, recht 1996, 248, 252; *Schwenzer*, OR AT, Rn. 8.04.

1275 BGE 121 III 453, 456 f.; BGE 94 II 26, 30; *Akikol*, Sachmängelhaftung, Rn. 202; *Giesecke*, Rechtswahl, S. 60; *Honsell*, OR BT, S. 130.

1276 BGE 121 III 453, 456; *Gelzer*, Wünschbarkeit, S. 64; *Huguenin*, OR, Rn. 677; *Schwenzer*, OR AT, Rn. 8.04.

der Vertragsfreiheit und der Privatautonomie.[1277] Die Parteien bestimmen die Gattung durch Qualität in Form von Eigenschaften und Quantität.[1278] Mit zunehmender Wichtigkeit einer Eigenschaft für den Käufer, welche aber für den Verkäufer erkennbar sein muss, wird es sich regelmäßig um eine Gattung handeln.[1279] Dabei ist davon auszugehen, dass sich die Parteien weder über ihre Fähigkeit, die Rechtsfolgen durch Vereinbarung von Eigenschaften bestimmen zu können, noch über die Rechtsfolgen an sich[1280] bewusst sind. Mangels expliziter Parteiabrede entscheidet die Auslegung[1281], welche Kategorie anzunehmen ist[1282], wodurch wieder Rechtsunsicherheit auftritt, die es jedoch im Interesse beider Parteien zu vermeiden gilt.

Ein Teil der Schweizer Lehre[1283] nimmt die Abgrenzung von *aliud* und *peius* unter Verwendung der Kriterien *Verkehrsauffassung* und *Verwendungszweck* vor. Auch historische Gründe sprechen dafür.[1284] Dabei würde es sich jedoch um einen abstrakten Gattungsbegriff handeln[1285], welcher lediglich angewandt werden sollte, wenn ein übereinstimmender Wille der Parteien nicht festgestellt werden kann.[1286] Somit wird primär durch den Parteiwillen und erst sekundär durch die Verkehrsauffassung entschieden, ob von einem *aliud* oder einem *peius* auszugehen ist.[1287] Diese Unterscheidung gestaltet sich zuweilen immer noch schwierig.[1288] Häufig kann im Vorfeld auch nur schwer bestimmt werden, welcher Kategorie der Richter die jeweilige Sache zuordnen wird.[1289]

1277 *Lanz*, Abgrenzung, recht 1996, 248, 252.

1278 *Bucher*, OR AT, S. 103 f.; *Lanz*, Abgrenzung, recht 1996, 248, 252; *Schraner*, in: ZK OR, Art. 71, Rn. 12; *Weber*, in: BK OR, Art. 71, Rn. 16.

1279 *Akikol*, Sachmängelhaftung, Rn. 203; *Bucher*, OR BT, S. 118; *Lanz*, Abgrenzung, recht 1996, 248, 253.

1280 Siehe 2. Teil, B., VIII., 2., b., 3).

1281 Siehe 2. Teil, B., II., 6.

1282 *Lanz*, Abgrenzung, recht 1996, 248, 253.

1283 *Gelzer*, Unterscheidung, AJP 1997, 703, 707; *Honsell*, OR BT, S. 130; *Huguenin*, OR, Rn. 2591; *Schraner*, in: ZK OR, Art. 71, Rn. 13.

1284 *Gelzer*, Unterscheidung, AJP 1997, 703, 707.

1285 *Lanz*, Abgrenzung, recht 1996, 248, 252.

1286 BGE 121 III 453, 457; *Lanz*, Abgrenzung, recht 1996, 248, 252.

1287 *Honsell*, OR BT, S. 38, 127; *Lanz*, Abgrenzung, recht 1996, 248, 253.

1288 *Gelzer*, Unterscheidung, AJP 1997, 703, 707; *Honsell*, OR BT, S. 129; *Lanz*, Abgrenzung, recht 1996, 248, 248.

1289 *Akikol*, Sachmängelhaftung, Rn. 203.

Ungeachtet der gesetzlichen Vorgaben sind die Parteien auch in der Lage, die unrichtige Leistung als Erfüllung wirken zu lassen.[1290] Erfüllung ist gegeben, wenn der Schuldner die nach Gegenstand, Zeit und Ort richtige Leistung an den Gläubiger erbringt.[1291]

c) Die Gleichbehandlung von aliud und peius

Schließlich fordert ein Teil der Lehre[1292] eine Gleichbehandlung von Schlecht- und Falschlieferung beim Gattungskauf.[1293] Die Abgrenzung der beiden Kategorien wird als unpraktikabel eingestuft[1294] und vermindere die Rechtssicherheit in Form von Vorhersehbarkeit und Berechenbarkeit.[1295] Es sei festzuhalten, dass die gesetzliche Regelung keine Kompatibilität mehr mit den Bedürfnissen des Handelsverkehrs habe, sodass die Unterscheidung zwischen der *aliud*- und *peius*-Lieferung als unnötig zu qualifizieren sei.[1296] Schließlich bekomme der Käufer in keinem Fall die geschuldete Ware.[1297] Außerdem habe der Verkäufer stets ein Interesse an der raschen Feststellung der Rechtslage, sodass die Mängelrüge gem. Art. 201 OR[1298] und die kurze Verjährungsfrist gem. Art. 210 OR[1299] auch auf die Fälle der *aliud*-Lieferung angewandt werden müssten.[1300] Dies gelte insbesondere, da Falschlieferungen und Mengenfehler[1301]

1290 *Von Tuhr/Escher*, OR AT, S. 2 f.

1291 *A. Koller*, in: Guhl, OR, § 29, Rn. 1.

1292 *Akikol*, Sachmängelhaftung, Rn. 206; *Gelzer*, in: M/B/K/P, Vertragshandbuch, Kap. 18, Rn. 7.2; *ders.*, Unterscheidung, AJP 1997, 703, 708; *ders.*, Wünschbarkeit, S. 19; *A. Koller*, in: Guhl, OR, § 42, Rn. 13, 62; *Kramer*, aliud-Lieferung, recht 1997, 78, 82; *Müller-Chen*, in: CHK OR, Art. 197, Rn. 26, Art. 206, Rn. 3; **a. A.** BGE 121 III 453, 458; *G/S/S/E*, OR AT, Rn. 2635; *Honsell*, in: BSK OR, Art. 206, Rn. 3; *ders.*, OR BT, S. 81; *Keller/Siehr*, Kaufrecht, S. 30; *Lanz*, Abgrenzung, recht 1996, 248, 254.

1293 *Akikol*, Sachmängelhaftung, Rn. 215; *Honsell*, OR BT, S. 130; *A. Koller*, in: Guhl, OR, § 42, Rn. 13.

1294 *Gelzer*, Unterscheidung, AJP 1997, 703, 707; *Kramer*, aliud-Lieferung, recht 1997, 78, 82; *Müller-Chen*, in: CHK OR, Art. 206, Rn. 3.

1295 *Akikol*, Sachmängelhaftung, Rn. 211; *Gelzer*, Unterscheidung, AJP 1997, 703, 707.

1296 *Fountoulakis*, Choice, EJLR 2005, 303, 311; *Gelzer*, in: M/B/K/P, Vertragshandbuch, Kap. 18, Rn. 7.2; *ders.*, Wünschbarkeit, S. 69.

1297 *Akikol*, Sachmängelhaftung, Rn. 208; *Gelzer*, in: M/B/K/P, Vertragshandbuch, Kap. 18, Rn. 7.2; *ders.*, Unterscheidung, AJP 1997, 703, 708.

1298 Siehe 2. Teil, B., IX.

1299 Siehe 2. Teil, B., XIV., 3.

1300 *Gelzer*, Wünschbarkeit, S. 68; *ders.*, Unterscheidung, AJP 1997, 703, 708; *Kramer*, aliud-Lieferung, recht 1997, 78, 81; **a. A.** *Lanz*, Abgrenzung, recht 1996, 248, 254.

1301 Siehe 2. Teil, B., VIII., 2., c.

grundsätzlich leichter und schneller zu erkennen sein dürften als Qualitätsabweichungen, sodass vom Käufer auch ein rasches Handeln verlangt werden könne.[1302] Des Weiteren wird kritisiert, dass die Einstufung als Stück- oder Gattungsschuld nicht solche erheblichen Unterschiede hervorrufen dürfe, wenn ein und derselbe Mangel betroffen sei.[1303]

Neben diesen dargestellten Ansichten existieren auch noch diverse vermittelnde Auffassungen.[1304] Zum jetzigen Zeitpunkt ist nicht damit zu rechnen, dass sich das Bundesgericht einer dieser Meinungen anschließen wird, sodass weiterhin von der derzeitigen Rechtslage auszugehen ist und eine Gleichbehandlung von *aliud* und *peius* abgelehnt wird.

3) Die Folgen nach Schweizer Recht

Zu klären bleibt, welche Konsequenzen sich für Verkäufer und Käufer aus der unterschiedlichen Behandlung von Falschleistung (*aliud*) und Schlechtleistung (*peius*) ergeben.[1305] Da das Schweizer Recht einen sehr engen Gattungsbegriff anlegt, gelangt der Käufer zulasten des Verkäufers schnell zu Nichterfüllungsansprüchen[1306], welche regelmäßig günstiger für den Käufer sind als die Rechte wegen eines Sachmangels.[1307]

Bei der Falschleistung behält der Käufer den ursprünglichen Erfüllungsanspruch[1308], der keine Identität mit dem Ersatzlieferungsanspruch aus Art. 206 I OR[1309] aufweist.[1310] Der Rücktritt ist nur über Art. 107 II OR und 190 I OR möglich.[1311] Wird lediglich eine Nebenpflicht verletzt, entsteht noch kein Rücktrittsrecht wegen Nichterfüllung gem. Art. 107 II 3. Var. OR für den Käufer.[1312]

1302 *Akikol*, Sachmängelhaftung, Rn. 1122; *Gelzer*, Wünschbarkeit, S. 68; *ders.*, Unterscheidung, AJP 1997, 703, 706, 708.

1303 *Gelzer*, Wünschbarkeit, S. 68; *Honsell*, OR BT, S. 129; *Kramer*, aliud-Lieferung, recht 1997, 78, 82 f.

1304 Siehe *Akikol*, Sachmängelhaftung, Rn. 205.

1305 *G/S/S/E*, OR AT, Rn. 2634.

1306 *Akikol*, Sachmängelhaftung, Rn. 1119; *Giesecke*, Rechtswahl, S. 82.

1307 *Akikol*, Sachmängelhaftung, Rn. 192; *Giesecke*, Rechtswahl, S. 82.

1308 *Akikol*, Sachmängelhaftung, Rn. 192, 200; *Honsell*, in: BSK OR, Art. 206, Rn. 3; *ders.*, OR BT, S. 81, 131; *Keller/Siehr*, Kaufrecht, S. 77; *Kren Kostkiewicz*, in: K/W/A/F, OR Handkommentar, Art. 206, Rn. 2.

1309 Siehe 2. Teil, B., X., 3., a., 2).

1310 *Honsell*, in: BSK OR, Art. 206, Rn. 3; *ders.*, OR BT, S. 131.

1311 *Akikol*, Sachmängelhaftung, Rn. 200; *Honsell*, OR BT, S. 131.

1312 *Furrer/Wey*, in: CHK OR, Art. 107, Rn. 12, Art. 109, Rn. 4; *Giesecke*, Rechtswahl, S. 215; *Wiegand*, in: BSK OR, Art. 107, Rn. 4.

Allerdings liegt bei einer *aliud*-Lieferung immer eine Verletzung der Hauptpflicht vor, sodass der Käufer ein Rücktrittsrecht erhält.[1313] Vorher bedarf es aber zwingend einer Nachfristsetzung[1314], was für den Käufer nachteilig ist.[1315] Im Gegensatz dazu verlangt Art. 206 II OR für das Sachmängelrecht keine Nachfristsetzung.[1316] Positiv ist für den Käufer wiederum, dass die Prüfungs- und Rügeobliegenheit[1317] keine Rolle spielt.[1318] Es ist davon auszugehen, dass der vorsichtige Käufer jedoch bei jedem Fall nicht vertragskonformer Ware eine Mängelrüge erheben wird.[1319]

Des Weiteren existieren Unterschiede in Bezug auf die Verjährung.[1320] Für den Erfüllungsanspruch gilt die zweijährige Verjährungsfrist aus Art. 210 I OR nicht.[1321] Stattdessen findet Art. 127 OR mit seiner zehnjährigen Verjährungsfrist[1322] Anwendung.[1323] Auch Schadensersatzansprüche müssen sich z. B. nicht mit den kurzen Fristen aus dem Gewährleistungsrecht begnügen.[1324] Demnach ist die Verjährungsfrist bei Nichterfüllungstatbeständen länger als bei Ansprüchen

---

1313 *Giesecke*, Rechtswahl, S. 215.

1314 BGE 121 III 453, 458 f.; *Akikol*, Sachmängelhaftung, Rn. 200; *Furrer/Wey*, in: CHK OR, Art. 109, Rn. 12; *Gelzer*, Unterscheidung, AJP 1997, 703, 703; *Giesecke*, Rechtswahl, S. 59 f.; *G/S/S/E*, OR AT, Rn. 2634; *Honsell*, in: BSK OR, Art. 206, Rn. 3; *ders.*, OR BT, S. 81, 131; *Kren Kostkiewicz*, in: K/W/A/F, OR Handkommentar, Art. 206, Rn. 2; *Lanz*, Abgrenzung, recht 1996, 248, 254; *Ostendorf*, in: Ostendorf/Kluth, Wirtschaftsverträge, § 16, Rn. 24.

1315 *Honsell*, OR BT, S. 131; *Lanz*, Abgrenzung, recht 1996, 248, 254.

1316 BGE 121 III 453, 458 f.; *Giesecke*, Rechtswahl, S. 59 f.; *Honsell*, OR BT, S. 131; *Ostendorf*, in: Ostendorf/Kluth, Wirtschaftsverträge, § 16, Rn. 24.

1317 Siehe 2. Teil, B., IX.

1318 BGE 40 II 480, 488; *Akikol*, Sachmängelhaftung, Rn. 192; *Giesecke*, Rechtswahl, S. 59, 80 f.; *G/S/S/E*, OR AT, Rn. 2634; *Honsell*, in: BSK OR, Art. 206, Rn. 3; *ders.*, OR BT, S. 131; *A. Koller*, in: Guhl, OR, § 42, Rn. 13; *Lanz*, Abgrenzung, recht 1996, 248, 254; vgl. *Gelzer*, Unterscheidung, AJP 1997, 703, 703.

1319 *Lanz*, Abgrenzung, recht 1996, 248, 255.

1320 *Giesecke*, Rechtswahl, S. 80; siehe 2. Teil. B., XIV.

1321 *Akikol*, Sachmängelhaftung, Rn. 192; *Giesecke*, Rechtswahl, S. 81; *G/S/S/E*, OR AT, Rn. 2634; *Honsell*, in: BSK OR, Art. 206, Rn. 3; *ders.*, OR BT, S. 96, 131; *A. Koller*, in: Guhl, OR, § 39, Rn. 7; *Lanz*, Abgrenzung, recht 1996, 248, 254.

1322 Siehe 2. Teil, B., XIV., 2., b.

1323 *Akikol*, Sachmängelhaftung, Rn. 192; *Fountoulakis*, Choice, EJLR 2005, 303, 309 f.; *Gelzer*, Unterscheidung, AJP 1997, 703, 703 f.; *Giesecke*, Rechtswahl, S. 81.

1324 *Honsell*, OR BT, S. 131; *A. Koller*, in: Guhl, OR, § 39, Rn. 7; vgl. *Furrer/Wey*, in: CHK OR, Art. 107, Rn. 70.

aus Sachmängelgewährleistung.[1325] Außerdem ist der ganze Schaden vom Verschulden des Verkäufers abhängig und nicht nur der mittelbare Schaden i. S. d. Art. 208 III OR.[1326] Dies wiederum ist für den deutschen Exporteur von Vorteil.

Letztendlich ergibt sich, dass die Regelungen zur Sachgewährleistung z. T. eine Besserstellung für den Käufer bedeuten, ihn mitunter aber auch schlechter stellen als die allgemeinen Rechtsbehelfe.[1327] Dies trifft im Umkehrschluss ebenso für den deutschen Exporteur zu.

4) Die Vertragsgestaltung

Im Ergebnis lässt sich festhalten, dass die Unterscheidung zwischen Falsch- und Schlechtlieferung von erheblicher Bedeutung ist.[1328] Die Abgrenzungsschwierigkeiten können sowohl für den Verkäufer als auch für den Käufer zu Nachteilen führen. Es gilt, die entstehenden Rechtsunsicherheiten[1329] für beide Parteien zu vermeiden.

Entscheidend ist, was die Parteien im Kaufvertrag als geschuldete Sache definieren.[1330] Möglich wäre demnach eine im Vorfeld getroffene Abgrenzung zwischen *aliud* und *peius* im Vertrag. Dies könnte durch eine genaue Definition des Vertragsgegenstandes erfolgen[1331], wodurch die Wichtigkeit der einzelnen vereinbarten Eigenschaften zum Ausdruck gebracht wird.[1332] Zwar wird die Qualitätsvereinbarung aufgrund von Ungewissheiten nicht abschließend möglich sein. Allerdings könnten wenigstens die wahrscheinlichsten Abweichungen des Ist- vom Soll-Zustand den einzelnen Kategorien zugeordnet werden. Zudem ist es auch denkbar, explizit mittels Negativdefinition zu vereinbaren, wann kein Mangel vorliegt.[1333]

1325 *Giesecke*, Rechtswahl, S. 80.

1326 *Akikol*, Sachmängelhaftung, Rn. 200; vgl. *Gelzer*, Unterscheidung, AJP 1997, 703, 703; siehe 2. Teil, B., X., 7., c.

1327 *Keller/Siehr*, Kaufrecht, S. 103; *Lanz*, Abgrenzung, recht 1996, 248, 254.

1328 *Akikol*, Sachmängelhaftung, Rn. 202; *Gelzer*, Wünschbarkeit, S. 69; *Giesecke*, Rechtswahl, S. 47; *Lanz*, Abgrenzung, recht 1996, 248, 250.

1329 *Gelzer*, Wünschbarkeit, S. 69; *Leu*, in: BSK OR, Art. 71, Rn. 7; *Weber*, in: BK OR, Art. 71, Rn. 89 f.

1330 BGE 121 III 453, 456 f.; BGE 94 II 26, 30; *Akikol*, Sachmängelhaftung, Rn. 202; *Lanz*, Abgrenzung, recht 1996, 248, 252; *Schwenzer*, OR AT, Rn. 8.04.

1331 *Giesecke*, Rechtswahl, S. 60; *Lanz*, Abgrenzung, recht 1996, 248, 253.

1332 *Lanz*, Abgrenzung, recht 1996, 248, 253.

1333 *Pinnells/Eversberg*, Kaufverträge, S. 195.

Alternativ empfiehlt es sich so vorzugehen wie die Verfasser des deutschen SchRModG von 2001[1334], sodass sowohl die Falsch- als auch die Schlechtleistung als Sachmangel eingeordnet wird, um endgültige Rechtssicherheit zu schaffen.[1335] Dieselbe Rechtsfolge kann bspw. ebenfalls in der Art erreicht werden, dass von der Lieferung *nicht vertragsgemäßer Ware* gesprochen wird, wie dies auch in Art. 35 CISG gehandhabt wird.[1336] Die Ware ist dann vertragswidrig, wenn vertraglich geschuldete – also zugesicherte oder vorausgesetzte – Eigenschaften nicht vorhanden sind.[1337] Auf Gattungsmerkmale muss nicht mehr zurückgegriffen werden[1338], und die Unterscheidung zwischen Schlecht- und Falschlieferung kann unterbleiben.[1339] Die folgende Formulierung bietet sich an.

> „Hat der Verkäufer vertragswidrige Ware geliefert, so …"[1340]

Durch die Gleichbehandlung wird der Käufer auch bei einer *aliud*-Lieferung zur Mängelrüge[1341] verpflichtet, sofern er seine Gewährleistungsrechte nicht verlieren möchte, und er kann sich nur auf die zweijährige Verjährungsfrist[1342] bei verdeckten Mängeln berufen. Diese Vorteile sollte der deutsche Exporteur unbedingt nutzen. Jedoch hat er auch zu beachten, dass der Käufer dann nicht mehr zu einer Nachfristsetzung bei einem Rücktritt verpflichtet ist und der unmittelbare Schaden aus Art. 208 II OR ohne Verschulden des Verkäufers geltend gemacht werden darf.[1343] Gegen diese Nachteile kann sich der deutsche Exporteur wiederum vertraglich absichern.[1344]

c. *Die Zuweniglieferung*

Während im deutschen Recht bei der Lieferung einer geringeren Menge als vereinbart nach § 434 III BGB immer ein Sachmangel vorliegt, muss nach Schweizer Recht erneut eine Differenzierung der Quantitätsmängel vorgenommen

---

1334 *Emmerich*, Schuldrecht BT, § 4, Rn. 29.
1335 *Giesecke*, Rechtswahl, S. 61; siehe 2. Teil, B., VIII., 2. b., 2), c).
1336 *Gelzer*, in: M/B/K/P, Vertragshandbuch, Kap. 18, Rn. 7.2; *ders.*, Wünschbarkeit, S. 69, Fn. 531; *Lanz*, Abgrenzung, recht 1996, 248, 257.
1337 *Gelzer*, in: M/B/K/P, Vertragshandbuch, Kap. 18, Rn. 7.2.
1338 *Ders.*, ebenda.
1339 *Birkhäuser/Schmid*, in: M/B/K/P, Vertragshandbuch, Kap. 20, Rn. 9.5.
1340 *Gelzer*, in: M/B/K/P, Vertragshandbuch, Kap. 18, Rn. 7.
1341 Siehe 2. Teil, B., IX.
1342 Siehe 2. Teil, B., XIV., 3.
1343 Siehe 2. Teil, B., VIII., 2., b., 3).
1344 Siehe 2. Teil, B., XI., 6.

werden.[1345] Ist im Vertrag ein Stückkauf vereinbart, entsteht ein Sachmangel bei Lieferung einer Mindermenge, da eine zugesicherte Eigenschaft fehlt.[1346] Handelt es sich um einen Gattungskauf, liegt in der Lieferung zu geringer Mengen teilweise eine Nichterfüllung.[1347] Die Bestimmungen über die Sachmängelhaftung kommen nicht zur Anwendung.[1348] Vielmehr müssen die Regeln der Leistungsunmöglichkeit oder des Schuldnerverzugs beachtet werden.[1349]

Tab. 2 über *die Lieferung einer falschen Sache*[1350] gilt entsprechend auch für die Zuweniglieferung. Die Folgen der unterschiedlichen Behandlung stimmen mit denjenigen bei der Lieferung einer falschen Sache überein.[1351] Es obliegt den Parteien, ob sie die Zuweniglieferung als Sachmangel behandeln möchten. Grundsätzlich ist dies dem deutschen Exporteur nahezulegen, sodass in einem solchen Fall die empfohlene Musterklausel[1352] bereits ausreichend sein könnte. Zur Klarstellung sollte aber explizit erwähnt werden, dass die Zuweniglieferung einem Mangel gleichgestellt sein soll. Gegen die sich daraus ergebenden Nachteile kann erneut vertraglich vorgegangen werden.[1353]

d. Der Montagefehler und die mangelhafte Montageanleitung

Gem. § 434 II 1, 2 BGB gelten im deutschen Recht sowohl der Montagefehler als auch eine mangelhafte Montageanleitung als Sachmangel. Ein Mangel liegt jedoch nicht vor, wenn die Montageanleitung zwar mangelhaft ist, aber die Montage mangelfrei durchgeführt wurde.[1354]

1345 *Voser/Boog*, Schweizer Recht, RIW 2009, 126, 129.

1346 BGE 87 II 244, 246 f.; *Bucher*, OR BT, S. 90 f.; *Honsell*, in: BSK OR, Art. 197, Rn. 9; *Huguenin*, OR, Rn. 2611; *Keller/Siehr*, Kaufrecht, S. 47 f., 77.

1347 *Akikol*, Sachmängelhaftung, Rn. 192; *Giesecke*, Rechtswahl, S. 62, 82; *Honsell*, in: BSK OR, Art. 197, Rn. 9; *ders.*, OR BT, S. 85; *Huguenin*, OR, Rn. 2611; *Keller/Siehr*, Kaufrecht, S. 77; *Müller-Chen*, CHK OR, Art. 197, Rn. 22; *Voser/Boog*, Schweizer Recht, RIW 2009, 126, 129.

1348 BGE 87 II 244, 246; *Huguenin*, OR, Rn. 2611.

1349 BGE 87 II 244, 246; *Akikol*, Sachmängelhaftung, Rn. 192; *Huguenin*, OR, Rn. 2611; *Müller-Chen*, CHK OR, Art. 197, Rn. 22.

1350 Siehe 2. Teil, B., VIII., 2., b., 1).

1351 Siehe 2. Teil, B., VIII., 2., b., 3).

1352 Siehe 2. Teil, B., VIII., 2., b., 4).

1353 Siehe 2. Teil, B., XI., 6.

1354 *Graf von Westphalen*, Einkaufsbedingungen, S. 121.

Nach Schweizer Recht ist dies nicht der Fall.[1355] Hier handelt es sich nur um die Verletzung einer vertraglichen (Neben-)Pflicht[1356], sodass ggf. ein Schadensersatzanspruch gem. Art. 97 I OR entsteht.[1357] Jedoch sei auch angemerkt, dass diese Fallgruppe im internationalen Handelsverkehr eher selten eine besondere Wichtigkeit erlangen wird.[1358]

3. *Im Werklieferungsvertragsrecht*

Aufgrund der Tatsache, dass der Werklieferungsvertrag nach deutschem Recht gem. § 650 1 BGB weitestgehend den Normen des Kaufrechts unterliegt, gelten die oben beschriebenen Regelungen[1359] ebenfalls für diesen. Auch die Sachmangelbegriffe aus Art. 197 und 368 OR sind identisch.[1360] Liegt im Schweizer Recht bspw. ein völlig anderes Werk vor, so ist kein Mangel vorhanden.[1361] Die Rechtsfolgen ergeben sich demnach nicht aus Art. 367 ff. OR, sondern aus Art. 97 ff. OR.[1362] Dadurch entstehen in diesem Bereich bei Anwendung des Schweizer Rechts Unterschiede in Bezug auf die Rechtsfolgen, welche grundsätzlich mit denjenigen aus dem Kaufrecht übereinstimmen[1363], sodass auch die Vorgehensweise identisch ist.[1364]

IX. Die Untersuchung der Ware und die Mängelrüge

1. *Allgemeines*

Die Erhebung der Mängelrüge ist im deutschen Recht in § 377 HGB geregelt. Diese Norm ist gem. § 381 II HGB auch für Werklieferungsverträge anwendbar.[1365]

1355 *Akikol*, Sachmängelhaftung, Rn. 1111; *Gelzer*, Wünschbarkeit, S. 24; *Giesecke*, Rechtswahl, S. 77; *Voser/Boog*, Schweizer Recht, RIW 2009, 126, 129.

1356 *Akikol*, Sachmängelhaftung, Rn. 1111; *Müller-Chen*, CHK OR, Art. 197, Rn. 23; *Voser/Boog*, Schweizer Recht, RIW 2009, 126, 129.

1357 *Furrer/Wey*, in: CHK OR, Art. 97–98, Rn. 6; *Huguenin*, OR, Rn. 846.

1358 *Giesecke*, Rechtswahl, S. 77.

1359 Siehe 2. Teil, B., VIII., 2., b., 1) und c.

1360 BGE 104 II 348, 355; *Honsell*, OR BT, S. 292.

1361 *Boog/Stark-Traber*, Werkvertrag, RIW 2012, 817, 823; *Hürlimann/Siegenthaler*, in: CHK OR, Art. 367, Rn. 4; *Huguenin*, OR, Rn. 3160; *A. Koller*, in: Guhl, OR, § 47, Rn. 69.

1362 *Boog/Stark-Traber*, Werkvertrag, RIW 2012, 817, 823, Fn. 138; *Hürlimann/Siegenthaler*, in: CHK OR, Art. 367, Rn. 4; *Huguenin*, OR, Rn. 3160.

1363 Siehe 2. Teil, B., VIII., 2., b., 3).

1364 Siehe 2. Teil, B., VIII., 2., b., 4) und c.

1365 BGH, NJW 2016, 2645, 2646; BGH, NJW 1993, 2436, 2437.

Im Schweizer Recht gilt Art. 201 OR für Kauf- und Art. 367 OR für Werklieferungsverträge. Inhaltlich stimmen diese Normen für den B2B-Verkehr weitgehend überein.[1366] Der Käufer verliert somit bei Nichterhebung der Mängelrüge alle Gewährleistungsrechte, und auch die Einrede des nicht erfüllten Vertrages kann er nicht geltend machen, sodass der Verkäufer bspw. nicht nachliefern muss, aber weiterhin einen Anspruch auf Bezahlung des gesamten Betrages hat.[1367]

Die Intention der Mängelrüge ist regelmäßig der Schutz des Verkäufers vor einer späten Inanspruchnahme der Gewährleistungsrechte durch den Käufer, wenn die Mängel für den Verkäufer nur noch schwer feststellbar sind.[1368] Dem Verkäufer wird demnach Gelegenheit zur zeitnahen Überprüfung der Ware gegeben, bei welcher er Beweise zu seinen Gunsten sichern kann.[1369] Des Weiteren sind die rasche Abwicklung der Geschäfte im Handelsverkehr[1370] sowie die Vermeidung von Rechtsunsicherheit[1371] beabsichtigt. Der Verkäufer soll schnell entscheiden können, welche Vorkehrungen sinnvoll sind und wie er mit seinem Kunden oder Lieferanten umgehen möchte.[1372] Er erhält zudem Gelegenheit, die Vertragswidrigkeit kurzfristig zu beheben und somit weiteren Schaden von sich und seinem Käufer abzuwenden.[1373] Dem Untersuchungs- und Rügeerfordernis

---

1366 *Gelzer*, Wünschbarkeit, S. 35.

1367 *Regula*, in: H/R/S, Rechtsfragen, S. 78.

1368 BGH, NJW 2016, 2645, 2646; BGH, NJW 1990, 1290, 1292; BGH, NJW 1977, 1150, 1150; *Akikol*, Sachmängelhaftung, Rn. 620; *Graf von Westphalen*, Einkaufsbedingungen, S. 110; *Huguenin*, OR, Rn. 2621; *Keller/Siehr*, Kaufrecht, S. 106; *Richter*, AGB, S. 161.

1369 BGE 88 II 364, 365; BGE 63 II 401, 406; BGer 4C_395/2001 vom 28.05.2002, E. 2.1.1; *Achilles*, in: Ensthaler, § 377 HGB, Rn. 54; *Akikol*, Sachmängelhaftung, Rn. 619; *Graf von Westphalen*, Einkaufsbedingungen, S. 110; *Jung*, Handelsrecht, § 37, Rn. 9.

1370 BGH, NJW 2016, 2645, 2646; BGH, NJW 1990, 1290, 1292; BGH, NJW 1977, 1150, 1150; *Graf von Westphalen*, in: Vertragsrecht, Einkaufsbedingungen, Rn. 29; *Helmig*, in: H/R/S, Rechtsfragen, S. 133; *Honsell*, in: BSK OR, Art. 201, Rn. 1; *ders.*, OR BT, S. 88; *Huguenin*, OR, Rn. 2621; *Jung*, Handelsrecht, § 1, Rn. 6; *Keller/Siehr*, Kaufrecht, S. 82, 106; *A. Koller*, in: Guhl, OR, § 42, Rn. 23; *Kren Kostkiewicz*, in: K/W/A/F, OR Handkommentar, Art. 201, Rn. 1; *Richter*, AGB, S. 161.

1371 *Akikol*, Sachmängelhaftung, Rn. 620; *Honsell*, in: BSK OR, Art. 201, Rn. 1; *ders.*, OR BT, S. 88; *Keller/Siehr*, Kaufrecht, S. 82.

1372 BGE 81 II 56, 57; BGE 63 II 401, 406; BGer 4C_395/2001 vom 28.05.2002, E. 2.1.1; *Akikol*, Sachmängelhaftung, Rn. 619; *Gelzer*, Wünschbarkeit, S. 35; *Huguenin*, OR, Rn. 2621.

1373 BGH, NJW 1991, 2633, 2634; *Akikol*, Sachmängelhaftung, Rn. 619; *Graf von Westphalen*, in: Vertragsrecht, Einkaufsbedingungen, Rn. 29.

kommt demnach ein wesentlicher Gerechtigkeitsgedanke zu.[1374] Vergleichbar ist die Mängelrüge und deren Genehmigungsfiktion mit einer sehr kurzen Verjährungsfrist.[1375] Es ist daher nicht verwunderlich, dass insbesondere viele AGB Klauseln zur Mängelrüge, zum Rügevorbehalt oder deren Wirkungen enthalten.[1376]

2. *Der Mangelbegriff*

Zu beachten ist, dass zwischen dem deutschen und dem Schweizer Recht z. T. Unterschiede bei der Definition eines Mangels bestehen.[1377] Liegt nach Verständnis des Schweizer Rechts kein Mangel vor, so muss und kann keine ordentliche Mängelrüge erhoben werden. Somit wird der Käufer seine Rechte nicht verlieren, wenn er bspw. bei einer Zuweniglieferung[1378] nicht rügt und keine vertragliche Modifikation der Rechtslage[1379] stattgefunden hat.

Nach deutschem Recht gilt die Obliegenheit zur Erhebung der Mängelrüge ebenfalls für Rechtsmängel.[1380] Dies ergibt sich zum einen aus dem allgemeinen Wortlaut der Norm (*Mangel*) und zum anderen aus der Gleichstellung von Sach- und Rechtsmangel.[1381] Im Schweizer Recht sind Sach- und Rechtsmängel bereits örtlich strikt voneinander getrennt, und es existiert keine Vorschrift zur Erhebung einer Rüge für Rechtsmängel, sodass bei der Entdeckung von Rechtsmängeln keine Obliegenheit zur Mängelrüge besteht.

Im Ergebnis können diese Abweichungen zwischen den Rechtsordnungen für den deutschen Exporteur einen erheblichen Nachteil darstellen. Dies ist denkbar, wenn er eine Mängelrüge für erforderlich hält, welche jedoch nicht erhoben wurde, und er sich von jeglicher Gewährleistung befreit sieht. Wird nun festgestellt, dass der Käufer mit seiner Ansicht, nicht rügen zu müssen, richtig lag und ist diesem durch das Unterlassen des deutschen Exporteurs bspw. ein Schaden

---

1374 *Graf von Westphalen*, in: Vertragsrecht, Einkaufsbedingungen, Rn. 25; **a. A.** *Schumacher*, Vertragsgestaltung, Rn. 293, 1086.

1375 *Richter*, AGB, S. 161.

1376 *Bieger*, Mängelrüge, Rn. 410.

1377 Siehe 2. Teil, B., VIII.

1378 Siehe 2. Teil, B., VIII., 2., c.

1379 Siehe 2. Teil, B., VIII., 2., b., 4) und c.

1380 *Hopt*, in: Ba/Ho, § 377 HGB, Rn. 12; *Jung*, Handelsrecht, § 37, Rn. 8; *Koch*, in: Oetker, § 377 HGB, Rn. 23; *Stöber*, in: Heidel/Schall, § 377 HGB, Rn. 16; **a. A.** *Achilles*, in: Ensthaler, § 377 HGB, Rn. 11; *Müller*, in: E/B/J/S, § 377 HGB, Rn. 61.

1381 *Hopt*, in: Ba/Ho, § 377 HGB, Rn. 12; *Jung*, Handelsrecht, § 37, Rn. 8; *Koch*, in: Oetker, § 377 HGB, Rn. 21 f.; *Stöber*, in: Heidel/Schall, § 377 HGB, Rn. 16.

entstanden, so muss der Verkäufer dafür einstehen, obwohl es nach deutschem Recht nicht nötig wäre. Demnach ist es für den deutschen Exporteur unumgänglich, einen Sachmangel nach Schweizer Recht zu erkennen und zu wissen, dass Rechtsmängel[1382] keiner Rüge bedürfen.

3. Der Beginn der Untersuchungsfrist

Gem. § 377 I HGB ist die Ware unverzüglich nach der Ablieferung zu untersuchen. *Unverzüglich* ist in § 121 I 1 BGB legaldefiniert und bedeutet *ohne schuldhaftes Zögern*. Demnach darf keine schuldhafte – also vorsätzliche oder fahrlässige – Verzögerung stattgefunden haben.[1383] Als Richtwert gilt ein Tag nach Ablieferung bei weniger komplexen und eine Woche bei komplexeren Untersuchungen.[1384]

Im Schweizer Recht ist Art. 201 I OR maßgeblich, welcher besagt, dass die Untersuchung zu erfolgen hat, „sobald es nach dem üblichen Geschäftsgang tunlich ist". Dies ist z. B. bei Schneepflügen nur im Winter[1385] und bei Mäh- oder Dreschmaschinen lediglich im Sommer[1386]. Wein kann erst wenige Tage nach Ablieferung geprüft werden.[1387] Ein gewisser, wenn auch verschuldeter Aufschub wird gewährt, wenn dies dem üblichen Geschäftsgang entspricht.[1388]

Beide Rechtsordnungen sehen demnach eine fallgerechte Bemessung der Untersuchung vor, sodass regelmäßig eine gewisse Rechtsunsicherheit daraus resultiert.[1389] Zudem existiert nur eine relativ geringe Anzahl an Schweizer Bundesgerichtsentscheiden zu Art. 201 I OR.[1390] Diese Urteile sind teilweise angesichts des hohen Alters nicht für den modernen Handelsverkehr repräsentativ.[1391] Daraus folgt, dass insbesondere im Schweizer Recht weder der Käufer noch der deutsche Exporteur als Verkäufer weiß, wann die Ware zu untersuchen ist.

1382 Siehe 2. Teil, X., 8.

1383 *Giesecke*, Rechtswahl, S. 115; *Graf von Westphalen*, Einkaufsbedingungen, S. 102.

1384 *Grunewald*, in: MüKo HGB, § 377, Rn. 34; *Hopt*, in: Ba/Ho, § 377 HGB, Rn. 23.

1385 BGE 81 II 56, 59 f.; BGE 72 II 405, 417.

1386 BGE 81 II 56, 59 f.; BGE 72 II 405, 417.

1387 BGE 20 I 491, 499.

1388 *Giesecke*, Rechtswahl, S. 117.

1389 *Akikol*, Sachmängelhaftung, Rn. 782.

1390 *Dies.*, ebenda.

1391 *Dies.*, ebenda.

4. *Der Beginn der Rügefrist*

Sowohl im deutschen als auch im Schweizer Recht muss die Rüge für offene und verdeckte Mängel grundsätzlich spätestens mit Entdeckung des Mangels erfolgen, § 377 I, III HGB und Art. 201 I, III OR. Anzumerken ist, dass die Gewährleistungsfrist immer den Zeitrahmen für die Mängelrüge wegen verdeckter Mängel vorgibt.[1392]

Im deutschen Recht muss darüber hinaus grundsätzlich schon gerügt werden, wenn der Verdacht des Bestehens eines verdeckten Mangels existiert.[1393] Zwar ist es aufgrund des Risikos, voreilig zu handeln, nicht geboten, bereits in dem Verdachtsmoment zu rügen.[1394] Allerdings muss dem Verdacht auf dem schnellsten Wege nachgegangen werden.[1395] Im Schweizer Recht ist dies nicht erforderlich.[1396] Unter Entdeckung i. S. d. Art. 201 III und 370 III OR ist die zweifelsfreie Feststellung zu verstehen.[1397] Sie liegt erst vor, wenn sowohl die Existenz als auch die Tragweite eines Mangels zweifelsfrei durch den Käufer festgestellt oder sichere und zuverlässige Kenntnis über den Mangel erlangt wird.[1398] Ausreichend ist nicht, dass nur erste Anzeichen vorliegen, die aber noch keinen Rückschluss auf eine mögliche Schadenserweiterung liefern.[1399] Erst wenn der *ernsthafte*

1392 *Pinnells/Eversberg*, Kaufverträge, S. 185; vgl. *Gelzer*, Wünschbarkeit, S. 40.

1393 OLG München, NJW 1955, 1560, 1560; *Giesecke*, Rechtswahl, S. 185; *Koch*, in: Oetker, § 377 HGB, Rn. 89; *Magaud*, Vorteile, RIW 1996, 387, 388; *Müller*, in: E/B/J/S, § 377 HGB, Rn. 165; **a. A.** *Graf von Westphalen*, Einkaufsbedingungen, S. 111.

1394 OLG Celle, BB 1957, 595, 595; *Grunewald*, in: MüKo HGB, § 377, Rn. 42, 79; *Hopt*, in: Ba/Ho, § 377 HGB, Rn. 36; *Müller*, in: E/B/J/S, § 377 HGB, Rn. 165.

1395 OLG München, NJW 1955, 1560, 1560; *Graf von Westphalen*, Einkaufsbedingungen, S. 111; *Grunewald*, in: MüKo HGB, § 377, Rn. 42, 79; *Hopt*, in: Ba/Ho, § 377 HGB, Rn. 36; *Koch*, in: Oetker, § 377 HGB, Rn. 89; *Müller*, in: E/B/J/S, § 377 HGB, Rn. 165.

1396 BGE 118 II 142, 148 f.; BGE 117 II 425, 427; BGer 4C_159/1999 vom 28.07.2000, E. 1; *Akikol*, Sachmängelhaftung, Rn. 850; *Giesecke*, Rechtswahl, S. 148, 185; *Honsell*, OR BT, S. 88.

1397 *Huguenin*, OR, Rn. 3162.

1398 BGE 131 III 145, 150; BGE 118 II 142, 148 f.; BGE 117 II 425, 427; BGE 107 II 172, 175; BGer 4C_205/2003 vom 17.11.2003, E. 3.2; BGer 4C_159/1999 vom 28.07.2000, E. 1; *Akikol*, Sachmängelhaftung, Rn. 847; *Gelzer*, Wünschbarkeit, S. 39; *Giesecke*, Rechtswahl, S. 148; *Honsell*, in: BSK OR, Art. 201, Rn. 11; *ders.*, OR BT, S. 88, 293; *Huguenin*, OR, Rn. 3162; *Kren Kostkiewicz*, in: K/W/A/F, OR Handkommentar, Art. 201, Rn. 9.

1399 BGE 118 II 142, 148 f.; BGE 117 II 425, 427; BGer 4C_205/2003 vom 17.11.2003, E. 3.2; BGer 4C_159/1999 vom 28.07.2000, E. 1; *Giesecke*, Rechtswahl, S. 148; *Huguenin*, OR, Rn. 2629; *Kren Kostkiewicz*, in: K/W/A/F, OR Handkommentar, Art. 201, Rn. 9.

Charakter des Zustandes[1400] zum Vorschein kommt, muss gerügt werden.[1401] Bei dem Verdacht eines Mangels ist es lediglich geboten, dass der Käufer die Kaufsache auch weiterhin beobachtet.[1402]

Demnach muss der technische Sachverstand des Käufers nicht auf dem gleichen Niveau sein, wie dies im deutschen Recht der Fall wäre.[1403] Auch bei der Zurechnung der etwaigen oder fahrlässigen Unkenntnis von Dritten, welche dem Käufer bei der Untersuchung behilflich sind, ist das Schweizer Recht milder gegenüber dem Käufer als das deutsche Recht.[1404] Daraus ergibt sich, dass der deutsche Exporteur nach Schweizer Recht ggf. später über einen Mangel unterrichtet werden muss und der Käufer seine Rechte dennoch behält. Darunter leiden die Schnelligkeit und Gewissheit im unternehmerischen Verkehr.

5. Die Verlängerung der Rügefrist in AGB

Nach deutschem Recht ist § 377 HGB durch Individualvereinbarungen abdingbar, sodass die strenge Rügefrist auch gemildert werden kann.[1405] In Einkaufsbedingungen ist eine Klausel unwirksam, wenn sich der Käufer eine Frist einräumt, welche länger ist als nach dem ordnungsgemäßen Geschäftsgang erforderlich.[1406] Der Käufer kann aber in Ausnahmefällen ein berechtigtes Interesse an einer Fristverlängerung haben, wenn der Mangel entdeckt wurde.[1407] Allerdings ist eine Klausel, in welcher der Käufer eine bestimmte Frist unabhängig von Ausnahmefällen vorsieht, problematisch.[1408] *Graf von Westphalen*[1409] schlägt dennoch eine Frist von drei Arbeitstagen vor. Er erwähnt aber gleichzeitig, dass dies

---

1400 BGE 118 II 142, 149; BGer 4C_159/1999 vom 28.07.2000, E. 1.

1401 BGE 131 III 145, 150; BGE 118 II 142, 149; BGer 4C_159/1999 vom 28.07.2000, E. 1; *Akikol*, Sachmängelhaftung, Rn. 850; *Giesecke*, Rechtswahl, S. 148.

1402 BGer 4C_205/2003 vom 17.11.2003, E. 3.2; BGer 4C_159/1999 vom 28.07.2000, E. 1; *Akikol*, Sachmängelhaftung, Rn. 851; *Giesecke*, Rechtswahl, S. 148, 185.

1403 *Giesecke*, Rechtswahl, S. 185.

1404 *Dies.*, ebenda.

1405 *Hopt*, in: Ba/Ho, § 377 HGB, Rn. 57; *Koch*, in: Oetker, § 377 HGB, Rn. 145; *Müller*, in: E/B/J/S, § 377 HGB, Rn. 323.

1406 *Graf von Westphalen/Lehmann-Richter*, in: Vertragsrecht, Mängelrechte in Kauf- und Werkverträgen, Rn. 46; *Koch*, in: Oetker, § 377 HGB, Rn. 151.

1407 *Koch*, in: Oetker, § 377 HGB, Rn. 151.

1408 *Graf von Westphalen*, in: Vertragsrecht, Einkaufsbedingungen, Rn. 27; *Koch*, in: Oetker, § 377 HGB, Rn. 151; **a. A.** *Grunewald*, in: MüKo HGB, § 377, Rn. 136, 143; *Hopt*, in: Ba/Ho, § 377 HGB, Rn. 59; *Müller*, in: E/B/J/S, § 377 HGB, Rn. 326; *Schwartze*, in: BeckOK HGB, § 377, Rn. 96.

1409 *Graf von Westphalen*, Einkaufsbedingungen, S. 4.

bereits nach § 307 II Nr. 1 BGB unzulässig sein könnte oder zumindest die äußerste Grenze darstelle.[1410]

Wegen der Dispositivität der Mängelrügefrist im Schweizer Recht darf diese vertraglich verlängert werden.[1411] Dies gilt ebenfalls im Werkvertragsrecht, sodass eine bestimmte Rügefrist vereinbart werden kann.[1412] Vorgeschlagen wird bspw. eine Frist von acht Tagen bei verdeckten Mängeln.[1413] Aufgrund der Tatsache, dass lediglich eine *verdeckte Inhaltskontrolle*[1414] durchgeführt wird, könnte der Käufer in seinen Einkaufsbedingungen ggf. eine wirksame Klausel zur Verlängerung der Rügefrist einfügen. Wird in erheblicher Weise von der gesetzlichen Regelung abgewichen, so wird der Vertragspartner den deutschen Exporteur aber aufgrund der *Ungewöhnlichkeitsregel*[1415] auf die Klausel aufmerksam machen müssen.[1416]

6. *Der vollständige Ausschluss des Rügeerfordernisses in AGB*

Individualvertraglich kann das Rügeerfordernis im deutschen Recht sogar ganz aufgehoben werden.[1417] Innerhalb von Einkaufsbedingungen ist die Abbedingung zumindest für offenkundige Mängel nicht mit § 307 I, II BGB vereinbar[1418], da sie gegen wesentliche Grundgedanken der gesetzlichen Regelung verstößt.[1419] Dies soll ebenfalls für verdeckte Mängel gelten.[1420]

1410 *Ders.*, ebenda, S. 170; vgl. *ders.*, in: Vertragsrecht, Einkaufsbedingungen, Rn. 30.

1411 *Keller/Siehr*, Kaufrecht, S. 85; *A. Koller*, in: Guhl, OR, § 42, Rn. 28; *Voser/Boog*, Schweizer Recht, RIW 2009, 126, 130; vgl. *Bieger*, Mängelrüge, Rn. 386.

1412 *Bieger*, Mängelrüge, Rn. 455.

1413 *Gelzer*, in: M/B/K/P, Vertragshandbuch, Kap. 18, Rn. 8.2.

1414 Siehe 2. Teil, B., II., 7., c., 2), b), (4).

1415 Siehe 2. Teil, B., II., 7., c., 2), b).

1416 *Bieger*, Mängelrüge, Rn. 501.

1417 *Hopt*, in: Ba/Ho, § 377 HGB, Rn. 57; *Koch*, in: Oetker, § 377 HGB, Rn. 145; *Mann*, Vertriebsrecht, Rn. 187; *Müller*, in: E/B/J/S, § 377 HGB, Rn. 323.

1418 BGH, NJW 1991, 2633, 2634; *Grunewald*, in: MüKo HGB, § 377, Rn. 137, 142; *Hopt*, in: Ba/Ho, § 377 HGB, Rn. 59; *Koch*, in: Oetker, § 377 HGB, Rn. 150; *Müller*, in: E/B/J/S, § 377 HGB, Rn. 324; *Schwartze*, in: BeckOK HGB, § 377, Rn. 95.

1419 BGH, NJW 1991, 2633, 2634.

1420 *Grunewald*, in: MüKo HGB, § 377, Rn. 143; *Koch*, in: Oetker, § 377 HGB, Rn. 150; *Stöber*, in: Heidel/Schall, § 377 HGB, Rn. 85; **a. A.** BGH, NJW 1981, 222, 223; *Schwartze*, in: BeckOK HGB, § 377, Rn. 95.

Nach Schweizer Recht sind die Anforderungen an die Mängelrüge dispositiver Natur[1421], sodass die Parteien die Regelungen verschärfen, mildern oder auch vollständig ausschließen können.[1422] Dies gilt sowohl für den Kauf- als auch für den Werkvertrag.[1423] Eine vertragliche Vereinbarung ist wirksam, welche dem Verkäufer die rechtsvernichtende Einwendung der Verwirkung der Gewährleistungsrechte nimmt, sodass der Käufer seine Ansprüche aus Gewährleistung behält, selbst wenn er Mängel nicht oder nicht rechtzeitig anzeigt.[1424] Wird das Rügeerfordernis nun in den Einkaufsbedingungen des Käufers vollständig ausgeschlossen, so würde dies einen nicht zu unterschätzenden Nachteil für den deutschen Exporteur bedeuten, welchen es zu verhindern gilt.

Anzumerken bleibt jedoch, dass der Käufer nicht vollständig auf eine Anzeige verzichten darf, wenn er einen Mangel entdeckt.[1425] Zwar erleidet er keinen Rechtsnachtteil durch eine unterlassene oder nicht ausreichende Mängelrüge. Allerdings kann er aufgrund von Treu und Glauben aus Art. 2 I ZGB und der Schadensminderungspflicht aus Art. 44 I OR zur Mitteilung von entdeckten Mängeln verpflichtet sein.[1426]

7. Die Kosten der Untersuchung

Sowohl nach deutschem[1427] als auch nach Schweizer Recht[1428] hat grundsätzlich der Käufer die Kosten für die Untersuchung der Waren zu tragen. Ein Unterschied ergibt sich erst, wenn ein Mangel festgestellt wird.

1421 *Akikol*, Sachmängelhaftung, Rn. 1066; *Bieger*, Mängelrüge, Rn. 442; *Bucher*, OR BT, S. 93; *Gelzer*, Wünschbarkeit, S. 43; *Honsell*, OR BT, S. 90; *Huguenin*, OR, Rn. 2623; *Keller/Siehr*, Kaufrecht, S. 85.

1422 *Bieger*, Mängelrüge, Rn. 432; *Honsell*, OR BT, S. 90; *Keller/Siehr*, Kaufrecht, S. 85; *Schumacher*, Vertragsgestaltung, Rn. 515; *von Büren*, OR BT, S. 150 f.

1423 *Bieger*, Mängelrüge, Rn. 442.

1424 *Gut/Higi/Schönle*, in: ZK OR, Art. 199, Rn. 15.

1425 *Bieger*, Mängelrüge, Rn. 446.

1426 *Ders.*, ebenda.

1427 *Achilles*, in: Ensthaler, § 377 HGB, Rn. 41; *Stöber*, in: Heidel/Schall, § 377 HGB, Rn. 35.

1428 *Akikol*, Sachmängelhaftung, Rn. 704; *Honsell*, in: BSK OR, Art. 201, Rn. 7; *A. Koller*, in: Guhl, OR, § 42, Rn. 25; *Kren Kostkiewicz*, in: K/W/A/F, OR Handkommentar, Art. 201, Rn. 13.

Nach Auffassung im deutschen Recht handelt es sich um Kosten der Abnahme, welche nach § 448 I BGB selbst im Mangelfall zulasten des Käufers gehen.[1429] Bei Verschulden jedoch können die Kosten für die erneute Untersuchung unter den Voraussetzungen der §§ 437 Nr. 3, 280 I BGB vom Verkäufer zu ersetzen sein.[1430] Einer besonders verkäuferfreundlichen Meinung[1431] nach seien die Kosten selbst dann nicht zu ersetzen, wenn der Verkäufer den Mangel zu vertreten hat, da es sich um sog. *Sowieso-Kosten* handele. Dieses Argument greift bei den meist auftretenden Fällen der Nacherfüllung oder des Neukaufs jedoch nicht.[1432]

Nach Schweizer Recht muss der Verkäufer die Kosten der Untersuchung gem. Art. 208 II OR[1433] tragen, wenn der Käufer aufgrund des Mangels vom Vertrag zurücktritt.[1434] Dies gilt auch dann, wenn den Verkäufer kein Verschulden trifft.[1435] Wird Minderung des Kaufpreises verlangt, so gehen die Untersuchungskosten erneut zulasten des Verkäufers[1436], wenn die Voraussetzungen des Ersatzanspruchs nach Art. 97 ff. OR vorliegen.[1437] Wählt der Käufer die Nacherfüllung, sind die Kosten der Warenprüfung vom Verkäufer ebenfalls wie im deutschen Recht zu erstatten.[1438] Dabei ist jedoch umstritten, ob Art. 208 II OR als Kausalhaftungsnorm analog anwendbar ist oder der Käufer auf Art. 97 ff. OR zurückgreifen muss.[1439]

Letztendlich bleibt festzuhalten, dass den deutschen Exporteur nach Schweizer Recht ein höheres Risiko trifft, die Untersuchungskosten des Käufers bei Mängeln tragen zu müssen. Er sollte auch damit rechnen, wenn ihn kein

---

1429 OLG Hamm, CR 1994, 99, 99; *Achilles*, in: Ensthaler, § 377 HGB, Rn. 41; *Koch*, in: Oetker, § 377 HGB, Rn. 36; *Müller*, in: E/B/J/S, § 377 HGB, Rn. 59; *Stöber*, in: Heidel/Schall, § 377 HGB, Rn. 35.

1430 *Achilles*, in: Ensthaler, § 377 HGB, Rn. 41; *Koch*, in: Oetker, § 377 HGB, Rn. 36; *Müller*, in: E/B/J/S, § 377 HGB, Rn. 59.

1431 *Stöber*, in: Heidel/Schall, § 377 HGB, Rn. 35.

1432 *Müller*, in: E/B/J/S, § 377 HGB, Rn. 59.

1433 Siehe 2. Teil, B., X., 7., c., 1).

1434 *Akikol*, Sachmängelhaftung, Rn. 705; *Kren Kostkiewicz*, in: K/W/A/F, OR Handkommentar, Art. 201, Rn. 13, Art. 208, Rn. 4; *von Büren*, OR BT, S. 20.

1435 *Akikol*, Sachmängelhaftung, Rn. 705.

1436 *Dies.*, ebenda, Rn. 707.

1437 BGE 107 II 161, 165 f.; BGE 63 II 401, 404.

1438 *Akikol*, Sachmängelhaftung, Rn. 706.

1439 *Dies.*, ebenda, Rn. 706; *Birkhäuser/Schmid*, in: M/B/K/P, Vertragshandbuch, Kap. 20, Rn. 12.1; vgl. *Müller-Chen*, in: CHK OR, Art. 208, Rn. 10; prinzipiell gegen die Anwendbarkeit von Art. 208 II OR BGE 63 II 401, 403; BGer 4C_300/2006 vom 19.02.2007, E. 2.4.1; *Honsell*, in: BSK OR, Art. 208, Rn. 6.

Verschulden trifft. Dadurch stellt das Schweizer Recht auch an dieser Stelle einen Nachteil für den Verkäufer dar.

8. *Die Vertragsgestaltung*

Um den dargestellten Nachteilen des Schweizer Rechts zu begegnen, bietet sich eine verkäuferfreundliche Vertragsgestaltung an. Zunächst sollte festgelegt werden, was unter einem Mangel zu verstehen ist.[1440] Auf diese Art und Weise bestimmen die Parteien im Vorfeld, wann eine Mängelrüge notwendig ist und wann nicht. Sie sorgen in diesem Fall selbst für die Rechtssicherheit, die das Schweizer Recht bspw. im Bereich von *aliud* und *peius*[1441] nicht aus sich heraus bietet, sodass dies ein Vorteil für beide Parteien ist.

Sowohl der Beginn der Untersuchung[1442] als auch der Rügefrist[1443] kann ebenfalls vertraglich geregelt werden, um Klarheit zwischen den Parteien zu schaffen. So ist es denkbar, dass der Beginn der Untersuchung spätestens an einem fixen Zeitpunkt stattfinden muss. Bei der Mängelrüge kann darauf abgestellt werden, dass der Käufer bereits bei den ersten Anzeichen eines Mangels dem Verkäufer melden muss, dass diese aufgetreten sind, um seine Mängelgewährleistungsansprüche aufrechtzuerhalten. Die Gefahr der Kostentragung kann durch eine Haftungsbeschränkung oder -freizeichnung[1444] zumindest eingegrenzt werden.

Darüber hinaus ist es für den deutschen Exporteur grundsätzlich empfehlenswert, die gesetzlichen Regelungen zur Untersuchung der Kaufsache und zur Mängelrüge unangetastet zu lassen und nur gegen die nachteiligen Einkaufsbedingungen des Käufers vorzugehen, welche in der Lage sind, erhebliche Vorteile für den Käufer zu generieren.

X. Pflichtverletzung und Gewährleistung

1. *Der Verzug*

Verzug bedeutet die Nichterfüllung in zeitlicher Hinsicht.[1445] In der Praxis ist der Verzug des Schuldners die bedeutendste Form der Leistungsstörung.[1446] Gem.

1440 Siehe 2. Teil, B., VIII., 2., b., 4) und c.
1441 Siehe 2. Teil, B., VIII., 2., b., 2).
1442 Siehe 2. Teil, B., IX., 3.
1443 Siehe 2. Teil, B., IX., 4.
1444 Siehe 2. Teil, B., XI.
1445 BGH, NJW 1962, 1012, 1012; *A. Koller*, in: Guhl, OR, § 32, Rn. 1; *Schwenzer*, OR AT, Rn. 65.01.
1446 *Wiegand*, in: BSK OR, Vorbem. zu Art. 102–109, Rn. 1.

§ 286 I BGB bzw. Art. 102 I OR ist für den Eintritt des Verzugs eine Mahnung erforderlich, sofern nicht die gesetzlichen Ausnahmen des § 286 II BGB bzw. Art. 102 II OR greifen.

a. *Die Verzugszinsen*

1) Allgemeines

Unter dem Begriff *Zinsen* wird u. a. die Vergütung für die Vorenthaltung einer Geldsumme verstanden.[1447] Gerät der Käufer mit der Bezahlung der Forderung in Verzug, so hat er Verzugszinsen zu zahlen.[1448] Grund dafür ist, dass bei dem Verkäufer ein Zinsverlust und bei dem Käufer ein Zinsgewinn fingiert wird.[1449] Grundsätzlich besteht die Zinspflicht unabhängig vom Willen der Vertragsparteien.[1450]

2) Im deutschen Recht

Gem. § 288 I 1 BGB ist eine Geldschuld während des Verzugs zu verzinsen. Normalerweise beträgt der Verzugszinssatz für das Jahr fünf Prozentpunkte über dem Basiszinssatz, § 288 I 2 BGB. Im B2B-Bereich steigt der Verzugszinssatz gem. § 288 II BGB sogar auf neun Prozentpunkte über dem Basiszinssatz. Der Basiszinssatz ist in § 247 BGB normiert und richtet sich nach der jüngsten Hauptfinanzierungsoperation der EZB, § 247 I 3 BGB. Seit dem 01.07.2018 bis mindestens zum 31.12.2018 gilt ein Basiszinssatz von -0,88 Prozent.[1451] Somit fallen im Geschäftsverkehr Verzugszinsen i. H. v. derzeit 8,12 Prozent an.

3) Im Schweizer Recht

Gem. Art. 104 I OR beträgt der Verzugszins im Falle einer Geldschuld fünf Prozent. Diese Verzugszinsen sind selbst bei unverschuldetem Verzug geschuldet.[1452] Art. 104 II OR legt ausdrücklich fest, dass zwischen den Parteien auch höhere Zinsen als fünf Prozent vereinbart werden können. Des Weiteren ist es unter Kaufleuten möglich, den üblichen Bankdiskonto am Zahlungsort als Zinssatz

---

1447 *A. Koller*, in: Guhl, OR, § 11, Rn. 15.

1448 *G/S/S/E*, OR AT, Rn. 2685; *Keller/Siehr*, Kaufrecht, S. 40; *Schwenzer*, OR AT, Rn. 66.08; *Wittibschlager*, Einführung, Rn. 530, 533.

1449 *G/S/S/E*, OR AT, Rn. 2693; *Habscheid*, Verzugszins, SJZ 1994, 287, 287, Fn. 1; *Keller/Siehr*, Kaufrecht, S. 40; *Schwenzer*, OR AT, Rn. 66.08.

1450 *A. Koller*, in: Guhl, OR, § 11, Rn. 16.

1451 Siehe <basiszinssatz.info/>.

1452 *G/H/M/P*, Vertragsgestaltung, Rn. 155; *Habscheid*, Verzugszins, SJZ 1994, 287, 287, Fn. 1; *Huguenin*, OR, Rn. 2535; *Keller/Siehr*, Kaufrecht, S. 40; *Schwenzer*, OR AT, Rn. 66.08; *von Tuhr/Escher*, OR AT, S. 146; *Wittibschlager*, Einführung, Rn. 530, 533.

zu verwenden, wenn dieser die Fünf-Prozent-Marke übersteigt, Art. 104 III OR. Als Bankdiskonto wird ein Privatdiskontsatz verstanden, welcher dem Kunden durch private Bankinstitute verrechnet wird, wenn dieser bei ihnen die Diskontierung erstklassiger Wechsel vornimmt.[1453] Während die Diskontierung von Wechseln früher eine große Rolle spielte, ist sie zunehmend dem allgemeinen Bankkredit gewichen.[1454] Aus diesem Grund gilt einer Lehrmeinung[1455] zufolge der Zinssatz für ungedeckte Kontokorrentkredite heutzutage als Bankdiskonto. Das Bundesgericht[1456] lehnt diese Vorgehensweise jedoch unter Hinweis auf den Gesetzeswortlaut ausdrücklich ab.[1457] Demnach konnte sich noch keine allgemein anerkannte Bemessungsgrundlage etablieren.[1458]

Darüber hinaus gilt es zu bedenken, dass Art. 104 III OR den Bankdiskonto am Zahlungsort für maßgeblich erachtet. Aufgrund der Tatsache, dass es einen üblichen Bankdiskonto jedenfalls in der Schweiz nicht mehr gibt, kann der Gläubiger diesen auch nicht nachweisen[1459], wodurch ihm ggf. Verzugszinsen entgehen. Schließlich gilt dann subsidiär der Verzugszinssatz von fünf Prozent gem. Art. 104 I OR.[1460]

4) Der Vergleich der Rechtsordnungen

Obwohl sich die Konzepte der §§ 288 II, 247 BGB und Art. 104 III OR decken, existiert im deutschen Recht eine eindeutige Bezugsgröße.[1461] Aus diesem Grund findet dort eine Flexibilisierung des Zinssatzes statt. Diese Vorgehensweise wird

1453 BGE 116 II 140, 141; *G/S/S/E*, OR AT, Rn. 2692; *Habscheid*, Verzugszins, SJZ 1994, 287, 289; *Kuster*, Verzugszinssatz, AJP 2008, 275, 278; *Schumacher*, Vertragsgestaltung, Rn. 944; *Weber*, in: BK OR, Art. 104, Rn. 80; *Wiegand*, in: BSK OR, Art. 104, Rn. 6.

1454 BGE 116 II 140, 141; *Habscheid*, Verzugszins, SJZ 1994, 287, 289; *Kuster*, Verzugszinssatz, AJP 2008, 275, 278.

1455 *Bucher*, OR AT, S. 362, Fn. 129; *Habscheid*, Verzugszins, SJZ 1994, 287, 289; *Kuster*, Verzugszinssatz, AJP 2008, 275, 278; *Weber*, in: BK OR, Art. 104, Rn. 80; *Wiegand*, in: BSK OR, Art. 104, Rn. 6.

1456 BGE 116 II 140, 141.

1457 *Schumacher*, Vertragsgestaltung, Rn. 797.

1458 *Kuster*, Verzugszinssatz, AJP 2008, 275, 278; *Wiegand*, in: BSK OR, Art. 104, Rn. 6.

1459 *Kuster*, Verzugszinssatz, AJP 2008, 275, 278; vgl. *Schumacher*, Vertragsgestaltung, Rn. 797.

1460 *Kuster*, Verzugszinssatz, AJP 2008, 275, 278; vgl. BGE 122 III 53, 55.

1461 *Kuster*, Verzugszinssatz, AJP 2008, 275, 278; *Wiegand*, in: BSK OR, Art. 104, Rn. 9.

auch in der Schweizer Literatur[1462] als empfehlenswert eingestuft. Dies gilt insbesondere, wenn es sich um mittel- oder langfristige Verträge handelt.[1463]

Möglicherweise ergeben sich derzeit keine allzu großen Risiken in Bezug auf Verzugszinsen. Bei Betrachtung der Historie des Basiszinssatzes in Deutschland fällt jedoch auf, dass dieser in den vergangenen Jahren rapide abgenommen hat. Vom 01.01.2008 bis 30.06.2008 betrug der Basiszinssatz 3,32 Prozent und somit der Verzugszinssatz im Handelsverkehr 11,32 Prozent.[1464] Je weiter die Verzugszinssätze nach deutschem und Schweizer Recht auseinanderfallen, desto größer ist das Risiko bzw. die Chance, dass erhöhte Verzugszinsen zu bezahlen sind. Wie sich diese entwickeln, ist im Vorfeld jedoch nicht absehbar.

5) Die Vertragsgestaltung

Die Parteien können und sollten[1465] aufgrund der Vertragsfreiheit auch selbst einen Verzugszinssatz festsetzen, welcher sich i. R. d. Gesetzes bewegt[1466], um der Rechtsunsicherheit zu begegnen. Dies ist auch innerhalb von AGB möglich.[1467] Der Zinssatz kann mehr oder weniger als fünf Prozent betragen oder auch gänzlich wegbedungen werden.[1468] Generell sollte der Verzugszinssatz den Schuldner von einer verspäteten Zahlung abschrecken.[1469] Der deutsche Exporteur muss darauf achten, dass Verzugszinsen nicht innerhalb der Einkaufsbedingungen des Käufers abbedungen werden. Vereinbaren die Parteien einen Zinssatz, der unabhängig von einer Bezugsgröße ist, so hat dies den Vorteil, dass er jederzeit sicher feststeht und die Verzugszinsen bereits im Vorfeld kalkuliert werden können. Aber auch die Anlehnung an einen vorhandenen Diskontsatz (z. B. der Schweizerischen Nationalbank) ist möglich.[1470]

Des Weiteren sei erwähnt, dass vom gesetzlichen Zinssatz abweichende Vereinbarungen nach den Grundsätzen zur Konventionalstrafe[1471] vom Richter

---

1462 *Kuster*, Verzugszinssatz, AJP 2008, 275, 278.

1463 *Schumacher*, Vertragsgestaltung, Rn. 797.

1464 Siehe <basiszinssatz.info/>.

1465 *Kuster*, Verzugszinssatz, AJP 2008, 275, 279; *Schumacher*, Vertragsgestaltung, Rn. 797.

1466 BGE 125 III 443, 448; BGE 117 V 349, 349; *G/H/M/P*, Vertragsgestaltung, Rn. 155; *Wiegand*, in: BSK OR, Art. 104, Rn. 7.

1467 *Kuster*, Verzugszinssatz, AJP 2008, 275, 279.

1468 *Ders.*, ebenda.

1469 *Schumacher*, Vertragsgestaltung, Rn. 797.

1470 *G/H/M/P*, Vertragsgestaltung, Rn. 156.

1471 Siehe 2. Teil, B., XIII.

herabgesetzt werden können, wenn eine übermäßige Benachteiligung des Schuldners anzunehmen ist.[1472] Dies stellt für den deutschen Exporteur einen Vorteil dar, da er selbst hohe Verzugszinsen geltend machen kann. Für den Fall, dass er jedoch aus einem Grund verpflichtet sein sollte, diese selbst zu entrichten, handelt es sich um einen Nachteil der Schweizer Rechtsordnung, den der deutsche Exporteur bei der Festsetzung der Höhe des Verzugszinssatzes zu beachten hat. Jedoch sei auch erwähnt, dass sich das Bundesgericht bislang – soweit ersichtlich – noch nicht explizit dazu geäußert hat, wann die Höhe des Verzugszinssatzes als überhöht anzusehen ist. Da *von Tuhr/Escher*[1473] die Kriterien zur Herabsetzung der Konventionalstrafe anwenden wollen, kann sich eine Betrachtung dieser als sinnvoll erweisen.[1474]

b. Der verschuldensunabhängige Verzug

1) Im deutschen Recht

Gem. § 286 IV BGB kommt ein Schuldner nicht in Verzug, wenn ihn kein Verschulden trifft. Das Vertretenmüssen des Schuldners stellt aber kein Tatbestandsmerkmal dar.[1475] Vielmehr handelt es sich um eine Einwendung, welche der Schuldner dem Gläubiger unverzüglich entgegenhalten muss.[1476] Der Schuldner hat allerdings Fehler bei geschäftlichen Handlungen zu vertreten.[1477] Als Entschuldigungsgründe gelten jedoch z. B. eine schwere Krankheit des Schuldners sowie Betriebsstörungen durch Naturereignisse oder höhere Gewalt.[1478] Aber auch rechtliche Leistungshindernisse wie Einfuhrbeschränkungen oder Beschränkungen im internationalen Zahlungsverkehr lösen noch keinen Verzug aus.[1479] Soll in den Einkaufsbedingungen des Käufers das Verschuldenserfordernis abbedungen

---

1472 *Von Tuhr/Escher*, OR AT, S. 147.

1473 *Dies.*, ebenda.

1474 Siehe 2. Teil, B., XIII., 2., a., 2).

1475 *Ernst*, in: MüKo BGB, § 286, Rn. 105; *Grüneberg*, in: Palandt, § 286 BGB, Rn. 32; *Stadler*, in: Jauernig, § 286 BGB, Rn. 40; *von Tuhr/Escher*, OR AT, S. 141.

1476 *Grüneberg*, in: Palandt, § 286 BGB, Rn. 32.

1477 BGH, WM 1982, 399, 400; BGH, NJW 1962, 1012, 1013; *Grüneberg*, in: Palandt, § 286 BGB, Rn. 32.

1478 *Ernst*, in: MüKo BGB, § 286, Rn. 108 f.; *Grüneberg*, in: Palandt, § 286 BGB, Rn. 33; *Stadler*, in: Jauernig, § 280 BGB, Rn. 41.

1479 RGZ 161, 100, 105 f.; *Grüneberg*, in: Palandt, § 286 BGB, Rn. 34; *Stadler*, in: Jauernig, § 280 BGB, Rn. 42.

werden, so wird es sich regelmäßig um eine unzulässige Klausel gem. § 307 II Nr. 1 BGB handeln.[1480]

2) Im Schweizer Recht

Im Schweizer Recht tritt der Verzug grundsätzlich unabhängig vom Verschulden des Schuldners ein.[1481] Allerdings ist zwischen verschuldensunabhängigen und verschuldensabhängigen Rechtsfolgen zu unterscheiden: Unabhängig vom Verschulden ist insbesondere die Verpflichtung, nach Art. 104 f. OR Verzugszinsen[1482] zu zahlen.[1483] Dies stellt für den deutschen Exporteur als Gläubiger jedoch einen Vorteil und nur für den Käufer einen Nachteil dar. Anders verhält es sich u. U. mit dem ebenfalls ohne Verschulden anwendbaren Art. 107 II OR i. V. m. Art. 109 OR, nach welchem sich der Gläubiger nach fruchtlosem Ablauf einer Nachfrist oder bei Entbehrlichkeit dieser Frist durch Rücktritt vom Vertrag lösen kann.[1484] Eine Milderung dieses Nachteils ergibt sich wiederum daraus, dass bei einem Teilverzug Art. 209 II OR analog angewendet wird, sodass das Rücktrittsrecht ausgeschlossen ist, wenn dem Schuldner dadurch unverhältnismäßige Nachteile entstehen würden.[1485]

3) Der Vergleich der Rechtsordnungen

Auffällig ist, dass das Schweizer Recht[1486] im Vergleich zum deutschen Recht[1487] weniger streng im Umgang mit dem Verschuldenserfordernis bei Verzug ist. Es ist jedoch auch davon auszugehen, dass die Entschuldigungsgründe nach deutschem Recht[1488] lediglich in Ausnahmefällen greifen, sodass sehr selten die unterschiedliche Handhabung des Verschuldenserfordernisses eine Rolle spielen

1480 BGH, NJW 1991, 2414, 2415; BGH, NJW 1991, 1886, 1887; *Graf von Westphalen*, in: Vertragsrecht, Einkaufsbedingungen, Rn. 3.

1481 *Bucher*, OR AT, S. 359 f.; *Furrer/Wey*, in: CHK OR, Art. 109, Rn. 13; *von Tuhr/Escher*, OR AT, S. 141; *Wiegand*, in: BSK OR, Vorbem. zu Art. 102–109, Rn. 2, Art. 102, Rn. 16.

1482 Siehe 2. Teil, B., X., 1., a.

1483 *A. Koller*, in: Guhl, OR, § 32, Rn. 7; *von Tuhr/Escher*, OR AT, S. 141; *Wiegand*, in: BSK OR, Vorbem. zu Art. 102–109, Rn. 3.

1484 *Furrer/Wey*, in: CHK OR, Art. 107, Rn. 51 ff., Art. 109, Rn. 12 f.; *Wiegand*, in: BSK OR, Vorbem. zu Art. 102–109, Rn. 2 f., Art. 107, Rn. 4.

1485 BGE 91 II 344, 352; *Furrer/Wey*, in: CHK OR, Art. 107, Rn. 58; *Giesecke*, Rechtswahl, S. 215.

1486 Siehe 2. Teil, B., X., 1., b., 2).

1487 Siehe 2. Teil, B., X., 1., b., 1).

1488 Ebenda.

wird. Im schlimmsten Fall kann es bspw. geschehen, dass der deutsche Exporteur unverschuldet in Verzug geraten ist und der Käufer nach Schweizer Recht ein gesetzliches Rücktrittsrecht eingeräumt bekommt.[1489] Allerdings handelt es sich bei den Regelungen aus Art. 102 ff. OR um dispositives Recht, sodass die Parteien in den Grenzen der Art. 100 f. OR selbst Regelungen finden können.[1490]

c. *Die zu kurze Nachfristsetzung bei Verzug*

Der Gläubiger hat dem Schuldner eine angemessene Frist zur nachträglichen Erfüllung zu setzen, § 323 I BGB und Art. 107 I OR. Im deutschen Recht wird automatisch eine angemessene Frist in Gang gesetzt, selbst wenn die Frist an sich zu kurz bemessen wäre.[1491] Dies liegt daran, dass die Warnfunktion gegenüber dem Schuldner auch in einem solchen Fall erreicht wird.[1492]

Wird dem Schuldner nach Schweizer Recht eine zu kurze Frist gesetzt, so muss er dies dem Gläubiger mitteilen.[1493] Geschieht dies nicht, gilt die gesetzte Frist als akzeptiert.[1494] Protestiert der Schuldner, darf er bis zu dem angemessenen Termin nachträglich erfüllen.[1495] Anzumerken ist, dass die Frist gem. Art. 107 I

1489 Siehe 2. Teil, B., X., 1., b., 2).

1490 *Keller/Siehr*, Kaufrecht, S. 47; *Weber*, in: BK OR, Art. 102, Rn. 32; *Wiegand*, in: BSK OR, Art. 102, Rn. 14.

1491 BGH, NJW 2009, 3153, 3154; BGH, NJW 1985, 2640, 2640; BGH, NJW 1982, 1279, 1280; *Ernst*, in: MüKo BGB, § 323, Rn. 79; *Giesecke*, Rechtswahl, S. 228; *Ostendorf*, in: Ostendorf/Kluth, Wirtschaftsverträge, § 16, Rn. 15; *Schwarze*, in: Staudinger, § 323 BGB, Rn. B 66.

1492 BGH, NJW 1985, 2640, 2640 f.; *Ernst*, in: MüKo BGB, § 323, Rn. 79; *Giesecke*, Rechtswahl, S. 220; *Grüneberg*, in: Palandt, § 323 BGB, Rn. 14; vgl. *Graf von Westphalen*, in: Vertragsrecht, Einkaufsbedingungen, Rn. 6.

1493 BGE 116 II 436, 440; BGE 105 II 28, 34; BGer 4A_603/2009 vom 09.06.2010, E. 2.3; *Furrer/Wey*, in: CHK OR, Art. 107, Rn. 24; *Giesecke*, Rechtswahl, S. 228; *G/S/S/E*, OR AT, Rn. 2736; *A. Koller*, in: Guhl, OR, § 32, Rn. 15; *Ostendorf*, in: Ostendorf/Kluth, Wirtschaftsverträge, § 16, Rn. 22; *Schwenzer*, OR AT, Rn. 66.17; *von Tuhr/Escher*, OR AT, S. 150.

1494 BGE 116 II 436, 440; BGE 105 II 28, 34; *Giesecke*, Rechtswahl, S. 228; *G/S/S/E*, OR AT, Rn. 2736; *A. Koller*, OR AT, Rn. 55.92; *ders.*, in: Guhl, OR, § 32, Rn. 15; *Kren Kostkiewicz*, in: K/W/A/F, OR Handkommentar, Art. 107, Rn. 6; *Ostendorf*, in: Ostendorf/Kluth, Wirtschaftsverträge, § 16, Rn. 22; *Schwenzer*, OR AT, Rn. 66.17; **a. A.** BGE 91 II 344, 351; BGE 29 II 243, 251.

1495 BGE 116 II 436, 440; BGE 105 II 28, 34; BGer 4A_603/2009 vom 09.06.2010, E. 2.3; *Furrer/Wey*, in: CHK OR, Art. 107, Rn. 24; *G/S/S/E*, OR AT, Rn. 2736; *Ostendorf*, in: Ostendorf/Kluth, Wirtschaftsverträge, § 16, Rn. 22; *von Tuhr/Escher*, OR AT, S. 149 f.; **a. A.** *Bucher*, OR AT, S. 369; *Weber*, in: BK OR, Art. 107, Rn. 78.

OR auch durch die zuständige Behörde angesetzt werden kann. Aufgrund der Neutralität dieser Instanz wird vermutet, dass die Frist richtig bestimmt ist.[1496] In der Praxis wird von dieser Möglichkeit jedoch nur selten Gebrauch gemacht.[1497]

Ist der deutsche Exporteur Schuldner, so hat er auf eine zu kurze Fristansetzung umgehend zu reagieren. Zu beachten ist allerdings auch, dass das Gesagte ebenfalls für den Käufer zutrifft und demnach ggf. ein Vorteil für den deutschen Exporteur sein kann.

d. Der Rücktritt nach Verzug beim Kreditkauf

Das Schweizer Gesetz bestimmt in Art. 82, 184 II, 213 I OR, dass die Kaufpreiszahlung grundsätzlich Zug-um-Zug gegen Übergabe der Kaufsache erfolgt.[1498] Allerdings steht es den Parteien auch frei, die Fälligkeit der Forderung vertraglich zu regeln[1499], wovon diese regelmäßig auch innerhalb von AGB Gebrauch machen.[1500] Ein *Pränumerandokauf* liegt vor, wenn der Käufer die Zahlung bereits zu leisten hat, bevor der Kaufgegenstand übergeben wird.[1501] Eine andere Bezeichnung ist der *Pränumerationskauf*.[1502]

Das Gegenteil bildet der an dieser Stelle bedeutsamere sog. *Postnumerandokauf*, bei welchem der Verkäufer in Vorleistung geht, sodass der Käufer erst nach Übergabe der Kaufsache zu bezahlen hat.[1503] Dies wird auch als *Kreditkauf* bezeichnet.[1504] Im B2B-Geschäft wird die Fälligkeit des Kaufpreises regelmäßig

---

1496 *G/S/S/E*, OR AT, Rn. 2739.

1497 *A. Koller*, in: Guhl, OR, § 32, Rn. 15.

1498 *Keller/Siehr*, Kaufrecht, S. 21.

1499 *Gelzer*, in: M/B/K/P, Vertragshandbuch, Kap. 18, Rn. 4.2; *Huguenin*, OR, Rn. 2341; *Keller/Siehr*, Kaufrecht, S. 21; *Schumacher*, Vertragsgestaltung, Rn. 779.

1500 *Schumacher*, Vertragsgestaltung, Rn. 779.

1501 *Gelzer*, in: M/B/K/P, Vertragshandbuch, Kap. 18, Rn. 4.2; *Honsell*, OR BT, S. 66; *Huguenin*, OR, Rn. 2373; *Keller/Siehr*, Kaufrecht, S. 21, 41; *A. Koller*, in: Guhl, OR, § 41, Rn. 132; *von Büren*, OR BT, S. 56.

1502 *Von Tuhr/Escher*, OR AT, S. 58.

1503 *Birkhäuser/Schmid*, in: M/B/K/P, Vertragshandbuch, Kap. 20, Rn. 7.3; *Gelzer*, in: M/B/K/P, Vertragshandbuch, Kap. 18, Rn. 4.2; *Honsell*, OR BT, S. 66; *Huguenin*, OR, Rn. 2372; *Wittibschlager*, Einführung, Rn. 618.

1504 *Gelzer*, in: M/B/K/P, Vertragshandbuch, Kap. 18, Rn. 4.2; *Honsell*, OR BT, S. 66; *Huguenin*, OR, Rn. 2372; *Keller/Siehr*, Kaufrecht, S. 21; *A. Koller*, in: Guhl, OR, § 41, Rn. 132; *Rey*, Sachenrecht, Rn. 1750; *Schwander*, in: BSK ZGB, Art. 715, Rn. 2; *von Tuhr/Escher*, OR AT, S. 58.

nach hinten verschoben.[1505] Durch die Vorleistungspflicht ist Art. 82 OR implizit abbedungen.[1506]

Wechselt die Sache vor Bezahlung den Besitzer, hat der Verkäufer gem. Art. 214 III OR kein Rücktrittsrecht wegen Verzugs des Käufers, wenn er sich dieses nicht ausdrücklich einräumen lässt. Anzumerken ist, dass Art. 214 III OR auch bereits greift, wenn ein Zahlungsziel von wenigen Tagen vereinbart wird.[1507] Allerdings ist es auch noch möglich, einen ausdrücklichen Rücktrittsvorbehalt nach Vertragsschluss oder sogar nach dem Eigentumsübergang[1508] wirksam zu statuieren.[1509] Wird das Rücktrittsrecht nicht gesichert, so besteht allerdings weiterhin der Anspruch auf Erfüllung sowie Schadensersatz.[1510]

Somit wird die Hürde für den Rücktritt sowohl gegenüber Art. 214 I OR als auch gegenüber den allgemeinen Rücktrittsregeln aus Art. 107 I OR erhöht.[1511] Art. 214 III OR benachteiligt den Verkäufer, welcher dem Käufer sogar entgegenkommt.[1512] Gerechtfertigt wird dies damit, dass der Verkäufer selbst auf eine Erfüllung Zug-um-Zug verzichte.[1513] Des Weiteren findet i. d. R. mit dem Besitzwechsel gleichzeitig auch ein Eigentümerwechsel statt.[1514] Somit wird in dem Käufer die Erwartung geweckt, dass er mit seiner Sache verfahren könne, wie er wolle, ohne sie zu einem späteren Zeitpunkt herausgeben zu müssen.[1515] Die Regelung aus Art. 214 III OR kommt demnach nicht zur Anwendung, wenn ein rechtswirksamer Eigentumsvorbehalt[1516] statuiert wurde.[1517] Eine Eintragung

1505 *Schmitt/Stange*, B2B, Kap. 3, Rn. 300; *Weidenkaff*, in: Palandt, § 433 BGB, Rn. 41; vgl. *Graf von Westphalen*, in: Vertragsrecht, Zahlungsbedingungen, Rn. 14; *Schumacher*, Vertragsgestaltung, Rn. 791.

1506 *G/H/M/P*, Vertragsgestaltung, Rn. 127.

1507 BGE 90 II 285, 292; *Honsell*, OR BT, S. 67.

1508 Siehe 2. Teil, B., XIX., 4.

1509 *Huguenin*, OR, Rn. 2540; *A. Koller*, in: BSK OR, Art. 214, Rn. 23.

1510 *Honsell*, OR BT, S. 66 f.; *Keller/Siehr*, Kaufrecht. S. 43.

1511 *Honsell*, OR BT, S. 66 f.; *Huguenin*, OR, Rn. 2542; *Keller/Siehr*, Kaufrecht, S. 43.

1512 *Honsell*, OR BT, S. 66.

1513 *Ders.*, ebenda.

1514 *A. Koller*, in: BSK OR, Art. 214, Rn. 20.

1515 *Keller/Siehr*, Kaufrecht, S. 43; *A. Koller*, in: BSK OR, Art. 214, Rn. 6, 20.

1516 Siehe 2. Teil, B., XIX., 2.

1517 BGE 93 III 96, 109; BGE 90 II 285, 292; BGE 88 II 81, 85; BGE 73 III 165, 168; BGE 60 II 412, 413; BGE 51 II 135, 139; *Birkhäuser/Schmid*, in: M/B/K/P, Vertragshandbuch, Kap. 20, Rn. 7.3; *Gelzer*, in: M/B/K/P, Vertragshandbuch, Kap. 18, Rn. 5.2; *Honsell*, OR BT, S. 67, 134; *Huguenin*, OR, Rn. 2540; *Keller/Siehr*, Kaufrecht, S. 44; *A. Koller*, in: BSK OR, Art. 214, Rn. 20, 22; *ders.*, in: Guhl, OR, § 41, Rn. 141; *Rey*, Sachenrecht,

im Eigentumsvorbehaltsregister ist für den Rücktrittsvorbehalt allerdings nicht notwendig.[1518]

Im deutschen Recht existiert die entsprechende Vorschrift aus § 454 BGB a. F. nicht mehr.[1519] Darum wird diese dem deutschen Exporteur vermutlich auch nicht mehr geläufig sein. Für ihn von Bedeutung ist, dass er sich als Verkäufer beim *Postnumerandokauf* unbedingt das Rücktrittsrecht vorbehält. Ein entsprechender Rücktrittsvorbehalt kann bspw. wie folgt formuliert werden.

> „Der Verkäufer behält sich ausdrücklich das Rücktrittsrecht wegen Zahlungsverzugs des Käufers (Art. 214 Abs. 3 OR) vor."[1520]

e. *Der Selbsthilfeverkauf*

Gem. § 373 II 1 1. Hs. HGB hat der Verkäufer bei Verzug des Käufers nach vorheriger Androhung das Recht, die Ware öffentlich versteigern zu lassen. Hat die Ware einen Börsen- oder Marktpreis, so ist auch ein Verkauf aus freier Hand zulässig, § 373 II 1 2. Hs. HGB.

Im Schweizer Recht ist der Selbsthilfeverkauf gem. Art. 93 I OR nur mit der Bewilligung eines Richters möglich.[1521] Dieser sucht dabei den Ort der Versteigerung aus.[1522] Der Verkauf aus freier Hand ist unter den bereits genannten Bedingungen auch im Schweizer Recht möglich mit der Besonderheit, dass der Richter den Verkauf gestatten muss, Art. 93 II OR. Liegt zeitgleich Annahme- und Zahlungsverzug des Käufers vor, was häufig der Fall sein wird, so entfällt das Erfordernis der richterlichen Bewilligung gem. Art. 215 OR im B2B-Verkehr nach Treu und Glauben.[1523]

Im Schweizer Recht muss der Verkäufer bei einem Selbsthilfeverkauf beachten, dass er nicht ohne die richterliche Erlaubnis agieren darf, wenn diese

---

Rn. 1750; *Schwander*, in: BSK ZGB, Art. 715, Rn. 9; *von Büren*, OR BT, S. 57, Fn. 243; *Wittibschlager*, Einführung, Rn. 631, Fn. 722.

1518 BGE 90 II 285, 292; BGE 88 II 81, 85; BGE 73 III 165, 168; BGE 60 II 412, 413; BGE 51 II 135, 139; *Honsell*, OR BT, S. 67; *A. Koller*, in: BSK OR, Art. 214, Rn. 22; *ders.*, in: Guhl, OR, § 41, Rn. 141; *Rey*, Sachenrecht, Rn. 1750; *Wittibschlager*, Einführung, Fn. 722.

1519 *Honsell*, OR BT, S. 66; siehe jedoch noch *Wittibschlager*, Einführung, Rn. 618.

1520 *G/H/M/P*, Vertragsgestaltung, Rn. 129.

1521 BGE 136 III 178, 180 ff.; *Bernet*, in: BSK OR, Art. 93, Rn. 5; *Schraner*, in: ZK OR, Art. 93, Rn. 30; **a. A.** *Bucher*, OR AT, S. 323 f.; *G/S/S/E*, OR AT, Rn. 2457; *Weber*, in: BK OR, Art. 93, Rn. 56.

1522 *Bernet*, in: BSK OR, Art. 93, Rn. 5.

1523 *Von Tuhr/Escher*, OR AT, S. 83.

Voraussetzung ist. Die Einholung dieser kann zeitliche Nachteile mit sich bringen. Schlimmer wiegt jedoch, dass der Verkäufer bei einem fehlerhaften Selbsthilfeverkauf immer noch zur Lieferung der Sache verpflichtet ist und der Käufer Erfüllung verlangen kann.[1524] Im Falle einer Gattungsschuld wird der Schuldner evtl. noch eine neue Sache beschaffen können.[1525] Liegt jedoch eine Speziesschuld vor, so hat er die Unmöglichkeit zu vertreten mit der Folge, dass er sich schadensersatzpflichtig macht.[1526] Demnach kann vor dem – eher selten relevanten – Selbsthilfeverkauf des deutschen Exporteurs nur gewarnt werden.

2. *Die Pflicht des Käufers zur Annahme der gekauften Sache?*

a. *Allgemeines*

Generell ist davon auszugehen, dass der Käufer den Kaufvertrag abschließt, um auch in den Besitz der Ware zu gelangen.[1527] Es wäre allerdings möglich, dass der Käufer z. B. aus organisatorischen Gründen noch nicht in der Lage ist, die Ware anzunehmen. Dies könnte der Fall sein, wenn er eine Lagerhalle gemietet hat, welche jedoch unerwartet noch nicht zur Verfügung steht. Dann wird der Käufer Schwierigkeiten haben, die Ware schnell und sicher unterzubringen und evtl. die Annahme der Ware verweigern (müssen).

b. *Im deutschen Recht*

Gem. § 433 II BGB ist der Käufer verpflichtet, die gekaufte Sache auch abzunehmen. Demnach liegt hierin eine echte Pflicht des Schuldners, sodass dieser bei Unterlassung der Annahme sowohl in Gläubiger- als auch in Schuldnerverzug gem. §§ 286, 293 BGB geraten kann.[1528]

c. *Im Schweizer Recht*

Im Schweizer Recht ist es fraglich, ob in Art. 211 OR eine echte Pflicht zur Annahme zu sehen ist oder lediglich eine Obliegenheit.[1529]

1524 *Bernet*, in: BSK OR, Art. 93, Rn. 8; *von Tuhr/Escher*, OR AT, S. 83.

1525 *Bernet*, in: BSK OR, Art. 93, Rn. 8.

1526 *Ders.*, ebenda.

1527 *Huguenin*, OR, Rn. 2339; *A. Koller*, in: BSK OR, Art. 211, Rn. 4.

1528 *Emmerich*, Schuldrecht BT, § 2, Rn. 7; *Graf von Westphalen*, Verkaufsbedingungen, S. 101; *ders.*, Einkaufsbedingungen, S. 71; *Grüneberg*, in: Palandt, § 293 BGB, Rn. 6.

1529 BGE 110 II 148, 150; *Bucher*, OR BT, S. 67; *Birkhäuser/Schmid*, in: M/B/K/P, Vertragshandbuch, Kap. 20, Rn. 8.1; *Gelzer*, in: M/B/K/P, Vertragshandbuch, Kap. 18, Rn. 6.1; *G/H/M/P*, Vertragsgestaltung, Rn. 132; *G/S/S/E*, OR AT, Rn. 2391; *Honsell*, OR BT,

1) Die Befürwortung der Annahmepflicht

Die Schweizer Rechtsprechung[1530] und ein Teil der Lehre[1531] sehen die Annahme des Kaufgegenstandes ebenfalls als Pflicht des Käufers an, welche bei Unterlassen zu einem Schuldnerverzug gem. Art. 102 ff. OR führt.[1532] Es wird vertreten, dass es grundsätzlich ein besonderes Annahmeinteresse des Verkäufers gebe, welches aber im Einzelfall widerlegt werden könne.[1533] Prinzipiell wolle sich der Verkäufer von der Sache lösen, was sich bereits aus der Tatsache ergebe, dass der Kauf ein Umsatzgeschäft sei.[1534] Dies würde besonders im kaufmännischen Verkehr gelten.[1535] In diesem Fall seien die Rechtsbehelfe des Gläubigerverzugs besonders umständlich und unzulänglich.[1536] Wird der Einordnung der Annahme als Pflicht gefolgt, so stehen dem Verkäufer sowohl die Ansprüche aus Gläubiger- als auch aus Schuldnerverzug zu.[1537]

2) Die Ablehnung der Annahmepflicht

Der überwiegende Teil der Lehre[1538] hingegen fasst die Annahme der Kaufsache lediglich als Obliegenheit auf. Dies gilt auch im Bereich des Werklieferungsvertrages.[1539] Die selbständig klagbare Rechtspflicht des Käufers zur Annahme bestehe lediglich, wenn der Verkäufer ein besonderes Interesse an der Annahme

---

S. 49 f.; *Hrubesch-Millauer*, in: CHK OR, Art. 211, Rn. 3; *Huguenin*, OR, Rn. 2462; *Keller/Siehr*, Kaufrecht, S. 22; *A. Koller*, in: BSK OR, Art. 211, Rn. 4; *ders.*, in: Guhl, OR, § 41, Rn. 124; *Schönle*, in: ZK OR, Art. 184, Rn. 93.

1530 BGE 111 II 156, 159; BGE 110 II 148, 151; BGE 59 II 305, 307; BGE 48 II 98, 103.

1531 *Keller/Siehr*, Kaufrecht, S. 22; *Schönle*, in: ZK OR, Art. 184, Rn. 94; *Wittibschlager*, Einführung, Rn. 610.

1532 *Gelzer*, in: M/B/K/P, Vertragshandbuch, Kap. 18, Rn. 6.1; *Honsell*, OR BT, S. 49; *Huguenin*, OR, Rn. 2463; *Schönle*, in: ZK OR, Art. 184, Rn. 94; *von Büren*, OR BT, S. 55.

1533 *A. Koller*, in: BSK OR, Art. 211, Rn. 5.

1534 *Ders.*, ebenda; *von Büren*, OR BT, S. 55.

1535 *Keller/Siehr*, Kaufrecht, S. 22; *A. Koller*, in: BSK OR, Art. 211, Rn. 5; *von Büren*, OR BT, S. 55.

1536 *Keller/Siehr*, Kaufrecht, S. 22.

1537 *Dies.*, ebenda.

1538 *Bucher*, OR BT, S. 67 f.; *G/H/M/P*, Vertragsgestaltung, Rn. 132; *Honsell*, OR BT, S. 50; *Hrubesch-Millauer*, in: CHK OR, Art. 211, Rn. 3; *Huguenin*, OR, Rn. 2442, 2463; *A. Koller*, in: BSK OR, Art. 211, Rn. 5; *ders.*, in: Guhl, OR, § 41, Rn. 124; *Schraner*, in: ZK OR, Art. 91, Rn. 29.

1539 *G/S/S/E*, OR AT, Rn. 2391; *Honsell*, OR BT, S. 306.

habe und dieses für den Käufer erkennbar gewesen sei.[1540] Dies wird bspw. angenommen, wenn der Verkauf eines Warenlagers wegen Räumung erfolgt.[1541] Aber auch, wenn die Lagerräumlichkeiten dem Verkäufer nur temporär zur Verfügung stehen oder mit der Lagerung hohe Kosten verbunden sind, kann ein eigenständiges Interesse des Verkäufers an der Annahme bestehen.[1542] Jedoch sollte ein Wegschaffungsinteresse nicht vorschnell angenommen werden.[1543] Eine Annahmepflicht kann auch vorliegen, wenn die Parteien dies vereinbart haben.[1544]

Ist einer dieser Sonderfälle gegeben, stehen dem Verkäufer die Ansprüche aus Art. 97 OR ff. zu, worunter u. a. auch das Recht zum Rücktritt gem. Art. 107 II OR fällt.[1545] Des Weiteren kann der Verkäufer auf Erfüllung klagen[1546] und Ersatz seines Verspätungsschadens (z. B. Lager- oder Versicherungskosten) verlangen, wenn den Käufer gem. Art. 103 OR ein Verschulden in Bezug auf die Annahme trifft.[1547]

Demnach könne nur ausnahmsweise von einer Pflicht zur Annahme der Sache ausgegangen werden; meist werde es sich lediglich um eine Obliegenheit handeln.[1548] Das Recht, nach Art. 107 OR zu handeln, bleibt dem Verkäufer dadurch verwehrt.[1549] Dann sind nur die Regeln über den Gläubigerverzug aus Art. 91 ff. OR anwendbar.[1550] Somit hat der Verkäufer trotzdem einen Anspruch gegen den Käufer auf Zahlung des Kaufpreises, welcher durch Hinterlegung oder Selbsthilfeverkauf[1551] durchgesetzt werden kann.[1552] Aufgrund der Tatsache,

---

1540 *G/H/M/P*, Vertragsgestaltung, Rn. 132; *Hrubesch-Millauer*, in: CHK OR, Art. 211, Rn. 3; *Huguenin*, OR, Rn. 2452, 2463; *A. Koller*, in: BSK OR, Art. 211, Rn. 5; *ders.*, OR AT, Rn. 2.95 f., 56.31; *ders.*, in: Guhl, OR, § 41, Rn. 124; *Schraner*, in: ZK OR, Art. 91, Rn. 31.

1541 *Honsell*, OR BT, S. 50; *Huguenin*, OR, Rn. 2463; *A. Koller*, in: BSK OR, Art. 211, Rn. 6.

1542 *Gelzer*, in: M/B/K/P, Vertragshandbuch, Kap. 18, Rn. 6.2; *Honsell*, OR BT, S. 50.

1543 *A. Koller*, in: BSK OR, Art. 211, Rn. 6.

1544 *Bucher*, OR BT, S. 67; *G/H/M/P*, Vertragsgestaltung, Rn. 132, 373; *Hrubesch-Millauer*, in: CHK OR, Art. 211, Rn. 7; *Schraner*, in: ZK OR, Art. 91, Rn. 29.

1545 *A. Koller*, in: BSK OR, Art. 211, Rn. 4.

1546 BGE 42 II 219, 225; *A. Koller*, in: BSK OR, Art. 211, Rn. 11.

1547 *A. Koller*, in: BSK OR, Art. 211, Rn. 11.

1548 *Huguenin*, OR, Rn. 2442, 2452.

1549 *A. Koller*, in: BSK OR, Art. 211, Rn. 13.

1550 *G/H/M/P*, Vertragsgestaltung, Rn. 132; *Honsell*, OR BT, S. 50; *Hrubesch-Millauer*, in: CHK OR, Art. 211, Rn. 3; *Huguenin*, OR, Rn. 2463; *Keller/Siehr*, Kaufrecht, S. 22; *A. Koller*, in: BSK OR, Art. 211, Rn. 4, 5, 10.

1551 Siehe 2. Teil, B., X., 1., e.

1552 *Furrer/Wey*, in: CHK OR, Art. 107, Rn. 17; *A. Koller*, in: BSK OR, Art. 211, Rn. 6.

dass es sich bei einem Gläubigerverzug nicht um eine Pflichtverletzung handele, seien Schadensersatzansprüche jedoch ausgeschlossen.[1553] Grundsätzlich liege es lediglich im Interesse des Käufers, dass die Ware angenommen wird, sodass dem Verkäufer keine Möglichkeit bleibe, auf Annahme oder Schadensersatz zu klagen.[1554] Schließlich werde die Nichtannahme nicht als haftungsbegründende Pflichtverletzung angesehen.[1555]

Jedoch wird es häufig so sein, dass ebenfalls die Zahlung des Kaufpreises verweigert wird, womit dann auch der Schuldnerverzug eintritt.[1556] Regelmäßig kann die Annahme- auch als konkludente Zahlungsverweigerung betrachtet werden[1557], sodass die Interessen des Verkäufers angemessen geschützt sind.[1558] Allerdings gilt dies nur bei einem Zug-um-Zug-Kauf.[1559]

d. Die Vertragsgestaltung

Obwohl sich das Bundesgericht[1560] für eine Annahmepflicht des Kaufgegenstandes ausspricht und seine Auffassung für den deutschen Exporteur generell vorzugswürdig ist, ist nicht zu übersehen, dass die h. L.[1561] lediglich von einer Obliegenheit zur Annahme ausgeht. Es kann somit nicht ausgeschlossen werden, dass das Bundesgericht seine Ansicht ändert.

Die Parteien sind aber in der Vertragsgestaltung frei.[1562] Um Rechtssicherheit im Schweizer Recht zu schaffen, wird dem deutschen Exporteur geraten, eine Pflicht zur Annahme der Kaufsache explizit in den Vertrag aufzunehmen.[1563]

1553 *Bernet*, in: BSK OR, Vorbem. zu Art. 91–96, Rn. 2; *G/S/S/E*, OR AT, Rn. 2443; *Schraner*, in: ZK OR, Art. 92, Rn. 8, 26; *Weber*, in: BK OR, Art. 92, Rn. 10, 31.

1554 *A. Koller*, in: BSK OR, Art. 211, Rn. 4; vgl. *Hrubesch-Millauer*, in: CHK OR, Art. 211, Rn. 3.

1555 *A. Koller*, in: BSK OR, Art. 211, Rn. 5.

1556 *Gelzer*, in: M/B/K/P, Vertragshandbuch, Kap. 18, Rn. 6.1; *G/H/M/P*, Vertragsgestaltung, Rn. 133; *Honsell*, OR BT, S. 50; *Huguenin*, OR, Rn. 2464.

1557 *Huguenin*, OR, Rn. 2464; *A. Koller*, in: BSK OR, Art. 211, Rn. 13, Art. 214, Rn. 11.

1558 *G/H/M/P*, Vertragsgestaltung, Rn. 133; *Huguenin*, OR, Rn. 2464.

1559 *G/H/M/P*, Vertragsgestaltung, Rn. 133.

1560 BGE 111 II 156, 159; BGE 110 II 148, 151; BGE 59 II 305, 307; BGE 48 II 98, 103.

1561 *Bucher*, OR BT, S. 67 f.; *G/H/M/P*, Vertragsgestaltung, Rn. 132; *Honsell*, OR BT, S. 50; *Hrubesch-Millauer*, in: CHK OR, Art. 211, Rn. 3; *Huguenin*, OR, Rn. 2442, 2463; *A. Koller*, in: BSK OR, Art. 211, Rn. 5; *ders.*, in: Guhl, OR, § 41, Rn. 124; *Schraner*, in: ZK OR, Art. 91, Rn. 29.

1562 *Bucher*, OR BT, S. 67.

1563 *G/H/M/P*, Vertragsgestaltung, Rn. 134; *G/S/S/E*, OR AT, Rn. 2391.

Dies kann bspw. in Form einer der folgenden Klauseln geschehen, wobei die zweite Klausel eindeutiger in der Formulierung und demnach vorzugswürdig ist.

> „Der Käufer hat den Kaufgegenstand am Liefertag/während der Lieferfrist am Erfüllungsort anzunehmen/abzuholen."[1564]

oder

> „Die Käuferin ist verpflichtet, die vom Käufer vertragsgemäss [sic!] angebotene Leistung anzunehmen. Durch eine Verletzung dieser Annahmepflicht gerät die Käuferin in Schuldnerverzug (Art. 102 ff. OR)."[1565]

3. *Die Nacherfüllung*

a. *Im Kaufrecht*

1) Im deutschen Recht

Wird im deutschen Kaufrecht ein Sachmangel festgestellt, hat der Käufer gem. § 439 I BGB einen Anspruch auf Nacherfüllung. Ihm steht das Wahlrecht zu, ob er die Nachbesserung oder eine Ersatzlieferung bevorzugt, § 439 I BGB. Selbst wenn eine Stückschuld vorliegt, erwirbt der Käufer u. U. einen Anspruch auf Ersatzlieferung.[1566] Dem Verkäufer wird gleichzeitig ein Recht zur zweiten Andienung gewährt.[1567] Gem. § 440 2 BGB gilt eine Nachbesserung als fehlgeschlagen, wenn zwei erfolglose Versuche unternommen wurden, sofern sich aus den Umständen des Einzelfalles nichts anderes ergibt.

Der Anspruch auf Ersatzlieferung aus § 439 BGB a. F. umfasste im B2B-Bereich nicht die Kosten für den Aus- und Einbau.[1568] Innerhalb von AGB war

---

1564 *Gelzer*, in: M/B/K/P, Vertragshandbuch, Kap. 18, Rn. 6.

1565 *G/H/M/P*, Vertragsgestaltung, Rn. 135.

1566 BGH, NJW 2008, 53, 55; BGH, NJW 2006, 2839, 2840; *Graf von Westphalen*, in: Vertragsrecht, Einkaufsbedingungen, Rn. 38; *ders.*, Einkaufsbedingungen, S. 128; *Oechsler*, Anwendungsprobleme, NJW 2004, 1825, 1828 f.; *Schulze/Ebers*, Streitfragen, JuS 2004, 462, 463 f.

1567 BGH, NJW 2006, 988, 989; BGH, NJW 2005, 3211, 3212; BGH, NJW 2005, 1348, 1349 f.; *Faust*, in: Ba/Ro, BeckOK BGB, § 439, Rn. 2; *Graf von Westphalen*, Verkaufsbedingungen, S. 178; *ders.*, Einkaufsbedingungen, S. 122; *Lorenz*, Selbstvornahme, NJW 2005, 1321, 1322; *Matusche-Beckmann*, in: Staudinger, § 439 BGB, Rn. 5; *Redeker*, Verkäuferhaftung, NJW 2012, 2471, 2472; *Schroeter*, Recht, AcP 207 (2007), 28, 29; *Weidenkaff*, in: Palandt, § 437 BGB, Rn. 4a, § 439 BGB, Rn. 1; *Westermann*, in: MüKo BGB, § 439, Rn. 1.

1568 BGH, NJW 2013, 220, 221; BGH, NJW 2008, 2837, 2838; *Graf von Westphalen*, in: Vertragsrecht, Einkaufsbedingungen, Rn. 40.

eine Klausel gem. § 307 II Nr. 1 BGB unwirksam, welche dem Verkäufer ohne Rücksicht auf sein Verschulden die Kosten für Schäden auferlegte, welche i. R. d. Nacherfüllungsanspruchs entstehen.[1569] Davon waren insbesondere die Aus- und Einbaukosten betroffen.[1570] Zu beachten ist jedoch, dass seit dem 01.01.2018 eine Gesetzesänderung zum BGB in Kraft getreten ist.[1571] § 439 III 1 BGB sieht vor, dass die Aus- und Einbaukosten nun grundsätzlich im Anspruch auf Nacherfüllung enthalten sind.[1572] Demnach sind diese Kosten vom Verkäufer unabhängig von seinem Verschulden zu tragen. Dies gilt nicht nur für den B2C-, sondern ebenfalls für den B2B-Verkehr.[1573] Daraus ergibt sich auch, dass ab dem 01.01.2018 eine Statuierung der Pflicht zur Kostenübernahme der Aus- und Einbaukosten in AGB ohne Verschulden nicht mehr gegen die Inhaltskontrolle verstoßen kann.

Die Rechte aus § 437 Nr. 1–3 BGB existieren prinzipiell unabhängig voneinander.[1574] Jedoch muss erst die Nacherfüllung verlangt werden, um danach vom Vertrag zurücktreten oder mindern zu können.[1575] Demnach gilt die Nacherfüllung als primärer Anspruch für den Käufer.[1576] Es ist zu beachten, dass die Einkaufsbedingungen des Käufers nicht die angemessene Frist gem. § 437 Nr. 2 bzw. Nr. 3 BGB abbedingen dürfen, um etwa das Rücktritts- oder Minderungsrecht frühzeitig geltend machen zu können.[1577]

1569 BGH, NJW 2013, 220, 222; BGH, NJW 2008, 2837, 2838; *Graf von Westphalen*, in: Vertragsrecht, Einkaufsbedingungen, Rn. 40; *ders.*, Einkaufsbedingungen, S. 123.

1570 BGH, NJW 2013, 220, 222; BGH, NJW 2008, 2837, 2838; *Graf von Westphalen*, in: Vertragsrecht, Einkaufsbedingungen, Rn. 40; *ders.*, Einkaufsbedingungen, S. 123.

1571 BT-Drs. 18/11437, S. 34, 47.

1572 BT-Drs. 18/11437, S. 7; BT-Drs. 18/8486, S. 9.

1573 BT-Drs. 18/8486, S. 27.

1574 *Weidenkaff*, in: Palandt, § 437 BGB, Rn. 4.

1575 BGH, NJW 2005, 1348, 1349; *Derleder*, Wechsel, NJW 2003, 998, 1002; *Faust*, in: Ba/Ro, BeckOK BGB, § 439, Rn. 2; *Matusche-Beckmann*, in: Staudinger, § 439 BGB, Rn. 6; *Weidenkaff*, in: Palandt, § 437 BGB, Rn. 4.

1576 BGH, NJW 2005, 3211, 3212; BGH, NJW 2005, 1348, 1350; *Derleder*, Wechsel, NJW 2003, 998, 1002; *Faust*, in: Ba/Ro, BeckOK BGB, § 439, Rn. 2; *Graf von Westphalen*, Kettengarantie, ZGS 2002, 19, 20; *Lorenz*, Nacherfüllungsanspruch, NJW 2006, 1175, 1175; *Rothermel*, Kauf-, Liefer- und Vertriebsrecht, S. 167; *Schneider/Katerndahl*, Ein- und Ausbaukosten, NJW 2007, 2215, 2215; *Weidenkaff*, in: Palandt, § 437 BGB, Rn. 4, § 439 BGB, Rn. 1; *Westermann*, in: MüKo BGB, § 437, Rn. 4.

1577 *Graf von Westphalen*, in: Vertragsrecht, Einkaufsbedingungen, Rn. 37.

2) Im Schweizer Recht

a) Der Anspruch des Käufers

Ein Nacherfüllungsanspruch ist im Schweizer Kaufrecht grundsätzlich weder im Sinne einer Nachbesserung noch einer Ersatzlieferung vorgesehen.[1578] Eine Ausnahme bildet Art. 206 I OR, welcher dem Käufer beim Gattungskauf die Wahl lässt, ob dieser die Ersatzlieferung mangelfreier Ware wünscht oder einen anderen Anspruch geltend machen möchte. Dies entspricht der früheren deutschen Regelung aus § 480 I 1 BGB a. F.[1579] Ein Teil der Lehre[1580] spricht sich für einen generellen Nacherfüllungsanspruch des Käufers aus.[1581] Doch die Rechtsprechung[1582] und die h. L.[1583] lehnen diesen ab.[1584] Ein Ersatzlieferungsanspruch für die Stückschuld sei bereits mangels planwidriger Gesetzeslücke ausgeschlossen.[1585]

Wird keine Nachbesserungsvereinbarung getroffen, ist regelmäßig auch der Anspruch nicht vorhanden.[1586] Liegt eine Garantiezusage vor, so verpflichtet sich der Verkäufer i. d. R. auch, etwaige bestehende Mängel an der Kaufsache zu beheben.[1587] Darüber hinaus existieren noch die Ansichten, dass sich ein Nachbesserungsanspruch aus Art. 2 ZGB[1588] oder aus der analogen Anwendung von Art. 368 II OR[1589] ergebe, welcher für den Werkvertrag gilt. Vermutlich sieht das

---

1578 BGE 91 II 344, 348; *Akikol*, Sachmängelhaftung, Rn. 112; *Giesecke*, Rechtswahl, S. 229; *Honsell*, OR BT, S. 101; *Müller-Chen*, in: CHK OR, Art. 205, Rn. 18; *Richter*, AGB, S. 122; *Rothermel*, Kauf-, Liefer- und Vertriebsrecht, S. 167; *von Büren*, OR BT, S. 49; *Voser/Boog*, Schweizer Recht, RIW 2009, 126, 130; vgl. *Kren Kostkiewicz*, in: K/W/A/F, OR Handkommentar, Art. 205, Rn. 6.

1579 Vgl. *Boerner*, Sachmängelhaftung, ZIP 2001, 2264, 2268.

1580 *Bucher*, OR BT, S. 97.

1581 *Kren Kostkiewicz*, in: K/W/A/F, OR Handkommentar, Art. 205, Rn. 6; *Müller-Chen*, in: CHK OR, Art. 205, Rn. 19.

1582 BGE 95 II 119; BGE 91 II 344, 348.

1583 *Honsell*, in: BSK OR, Art. 205, Rn. 5; *Keller/Siehr*, Kaufrecht, S. 96.

1584 *Akikol*, Sachmängelhaftung, Rn. 112; *Giesecke*, Rechtswahl, S. 229 f.; *Kren Kostkiewicz*, in: K/W/A/F, OR Handkommentar, Art. 205, Rn. 6; *Müller-Chen*, in: CHK OR, Art. 205, Rn. 19.

1585 BGE 94 II 26, 34; *Gelzer*, Wünschbarkeit, S. 77, 114.

1586 BGE 95 II 119, 125; *Honsell*, in: BSK OR, Art. 205, Rn. 5; *ders.*, OR BT, S. 101; *Keller/Siehr*, Kaufrecht, S. 96.

1587 BGE 91 II 344, 348; *Keller/Siehr*, Kaufrecht, S. 96.

1588 *Bucher*, OR BT, S. 97; *Gelzer*, Wünschbarkeit, S. 103 f.

1589 *A. Koller*, in: Guhl, OR, § 42, Rn. 48; **a. A.** *Gelzer*, Wünschbarkeit, S. 99 f.; siehe 2. Teil, B., X., 3., b., 1).

Gesetz keinen Nachbesserungsanspruch vor, da es die technischen Möglichkeiten oder die praktischen Erfordernisse verkennt.[1590]

b) Das Recht des Verkäufers

Unterschieden werden muss der Nachbesserungsanspruch des Käufers von dem Nachbesserungsrecht des Verkäufers.[1591] Die h. L.[1592] geht davon aus, dass der Verkäufer beim Gattungskauf ein Recht auf Ersatzlieferung hat.[1593] Dieses soll nicht nur für den Platzkauf aus Art. 206 II OR gelten, sondern auch für den Distanzkauf.[1594] Schließlich müsse die Beschränkung auf den Platzkauf in Anbetracht der modernen Transportverhältnisse als nicht zeitgemäß eingestuft werden.[1595] Unter einem Platzkauf wird die Holschuld des Käufers verstanden, eine Sache am Sitz des Verkäufers oder am Ort der Sache bei einer Stückschuld[1596] abzuholen.[1597] Im internationalen Handelsgeschäft wird dies die absolute Ausnahme sein.[1598] Es wird auch vertreten, dass sich das Ersatzlieferungsrecht des Verkäufers nur unter bestimmten Voraussetzungen aus dem Rechtsmissbrauchsverbot des Art. 2 II ZGB ergeben könne.[1599]

Dem Verkäufer steht grundsätzlich kein Recht zur Nachbesserung zu.[1600] Liegen lediglich kleinere, leicht behebbare Mängel vor, so wird man aber davon ausgehen können, dass der Verkäufer doch ein Recht auf Nachbesserung

---

1590 *Honsell*, in: BSK OR, Vorbem. zu Art. 197–210, Rn. 1.

1591 *Ders.*, ebenda, Art. 205, Rn. 6; *ders.*, OR BT, S. 102; *Voser/Boog*, Schweizer Recht, RIW 2009, 126, 130; vgl. *A. Koller*, in: Guhl, OR, § 42, Rn. 47.

1592 *Keller/Siehr*, Kaufrecht, S. 95; *Kren Kostkiewicz*, in: K/W/A/F, OR Handkommentar, Art. 206, Rn. 3; *Müller-Chen*, in: CHK OR, Art. 205, Rn. 7.

1593 *Akikol*, Sachmängelhaftung, Rn. 112; *Giesecke*, Rechtswahl, S. 230; *Honsell*, in: BSK OR, Art. 206, Rn. 1; *ders.*, OR BT, S. 129; *A. Koller*, in: Guhl, OR, § 42, Rn. 47.

1594 *Bucher*, OR BT, S. 117; *Giesecke*, Rechtswahl, S. 230; *Honsell*, in: BSK OR, Art. 206, Rn. 1; *ders.*, OR BT, S. 129; *Huguenin*, OR, Rn. 2693; *Keller/Siehr*, Kaufrecht, S. 95; *A. Koller*, in: Guhl, OR, § 42, Rn. 47; *Kren Kostkiewicz*, in: K/W/A/F, OR Handkommentar, Art. 206, Rn. 3; *Müller-Chen*, in: CHK OR, Art. 206, Rn. 5.

1595 *Gelzer*, Wünschbarkeit, S. 117; *Giesecke*, Rechtswahl, S. 230; *Honsell*, in: BSK OR, Art. 206, Rn. 1; *ders.*, OR BT, S. 129; *Huguenin*, OR, Rn. 2693; *Keller/Siehr*, Kaufrecht, S. 95; *A. Koller*, in: Guhl, OR, § 42, Rn. 47; *Müller-Chen*, in: CHK OR, Art. 206, Rn. 5.

1596 Siehe 2. Teil, B., V., 1.

1597 *Huguenin*, OR, Rn. 2367; *A. Koller*, in: BSK OR, Art. 185, Rn. 29.

1598 *Giesecke*, Rechtswahl, S. 73.

1599 *Gelzer*, Wünschbarkeit, S. 114 f.

1600 BGE 45 II 660, 663; *Gelzer*, Wünschbarkeit, S. 122; *Honsell*, in: BSK OR, Vorbem. zu Art. 197–210, Rn. 1.

aus Treu und Glauben gem. Art. 2 ZGB hat.[1601] Des Weiteren würde ein Käufer rechtsmissbräuchlich handeln, wenn er einer Nachbesserung bei dieser Art von Mängeln nicht zustimmte.[1602]

c) Geltende Regelungen für die Nacherfüllung

Die Regelungen über die Inverzugsetzung aus Art. 102, 107 und 108 OR sind auch auf den vertraglichen Nachbesserungsanspruch anwendbar.[1603] Bei der Frage, wie viele Nachbesserungsversuche dem Verkäufer zu gewähren sind, muss jeweils im Einzelfall unter Berücksichtigung aller relevanten Umstände entschieden werden.[1604] In Anlehnung an das deutsche Recht[1605] wird davon ausgegangen, dass zumindest zwei erfolglose Nachbesserungsversuche bei weniger gravierenden Mängeln an wertvollen Sachen zugelassen werden sollten.[1606]

Die Nachbesserung muss immer kostenlos für den Käufer sein.[1607] Zwar wird in der Praxis häufig versucht, Reisekosten und Spesen, welche im Zusammenhang mit der Nachbesserung stehen, auf den Käufer abzuwälzen; diese Regelungen werden aber als unzulässig eingestuft.[1608] Fraglich ist, was in Bezug auf die Kosten für den Aus- und Einbau i. R. d. Nacherfüllung gilt. Die Rechtsprechung[1609] lehnt es ab, die strenge Kausalhaftung des Art. 208 II OR[1610] für den vertraglich eingeführten Nachbesserungsanspruch analog anzuwenden. Falls sich die Ansicht des Gerichts ändern sollte, würde dies einen weiteren Nachteil für den deutschen Exporteur bedeuten, gegen welchen er sich aber bereits vorsorglich vertraglich absichern kann.[1611]

1601 *Giesecke*, Rechtswahl, S. 230; *Honsell*, in: BSK OR, Art. 205, Rn. 6; *ders.*, OR BT, S. 102; *Keller/Siehr*, Kaufrecht, S. 97; *Kren Kostkiewicz*, in: K/W/A/F, OR Handkommentar, Art. 205, Rn. 6; *Voser/Boog*, Schweizer Recht, RIW 2009, 126, 130.

1602 *Honsell*, in: BSK OR, Art. 205, Rn. 6; *ders.*, OR BT, S. 102; *Keller/Siehr*, Kaufrecht, S. 97.

1603 BGE 91 II 344, 350; *Honsell*, OR BT, S. 101.

1604 *Gelzer*, Wünschbarkeit, S. 105; *Honsell*, OR BT, S. 101; *Müller-Chen*, in: CHK OR, Art. 205, Rn. 18; *Voser/Boog*, Schweizer Recht, RIW 2009, 126, 130.

1605 Siehe 2. Teil, B., X., 3., a., 1).

1606 *Berni*, Hardware, in: Jörg/Arter, Internet-Recht, S. 30; *Gelzer*, Wünschbarkeit, S. 106; *Honsell*, OR BT, S. 101.

1607 *Berni*, Hardware, in: Jörg/Arter, Internet-Recht, S. 30; *Gelzer*, Wünschbarkeit, S. 106.

1608 *Berni*, Hardware, in: Jörg/Arter, Internet-Recht, S. 30; *Gelzer*, in: M/B/K/P, Vertragshandbuch, Kap. 18, Rn. 7.3.

1609 BGE 107 II 165 f.

1610 Siehe 2. Teil, B., X., 7., c.

1611 Siehe 2. Teil, B., XI.

3) Der Vergleich der Rechtsordnungen

Die folgende Tabelle zeigt die Ansprüche des Käufers sowie die Rechte des Verkäufers sowohl für das deutsche als auch für das Schweizer Recht auf einen Blick.

Tab. 3: Die gesetzlich vorgesehene Nacherfüllung im Schweizer und im deutschen Kaufrecht

Nacher-füllung	**Art der Schuld**	**Anspruch des Käufers**		**Recht des Verkäufers**	
		D	CH	D	CH
Nachlie-ferung	Stückschuld	**u. U.**	**nein**	**ja**	**nein**
	Gattungsschuld	ja	ja (Art. 206 I OR)	ja	ja (Art. 206 II OR)
Nachbes-serung	Stückschuld	**ja**	**nein**	**ja**	**nur bei kleineren, leicht behebbaren Mängeln**
	Gattungsschuld	**ja**	**nein**	**ja**	**nur bei kleineren, leicht behebbaren Mängeln**

4) Die Vor- und Nachteile der Nacherfüllung

Sowohl für den Käufer als auch für den Verkäufer kann der Nacherfüllungsanspruch ein wirtschaftlich sinnvolles Instrument darstellen.[1612] Schließlich besteht u. a. die Chance, dass die Beziehung zwischen den Parteien weniger belastet wird, wenn die Problemlösung für beide Seiten einfach und sinnvoll ist.

Obwohl davon auszugehen ist, dass der Käufer mangelfreie Ware wünscht[1613], kann er ein Interesse am Fortbestand eines Vertrages haben, selbst wenn er eine mangelhafte Sache erhalten hat.[1614] Schließlich steht es ihm frei, einen Ausgleich auf anderem Wege zu suchen.[1615] Er bekommt z. B. eine mangelfreie neue Sache und muss sich nicht selbst um die Reparatur oder den Ersatz der Ware kümmern, wodurch er Transaktionskosten spart.

1612 BT-Drs. 14/6040, S. 221; BGH, NJW 2005, 1348, 1350; *Matusche-Beckmann*, in: Staudinger, § 439 BGB, Rn. 5.

1613 BT-Drs. 14/6040, S. 230; *Faust*, in: Ba/Ro, BeckOK BGB, § 439, Rn. 1; *Graf von Westphalen/Lehmann-Richter*, in: Vertragsrecht, Mängelrechte in Kauf- und Werkverträgen, Rn. 22; *Rusch*, Grundlagenirrtum, SJZ 2010, 553, 559; *Weidenkaff*, in: Palandt, § 439 BGB, Rn. 1.

1614 BGE 73 II 218, 222; *Graf von Westphalen*, Einkaufsbedingungen, S. 134 f.

1615 BGE 73 II 218, 222.

Allerdings stellt bspw. das Nachbesserungsrecht des Verkäufers auch eine Verpflichtung des Käufers dar.[1616] Der Käufer muss dem Verkäufer dann Gelegenheit geben, den Mangel zu beseitigen, bevor andere Gewährleistungsansprüche geltend gemacht werden können.[1617] Das Bedürfnis nach Nachbesserung sollte auch nicht überschätzt werden.[1618] Regelmäßig wird der Käufer die Ersatzlieferung der Nachbesserung vorziehen[1619], da die vertragskonforme Ware mangels evtl. zeitaufwendiger Reparatur schneller verfügbar[1620] und das Gelingen der Nachbesserung nicht gewährleistet ist.[1621] Zudem kann das Vertrauen in die mangelhafte Sache gestört sein.[1622] Zu beachten ist, dass eine Nachbesserung auch vorliegt, wenn defekte Teile ausgewechselt oder fehlende Teile einer zusammengesetzten Sache ergänzt werden.[1623]

Es lässt sich also festhalten, dass es für den deutschen Exporteur als Verkäufer vorteilhaft sein kann, einen Nacherfüllungsanspruch in den Vertrag aufzunehmen.[1624] Er erhält dadurch die Möglichkeit, den Vertrag nach dem Grundsatz *pacta sunt servanda* aufrechtzuerhalten[1625] und die für ihn schlechteste Möglichkeit – den Rücktritt[1626] – zumindest vorerst auszuschließen.[1627] Zudem kann er Verluste reduzieren, wenn die anfallenden Kosten für Nachbesserung oder Ersatzlieferung geringer sind als diejenigen, die sich nach der Minderung oder dem Rücktritt ergeben würden. Schließlich hat der Verkäufer ein Interesse an

---

1616 BGE 91 II 344, 349; *Matusche-Beckmann*, in: Staudinger, § 439 BGB, Rn. 5.

1617 BGE 91 II 344, 349; *Matusche-Beckmann*, in: Staudinger, § 439 BGB, Rn. 5.

1618 *Gelzer*, Wünschbarkeit, S. 109.

1619 *Auktor/Mönch*, Nacherfüllung, NJW 2005, 1686, 1686; *Gelzer*, Wünschbarkeit, S. 85; *Heinrich*, Nacherfüllung, ZGS 2003, 253, 255; *Lorenz*, Nacherfüllungsanspruch, NJW 2006, 1175, 1175.

1620 *Auktor/Mönch*, Nacherfüllung, NJW 2005, 1686, 1686; *Gelzer*, Wünschbarkeit, S. 85; *Lorenz*, Nacherfüllungsanspruch, NJW 2006, 1175, 1175.

1621 *Gelzer*, Wünschbarkeit, S. 85.

1622 *Ders.*, ebenda.

1623 *Bühler*, in: ZK OR, Art. 368, Rn. 122; *Gelzer*, Wünschbarkeit, S. 97.

1624 *Pinnells/Eversberg*, Kaufverträge, S. 193.

1625 BT-Drs. 14/6040, S. 221; *Gelzer*, Wünschbarkeit, S. 124; *Lorenz*, Nacherfüllungsanspruch, NJW 2006, 1175, 1175; *Matusche-Beckmann*, in: Staudinger, § 440 BGB, Rn. 3; *Pinnells/Eversberg*, Kaufverträge, S. 182; *Schroeter*, Recht, AcP 207 (2007), 28, 36.

1626 *Streiff/Pellegrini/von Kaenel*, Vertragsvorlagen, S. 21.

1627 BT-Drs. 14/6040, S. 221; *Gelzer*, Wünschbarkeit, S. 124; *Oechsler*, Anwendungsprobleme, NJW 2004, 1825, 1825; *Pinnells/Eversberg*, Kaufverträge, S. 208; *Schroeter*, Recht, AcP 207 (2007), 28, 36.

der wirtschaftlich günstigsten Lösung.[1628] Allerdings trägt er dann auch das Risiko für unwirtschaftliche Nacherfüllungsaufwendungen.[1629] Zu bedenken ist ebenfalls, dass die Nachbesserung im internationalen Geschäftsverkehr regelmäßig kostenintensiver ist als im eigenen Land.[1630] Aus diesem Grund kann es durchaus sinnvoll sein, dem Käufer die Selbstvornahme[1631] der Reparatur zu gestatten und die anfallenden Kosten zu ersetzen.[1632] Ähnliches gilt auch für die Ersatzlieferung.[1633]

Darüber hinaus sollte geschaut werden, welche Art von Waren und Preiskategorien betroffen sind. Handelt es sich um hochwertige Konsumgüter, so wird den Exporteur die Ersatzlieferung i. d. R. mehr kosten als die anderen Varianten der Mängelgewährleistung.[1634] Bei hochspezialisierten Produkten ist es für den Käufer sinniger, sich vom Verkäufer den Mangel durch Ersatzlieferung oder Nachbesserung entfernen zu lassen.[1635] Handelt es sich hingegen um leicht ersetzbare Güter, so kann es für den Käufer vorteilhafter sein, vom Vertrag zurückzutreten und schnell Ersatz bei einem anderen Händler zu bekommen.[1636] Schließlich ist im B2B-Verkehr zu erwarten, dass marktgängige Waren jederzeit zu erwerben sind.[1637] Des Weiteren kommt es darauf an, ob der Verkäufer oder der Käufer ein für ihn selbst gutes Geschäft erzielt hat.[1638] Ist dies der Fall, möchte diese Partei regelmäßig am Vertrag festhalten und dem Geschäftspartner nicht die Möglichkeit geben, sich schnell und einfach vom Vertrag lösen zu können.[1639]

1628 *Heinrich*, Nacherfüllung, ZGS 2003, 253, 254.

1629 *Lorenz*, Nacherfüllungsanspruch, NJW 2006, 1175, 1176; *Pinnells/Eversberg*, Kaufverträge, S. 207.

1630 *Pinnells/Eversberg*, Kaufverträge, S. 207.

1631 Siehe 2. Teil, B., X., 4.

1632 *Pinnells/Eversberg*, Kaufverträge, S. 207.

1633 *Dies.*, ebenda.

1634 *Heinrich*, Nacherfüllung, ZGS 2003, 253, 254.

1635 *Giesecke*, Rechtswahl, S. 265.

1636 *Lorenz*, Nacherfüllungsanspruch, NJW 2006, 1175, 1175; *Pinnells/Eversberg*, Kaufverträge, S. 123.

1637 *Graf von Westphalen*, Einkaufsbedingungen, S. 137.

1638 *Heinrich*, Nacherfüllung, ZGS 2003, 253, 255.

1639 *Ders.*, ebenda.

5) Die Vertragsgestaltung

a) Vertragliche Möglichkeiten

In der Praxis werden oft die Gewährleistungs- und Schadensersatzansprüche des Käufers zu dessen Nachteil modifiziert[1640], sodass die Kluft zwischen dem Gesetzestext und der Vertragsgestaltung besonders groß ist[1641] und die Bedeutung des Gesetzes demnach stark eingeschränkt wird.[1642]

Der Ersatzlieferungsanspruch des Art. 206 OR kann aufgrund der Vertragsfreiheit abgeändert, aber auch wegbedungen werden.[1643] Häufig findet sich insbesondere in AGB die Klausel, dass die Ersatzlieferung zugunsten der Nachbesserung ausgeschlossen ist.[1644] Aber auch die zusätzliche Statuierung des Nachbesserungsanspruchs ist nicht ungewöhnlich[1645] und durchaus als zulässig zu bewerten.[1646] Dies geschieht ebenfalls insbesondere in AGB.[1647] Das Gesagte gilt gleichermaßen für das Nachbesserungsrecht des Verkäufers.[1648] Häufig wird zeitgleich der Anspruch auf Minderung[1649], Wandelung[1650] und Schadensersatz[1651] abbedungen,

---

1640 *Honsell*, in: BSK OR, Vorbem. zu Art. 197–210, Rn. 4; *ders.*, OR BT, S. 302.

1641 *Ders.*, in: BSK OR, Vorbem. zu Art. 197–210, Rn. 1.

1642 *Ders.*, ebenda, Rn. 4.

1643 *Gelzer*, Wünschbarkeit, S. 82, 116.

1644 BGE 91 II 344, 348 f.; *Gelzer*, Wünschbarkeit, S. 82.

1645 BGE 124 III 456, 460; BGE 95 II 119, 126; BGE 91 II 344, 349; *Berni*, Hardware, in: Jörg/Arter, Internet-Recht, S. 30 f.; *Gelzer*, in: M/B/K/P, Vertragshandbuch, Kap. 18, Rn. 7.2; *ders.*, Wünschbarkeit, S. 104; *G/H/M/P*, Vertragsgestaltung, Rn. 166, 180; *Honsell*, in: BSK OR, Art. 199, Rn. 1, Art. 205, Rn. 5; *ders.*, OR BT, S. 91, 100 f.; *Huguenin*, OR, Rn. 2624; *Keller/Siehr*, Kaufrecht, S. 96; *Kren Kostkiewicz*, in: K/W/A/F, OR Handkommentar, Art. 205, Rn. 6; *Müller-Chen*, in: CHK OR, Art. 205, Rn. 18; *Richter*, AGB, S. 122; *Voser/Boog*, Schweizer Recht, RIW 2009, 126, 130.

1646 BGE 124 III 456, 460; BGE 91 II 344, 348; *Akikol*, Sachmängelhaftung, 1. Kap., Fn. 195; *Gelzer*, Wünschbarkeit, S. 104; *Honsell*, in: BSK OR, Art. 205, Rn. 5; *Huguenin*, OR, Rn. 2691; *Keller/Siehr*, Kaufrecht, S. 96; *Kren Kostkiewicz*, in: K/W/A/F, OR Handkommentar, Art. 205, Rn. 6; *Rusch*, Scheinkulanz, AJP 2015, 1233, 1233.

1647 *Gelzer*, Wünschbarkeit, S. 104.

1648 *Ders.*, ebenda, S. 123; *Huguenin*, OR, Rn. 2691.

1649 *Bucher*, OR BT, S. 84; *Honsell*, in: BSK OR, Vorbem. zu Art. 197–210, Rn. 1; *ders.*, OR BT, S. 91, 302; *Huguenin*, OR, Rn. 2624; *A. Koller*, in: Guhl, OR, § 42, Rn. 54; *Kuoni*, Haftungsbegrenzung, Rn. 468.

1650 *Bucher*, OR BT, S. 84; *Honsell*, in: BSK OR, Vorbem. zu Art. 197–210, Rn. 1; *ders.*, OR BT, S. 91, 302; *Huguenin*, OR, Rn. 2624; *A. Koller*, in: Guhl, OR, § 42, Rn. 54; *Kuoni*, Haftungsbegrenzung, Rn. 468.

1651 *Bucher*, OR BT, S. 84; *Honsell*, OR BT, S. 91, 302; *A. Koller*, in: Guhl, OR, § 42, Rn. 54; *Kuoni*, Haftungsbegrenzung, Rn. 468.

sodass nur noch der Nachbesserungsanspruch besteht.[1652] Hieran lässt sich erkennen, dass auch im Schweizer Recht der Nacherfüllung im Gegensatz zur Minderung oder Wandelung eine vorrangige Bedeutung zukommt.[1653]

b) Die Musterklausel

In der Praxis geschieht eine Abänderung der gesetzlichen Gewährleistungsansprüche auch häufig in der Form, dass dem Käufer ein Recht auf Nacherfüllung innerhalb einer angemessenen Frist eingeräumt wird, wobei dann der Verkäufer entscheiden kann, ob eine Nachbesserung oder eine Ersatzlieferung stattfinden soll.[1654] Dieser wird bereits aufgrund der Flexibilität und der Kosteneinsparung ein reges Interesse daran haben.[1655] Zudem wird dem Nacherfüllungsanspruch Vorrang vor den weiteren Gewährleistungsansprüchen eingeräumt. Es handelt sich demnach um eine sehr vorteilhafte Vertragsgestaltung für den deutschen Exporteur, sodass dieser seinen wirtschaftlichen und sonstigen Interessen optimal nachkommen kann. Die folgende Musterklausel sollte grundsätzlich Anwendung finden.

> „Hat der Verkäufer vertragswidrige Ware geliefert, so kann der Käufer vom Verkäufer zunächst nur verlangen, dass er die Vertragswidrigkeit nach seiner Wahl durch Nachbesserung oder Ersatzlieferung kostenlos und ohne unverhältnismässige [sic!] Unannehmlichkeiten für den Käufer behebt. Der Käufer kann dem Verkäufer dazu eine angemessene Frist von mindestens [Zahl] Tagen setzen. Hat der Verkäufer die Vertragswidrigkeit innert dieser Frist nicht behoben, so kann der Käufer Minderung oder, wenn ihm das Behalten der Lieferung unzumutbar ist, Wandelung verlangen."[1656]

Das Wahlrecht des deutschen Exporteurs in Bezug auf die Nacherfüllung sollte jedoch noch deutlicher aus der Klausel hervorgehen, als dies in dem vorliegenden Mustertext geschieht. Dazu kann bspw. der Satzteil *nach seiner Wahl* durch *nach Wahl des Verkäufers* ersetzt werden. Vorteilhaft ist, dass die Regelung

1652 *Bieger*, Mängelrüge, Rn. 463; *Boog/Stark-Traber*, Werkvertrag, RIW 2012, 817, 825; *Müller-Chen*, in: CHK OR, Art. 199, Rn. 6.

1653 *Gelzer*, in: M/B/K/P, Vertragshandbuch, Kap. 18, Rn. 7.2; vgl. *Berni*, Hardware, in: Jörg/Arter, Internet-Recht, S. 30.

1654 *Berni*, Hardware, in: Jörg/Arter, Internet-Recht, S. 30; *Gelzer*, in: M/B/K/P, Vertragshandbuch, Kap. 18, Rn. 7.2.

1655 *Pinnells/Eversberg*, Kaufverträge, S. 208.

1656 *Gelzer*, in: M/B/K/P, Vertragshandbuch, Kap. 18, Rn. 7.

gleichzeitig das Problem mit der *aliud*- und *peius*-Lieferung[1657] beseitigt, da in beiden Fällen *vertragswidrige Ware* geliefert wird.[1658]

c) Der weitere Regelungsbedarf

Aufgrund der Tatsache, dass ein Recht auf Nacherfüllung im Schweizer Recht nur ausnahmsweise besteht[1659], sei darauf hingewiesen, dass häufig auch die weitergehenden Fragen in dieser Rechtsordnung nicht abschließend geklärt bzw. vom Einzelfall abhängig sind wie bspw. die Anzahl der Nachbesserungsversuche[1660], wodurch erneut Rechtsunsicherheit auftreten kann. Auch wäre z. T. eine Schließung der Regelungslücken durch Analogien notwendig.[1661] Diese entstehen z. B. durch die Zugrundelegung des im Werkvertragsrecht vorhandenen Nachbesserungsanspruchs.[1662]

Demnach sollte dieser ungewissen Situation mit einer proaktiven Vertragsgestaltung begegnet werden. Vorzugsweise sind Fristen, Anzahl der Nachbesserungsversuche, Art der Nachbesserung, die Kosten für den Transport sowie das Verhältnis zu Wandelung, Minderung und Schadensersatzansprüchen zu regeln.[1663] Die Parteien können bspw. bereits im Vertrag festlegen, wann eine Frist angemessen ist, um Rechtsunsicherheiten zu vermeiden.[1664] Diese explizite Vorgehensweise ist auch zu empfehlen, da Abweichungen von der gesetzlichen Gewährleistungsordnung durch Parteiabrede im Vertrag klar und deutlich zum Ausdruck kommen müssen.[1665] Für die weiteren Bestandteile des Nacherfüllungsanspruchs kann zusätzlich auf Mustertexte aus deutschen Formularbüchern oder auch auf Formulierungen aus dem BGB zurückgegriffen werden.

Der deutsche Exporteur hat bei der Statuierung zusätzlicher Regelungen darauf zu achten, dass diese für ihn nicht (zu sehr) von Nachteil sind. Insbesondere in den Einkaufsbedingungen des Käufers könnten sich unangemessene Klauseln befinden. So sollte auch weiterhin gegen eine Bestimmung vorgegangen werden,

---

1657 Siehe 2. Teil, B., VIII., 2., b.
1658 Siehe 2. Teil, B., VIII., 2., b., 4).
1659 Siehe 2. Teil, B., X., 3., a., 2), b).
1660 Siehe 2. Teil, B., X., 3., a., 2), c).
1661 Vgl. *Gelzer*, Wünschbarkeit, S. 79, 105.
1662 *Ders.*, ebenda, S. 105.
1663 *G/H/M/P*, Vertragsgestaltung, Rn. 180.
1664 *Gelzer*, in: M/B/K/P, Vertragshandbuch, Kap. 18, Rn. 7.2.
1665 BGE 91 II 344, 348 f.; *Gelzer*, Wünschbarkeit, S. 65, 82; *Schumacher*, Vertragsgestaltung, Rn. 287.

welche dem Verkäufer bspw. die Kosten für den Aus- und Einbau bei der Ersatzlieferung auferlegen, ohne dass ihn ein Verschulden trifft.

b. Im Werklieferungsvertragsrecht

1) Der Vergleich der Rechtsordnungen

Im deutschen Recht gelten die kaufrechtlichen Regelungen bzgl. der Nacherfüllung[1666] aufgrund von § 650 1 BGB ebenfalls für den Werklieferungsvertrag. Im Gegensatz zum Schweizer Kaufvertragsrecht[1667] hat der Besteller beim Werklieferungsvertrag gem. Art. 368 II OR einen Anspruch auf Nachbesserung. Aufgrund der Tatsache, dass Art. 368 OR abschließend die Rechte des Bestellers auflistet, ist ein Anspruch auf Ersatzlieferung nicht vorgesehen.[1668]

Ebenso wie im Schweizer Kaufrecht[1669] hat der Hersteller grundsätzlich auch kein Recht auf Nachbesserung.[1670] Dieses kann sich nur in Ausnahmefällen aus Art. 2 ZGB ergeben.[1671] Daraus folgt, dass sich der Hersteller i. d. R. mit der Wahl des Bestellers zufrieden geben muss. Entscheidet sich der Besteller für die Nachbesserung, existiert zwar im Gesetz kein Wahlrecht des Herstellers, ob das Werk nachgebessert oder ein neues Werk hergestellt werden darf. Die Rechtsprechung[1672] und die Lehre[1673] erkennen dieses aber an. Voraussetzung sei, dass keine berechtigten Interessen des Bestellers missachtet werden.[1674] Insbesondere müsse das Werk zum vereinbarten Termin fertiggestellt sein.[1675] Beachtet werden sollte der Fall, dass eine Nachbesserung nicht möglich ist, aber ein neues Werk problemlos hergestellt werden kann, sodass der Besteller in diesem Fall

---

1666 Siehe 2. Teil, B., X., 3., a., 1).

1667 Siehe 2. Teil, B., X., 3., a., 2), a).

1668 BGE 98 II 118, 120; BGer 4C_258/2001 vom 05.09.2002, E. 4.1.4; *Bühler*, in: ZK OR, Art. 368, Rn. 120; *Honsell*, OR BT, S. 292, 295; *Huguenin*, OR, Rn. 3174; *Zindel/Pulver/Schott*, in: BSK OR, Art. 368, Rn. 31, 57.

1669 Siehe 2. Teil, B., X., 3., a., 2), b).

1670 *Honsell*, OR BT, S. 298; *Huguenin*, OR, Rn. 3171.

1671 *Honsell*, OR BT, S. 298; *Huguenin*, OR, Rn. 3171.

1672 BGer 4C_258/2001 vom 05.09.2002, E. 4.1.4; BGer 4C_80/2000 vom 04.04.2001, E. 3a.

1673 *Bühler*, in: ZK OR, Art. 368, Rn. 120; *Huguenin*, OR, Rn. 3176; *Zindel/Pulver/Schott*, in: BSK OR, Art. 368, Rn. 57.

1674 BGer 4C_258/2001 vom 05.09.2002, E. 4.1.4; BGer 4C_80/2000 vom 04.04.2001, E. 3a; *Huguenin*, OR, Rn. 3176; *Zindel/Pulver/Schott*, in: BSK OR, Art. 368, Rn. 57.

1675 *Zindel/Pulver/Schott*, in: BSK OR, Art. 368, Rn. 57.

ausnahmsweise einen Anspruch auf Neuherstellung erhält, sofern keine übermäßigen Kosten entstehen.[1676]

Die folgende Tabelle zeigt die Ansprüche des Käufers sowie die Rechte des Verkäufers sowohl für das deutsche als auch für das Schweizer Recht auf einen Blick.

Tab. 4: Die gesetzlich vorgesehene Nacherfüllung im Schweizer und im deutschen Recht für den Werklieferungsvertrag

Nacherfüllung	**Anspruch des Käufers**		**Recht des Verkäufers**	
	D	**CH**	**D**	**CH**
Nachlieferung	**ja**	**lediglich in Ausnahmefällen**	**ja**	**lediglich in Ausnahmefällen**
Nachbesserung	ja	ja (Art. 368 II OR)	**ja**	**lediglich in Ausnahmefällen**

2) Die unverhältnismäßigen Kosten

Sowohl § 439 III 1 BGB als auch Art. 368 II OR bestimmen, dass unverhältnismäßige bzw. übermäßige Kosten dem Nachbesserungsanspruch entgegenstehen können. Im Schweizer Recht gilt dies jedoch dann nicht, wenn eine bestimmte Eigenschaft vertraglich besonders vereinbart oder zugesichert ist.[1677] Der Rückgriff auf den Rechtsmissbrauch aus Art. 2 ZGB wird dann ebenfalls verwehrt.[1678] Dies sollte der deutsche Exporteur bei der Zusicherung von Eigenschaften beachten.

3) Die Vertragsgestaltung

Die werkvertraglichen Mängelhaftungsansprüche aus Art. 368 OR stellen kein zwingendes Recht dar.[1679] Demnach sind vertragliche Änderungen innerhalb der

1676 BGer 4C_258/2001 vom 05.09.2002, E. 4.1.4; BGer 4C_80/2000 vom 04.04.2001, E. 3a; *Bühler*, in: ZK OR, Art. 368, Rn. 120; *Hürlimann/Siegenthaler*, in: CHK OR, Art. 368, Rn. 11; *Huguenin*, OR, Rn. 3175; *Zindel/Pulver/Schott*, in: BSK OR, Art. 368, Rn. 57.

1677 BGE 93 II 317, 326; *Honsell*, OR BT, S. 296; *Zindel/Pulver/Schott*, in: BSK OR, Art. 368, Rn. 55.

1678 *Honsell*, OR BT, S. 296.

1679 BGE 118 II 142, 144; BGE 116 II 305, 311; BGE 114 II 239, 245; BGE 91 II 344, 348; *Bühler*, in: ZK OR, Art. 368, Rn. 8, 245; *Huguenin*, OR, Rn. 3155; *Zindel/Pulver/Schott*, in: BSK OR, Art. 368, Rn. 82.

gesetzlichen Schranken möglich.[1680] Die Parteien können vereinbaren, dass der Besteller lediglich ein Nachbesserungsrecht erhält, aber Wandelung und Minderung ausgeschlossen sein sollen.[1681] Auch darf ein Vorrang des Nachbesserungsrechts eingeräumt werden, sofern die Werkmängel in einem angemessenen Zeitraum behoben werden.[1682]

Ein Recht auf Nacherfüllung durch Ersatzlieferung oder Nachbesserung kann sich für den deutschen Exporteur als günstig erweisen.[1683] Schließlich ergeben sich bei der eigenen Ausführung i. d. R. geringere Kosten als bei fremdem Tätigwerden.[1684] Somit sollte ein Nacherfüllungsrecht in den Vertrag analog zum Vorschlag in Bezug auf den Kaufvertrag[1685] aufgenommen werden.

4. *Die Selbstvornahme*

Eine Selbst- oder auch Ersatzvornahme liegt vor, wenn eine mangelhafte Sache selbständig durch den Käufer oder einen Dritten repariert wird.[1686]

a. *Im Kaufrecht*

1) Im deutschen Recht

Im deutschen Kaufrecht hat der Käufer keinen Anspruch auf eine Selbstvornahme.[1687] Wird diese dennoch durchgeführt, ohne dem Verkäufer durch Gewährung einer Frist die Gelegenheit zur Nacherfüllung zu geben, verliert der

---

1680 BGE 114 II 239, 245; *Huguenin*, OR, Rn. 3155.

1681 *Zindel/Pulver/Schott*, in: BSK OR, Art. 368, Rn. 83.

1682 *Dies.*, ebenda; vgl. BGE 116 II 450, 453; BGer 4C_77/2006 vom 25.07.2006, E. 3.

1683 Siehe 2. Teil, B., X., 3., a., 4).

1684 *Peters/Jacoby*, in: Staudinger, § 634 BGB, Rn. 36.

1685 Siehe 2. Teil, B., X., 3., a., 5), b).

1686 *Herresthal/Riehm*, Selbstvornahme, NJW 2005, 1457, 1457; *Lorenz*, Selbstvornahme, NJW 2005, 1321, 1321; *Regula*, in: H/R/S, Rechtsfragen, S. 87; *Schumacher*, Vertragsgestaltung, Rn. 355.

1687 BGH, NJW 2006, 988, 989; BGH, NJW 2005, 3211, 3212; BGH, NJW 2005, 1348, 1349; *Derleder*, Wechsel, NJW 2003, 998, 1003; *Faust*, in: Ba/Ro, BeckOK BGB, § 439, Rn. 4; *Graf von Westphalen*, Verkaufsbedingungen, S. 171; *ders.*, Einkaufsbedingungen, S. 127; *Regula*, in: H/R/S, Rechtsfragen, S. 87; *Schneider/Katerndahl*, Ein- und Ausbaukosten, NJW 2007, 2215, 2217; *Schroeter*, Recht, AcP 207 (2007), 28, 59; *Weidenkaff*, in: Palandt, § 437 BGB, Rn. 4a; differenzierend *Herresthal/Riehm*, Selbstvornahme, NJW 2005, 1457, 1460; *Lorenz*, Selbstvornahme, NJW 2005, 1321, 1322.

Käufer seine Ansprüche.[1688] Allerdings werden die Kosten nach §§ 437 Nr. 3, 280 I, III, 281 I BGB erstattet, wenn u. a. eine Nachfrist gesetzt wurde, welche erfolglos verstrichen ist.[1689]

Es ist jedoch auch möglich, ein solches Selbstvornahmerecht für Kaufverträge vertraglich zu vereinbaren. Innerhalb von Einkaufsbedingungen wird es für den Käufer sehr schwierig sein, sich selbst ein Recht zur Selbstvornahme einzuräumen, da dies dem Recht zur zweiten Andienung des Verkäufers[1690] entgegensteht und dieses verkürzt.[1691] Insbesondere ist selbst eine Formulierung, nach welcher in *dringenden Fällen* die Selbstvornahme gestattet wird, unzulässig[1692], da sie gegen § 307 II Nr. 1 BGB verstößt.[1693]

2) Im Schweizer Recht

Im Schweizer Recht bestimmt Art. 98 I OR, dass sich der Käufer zur Selbstvornahme gerichtlich ermächtigen lassen kann. Der Entwurf des *Obligationenrechts 2020* modifiziert diese Regelung dergestalt, dass die gerichtliche Ermächtigung durch ein ungenutztes Verstreichen einer angemessenen Frist ersetzt wird.[1694] Darüber hinaus ist bereits jetzt eine analoge Anwendung von Art. 366 II OR zulässig, wonach dem Verkäufer eine angemessene Frist zur Mängelbehebung

---

1688 BGH, NJW 2006, 988, 989; BGH, NJW 2005, 3211, 3212; BGH, NJW 2005, 1348, 1349; *Oechsler*, Anwendungsprobleme, NJW 2004, 1825, 1826; *Weidenkaff*, in: Palandt, § 437 BGB, Rn. 4a.

1689 *Graf von Westphalen*, Einkaufsbedingungen, S. 127; *Oechsler*, Anwendungsprobleme, NJW 2004, 1825, 1826; *Schneider/Katerndahl*, Ein- und Ausbaukosten, NJW 2007, 2215, 2217.

1690 BGH, NJW 2006, 988, 989; BGH, NJW 2005, 3211, 3212; BGH, NJW 2005, 1348, 1349 f.; *Faust*, in: Ba/Ro, BeckOK BGB, § 439, Rn. 2; *Graf von Westphalen*, Verkaufsbedingungen, S. 178; *ders.*, Einkaufsbedingungen, S. 122; *Lorenz*, Selbstvornahme, NJW 2005, 1321, 1322; *Matusche-Beckmann*, in: Staudinger, § 439 BGB, Rn. 5; *Redeker*, Verkäuferhaftung, NJW 2012, 2471, 2472; *Schroeter*, Recht, AcP 207 (2007), 28, 29; *Weidenkaff*, in: Palandt, § 437 BGB, Rn. 4a, § 439 BGB, Rn. 1; *Westermann*, in: MüKo BGB, § 439, Rn. 1.

1691 *Schneider/Katerndahl*, Ein- und Ausbaukosten, NJW 2007, 2215, 2219.

1692 BGH, NJW 2006, 47, 49; *Dammann*, in: W/L/P, AGB-Recht, 5. Teil, Rn. E 102; *Graf von Westphalen*, in: Vertragsrecht, Einkaufsbedingungen, Rn. 43; *ders.*, Verkaufsbedingungen, S. 172; *ders.*, Einkaufsbedingungen, S. 127, 172.

1693 BGH, NJW 2006, 47, 49; *Graf von Westphalen*, Einkaufsbedingungen, S. 127, 172.

1694 *Kern/Bettinger*, OR 2020, ZEuP 2014, 562, 578.

zu setzen ist, nach deren Verstreichen der Käufer die Mängelbeseitigung einem Dritten übertragen darf.[1695]

Die Parteien können auch ein vertragliches Recht zur Selbstvornahme vereinbaren oder bspw. den Gläubiger von der richterlichen Ermächtigung befreien.[1696] Es erscheint durchaus möglich, dass im Schweizer Recht ein Selbstvornahmerecht auch innerhalb der Einkaufsbedingungen statuiert werden darf. Dies gilt insbesondere, wenn auf die Klausel speziell hingewiesen wird.[1697]

3) Die Vor- und Nachteile der Selbstvornahme

Bei einer Selbstvornahme hätte der Verkäufer keinen Einfluss auf die Nacherfüllung[1698] und kann nicht überprüfen, ob diese ordnungsgemäß durchgeführt wurde.[1699] Außerdem würden sich seine Kosten dadurch erhöhen, dass diejenigen der externen Beseitigung regelmäßig höher sind als die internen gewesen wären.[1700] Dies liegt u. a. daran, dass der Dritte einen Gewinnanteil einpreist und zudem die Kaufsache nicht so gut kennen wird wie der Verkäufer, wodurch umständlichere und länger andauernde Nachbesserungsmaßnahmen erforderlich sind.[1701] Der Verkäufer wird somit ein Interesse an einer eigenen Mängelbehebung haben, um die Nacherfüllungskosten so gering wie möglich zu halten.[1702] Im internationalen Geschäftsverkehr kann die Selbstvornahme aber auch zu einer Kostenersparnis führen, da der Exporteur die Sache z. B. nicht durch eigenes Personal reparieren lassen oder Ersatzteile beschaffen muss.[1703]

4) Die Vertragsgestaltung

Der deutsche Exporteur sollte damit rechnen, dass innerhalb der Einkaufsbedingungen eine Klausel, welche den Käufer zur Selbstvornahme berechtigt, wirksam sein oder zumindest wirksam gemacht werden könnte. Dies wird regelmäßig

---

1695 BGE 116 II 305, 314; BGE 107 II 50, 55 f.; BGer 4C_159/1999 vom 28.07.2000, E. 4; *Gelzer*, Wünschbarkeit, S. 108.

1696 *Schumacher*, Vertragsgestaltung, Rn. 356.

1697 Siehe 2. Teil, B., II., 7., c., 2), b), (2), (d).

1698 *Schneider/Katerndahl*, Ein- und Ausbaukosten, NJW 2007, 2215, 2217.

1699 *Pinnells/Eversberg*, Kaufverträge, S. 207.

1700 *Graf von Westphalen*, in: Vertragsrecht, Einkaufsbedingungen, Rn. 43; *Herresthal/Riehm*, Selbstvornahme, NJW 2005, 1457, 1458; *Oechsler*, Anwendungsprobleme, NJW 2004, 1825, 1826.

1701 *Oechsler*, Anwendungsprobleme, NJW 2004, 1825, 1826, Fn. 8.

1702 *Ders.*, ebenda, 1825, 1826.

1703 *Pinnells/Eversberg*, Kaufverträge, S. 207.

zu Nachteilen für den deutschen Exporteur führen[1704], welche dieser vermeiden sollte. Für den Fall, dass das Recht zur Selbstvornahme dennoch in den Vertrag aufgenommen wird, sollte eine Regelung vereinbart werden, wonach der Käufer die ausdrückliche Einwilligung des deutschen Exporteurs einzuholen hat.[1705] In diesem Fall kann der Verkäufer abwägen, welche Vorgehensweise für ihn die beste ist.

b. Im Werklieferungsvertragsrecht

Im deutschen Recht existiert jedenfalls im Werkvertragsrecht ein Anspruch auf Ersatzvornahme im Falle von Werkmängeln gem. §§ 634 Nr. 2, 637 BGB.[1706] Nach § 637 I BGB darf der Besteller den Mangel selbst beseitigen und die erforderlichen Aufwendungen verlangen, wenn dem Hersteller eine angemessene Frist gesetzt wurde. Aus § 637 III BGB ergibt sich, dass der Besteller hierbei Anspruch auf einen Vorschuss hat. Für den Werklieferungsvertrag ist jedoch gem. § 650 1 BGB in erster Linie das Kaufrecht maßgeblich, sodass die genannten Regelungen nicht einschlägig sind.

Art. 366 II OR regelt die Ersatzvornahme für Werkverträge im Schweizer Recht. Voraussetzungen sind eine mangelhafte oder vertragswidrige, aber unvollständige Werksherstellung, erfolglose Nachfristsetzung und Verschulden des Herstellers.[1707] Dieser muss gem. Art. 366 II OR sowohl die Gefahr als auch die Kosten der Ersatzvornahme tragen. Auch evtl. anfallende Mehrkosten gehen zu seinen Lasten.[1708] Der Besteller kann eine Bevorschussung der Kosten verlangen.[1709] Eine richterliche Ermächtigung wie bei Art. 98 OR[1710] ist nicht notwendig.[1711]

1704 Siehe 2. Teil, B., X., 4., a., 3).

1705 *Pinnells/Eversberg*, Kaufverträge, S. 207.

1706 BGH, NJW 2005, 1348, 1349; *Derleder*, Wechsel, NJW 2003, 998, 1003; *Faust*, in: Ba/Ro, BeckOK BGB, § 439, Rn. 4; *Graf von Westphalen*, in: Vertragsrecht, Einkaufsbedingungen, Rn. 43; *Kern/Bettinger*, OR 2020, ZEuP 2014, 562, 578; *Regula*, in: H/R/S, Rechtsfragen, S. 87; *Schneider/Katerndahl*, Ein- und Ausbaukosten, NJW 2007, 2215, 2218.

1707 *Honsell*, OR BT, S. 288; *Huguenin*, OR, Rn. 3152.

1708 Kantonsgericht Freiburg, SJZ 1989, 118, 119; *Gauch*, Werkvertrag, Rn. 871; *Honsell*, OR BT, S. 288; *Huguenin*, OR, Rn. 3153.

1709 BGE 128 III 416, 418; *Boog/Stark-Traber*, Werkvertrag, RIW 2012, 817, 825; *Honsell*, OR BT, S. 298.

1710 Siehe 2. Teil, B., X., 4., a., 2).

1711 BGE 107 II 50, 56; *Honsell*, OR BT, S. 288; *Huguenin*, OR, Rn. 3153.

§ 637 I BGB und Art. 366 II OR entsprechen sich inhaltlich zu weiten Teilen. Allerdings ist wiederum zu beachten, dass der Werklieferungsvertrag im deutschen Recht gem. § 650 1 BGB größtenteils unter das Kaufrecht fällt, während dieser nach Schweizer Recht als Werkvertrag gilt[1712] und somit eine Ersatzvornahme auch ohne Parteivereinbarung möglich ist, soweit die notwendigen Voraussetzungen erfüllt sind. Dadurch ergibt sich nach Schweizer Recht ein zusätzlicher Anspruch des Bestellers, welcher im deutschen Recht jedenfalls für den Werklieferungsvertrag nicht existiert.[1713] Dies sollte der deutsche Exporteur beachten, da es eine finanzielle Mehrbelastung für ihn bedeuten könnte.

5. *Die Minderungs- und Wandelungsklage*

a. *Das Erfordernis der Klageerhebung*

1) Im deutschen Recht

Im deutschen Recht kann der Käufer nach § 441 I BGB selbständig mindern oder gem. § 440 BGB vom Vertrag zurücktreten. Es handelt sich um Gestaltungsrechte, welche nicht die Einwilligung des Verkäufers bedürfen, wie dies bspw. früher bei der Wandelung der Fall war.[1714] Allerdings müssen die dafür erforderlichen Voraussetzungen vorliegen. Dazu zählt auch, dass der Verkäufer primär zur Nacherfüllung gem. § 439 I BGB aufzufordern ist.[1715] Der Rücktritt ist gem. § 323 V 2 BGB nur möglich, wenn eine erhebliche Pflichtverletzung vorliegt.[1716] Ein Mangel ist regelmäßig erheblich, wenn er mindestens fünf Prozent des Kaufpreises beträgt.[1717] Des Weiteren sind die Beeinträchtigung des

---

1712 BGE 117 II 425, 428; BGE 117 II 273, 274; BGE 103 II 33, 35; BGE 72 II 347, 349; *Akikol*, Sachmängelhaftung, Rn. 235; *Bühler*, in: ZK OR, Art. 363, Rn. 142; *Honsell*, OR BT, S. 283; *Huguenin*, OR, Rn. 3127; *Keller/Siehr*, Kaufrecht, S. 13; *A. Koller*, in: Guhl, OR, § 47, Rn. 7; *Straub*, in: M/B/K/P, Vertragshandbuch, Kap. 64, Rn. 0.1; *Zindel/Pulver/Schott*, in: BSK OR, Art. 363, Rn. 21.

1713 Siehe 2. Teil, B., X., 4., a., 1).

1714 *Boerner*, Sachmängelhaftung, ZIP 2001, 2264, 2270; *Graf von Westphalen*, Einkaufsbedingungen, S. 137; *Wertenbruch*, Bindung, JZ 2002, 862, 862.

1715 Siehe 2. Teil, B., X., 3., a., 1).

1716 OLG Köln, NJW 2007, 1694, 1696; *Giesecke*, Rechtswahl, S. 262; *Graf von Westphalen*, Einkaufsbedingungen, S. 133 f.

1717 BGH, NJW 2014, 3229, 3231; OLG Köln, NJW 2007, 1694, 1696; *Ernst*, in: MüKo BGB, § 323, Rn. 251; *Graf von Westphalen*, Verkaufsbedingungen, S. 173; *ders.*, Einkaufsbedingungen, S. 134; *Hu. Schmidt*, in: Ba/Ro, BeckOK BGB, § 323, Rn. 39; *Weidenkaff*, in: Palandt, § 437 BGB, Rn. 23.

Gläubigerinteresses[1718] sowie der gesamte Inhalt des Vertrages maßgeblich.[1719] Liegt eine Beschaffenheitsvereinbarung i. S. d. § 434 I 1 BGB vor, so wird die Erheblichkeit der Pflichtverletzung i. R. d. vorzunehmenden Interessenabwägung indiziert.[1720]

2) Im Schweizer Recht

Gem. Art. 205 I OR hat der Käufer bei einem Sachmangel sofort die Wahl, ob er den Kaufpreis mindern oder den Vertrag wandeln – also von dem Vertrag zurücktreten[1721] – möchte. Allerdings besagt Art. 205 II OR, dass es letztendlich im Ermessen des Richters liegt, ob eine Wandelung vollzogen werden kann oder ob der Käufer die Minderung akzeptieren muss. Gem. Art. 205 II OR ist die Wandelung dann ausgeschlossen, wenn diese durch die Umstände nicht gerechtfertigt wird.

Problematisch ist, dass die Entscheidung des Richters nicht im Voraus bestimmt zu werden vermag und auch in der Rechtsprechung kaum Fälle vorhanden sind.[1722] Zumeist bejahte der Richter jedoch die geforderte Erheblichkeit und sprach sich somit für die Wandelung aus.[1723] Aus dem Gesagten ergibt sich, dass nicht die Ausübung des Wahlrechts zu der Wandelung führt, sondern erst das richterliche Gestaltungsurteil.[1724] Immerhin steht es den Parteien frei, sich auch ohne Hinzuziehung eines Gerichts zu einigen.[1725]

Während das Rücktrittsrecht aus Art. 107 II i. V. m. Art. 109 OR grundsätzlich eine vorherige Mahnung und Nachfristansetzung voraussetzt, ist dies bei Art. 205 OR nicht erforderlich[1726], sodass der Verkäufer ggf. von einer Klage überrascht wird. Besonders relevant im Bereich der Wandelung ist darüber

---

1718 OLG Köln, NJW 2007, 1694, 1696; *Giesecke*, Rechtswahl, S. 215.

1719 *Graf von Westphalen*, Einkaufsbedingungen, S. 134; *Weidenkaff*, in: Palandt, § 437 BGB, Rn. 23.

1720 BGH, NJW 2014, 3229, 3229; BGH, NJW 2013, 1365, 1366; BGH, NJW-RR 2010, 1289, 1291; *Ernst*, in: MüKo BGB, § 323, Rn. 251; *Hu. Schmidt*, in: Ba/Ro, BeckOK BGB, § 323, Rn. 39.

1721 *Richter*, AGB, S. 122; *Voser/Boog*, Schweizer Recht, RIW 2009, 126, 130.

1722 *Honsell*, OR BT, S. 108.

1723 *Ders.*, ebenda; befürwortend BGE 94 II 26, 35; BGE 24 II 62, 69; ablehnend BGE 81 II 213, 220.

1724 *Keller/Siehr*, Kaufrecht, S. 88.

1725 *Honsell*, OR BT, S. 102; *Keller/Siehr*, Kaufrecht, S. 88; *Müller-Chen*, in: CHK OR, Art. 205, Rn. 2.

1726 *Akikol*, Sachmängelhaftung, Rn. 113; *Ostendorf*, in: Ostendorf/Kluth, Wirtschaftsverträge, § 16, Rn. 24.

hinaus Art. 208 II OR, welcher eine verschuldensunabhängige Haftung für unmittelbare Schäden vorsieht und für den deutschen Exporteur in höchstem Maße Risiken bereithält[1727], welche es zu vermeiden gilt. Zu beachten ist jedoch, dass ein Hersteller ein geringeres Risiko auf sich nimmt als ein Händler als Verkäufer, da der Hersteller sein Produkt genau kennt und Mängel eher entdecken wird als ein Händler, welcher sehr unterschiedliche Waren führt und mit diesen nicht so vertraut ist.

In Bezug auf die Wandelung gem. Art. 205 I 1. Alt. OR ist festzustellen, dass der Mangel an sich erheblich sein muss, bevor der Käufer vom Vertrag zurücktreten darf.[1728] Demnach hat der Käufer zumindest bei gewöhnlichem Gebrauch keine Ansprüche, wenn das Erheblichkeitskriterium nicht vorliegt.[1729] Dies ist positiv für den deutschen Exporteur. Das Fehlen einer zugesicherten Eigenschaft wird jedoch stets als erheblich eingestuft[1730], sodass der Käufer in einem solchen Fall den Anspruch auf Wandelung zugesprochen bekommt. Dem deutschen Exporteur ist demnach von einer Zusicherung bestimmter Eigenschaften abzuraten.

Fraglich ist, ob die Erhebung der Klage den Käufer davon abhalten wird, einen dieser Ansprüche geltend zu machen. Schließlich könnte der Prozess auch für den Käufer zu weiteren Kosten führen, welche bei einer außergerichtlichen Einigung nicht anfallen würden. Grundsätzlich hat der Verkäufer aber damit zu rechnen, dass er für die Prozesskosten aufkommen muss, wenn die Klage erfolgreich ist.[1731]

3) Der Vergleich der Rechtsordnungen

Im Gegensatz zum deutschen Recht wird der Verkäufer im Schweizer Recht nicht vor einer unverhältnismäßigen Vertragsaufhebung geschützt.[1732] Das Rücktrittsrecht stellt für den Käufer einen sehr starken Rechtsbehelf dar.[1733] Für den deutschen Exporteur ist es nachteilig, wenn sich der Käufer schnell von

---

1727 Siehe 2. Teil, B., X., 7., c.

1728 *Giesecke*, Rechtswahl, S. 216; *Honsell*, in: BSK OR, Art. 197, Rn. 13; *ders.*, OR BT, S. 86; *Keller/Siehr*, Kaufrecht, S. 87.

1729 *Akikol*, Sachmängelhaftung, Rn. 418; *Honsell*, OR BT, S. 86; *Müller-Chen*, CHK OR, Art. 197, Rn. 27.

1730 *Giesecke*, Rechtswahl, S. 65; *Honsell*, in: BSK OR, Art. 197, Rn. 13; *ders.*, OR BT, S. 86; *Huguenin*, OR, Rn. 2608.

1731 *Honsell*, OR BT, S. 104.

1732 *Giesecke*, Rechtswahl, S. 215.

1733 *Dies.*, ebenda, S. 193.

einem Vertrag lösen kann. Während es sich nach deutschem Recht bei Rücktritt und Minderung um Gestaltungsrechte des Käufers handelt[1734], muss im Schweizer Recht eine Gestaltungsklage erhoben werden.[1735] Diese kann zu zusätzlichen Kosten für den deutschen Exporteur führen.[1736]

Es ist bspw. aufgrund der Existenz und des Vorrangs des Nacherfüllungsanspruchs im deutschen Recht[1737] davon auszugehen, dass nicht so schnell auf Minderung oder Rücktritt geklagt werden würde wie unter Anwendung des Schweizer Rechts, nach welchem generell weder dieser Anspruch an sich noch dessen Vorrang existiert.[1738] Nach Schweizer Recht muss zudem keine Nachfrist gesetzt werden, um den Vertrag wandeln zu dürfen.[1739] Im deutschen Recht sorgt bereits der Nacherfüllungsanspruch für eine zeitliche Verzögerung. Sowohl nach deutschem[1740] als auch nach Schweizer Recht[1741] ist eine gewisse Erheblichkeit des Mangels notwendig. Während diese nach deutschem Recht bei einer Beschaffenheitsvereinbarung indiziert wird[1742], liegt sie nach Schweizer Recht vor, wenn eine Eigenschaft zugesichert wird[1743], sodass die Wandelungsklage erfolgreich sein wird.[1744] In einem solchen Fall ist für den deutschen Exporteur besonders nachteilig, dass der Schadensersatz für den unmittelbaren Schaden nicht von seinem Verschulden abhängt.[1745]

1734 *Boerner*, Sachmängelhaftung, ZIP 2001, 2264, 2270; *Graf von Westphalen*, Einkaufsbedingungen, S. 137; *Wertenbruch*, Bindung, JZ 2002, 862, 862.

1735 Siehe 2. Teil, B., X., 5., a., 2).

1736 *Honsell*, OR BT, S. 104.

1737 Siehe 2. Teil, B., X., 3., a., 1) und 5., a., 1).

1738 Siehe 2. Teil, B., X., 3., a., 2).

1739 *Akikol*, Sachmängelhaftung, Rn. 113; *Ostendorf*, in: Ostendorf/Kluth, Wirtschaftsverträge, § 16, Rn. 24.

1740 OLG Köln, NJW 2007, 1694, 1696; *Giesecke*, Rechtswahl, S. 262; *Graf von Westphalen*, Einkaufsbedingungen, S. 134 f.

1741 *Giesecke*, Rechtswahl, S. 216; *Honsell*, in: BSK OR, Art. 197, Rn. 13; *ders.*, OR BT, S. 86; *Keller/Siehr*, Kaufrecht, S. 87.

1742 BGH, NJW 2014, 3229, 3229; BGH, NJW 2013, 1365, 1366; BGH, NJW-RR 2010, 1289, 1291; *Ernst*, in: MüKo BGB, § 323, Rn. 251; *Hu. Schmidt*, in: Ba/Ro, BeckOK BGB, § 323, Rn. 39.

1743 *Giesecke*, Rechtswahl, S. 65; *Honsell*, in: BSK OR, Art. 197, Rn. 13; *ders.*, OR BT, S. 86; *Huguenin*, OR, Rn. 2608.

1744 Siehe 2. Teil, B., X., 5., a., 2).

1745 Ebenda.

4) Die Vertragsgestaltung

Der deutsche Exporteur sollte es vermeiden, Eigenschaften zuzusichern, da diese Zurückhaltung dazu führt, dass der Käufer nur bei Vorliegen eines erheblichen Mangels ein Wandelungsrecht gem. Art. 205 I 1. Alt. OR erhält und nicht bereits, wenn nur die zugesicherte Eigenschaft fehlt.[1746] Besonders empfehlenswert ist die Vereinbarung eines Nacherfüllungsrechts für den deutschen Exporteur[1747], welches aufgrund seines Vorrangs zumindest die sofortige Wandelung des Käufers ausschließt.

Der deutsche Exporteur sollte darüber hinaus signalisieren, dass auch die Möglichkeit zu einer außergerichtlichen Einigung besteht[1748], sodass der Käufer nicht sofort Klage erheben müsste. Dies hat am besten sehr zeitnah zu erfolgen, da eine Mahnung und Fristsetzung vor Klageerhebung gesetzlich nicht vorgesehen sind.[1749] Allerdings kann im Vertrag auch explizit festgelegt werden, dass der Käufer zwingend eine Nachfrist zu setzen hat, solange diese nicht aus besonderen Gründen entbehrlich ist. Dann erhält der deutsche Exporteur Gelegenheit, mit dem Käufer weitergehende Vereinbarungen zu treffen.

b. Die Abänderung

Wird nach deutschem Recht der Rücktritt wirksam geltend gemacht, so entfällt das Recht auf Minderung[1750], welches einen fortbestehenden Erfüllungsanspruch voraussetzt.[1751] Ist der Rücktritt als unwirksam einzustufen, so kann der Käufer dennoch mindern.[1752] Das Gesagte gilt für die Minderung entsprechend.[1753] Darüber hinaus sind Ausnahmen wie z. B. die Berufung auf § 242 BGB denkbar.[1754]

1746 *Giesecke*, Rechtswahl, S. 217.

1747 Siehe 2. Teil, B., X., 3., a., 5), b).

1748 Siehe 2. Teil, B., X., 5., a., 2).

1749 *Akikol*, Sachmängelhaftung, Rn. 113; *Ostendorf*, in: Ostendorf/Kluth, Wirtschaftsverträge, § 16, Rn. 24.

1750 BT-Drs. 14/6040, S. 221; *Boerner*, Sachmängelhaftung, ZIP 2001, 2264, 2270; *Derleder*, Wechsel, NJW 2003, 998, 1002; *Weidenkaff*, in: Palandt, § 437 BGB, Rn. 27; *Wertenbruch*, Bindung, JZ 2002, 862, 862.

1751 *Boerner*, Sachmängelhaftung, ZIP 2001, 2264, 2270; *Derleder*, Wechsel, NJW 2003, 998, 1002.

1752 *Weidenkaff*, in: Palandt, § 437 BGB, Rn. 27.

1753 *Derleder*, Wechsel, NJW 2003, 998, 1001; *Weidenkaff*, in: Palandt, § 437 BGB, Rn. 31; *Wertenbruch*, Bindung, JZ 2002, 862, 862.

1754 *Weidenkaff*, in: Palandt, § 437 BGB, Rn. 27, 31; *Wertenbruch*, Bindung, JZ 2002, 862, 865.

Anzumerken bleibt, dass ein Wechsel zu einem Schadensersatzanspruch nicht ausgeschlossen ist.[1755]

Im Schweizer Recht ist fraglich, ob nach wirksamer Ausübung des Wahlrechts noch ein Wechsel stattfinden kann (sog. *ius variandi*).[1756] Es existiert eine Mindermeinung[1757], dass nur der Übergang von Wandelung zur Minderung möglich sei. Mehrheitlich wird die Möglichkeit eines Wechsels jedoch immer bejaht.[1758] Schließlich bestehe zumindest in dem Fall, dass der Verkäufer alle Sachmängelansprüche ablehne, kein Grund, den Käufer an seine Wahl zu binden, solange weder eine Vereinbarung noch ein Urteil vorliege.[1759] Allerdings wird ein Übergang von einem Gestaltungsrecht zu einem anderen wiederum verwehrt, wenn für den Verkäufer ein schutzwürdiges Interesse an der Unwiderruflichkeit besteht und dieser bereits entsprechend disponiert.[1760] Dies ergibt sich insbesondere aus dem Verbot des *venire contra factum proprium* des Art. 2 ZGB sowie aus dem Vertrauensgrundsatz.[1761] Für das Werkvertragsrecht existiert für den Besteller grundsätzlich kein *ius variandi*.[1762]

Der deutsche Exporteur muss demnach davon ausgehen, dass der Käufer seine Meinung noch frei ändern kann und sich auf eine Unsicherheit einstellen. Es kann nicht vorhergesagt werden, ob der Käufer bei seiner Wahl bleiben wird oder doch einen anderen Anspruch geltend macht. Zumindest ist es dem Käufer aber verwehrt, sich widersprüchlich zu verhalten.[1763]

1755 *Derleder*, Wechsel, NJW 2003, 998, 1002.

1756 *Honsell*, OR BT, S. 103; *Huguenin*, OR, Rn. 2652; *Kren Kostkiewicz*, in: K/W/A/F, OR Handkommentar, Art. 205, Rn. 5.

1757 *Bucher*, OR BT, S. 100.

1758 *Honsell*, OR BT, S. 103; *Huguenin*, OR, Rn. 2652; *Kren Kostkiewicz*, in: K/W/A/F, OR Handkommentar, Art. 205, Rn. 5; *Müller-Chen*, CHK OR, Art. 205, Rn. 5.

1759 *Honsell*, OR BT, S. 103; vgl. *Huguenin*, OR, Rn. 2652.

1760 *Müller-Chen*, CHK OR, Art. 205, Rn. 5.

1761 *Huguenin*, OR, Rn. 2652.

1762 BGE 136 III 273, 274; *Huguenin*, OR, Rn. 2652; *Kren Kostkiewicz*, in: K/W/A/F, OR Handkommentar, Art. 205, Rn. 5.

1763 *Huguenin*, OR, Rn. 2652.

6. *Die Kündigung des Bestellers im Werklieferungsvertragsrecht*

a. *Die Überschreitung des Kostenvoranschlags*

Durch einen Kostenvoranschlag kann sich der Besteller im Vorfeld ein Bild von seinen ungefähren Kosten machen.[1764] Dieses Instrument nimmt in der Praxis eine große Rolle ein.[1765]

1) Im deutschen Recht

Für das deutsche Recht ist das Kündigungsrecht des Bestellers wegen einer wesentlichen Überschreitung des Kostenvoranschlags in § 649 I BGB normiert. Bei Werklieferungsverträgen existiert dieses lediglich bei nicht vertretbaren Sachen, § 649 I BGB i. V. m. § 650 3 BGB. Gem. § 91 BGB sind Sachen vertretbar, die beweglich sind und im Verkehr nach Zahl, Maß oder Gewicht bestimmt zu werden pflegen. Darunter fallen Waren aus der Serienproduktion wie bspw. Neufahrzeuge, Werkzeuge, Maschinen sowie Möbel, solange diese ungebraucht sind.[1766] Nicht vertretbar ist demnach eine Sache, welche den Bestellerwünschen angepasst und mit individuellen Merkmalen versehen ist.[1767] Sie kann nur schwer oder gar nicht anderweitig abgesetzt werden.[1768]

Die Wesentlichkeit der Überschreitung ergibt sich nicht aus einer festgelegten Prozentzahl, sondern ist anhand des Einzelfalles zu bestimmen.[1769] In die Einbeziehung gehören u. a. die Unsicherheitsfaktoren für die Kosten der Werksherstellung und der Bestimmtheitsgrad der Preisangaben.[1770] Wesentlich ist eine

---

1764 *Dammann*, in: W/L/P, AGB-Recht, 5. Teil, Rn. K 31; *Rohlfing/Thiele*, Überschreitung, MDR 1998, 632, 632; *Zindel/Pulver/Schott*, in: BSK OR, Art. 375, Rn. 1.

1765 *Köhler*, Überschreitung, NJW 1983, 1633, 1633; *Rohlfing/Thiele*, Überschreitung, MDR 1998, 632, 632.

1766 *Fritzsche*, in: Ba/Ro, BeckOK BGB, § 91, Rn. 4; *Stresemann*, in: MüKo BGB, § 91, Rn. 1 f.

1767 BGH, NJW 1971, 1793, 1794; OLG Hamm, NJW-RR 1986, 477, 477; *Busche*, in: MüKo BGB, § 650, Rn. 17 f.; *Peters/Jacoby*, in: Staudinger, § 651 BGB, Rn. 17; *Sprau*, in: Palandt, § 650 BGB, Rn. 8.

1768 BGH, NJW 1971, 1793, 1794; OLG Hamm, NJW-RR 1986, 477, 477; *Busche*, in: MüKo BGB, § 650, Rn. 18; *Peters/Jacoby*, in: Staudinger, § 651 BGB, Rn. 17; *Sprau*, in: Palandt, § 650 BGB, Rn. 8.

1769 *Busche*, in: MüKo BGB, § 649, Rn. 10; *Köhler*, Überschreitung, NJW 1983, 1633, 1634; *Peters/Jacoby*, in: Staudinger, § 650 BGB, Rn. 24; *Rohlfing/Thiele*, Überschreitung, MDR 1998, 632, 633; *Sprau*, in: Palandt, § 649 BGB, Rn. 3.

1770 *Köhler*, Überschreitung, NJW 1983, 1633, 1634; *Rohlfing/Thiele*, Überschreitung, MDR 1998, 632, 632 f.

Kostenüberschreitung, wenn ein redlich denkender Besteller aus diesem Grund seine Dispositionen ändern wollen würde.[1771] Oft wird ein pauschaler Toleranzbereich von zehn bis 25 Prozent angenommen.[1772] Als Anhaltspunkt sollten 15 bis 20 Prozent und in besonderen Ausnahmefällen bis 25 Prozent angesehen werden.[1773] Eine verhältnismäßige Kostenüberschreitung von mehr als 27 Prozent sei kaum zu rechtfertigen.[1774]

2) Im Schweizer Recht

Nach Schweizer Recht zählt der Werklieferungsvertrag zum Werkvertrag[1775], sodass dessen Regelungen uneingeschränkt anwendbar sind. Gem. Art. 375 I OR steht dem Besteller eines Werkes ein Rücktrittsrecht zu, wenn der Kostenvoranschlag des Herstellers unverhältnismäßig überschritten wird und dies ohne Zutun des Bestellers geschieht. Als verhältnismäßig gilt eine Erhöhung der Kosten bis zur Toleranzgrenze von zehn Prozent.[1776] Aber auch diese Faustregel ist kein starres Schema[1777], sondern beruht auf der Lebenserfahrung.[1778] Vielmehr müssen die Umstände des Einzelfalles beachtet werden.[1779] Maßgeblich ist auch, mit

---

1771 *Köhler*, Überschreitung, NJW 1983, 1633, 1634; *Peters/Jacoby*, in: Staudinger, § 650 BGB, Rn. 24; *Rohlfing/Thiele*, Überschreitung, MDR 1998, 632, 633; *Sprau*, in: Palandt, § 649 BGB, Rn. 3.

1772 *Schenk*, Kostenvoranschlag, NZBau 2001, 470, 471; *Sprau*, in: Palandt, § 649 BGB, Rn. 3.

1773 *Sprau*, in: Palandt, § 649 BGB, Rn. 3; **a. A.** *Busche*, in: MüKo BGB, § 649, Rn. 10.

1774 BGH, NJW-RR 1987, 337, 337.

1775 BGE 117 II 425, 428; BGE 117 II 273, 274; BGE 103 II 33, 35; BGE 72 II 347, 349; *Akikol*, Sachmängelhaftung, Rn. 235; *Bühler*, in: ZK OR, Art. 363, Rn. 142; *Honsell*, OR BT, S. 283; *Huguenin*, OR, Rn. 3127; *Keller/Siehr*, Kaufrecht, S. 13; *A. Koller*, in: Guhl, OR, § 47, Rn. 7; *Straub*, in: M/B/K/P, Vertragshandbuch, Kap. 64, Rn. 0.1; *Zindel/Pulver/Schott*, in: BSK OR, Art. 363, Rn. 21.

1776 BGE 119 II 249, 254; BGE 115 II 460, 462; BGer 4A_15/2011 vom 03.05.2011, E. 3.1; Kantonsgericht Graubünden, PKG 1976, 53, 56; *Gauch*, Werkvertrag, Rn. 985; *ders.*, Überschreitung, BR 1989, 79, 83; *Honsell*, OR BT, S. 309; *Huguenin*, OR, Rn. 3198; *A. Koller*, in: Guhl, OR, § 47, Rn. 37; *Zindel/Pulver/Schott*, in: BSK OR, Art. 375, Rn. 12.

1777 BGE 115 II 460, 462; BGer 4A_15/2011 vom 03.05.2011, E. 3.1; *Gauch*, Überschreitung, BR 1989, 79, 83; *Zindel/Pulver/Schott*, in: BSK OR, Art. 375, Rn. 12.

1778 *Gauch*, Werkvertrag, Rn. 985; *ders.*, Überschreitung, BR 1989, 79, 83.

1779 BGE 115 II 460, 462; BGer 4A_15/2011 vom 03.05.2011, E. 3.1; *Gauch*, Werkvertrag, Rn. 985; *ders.*, Überschreitung, BR 1989, 79, 83; *Zindel/Pulver/Schott*, in: BSK OR, Art. 375, Rn. 11 f.

welchen Abweichungen der Besteller nach Treu und Glauben zu rechnen hat.[1780] Ob der Besteller das Werk nicht mehr gewollt hätte, wenn er von der unverhältnismäßigen Kostenüberschreitung gewusst hätte, ist nach Schweizer Recht jedoch irrelevant.[1781]

3) Der Vergleich der Rechtsordnungen

Sowohl im deutschen[1782] als auch im Schweizer Recht[1783] erhält der Besteller ein Kündigungsrecht, wenn der Kostenvoranschlag unverhältnismäßig überschritten wird. Dabei kommt es im Schweizer Recht nicht darauf an, ob es sich um eine vertretbare oder unvertretbare Sache handelt, sodass das Rücktrittsrecht immer besteht[1784], während dies nach deutschem Recht nur bei nicht vertretbaren Sachen der Fall ist.[1785]

Weder das deutsche[1786] noch das Schweizer Recht[1787] sieht für die Unverhältnismäßigkeit eine starre Grenze vor. Allerdings deutet die Abweichung bei den Prozentzahlen zur Orientierung darauf hin, dass das Schweizer Recht[1788] früher als das deutsche Recht[1789] von einer unverhältnismäßigen Abweichung ausgehen wird.

Der deutsche Exporteur, welcher einen Kostenvoranschlag macht, sollte genau kalkulieren, ob die Zehn-Prozent-Marke überschritten werden könnte. Ist dies der Fall, muss er damit rechnen, dass der Besteller das Rücktrittsrecht in Anspruch nimmt. Daraus folgt, dass der deutsche Exporteur das Werk nicht vollenden darf und im Ergebnis keinen Gewinn erwirtschaften wird.

1780 *Gauch*, Werkvertrag, Rn. 985; *ders.*, Überschreitung, BR 1989, 79, 83; *Zindel/Pulver/Schott*, in: BSK OR, Art. 375, Rn. 10.

1781 *Gauch*, Werkvertrag, Rn. 986; *Zindel/Pulver/Schott*, in: BSK OR, Art. 375, Rn. 11; **a. A.** BGE 98 II 299, 303.

1782 Siehe 2. Teil, B., X., 6., a., 1).

1783 Siehe 2. Teil, B., X., 6., a., 2).

1784 Ebenda.

1785 Siehe 2. Teil, B., X., 6., a., 1).

1786 *Busche*, in: MüKo BGB, § 649, Rn. 10; *Köhler*, Überschreitung, NJW 1983, 1633, 1634; *Peters/Jacoby*, in: Staudinger, § 650 BGB, Rn. 24; *Rohlfing/Thiele*, Überschreitung, MDR 1998, 632, 633; *Sprau*, in: Palandt, § 649 BGB, Rn. 3.

1787 BGE 115 II 460, 462; BGer 4A_15/2011 vom 03.05.2011, E. 3.1; *Gauch*, Überschreitung, BR 1989, 79, 83; *Zindel/Pulver/Schott*, in: BSK OR, Art. 375, Rn. 12.

1788 Siehe 2. Teil, B., X., 6., a., 2).

1789 Siehe 2. Teil, B., X., 6., a., 1).

Allerdings können die Parteien vertraglich auch die zu tolerierende Abweichung bestimmen.[1790]

b. Das Kündigungsrecht des Bestellers

Im deutschen Recht steht dem Besteller bei einem Werklieferungsvertrag bis zur Vollendung des Werkes gem. § 648 1, 2 BGB i. V. m. § 650 3 BGB ein Kündigungsrecht zu, wenn es sich um eine nicht vertretbare Sache[1791] handelt. Dabei muss der Besteller die Vergütung abzüglich der Ersparnisse des Herstellers entrichten. Nach Schweizer Recht hat der Besteller auch bei einem Werklieferungsvertrag ein Rücktrittsrecht, solange das Werk noch nicht fertig gestellt ist, und er muss für die bereits geleistete Arbeit und den Schaden aufkommen, Art. 377 OR. Bei der sog. Schadloshaltung[1792] wird das Erfüllungsinteresse des Herstellers berücksichtigt, wobei ersparte Aufwendungen abzuziehen sind.[1793] Demnach wird Schadensersatz auf das positive Interesse unabhängig von einem Verschulden geschuldet, wozu auch der entgangene Gewinn gehört.[1794]

§ 648 1, 2 BGB und Art. 377 OR sind sich sehr ähnlich.[1795] Der Unterschied besteht nun darin, dass bei einem Werklieferungsvertrag über vertretbare Sachen nach Schweizer Recht ein Rücktrittsrecht gesetzlich vorgesehen ist, während dieses im deutschen Recht – auch in Form eines Kündigungsrechts – nicht existiert.

Die Ausführung des Werkes wird nur als Pflicht des Herstellers angesehen, nicht jedoch als Recht.[1796] Fraglich ist, ob die Vergütung das einzige Interesse darstellt oder ob auch anderweitige Elemente – z. B. im Hinblick auf Referenzen oder Folgebestellungen – für den Hersteller wichtig sind, sodass er auch ein Interesse an der Fertigstellung des Werkes hat.[1797] Dies ist regelmäßig nicht der Fall. Somit entsteht für den vertretbare Sachen produzierenden Exporteur eine Unsicherheit. Schließlich ist für ihn vorab nicht ersichtlich, ob sein Geschäftspartner bis zur Vollendung des Werkes am Vertrag festhalten möchte oder nicht. Auch

---

1790 *Zindel/Pulver/Schott*, in: BSK OR, Art. 375, Rn. 36.

1791 Siehe 2. Teil, B., X., 6., a., 1).

1792 *Huguenin*, OR, Rn. 3214.

1793 BGE 96 II 192, 196; *Honsell*, OR BT, S. 288; *A. Koller*, in: Guhl, OR, § 47, Rn. 77.

1794 *Huguenin*, OR, Rn. 3214.

1795 *Honsell*, OR BT, S. 288 f.

1796 BGE 117 II 273, 274; BGE 69 II 139, 143; *Busche*, in: MüKo BGB, § 648, Rn. 2; *A. Koller*, in: Guhl, OR, § 47, Rn. 76.

1797 BGE 117 II 273, 274; *Busche*, in: MüKo BGB, § 648, Rn. 3; *Peters/Jacoby*, in: Staudinger, § 649 BGB, Rn. 7.

schränkt jedes zusätzliche Recht des Käufers den deutschen Exporteur ein und stellt einen Nachteil für diesen dar.

7. Der Schadensersatz

a. Allgemeines

Der Schadensersatzanspruch kann als wohl bedeutsamster Rechtsbehelf im Bereich der Leistungsstörungen qualifiziert werden.[1798] Er stellt eine Wiedergutmachung eines Schadens durch tatsächliche oder zumindest wertmäßige Herstellung des wirtschaftlichen Zustandes dar, welcher ohne die Schädigung bestehen würde.[1799] Demnach sind Schaden und Schadensersatz von enormer wirtschaftlicher Bedeutung.[1800]

b. Die Konkurrenz von allgemeinen und besonderen Ansprüchen

Nach deutschem Verständnis wäre es geboten, dass der besondere dem allgemeinen Teil vorgeht.[1801] Dies wird mit dem Satz *lex specialis derogat legi generali* ausgedrückt.[1802] Nach Schweizer Recht ist dieser Grundsatz nicht immer anwendbar, sodass teleologische Erwägungen zu beachten sind.[1803] In Frage kommt zum einen die ausschließliche Geltung der Sondernormen und zum anderen die zusätzliche Anwendbarkeit der allgemeinen Regeln.[1804] U. a. ist im Bereich von Art. 97–109 OR (AT) bzw. Art. 197 ff. OR (BT) für das Schweizer Kaufrecht sowohl nach Rechtsprechung[1805] als auch nach h. L.[1806] eine Anspruchskonkurrenz der allgemeinen und besonderen Gewährleistungsregelungen möglich. Dies liegt bspw. daran, dass nur bzgl. der Wandelung der Ersatz von Mangelfolgeschäden

1798 *G/S/S/E*, OR AT, Rn. 2846.

1799 *A. Koller*, in: Guhl, OR, § 10, Rn. 2.

1800 *Schwenzer*, OR AT, Rn. 14.01; *Wittibschlager*, Einführung, Rn. 339.

1801 *Trendelberend*, Vorteile, S. 151.

1802 *Honsell*, Konkurrenz, SJZ 2007, 137, 139; *Jung*, Handelsrecht, § 1, Rn. 1; *Keller/Siehr*, Kaufrecht, S. 31, 103.

1803 *Keller/Siehr*, Kaufrecht, S. 31, 103.

1804 *Dies.*, ebenda.

1805 BGE 133 III 335, 339; BGE 114 II 131, 134; BGE 109 II 319, 322; BGE 108 II 102, 104; BGE 107 II 419, 421; BGE 107 II 161, 165; BGE 90 II 86, 88.

1806 *Akikol*, Sachmängelhaftung, Rn. 119; *G/H/M/P*, Vertragsgestaltung, Rn. 160; *G/S/S/E*, OR AT, Rn. 2631; *Huguenin*, OR, Rn. 2695; *Wiegand*, in: BSK OR, Art. 107, Rn. 5; *Wittibschlager*, Einführung, Rn. 628; **a. A.** *Honsell*, OR BT, S. 117; *A. Koller*, in: Guhl, OR, § 42, Rn. 62; *Müller-Chen*, CHK OR, Art. 197, Rn. 7.

explizit geregelt ist.[1807] Die analoge Anwendung von Art. 208 II, III OR[1808] auf Minderung und Ersatzlieferung wird vom Bundesgericht[1809] abgelehnt, sodass auf die allgemeinen Regelungen über die nicht gehörige Erfüllung des Art. 97 I OR zurückgegriffen werden muss. Als Voraussetzung wird das Verschulden des Verkäufers betrachtet, welches jedoch nicht in der Verursachung des Mangels besteht, sondern nur in Kenntnis oder fahrlässigen Unkenntnis des Mangels im Zeitpunkt des Vertragsschlusses.[1810]

Eingeschränkt wird die Konkurrenz allerdings dadurch, dass im Interesse der Verkehrs- und Rechtssicherheit die Erhebung der Mängelrüge gem. Art. 201 OR[1811] und die Einhaltung der Verjährungsfrist gem. Art. 210 OR[1812] ebenfalls beachtet werden müssen, wenn Schadensersatz nach Art. 97 OR verlangt wird. Im Ergebnis ergibt sich daraus zwar nur eine beschränkte Alternativität.[1813] Allerdings wird hier die eigentliche Systematik durchbrochen. Im Bereich des Werklieferungsvertrages wird die Alternativität zwischen dem AT und dem BT in Bezug auf Schadensersatzansprüche aufgrund von Mängeln jedoch abgelehnt[1814], sodass an dieser Stelle der BT dem AT wieder vorgeht.

1807 BGer 4C_300/2006 vom 19.02.2007, E. 2.4.1.

1808 Siehe 2. Teil, B., X., 7., c.

1809 BGer 4C_300/2006 vom 19.02.2007, E. 2.4.1.

1810 BGE 107 II 161, 166 f.; *Honsell*, in: BSK OR, Vorbem. zu Art. 197–210, Rn. 6; *ders.*, OR BT, S. 116 f.; *Huguenin*, OR, Rn. 2699.

1811 BGE 133 III 335, 339; BGE 107 II 161, 166; BGer 4C_300/2006 vom 19.02.2007, E. 2.4.1; *Akikol*, Sachmängelhaftung, Rn. 119; *G/S/S/E*, OR AT, Rn. 2631; *Honsell*, OR BT, S. 117; *Huguenin*, OR, Rn. 2696; *Müller-Chen*, CHK OR, Art. 197, Rn. 7; *Wittibschlager*, Einführung, Rn. 628; **a. A.** *Keller/Siehr*, Kaufrecht, S. 105 f.; *Zellweger-Gutknecht*, Mangelfolgeschaden, ZBJV 2007, 763, 783; siehe 2. Teil, B., IX.

1812 BGE 133 III 335, 339; BGE 107 II 161, 166; BGE 90 II 86, 88; BGE 77 II 243, 249; BGE 63 II 401, 405 f.; BGE 58 II 207, 212; BGer 4C_300/2006 vom 19.02.2007, E. 2.4.1; *Akikol*, Sachmängelhaftung, Rn. 119; *G/S/S/E*, OR AT, Rn. 2631; *Honsell*, OR BT, S. 96, 117; *Huguenin*, OR, Rn. 2696; *Müller-Chen*, CHK OR, Art. 197, Rn. 7; **a. A.** *Keller/Siehr*, Kaufrecht, S. 105 f.; *Zellweger-Gutknecht*, Mangelfolgeschaden, ZBJV 2007, 763, 783; siehe 2. Teil, B., XIV., 3.

1813 *Akikol*, Sachmängelhaftung, Rn. 119; *Honsell*, in: BSK OR, Vorbem. zu Art. 197–210, Rn. 6; *ders.*, OR BT, S. 117; siehe BGE 133 III 335, 339; BGE 114 II 131, 134; BGE 107 II 419, 421; BGE 107 II 161, 165; **a. A.** *Keller/Siehr*, Kaufrecht, S. 105 f.

1814 BGE 136 III 273, 274; BGE 133 III 335, 341; BGE 117 II 550, 553; BGE 100 II 30, 32; BGer 4A_387/2014 vom 27.10.2014, E. 4.2; *Bühler*, in: ZK OR, Art. 368, Rn. 14; *Furrer/Wey*, in: CHK OR, Art. 107, Rn. 3; *G/S/S/E*, OR AT, Rn. 2630; *Hürlimann/Siegenthaler*, in: CHK OR, Art. 368, Rn. 15; *Huguenin*, OR, Rn. 3187; *Wiegand*, in: BSK OR, Art. 107, Rn. 5; *Zindel/Pulver/Schott*, in: BSK OR, Art. 368, Rn. 78.

Die Tatsache, dass Art. 201 und 210 OR auch für den konkurrierenden Schadensersatzanspruch aus Art. 97 OR bei Kaufverträgen anwendbar sind, bedeutet grundsätzlich eine Besserstellung für den deutschen Exporteur. Aber er muss auch wissen, dass der AT Anwendung finden kann, damit er nicht die berechtigten Ansprüche des Käufers ablehnt. Eine Kenntnis der Rechtslage oder zumindest eine detaillierte Vertragsgestaltung[1815] sind demnach unumgänglich.

c. *Die Abweichung von der Verschuldenshaftung*

1) Allgemeines

Wird nach deutschem Recht Schadensersatz begehrt, so muss grundsätzlich ein Verschulden vorliegen[1816], § 280 I 2 BGB. Dies gilt auch für das Schweizer Recht.[1817] Eine Ausnahme bildet aber bspw. Art. 208 II OR, nach welchem bei der Wandelung der unmittelbar durch den Mangel verursachte Schaden selbst ohne Verschulden zu ersetzen ist. Ein Exkulpationsbeweis ist nicht vorgesehen.[1818] Diese Kausalhaftung sorgt jedoch für ein erhebliches Haftungsrisiko[1819] und ist in der Lehre äußerst umstritten.[1820]

Der Gesetzgeber weicht immer dann von der Verschuldenshaftung ab, wenn andere Prinzipien wie bspw. der Gedanke des sozialen Ausgleichs dieser entgegenstehen und genügend Intensität besitzen.[1821] Dies sei im vorliegenden kaufrechtlichen Fall gegeben, da die Person des Verkäufers keine Rolle spiele, sondern nur das Vertrauen des Käufers in das Rechtssystem gestärkt werden solle, indem das Tatbestandsmerkmal *Verschulden des Verkäufers* entfällt.[1822] Es ist zu beachten, dass auch die Haftung für Zufall eingeschlossen ist.[1823] Gem. Art. 208 III OR muss der weitere Schaden aber nur übernommen werden, sofern der Verkäufer nicht darlegt, dass ihn kein Verschulden trifft.

1815 Siehe 2. Teil, B., XI., 6.

1816 *Thüsing*, in: Vertragsrecht, Haftungserweiterungsklauseln, Rn. 5.

1817 *Furrer/Wey*, in: CHK OR, Art. 109, Rn. 13; *Keller/Siehr*, Kaufrecht, S. 63; *A. Koller*, in: Guhl, OR, § 25, Rn. 1; *Kuoni*, Haftungsbegrenzung, Rn. 345; *Schwenzer*, OR AT, Rn. 22.01; *Wittibschlager*, Einführung, Rn. 356.

1818 *Birkhäuser/Schmid*, in: M/B/K/P, Vertragshandbuch, Kap. 20, Rn. 12.1.

1819 *Gelzer*, in: M/B/K/P, Vertragshandbuch, Kap. 18, Rn. 11.4.

1820 *Bucher*, OR BT, S. 104 f.; *Voser/Boog*, Schweizer Recht, RIW 2009, 126, 131.

1821 *A. Koller*, in: Guhl, OR, § 25, Rn. 1.

1822 *Coendet*, Schadenszurechnung, recht 2008, 15, 22.

1823 *A. Koller*, in: Guhl, OR, § 10, Rn. 90.

2) Die Abgrenzung von unmittelbarem und mittelbarem Schaden

Allerdings lassen sich die beiden Kategorien *unmittelbarer* und *mittelbarer* bzw. *weiterer* Schaden nur schwer voneinander abgrenzen.[1824] In der Lehre existieren einige Ansätze, um diese Problematik zu klären.[1825] Als unmittelbarer Schaden gelten sowohl der Schaden an der Sache selbst[1826] als auch die Kosten der Untersuchung auf Mängel gem. Art. 201 OR[1827], wenn die Ware mangelhaft ist.[1828] Auch ein Kursverlust[1829] ist darunter zu verstehen.[1830] Art. 208 II OR nennt explizit bspw. noch die Prozesskosten, welche dem Käufer aufgrund eines unterlegenen Prozesses z. B. gegen seinen eigenen Abnehmer entstehen.[1831] Insbesondere dieser Posten kann für den deutschen Exporteur zu unverhältnismäßigen Ausgaben führen. Die aus dem Gewährleistungsprozess zwischen Verkäufer und Käufer erwachsenden Kosten richten sich jedoch nach dem Prozessrecht.[1832] Unter den unmittelbaren Schadensbegriff können auch Mangelfolgeschäden zu subsumieren sein.[1833] Diese liegen vor, wenn der Schaden durch die mangelhafte Ware nicht an dieser selbst entsteht, sondern an anderen Rechtsgütern des Käufers.[1834]

1824 *Akikol*, Sachmängelhaftung, 1. Kap., Fn. 81; *Bucher*, OR BT, S. 104; *Coendet*, Schadenszurechnung, recht 2008, 15, 19; *Fountoulakis*, Choice, EJLR 2005, 303, 310; *G/H/M/P*, Vertragsgestaltung, Rn. 176; *Honsell*, in: BSK OR, Art. 208, Rn. 7; *ders.*, OR BT, S. 110; *ders.*, Mangelfolgeschaden, recht 2007, 154, 155; *A. Koller*, in: Guhl, OR, § 42, Rn. 40; *Voser/Boog*, Schweizer Recht, RIW 2009, 126, 131.

1825 *Honsell*, in: BSK OR, Art. 208, Rn. 7; *ders.*, OR BT, S. 110; *Huguenin*, OR, Rn. 2669; *Kren Kostkiewicz*, in: K/W/A/F, OR Handkommentar, Art. 208, Rn. 4; *Müller-Chen*, in: CHK OR, Art. 208, Rn. 11; *Voser/Boog*, Schweizer Recht, RIW 2009, 126, 131.

1826 *Honsell*, in: BSK OR, Art. 208, Rn. 5; *Müller-Chen*, in: CHK OR, Art. 208, Rn. 13.

1827 Siehe 2. Teil, B., IX., 7.

1828 BGE 34 II 701, 710; *Akikol*, Sachmängelhaftung, Rn. 705; *von Büren*, OR BT, S. 20.

1829 Siehe 2. Teil, B., VI.

1830 *Honsell*, in: BSK OR, Art. 208, Rn. 5.

1831 *Keller/Siehr*, Kaufrecht, S. 91; *Müller-Chen*, in: CHK OR, Art. 208, Rn. 7; *von Büren*, OR BT, S. 42.

1832 BGE 79 II 376, 381 f.; *Keller/Siehr*, Kaufrecht, S. 91.

1833 BGE 133 III 257, 272; *Berni*, Hardware, in: Jörg/Arter, Internet-Recht, S. 31; *Coendet*, Schadenszurechnung, recht 2008, 15, 16; *Gelzer*, in: M/B/K/P, Vertragshandbuch, Kap. 18, Rn. 10.1; *Huguenin*, OR, Rn. 2677; *Keller/Siehr*, Kaufrecht, S. 90; *Müller-Chen*, in: CHK OR, Art. 208, Rn. 13; *Ostendorf*, in: Ostendorf/Kluth, Wirtschaftsverträge, § 8, Rn. 66; **a. A.** *Honsell*, in: BSK OR, Art. 208, Rn. 8, 9; *ders.*, OR BT, S. 113; *Kästli*, Produkthaftung, recht 1990, 85, 86.

1834 BGE 133 III 257, 266; *Akikol*, Sachmängelhaftung, Rn. 54; *Berni*, Hardware, in: Jörg/Arter, Internet-Recht, S. 31; *Honsell*, in: BSK OR, Art. 208, Rn. 8; *ders.*, OR BT, S. 112; *ders.*, Mangelfolgeschaden, recht 2007, 154, 154; *Kästli*, Produkthaftung, recht

Es wird vertreten, dass das negative Interesse Art. 208 II OR und das positive Interesse Art. 208 III OR zuzuordnen sei.[1835]

Entscheidend für die Zuordnung zu den einzelnen Schadenskategorien seien der herrschenden Theorie folgend die Intensität und Länge der Kausalkette, welche den Zusammenhang zwischen der Schadensursache und deren Folgen darstelle.[1836] Für die Qualifizierung als *unmittelbar* dürften keine weiteren Schadensursachen von Nöten sein.[1837] Darunter zähle nicht der Gebrauch, welcher bei diesem Vertragsgegenstand üblich sei oder vereinbart werde.[1838] Die Kriterien werden schließlich durch das Ermessen des Richters bestimmt[1839], wobei eine gewisse Rechtsunsicherheit auftauchen müsse.[1840] Doch auch das Abstellen auf die Länge der Kausalkette wird als nicht sachgerecht[1841], unbrauchbar[1842] und praktisch bedeutungslos[1843] angesehen. Schließlich gelte der entgangene Gewinn stets als mittelbarer Schaden[1844], obwohl die Länge der Kausalkette mit derjenigen für den Mangelfolgeschaden identisch sein könne.[1845]

1990, 85, 85; *Keller/Siehr*, Kaufrecht, S. 90; *Pinnells/Eversberg*, Kaufverträge, S. 213; *Zellweger-Gutknecht*, Mangelfolgeschaden, ZBJV 2007, 763, 764.

1835 *Keller/Siehr*, Kaufrecht, S. 60, 90.

1836 BGE 133 III 257, 269; *Honsell*, in: BSK OR, Art. 208, Rn. 7; *ders.*, OR BT, S. 112; *Huguenin*, OR, Rn. 2670; *Kren Kostkiewicz*, in: K/W/A/F, OR Handkommentar, Art. 208, Rn. 6; *Pinnells/Eversberg*, Kaufverträge, S. 214; *Richter*, AGB, S. 123; *Rothermel*, Kauf-, Liefer- und Vertriebsrecht, S. 169; *Schwenzer*, OR AT, Rn. 14.27; *Wittibschlager*, Einführung, Rn. 342.

1837 BGE 133 III 257, 272; *Kren Kostkiewicz*, in: K/W/A/F, OR Handkommentar, Art. 208, Rn. 6; *Müller-Chen*, in: CHK OR, Art. 208, Rn. 13; *Richter*, AGB, S. 123.

1838 BGE 133 III 257, 272.

1839 BGE 133 III 257, 272; *Richter*, AGB, S. 123.

1840 *Voser/Boog*, Schweizer Recht, RIW 2009, 126, 132.

1841 *Coendet*, Schadenszurechnung, recht 2008, 15, 18; *Honsell*, Mangelfolgeschaden, recht 2007, 154, 155.

1842 *Schwenzer*, OR AT, Rn. 14.28.

1843 *Wittibschlager*, Einführung, Rn. 342.

1844 BGE 79 II 376, 380 f.; *Bucher*, OR BT, S. 105; *Honsell*, in: BSK OR, Art. 208, Rn. 9; *ders.*, OR BT, S. 113; *ders.*, Mangelfolgeschaden, recht 2007, 154, 155; *Keller/Siehr*, Kaufrecht, S. 63, 90; *Kren Kostkiewicz*, in: K/W/A/F, OR Handkommentar, Art. 208, Rn. 5; *Ostendorf*, in: Ostendorf/Kluth, Wirtschaftsverträge, § 8, Rn. 66; *Richter*, AGB, S. 123; *Voser/Boog*, Schweizer Recht, RIW 2009, 126, 132; *Zellweger-Gutknecht*, Mangelfolgeschaden, ZBJV 2007, 763, 781; **a. A.** BGE 133 III 257, 269; *Huguenin*, OR, Rn. 2677; *Müller-Chen*, in: CHK OR, Art. 208, Rn. 12 f.

1845 *Honsell*, Mangelfolgeschaden, recht 2007, 154, 155.

3) Die Ablehnung einer analogen Anwendung

Es sei angemerkt, dass eine analoge Anwendung des Art. 208 II OR sowohl für die Minderung[1846] als auch für die Ersatzlieferung[1847] abgelehnt wird, sodass dem deutschen Exporteur zumindest an dieser Stelle bislang kein Nachteil droht. Allerdings ist es auch möglich, dass das Bundesgericht seine Ansicht ändert. Dies wäre sehr zum Nachteil des deutschen Exporteurs, welcher dann einer erweiterten Kausalhaftung unterliegen würde. Eine analoge Anwendung ist zwar nicht zu erwarten. Sie kann aber bereits zum jetzigen Zeitpunkt durch eine vorsorgliche Vertragsgestaltung sicher ausgeschlossen werden.[1848]

4) Schlussfolgerungen

Art. 208 II OR ist angesichts der Tatsache, dass auch Mangelfolgeschäden umfasst sein können[1849], weit auszulegen und demnach eine käuferfreundliche Norm.[1850] Es ist weder eine betragsmäßige Begrenzung vorgesehen noch führen Gegenprinzipien zu einer Einschränkung.[1851] Der deutsche Exporteur muss sich vor Augen führen, dass er selbst dann zum Schadensersatz verpflichtet sein kann, wenn ihn kein Verschulden trifft. Aufgrund der Ungewissheit in Bezug auf die Abgrenzung zwischen unmittelbarem und mittelbarem Schaden[1852] muss er auch damit rechnen, dass der Schadensersatz höher ausfallen kann als erwartet.

1846 BGE 133 III 335, 339; BGE 107 II 161, 166; BGE 63 II 401, 403 f.; BGer 4C_300/2006 vom 19.02.2007, E. 2.4.1; *Honsell*, in: BSK OR, Art. 208, Rn. 6; *ders.*, OR BT, S. 111; *Kren Kostkiewicz*, in: K/W/A/F, OR Handkommentar, Art. 206, Rn. 7; *Müller-Chen*, in: CHK OR, Art. 208, Rn. 10; **a. A.** *Keller/Siehr*, Kaufrecht, S. 94.

1847 BGE 133 III 335, 339; BGE 107 II 161, 166; BGE 63 II 401, 403 f.; BGer 4C_300/2006 vom 19.02.2007, E. 2.4.1; *Honsell*, in: BSK OR, Art. 208, Rn. 6; *Müller-Chen*, in: CHK OR, Art. 208, Rn. 10; **a. A.** *Keller/Siehr*, Kaufrecht, S. 96.

1848 Siehe 2. Teil, B., XI., 6.

1849 BGE 133 III 257, 272; *Berni*, Hardware, in: Jörg/Arter, Internet-Recht, S. 31; *Coendet*, Schadenszurechnung, recht 2008, 15, 16; *Gelzer*, in: M/B/K/P, Vertragshandbuch, Kap. 18, Rn. 10.1; *Huguenin*, OR, Rn. 2677; *Keller/Siehr*, Kaufrecht, S. 90; *Müller-Chen*, in: CHK OR, Art. 208, Rn. 13; *Ostendorf*, in: Ostendorf/Kluth, Wirtschaftsverträge, § 8, Rn. 66; **a. A.** *Honsell*, in: BSK OR, Art. 208, Rn. 8, 9; *ders.*, OR BT, S. 113; *Kästli*, Produkthaftung, recht 1990, 85, 86.

1850 *Rusch*, Grundlagenirrtum, SJZ 2010, 553, 556; *Voser/Boog*, Schweizer Recht, RIW 2009, 126, 137.

1851 *Huguenin*, OR, Rn. 2679.

1852 Siehe 2. Teil, B., X., 7., c., 2).

5) Die Vertragsgestaltung

Die Regelungen sind dispositiver Natur und können daher vertraglich abbedungen werden.[1853] Dies ist dem deutschen Exporteur unbedingt anzuraten, damit er seine Risiken besser kalkulieren kann. Zumindest sollte im Vertrag explizit geregelt werden, welche Schadensposten unter welchen Bedingungen verlangt werden können.[1854] Durch die explizite Einführung eines vorrangigen Nacherfüllungsrechts[1855] sinkt die Wahrscheinlichkeit der Wandelung und somit auch die Gefahr, für unverschuldete Schäden haften zu müssen.

d. Die Beschränkung der Schadensersatzhöhe durch Kausalität

Um Schadensersatz geltend machen zu können, muss eine Kausalität zwischen der Vertragsverletzung und dem Schaden vorliegen.[1856] Die Rechtsgutsverletzung darf nicht hinweggedacht werden können, ohne dass auch der Schaden entfiele, sog. *conditio sine qua non*.[1857] Theoretisch könnte die Kausalkette beliebig lang sein.[1858] Dieser Ausuferung der Verantwortlichkeit soll durch weitere Kriterien entgegengewirkt werden[1859], um die Haftung des Verantwortlichen auf ein vernünftiges Maß zu beschränken.[1860] Dazu zählt sowohl nach deutschem[1861] als auch nach Schweizer Recht[1862] die sog. *Adäquanztheorie*, nach welcher nur solche Schäden ersatzfähig sind, die nach der allgemeinen Lebenserfahrung Folge einer Rechtsgutsverletzung sind.

Darüber hinaus kann der Schädiger unter Berücksichtigung der *hypothetischen Kausalität* einwenden, dass der Schaden auch ohne sein Zutun später

---

1853 *Voser/Boog*, Schweizer Recht, RIW 2009, 126, 139.

1854 *G/H/M/P*, Vertragsgestaltung, Rn. 176.

1855 Siehe 2. Teil, B., X., 3., e., 2).

1856 *Brand*, Schadensersatzrecht, § 3, Rn. 1; *G/S/S/E*, OR AT, Rn. 2946; *Huguenin*, OR, Rn. 887; *A. Koller*, in: Guhl, OR, § 10, Rn. 22; *Schwenzer*, OR AT, Rn. 19.01; *Wittibschlager*, Einführung, Rn. 352.

1857 *Brand*, Schadensersatzrecht, § 3, Rn. 9; *Huguenin*, OR, Rn. 888.

1858 *Brand*, Schadensersatzrecht, § 3, Rn. 18; *G/S/S/E*, OR AT, Rn. 2946; *A. Koller*, in: Guhl, OR, § 10, Rn. 22.

1859 *G/S/S/E*, OR AT, Rn. 2952.

1860 *G/S/S/E*, OR AT, Rn. 2946 ff.; siehe *Huguenin*, OR, Rn. 890; *Schwenzer*, OR AT, Rn. 19.03 ff.

1861 BGH, NJW 2005, 1420, 1420; BGH, NJW 2002, 2232, 2233; *Brand*, Schadensersatzrecht, § 3, Rn. 21; *Flume*, in: Ba/Ro, BeckOK BGB, § 249, Rn. 289; vgl. AG Regensburg, NJW 2000, 1047, 1047.

1862 BGE 129 V 177, 181; BGE 125 V 456, 461 f.; BGE 123 III 110, 112; *Huguenin*, OR, Rn. 889; *A. Koller*, in: Guhl, OR, § 24, Rn. 17.

dennoch entstanden wäre.[1863] In der deutschen Lehre[1864] wird die *hypothetische Kausalität* bereits angewandt[1865], während dies nach Schweizer Recht noch strittig ist.[1866] Jedenfalls wird sie bereits bei zeitlicher Parallelität von tatsächlichem und hypothetischem Verlauf berücksichtigt.[1867]

Des Weiteren erlaubt die *Schutzzwecklehre* eine Eingrenzung dahingehend, dass der Schaden dem pflichtwidrig Handelnden nur zuzurechnen ist, wenn die verletzte Pflicht bezweckt, genau den eingetretenen Schaden zu verhindern und nicht einen anderen dadurch kausal verursachten Schaden.[1868] Dieser Ansicht wird zumindest nach deutschem Recht[1869] gefolgt[1870], wohingegen sie in der Schweizer Lehre[1871] bislang kaum Resonanz erlangen konnte.[1872]

Grundsätzlich ist jeder Einwand vorteilhaft, der erhoben werden kann, um die eigene Schadensersatzpflicht der Höhe nach zu begrenzen oder gar auszuschließen. Da die *hypothetische Kausalität* und die *Schutzzwecklehre* nach Schweizer Recht noch nicht so anerkannt sind wie nach deutschem Recht, könnte sich dadurch ein Risiko für den deutschen Exporteur ergeben, welches in einer höheren Schadensersatzsumme resultiert. Allerdings gilt es auch zu beachten, dass sich der Käufer ebenfalls schadensersatzpflichtig machen könnte, wodurch dann dem deutschen Exporteur möglicherweise ein Vorteil im Vergleich

---

1863 BGE 115 II 440, 443; *Brand*, Schadensersatzrecht, § 3, Rn. 44; *G/S/S/E*, OR AT, Rn. 2953; *Huguenin*, OR, Rn. 890; *Oetker*, in: MüKo BGB, § 249, Rn. 207; *Schwenzer*, OR AT, Rn. 21.04; *Teichmann*, in: Jauernig, Vor § 249 BGB, Rn. 42; *Wittibschlager*, Einführung, Rn. 355.

1864 *Brand*, Schadensersatzrecht, § 3, Rn. 44, § 8, Rn. 1; *Oetker*, in: MüKo BGB, § 249, Rn. 207 f.; *Teichmann*, in: Jauernig, Vor § 249 BGB, Rn. 44.

1865 BGE 115 II 440, 444; *G/S/S/E*, OR AT, Rn. 2953.

1866 BGE 115 II 440, 443 ff.; BGer 5C_45/2004 vom 09.07.2004, E. 2.2.2; *G/S/S/E*, OR AT, Rn. 2953; *Schwenzer*, OR AT, Rn. 21.05; *Wittibschlager*, Einführung, Rn. 355; befürwortend BGE 96 II 172, 178; BGE 87 II 364, 372.

1867 BGE 119 II 456, 462 f.; BGE 115 II 440, 445; BGer 5C_45/2004 vom 09.07.2004, E. 2.2.2; *Brehm*, in: BK OR, Art. 41, Rn. 149d; *G/S/S/E*, OR AT, Rn. 2953.

1868 *Brand*, Schadensersatzrecht, § 3, Rn. 28; *Flume*, in: Ba/Ro, BeckOK BGB, § 249, Rn. 293; *G/S/S/E*, OR AT, Rn. 2954; *Schwenzer*, OR AT, Rn. 19.07.

1869 BGH, NJW 2014, 2190, 2191; BGH, NJW 2012, 2964, 2964; BGH, NJW 2000, 947, 948; *Brand*, Schadensersatzrecht, § 3, Rn. 1; *Flume*, in: Ba/Ro, BeckOK BGB, § 249, Rn. 288, 293 ff.; *Graf von Westphalen*, in: Vertragsrecht, Freizeichnungs- und Haftungsbegrenzungsklauseln, Rn. 124; *Oetker*, in: MüKo BGB, § 249, Rn. 221; *Teichmann*, in: Jauernig, Vor § 249 BGB, Rn. 45.

1870 *G/S/S/E*, OR AT, Rn. 2954; *Schwenzer*, OR AT, Rn. 19.07.

1871 Siehe *Huguenin*, OR, Rn. 887 ff.

1872 *G/S/S/E*, OR AT, Rn. 2954.

zum deutschen Recht entstünde. Erneut ist dem deutschen Exporteur zu einer vertraglichen Modifikation[1873] zu raten.

e. Die Naturalrestitution

Anders als im deutschen Recht nach § 249 BGB[1874] wird im Schweizer Recht nicht primär die Wiederherstellung des ursprünglichen Zustands – sprich die Naturalrestitution – geschuldet.[1875] Gem. Art. 43 I OR liegt es grundsätzlich im Ermessen des Richters, die Art des Schadensersatzes zu bestimmen. Dabei hat dieser alle Umstände zu berücksichtigen.[1876] In Frage kommen dabei Geld- oder Naturalersatz sowie eine Verbindung dieser beiden Alternativen.[1877] Üblich ist jedoch der Geldersatz.[1878] Über Art. 99 III OR gilt das Gesagte ebenfalls für die vertragliche Haftung.[1879] Dies sollte dem deutschen Exporteur bewusst sein.

f. Die mögliche Beweislastumkehr

I. R. d. § 280 I 2 BGB muss der Schuldner beweisen, dass er die Pflichtverletzung nicht zu vertreten hat.[1880] Eine abweichende Regelung zur Beweislast[1881] ist in AGB unzulässig.[1882] Im Schweizer Recht besteht eine gewisse Rechtsunsicherheit in Bezug auf die Beweislast für Vorsatz und grobe Fahrlässigkeit.[1883] Bereits aus dem Gesetzestext geht hervor, dass der Schuldner zu beweisen hat, dass ihn kein Verschulden trifft.[1884] Nach einem Urteil des Bundesgerichts[1885] hat der Geschädigte entgegen Art. 97 OR das Verschulden bei einer Freizeichnung nach Art. 100 OR zu beweisen. Dies würde auch der allgemeinen Regel des Art. 8 ZGB

1873 Siehe 2. Teil, B., XI., 6.

1874 *Brand*, Schadensersatzrecht, § 2, Rn. 38.

1875 *A. Koller*, in: Guhl, OR, § 10, Rn. 64; *Schwenzer*, OR AT, Rn. 15.01; *Wittibschlager*, Einführung, Rn. 346.

1876 *Kessler*, in: BSK OR, Art. 43, Rn. 1; *Schwenzer*, OR AT, Rn. 15.01; *Wittibschlager*, Einführung, Rn. 346.

1877 *A. Koller*, in: Guhl, OR, § 10, Rn. 64.

1878 *Schwenzer*, OR AT, Rn. 15.02; *Wittibschlager*, Einführung, Rn. 346.

1879 *A. Koller*, in: Guhl, OR, § 10, Rn. 64.

1880 *Graf von Westphalen*, Verkaufsbedingungen, S. 107.

1881 Siehe 2. Teil, B., XVII.

1882 *Graf von Westphalen*, Verkaufsbedingungen, S. 108.

1883 *G/H/M/P*, Vertragsgestaltung, Rn. 187.

1884 *Baudenbacher*, AGB-Gesetz, ZBJV 1987, 505, 508; *G/S/S/E*, OR AT, Rn. 2980; *von Tuhr/Escher*, OR AT, S. 117.

1885 BGE 107 II 161, 166.

entsprechen.[1886] Diese Auffassung wird von der Lehre[1887] jedoch abgelehnt, sodass erneut die gleiche Rechtslage wie nach deutschem Recht existieren würde. Der deutsche Exporteur sollte sich demnach nicht auf das für ihn sehr günstige Urteil des Bundesgerichts verlassen. Die vorliegende Rechtsunsicherheit könnte mit Hilfe einer Beweislastklausel[1888] beseitigt werden[1889], welche jedoch wiederum zum Nachteil für den deutschen Exporteur ausfallen könnte.

g. Der Ausschluss der Leistungspflicht

Gem. § 275 II 1 BGB kann der Schuldner die Leistung verweigern, soweit diese einen Aufwand erfordert, der unter Beachtung des Inhalts des Schuldverhältnisses und der Gebote von Treu und Glauben in einem groben Missverhältnis zu dem Leistungsinteresse des Gläubigers steht. Jedoch ist dieser Lösungsansatz als überholt anzusehen, sodass im Ergebnis die Grundsätze über den Wegfall der Geschäftsgrundlage aus § 313 BGB anzuwenden sind.[1890]

Die neue Lehre in der Schweiz[1891] spricht sich für eine Anwendung der Regeln zur Unmöglichkeit aus. Auch für einen Fall des Schuldnerverzugs wird plädiert.[1892] Im Ergebnis kann sich demnach eine neue Rechtslage ergeben, mit welcher der deutsche Exporteur im Vorfeld nicht rechnen konnte.

8. Die Rechtsmängelhaftung

a. Voraussetzungen der Rechtsmängelhaftung

Gem. § 433 I 2 BGB hat der Verkäufer dem Käufer die Sache frei von Sach- und Rechtsmängeln zu verschaffen. Nach § 435 1 BGB ist eine Sache frei von Rechtsmängeln, wenn ein Dritter keine oder nur die vereinbarten Rechte gegen den Käufer geltend machen kann. Identisch ist im Schweizer Recht, dass grundsätzlich unbelastetes Eigentum verschafft werden muss, wenn die Parteien keine

---

1886 *G/S/S/E*, OR AT, Rn. 2980; *Schwenzer*, OR AT, Rn. 22.28; *Wittibschlager*, Einführung, Rn. 359.

1887 *Furrer/Wey*, in: CHK OR, Art. 100, Rn. 20; *G/H/M/P*, Vertragsgestaltung, Rn. 187; *Wiegand*, in: BSK OR, Art. 100, Rn. 5.

1888 Siehe 2. Teil, B., XVII.

1889 *G/H/M/P*, Vertragsgestaltung, Rn. 187.

1890 *Canaris*, Reform, JZ 2001, 499, 501; *Ernst*, in: MüKo BGB, § 275, Rn. 96; *Grüneberg*, in: Palandt, § 275 BGB, Rn. 21.

1891 *Von Tuhr/Escher*, OR AT, S. 95 f.; *Wiegand*, in: BSK OR, Art. 97, Rn. 14; **a. A.** *Keller/Siehr*, Kaufrecht, S. 28 f.

1892 *G/S/S/E*, OR AT, Rn. 2565.

abweichende Vereinbarung treffen.[1893] Des Weiteren wird unter der Rechtsmängelhaftung im Schweizer Recht die Haftung des Verkäufers für den Fall verstanden, dass ein Dritter dem Käufer die Sache aufgrund von zur Zeit des Vertragsschlusses bereits bestehenden Rechtsgründen wenigstens teilweise entzieht, Art. 192 I OR.[1894] Dies wird auch als *Entwehrung* bezeichnet.[1895] Erforderlich für die Geltendmachung der Ansprüche durch den Käufer ist die tatsächliche *Entwehrung*; das bloße Bestehen subjektiver Rechte Dritter ist nicht ausreichend.[1896] Dies bedeutet zwar, dass der deutsche Exporteur noch nicht unmittelbar für den Rechtsmangel einstehen muss. Allerdings besteht darüber hinaus Unsicherheit, ob und wann ein Anspruch geltend gemacht wird. Der Käufer ist jedoch nicht rechtlos gestellt, sondern kann nach Art. 97 OR gehörige Erfüllung verlangen und bei Verzug nach Art. 107 OR vorgehen.[1897]

b. *Der maßgebliche Zeitpunkt für den Rechtsmangel*

Gem. § 433 I 1 BGB trifft den Verkäufer die Pflicht, dem Käufer das Eigentum an der Sache zu verschaffen. Obwohl der Wortlaut des Art. 184 I OR eindeutig dafür spricht, obliegt diese Pflicht dem Verkäufer nach Schweizer Recht nicht.[1898] Aufgrund dieser Divergenz ist nachvollziehbar, dass sich der entscheidende Zeitpunkt für die Freiheit von Rechtsmängeln ebenfalls unterscheidet.

Während im deutschen Recht der Eigentumsübergang gem. §§ 929 ff. BGB maßgeblich ist[1899], kommt es nach Art. 192 I OR ausschließlich auf den Vertragsschluss an[1900], sodass das maßgebliche Sachenrecht ausgeklammert werden kann. Diese Regelung sorgt insbesondere bei Eigentumsvorbehalten[1901] für Rechtssicherheit. Schließlich muss sich der deutsche Exporteur nicht die Frage

---

1893 *Huguenin*, OR, Rn. 2339; *Keller/Siehr*, Kaufrecht, S. 17.

1894 *G/H/M/P*, Vertragsgestaltung, Rn. 159; *Honsell*, OR BT, S. 72; *A. Koller*, in: Guhl, OR, § 42, Rn. 1; *Streiff/Pellegrini/von Kaenel*, Vertragsvorlagen, S. 50, Fn. 7; *Wittibschlager*, Einführung, Rn. 621.

1895 *Huguenin*, OR, Rn. 2551; *Keller/Siehr*, Kaufrecht, S. 48; *A. Koller*, in: Guhl, OR, § 42, Rn. 1.

1896 BGE 109 II 319, 322; *Huguenin*, OR, Rn. 2567; *Keller/Siehr*, Kaufrecht, S. 53.

1897 *Huguenin*, OR, Rn. 2567; *Keller/Siehr*, Kaufrecht, S. 53.

1898 *Honsell*, OR BT, S. 72.

1899 *Berger*, in: Jauernig, § 435 BGB, Rn. 4; *Schmitt/Stange*, B2B, Kap. 3, Rn. 226; *Weidenkaff*, in: Palandt, § 435 BGB, Rn. 7; *Westermann*, in: MüKo BGB, § 435, Rn. 6.

1900 *Honsell*, OR BT, S. 72; *Huguenin*, OR, Rn. 2560; *Keller/Siehr*, Kaufrecht, S. 52; *Wittibschlager*, Einführung, Rn. 621.

1901 Siehe 2. Teil, B., XIX., 2.

nach dem Eigentumsübergang[1902] stellen, welcher sich nach dem Recht am Ort der Sache richtet.[1903] Zu beachten ist jedoch, dass zwar die Rechtsmängelhaftung an sich entfällt, wenn der Rechtsmangel erst zwischen Vertragsschluss und Eigentumsübertragung entsteht, aber der Verkäufer immer noch nach den allgemeinen Vorschriften der Art. 97 ff. OR haften muss.[1904]

c. Die Verankerung der Rechtsfolgen

Für den Rechtsmangel gelten nach deutschem Recht die §§ 437–441 BGB ebenso wie für den Sachmangel.[1905] Die frühere Unterscheidung zwischen Sach- und Rechtsmangel ist demnach entfallen.[1906]

Im Schweizer Recht ist die Rechtsmängelhaftung in Art. 192–196 OR – demnach unabhängig von der Sachmängelhaftung – geregelt.[1907] In Bezug auf Rechtsmängel muss sich der Käufer nicht an die Rügefristen halten.[1908] Wandelung, Minderung und Ersatzlieferung sind nur bei der Sachmängelgewährleistung vorhanden, nicht jedoch bei der Rechtsmängelhaftung, obwohl die Wandelung nach Art. 208 OR größtenteils mit der Wandelung nach Art. 195 und 196 III OR übereinstimmt.[1909] Die Vertragsauflösung als Rechtsfolge tritt *ipso iure* ein und benötigt keine Ausübung eines Wahlrechts.[1910] Nach Schweizer Recht stehen dem Käufer neben der Rechtsmängelhaftung die Schadensersatzansprüche aus Art. 97 ff. OR alternativ zur Verfügung.[1911]

1902 Siehe 2. Teil, B., XIX., 4.

1903 BGE 113 II 501, 503 f.; *Beckmann*, in: Staudinger, § 449 BGB, Rn. 182; *Rothermel*, Kauf-, Liefer- und Vertriebsrecht, S. 7, 394, 406; *Schwander*, Gestaltung, in: Furrer/Arter, Vertriebsverträge II, S. 136.

1904 *Keller/Siehr*, Kaufrecht, S. 52.

1905 *Graf von Westphalen*, Einkaufsbedingungen, S. 114, 153, 175; *Weidenkaff*, in: Palandt, § 435 BGB, Rn. 1.

1906 *Graf von Westphalen*, Einkaufsbedingungen, S. 114.

1907 *Honsell*, OR BT, S. 72; *Keller/Siehr*, Kaufrecht, S. 49 f.; vgl. *Honsell*, in: BSK OR, Vorbem. zu Art. 197–210, Rn. 5.

1908 BGE 57 II 403, 406; *Keller/Siehr*, Kaufrecht, S. 49 f.; *von Büren*, OR BT, S. 17 f.

1909 *Gut/Higi/Schönle*, in: ZK OR, Art. 192, Rn. 18; vgl. *Honsell*, in: BSK OR, Art. 195, Rn. 1.

1910 *Honsell*, in: BSK OR, Art. 195, Rn. 2.

1911 BGE 110 II 239, 242; *Gut/Higi/Schönle*, in: ZK OR, Art. 192, Rn. 11; *Honsell*, OR BT, S. 76; *Huguenin*, OR, Rn. 2583; *Keller/Siehr*, Kaufrecht, S. 70; *A. Koller*, in: Guhl, OR, § 42, Rn. 1; siehe 2. Teil, A., VI., 2., d.

d. Die Kausalhaftung bei der Entwehrung

Nach deutschem Recht muss gem. § 280 I 2 BGB grundsätzlich Verschulden vorliegen, um Schadensersatz verlangen zu können. Liegt nach Schweizer Recht eine vollständige *Entwehrung* vor, so besteht eine kausale Haftung des Verkäufers für den unmittelbaren Schaden gem. Art. 195 I Nr. 4 OR.[1912] Die Möglichkeit zur Exkulpation ist gem. Art. 195 II OR lediglich für den mittelbaren Schaden gegeben.[1913] Die Abgrenzung zwischen unmittelbarem und mittelbarem Schaden erfolgt wie bei Art. 208 II und III OR.[1914] Als Schadensposten für den unmittelbaren Schaden werden z. B. nutzlos gewordene Aufwendungen in Form von Fracht-, Zoll- und Abladekosten sowie Versicherungsprämien für den Kaufgegenstand gewertet.[1915] Aber auch der Kursverlust bei Fremdwährungsschulden[1916] fällt hierunter.[1917] Der entgangene Gewinn zählt jedoch wieder nur zum mittelbaren Schaden.[1918]

Des Weiteren muss der Verkäufer gem. Art. 195 I Nr. 3 OR für alle durch den Prozess veranlassten gerichtlichen und außergerichtlichen Kosten aufkommen, welche nicht durch Streitverkündung vermieden worden wären. Diese Kosten beziehen sich nur auf den *Entwehrungsstreit* zwischen dem Käufer und dem Dritten, nicht auf diejenigen zwischen Verkäufer und Käufer[1919], welche anhand des zuständigen Zivilprozessrechts zu bestimmen sind.[1920]

Die Fälle der *Entwehrung* sind nicht zahlreich[1921] und in der Praxis insbesondere beim Verkauf von abhanden gekommenen Sachen relevant[1922], sodass den deutschen Exporteur nur ein vergleichsweise geringes Risiko trifft. Eine

---

1912 *G/H/M/P*, Vertragsgestaltung, Rn. 162; *Honsell*, in: BSK OR, Art. 195, Rn. 6; *ders.*, OR BT, S. 72 f.; *Huguenin*, OR, Rn. 2580.

1913 *G/H/M/P*, Vertragsgestaltung, Rn. 162; *Honsell*, in: BSK OR, Art. 195, Rn. 7; *ders.*, OR BT, S. 74; *Huguenin*, OR, Rn. 2581.

1914 Siehe 2. Teil, B., X., 7., c., 2).

1915 *Keller/Siehr*, Kaufrecht, S. 64; *Müller-Chen*, in: CHK OR, Art. 208, Rn. 13.

1916 Siehe 2. Teil, B., VI.

1917 BGE 47 II 82, 85 f.; *Honsell*, in: BSK OR, Art. 195, Rn. 6.

1918 BGE 79 II 376, 381; *Gut/Higi/Schönle*, in: ZK OR, Art. 195, Rn. 81; *Honsell*, in: BSK OR, Art. 195, Rn. 7; *Huguenin*, OR, Rn. 2581; *Wittibschlager*, Einführung, Rn. 622.

1919 *Honsell*, in: BSK OR, Art. 195, Rn. 5; *Huguenin*, OR, Rn. 2579; *Keller/Siehr*, Kaufrecht, S. 62.

1920 BGE 79 II 376, 381 f.; *Honsell*, in: BSK OR, Art. 195, Rn. 5; *Huguenin*, OR, Rn. 2579; *Keller/Siehr*, Kaufrecht, S. 62; *Gut/Higi/Schönle*, in: ZK OR, Art. 195, Rn. 62.

1921 *A. Koller*, in: Guhl, OR, § 42, Rn. 2.

1922 *Gut/Higi/Schönle*, in: ZK OR, Art. 192, Rn. 2a.

Beschränkung dieser Haftung durch Freizeichnungsklauseln[1923] ist aber durchaus üblich und zur Vermeidung von Unsicherheiten angebracht.[1924] Schließlich hat der deutsche Exporteur erneut für den unmittelbaren Schaden einzustehen, ohne dass ihn ein Verschulden treffen muss. Zu beachten ist allerdings Art. 192 III OR, wonach eine Vereinbarung ungültig ist, wenn der Verkäufer das Recht des Dritten absichtlich verschwiegen hat. Dies stellt das Pendant zu Art. 199 OR[1925] dar.

e. Die Anfechtung wegen eines Grundlagenirrtums

Aufgrund der prinzipiellen Gleichstellung von Sach- und Rechtsmängeln im deutschen Recht[1926] gilt der Vorrang der Mängelgewährleistungsrechte vor der Anfechtung wegen eines Eigenschaftsirrtums[1927] auch für Rechtsmängel.[1928] Nach Schweizer Recht ist für den Fall, dass das Nichtvorhandensein von Rechten Dritter eine notwendige Grundlage für den Vertrag gem. Art. 24 I Nr. 4 OR bildet[1929], die Berufung des Käufers auf den *Grundlagenirrtum* statthaft.[1930] Dies wird damit begründet, dass Wesen und Rechtsgrund der beiden Ansprüche grundlegend verschieden seien.[1931] Diese Anspruchskonkurrenz kann sich als nachteilig für den deutschen Exporteur erweisen, da dem Käufer ein weiterer Anspruch zur Verfügung steht, um sich von dem Vertrag lösen zu können. Gegen diesen kann allerdings vertraglich vorgegangen werden.[1932]

XI. Die Haftungsfreizeichnung

1. Die Bedeutung der Haftungsfreizeichnung

Der größte Vorteil für den deutschen Exporteur bei der Wahl des Schweizer Rechts ergibt sich im Zusammenhang mit Freizeichnungsklauseln[1933], welche

---

1923 Siehe 2. Teil, B., XI.

1924 *G/H/M/P*, Vertragsgestaltung, Rn. 159, 164.

1925 Siehe 2. Teil, B., XI., 3., i.

1926 *Hopt*, in: Ba/Ho, § 377 HGB, Rn. 12; *Jung*, Handelsrecht, § 37, Rn. 8; *Koch*, in: Oetker, § 377 HGB, Rn. 22; *Stöber*, in: Heidel/Schall, § 377 HGB, Rn. 16.

1927 Siehe 2. Teil, B., VII., 1., a., 1).

1928 *Ellenberger*, in: Palandt, § 119 BGB, Rn. 28.

1929 *Huguenin*, OR, Rn. 524, 2568, 2584; *Keller/Siehr*, Kaufrecht, S. 53, 70.

1930 Siehe 2. Teil, B., VII., 1., a., 1), b), (1).

1931 *Keller/Siehr*, Kaufrecht, S. 70.

1932 Siehe 2. Teil, B., XI., 6.

1933 *Ostendorf*, in: Ostendorf/Kluth, Wirtschaftsverträge, § 8, Rn. 40; *Trendelberend*, Vorteile, S. 135.

insbesondere in AGB sehr häufig verwendet werden.[1934] Deren Ziel ist überwiegend, die Belastung mit schwer zu kalkulierenden Risiken – wie bspw. dem entgangenen Gewinn oder dem Produktionsausfallschaden – zu verhindern.[1935] Dadurch soll eine Verbesserung der Rechtsstellung des Schuldners erreicht werden.[1936] Grundsätzlich gilt, dass je weniger Vertrauen der Verkäufer in seine Ware hat, desto eher wird er die Haftung dafür ausschließen wollen.[1937] Beachtet werden muss allerdings, dass der gesetzlichen Haftung eine schadenspräventive Funktion zukommt, welche durch eine weite Freizeichnung geschwächt wird, da sich der Ansporn zur vertragsgetreuen Erfüllung verringert.[1938]

Als Freizeichnungsklauseln werden sowohl Haftungsausschlüsse als auch -beschränkungen bezeichnet.[1939] Weitere Begrifflichkeiten in diesem Zusammenhang sind Haftungsfreizeichnung, -wegbedingung, -begrenzung und -verzicht.[1940] Ebenfalls darunter zu subsumieren sind allgemeine Beschränkungen der Gewährleistungsrechte.[1941] Sowohl der Ausschluss als auch nur die Beschränkung der Mängelrechte sind im Interesse des AGB-Verwenders.[1942]

1934 *Arnold*, Freizeichnungsklauseln, ZGS 2004, 16, 16; *Boog/Eschment*, Auftrag, RIW 2015, 245, 253; *Coester*, in: Staudinger, § 307 BGB, Rn. 431; *Furrer/Wey*, in: CHK OR, Art. 100, Rn. 4; *Greiner*, Wahl, S. 16; *Gut/Higi/Schönle*, in: ZK OR, Art. 199, Rn. 6; *Huguenin*, OR, Rn. 2642; *Kuoni*, Haftungsbegrenzung, Rn. 67; *Probst*, in: K/P/P, AGB, Rn. 279; *Schmid*, AGB, in: B/S/E-K, AGB, S. 218; vgl. *Kren Kostkiewicz*, in: K/W/A/F, OR Handkommentar, Art. 199, Rn. 4.

1935 BGE 130 III 686, 691; *Ostendorf*, in: Ostendorf/Kluth, Wirtschaftsverträge, § 8, Rn. 2.

1936 *Stadler*, in: Jauernig, § 276 BGB, Rn. 38.

1937 *Von Büren*, OR BT, S. 30.

1938 *Keller/Siehr*, Kaufrecht, S. 68; **a. A.** *Hochstrasser*, Personenschäden, AJP 2016, 910, 916.

1939 *Coester*, in: Staudinger, § 307 BGB, Rn. 431; *Emmenegger*, Haftungsbeschränkung, ZBJV 2005, 537, 539 f.; *Furrer*, Freizeichnungsklauseln, in: FS Fischer, 109, 111; *Greiner*, Wahl, S. 16; *Langer*, Haftungsausschluss, WM 2006, 1233, 1233; *Trendelberend*, Vorteile, S. 135.

1940 *Greiner*, Wahl, S. 16.

1941 *Ders.*, ebenda.

1942 *Graf von Westphalen/Lehmann-Richter*, in: Vertragsrecht, Mängelrechte in Kauf- und Werkverträgen, Rn. 1.

2. *Im deutschen Recht*

a. *Die Verschuldensformen*

Im deutschen Recht existieren die Schuldformen Vorsatz und Fahrlässigkeit.[1943] Letztere lässt sich in einen leichten bzw. einfachen und einen groben Grad unterteilen.[1944] Gem. § 276 II BGB handelt fahrlässig, wer die im Verkehr erforderliche Sorgfalt nicht beachtet. Grobe Fahrlässigkeit ist gegeben, wenn die im Verkehr angebrachte Sorgfalt in besonders schwerer Art und Weise verletzt wird.[1945] Die einfache Fahrlässigkeit liegt vor, wenn diese Grobheit noch nicht angenommen werden kann.[1946]

b. *Die Haftungsfreizeichnung in Individualvereinbarungen*

Grundsätzlich gilt, dass vertragliche Haftungsbeschränkungen zulässig sind.[1947] Dies trifft auch für Ansprüche aus unerlaubter Handlung zu.[1948] Eine Schranke bildet jedoch der Vorsatz, welcher gem. § 276 III BGB nicht abbedungen werden kann. Im Umkehrschluss ist es demnach möglich, sowohl die einfache als auch die grobe Fahrlässigkeit individualvertraglich von der Haftung auszuschließen. Während für die grobe Fahrlässigkeit eine ausdrückliche Abrede gegeben sein muss, reicht für die leichte Fahrlässigkeit Stillschweigen aus.[1949] An dieses sind allerdings weitere Voraussetzungen geknüpft.[1950] Die Gewährleistungsansprüche des Käufers aus § 437 BGB können nicht gänzlich ausgeschlossen werden.[1951] Zumindest das Rücktrittsrecht und der Anspruch auf Nacherfüllung müssen bestehen bleiben.[1952]

1943 *Grüneberg*, in: Palandt, § 276 BGB, Rn. 5; *Grundmann*, in: MüKo BGB, § 276, Rn. 10.

1944 *Grüneberg*, in: Palandt, § 276 BGB, Rn. 14; *Grundmann*, in: MüKo BGB, § 276, Rn. 83.

1945 BGH, NJW 2010, 1195, 1197; BGH, NJW 1992, 3235, 3236; *Grüneberg*, in: Palandt, § 276 BGB, Rn. 14; *Grundmann*, in: MüKo BGB, § 276, Rn. 94.

1946 *Grüneberg*, in: Palandt, § 276 BGB, Rn. 14; *Grundmann*, in: MüKo BGB, § 276, Rn. 51.

1947 *Grüneberg*, in: Palandt, § 276 BGB, Rn. 35.

1948 BGH, NJW 1953, 1180, 1182; *Grüneberg*, in: Palandt, § 276 BGB, Rn. 35.

1949 OLG Hamm, NJW-RR 2006, 104, 104; *Graf von Westphalen*, in: Vertragsrecht, Freizeichnungs- und Haftungsbegrenzungsklauseln, Rn. 14; *Grüneberg*, in: Palandt, § 276 BGB, Rn. 37.

1950 Siehe *Grüneberg*, in: Palandt, § 276 BGB, Rn. 37.

1951 BGH, NJW-RR 1993, 560, 561; *Greiner*, Wahl, S. 39; *Stoffels*, AGB-Recht, Rn. 929.

1952 *Greiner*, Wahl, S. 39; *Stoffels*, AGB-Recht, Rn. 929.

Bei der Hilfspersonenhaftung ist gem. § 278 1 BGB das Verschulden des Gehilfen relevant.[1953] Es ist unerheblich, ob dem Schuldner selbst ein Verschulden anzulasten ist.[1954] Aus § 278 2 BGB ergibt sich, dass § 276 III BGB nicht für Erfüllungsgehilfen gilt, sodass innerhalb der Individualabrede die Haftung für deren Vorsatz ausgeschlossen werden kann. Zu beachten ist dabei, dass Organe von juristischen Personen nicht als Erfüllungsgehilfen gelten und sich somit nicht im Vorfeld von der Haftung bei Vorsatz freizeichnen können.[1955] Der Prokurist wird allerdings nicht als Organ betrachtet.[1956]

c. Die Haftungsfreizeichnung in AGB

Zwar bildet die Vereinbarung von Haftungsbegrenzungen das wichtigste Thema in der deutschen AGB-Kontrolle[1957], sodass unzählige Fälle in der Judikatur vorhanden sind.[1958] An dieser Stelle soll jedoch lediglich ein grober Umriss skizziert und auf vertiefende Literatur[1959] verwiesen werden.

Innerhalb von AGB sind Klauseln gem. § 309 Nr. 7a BGB unwirksam, welche auf einen Ausschluss oder eine Begrenzung der Haftung für Schäden aus der Verletzung des Lebens, des Körpers oder der Gesundheit abzielen. Des Weiteren ist es gem. § 309 Nr. 7b BGB nicht zulässig, die Haftung für grobes Verschulden bei sonstigen Schäden zu begrenzen oder auszuschließen. Zwar gilt gem. § 310 I 1 BGB, dass § 309 BGB für den B2B-Bereich nicht anzuwenden ist. Allerdings erklären Gerichte[1960] die Verbote aus § 309 Nr. 7 BGB auch bei Verträgen zwischen Unternehmern für anwendbar, da ansonsten Verstöße gegen §§ 307, 310 I BGB vorliegen sollen.[1961] Somit kann die Haftung sowohl für Verletzungen des

---

1953 *Förster*, Schuldrecht AT, Rn. 84, 173; *Grüneberg*, in: Palandt, § 278 BGB, Rn. 27; *Hirsch*, Schuldrecht BT, Rn. 1703; *Voser/Boog*, Schweizer Recht, RIW 2009, 126, 134.

1954 *Hirsch*, Schuldrecht BT, Rn. 1703.

1955 *Grüneberg*, in: Palandt, § 278 BGB, Rn. 6.

1956 *Klöhn*, in MüKo InsO, § 15a, Rn. 79.

1957 *Müller*, Plädoyer, NZM 2016, 185, 188.

1958 *Kuoni*, Haftungsbegrenzung, Rn. 67.

1959 Siehe *Graf von Westphalen*, in: Vertragsrecht, Freizeichnungs- und Haftungsbegrenzungsklauseln, Rn. 1 ff.; *ders.*, Verkaufsbedingungen, S. 187 ff.; *Schmitt/Stange*, B2B, Kap. 3, Rn. 275 ff.; *Stange/Schmitt*, in: Schmitt, Praxishandbuch, Kap. 8, Rn. 7 ff.; *Stoffels*, AGB-Recht, Rn. 966 ff.

1960 BGH, NJW 2014, 211, 213; BGH, NJW 2007, 3774, 3775; OLG Hamm, NJW-RR 1996, 969, 969.

1961 *Arnold*, Freizeichnungsklauseln, ZGS 2004, 16, 16; *Graf von Westphalen*, in: Vertragsrecht, Freizeichnungs- und Haftungsbegrenzungsklauseln, Rn. 34; *Grüneberg*,

Lebens, des Körpers und der Gesundheit[1962] als auch für grobes Verschulden des Verwenders, der gesetzlichen Vertreter und der Erfüllungsgehilfen[1963] auch in B2B-Verträgen nicht wirksam in AGB ausgeschlossen werden.

Nach § 307 II Nr. 2 BGB ist selbst eine Freizeichnung für leichte Fahrlässigkeit nicht möglich, wenn diese auf wesentliche Pflichten gerichtet ist und dadurch die Erreichung des Vertragszwecks gefährdet wird.[1964] Dies gilt ebenfalls für die Freizeichnung von Vorsatz und Fahrlässigkeit bei einfachen Erfüllungsgehilfen.[1965] Im Einzelfall sind jedoch auch Ausnahmen durch die Rechtsprechung möglich, sodass das Ergebnis bei der Beurteilung nicht als sicher einzustufen ist.[1966] Die Haftung für wesentliche Vertragspflichten kann bei leichter Fahrlässigkeit nur auf den typischerweise bei Vertragsschluss vorhersehbaren Schaden begrenzt werden.[1967] Darunter fallen aber bereits ganz erheblich ins Gewicht fallende Schadenspositionen wie z. B. der entgangene Gewinn oder die Wertminderung des Kaufgegenstandes[1968], sodass dem Verwender wenig bis gar nicht gedient ist.[1969] Eine Haftungsbegrenzung für die einfache Fahrlässigkeit wird demnach an strenge Voraussetzungen geknüpft.[1970]

Bei nicht wesentlichen Vertragspflichten und für den Fall der einfachen Fahrlässigkeit ist eine betragsmäßige Begrenzung, aber auch der völlige Ausschluss

in: Palandt, § 309 BGB, Rn. 55; *Ostendorf*, in: Ostendorf/Kluth, Wirtschaftsverträge, § 8, Rn. 37; *Richter*, AGB, S. 110.

1962 *Graf von Westphalen*, Verkaufsbedingungen, S. 189.

1963 BGH, NJW 2007, 3774, 3775; *Graf von Westphalen*, in: Vertragsrecht, Freizeichnungs- und Haftungsbegrenzungsklauseln, Rn. 38; *Grundmann*, in: MüKo BGB, § 276, Rn. 86.

1964 BGH, NJW 1993, 335, 335; BGH, NJW-RR 1993, 560, 561; BGH, NJW-RR 1989, 953, 955; *Coester*, in: Staudinger, § 307 BGB, Rn. 438; *Greiner*, Wahl, S. 36; *Grüneberg*, in: Palandt, § 309 BGB, Rn. 48; *Kollmann*, AGB, NJOZ 2011, 625, 625; *Langer*, Haftungsausschluss, WM 2006, 1233, 1237; *Wurmnest*, in: MüKo BGB, § 309 Nr. 7, Rn. 37.

1965 BGH, NJW 1985, 914, 915 f.

1966 *Graf von Westphalen*, in: Vertragsrecht, Freizeichnungs- und Haftungsbegrenzungsklauseln, Rn. 43 ff.; *Greiner*, Wahl, S. 36.

1967 BGH, NJW 1993, 335, 336; OLG Köln, BeckRS 2011, 26071; *Kollmann*, AGB, NJOZ 2011, 625, 625; *Langer*, Haftungsausschluss, WM 2006, 1233, 1234; *Müller*, Plädoyer, NZM 2016, 185, 189; *Richter*, AGB, S. 105.

1968 BGH, NJW 2001, 292, 302; *Kollmann*, AGB, NJOZ 2011, 625, 625; *Richter*, AGB, S. 105.

1969 *Kuoni*, Haftungsbegrenzung, Rn. 286.

1970 *Dies.*, ebenda, Rn. 530.

zulässig.[1971] Unterscheidet eine Freizeichnungsklausel nicht zwischen der Verletzung von wesentlichen und unwesentlichen Vertragspflichten, so ist davon auszugehen, dass die Klausel gegen AGB-Recht verstößt[1972], sodass eine Differenzierung im Grunde unumgänglich ist.[1973]

Darüber hinaus existieren noch weitere Einschränkungen, welche unter Anwendung des deutschen Rechts zu beachten sind.[1974] Dazu zählt nach Rechtsprechung[1975] und h. L.[1976] auch das Verbot der *geltungserhaltenden Reduktion*.[1977] Demnach lässt sich leicht feststellen, dass die Gestaltung von Haftungsklauseln mit Bedacht zu erfolgen hat.

d. Schlussfolgerungen

Im deutschen Recht fällt insbesondere auf, dass das Wertungsgefälle zwischen Individualvereinbarungen und AGB besonders deutlich ist, sodass individuell ausgehandelte Haftungsklauseln viel Gestaltungsfreiheit genießen, während innerhalb von AGB nur sehr wenig Spielraum zur Verfügung steht.[1978] Eine sinnvolle Haftungsbeschränkung innerhalb von AGB ist nach deutschem Recht demnach kaum möglich[1979], sodass mitunter ein existenzbedrohendes

---

1971 BGH, NJW 1993, 335, 335; *Langer*, Haftungsausschluss, WM 2006, 1233, 1234.

1972 *Langer*, Haftungsausschluss, WM 2006, 1233, 1234.

1973 *Ders.*, ebenda, 1233, 1235.

1974 Siehe *Graf von Westphalen*, Verkaufsbedingungen, S. 187 ff., 219 ff.; *Langer*, Haftungsausschluss, WM 2006, 1233, 1234; *Ostendorf*, in: Ostendorf/Kluth, Wirtschaftsverträge, § 8, Rn. 34 ff.

1975 BGH, NJW 2006, 1059, 1060; BGH, NJW 2005, 1574, 1576; BGH, NJW 2003, 2899, 2899; BGH, NJW 1999, 1031, 1032; BGH, NJW 1998, 2284, 2286; BGH, NJW-RR 1998, 1426, 1427; BGH, NJW 1993, 335, 336; BGH, NJW 1985, 319, 320; BGH, NJW 1984, 2816, 2817.

1976 *Graf von Westphalen*, in: Vertragsrecht, Freizeichnungs- und Haftungsbegrenzungsklauseln, Rn. 127; *Grüneberg*, in: Palandt, § 306 BGB, Rn. 6; *Hess/Ruckstuhl*, AGB-Kontrolle, AJP 2012, 1188, 1210; *Kollmann*, AGB, NJOZ 2011, 625, 629; *Richter*, AGB, S. 162; *Schlewing*, Vertragsgestaltung, NZA-Beil. 2012, 33, 33; *Hu. Schmidt*, in: Ba/Ro, BeckOK BGB, § 306, Rn. 16; *Stadler*, in: Jauernig, § 276 BGB, Rn. 54; *Stoffels*, AGB-Recht, Rn. 593; *Voser/Boog*, Wahl des Schweizer Rechts, 2009 RIW, 126, 135; **a. A.** *Leyens/Schäfer*, Inhaltskontrolle, AcP 210 (2010), 771, 801; in Bezug auf die Individualabrede *Basedow*, in: MüKo BGB, § 306, Rn. 13.

1977 Siehe 2. Teil, B., II., 8., a., 1).

1978 *Ostendorf*, in: Ostendorf/Kluth, Wirtschaftsverträge, § 8, Rn. 33.

1979 *Graf von Westphalen*, Einkaufsbedingungen, S. 20; *Müller*, Plädoyer, NZM 2016, 185, 190; *Ostendorf/Kluth*, in: Ostendorf/Kluth, Wirtschaftsverträge, § 1, Rn. 11.

Haftungsrisiko besteht.[1980] Zwar lässt sich dieses bis zu einem gewissen Grad insbesondere durch eine betriebliche Haftpflichtversicherung abdecken.[1981] Allerdings müssen hierfür mitunter sehr hohe Prämien u. a. in Abhängigkeit von der gewünschten Deckungssumme gezahlt werden.[1982] Demnach ist es nicht verwunderlich, wenn der deutsche Exporteur ein *fremdes* Recht wählt, um den enormen Haftungsrisiken im deutschen AGB-Recht sowie den sich daraus ergebenden hohen Kosten für erforderliche Versicherungen zu entkommen.

3. Im Schweizer Recht

a. Allgemeines

Grundsätzlich ist es dem Vertragsschuldner möglich, mit Hilfe einer Vereinbarung seine Haftung zu ändern.[1983] Dies gilt unabhängig davon, ob es sich um Haftungsausschlüsse oder nur um -beschränkungen handelt.[1984] Insbesondere bei Industrieprodukten finden sich immer wieder Freizeichnungsklauseln.[1985] Theoretisch ist ebenfalls eine Verschärfung der Verkäuferhaftung möglich, welche jedoch nur selten stattfindet.[1986] Nach Schweizer Recht kann auch eine außervertragliche Haftung wegbedungen werden.[1987] Die prinzipielle Zulässigkeit ergibt sich aus der dispositiven Natur des gesetzlichen Schadensersatzrechts

---

1980 *Müller*, Plädoyer, NZM 2016, 185, 189.

1981 *Schlitter*, in: H/R/S, Rechtsfragen, S. 230.

1982 *Dies.*, ebenda.

1983 BGer 4P_271/2004 vom 16.03.2005, E. 5; *Huguenin*, OR, Rn. 1014, 2638; *Keller/Siehr*, Kaufrecht, S. 112; *Kren Kostkiewicz*, in: K/W/A/F, OR Handkommentar, Art. 199, Rn. 1; *von Büren*, OR BT, S. 28; *Weber*, in: BK OR, Art. 100, Rn. 8; *Wiegand*, in: BSK OR, Art. 100, Rn. 1; *Wittibschlager*, Einführung, Rn. 367.

1984 BGer 4P_271/2004 vom 16.03.2005, E. 5; *Huguenin*, OR, Rn. 1014, 2638; *Schumacher*, Vertragsgestaltung, Rn. 682; *Schwenzer*, OR AT, Rn. 24.01; *Weber*, in: BK OR, Art. 100, Rn. 11; *Wiegand*, in: BSK OR, Art. 100, Rn. 1; *Wittibschlager*, Einführung, Rn. 367.

1985 *Honsell*, in: BSK OR, Art. 199, Rn. 1.

1986 *Ders.*, ebenda; vgl. *Kren Kostkiewicz*, in: K/W/A/F, OR Handkommentar, Art. 199, Rn. 1; *Weber*, in: BK OR, Art. 100, Rn. 8.

1987 BGE 120 II 58, 61; BGE 107 II 161, 168; *Furrer/Wey*, in: CHK OR, Art. 100, Rn. 12; *Furrer*, Freizeichnungsklauseln, in: FS Fischer, 109, 131; *Gelzer*, in: M/B/K/P, Vertragshandbuch, Kap. 18, Rn. 7.5; *Huguenin*, OR, Rn. 1014; *Keller/Siehr*, Kaufrecht, S. 112; *Schwenzer*, OR AT, Rn. 24.02; *Wittibschlager*, Einführung, Rn. 367.

i. V. m. der Privatautonomie.[1988] Art. 100, 101 OR sowie Art. 199 OR bilden dabei gesetzliche Schranken für den Kauf- bzw. Werklieferungsvertrag.[1989]

b. Die Verschuldensformen

Im Schweizer Recht wird das Verschulden in Vorsatz und Fahrlässigkeit aufgeteilt[1990], wie sich bspw. aus Art. 100 I OR ergibt. Das Gesetz kennt eigentlich nur die grobe und die leichte Fahrlässigkeit.[1991] Als grob fahrlässig gelten Handlungen, welche die elementaren Vorsichtsgebote missachten.[1992] Leichte Fahrlässigkeit setzt ein nicht entschuldbares und tadelnswertes Verhalten voraus.[1993] Die Abweichung vom Normalverhalten ist als gering einzustufen.[1994]

Zudem wurde die mittlere Fahrlässigkeit entwickelt.[1995] Diese liegt vor, wenn das Verschulden weder als leicht noch als schwer eingestuft werden kann.[1996] Mangels gesetzlicher Rechtsfolgen ordnet das Bundesgericht[1997] die mittlere der leichten Fahrlässigkeit zu.[1998] Im Ergebnis hat die Einführung des neuen Verschuldensgrades jedoch keine praktische Bedeutung.[1999]

1988 *Furrer/Wey*, in: CHK OR, Art. 100, Rn. 1; *Huguenin*, OR, Rn. 2638; *Keller/Siehr*, Kaufrecht, S. 112; *Schumacher*, Vertragsgestaltung, Rn. 685; *Weber*, in: BK OR, Art. 100, Rn. 4; *Wiegand*, in: BSK OR, Art. 100, Rn. 1.

1989 *Schmid*, AGB, in: B/S/E-K, AGB, S. 219.

1990 *Schwenzer*, OR AT, Rn. 22.11.

1991 *Gloor*, Übernahmeverschulden, Rn. 587; *G/S/S/E*, OR AT, Rn. 2970.

1992 BGE 107 II 161, 167; BGE 95 II 333, 340; *Brehm*, in: BK OR, Art. 41, Rn. 197a; *G/S/S/E*, OR AT, Rn. 2973; *Kessler*, in: BSK OR, Art. 41, Rn. 49; *Schwenzer*, OR AT, Rn. 22.22; *Weber*, in: BK OR, Art. 99, Rn. 72; *Wiegand*, in: BSK OR, Art. 99, Rn. 6; *Wittibschlager*, Einführung, Rn. 358.

1993 *Weber*, in: BK OR, Art. 99, Rn. 75.

1994 *G/S/S/E*, OR AT, Rn. 2971; *Wittibschlager*, Einführung, Rn. 358.

1995 BGE 100 II 332, 338; BGer 4A_226/2013 vom 07.10.2013, E. 3.1; BGer 4C_103/2005 vom 01.06.2005, E. 6; BGer 5C_146/2000 vom 15.02.2001, E. 3c; *G/S/S/E*, OR AT, Rn. 2969; *Kessler*, in: BSK OR, Art. 41, Rn. 50; *A. Koller*, in: Guhl, OR, § 10, Rn. 71, § 24, Rn. 41; *Rothermel*, Kauf-, Liefer- und Vertriebsrecht, S. 168; *Schwenzer*, OR AT, Rn. 22.22; *Wittibschlager*, Einführung, Rn. 358.

1996 BGE 104 II 259, 263 f.; BGE 100 II 332, 338; BGer 4A_699/2012 vom 27.05.2013, E. 4.2; *Brehm*, in: BK OR, Art. 41, Rn. 198; *G/S/S/E*, OR AT, Rn. 2972; *Wittibschlager*, Einführung, Rn. 358.

1997 BGer 5C_146/2000 vom 15.02.2001, E. 3c.

1998 Vgl. *Rusch*, in: M/B/K/P, Vertragshandbuch, Kap. 4, Rn. 13.

1999 *Gloor*, Übernahmeverschulden, Rn. 589.

c. Die Haftung des Vertragsschuldners gem. Art. 100 I OR

Gem. Art. 100 I OR ist eine Vereinbarung nichtig, welche im Schadensfall die Haftung für Vorsatz oder grobe Fahrlässigkeit ausschließen würde. Allerdings ist auch die Haftungsbeschränkung umfasst[2000], sodass die Festlegung einer bestimmten Höchstsumme unzulässig ist, wenn zumindest grobe Fahrlässigkeit vorliegt.[2001] Im Umkehrschluss sind demnach Abreden über den Haftungsausschluss bei leichter oder mittlerer Fahrlässigkeit grundsätzlich wirksam.[2002] Allerdings kann auch die Freizeichnung für mittlere oder leichte Fahrlässigkeit fehlschlagen, wenn sie gegen die Natur des Geschäfts verstößt.[2003] Aber dies ist hauptsächlich für Auftragsverhältnisse bei Berufen im Dienstleistungssektor relevant, wenn die besondere Sorgfalt berufstypisch ist.[2004] Der deutsche Exporteur muss diese Besonderheiten demnach nicht beachten.

Wird eine Freizeichnung vereinbart, so hat nach einem Urteil des Bundesgerichts[2005] der Gläubiger die Beweislast für die grobe Fahrlässigkeit oder den Vorsatz zu tragen.[2006] Dies steht jedoch der gesetzlichen Regelung aus Art. 97 I OR entgegen und trifft demnach auf Kritik aus der Lehre.[2007] Schließlich könne es in Einzelfällen geschehen, dass ein Schuldner trotz vorsätzlichem oder grobfahrlässigem Handeln nicht für seine Taten einstehen müsse.[2008] Obwohl diese Beweislastverteilung einen Vorteil für den deutschen Exporteur darstellen würde,

---

2000 *Gauch*, Vertragshaftung, recht 2006, 77, 79; *Kuoni*, Haftungsbegrenzung, Rn. 447 f.; *Trendelberend*, Vorteile, S. 137.

2001 BGE 115 II 474, 479; BGE 102 II 256, 264; *Kuoni*, Haftungsbegrenzung, Rn. 303; *Wiegand*, in: BSK OR, Art. 100, Rn. 4.

2002 BGE 115 II 474, 479; *Bieger*, Mängelrüge, Rn. 403; *Boog/Stark-Traber*, Werkvertrag, RIW 2012, 817, 826; *Furrer/Wey*, in: CHK OR, Art. 100, Rn. 18; *Furrer*, Freizeichnungsklauseln, in: FS Fischer, 109, 117; *G/S/S/E*, OR AT, Rn. 3083; *Schwenzer*, OR AT, Rn. 24.04; *Wiegand*, in: BSK OR, Art. 100, Rn. 4; *Wittibschlager*, Einführung, Rn. 368.

2003 *Furrer/Wey*, in: CHK OR, Art. 100, Rn. 7; *G/S/S/E*, OR AT, Rn. 3096; *A. Koller*, in: Guhl, OR, § 31, Rn. 25; *Schwenzer*, OR AT, Rn. 24.07; *Wiegand*, in: BSK OR, Art. 100, Rn. 6.

2004 *Furrer/Wey*, in: CHK OR, Art. 100, Rn. 7; *G/S/S/E*, OR AT, Rn. 3096; *Wiegand*, in: BSK OR, Art. 100, Rn. 6.

2005 BGE 107 II 161, 166.

2006 Siehe 2. Teil, B., X., 7., f.

2007 *Furrer/Wey*, in: CHK OR, Art. 100, Rn. 20; *G/H/M/P*, Vertragsgestaltung, Rn. 187; *Wiegand*, in: BSK OR, Art. 100, Rn. 5.

2008 *Furrer/Wey*, in: CHK OR, Art. 100, Rn. 20; *Wiegand*, in: BSK OR, Art. 100, Rn. 5.

sollte er sich nicht darauf verlassen.[2009] Darüber hinaus spielt Art. 100 I OR im B2B-Bereich lediglich eine untergeordnete Rolle, da er fast ausschließlich für den gesetzlichen Vertreter gilt.[2010]

d. *Die Haftung für Hilfspersonen gem. Art. 101 I OR*

1) Allgemeines

Das Heranziehen von Hilfspersonen ist in einer Welt der Arbeitsteilung und Vernetzung unentbehrlich.[2011] Viele Branchen und Unternehmensformen sind auf Gehilfen angewiesen, wobei diese praktisch alle auftretenden Fehler begehen können.[2012]

Art. 101 OR stellt die wichtigste Schranke für Haftungsfreizeichnungen in Bezug auf Fremdverschulden dar.[2013] Aus Art. 101 I OR geht hervor, dass der Schuldner das Verhalten seiner einbezogenen Erfüllungsgehilfen in zurechenbarer Weise wie sein eigenes Verschulden zu verantworten hat.[2014] Unter einer Hilfsperson bzw. einem Erfüllungsgehilfen i. S. d. Art. 101 I OR ist eine Person zu verstehen, welche zur Erfüllung einer Schuldpflicht beiträgt und dies mit Wissen und Wollen des Schuldners tut.[2015] Es kann sich auch um eine juristische Person handeln.[2016] Ein Subordinationsverhältnis wird dabei nicht verlangt.[2017] Entscheidend für die Haftung ist nur, dass die Hilfsperson den Gläubiger in

2009 Siehe 2. Teil, B., X., 7., f.

2010 *Müller/Griebeler/Pfeil*, AGB-Kontrolle, BB 2009, 2658, 2663.

2011 *Bucher*, OR AT, S. 351; *Furrer/Wey*, in: CHK OR, Art. 101, Rn. 2; *T. Koller*, Ausweitung, recht 2002, 122, 124; *Mann*, Vertriebsrecht, Rn. 37; *Schumacher*, Vertragsgestaltung, Rn. 693; *Schwenzer*, OR AT, Rn. 23.01; *von Tuhr/Escher*, OR AT, S. 129; *Wiegand*, in: BSK OR, Art. 101, Rn. 1.

2012 *Bornhauser/Rusch*, Hilfspersonenhaftung, AJP 2010, 1228, 1228.

2013 *Trendelberend*, Vorteile, S. 140.

2014 BGE 92 II 234, 239; BGE 91 II 291, 294; *Greiner*, Wahl, S. 50.

2015 BGE 70 II 215, 220; *Bucher*, OR AT, S. 352; *Furrer/Wey*, in: CHK OR, Art. 101, Rn. 11; *Huguenin*, OR, Rn. 996; *Schwenzer*, OR AT, Rn. 23.04; *Wittibschlager*, Einführung, Rn. 361.

2016 *Furrer/Wey*, in: CHK OR, Art. 101, Rn. 11; *G/S/S/E*, OR AT, Rn. 3018; *Huguenin*, OR, Rn. 996.

2017 BGE 111 II 504, 507; BGE 107 Ia 168, 169; BGer 4A_70/2007 vom 22.05.2007, E. 5.1.2; *Bucher*, OR AT, S. 352; *G/S/S/E*, OR AT, Rn. 3028; *Huguenin*, OR, Rn. 996; *A. Koller*, in: Guhl, OR, § 25, Rn. 6; *Weber*, in: BK OR, Art. 101, Rn. 74 f.; *Wiegand*, in: BSK OR, Art. 101, Rn. 7; *Wittibschlager*, Einführung, Rn. 361.

Ausübung ihrer Verrichtung Schaden zufügt.[2018] Art. 101 OR ist nur bei Schuldverhältnissen anwendbar, nicht jedoch bei der außervertraglichen Haftung.[2019]

Die h. L.[2020] sieht Art. 101 OR nicht als eigene Haftungsnorm an. Vielmehr sei es eine Zurechnungsnorm, die das fremde Verschulden dem Geschäftsherrn anlaste.[2021] Schließlich müsse derjenige, der Vorteile durch eine Hilfsperson generiere, ebenfalls die Nachteile tragen.[2022] Außerdem würden Hilfspersonen im Grunde nur im Interesse des Schuldners tätig.[2023] Der Gläubiger habe keinen Einfluss auf die Zuhilfenahme eines Erfüllungsgehilfen, sodass einer Verschlechterung seiner Rechtsposition entgegengewirkt werden müsse.[2024]

2) Die hypothetische Vorwerfbarkeit

Im Schweizer Recht ist die Tatsache relevant, ob eine *hypothetische Vorwerfbarkeit* besteht.[2025] Dies bedeutet, dass der Schuldner für den Schaden einstehen müsste, wenn er die Handlung des Gehilfen ausgeführt hätte.[2026] Im Umkehrschluss ergibt sich, dass der Geschäftsherr nicht für das Verhalten der Hilfsperson haftet, wenn ihn selbst bei gleichen Handlungen kein Verschulden getroffen

---

2018 *G/S/S/E*, OR AT, Rn. 3072; *Huguenin*, OR, Rn. 1003; *Wiegand*, in: BSK OK, Art. 101, Rn. 10; *Wittibschlager*, Einführung, Rn. 361.

2019 *Furrer/Wey*, in: CHK OR, Art. 101, Rn. 5; siehe 2. Teil, B., XI., 3., g.

2020 *Bornhauser/Rusch*, Hilfspersonenhaftung, AJP 2010, 1228, 1230; *Bucher*, OR AT, S. 350; *Furrer/Wey*, in: CHK OR, Art. 101, Rn. 3; *Huguenin*, OR, Rn. 1010; *Schwenzer*, OR AT, Rn. 23.02; *Weber*, in: BK OR, Art. 101, Rn. 4; **a. A.** *G/S/S/E*, OR AT, Rn. 3070 f.

2021 BGE 92 II 234, 241 f.; BGE 70 II 215, 221; *Bucher*, OR AT, S. 350; *Furrer/Wey*, in: CHK OR, Art. 101, Rn. 3; *Schwenzer*, OR AT, Rn. 23.02; *Weber*, in: BK OR, Art. 101, Rn. 4; *Wiegand*, in: BSK OR, Art. 101, Rn. 2.

2022 BGE 114 Ib 67, 70; BGE 107 Ia 168, 169; BGE 94 I 248, 251; *A. Koller*, in: Guhl, OR, § 31, Rn. 33; *Schwenzer*, OR AT, Rn. 23.01.

2023 *Bornhauser/Rusch*, Hilfspersonenhaftung, AJP 2010, 1228, 1231; *Bucher*, OR AT, S. 351; *Furrer/Wey*, in: CHK OR, Art. 101, Rn. 2.

2024 *Furrer/Wey*, in: CHK OR, Art. 101, Rn. 2.

2025 BGE 130 III 591, 602; *Furrer/Wey*, in: CHK OR, Art. 101, Rn. 21; *G/S/S/E*, OR AT, Rn. 3039; *Huguenin*, OR, Rn. 1008; *A. Koller*, in: Guhl, OR, § 31, Rn. 35; *Schwenzer*, OR AT, Rn. 23.10; *Wiegand*, in: BSK OR, Art. 101, Rn. 13; *Wittibschlager*, Einführung, Rn. 361.

2026 BGE 130 III 591, 602; BGE 119 II 337, 338; BGE 113 II 424, 426; BGE 92 II 234, 239; BGE 92 II 15, 19; BGE 82 II 525, 533; BGE 70 II 215, 221; *Furrer/Wey*, in: CHK OR, Art. 101, Rn. 30; *Gauch*, Vertragshaftung, recht 2006, 77, 79; *G/S/S/E*, OR AT, Rn. 3039; *A. Koller*, in: Guhl, OR, § 31, Rn. 35; *Schwenzer*, OR AT, Rn. 23.10; *Wiegand*, in: BSK OR, Art. 101, Rn. 13; *Wittibschlager*, Einführung, Rn. 361.

hätte.[2027] Relevant ist demnach, welches Verhalten vom Schuldner persönlich und nicht von einer Hilfsperson erwartet werden durfte.[2028] Auf ein Verschulden der Hilfsperson wird demnach nicht abgestellt.[2029] Auch ist es unerheblich, ob dem Geschäftsherrn ein tatsächliches Verschulden zur Last gelegt werden kann.[2030] Dies ergibt sich daraus, dass der Geschäftsherr durch die Zuhilfenahme der Hilfsperson nicht bessergestellt werden soll, als wenn er persönlich gehandelt hätte.[2031] Ein Entlastungsbeweis des Schuldners wie nach Art. 55 OR[2032] für die gehörige Auswahl, Instruktion und Überwachung kann nicht erbracht werden.[2033] Allerdings kann der Geschäftsherr beweisen, dass seine Hilfsperson diejenige Sorgfalt aufgewendet hat, welche auch von dem Schuldner erwartet werden durfte.[2034] Das Tatbestandsmerkmal der *hypothetischen Vorwerfbarkeit* kann schließlich zu Rechtsunsicherheiten führen, da nur schlecht vorherzusagen ist, welches Verhalten vom Geschäftsherrn verlangt werden kann.

Fraglich ist, welcher Maßstab gilt, wenn der Schuldner eine juristische Person ist oder die Vertragsleistung nur durch eine komplexe Organisation erfüllt werden kann.[2035] Dann muss auf jede einzelne Teilverrichtung abgestellt werden[2036], sodass es auf das hypothetische Verschulden der maßgeblichen Organe hinausläuft.[2037] Nach dem *Vertrauensprinzip* gilt die Sorgfalt, welche der Gläubiger erwarten durfte.[2038] Zu dieser Thematik findet sich in der Literatur nur sehr wenig, sodass erneut von Rechtsunsicherheit auszugehen ist.

2027 BGE 119 II 337, 338; BGE 92 II 15, 19; BGE 70 II 215, 221; *Furrer/Wey*, in: CHK OR, Art. 101, Rn. 30; *Wiegand*, in: BSK OR, Art. 101, Rn. 14.

2028 BGE 92 II 234, 241; *Furrer/Wey*, in: CHK OR, Art. 101, Rn. 31; *G/S/S/E*, OR AT, Rn. 3048; *Weber*, in: BK OR, Art. 101, Rn. 141; *Wiegand*, in: BSK OR, Art. 101, Rn. 14.

2029 *Furrer/Wey*, in: CHK OR, Art. 101, Rn. 30; *G/S/S/E*, OR AT, Rn. 3044; *Huguenin*, OR, Rn. 1008; *Schwenzer*, OR AT, Rn. 23.10.

2030 BGE 82 II 525, 533; *Furrer/Wey*, in: CHK OR, Art. 101, Rn. 30; *Weber*, in: BK OR, Art. 101, Rn. 136.

2031 *Furrer/Wey*, in: CHK OR, Art. 101, Rn. 31.

2032 Siehe 2. Teil, B., XI., 3., e., 2).

2033 *Furrer/Wey*, in: CHK OR, Art. 101, Rn. 21, 32.

2034 *Dies.*, ebenda, Rn. 37.

2035 *G/S/S/E*, OR AT, Rn. 3048.

2036 *Dies.*, ebenda.

2037 *Gauch*, Vertragshaftung, recht 2006, 77, 79; *G/S/S/E*, OR AT, Rn. 3048.

2038 *G/S/S/E*, OR AT, Rn. 3048.

3) Die Haftungsfreizeichnung für Hilfspersonen

Gem. Art. 101 II OR kann die Haftung für eine Hilfsperson im Voraus beschränkt oder gänzlich aufgehoben werden. Somit stellt die Norm grundsätzlich dispositives Recht dar.[2039] Eine Haftungseingrenzung findet regelmäßig in der Weise statt, dass die Folgen der Vertragsverletzung ausgeschlossen werden[2040] oder eine summenmäßige Begrenzung – z. B. auf den Wert des Kaufgegenstandes – erfolgt.[2041] Art. 101 II OR stellt somit eine liberalere Regelung als Art. 100 OR dar.[2042] Allerdings muss der Haftungsausschluss für Hilfspersonen im Vertrag vereinbart werden.[2043] Darüber hinaus gilt es zu beachten, dass der Geschäftsherr trotz wirksamer Abbedingung der Haftung gem. Art. 101 II OR dennoch für einen von seiner Hilfsperson verursachten Schaden einzustehen hat, wenn den Geschäftsherrn eigenes Verschulden – bspw. in Form mangelnder Kontrolle der Arbeitsergebnisse der Hilfsperson – trifft.[2044]

Der Schuldner muss zudem beweisen, dass Art. 101 II OR anwendbar ist.[2045] Dieser hat auch als einzige Partei Zugang zu den benötigten Informationen.[2046] Der Gläubiger hat regelmäßig keine Einsicht in den internen Erfüllungsablauf und demnach auch keine Chance, gegen einen missbräuchlich erbrachten Beweis vorzugehen.[2047]

4) Das Rechtsmissbrauchsverbot

Durch die ausschließliche Verwendung von Erfüllungsgehilfen i. V. m. einer Haftungsfreizeichnung könnte Art. 100 OR umgangen werden.[2048] Wird ein Rechtsinstitut aber zweckwidrig verwendet, so greift das Rechtsmissbrauchsverbot.[2049]

2039 *Furrer/Wey*, in: CHK OR, Art. 101, Rn. 9.

2040 *G/H/M/P*, Vertragsgestaltung, Rn. 190.

2041 *Dies.*, ebenda; *Keller/Siehr*, Kaufrecht, S. 47.

2042 *Furrer/Wey*, in: CHK OR, Art. 101, Rn. 42; *G/S/S/E*, OR AT, Rn. 3054; *Huguenin*, OR, Rn. 1020; *Kuoni*, Haftungsbegrenzung, Rn. 369; *Schwenzer*, OR AT, Rn. 24.05; *Wiegand*, in: BSK OR, Art. 101, Rn. 16.

2043 *G/S/S/E*, OR AT, Rn. 3056.

2044 *Probst*, in: K/P/P, AGB, Rn. 537; vgl. BGE 112 II 450, 456.

2045 Bezirksgericht Horgen, SJZ 90/1994, 65, 66.

2046 *Bornhauser/Rusch*, Hilfspersonenhaftung, AJP 2010, 1228, 1231.

2047 *Dies.*, ebenda.

2048 *Dies.*, ebenda.

2049 *Baumann*, in: ZK ZGB, Art. 2, Rn. 14; *Bornhauser/Rusch*, Hilfspersonenhaftung, AJP 2010, 1228, 1231.

Allerdings sind daran sehr strenge Voraussetzungen geknüpft.[2050] Zu beachten ist, dass das Rechtsmissbrauchsverbot nur in absoluten Notfällen anzuwenden ist und immer eine Abwägung im Einzelfall stattfindet.[2051] In den wenigsten Fällen dürfte demnach die erforderliche Intensität erreicht sein[2052], sodass der deutsche Exporteur regelmäßig nicht durch das Rechtsmissbrauchsverbot an einer umfassenden Haftungsbegrenzung gehindert wird.

e. *Die Geschäftsherrenhaftung gem. Art. 55 I OR*

1) Allgemeines

Die Haftung des Geschäftsherrn aus Art. 55 I OR gilt nur für unerlaubte Handlungen der Hilfspersonen, welche außerhalb der Schuldpflicht ausgeführt werden.[2053] Es wird ein Subordinationsverhältnis zwischen dem Geschäftsherrn und der Hilfsperson verlangt, welches bei Art. 101 II OR[2054] nicht vorliegen muss.[2055] Insbesondere zwischen Arbeitgeber und Arbeitnehmer ist ein solches Subordinationsverhältnis vorhanden.[2056]

Aus Art. 55 I OR ergibt sich eine einfache Kausalhaftung.[2057] Verschulden wird nicht mehr vorausgesetzt.[2058] Im Unterschied zu Art. 101 OR[2059] richtet sich

---

2050 *Baumann*, in: ZK ZGB, Art. 2, Rn. 14; *Bornhauser/Rusch*, Hilfspersonenhaftung, AJP 2010, 1228, 1231.

2051 *Baumann*, in: ZK ZGB, Art. 2, Rn. 14.

2052 *Bornhauser/Rusch*, Hilfspersonenhaftung, AJP 2010, 1228, 1231.

2053 *Furrer/Wey*, in: CHK OR, Art. 101, Rn. 21; *G/S/S/E*, OR AT, Rn. 3072; *Wittibschlager*, Einführung, Rn. 362.

2054 Siehe 2. Teil, B., XI., 3., d.

2055 BGE 70 II 215, 220; *Bornhauser/Rusch*, Hilfspersonenhaftung, AJP 2010, 1228, 1232 f.; *Fischer*, in: K/W/A/F, OR Handkommentar, Art. 55, Rn. 17; *Furrer/Wey*, in: CHK OR, Art. 101, Rn. 21; *G/S/S/E*, OR AT, Rn. 3073; *Huguenin*, OR, Rn. 1012; *Kessler*, in: BSK OR, Art. 55, Rn. 7; *A. Koller*, in: Guhl, OR, § 25, Rn. 6; *Wittibschlager*, Einführung, Rn. 361, 363.

2056 *Fischer*, in: K/W/A/F, OR Handkommentar, Art. 55, Rn. 18; *Schwenzer*, OR AT, Rn. 23.16; *Wittibschlager*, Einführung, Rn. 363.

2057 BGE 110 II 456, 460; BGE 97 II 221, 223; *Bornhauser/Rusch*, Hilfspersonenhaftung, AJP 2010, 1228, 1232; *Fischer*, in: K/W/A/F, OR Handkommentar, Art. 55, Rn. 2; *Kästli*, Produkthaftung, recht 1990, 85, 94; *Kessler*, in: BSK OR, Art. 55, Rn. 1; *Schwenzer*, OR AT, Rn. 23.13; *Wittibschlager*, Einführung, Rn. 362, 452.

2058 BGE 110 II 456, 460; *Fischer*, in: K/W/A/F, OR Handkommentar, Art. 55, Rn. 2; *Kessler*, in: BSK OR, Art. 55, Rn. 14; *A. Koller*, in: Guhl, OR, § 25, Rn. 9; *Wittibschlager*, Einführung, Rn. 444.

2059 Siehe 2. Teil, B., XI., 3., d.

der Sorgfaltsmaßstab nicht nach dem Verhalten der Hilfsperson, sondern nach dem Verhalten des Geschäftsherrn.[2060] Dessen Fehlverhalten liegt dann darin, eine Person bei der Erfüllung seiner Verpflichtungen beigezogen zu haben, welche für einen deliktischen Schaden verantwortlich ist.[2061] Es existiert eine Pflicht zur zweckmäßigen Organisation des Betriebes.[2062] So müssen bspw. Weisungen erteilt werden, wenn zwar die Arbeit an sich keine Gefahr darstellt, aber die Herstellung des Erzeugnisses zur Gefahr für spätere Benutzer führen kann.[2063] Bei einer Zuwiderhandlung des Geschäftsherrn kann sich ein sog. *Organisationsverschulden* aus Art. 55 I OR ergeben, welches als eigenes Verschulden gilt und unter die strenge Regelung des Art. 100 OR fällt.[2064] Bezieht sich der Schaden auf bloßes Vermögen, ist die zusätzliche Existenz einer Schutznorm jedoch zwingend notwendig.[2065]

2) Der Entlastungsbeweis

Der Geschäftsherr kann gem. Art. 55 I OR den Beweis erbringen, dass er die gebotene Sorgfalt aufgewendet hat, um Schäden zu vermeiden. Dieser wird erbracht, wenn alle berechtigten Zweifel daran, dass die notwendigen Vorkehrungen getroffen wurden, ausgeräumt sind.[2066] Bspw. hat der Geschäftsherr den Hilfspersonen geeignetes Werkzeug und Material zu verschaffen und darf sie weder überanstrengen noch ihnen unangemessene Aufgaben übertragen.[2067] Der angewandte Maßstab an die Exkulpation muss als besonders streng eingeordnet

2060 *G/S/S/E*, OR AT, Rn. 3074; *Huguenin*, OR, Rn. 1012; *Kessler*, in: BSK OR, Art. 55, Rn. 15.

2061 *Furrer/Wey*, in: CHK OR, Art. 101, Rn. 21; *von Tuhr/Escher*, OR AT, S. 123.

2062 BGE 110 II 456, 462; *Bornhauser/Rusch*, Hilfspersonenhaftung, AJP 2010, 1228, 1232; *Fastricht*, Konkurrenz, AJP 1995, 1115, 1116; *Fischer*, in: K/W/A/F, OR Handkommentar, Art. 55, Rn. 25; *Furrer/Wey*, in: CHK OR, Art. 101, Rn. 21; *Kästli*, Produkthaftung, recht 1990, 85, 94; *A. Koller*, in: Guhl, OR, § 25, Rn. 11; *Wittibschlager*, Einführung, Rn. 364.

2063 BGE 110 II 456, 463.

2064 *Bornhauser/Rusch*, Hilfspersonenhaftung, AJP 2010, 1228, 1231.

2065 *Dies.*, ebenda, 1228, 1233.

2066 BGE 110 II 136, 139; BGE 70 II 215, 220; *Fischer*, in: K/W/A/F, OR Handkommentar, Art. 55, Rn. 23; *A. Koller*, in: Guhl, OR, § 25, Rn. 20; *Schwenzer*, OR AT, Rn. 23.22.

2067 BGE 110 II 456, 460; *Fischer*, in: K/W/A/F, OR Handkommentar, Art. 55, Rn. 25; *A. Koller*, in: Guhl, OR, § 25, Rn. 11.

werden[2068], damit das Gesetz nicht allzu leicht umgangen werden kann.[2069] Allerdings hat er noch in einem für den Geschäftsherrn zumutbaren Rahmen zu liegen.[2070] Der Geschäftsherr muss sich darüber im Klaren sein, dass er die für den Schaden verantwortliche Hilfsperson selbst zu ermitteln hat und erst danach seinen Entlastungsbeweis antreten kann.[2071]

3) Schlussfolgerungen

Im Ergebnis fällt auf, dass die Geschäftsherrenhaftung die erweiterte Freizeichnung nicht in allen Fällen zu korrigieren vermag.[2072] Dies ist insbesondere bei reinen Vermögensschäden ohne Schutznorm und bei Konstellationen ohne Subordinationsverhältnis der Fall.[2073] Obwohl dies positiv für den deutschen Exporteur ist, sollte dieser dennoch aufgrund des erhöhten Schadenspotentials, welches durch die Zuhilfenahme weiterer Personen entsteht, rein vorsorglich vertragliche Einschränkungsmaßnahmen[2074] treffen.[2075]

f. Die Organeigenschaft gem. Art. 55 II ZGB

Zwischen der Haftung für Hilfspersonen aus Art. 55 OR[2076] und der Organhaftung aus Art. 55 II ZGB muss unterschieden werden.[2077] Als Organ gelten die Funktionäre einer juristischen Person, welche aufgrund von Gesetzen oder Statuten gesellschaftsrechtliche Aufgaben erfüllen sollen oder diese tatsächlich in

---

2068 BGE 110 II 456, 460; BGer 4A_36/2008 vom 18.02.2008, E. 4.6; *Bornhauser/Rusch*, Hilfspersonenhaftung, AJP 2010, 1228, 1232; *Fischer*, in: K/W/A/F, OR Handkommentar, Art. 55, Rn. 22; *Kessler*, in: BSK OR, Art. 55, Rn. 15; *Schwenzer*, OR AT, Rn. 23.22.

2069 BGer 4A_36/2008 vom 18.02.2008, E. 4.6; *Bornhauser/Rusch*, Hilfspersonenhaftung, AJP 2010, 1228, 1232.

2070 BGE 110 II 456, 460 f.; *Kessler*, in: BSK OR, Art. 55, Rn. 15.

2071 *A. Koller*, in: Guhl, OR, § 25, Rn. 11.

2072 *Bornhauser/Rusch*, Hilfspersonenhaftung, AJP 2010, 1228, 1233; *Spiro*, Erfüllungsgehilfen, S. 366.

2073 *Bornhauser/Rusch*, Hilfspersonenhaftung, AJP 2010, 1228, 1233.

2074 Siehe 2. Teil, B., XI., 6.

2075 *Bornhauser/Rusch*, Hilfspersonenhaftung, AJP 2010, 1228, 1231.

2076 Siehe 2. Teil, B., XI., 3., e.

2077 BGE 122 III 225, 228; *Fischer*, in: K/W/A/F, OR Handkommentar, Art. 55, Rn. 10; *Furrer/Wey*, in: CHK OR, Art. 101, Rn. 20; *Kessler*, in: BSK OR, Art. 55, Rn. 5; *A. Koller*, in: Guhl, OR, § 25, Rn. 15; *Kuoni*, Haftungsbegrenzung, Fn. 819; *Schwenzer*, OR AT, Rn. 23.27; *Wittibschlager*, Einführung, Rn. 365.

erkennbarer Weise selbständig erfüllen.[2078] Faktische Organe werden demnach auch unter Art. 55 ZGB subsumiert.[2079] Als Organe zählen mitunter die Generalversammlung[2080], der Vorstand[2081], Direktoren[2082], Geschäftsführer[2083] und u. U. auch Prokuristen.[2084] Schließlich ist erforderlich, dass durch das Organ die Willensbildung des ganzen Unternehmens beeinflusst werden kann.[2085] Ein Mitarbeiter, welcher einen eingeschränkten Geschäftsbereich selbständig leitet, ist demnach noch kein Organ des Unternehmens.[2086] Aufgrund der Tatsache, dass nach Schweizer Recht nicht von einem *formellen*, sondern von einem *faktischen* Organbegriff ausgegangen wird[2087], kann sich in der Praxis die Unterscheidung zwischen einem Organ und einer Hilfsperson als schwierig erweisen.[2088]

Das Verhalten des Organs wird der juristischen Person zugerechnet.[2089] Eine Haftungsbefreiung durch einen Sorgfaltsnachweis[2090] ist nicht möglich.[2091] Sobald eine Person als Organ zu qualifizieren ist, kann sie nicht als Hilfsperson i. S. d. Art. 55 OR gelten, da ein Organ stets auf Seiten des Geschäftsherrn

---

2078 BGE 124 III 418, 419 f.; BGE 122 III 225, 227; BGE 121 III 176, 179; *Fischer*, in: K/W/A/F, OR Handkommentar, Art. 55, Rn. 10; *T. Koller*, Ausweitung, recht 2002, 122, 123; *Schwenzer*, OR AT, Rn. 23.28; *Wittibschlager*, Einführung, Rn. 365.

2079 BGE 122 III 225, 227; BGE 117 II 570, 571 f.; *Bornhauser/Rusch*, Hilfspersonenhaftung, AJP 2010, 1228, 1235; *T. Koller*, Ausweitung, recht 2002, 122, 123; *Schwenzer*, OR AT, Rn. 23.28.

2080 BGE 31 II 707, 714; *Schwenzer*, OR AT, Rn. 23.28.

2081 BGE 48 II 145, 157.

2082 BGE 68 II 295, 301; BGE 65 II 2, 6.

2083 BGE 68 II 295, 301; *Schwenzer*, OR AT, Rn. 23.28.

2084 BGE 102 II 256, 264; *Schwenzer*, OR AT, Rn. 23.28.

2085 BGE 122 III 225, 227; BGE 121 III 176, 179; BGE 61 II 339, 342; *Fischer*, in: K/W/A/F, OR Handkommentar, Art. 55, Rn. 10; *T. Koller*, Ausweitung, recht 2002, 122, 123.

2086 BGE 122 III 225, 227; BGE 68 II 287, 290; *Fischer*, in: K/W/A/F, OR Handkommentar, Art. 55, Rn. 10; *T. Koller*, Ausweitung, recht 2002, 122, 123.

2087 *Boog/Eschment*, Auftrag, RIW 2015, 245, 253, Fn. 145; *Boog/Stark-Traber*, Werkvertrag, RIW 2012, 817, 826, Fn. 214; *Bornhauser/Rusch*, Hilfspersonenhaftung, AJP 2010, 1228, 1235.

2088 *Boog/Eschment*, Auftrag, RIW 2015, 245, 253, Fn. 145; *Boog/Stark-Traber*, Werkvertrag, RIW 2012, 817, 826, Fn. 214.

2089 *Furrer/Wey*, in: CHK OR, Art. 101, Rn. 20; *G/S/S/E*, OR AT, Rn. 3069; *Huguenin*, OR, Rn. 998; *A. Koller*, in: Guhl, OR, § 10, Rn. 80; *Schwenzer*, OR AT, Rn. 23.27; *Wittibschlager*, Einführung, Rn. 365.

2090 Siehe 2. Teil, B., XI., 3., e., 2).

2091 *Wittibschlager*, Einführung, Rn. 365.

steht.[2092] Dieses ist nur fähig, sich i. R. d. Art. 100 OR von der Haftung zu befreien.[2093]

Wenn die Eigenschaft als Organ leichter festgestellt werden könnte, so würde dies ein Korrektiv für die erweiterte Haftungsfreizeichnung aus Art. 101 II OR darstellen.[2094] In diesem Zusammenhang darf nicht unerwähnt bleiben, dass das Bundesgericht in einem Fall von 2002[2095] einer Person die Organeigenschaft lediglich aus dem Grunde zugesprach, weil diese von einem anderen Organ Instruktions- und Überwachungskompetenzen erhalten hatte.[2096] Das Bundesgericht[2097] hielt die Einstufung als Organ für notwendig, da eine Abschwächung der Haftung des Geschäftsherrn als Arbeitgeber durch hierarchische Strukturen nicht akzeptabel sei. Dadurch hat eine massive Ausweitung des Organbegriffs stattgefunden[2098], welche keinen Einschränkungen unterlag und sehr deutlich war.[2099] Soweit ersichtlich ist dies jedoch eine Ausnahme in der Rechtsprechung geblieben. *Bornhauser/Rusch*[2100] jedenfalls sehen in der weiten Auslegung des Organbegriffs eine Rechtsunsicherheit, sodass eine Ausdehnung nur in den Fällen des Rechtsmissbrauchs sowie bei der Delegation organtypischer Aufgaben stattfinden solle. Die verheerenden Folgen, welche sich für den deutschen Exporteur ergeben hätten, bleiben schließlich aus.

Sollen die erweiterten Möglichkeiten zur Haftungsreduzierung aus Art. 101 II OR oder auch aus Art. 55 I OR in Anspruch genommen werden, so hat der deutsche Exporteur darauf zu achten, dass es sich tatsächlich um eine Hilfsperson und nicht um ein Organ handelt. Schließlich ist in letzterem Fall Art. 100 I OR maßgeblich.

2092 BGE 122 III 225, 227; *Bornhauser/Rusch*, Hilfspersonenhaftung, AJP 2010, 1228, 1235; *Fischer*, in: K/W/A/F, OR Handkommentar, Art. 55, Rn. 10; *Furrer/Wey*, in: CHK OR, Art. 101, Rn. 20; *G/S/S/E*, OR AT, Rn. 3069; *Schwenzer*, OR AT, Rn. 23.29.

2093 BGer 4A_88/2008 vom 25.08.2008, E. 5.1; *G/S/S/E*, OR AT, Rn. 3069; *A. Koller*, in: Guhl, OR, § 31, Rn. 40.

2094 *Bornhauser/Rusch*, Hilfspersonenhaftung, AJP 2010, 1228, 1234.

2095 BGE 128 III 76.

2096 BGE 128 III 76, 80; *T. Koller*, Ausweitung, recht 2002, 122, 124.

2097 BGE 128 III 76, 80.

2098 *T. Koller*, Ausweitung, recht 2002, 122, 124.

2099 *Bornhauser/Rusch*, Hilfspersonenhaftung, AJP 2010, 1228, 1235.

2100 *Dies.*, ebenda, 1228, 1236.

g. Die Haftungsfreizeichnung für unerlaubte Handlungen

Prinzipiell ist es möglich, die Haftung für eine unerlaubte Handlung auszuschließen.[2101] Ob diese auch von einer Freizeichnungsklausel erfasst werden soll, ist im Wege der Auslegung zu ermitteln.[2102] I. d. R. gilt ein allgemeiner Ausschluss jedoch ebenfalls für die konkurrierende Haftung aus Art. 41 I OR.[2103] Vorsorglich sollte dies der deutsche Exporteur explizit klarstellen[2104], indem er bspw. die Formulierung „Für Ansprüche, gleich aus welchem Rechtsgrund, haftet der Lieferant …“[2105] verwendet.

h. Die Haftungsfreizeichnung für die Irrtumsanfechtung

Aufgrund der Dispositivität der Irrtumsanfechtung können die entsprechenden Normen ausgeschlossen werden.[2106] Liegt ein zulässiger Gewährleistungsausschluss vor, erstreckt sich dieser auch auf die Irrtumsanfechtung.[2107] Schließlich übernimmt dann der Käufer bewusst das Risiko, und der Tatbestand des *Grundlagenirrtums* liegt mangels subjektiver Wesentlichkeit i. S. d. Art. 24 I Nr. 4 OR nicht mehr vor.[2108] Der Ausschluss könnte jedoch durch eine restriktive

---

2101 BGE 120 II 58, 61; BGE 107 II 161, 168; *Furrer/Wey*, in: CHK OR, Art. 100, Rn. 12; *Furrer*, Freizeichnungsklauseln, in: FS Fischer, 109, 131; *Gelzer*, in: M/B/K/P, Vertragshandbuch, Kap. 18, Rn. 7.5; *Huguenin*, OR, Rn. 1014; *Keller/Siehr*, Kaufrecht, S. 112; *Schwenzer*, OR AT, Rn. 24.02; *Wittibschlager*, Einführung, Rn. 367.

2102 *Furrer/Wey*, in: CHK OR, Art. 100, Rn. 12; *Huguenin*, OR, Rn. 1014; *Schwenzer*, OR AT, Rn. 24.02; *Wiegand*, in: BSK OR, Art. 100, Rn. 3.

2103 BGE 107 II 161, 166, 168; BGE 90 II 86, 88; BGE 67 II 132, 136; *Furrer/Wey*, in: CHK OR, Art. 100, Rn. 12; *Gelzer*, in: M/B/K/P, Vertragshandbuch, Kap. 18, Rn. 7.5; *Honsell*, in: BSK OR, Art. 199, Rn. 6; *ders.*, OR BT, S. 94; *Huguenin*, OR, Rn. 2645; *Keller/Siehr*, Kaufrecht, S. 111; *Müller-Chen*, CHK OR, Art. 197, Rn. 11; **a. A.** *Furrer*, Freizeichnungsklauseln, in: FS Fischer, 109, 131.

2104 *Furrer*, Freizeichnungsklauseln, in: FS Fischer, 109, 131.

2105 *Ders.*, ebenda, 109, 134.

2106 *Schwenzer*, in: BSK OR, Art. 24, Rn. 33; vgl. *Kut*, in: CHK OR, Art. 23–24, Rn. 35.

2107 BGE 126 III 59, 66; BGE 123 III 165, 170; BGE 95 III 21, 23; BGE 91 II 275, 279; BGE 53 II 143, 153; *Arnet*, Bemerkungen, AJP 2000, 1162, 1165 f.; *Honsell*, in: BSK OR, Art. 199, Rn. 6; *ders.*, OR BT, S. 94; *Huguenin*, OR, Rn. 2645; *Keller/Siehr*, Kaufrecht, S. 108, 111 f.; *Kramer*, Bemerkungen, AJP 1997, 1287, 1287; *Müller-Chen*, CHK OR, Art. 197, Rn. 7; *Schwenzer*, in: BSK OR, Art. 24, Rn. 33; *Wiegand*, Rechtsprechung 1999/2000, ZBJV 2002, 316, 332.

2108 *Wiegand*, Rechtsprechung 1999/2000, ZBJV 2002, 316, 332; vgl. *Kren Kostkiewicz*, in: K/W/A/F, OR Handkommentar, Art. 199, Rn. 10.

Auslegung verhindert werden.[2109] Der deutsche Exporteur muss zudem beachten, dass die Berufung auf einen *Grundlagenirrtum* auch zulässig ist, wenn die Gewährleistung nicht völlig ausgeschlossen, sondern nur eingeschränkt wird.[2110] Dies ist der Fall, wenn anstatt eines Rücktrittsrechts lediglich ein Nachbesserungsanspruch besteht.[2111] Allerdings kann der Verkäufer auch ein legitimes Interesse daran haben, nur bestimmte Rechtsbehelfe zuzulassen.[2112] Demnach sollte im Vertrag explizit eine entsprechende Regelung[2113] vorgesehen werden.

i. Besonderheiten beim Kaufvertrag

1) Das Verbot des Haftungsausschlusses bei Arglist

Gem. Art. 199 OR ist eine Vereinbarung über die Aufhebung oder Beschränkung der Gewährspflicht für Kaufverträge ungültig, wenn der Verkäufer dem Käufer die Gewährsmängel arglistig verschwiegen hat. Arglist oder auch absichtliche Täuschung ist gegeben, wenn dem Verkäufer der Sachmangel bekannt ist oder er ernsthaft mit dessen Vorhandensein rechnet, er den Käufer allerdings trotz einer gewissen Aufklärungspflicht im Unklaren lässt.[2114] Auch das aktive Täuschen über gewisse Eigenschaften ist umfasst.[2115]

Parallel dazu gilt Art. 192 III OR für Rechtsmängel, sodass eine Freizeichnung hiervon nicht möglich ist, wenn der Verkäufer dem Käufer diese Rechte des Dritten absichtlich verschwiegen hat. Im Gegensatz zu Art. 199 OR sind weder Täuschungsabsicht noch Arglist Tatbestandsvoraussetzung.[2116]

2109 BGer 4A_492/2012 vom 22.11.2012, E. 5; *Huguenin*, OR, Rn. 2646; *Schwenzer*, in: BSK OR, Art. 24, Rn. 33.

2110 BGE 91 II 275, 279; BGE 83 II 18, 22; *G/S/S/E*, OR AT, Rn. 807a; *Huguenin*, OR, Rn. 2645a; *Keller/Siehr*, Kaufrecht, S. 112; *Kren Kostkiewicz*, in: K/W/A/F, OR Handkommentar, Art. 199, Rn. 10; *Müller-Chen*, in: CHK OR, Art. 199, Rn. 10; **a. A.** *Honsell*, in: BSK OR, Art. 199, Rn. 6.

2111 *Honsell*, in: BSK OR, Art. 199, Rn. 6; *ders.*, OR BT, S. 94.

2112 *Huguenin*, OR, Rn. 2646.

2113 Siehe 2. Teil, B., VII., 1., a., 1), d) und XI., 6.

2114 BGE 116 II 431, 434; BGer 4A_648/2012 vom 25.02.2013, E. 3; BGer 4A_721/2011 vom 03.05.2012, E. 4.1; *Honsell*, in: BSK OR, Art. 199, Rn. 7; *Huguenin*, OR, Rn. 2638; *Keller/Siehr*, Kaufrecht, S. 113.

2115 BGE 116 II 431, 434; BGE 81 II 207, 208; *Keller/Siehr*, Kaufrecht, S. 113.

2116 *Trendelberend*, Vorteile, S. 149.

2) Das Verhältnis zwischen Art. 192, 199 OR und Art. 100 I, II, 101 II, III OR

a) Die Frage nach der Konkurrenz

Fraglich ist, in welchem Verhältnis Art. 100 I OR insbesondere zu Art. 199 OR steht. In der Literatur finden sich sowohl Ansichten[2117], die Art. 199 OR unter Ausschluss von Art. 100 I OR sehen, wie auch Autoren[2118], welche eine parallele Geltung der beiden Vorschriften befürworten. Das Bundesgericht[2119] hat sich zwar ebenfalls mit dieser Frage beschäftigt, aber noch keine endgültige Lösung gefunden.[2120] Es wendet Art. 199 OR an, ohne jedoch Art. 100 I OR explizit auszuschließen.[2121]

Für die bloße Anwendung von Art. 199 OR spricht, dass sich diese Regelung im BT des Kaufrechts befindet und somit als *lex specialis* den allgemeinen Vorschriften vorgehen müsste.[2122] Für den Verkäufer würde sich an dieser Stelle eine Flucht in das Schweizer Recht in besonderem Maße lohnen.[2123]

Gegen die alleinige Anwendung von Art. 199 OR ist aber anzuführen, dass unterschiedliche rechtliche Ansatzpunkte geregelt werden.[2124] Während sich Art. 199 OR lediglich auf die arglistig verschwiegenen Mängel bei Vertragsschluss

---

2117 *Berni*, Hardware, in: Jörg/Arter, Internet-Recht, S. 29; *Bucher*, OR BT, S. 84; *Honsell*, in: BSK OR, Art. 199, Rn. 1; *Kren Kostkiewicz*, in: K/W/A/F, OR Handkommentar, Art. 199, Rn. 6.

2118 *G/S/S/E*, OR AT, Rn. 3086; *Gut/Higi/Schönle*, in: ZK OR, Art. 199, Rn. 30a; *Huguenin*, OR, Rn. 1017, 2644; *Keller/Siehr*, Kaufrecht, S. 114; *Kuoni*, Haftungsbegrenzung, Rn. 457; *Müller-Chen*, in: CHK OR, Art. 199, Rn. 11; *von Tuhr/Escher*, OR AT, S. 119, Fn. 34.

2119 BGE 126 III 59, 67; BGE 109 II 213, 215; BGE 91 II 344, 348; BGE 73 II 218, 223; BGer 4C_242/2004 vom 06.10.2004, E. 3; jedoch offengelassen in BGE 107 II 161, 166.

2120 *Arnet*, Bemerkungen, AJP 2000, 1162, 1166; *Gelzer*, in: M/B/K/P, Vertragshandbuch, Kap. 18, Rn. 0.3; *G/H/M/P*, Vertragsgestaltung, Rn. 359; *G/S/S/E*, OR AT, Rn. 3086; *Gut/Higi/Schönle*, in: ZK OR, Art. 199, Rn. 27; *Huguenin*, OR, Rn. 2644; *Kren Kostkiewicz*, in: K/W/A/F, OR Handkommentar, Art. 199, Rn. 6; *Ostendorf*, in: Ostendorf/Kluth, Wirtschaftsverträge, § 8, Rn. 42; *Richter*, AGB, S. 125; *Voser/Boog*, Schweizer Recht, RIW 2009, 126, 134; *Wiegand*, in: BSK OR, Art. 100, Rn. 3.

2121 BGE 130 III 686, 691; BGE 126 III 59, 67; BGE 91 II 344, 348; BGE 73 II 218, 223; *Huguenin*, OR, Rn. 2644; *Wiegand*, in: BSK OR, Art. 100, Rn. 3.

2122 *Honsell*, in: BSK OR, Art. 199, Rn. 1; *ders.*, OR BT, S. 93; *Kren Kostkiewicz*, in: K/W/A/F, OR Handkommentar, Art. 199, Rn. 6.

2123 *Pfeiffer*, Flucht, in: FS Graf von Westphalen, 555, 562.

2124 *Honsell*, in: BSK OR, Art. 199, Rn. 1; *Huguenin*, OR, Rn. 1017, 2644; *Keller/Siehr*, Kaufrecht, S. 69, 114; *Trendelberend*, Vorteile, S. 150.

beschränkt, wird in Art. 100 I OR die Haftung als solche ohne Bezug auf den Zeitpunkt des Vertragsschlusses geregelt.[2125] Zudem dient Art. 199 OR dem Grundsatz von Treu und Glauben, wohingegen Art. 100, 101 OR gegen eine Aushöhlung des Verschuldensprinzips vorgehen sollen.[2126] Außerdem sei die Widerspruchsfreiheit im Wertesystem verletzt, wenn ein unterschiedlicher Maßstab angelegt würde.[2127]

b) Zwingende Einschränkungen

Zu bedenken ist, dass Art. 199 OR lediglich für arglistig verschwiegene Mängel und den daraus resultierenden Schaden gilt. Die Haftung bspw. i. R. d. Verzugs ist immer an Art. 100, 101 OR zu messen.[2128] Auch spielt es eine Rolle, wann ein Mangel vorliegt und wann noch nicht.[2129] Es bleibt anzumerken, dass das Gesagte auch vollständig für die Rechtsmängelhaftung aus Art. 192 OR zutrifft.[2130]

Des Weiteren ist zu beachten, dass die Vorschrift lediglich für den Kaufvertrag gilt. Das bedeutet, dass die Möglichkeit zur ggf. vollständigen Haftungsfreizeichnung gem. Art. 199 OR nicht auch für den Werklieferungsvertrag anwendbar ist, da eine Analogie an der planwidrigen Regelungslücke scheitert.[2131] Die unterschiedliche Behandlung der beiden Vertragsarten resultiert daher, dass der Verkäufer die Ware nicht selbst hergestellt hat.[2132]

c) Das Gebot der Vorsicht

Es existiert eine weitere Rechtsfrage im Schweizer Kaufrecht, welche noch einer endgültigen Klärung durch die Rechtsprechung bedarf. Verlässt sich nun der deutsche Exporteur darauf, dass er auch für sich selbst den Vorsatz und die grobe Fahrlässigkeit im Bereich der Mängelhaftung ausschließen kann, stellt dies ein Risiko dar, welches zu beachten ist und weitreichende Folgen haben könnte. Demnach sollte vorsichtshalber davon ausgegangen werden, dass Art. 100 I OR und Art. 199 OR parallel zur Anwendung gelangen und ein Ausschluss für

---

2125 *G/S/S/E*, OR AT, Rn. 3086; *Huguenin*, OR, Rn. 1017, 2644; *Weber*, in: BK OR, Art. 100, Rn. 39.

2126 *Keller/Siehr*, Kaufrecht, S. 114.

2127 *Gut/Higi/Schönle*, in: ZK OR, Art. 199, Rn. 31.

2128 *Richter*, AGB, S. 126 f.

2129 Siehe 2. Teil, B., VIII.

2130 *Keller/Siehr*, Kaufrecht, S. 69.

2131 *Honsell*, OR BT, S. 302.

2132 *Ders.*, ebenda.

Vorsatz und grobes Verschulden des Schuldners auch im Schweizer Kaufrecht nicht zulässig ist.

j. Die Auslegung der Haftungsfreizeichnungsvereinbarung

1) Allgemeines

Für Haftungsbeschränkungs- und -freizeichnungsvereinbarungen sind die allgemeinen Prinzipien zur Vertragsauslegung[2133] heranzuziehen.[2134] Grundsätzlich ist ein Widerspruch zwischen Haftungsfreizeichnungsklauseln und der Vertragstreue zu sehen, da sich eine Partei ihrer vertraglichen Pflichten zu entledigen versucht, für welche sie einzustehen hätte.[2135] Haftungsbeschränkung und -ausschluss bilden schließlich lediglich die Ausnahmen von den gesetzlichen Regelungen, sodass dies im Vertrag deutlich zum Ausdruck gebracht werden muss.[2136] Demnach ist eine restriktive Auslegung nach dem *Restriktionsprinzip*[2137] sowohl nach Rechtsprechung[2138] als auch nach h. L.[2139] angebracht. *Huguenin*[2140] betrachtet diese Art der Auslegung jedoch als überflüssig, da die Ware dann mit einem tieferen Preis versehen sei und der Markt den Wettbewerb von alleine regele. Der deutsche Exporteur sollte diesem Ansatz jedoch nicht folgen, da er eine Mindermeinung widerspiegelt und ein erhebliches Risiko darstellt. Wenn ein Haftungsausschluss durch eine Preisreduktion kompensiert werden soll, so ist auf diese vertragsinterne Wechselwirkung genau hinzuweisen.[2141] Es empfiehlt sich auch, die Abweichung durch eine ausdrückliche Bezugnahme auf das Gesetz nach der *Koordinatentechnik* zu verdeutlichen: „In Abweichung vom Gesetz (Art. 367 und Art. 370 OR) …“.[2142]

2133 Siehe 2. Teil, B., II., 6., b.

2134 *Huguenin*, OR, Rn. 2648; *Keller/Siehr*, Kaufrecht, S. 110.

2135 *Keller/Siehr*, Kaufrecht, S. 110; vgl. *Schumacher*, Vertragsgestaltung, Rn. 639.

2136 BGE 91 II 344, 348; *Schumacher*, Vertragsgestaltung, Rn. 686.

2137 Siehe 2. Teil, B., II., 6., b., 3).

2138 BGE 126 III 59, 67; BGE 122 III 118, 121; BGE 118 II 142, 145; BGE 117 II 609, 621; BGE 115 II 474, 479; BGE 109 II 24, 24; BGE 91 II 344, 348.

2139 *Furrer/Wey*, in: CHK OR, Art. 100, Rn. 16; *Honsell*, OR BT, S. 92; *Ostendorf*, in: Ostendorf/Kluth, Wirtschaftsverträge, § 8, Rn. 47; *Perrig*, in: K/P/P, AGB, Rn. 267; *Rusch*, in: M/B/K/P, Vertragshandbuch, Kap. 4, Rn. 13; *Schumacher*, Vertragsgestaltung, Rn. 689; *Schwenzer*, OR AT, Rn. 24.02; *Wiegand*, in: BSK OR, Art. 100, Rn. 3; *ders.*, Rechtsprechung 1999/2000, ZBJV 2002, 316, 329; **a. A.** *Huguenin*, OR, Rn. 2649.

2140 *Huguenin*, OR, Rn. 2649.

2141 *Schumacher*, Vertragsgestaltung, Rn. 686, 1417.

2142 *Ders.*, ebenda, Rn. 689.

2) Die Kollision von Freizeichnung und Zusicherung

Liegt sowohl eine Freizeichnung von der Haftung als auch eine Angabe von gewissen Eigenschaften vor, so muss durch Auslegung ermittelt werden, was nun gilt, da die Anwendung des einen den Ausschluss des anderen bedeutet.[2143] Ist in der Eigenschaftsangabe eine Zusicherung i. S. d. Art. 197 OR zu sehen, so gilt die Freizeichnung in diesem Bereich nicht.[2144] Insbesondere bei einer Garantiezusicherung muss die Haftungsbeschränkung eindeutig zum Ausdruck gebracht werden, da diese als eine Besserstellung des Käufers gewertet wird.[2145] Durch eine Zusicherung ist es dem Käufer schließlich nach Treu und Glauben gestattet, seine Aufmerksamkeit zu reduzieren.[2146] Letztendlich wird dafür regelmäßig ein höherer Preis verlangt.[2147] Allerdings ist zu betonen, dass der Käufer durch die Akzeptanz einer die Gewährleistung abbedingenden Klausel bewusst ein gewisses Risiko übernimmt.[2148] Ein Sonderfall liegt demnach vor, wenn die Abbedingung unmissverständlich zum Ausdruck kommt.[2149]

3) Die allgemein gehaltene Freizeichnung

Der deutsche Exporteur sollte vorsichtig mit allgemein gehaltenen Freizeichnungsklauseln wie „Es wird im gesetzlich zulässigen Umfang jegliche Haftung ausgeschlossen“ umgehen.[2150] Der Gewährleistungsausschluss in einer solchen Bestimmung wird lediglich für diejenigen Mängel Geltung haben, welche zum Zeitpunkt des Vertragsschlusses im Vorstellungsbereich von Käufer und Verkäufer lagen.[2151] Der Richter kann die Klausel dahingehend auslegen, dass lediglich ein Ausschluss des Allgemeinen und Üblichen erreicht werden sollte, obwohl

---

2143 BGE 109 II 24, 24; *Huguenin*, OR, Rn. 2650; *Schumacher*, Vertragsgestaltung, Rn. 746; vgl. *Kren Kostkiewicz*, in: K/W/A/F, OR Handkommentar, Art. 199, Rn. 7.

2144 *Huguenin*, OR, Rn. 2650; *Kren Kostkiewicz*, in: K/W/A/F, OR Handkommentar, Art. 199, Rn. 8; *Müller-Chen*, in: CHK OR, Art. 199, Rn. 8.

2145 BGE 91 II 344, 348.

2146 *Gelzer*, in: M/B/K/P, Vertragshandbuch, Kap. 18, Rn. 0.3; *Zellweger-Gutknecht*, Mangelfolgeschaden, ZBJV 2007, 763, 773 f.

2147 *Müller-Chen*, CHK OR, Art. 197, Rn. 14; *Zellweger-Gutknecht*, Mangelfolgeschaden, ZBJV 2007, 763, 774.

2148 *Wiegand*, Rechtsprechung 1999/2000, ZBJV 2002, 316, 330.

2149 *Gelzer*, Wünschbarkeit, S. 65; *Keller/Siehr*, Kaufrecht, S. 110; *A. Koller*, OR AT, § 60, Rn. 9.

2150 *G/H/M/P*, Vertragsgestaltung, Rn. 185; vgl. *Schumacher*, Vertragsgestaltung, Rn. 687.

2151 BGE 130 III 686, 689; BGE 126 III 59, 67; BGE 107 II 161, 164; BGE 72 II 267, 269; BGer 4A_529/2010 vom 04.01.2011, E. 4.1; *G/H/M/P*, Vertragsgestaltung, Rn. 185; *Huguenin*, OR, Rn. 2648; *A. Koller*, in: Guhl, OR, § 42, Rn. 50; *Müller-Chen*, in:

der Verkäufer insbesondere ein Interesse daran haben wird, das Unvorhersehbare auszuschließen.[2152] Der Satzteil *Abbedingung der Gewährleistung* ist nicht ausreichend deutlich und demnach ebenfalls auslegungsbedürftig.[2153] Befindet sich im Vertrag eine Bestimmung, welche besagt, dass *weitergehende Ansprüche* ausgeschlossen seien, so ist dies auch nicht eindeutig.[2154] Allerdings soll die Formulierung *soweit es das anwendbare Recht erlaubt* der Rechtslage nach Schweizer Recht genügen.[2155]

Wenn die Haftung für *Gewährleistung* ausgeschlossen werden soll, ist ferner zu fragen, ob dies auch für die mit Art. 197 OR konkurrierenden Ansprüche aus Art. 97 und 41 OR gilt.[2156] Generell ist dies zu bejahen.[2157] Jedoch ist zu beachten, dass rechtsunkundige Vertragsparteien die Unterscheidung der einzelnen Normen nicht vornehmen können, sodass regelmäßig alle Ansprüche von der Abbedingung der Haftung umfasst sind.[2158] Im Umkehrschluss bedeutet dies allerdings, dass der rechtskundige Vertragspartner, mit welchem im B2B-Verkehr zu rechnen ist, eine Differenzierung bewerkstelligen wird. Hier sollte explizit erwähnt werden, welche Ansprüche von der Haftungsbeschränkung betroffen sind.[2159]

Durch Auslegung muss ermittelt werden, ob ein allgemeiner Haftungsausschluss nach Art. 100 OR auch für die Gehilfenhaftung[2160] greift.[2161] Dem deutschen Exporteur wird demnach angeraten, insbesondere bei der Haftung für

---

CHK OR, Art. 199, Rn. 7; *Wiegand*, in: BSK OR, Art. 100, Rn. 3; *ders.*, Rechtsprechung 1999/2000, ZBJV 2002, 316, 329.

2152 *Schumacher*, Vertragsgestaltung, Rn. 687.

2153 BGE 73 II 218, 223 f.; *Keller/Siehr*, Kaufrecht, S. 110.

2154 BGE 91 II 344, 349.

2155 *Baddeley*, Unterwerfungserklärungen, ZBJV 2008, 357, 376; **a. A.** *Perrig*, in: K/P/P, AGB, Rn. 221.

2156 *Keller/Siehr*, Kaufrecht, S. 111.

2157 BGE 107 II 161, 166, 168; BGE 90 II 86, 88; BGE 67 II 132, 136; *Furrer/Wey*, in: CHK OR, Art. 100, Rn. 12; *Gelzer*, in: M/B/K/P, Vertragshandbuch, Kap. 18, Rn. 7.5; *Honsell*, in: BSK OR, Art. 199, Rn. 6; *ders.*, OR BT, S. 94; *Huguenin*, OR, Rn. 2645; *Keller/Siehr*, Kaufrecht, S. 111; *Müller-Chen*, CHK OR, Art. 197, Rn. 11; **a. A.** *Furrer*, Freizeichnungsklauseln, in: FS Fischer, 109, 131.

2158 *Keller/Siehr*, Kaufrecht, S. 111.

2159 Siehe 2. Teil, B., XI., 6., b.

2160 Siehe 2. Teil, B., XI., 3., d.

2161 *Bornhauser/Rusch*, Hilfspersonenhaftung, AJP 2010, 1228, 1237; *Furrer/Wey*, in: CHK OR, Art. 101, Rn. 43; *G/S/S/E*, OR AT, Rn. 3054; *Weber*, in: BK OR, Art. 101, Rn. 165; *Wiegand*, in: BSK OR, Art. 101, Rn. 16.

Hilfspersonen klar und deutlich zum Ausdruck zu bringen, dass diese abbedungen werden soll.[2162] Der eindeutigen Formulierung einer Freizeichnungsklausel i. V. m. einem deutlichen Bezug zur Hilfspersonenhaftung könne im Grunde nichts entgegengesetzt werden.[2163]

Umstritten ist, ob eine Freizeichnung für *jedes Verschulden* im Ganzen unwirksam ist oder geltungserhaltend reduziert werden kann.[2164] Nach Schweizer Recht ist die Klausel nur soweit unzulässig, als sie das zwingend anwendbare Recht übersteige.[2165]

4) Die Vermeidung der Auslegung durch klare Formulierungen

Für die Praxis wird empfohlen, eine umfassende Definition für ausgeschlossene Schäden und Ansprüche zu verwenden.[2166] Dies kann bspw. durch eine Formulierung geschehen, dass sämtliche nicht am Liefergegenstand aufgetretenen Schäden ausgeschlossen sein sollen.[2167] Darüber hinaus ist auch denkbar, konkrete Beispiele wie folgende aufzuführen: reine Vermögensschäden aus Produktionsausfall, entgangener Gewinn, nicht realisierte Einsparungen, Aus- und Einbaukosten, verlorene Ver- und Bearbeitungskosten, Suchkosten, Gutachterkosten, zusätzliche Prüf- und Sortierkosten, Rückrufkosten etc.[2168]

Die Formulierung von Freizeichnungsklauseln bedarf besonderer Beachtung.[2169] Generell sind Klauseln zur Haftungsfreizeichnung oder -reduzierung so klar wie möglich zu formulieren, damit in Bezug auf die Auslegung keine Unklarheiten entstehen. Zwar ist dann auch die Gefahr größer, dass der Vertragspartner die Klausel in dieser Weise nicht akzeptiert. Allerdings sind immer noch Verhandlungen[2170] möglich, und der deutsche Exporteur kann seine Risiken und insbesondere auch die Erfolgschancen vor Gericht besser einschätzen. Ihm ist anzuraten, sich nicht zu sehr auf eine *geltungserhaltende Reduktion*[2171] zu verlassen.

2162 Appellationsgericht Basel-Stadt, BJM 1978, 305, 307; *Furrer*, Freizeichnungsklauseln, in: FS Fischer, 109, 134.

2163 *Bornhauser/Rusch*, Hilfspersonenhaftung, AJP 2010, 1228, 1231.

2164 *Furrer/Wey*, in: CHK OR, Art. 100, Rn. 18; *Wiegand*, in: BSK OR, Art. 100, Rn. 4.

2165 Siehe 2. Teil, B., II., 8., b.

2166 *Furrer*, Freizeichnungsklauseln, in: FS Fischer, 109, 129.

2167 *Ders.*, ebenda.

2168 *Ders.*, ebenda.

2169 *Boog/Stark-Traber*, Werkvertrag, RIW 2012, 817, 826.

2170 Siehe 2. Teil, B., II., 4.

2171 Siehe 2. Teil, B., II., 8.

k. Allgemeine Nichtigkeitsgründe

1) Allgemeines

Zusätzlich sind allgemeine Nichtigkeitsgründe zu beachten. Ausgeschlossen ist bspw. die Haftungsfreizeichnung i. R. d. Produkthaftpflicht, Art. 8 PrHG.[2172] Auch im Bereich der Freizeichnungsklauseln bilden Art. 19 II und 20 I OR Schranken[2173], sodass kein Verstoß gegen die öffentliche Ordnung, die guten Sitten oder das Recht der Persönlichkeit erfolgen darf.[2174]

2) Der Verstoß gegen die guten Sitten

Grundsätzlich kann eine Freizeichnungsklausel nicht ausschließlich aufgrund des Inhalts gegen die guten Sitten verstoßen.[2175] Es bedarf vielmehr besonderer Umstände wie z. B. Art und Weise des Zustandekommens dieser Klausel.[2176] In der Schweizer Lehre werden verschiedene Kategorien gebildet, die doch zu einer Sittenwidrigkeit bei Freizeichnungsklausel führen können.[2177]

Unter die Unsittlichkeit fällt eine ungebührlich benachteiligende Abbedingung der Gewährleistung, welche dem Käufer unter Missbrauch z. B. einer wirtschaftlichen Machtstellung des Verkäufers aufgezwungen wird.[2178] Als sittenwidrig kann sich eine Klausel zudem herausstellen, wenn durch sie die wirtschaftliche Existenz des geschädigten Vertragspartners gefährdet werden könnte.[2179] Dies ist u. U. der Fall bei der Freizeichnung von Mangelfolgeschäden, die ein gravierendes Ausmaß annehmen.[2180] Auch wenn eine Partei dem Vertragspartner nach Belieben ausgeliefert ist, kann ein Verstoß gegen die guten Sitten bejaht werden.[2181] Dies wäre bspw. gegeben, wenn eine Partei in Verzug

2172 *Birkhäuser/Schmid*, in: M/B/K/P, Vertragshandbuch, Kap. 20, Rn. 12.3; *Gelzer*, in: M/B/K/P, Vertragshandbuch, Kap. 18, Rn. 0.3; *G/H/M/P*, Vertragsgestaltung, Rn. 188; *Honsell*, in: BSK OR, Art. 199, Rn. 5; *ders.*, OR BT, S. 94, 120; *Huguenin*, OR, Rn. 2641; *Müller-Chen*, in: CHK OR, Art. 199, Rn. 9; *Voser/Boog*, Schweizer Recht, RIW 2009, 126, 134.

2173 Siehe 2. Teil, B., II., 7., c., 2), c), (2).

2174 *Kuoni*, Haftungsbegrenzung, Rn. 453.

2175 BGE 94 II 197, 208.

2176 BGE 94 II 197, 208; *Greiner*, Wahl, S. 56.

2177 *Greiner*, Wahl, S. 56.

2178 *Keller/Siehr*, Kaufrecht, S. 115.

2179 BGE 111 II 330, 337; *Keller/Siehr*, Kaufrecht, S. 115.

2180 *Greiner*, Wahl, S. 56; *Keller/Siehr*, Kaufrecht, S. 115; *Rusch*, in: M/B/K/P, Vertragshandbuch, Kap. 4, Rn. 15.

2181 BGE 114 II 159, 162.

geriete, aber dem Vertragspartner weder ein Rücktrittsrecht noch ein Schadensersatzanspruch zustünde.[2182] Werden alle Ansprüche bis auf einen Nachbesserungsanspruch abbedungen, so darf der Verkäufer den Haftungsausschluss nicht geltend machen, wenn die Nachbesserung nicht möglich ist.[2183] Wird eine Eigenschaft zugesichert, so ist der vollständige Gewährleistungsausschluss damit nicht vereinbar[2184], der teilweise hingegen schon.[2185] Im Zweifel gilt die Freizeichnung nur für die vorausgesetzte, nicht für die zugesicherte Eigenschaft.[2186] Eine Vermeidung der Haftung, indem bspw. die gesetzlich vorgesehene Verjährungsfrist[2187] verkürzt wird, ist ebenfalls ausgeschlossen.[2188]

Darüber hinaus muss beachtet werden, dass sich die Vorstellung von *guten Sitten* auch nach dem angerufenen Gericht und den herrschenden Wertmaßstäben in dem jeweiligen Land richtet[2189], sodass an dieser Stelle ebenfalls Divergenzen zwischen der Schweizer und der deutschen Rechtsordnung entstehen können.

3) Die Freizeichnung von der Personenhaftung

Unsittlichkeit kann sich sowohl aus Art. 20 OR als auch aus Art. 27 ZGB ergeben.[2190] Art. 27 II ZGB unterstellt die vertragliche Freizeichnung von Personenschäden der Sittenwidrigkeit.[2191] Auch gem. Art. 20 OR ist die Freizeichnung von Körperschäden selbst für einfache Fahrlässigkeit unzulässig.[2192] Dies betrifft

2182 *Greiner*, Wahl, S. 56.

2183 *Keller/Siehr*, Kaufrecht, S. 116.

2184 *Dies.*, ebenda, S. 116 f.; *Rusch*, in: M/B/K/P, Vertragshandbuch, Kap. 4, Rn. 14.

2185 *Keller/Siehr*, Kaufrecht, S. 116 f.

2186 *Dies.*, ebenda, S. 117.

2187 Siehe 2. Teil, B., XIV.

2188 *G/S/S/E*, OR AT, Rn. 3397b.

2189 *Pinnells/Eversberg*, Kaufverträge, S. 49.

2190 *Huguenin/Reitze*, in: BSK ZGB, Art. 27, Rn. 8; *Keller/Siehr*, Kaufrecht, S. 115.

2191 *G/S/S/E*, OR AT, Rn. 3094; *Huguenin/Reitze*, in: BSK ZGB, Art. 27, Rn. 12; *Rusch*, in: M/B/K/P, Vertragshandbuch, Kap. 4, Rn. 15; *Schumacher*, Vertragsgestaltung, Rn. 1625; differenzierend *Hochstrasser*, Personenschäden, AJP 2016, 910, 913 ff.

2192 *Berni*, Hardware, in: Jörg/Arter, Internet-Recht, S. 33; *Furrer/Wey*, in: CHK OR, Art. 100, Rn. 19; *G/H/M/P*, Vertragsgestaltung, Rn. 188; *G/S/S/E*, OR AT, Rn. 3094; *Huguenin*, OR, Rn. 2642; *Müller-Chen*, in: CHK OR, Art. 199, Rn. 9; *Ostendorf*, in: Ostendorf/Kluth, Wirtschaftsverträge, § 8, Rn. 42; *Rusch*, in: M/B/K/P, Vertragshandbuch, Kap. 4, Rn. 15; *Schwenzer*, OR AT, Rn. 24.14; *Wiegand*, in: BSK OR, Art. 100, Rn. 4.

sowohl die vertragliche als auch die außervertragliche Haftung.[2193] Unter einem Personenschaden wird eine Vermögensverminderung verstanden, welche aus der Tötung oder physischen bzw. psychischen Verletzung eines Menschen resultiert.[2194] Allerdings spielt dieser Schutz lediglich eine Rolle, wenn es sich bei dem Vertragspartner des deutschen Exporteurs um eine natürliche Person handelt oder seine Arbeitnehmer innerhalb des Vertrages geschützt werden müssen.[2195] Für die Gestaltung der Haftungsfreizeichnungsklausel empfiehlt es sich, Personenschäden aus dem Anwendungsbereich der Klausel auszuschließen.[2196]

4) Der Verstoß gegen den Grundsatz von Treu und Glauben

Die Abbedingung der Gewährleistung kann zudem gegen den Grundsatz von Treu und Glauben verstoßen und demnach an der Schranke des offenbaren Rechtsmissbrauchs gem. Art. 2 ZGB scheitern.[2197] So widerspricht eine vollständige Abbedingung jeglicher Verzugshaftung Art. 2 ZGB.[2198] Nimmt der Verkäufer schutzwürdiges Vertrauen in Anspruch, so verletzt er dieses, wenn er sich auf eine Gewährleistungsbeschränkungsabrede beruft, welche in einem Widerspruch zu seinem früheren Verhalten steht.[2199] Dies wird auch als *venire contra factum proprium* bezeichnet.[2200]

l. Die Haftungsfreizeichnung in AGB

1) Allgemeines

Häufig sind Haftungsfreizeichnungsklauseln in AGB zu finden.[2201] Der Schutz vor diesen ist im Schweizer AGB-Recht im Vergleich zum Ausland jedoch nur

2193 *Berni*, Hardware, in: Jörg/Arter, Internet-Recht, S. 33; *Furrer/Wey*, in: CHK OR, Art. 100, Rn. 19; *G/H/M/P*, Vertragsgestaltung, Rn. 188; *Schwenzer*, OR AT, Rn. 24.14; *Wiegand*, in: BSK OR, Art. 100, Rn. 4.

2194 *Schwenzer*, OR AT, Rn. 14.16; *Wittibschlager*, Einführung, Rn. 341.

2195 *Greiner*, Wahl, S. 34.

2196 *Kuoni*, Haftungsbegrenzung, Rn. 298; siehe 2. Teil, B., XI., 6., b.

2197 *Keller/Siehr*, Kaufrecht, S. 116.

2198 *Dies.*, ebenda, S. 47.

2199 *Dies.*, ebenda, S. 116.

2200 *Gelzer*, Wünschbarkeit, S. 102, Fn. 775; *Huguenin*, OR, Rn. 371.

2201 *Arnold*, Freizeichnungsklauseln, ZGS 2004, 16, 16; *Boog/Eschment*, Auftrag, RIW 2015, 245, 253; *Coester*, in: Staudinger, § 307 BGB, Rn. 431; *Furrer/Wey*, in: CHK OR, Art. 100, Rn. 4; *Greiner*, Wahl, S. 16; *Gut/Higi/Schönle*, in: ZK OR, Art. 199, Rn. 6; *Huguenin*, OR, Rn. 2642; *Kuoni*, Haftungsbegrenzung, Rn. 67; *Probst*, in: K/P/P, AGB,

wenig effektiv ausgestaltet.[2202] Sonderregelungen speziell für Haftungsbeschränkungen innerhalb von vorformulierten Bestimmungen existieren nicht.[2203] Lediglich die normalen Grundsätze für Verträge sind anwendbar[2204], sodass es nicht von besonderer Relevanz ist, ob sich die Klausel zur Haftungsbeschränkung in einer Individualvereinbarung oder in AGB befindet.[2205]

Dennoch müssen innerhalb von AGB Geltungs-[2206], Auslegungs-[2207] und Inhaltskontrolle[2208] beachtet werden.[2209] Anwendbar ist demnach bspw. die *Ungewöhnlichkeitsregel.*[2210] Aus dem Obligationenrecht ergibt sich explizit die Zulässigkeit der Haftungsfreizeichnung für Hilfspersonen.[2211] Eine Ungewöhnlichkeit entsteht nicht nur, weil die gesetzlichen Möglichkeiten ausgeschöpft werden.[2212] Schließlich kann eine Freizeichnungsklausel im B2B-Bereich auch nur selten als ungewöhnlich zu qualifizieren sein.[2213] Allerdings gilt, dass umso eher von einer ungewöhnlichen Bestimmung ausgegangen werden muss, je nachteiliger diese für den Vertragspartner ist.[2214] Demnach stellt eine Freizeichnung

---

Rn. 279; *Schmid*, AGB, in: B/S/E-K, AGB, S. 218; vgl. *Kren Kostkiewicz*, in: K/W/A/F, OR Handkommentar, Art. 199, Rn. 4.

2202 *Bornhauser/Rusch*, Hilfspersonenhaftung, AJP 2010, 1228, 1236.

2203 *Boog/Stark-Traber*, Werkvertrag, RIW 2012, 817, 829; *Furrer*, Freizeichnungsklauseln, in: FS Fischer, 109, 118; *Kuoni*, Haftungsbegrenzung, Rn. 441; *Müller/Griebeler/Pfeil*, AGB-Kontrolle, BB 2009, 2658, 2663; *Ostendorf*, in: Ostendorf/Kluth, Wirtschaftsverträge, § 8, Rn. 43; *Schwenzer*, OR AT, Rn. 24.03.

2204 *Bornhauser/Rusch*, Hilfspersonenhaftung, AJP 2010, 1228, 1237.

2205 *Kuoni*, Haftungsbegrenzung, Rn. 228.

2206 Siehe 2. Teil, B., II., 5., a.

2207 Siehe 2. Teil, B., II., 6., b.

2208 Siehe 2. Teil, B., II., 7., c.

2209 *Huguenin*, OR, Rn. 2648.

2210 BGE 119 II 443, 446; *Bornhauser/Rusch*, Hilfspersonenhaftung, AJP 2010, 1228, 1237; *Furrer/Wey*, in: CHK OR, Art. 100, Rn. 16; *Ostendorf*, in: Ostendorf/Kluth, Wirtschaftsverträge, § 8, Rn. 44; *Zindel/Pulver/Schott*, in: BSK OR, Art. 368, Rn. 87; siehe 2. Teil, B., II., 7., c., 2), b).

2211 *Bornhauser/Rusch*, Hilfspersonenhaftung, AJP 2010, 1228, 1237.

2212 *Dies.*, ebenda.

2213 *Müller/Griebeler/Pfeil*, AGB-Kontrolle, BB 2009, 2658, 2663.

2214 BGE 138 III 411, 413; BGE 135 III 225, 227 f.; BGE 135 III 1, 7; BGE 119, II 443, 446; BGer 4A_187/2007 vom 09.05.2008, E. 5.1; *Bornhauser/Rusch*, Hilfspersonenhaftung, AJP 2010, 1228, 1237; *G/S/S/E*, OR AT, Rn. 1138; *Huguenin*, OR, Rn. 623; *Perrig*, in: K/P/P, AGB, Rn. 180; *Richter*, AGB, S. 119; *Rusch*, in: M/B/K/P, Vertragshandbuch, Kap. 4, Rn. 9.

von der Hilfspersonenhaftung einen massiven Nachteil dar.[2215] Dieser wird sogar noch größer, wenn die vertraglich vereinbarte Leistung (fast) ausschließlich durch Erfüllungsgehilfen erbracht wird.[2216] Jedoch ist es höchst unwahrscheinlich, dass ein Haftungsausschluss in einem Vertrag zwischen Unternehmern nur aus dem Grunde unwirksam ist, weil er Teil der AGB ist.[2217]

Zudem kann die *Unklarheitenregel*[2218] Beachtung finden[2219], sodass der AGB-Verwender eine Auslegung zu seinen Lasten hinnehmen muss.[2220] Es ist festzustellen, ob die Freizeichnung ebenfalls für die Hilfspersonenhaftung gilt.[2221] Die außervertragliche Haftung der Hilfsperson wird dadurch jedoch grundsätzlich nicht ausgeschlossen.[2222] Die Deutlichkeit einer Haftungsfreizeichnung unterliegt hohen Anforderungen.[2223] Die Formulierung muss insbesondere in AGB

2215 *Bornhauser/Rusch*, Hilfspersonenhaftung, AJP 2010, 1228, 1237.

2216 *Dies.*, ebenda.

2217 *Kondring*, Flucht, RIW 2010, 184, 185; *Müller/Griebeler/Pfeil*, AGB-Kontrolle, BB 2009, 2658, 2663.

2218 Siehe 2. Teil, B., II., 6., b., 2).

2219 *Furrer/Wey*, in: CHK OR, Art. 100, Rn. 16; *Ostendorf*, in: Ostendorf/Kluth, Wirtschaftsverträge, § 8, Rn. 44; *Wiegand*, in: BSK OR, Art. 100, Rn. 3; *Zindel/Pulver/Schott*, in: BSK OR, Art. 368, Rn. 87.

2220 BGE 133 III 607, 610; BGE 124 III 155, 158; BGE 122 III 118, 121; BGE 117 II 609, 622; BGE 115 II 264, 268; BGer 5C_271/2004 vom 12.07.2005, E. 2; *Bucher*, OR AT, S. 185; *Gottschalk*, Transparenzgebot, AcP 206 (2006), 555, 576; *G/S/S/E*, OR AT, Rn. 1232; *Huguenin*, OR, Rn. 629; *dies.*, AGB, recht 1995, 85, 87; *Ramstein*, AGB, RIW 1988, 440, 443; *Roberto/Walker*, AGB-Kontrolle, recht 2014, 49, 54; *Wiegand*, in: BSK OR, Art. 100, Rn. 3; *Zellweger-Gutknecht/Bucher*, in: BSK OR, Anh. Art. 1, Rn. 59.

2221 *Bornhauser/Rusch*, Hilfspersonenhaftung, AJP 2010, 1228, 1237; *Furrer/Wey*, in: CHK OR, Art. 101, Rn. 43; *G/S/S/E*, OR AT, Rn. 3054; *Weber*, in: BK OR, Art. 101, Rn. 165; *Wiegand*, in: BSK OR, Art. 101, Rn. 16.

2222 *Furrer/Wey*, in: CHK OR, Art. 101, Rn. 44; *Weber*, in: BK OR, Art. 101, Rn. 167; *Wiegand*, in: BSK OK, Art. 101, Rn. 16.

2223 *Furrer/Wey*, in: CHK OR, Art. 101, Rn. 43.

unmissverständlich sein.[2224] Vom dispositiven Recht abweichende Klauseln sind sowohl nach Rechtsprechung[2225] als auch nach h. L.[2226] eng auszulegen.

2) Die geltungserhaltende Reduktion

Die *geltungserhaltende Reduktion*[2227] wird im Schweizer Recht weder von der Rechtsprechung[2228] noch von der h. L.[2229] abgelehnt, sodass selbst Freizeichnungsklauseln auf das erlaubte Maß zurückgeführt werden, solange innerhalb der AGB keine unzulässige Freizeichnung zulasten der sozial schwächeren Partei vorgesehen ist.[2230] Bspw. gilt, dass an die Stelle eines völligen Haftungsausschlusses die zwingende Vorschrift des Art. 100 I OR tritt.[2231]

Aufgrund der Tatsache, dass der Verwender von unzulässigen Bestimmungen bestenfalls mit einer *geltungserhaltenden Reduktion* und schlimmstenfalls mit dem dispositiven Gesetzesrecht *bestraft* wird, erlangt die Gestaltung von

---

2224 BGE 124 III 155, 164 f.; BGer 4A_351/2007 vom 15.01.2008, E. 2.3.5; *G/S/S/E*, OR AT, Rn. 3056; *Schumacher*, Vertragsgestaltung, Rn. 287; *Wiegand*, in: BSK OR, Art. 101, Rn. 16.

2225 BGE 126 III 59, 67; BGE 122 III 118, 121; BGE 118 II 142, 145; BGE 117 II 609, 621; BGE 115 II 474, 479; BGE 109 II 24, 24; BGE 91 II 344, 348.

2226 *Furrer/Wey*, in: CHK OR, Art. 100, Rn. 16; *Honsell*, OR BT, S. 92; *Ostendorf*, in: Ostendorf/Kluth, Wirtschaftsverträge, § 8, Rn. 47; *Perrig*, in: K/P/P, AGB, Rn. 267; *Rusch*, in: M/B/K/P, Vertragshandbuch, Kap. 4, Rn. 13; *Schumacher*, Vertragsgestaltung, Rn. 689; *Schwenzer*, OR AT, Rn. 24.02; *Wiegand*, in: BSK OR, Art. 100, Rn. 3; *ders.*, Rechtsprechung 1999/2000, ZBJV 2002, 316, 329; **a. A.** *Huguenin*, OR, Rn. 2649.

2227 Siehe 2. Teil, B., II., 8.

2228 BGE 131 II 467, 470; BGE 130 III 66, 74; BGE 123 III 292, 296 ff.; BGE 117 II 273, 275 f.; BGE 114 II 159, 163; BGE 107 II 216, 219 f.; BGE 93 II 189, 192; BGE 38 II 494, 499; **a. A.** BGE 96 II 129, 132 f.; BGE 80 II 327, 336; BGE 67 II 221, 224 f.; BGer 4A_404/2008 vom 18.12.2008, E. 5.6.3.2.1.

2229 *Furrer*, Freizeichnungsklauseln, in: FS Fischer, 109, 125; *Gonzenbach*, Konsumenten-AGB, recht 1993, 28, 30; *G/S/S/E*, OR AT, Rn. 706, 3082; *A. Koller*, OR AT, Rn. 13.137; *Kondring*, Flucht, RIW 2010, 184, 185; *Kramer*, in: BK OR, Art. 19–20, Rn. 357 ff.; *Lichtensteiger*, in: M/B/K/P, Vertragshandbuch, Kap. 5, Rn. 1.7; *Roberto/Walker*, AGB-Kontrolle, recht 2014, 49, 61; *Weber*, in: BK OR, Art. 100, Rn. 156; *Wiegand*, in: BSK OR, Art. 100, Rn. 4; *Zirlick*, Freizeichnung, S. 393; **a. A.** *Bornhauser/Rusch*, Hilfspersonenhaftung, AJP 2010, 1228, 1238; *Furrer/Wey*, in: CHK OR, Art. 100, Rn. 18; *Rusch*, in: M/B/K/P, Vertragshandbuch, Kap. 4, Rn. 13; *Schwenzer*, OR AT, Rn. 24.08; *Wittibschlager*, Einführung, Rn. 368.

2230 *G/S/S/E*, OR AT, Rn. 3082.

2231 *Dies.*, ebenda, Rn. 711; *Kramer*, in: BK OR, Art. 19–20, Rn. 358; *von Tuhr/Escher*, OR AT, S. 119.

Freizeichnungsklauseln innerhalb von AGB häufig nur eine untergeordnete Bedeutung im Schweizer Recht.[2232] Für den deutschen Exporteur ergibt sich daraus ein bedeutender Vorteil.

m. Die systematische Stellung im Vertrag

Besonders zu beachten ist die systematische Stellung der Haftungsfreizeichnungsklausel im Vertrag oder in den AGB.[2233] Befindet sich diese nun bspw. unter dem Punkt *Gewährleistung*, so sorgt auch eine *breite* Formulierung[2234] lediglich dafür, dass die Haftung in Bezug auf Mängel und nicht auch bei Nebenpflichtverletzungen, Nichtlieferung etc. ausgeschlossen wird.[2235] Demnach sollte die Freizeichnungsklausel z. B. unter dem Abschnitt *Haftung* positioniert werden.

4. Der Vergleich der Rechtsordnungen

a. Die Gemeinsamkeiten

Die wesentlichen Grundzüge des deutschen und Schweizer Haftungsrechts sind identisch. Dazu zählen die verschiedenen Verschuldensformen[2236] sowie die Tatsache, dass Organe dem Schuldner zugerechnet werden.[2237] Auch existiert die Gehilfenhaftung in beiden Rechtsordnungen.[2238] So stellt Art. 101 OR in etwa das Pendant zu § 278 1 BGB dar[2239], während Art. 55 I OR mit § 831 I BGB vergleichbar ist.[2240] Identisch ist ebenfalls, dass die Möglichkeiten zur Freizeichnung von Schuldner und Erfüllungsgehilfe sowohl nach deutschem[2241] als auch nach Schweizer Recht[2242] unterschiedlich sind. Darüber hinaus ist zumindest

---

2232 *G/H/M/P*, Vertragsgestaltung, Rn. 363; siehe jedoch *Rusch*, in: M/B/K/P, Vertragshandbuch, Kap. 4, Rn. 13 ff.

2233 *Furrer*, Freizeichnungsklauseln, in: FS Fischer, 109, 132; *Graf von Westphalen*, in: Vertragsrecht, Freizeichnungs- und Haftungsbegrenzungsklauseln, Rn. 5.

2234 Siehe 2. Teil, B., XI., 3., j., 3).

2235 *Furrer*, Freizeichnungsklauseln, in: FS Fischer, 109, 132; vgl. *Graf von Westphalen*, in: Vertragsrecht, Freizeichnungs- und Haftungsbegrenzungsklauseln, Rn. 6.

2236 Siehe 2. Teil, B., XI., 2., a. und 3., b.

2237 Siehe 2. Teil, B., XI., 2., b. und 3., f.

2238 Siehe 2. Teil, B., XI., 2. und 3., d.

2239 *Greiner*, Wahl, S. 50; *von Tuhr/Escher*, OR AT, S. 123.

2240 *Greiner*, Wahl, S. 50.

2241 Siehe 2. Teil, B., XI., 2., b.

2242 Siehe 2. Teil, B., XI., 3., c. und d.

erkennbar, dass Klauseln innerhalb von AGB strenger behandelt werden als in Individualvereinbarungen.[2243]

b. Die Unterschiede

Überraschenderweise lässt sich die Haftung für eigene grobe Fahrlässigkeit nach deutschem Recht in Individualvereinbarungen abbedingen[2244], während dies im Schweizer Recht gem. Art. 100 I OR nicht möglich ist.[2245] Demnach ist in Bezug auf Individualvereinbarungen festzustellen, dass das Schweizer Recht restriktiver ausgestaltet ist als das deutsche Recht.[2246] Dies ist verwunderlich, da ein häufig angeführter Grund für die Wahl des Schweizer Rechts die erweiterten Möglichkeiten der Haftungsbeschränkung und des -ausschlusses ist.[2247] Allerdings ist auch davon auszugehen, dass immer Hilfspersonen herangezogen werden, bei denen die Möglichkeit zur Haftungsbegrenzung weiter ist als für die eigene Person, und dass die Haftung insbesondere durch die Verwendung von AGB reduziert werden soll. Beachtet werden muss zusätzlich, dass nach deutschem Recht der Prokurist nicht als Organ der Gesellschaft gilt[2248], während dies nach Schweizer Recht der Fall sein kann.[2249] Somit ist für diesen im deutschen Recht sogar eine umfassendere Möglichkeit zur Haftungsreduzierung gegeben als nach Schweizer Recht.

Nach Schweizer Recht existieren keine speziellen AGB-Regelungen für die Haftungsfreizeichnung[2250], sodass sich ein wesentlicher Unterschied zum deutschen Recht ergibt.[2251] Die Möglichkeiten zur Reduzierung der Haftung sind innerhalb von AGB insbesondere für Hilfspersonen im Schweizer Recht auch

---

2243 Siehe 2. Teil, B., XI., 2., c. und 3., l.

2244 Siehe 2. Teil, B., XI., 2., b.

2245 Siehe 2. Teil, B., XI., 3., c.

2246 *Boog/Eschment*, Auftrag, RIW 2015, 245, 253; *Boog/Stark-Traber*, Werkvertrag, RIW 2012, 817, 826; *Furrer*, Freizeichnungsklauseln, in: FS Fischer, 109, 120; *Kuoni*, Haftungsbegrenzung, Rn. 10; *Ostendorf*, in: Ostendorf/Kluth, Wirtschaftsverträge, § 8, Rn. 40.

2247 Siehe 2. Teil, A., IV.

2248 *Klöhn*, in MüKo InsO, § 15a, Rn. 79.

2249 BGE 102 II 256, 264; *Schwenzer*, OR AT, Rn. 23.28.

2250 *Boog/Stark-Traber*, Werkvertrag, RIW 2012, 817, 829; *Furrer*, Freizeichnungsklauseln, in: FS Fischer, 109, 118; *Kuoni*, Haftungsbegrenzung, Rn. 441; *Müller/Griebeler/Pfeil*, AGB-Kontrolle, BB 2009, 2658, 2663; *Ostendorf*, in: Ostendorf/Kluth, Wirtschaftsverträge, § 8, Rn. 43; *Schwenzer*, OR AT, Rn. 24.03.

2251 *Boog/Stark-Traber*, Werkvertrag, RIW 2012, 817, 829; *Müller/Griebeler/Pfeil*, AGB-Kontrolle, BB 2009, 2658, 2663.

deutlich weiter als nach deutschem Recht.[2252] Dies ist auf die Tatsache zurückzuführen, dass lediglich eine *verdeckte Inhaltskontrolle*[2253] stattfindet, welche der Verwender mit relativ einfachen Mitteln vermeiden kann.[2254] Darüber hinaus wird sogar eine *geltungserhaltende Reduktion*[2255] innerhalb von AGB für zulässig erachtet[2256], während dies nach deutschem Recht undenkbar wäre.[2257] Im Ergebnis ist die Freizeichnung in AGB-Klauseln nach Schweizer Recht lediglich von untergeordneter Bedeutung[2258], wohingegen die Freizeichnungsklauseln das wichtigste Thema der AGB-Inhaltskontrolle nach deutschem Recht darstellen.[2259]

c. Der tabellarische Vergleich der Rechtsordnungen

Die folgende Tabelle zeigt grundsätzlich auf, inwieweit ein Haftungsausschluss im deutschen und im Schweizer Recht möglich ist. Dabei verdienen die gekennzeichneten Unterschiede besondere Beachtung.

Tab. 5: Der Überblick über einen möglichen Haftungsausschluss

Haftungsausschluss möglich?			**D**	**CH**
Schuldner	Individual-vereinbarung	einfache Fahrlässigkeit	ja	ja
		grobe Fahrlässigkeit	**ja**	**nein**
		Vorsatz	nein	nein
	AGB	einfache Fahrlässigkeit	**u. U.**	**ja**
		grobe Fahrlässigkeit	nein	nein
		Vorsatz	nein	nein

2252 *Kuoni*, Haftungsbegrenzung, Rn. 799; siehe 2. Teil, B., XI., 2., c. und 3., l.
2253 Siehe 2. Teil, B., II., 7., c., 2), b), (3).
2254 Siehe 2. Teil, B., II., 7., c., 2), b), (4).
2255 Siehe 2. Teil, B., II., 8.
2256 Siehe 2. Teil, B., XI., 3., l., 2).
2257 Siehe 2. Teil, B., XI., 2., c.
2258 *Kuoni*, Haftungsbegrenzung, Rn. 228.
2259 *Müller*, Plädoyer, NZM 2016, 185, 188.

Haftungsausschluss möglich?			**D**	**CH**
Erfüllungs-gehilfen	Individual-vereinbarung	einfache Fahrlässigkeit	ja	ja
		grobe Fahrlässigkeit	ja	ja
		Vorsatz	ja	ja
	AGB	einfache Fahrlässigkeit	**u. U.**	**ja**
		grobe Fahrlässigkeit	**nein**	**ja**
		Vorsatz	**nein**	**ja**

5. *Schlussfolgerungen*

Die folgenden Ausführungen zeigen erhebliche Nachteile für den deutschen Exporteur auf, welche in dieser Form nach deutschem Recht nicht vorhanden sind. Demnach ist es essentiell, dass er die gesetzlichen und vertraglichen Regelungen kennt, prüft und ggf. effektiv gegen diese vorgeht.

a. *Die Haftungsfreizeichnung des deutschen Exporteurs*

Möchte der deutsche Exporteur eine Haftungsfreizeichnungsklausel verwenden, so ist dies zwar leichter möglich als nach deutschem Recht.[2260] Bei der Formulierung von Haftungsklauseln in AGB ist aber auch im Schweizer Recht Vorsicht geboten[2261], damit diese nicht unwirksam oder zulasten des deutschen Exporteurs eingegrenzt werden. Problematisch wird es, wenn die andere Vertragspartei sich mit dem Schweizer Recht auskennt und die kritischen Klauseln doch zu Fall bringen oder zumindest im Anwendungsbereich einschränken kann. Aufgrund der Tatsache, dass im deutschen Recht praktisch keine sinnvolle Haftungsbeschränkung in AGB möglich ist[2262], wäre der Unterschied zwischen den beiden Rechtsordnungen im Bereich der vollständigen Unwirksamkeit der Haftungsklauseln jedoch nicht besonders groß.

Allerdings wird der deutsche Exporteur davon ausgehen, dass seine nach Schweizer Recht getroffene Haftungsklausel wirksam ist, während er sich auch darüber bewusst ist, dass dieselbe Bestimmung im deutschen Recht sehr wahrscheinlich – zumindest innerhalb der AGB – nicht zulässig wäre. Er muss unbedingt darauf achten, dass diese Klauseln wirksam in den Vertrag einbezogen werden und auch ihre Gültigkeit bewahren. Nimmt er dagegen an, dass sie

2260 Siehe 2. Teil, B., XI., 4., b.

2261 Siehe auch 2. Teil, B., XI., 3., j.

2262 *Graf von Westphalen*, Einkaufsbedingungen, S. 20; *Müller*, Plädoyer, NZM 2016, 185, 190; *Ostendorf/Kluth*, in: Ostendorf/Kluth, Wirtschaftsverträge, § 1, Rn. 11.

wirksam sind, ist dies aber tatsächlich nicht der Fall, so kommt ein hohes Risiko auf ihn zu, welches u. U. sogar existenzbedrohend werden kann. Demnach liegt die größte Gefahr in der fehlerhaften Einschätzung und der mangelnden Risikoerkennung. Zwar könnte eine *geltungserhaltende Reduktion*[2263] die Kosten zu einem gewissen Teil auffangen. Allerdings sollte nicht darauf vertraut werden, dass diese vollumfänglich eingreift.

Des Weiteren werden die Möglichkeiten einer weitreichenden Haftungsbegrenzung nach Schweizer Recht in die Preiskalkulation einfließen und sich regelmäßig in einem niedrigeren Verkaufspreis niederschlagen[2264], als dies bei voller Haftung der Fall wäre. Schließlich stellt der Preis einen der bedeutsamsten Wettbewerbsfaktoren dar. Es könnte auch passieren, dass sich der Käufer nur bei einem *unschlagbaren* Preis auf das Geschäft einlässt, wenn die Haftung in einem weiten Umfang ausgeschlossen oder zumindest stark reduziert wird. Stellt sich nun heraus, dass die Haftungsfreizeichnungsklausel doch unzulässig ist, so treffen die Konsequenzen den deutschen Exporteur direkt in mehrfacher Hinsicht: Zum einen ist der Preis sehr niedrig und die Gewinnmarge entsprechend gering, zum anderen kommen Kosten auf ihn zu, mit welchen er nicht mehr gerechnet hatte. Auch dies gilt es zu beachten. Die Gefahr ist zwar nach jedem Recht gegeben. Allerdings ist sie im Schweizer Recht aufgrund der Verlockung zur umfassenden Haftungsreduktion auch innerhalb von AGB und insbesondere für Erfüllungsgehilfen als sehr hoch einzustufen.

b. *Die Haftungsfreizeichnung des Käufers*

Des Weiteren gilt es zu beachten, dass nicht nur der deutsche Exporteur in der Lage ist, seine Haftung großzügig einzuschränken oder gar auszuschließen. Auch der Käufer wird regelmäßig mit Erfüllungsgehilfen arbeiten und ein Interesse an einem möglichst geringen Schadensersatz haben. Zwar ist die Wahrscheinlichkeit größer, dass sich der Verkäufer schadensersatzpflichtig macht, da er für die Ware einstehen muss. Allerdings existieren auch Situationen, in welchen das Verhalten des Käufers zu einem Schaden führen kann. Bspw. ist dies bei einer expliziten Abnahmepflicht[2265] gegeben. Denkbar wäre aber auch der Fall, dass der Käufer dem deutschen Exporteur z. B. Maschinen und/oder Materialien beistellt, welche mangelbehaftet sind und zu einem Schaden führen. Es muss auch

2263 Siehe 2. Teil, B., II., 8.

2264 *Schumacher*, Vertragsgestaltung, Rn. 1080; vgl. *Baudenbacher*, AGB-Gesetz, ZBJV 1987, 505, 507.

2265 Siehe 2. Teil, B., X., 2., d.

damit gerechnet werden, dass die *geltungserhaltende Reduktion*[2266] die Haftung des Käufers wirksam einzuschränken vermag.

6. *Die Vertragsgestaltung*

a. *Checkliste*

Im Ergebnis sollte der deutsche Exporteur bei der Gestaltung oder Auswahl einer Freizeichnungsklausel folgende Punkte beachten:

- Stellung außerhalb des Bereichs *Gewährleistung*[2267];
- expliziter Ausschluss der Hilfspersonenhaftung[2268];
- expliziter Ausschluss für unerlaubte Handlungen[2269];
- expliziter Ausschluss für die Anfechtung[2270];
- exemplarische Auflistung von ausgeschlossenen Posten[2271];
- Rückausnahme für zwingende Vorschriften.[2272]

b. *Positive Beispiele*

Mögliche Klauselgestaltungen könnten wie folgt aussehen.

> „Alle Fälle von Vertragsverletzungen und deren Rechtsfolgen, sowie alle Ansprüche des Bestellers, gleichgültig aus welchem Rechtsgrund sie gestellt werden, sind in diesem Vertrag [Variante: in diesen Bedingungen] abschliessend [sic!] geregelt. Insbesondere sind alle nicht ausdrücklich genannten Ansprüche auf Schadenersatz, Minderung, Aufhebung oder Rücktritt vom Vertrag ausgeschlossen. In keinem Fall bestehen Ansprüche des Bestellers auf Ersatz von Schäden, die nicht am Liefergegenstand selbst entstanden sind, wie namentlich aus Produktionsausfall, Nutzungsverlusten, entgangenem Gewinn, nicht realisierten Einsparungen [verlorenen Ver- oder Bearbeitungs-, Montage- oder Energiekosten, Datenverlust, Aus- und Einbaukosten, Suchkosten, zusätzlichen Prüf-, und Sortier- und sonstigen Handling-Kosten, Rückrufkosten, Kosten für verlorene Ausgangsstoffe, Entsorgungskosten] sowie auf Ersatz solcher Ansprüche von Kunden des Bestellers oder Dritter.
>
> Diese Haftungsbeschränkung gilt auch, soweit der Lieferant für seine Hilfspersonen haftet.

2266 Siehe 2. Teil, B., II., 8.
2267 Siehe 2. Teil, B., XI., 3., m.
2268 Siehe 2. Teil, B., XI., 3., j, 3).
2269 Siehe 2. Teil, B., XI., 3., g.
2270 Siehe 2. Teil, B., XI., 3., h.
2271 Siehe 2. Teil, B., XI., 3., j, 4).
2272 Siehe auch 2. Teil, B., XI., k., 1) und 3).

Sie gilt nicht, soweit ihr zwingendes Recht entgegensteht, wie insbesondere für rechtswidrige Absicht oder grobe Fahrlässigkeit des Lieferanten [Variante: oder seiner Hilfspersonen], für arglistig verschwiegene Mängel, für direkte Ansprüche aus Personenschäden sowie für zwingende Ansprüche nach dem anwendbaren Produkthaftungsgesetz.“[2273]

oder ähnlich

„Die Verkäuferin hat für den Schaden, gleich aus welchem Rechtsgrund (Unmöglichkeit, Verzug, positive Vertragsverletzung, unerlaubte Handlung etc.) nur bei vorsätzlichem Verhalten ihrer (gesetzlichen) Vertreter oder Erfüllungsgehilfen einzustehen. Diese Freizeichnung gilt nicht für die Haftung wegen zugesicherter Eigenschaften, für die Haftung aufgrund des Produktehaftpflichtgesetzes sowie bei Körperschäden.

Alle Fälle von Vertragsverletzungen, deren Rechtsfolgen sowie alle Ansprüche des Käufers, gleichgültig auf welchem Rechtsgrund sie basieren, sind in diesem Vertrag abschliessend [sic!] geregelt. Alle nicht ausdrücklich genannten Ansprüche auf Schadenersatz, Minderung, Wandelung oder Rücktritt sind vom Vertrag ausgeschlossen. In keinem Fall bestehen Ansprüche des Käufers auf Ersatz von Schäden, die nicht am Liefergegenstand selbst entstanden sind, wie namentlich Produktionsausfälle, Nutzungsverluste, Verluste von Aufträgen, entgangener Gewinn sowie von anderen mittelbaren oder unmittelbaren Schäden. Dieser Haftungsausschluss gilt nicht für rechtswidrige Absicht oder grobe Fahrlässigkeit der Verkäuferin, jedoch gilt er auch für rechtswidrige Absicht oder grobe Fahrlässigkeit von Hilfspersonen.

Im Übrigen gilt dieser Haftungsausschluss nicht, soweit ihm zwingendes Recht entgegensteht.“[2274]

oder als kürzere Fassungen

„Für Schäden, die auf das vorliegende Vertragsverhältnis zurückzuführen sind, haftet der Lieferant bei Vorliegen eines Verschuldens insgesamt bis zum Kaufpreis der [...], welche den Schaden direkt verursacht hat. Diese Begrenzung gilt nicht für die Haftung aus Rechtsgewährleistung sowie für schuldhaft herbeigeführte Personenschäden.

Die Haftung für indirekte oder Folgeschäden wie entgangener Gewinn, nicht realisierte Einsparungen, für Ansprüche Dritter (mit Ausnahme von Ansprüchen Dritter aus Verletzung von Schutzrechten gem. Ziff. [...] hiervor) und für Mangelfolgeschäden sowie für Schäden infolge von Datenverlusten wird im gesetzlich zulässigen Umfang wegbedungen.“[2275]

Es ist ausdrücklich anzumerken, dass diese Klauseln nicht zwangsläufig diejenige Gestaltung darstellen, welche zu der umfassendsten wirksamen Abbedingung

2273 *Furrer*, Freizeichnungsklauseln, in: FS Fischer, 109, 136.
2274 *G/H/M/P*, Vertragsgestaltung, Rn. 189.
2275 *Berni*, Hardware, in: Jörg/Arter, Internet-Recht, S. 32.

der Haftung führen. Der deutsche Exporteur muss selbst entscheiden bzw. mit seinem Vertragspartner vereinbaren, wofür eine Haftung übernommen werden soll und wofür nicht. Es wird schließlich nicht immer sein Ziel sein, die Haftung so weit wie möglich auszuschließen. Dies ist insbesondere der Fall, wenn eine dauerhafte Geschäftsbeziehung existiert oder aufgebaut werden soll.

c. Negative Beispiele

Der wirksame bzw. für den deutschen Exporteur ausreichende Ausschluss der Haftung durch nachfolgende Klauseln darf mangels Konkretisierungen oder anderweitiger Ergänzungen bezweifelt werden, sodass von ihrer Verwendung insbesondere in AGB abzuraten ist. Erstaunlich ist jedoch, dass diese Klauseln aus Handbüchern für Musterverträge stammen und sich die Kommentierung der ersten drei Klauseln auf zusammen eine einzige Seite[2276] und der letzten Klausel auf zwei allgemein gehaltene Fußnoten[2277] beschränkt.

> „Schadensersatzansprüche des Käufers werden auf insgesamt […] beschränkt."[2278]

oder

> „Die Haftung des Verkäufers für indirekte Schäden oder Folgeschäden, wie entgangener Gewinn, wird im gesetzlich zulässigen Umfang abbedungen."[2279]

oder

> „Schadensersatzansprüche des Käufers werden im gesetzlich zulässigen Umfang abbedungen."[2280]

oder

> „Jede Haftung des Verkäufers für Entwehrung und Mängel wird wegbedungen."[2281]

2276 Siehe *Gelzer*, in: M/B/K/P, Vertragshandbuch, Kap. 18, Rn. 10.1 ff.
2277 Siehe *Streiff/Pellegrini/von Kaenel*, Vertragsvorlagen, S. 50, Fn. 7 f.
2278 *Gelzer*, in: M/B/K/P, Vertragshandbuch, Kap. 18, Rn. 10.
2279 *Ders.*, ebenda.
2280 *Ders.*, ebenda.
2281 *Streiff/Pellegrini/von Kaenel*, Vertragsvorlagen, S. 50.

XII. Die Verrechnung

1. Allgemeines

Während das deutsche Recht in § 387 BGB den Begriff *Aufrechnung* verwendet, ist im Schweizer Recht *Verrechnung* geläufig[2282], wie sich bspw. aus Art. 120 I OR ergibt. Durch die Verrechnung ist der Schuldner im Wege der Selbsthilfe in der Lage, über seine Gegenforderung selbst zu bestimmen.[2283] Außerdem dient sie der Vereinfachung.[2284] Diese Sicherungs- und Vollstreckungsfunktion bietet insbesondere bei einer finanziellen Krise des Vertragspartners einen gewissen Schutz.[2285]

Durch bestimmte Verbote wird verhindert, dass der Schuldner mit angeblichen Gegenansprüchen aufrechnet, um die Zahlung hinauszuzögern.[2286] Damit sollen beide Parteien davor bewahrt werden, in unbilliger Weise die Klägerrolle einnehmen zu müssen[2287] und in die Gefahr einer Prozessverschleppung zu geraten.[2288] Häufig findet ein Verrechnungsverzicht ausdrücklich statt.[2289] In der Praxis wird das Recht auf Verrechnung oft durch AGB ausgeschlossen.[2290]

2. Der Ausschluss der Verrechnung in AGB

Durch den Ausschluss des Verrechnungsrechts kann eine Beschleunigung des Prozesses erreicht werden.[2291]

a. Im deutschen Recht

Ein Verrechnungsausschluss ist grundsätzlich auch innerhalb von AGB zulässig.[2292] Nach § 309 Nr. 3 BGB sind AGB-Klauseln jedoch unwirksam, welche die

2282 *G/S/S/E*, OR AT, Rn. 3201; *von Tuhr/Escher*, OR AT, S. 190.

2283 *Schumacher*, Vertragsgestaltung, Rn. 352, 368; *Stoffels*, AGB-Recht, Rn. 844.

2284 *A. Koller*, in: Guhl, OR, § 37, Rn. 1; *Schwenzer*, OR AT, Rn. 77.01.

2285 *A. Koller*, in: Guhl, OR, § 37, Rn. 2, 5; *Stoffels*, AGB-Recht, Rn. 844.

2286 BT-Drs. 7/3919, S. 29; BGH, NJW-RR 1987, 883, 884; *Stoffels*, AGB-Recht, Rn. 845; *Schumacher*, Vertragsgestaltung, Rn. 1138.

2287 *Baudenbacher*, AGB-Gesetz, ZBJV 1987, 505, 508.

2288 *Von Tuhr/Escher*, OR AT, S. 191.

2289 *Dies.*, ebenda, S. 198.

2290 BT-Drs. 7/3919, S. 29; *Stoffels*, AGB-Recht, Rn. 845; siehe BGE 109 II 213, 214; *Graf von Westphalen*, in: Vertragsrecht, Aufrechnungsklauseln, Rn. 3; *Probst*, in: K/P/P, AGB, Rn. 563.

2291 *Schumacher*, Vertragsgestaltung, Rn. 336.

2292 BT-Drs. 7/3919, S. 29; *Stoffels*, AGB-Recht, Rn. 845.

Verrechnung mit unbestrittenen oder rechtskräftig festgestellten Forderungen untersagen. Zwar gilt diese Regelung nicht unmittelbar für den unternehmerischen Verkehr.[2293] Allerdings führt die Indizwirkung[2294] dazu, dass die Generalnorm des § 307 I 1 BGB[2295] bei Aufrechnungsverboten für rechtskräftig festgestellte, unbestrittene und sogar entscheidungsreife Gegenforderungen gilt[2296], sodass ein Verstoß dagegen zur Unwirksamkeit der gesamten Klausel führt.[2297] Eine *geltungserhaltende Reduktion*[2298] mit der Folge, dass das Aufrechnungsverbot nicht für rechtskräftig festgestellte, unbestrittene und entscheidungsreife Forderungen gelten soll, ist nicht zulässig.[2299] Allerdings ist ggf. der sog. *Blue-Pencil-Test*[2300] anwendbar, sodass zumindest ein Teil der Klausel erhalten bleiben könnte.[2301]

b. Im Schweizer Recht

Das Recht auf Verrechnung ist grundsätzlich dispositiv, wie sich aus Art. 126 OR ergibt.[2302] Demnach kann die Verrechnung zwischen den Parteien wirksam ausgeschlossen werden[2303], solange nicht die seltenen Ausnahmen des Gesetzes

---

2293 *Graf von Westphalen*, in: Vertragsrecht, Aufrechnungsklauseln, Rn. 18; *ders.*, Verkaufsbedingungen, S. 90; *Grüneberg*, in: Palandt, § 309 BGB, Rn. 21.

2294 Siehe 2. Teil, B., II., 7., b., 2), a).

2295 Siehe 2. Teil, B., II., 7., b., 2), b).

2296 BGH, NJW 1989, 3215, 3216; BGH, NJW-RR 1987, 883, 884; BGH, NJW-RR 1986, 1281, 1283; BGH, NJW 1985, 319, 319; *Graf von Westphalen*, in: Vertragsrecht, Aufrechnungsklauseln, Rn. 18; *ders.*, Verkaufsbedingungen, S. 90; *Grüneberg*, in: Palandt, § 309 BGB, Rn. 21; *Schäfer*, in: U/B/H, AGB-Recht, § 309 Nr. 3 BGB, Rn. 12; *Stange*, in: Schmitt, Praxishandbuch, Kap. 6, Rn. 199; *Stoffels*, AGB-Recht, Rn. 854; *Wurmnest*, in: MüKo BGB, § 309 Nr. 3, Rn. 10.

2297 *Graf von Westphalen*, in: Vertragsrecht, Aufrechnungsklauseln, Rn. 35; *ders.*, Verkaufsbedingungen, S. 90; *Stoffels*, AGB-Recht, Rn. 852.

2298 Siehe 2. Teil, B., II., 8.

2299 BGH, NJW 2007, 3421, 3423; BGH, NJW-RR 1986, 1281, 1283; BGH, NJW 1985, 319, 320; *Graf von Westphalen*, in: Vertragsrecht, Aufrechnungsklauseln, Rn. 35; *ders.*, Verkaufsbedingungen, S. 90; *Stoffels*, AGB-Recht, Rn. 852.

2300 Siehe 2. Teil, B., II., 8., a., 2).

2301 BGH, NJW 1995, 254, 256; BGH, NJW 1989, 3215, 3216; *Graf von Westphalen*, in: Vertragsrecht, Aufrechnungsklauseln, Rn. 36.

2302 *Schmid*, AGB, in: B/S/E-K, AGB, S. 217.

2303 BGE 109 II 213, 215; *G/S/S/E*, OR AT, Rn. 3235; *A. Koller*, in: Guhl, OR, § 37, Rn. 26; *Probst*, in: K/P/P, AGB, Rn. 565; *Schmid*, AGB, in: B/S/E-K, AGB, S. 217; *Schwenzer*, OR AT, Rn. 77.22; *Wittibschlager*, Einführung, Rn. 499; vgl. *Schumacher*, Vertragsgestaltung, Rn. 336.

greifen.[2304] Allerdings gilt bspw. Art. 265 OR nur im Mietvertragsrecht, sodass dies keine Auswirkungen auf den deutschen Exporteur hat. Die grundsätzliche Möglichkeit des Verrechnungsausschlusses ergibt sich ebenfalls aus der Vertragsinhaltsfreiheit des Art. 19 I OR.[2305] Dieser ist auch konkludent wirksam.[2306]

Die Vereinbarung eines Verrechnungsausschlusses innerhalb von AGB ist ebenfalls zulässig.[2307] Das Bundesgericht[2308] geht sogar davon aus, dass dieser nicht so ungewöhnlich sei, dass ein Fettdruck nötig wäre.[2309] Zwar könne ein einseitiger Verrechnungsverzicht als subjektiv ungewöhnlich einzustufen sein; ein objektiv geschäftsfremder Vertragsinhalt liege aber regelmäßig nicht vor.[2310] Dies könnte jedoch anders sein, wenn die Gegenforderung nicht aus demselben konkreten Vertragsverhältnis, sondern aus einem anderen Geschäft zwischen den Parteien stammt.[2311] Ein genereller Ausschluss ist auch zulässig, wenn keine Differenzierung zwischen den verschiedenen Ansprüchen vorgenommen wird.[2312]

c. Der Vergleich der Rechtsordnungen

Während es nach deutschem Recht nicht möglich ist, das Recht auf Verrechnung in Gänze auszuschließen[2313], scheint dies nach Schweizer Recht nicht der Fall zu sein.[2314] Die Möglichkeit des vollumfänglichen Verrechnungsausschlusses kann sich sowohl vorteilhaft als auch nachteilig für den deutschen Exporteur auswirken. Schließlich bedeutet jede wirksam vorgenommene Verrechnung einer Partei ein Risiko für deren Vertragspartner. Dem deutschen Exporteur sollte es demnach gelingen, die Verrechnungsmöglichkeiten des Kunden vollständig in seinen AGB auszuschließen. Vorsichtshalber sollte die Klausel hervorgehoben werden.[2315]

2304 *A. Koller*, in: Guhl, OR, § 37, Rn. 26; *Probst*, in: K/P/P, AGB, Rn. 565; *Schmid*, AGB, in: B/S/E-K, AGB, S. 217; *Wittibschlager*, Einführung, Rn. 499.

2305 *G/S/S/E*, OR AT, Rn. 3235.

2306 *Schwenzer*, OR AT, Rn. 77.23; *Wittibschlager*, Einführung, Rn. 499.

2307 *Schwenzer*, OR AT, Rn. 77.23; siehe aber teilweise Ablehnung im B2C-Bereich *A. Koller*, AGB-Recht, AJP 2016, 279, 289.

2308 BGE 109 II 213, 218.

2309 *Probst*, in: K/P/P, AGB, Rn. 564.

2310 *Ders.*, ebenda.

2311 *Ders.*, ebenda.

2312 Siehe BGE 109 II 213, 214, 218.

2313 Siehe 2. Teil, B., XII., 2., a.

2314 Siehe 2. Teil, B., XII., 2., b.

2315 Siehe 2. Teil, B., II., 7., c., 2), b), (4).

Des Weiteren könnte aber auch der Käufer eine im deutschen Recht unzulässige Verrechnungsklausel in seine Einkaufsbedingungen aufnehmen, die im Schweizer Recht Wirkung entfaltet, und so den deutschen Exporteur an einer Verrechnung hindern. Dieser sollte dann entsprechend reagieren. Außerdem ist immer auch die Möglichkeit der *geltungserhaltenden Reduktion*[2316] zu beachten.

3. *Die Aufrechnung gegen Forderungen aus vorsätzlich begangener unerlaubter Handlung*

Nach deutschem Recht ist gem. § 393 BGB die Aufrechnung gegen eine Forderung aus einer vorsätzlich begangenen unerlaubten Handlung unzulässig. Eine sanktionslose Privatrache soll dadurch verhindert werden.[2317] Schließlich wäre der Gläubiger einer nicht oder nur schwer beitreibbaren Forderung in der Lage, dem Schuldner bis zu einer gewissen Höhe vorsätzlich Schaden zuzufügen, ohne mit zivilrechtlichen Konsequenzen rechnen zu müssen.[2318] Im Schweizer Recht existiert eine solche Vorschrift nicht. Diese wäre bspw. in Art. 125 OR zu erwarten gewesen, welcher sich mit Ausschlussgründen befasst.

Im Ergebnis kann dieser Unterschied einen Vor-, aber auch einen Nachteil für den deutschen Exporteur darstellen. Schließlich wäre es dem Käufer möglich, gegen eine Forderung aus vorsätzlich begangener unerlaubter Handlung aufzurechnen. Es bietet sich für den deutschen Exporteur an, ein entsprechendes Verbot in seinen AGB aufzunehmen, welches sich am deutschen Gesetzeswortlaut orientieren kann. Dies ist jedoch nur sinnvoll, wenn nicht ohnehin die Verrechnung in Gänze ausgeschlossen werden soll.[2319]

4. *Die Konzernverrechnungsklausel*

a. *Allgemeines*

Eine Konzernverrechnungsklausel liegt vor, wenn dem Aufrechnenden die Verrechnung auch mit einer Geldforderung eines mit ihm verbundenen Konzernunternehmens ermöglicht wird.[2320] Im Geschäft mit Konzernen sind diese

2316 Siehe 2. Teil, B., II., 8.

2317 *Deutsch*, Aufrechnungsverbot, NJW 1981, 735, 735; *Grüneberg*, in: Palandt, § 393 BGB, Rn. 1.

2318 *Deutsch*, Aufrechnungsverbot, NJW 1981, 735, 735; *Grüneberg*, in: Palandt, § 393 BGB, Rn. 1.

2319 Siehe 2. Teil, B., XII., 2.

2320 BT-Drs. 7/3919, S. 29; OLG Köln, NJW 2005, 1127, 1129; *Dammann*, in: W/L/P, AGB-Recht, 5. Teil, Rn. K 12; *Graf von Westphalen*, in: Vertragsrecht, Aufrechnungsklauseln,

Klauseln nicht selten.[2321] Die Durchsetzung erfolgt i. d. R. durch Unternehmen mit einer starken Machtstellung.[2322] Insbesondere als Kreditsicherungsinstitut erlangen diese Klauseln praktische Bedeutung.[2323] Außerhalb der Insolvenz dienen sie oft der Unterbindung unnötiger Liquiditätsverschiebungen.[2324]

b. Im deutschen Recht

Nach deutschem Recht sind Konzernverrechnungsklauseln innerhalb von AGB immer unwirksam.[2325] Sie verstoßen sowohl gegen das Vorrangprinzip des § 305b BGB als auch gegen § 307 II Nr. 1 BGB.[2326] Eine unangemessene Benachteiligung liegt zumindest dann vor, wenn keine namentliche Nennung der Konzernmitglieder stattfindet oder zu viele konzernverbundene Unternehmen existieren.[2327] Regelmäßig wird es sich dann auch um eine überraschende Klausel gem. § 305c I BGB handeln.[2328] Innerhalb von Individualvereinbarungen könnten sie zulässig sein.[2329] Jedoch sollte nach der Schuldrechtsreform sogar angenommen werden, dass Konzernverrechnungsklauseln grundsätzlich unwirksam sind.[2330]

Rn. 22, Einkaufsbedingungen, Rn. 79; *Grüneberg*, in: Palandt, § 387 BGB, Rn. 22; *Handschin*, Konzernverrechnungsklauseln, SZW 2013, 263, 263; *Schwenzer*, OR AT, Rn. 77.03; vgl. *Stoffels*, AGB-Recht, Rn. 855.

2321 BVGer A-1662/2006 vom 14.01.2009, E. 3.3.3; *Graf von Westphalen*, in: Vertragsrecht, Aufrechnungsklauseln, Rn. 22; *G/S/S/E*, OR AT, Rn. 3259; *Handschin*, Konzernverrechnungsklauseln, SZW 2013, 263, 263; *Joussen*, Konzernverrechnungsklauseln, ZIP 1982, 279, 281; *Schwenzer*, OR AT, Rn. 77.03; *Schäfer*, in: U/B/H, § 305c BGB, Rn. 35.

2322 OLG Köln, NJW 2005, 1127, 1129.

2323 *Handschin*, Konzernverrechnungsklauseln, SZW 2013, 263, 263.

2324 *Ders.*, ebenda, 263, 264.

2325 *Graf von Westphalen*, in: Vertragsrecht, Aufrechnungsklauseln, Rn. 22, Einkaufsbedingungen, Rn. 79; *Grüneberg*, in: Palandt, § 387 BGB, Rn. 22; *Schäfer*, in: U/B/H, § 309 Nr. 3 BGB, Rn. 12.

2326 *Graf von Westphalen*, in: Vertragsrecht, Einkaufsbedingungen, Rn. 79.

2327 OLG Köln, NJW 2005, 1127, 1129; *Dammann*, in: W/L/P, AGB-Recht, 5. Teil, Rn. K 18; *Schäfer*, in: U/B/H, § 305c BGB, Rn. 35; *Stoffels*, AGB-Recht, Rn. 855; **a. A.** *Joussen*, Konzernverrechnungsklauseln, ZIP 1982, 279, 281.

2328 *Dammann*, in: W/L/P, AGB-Recht, 5. Teil, Rn. K 18; *Graf von Westphalen*, in: Vertragsrecht, Aufrechnungsklauseln, Rn. 22, Einkaufsbedingungen, Rn. 79; *Schäfer*, in: U/B/H, § 305c BGB, Rn. 35; **a. A.** *Joussen*, Konzernverrechnungsklauseln, ZIP 1982, 279, 281.

2329 BGH, NJW 1981, 2257, 2257; *Grüneberg*, in: Palandt, § 387 BGB, Rn. 22.

2330 BGH, NJW 2004, 3185, 3185 f.; *Graf von Westphalen*, Einkaufsbedingungen, S. 64; *Schäfer*, in: U/B/H, § 309 Nr. 3 BGB, Rn. 12; *Stoffels*, AGB-Recht, Rn. 855; zur

c. *Im Schweizer Recht*

Durch die Konzernverrechnungsklausel wird bezweckt, dass die Nachteile, welche sich aus der Konzernstruktur ergeben, kompensiert werden, indem der Konzern in dieser Situation als eine Gesellschaft betrachtet wird.[2331] Im Falle der Insolvenz entstehe keine Benachteiligung der Insolvenzgläubiger, da die Masse nicht besser gestellt würde als unter normalen Umständen; bestünde der Konzern lediglich aus einer Gesellschaft, so wäre die Insolvenzmasse auch nicht größer.[2332]

Nach Schweizer Recht können Konzernverrechnungsklauseln demnach wirksam vereinbart werden.[2333] Somit ist es der Vertragspartei möglich, eine Verrechnung vorzunehmen, obwohl die Gegenseitigkeit eigentlich fehlt[2334], da es sich lediglich um eine Forderung eines anderen Unternehmens im Konzern handelt.

d. *Der Vergleich der Rechtsordnungen*

Der Vergleich zeigt, dass eine Konzernverrechnungsklausel nach Schweizer Recht wirksam vereinbart werden kann[2335], aber nach deutschem Recht – zumindest in AGB – nicht.[2336] Während für den Verrechnungsberechtigten ein neues Recht entsteht, führt dies reziprok zu einer Belastung der anderen Partei.[2337] Der deutsche Exporteur ist demnach in der Lage, für sich selbst einen Vorteil aus der Situation zu ziehen, muss aber auch damit rechnen, dass der Käufer eine wirksame Konzernverrechnungsklausel in den Vertrag einbringen möchte. Diese sollte insbesondere dann beachtet und im besten Fall nicht akzeptiert werden, wenn die Klausel in den Einkaufsbedingungen vorhanden ist und die Verrechnung im Konzern für den Käufer gestattet, dies allerdings nicht auch für den deutschen

---

Möglichkeit der generellen Unzulässigkeit bereits OLG Köln, NJW 2005, 1127, 1129; **a. A.** *Coester-Waltjen*, in: Staudinger, § 309 Nr. 3 BGB, Rn. 14.

2331 *Handschin*, Konzernverrechnungsklauseln, SZW 2013, 263, 264 f.

2332 *Ders.*, ebenda, 263, 269.

2333 BVGer A-1662/2006 vom 14.01.2009, E. 3.3.3; *G/S/S/E*, OR AT, Rn. 3261; *Handschin*, Konzernverrechnungsklauseln, SZW 2013, 263, 265.

2334 BGer 4C_374/2001 vom 06.09.2002, E. 2.2; *G/S/S/E*, OR AT, Rn. 3261; *Handschin*, Konzernverrechnungsklauseln, SZW 2013, 263, 263; *Schumacher*, Vertragsgestaltung, Rn. 370.

2335 BVGer A-1662/2006 vom 14.01.2009, E. 3.3.3; *G/S/S/E*, OR AT, Rn. 3261; *Handschin*, Konzernverrechnungsklauseln, SZW 2013, 263, 265.

2336 Siehe 2. Teil, B., XII., 4., b.

2337 *Handschin*, Konzernverrechnungsklauseln, SZW 2013, 263, 267.

Exporteur und seine konzernverbundenen Unternehmen gilt. Der vertraglichen Ausgestaltung kommt demnach eine große Bedeutung zu.[2338]

XIII. Die Vertragsstrafe

1. Allgemeines

Wenn eine Pflicht entsteht, ist noch nicht sicher, ob der Schuldner dieser auch nachkommen wird.[2339] Neben den gesetzlich vorgesehenen Sicherungen existieren auch vertragliche Möglichkeiten[2340], um das eigene Risiko gering zu halten.

Im deutschen Recht ist die Vertragsstrafe – auch Konventionalstrafe genannt – in den §§ 339 ff. BGB sowie in § 348 HGB geregelt. Im Schweizer Recht befinden sich die anwendbaren Normen in Art. 160 ff. OR. Die Vertragsstrafe ist verwirkt, wenn der Schuldner dem Gläubiger diese für eine Nicht- oder Schlechtleistung verspricht, § 339 1 BGB und Art. 160 I OR.[2341] Demnach kann auch die Spätleistung unter Strafe gestellt werden.[2342] In Zulieferverträgen wird die Konventionalstrafe insbesondere für den Lieferverzug vereinbart.[2343] Dies geschieht häufig innerhalb der Einkaufsbedingungen.[2344] Aber auch andere Leistungsverzögerungen bilden Einsatzgebiete für die Vertragsstrafe.[2345]

Eine Vertragsstrafe wird aus unterschiedlichen Gründen vereinbart.[2346] Zuvorderst dient sie der Sicherung der Hauptforderung.[2347] Ziel ist u. a. die

---

2338 *Ders.*, ebenda, 263, 273.

2339 *G/S/S/E*, OR AT, Rn. 3757; *Schumacher*, Vertragsgestaltung, Rn. 274.

2340 *G/S/S/E*, OR AT, Rn. 3757; *Schumacher*, Vertragsgestaltung, Rn. 374.

2341 BGer 4C_241/2005 vom 25.10.2005, E. 3.2; *Ehrat/Widmer*, in: BSK OR, Art. 160, Rn. 14; *Huguenin*, OR, Rn. 1261; *Roth Pellanda*, in: CHK OR, Art. 160, Rn. 1; *Schnyder*, in: Guhl, OR, § 56, Rn. 1; *Schwenzer*, OR AT, Rn. 71.01; *von Tuhr/Escher*, OR AT, S. 277; *Wittibschlager*, Einführung, Rn. 555.

2342 *Roth Pellanda*, in: CHK OR, Art. 160, Rn. 1; *Schwenzer*, OR AT, Rn. 71.01; *Wittibschlager*, Einführung, Rn. 555.

2343 *Graf von Westphalen*, in: Vertragsrecht, Einkaufsbedingungen, Rn. 16; *Ostendorf*, in: Ostendorf/Kluth, Wirtschaftsverträge, § 6, Rn. 4; *Vietmeyer*, in: H/R/S, Rechtsfragen, S. 62.

2344 *Graf von Westphalen*, in: Vertragsrecht, Einkaufsbedingungen, Rn. 16.

2345 *Ostendorf*, in: Ostendorf/Kluth, Wirtschaftsverträge, § 6, Rn. 6.

2346 *Ders.*, ebenda, Rn. 1.

2347 BGH, NJW 1999, 2662, 2663; BGE 135 III 433, 437; *Ehrat/Widmer*, in: BSK OR, Art. 160, Rn. 1; *G/H/M/P*, Vertragsgestaltung, Rn. 46; *Graf von Westphalen*, Einkaufsbedingungen, S. 88; *G/S/S/E*, OR AT, Rn. 3782, 3843; *Huguenin*, OR, Rn. 1251; *Lichtensteiger*, in: M/B/K/P, Vertragshandbuch, Kap. 5, Rn. 4.3; *Schnyder*, in: Guhl, OR, § 56, Rn. 1; *Schwenzer*, OR AT, Rn. 71.03; *Wittibschlager*, Einführung, Rn. 555.

Abschreckung der anderen Partei vor Pflichtverletzungen[2348], sodass die Konventionalstrafe demnach ein Druckmittel darstellt.[2349] Auch eine Sühnefunktion ist enthalten.[2350] Außerdem soll sie dem Geschädigten die Schadloshaltung ohne Einzelnachweis ermöglichen[2351] – im Schweizer Recht gem. Art. 161 I OR –, sodass eine Besserstellung des Gläubigers erreicht wird.[2352] Die Vertragsstrafe bildet bei Unterlassungsverpflichtungen häufig den wirksamsten Schutz.[2353] Sie empfiehlt sich insbesondere, wenn die genaue Höhe des Schadens nur

2348 BGH, NJW 1999, 2662, 2664; BGH, NJW 1998, 2600, 2602; BGH, NJW 1997, 3233, 3234; *Graf von Westphalen*, Einkaufsbedingungen, S. 88; *Hopt*, in: Ba/Ho, § 348 HGB, Rn. 1; *Huguenin*, OR, Rn. 1251; *Joost*, in: E/B/J/S, § 348 HGB, Rn. 2; *Pinnells/Eversberg*, Kaufverträge, S. 126; *Schnyder*, in: Guhl, OR, § 56, Rn. 2; *Thüsing*, in: Vertragsrecht, Vertragsstrafe, Rn. 1.

2349 BGH, NJW 2003, 1805, 1808; BGH, NJW 1998, 2600, 2602; BGH, NJW 1983, 385, 387; *Graf von Westphalen*, Einkaufsbedingungen, S. 88; *G/S/S/E*, OR AT, Rn. 3782; *Hopt*, in: Ba/Ho, § 348 HGB, Rn. 1; *Lichtensteiger*, in: M/B/K/P, Vertragshandbuch, Kap. 5, Rn. 4.3; *Pinnells/Eversberg*, Kaufverträge, S. 130; *Rieble*, Vertragsstrafe, WM 1995, 828, 830; *Schnyder*, in: Guhl, OR, § 56, Rn. 2; *von Gehlen*, Vertragsstrafe, NJW 2003, 2961, 2962; *von Tuhr/Escher*, OR AT, S. 277.

2350 BGE 109 II 462, 468; BGer 4C_241/2005 vom 25.10.2005, E. 3.2; *Ehrat/Widmer*, in: BSK OR, Art. 160, Rn. 1; *Huguenin*, OR, Rn. 1251; *Lichtensteiger*, in: M/B/K/P, Vertragshandbuch, Kap. 5, Rn. 4.3; *Pinnells/Eversberg*, Kaufverträge, S. 126; *Roth Pellanda*, in: CHK OR, Art. 160, Rn. 5; *Vietmeyer*, in: H/R/S, Rechtsfragen, S. 62; *von Tuhr/Escher*, OR AT, S. 277.

2351 BGH, NJW 2003, 1805, 1808; BGH, NJW 1998, 2600, 2602; BGH, NJW 1997, 3233, 3234; BGH, NJW 1983, 385, 387; BGE 135 III 433, 437; BGE 122 II 411, 420; BGer 4C_241/2005 vom 25.10.2005, E. 3.2; *Ehrat/Widmer*, in: BSK OR, Art. 160, Rn. 1; *G/H/M/P*, Vertragsgestaltung, Rn. 46; *Graf von Westphalen*, Einkaufsbedingungen, S. 88; *Hopt*, in: Ba/Ho, § 348 HGB, Rn. 1; *Joost*, in: E/B/J/S, § 348 HGB, Rn. 2; *Schnyder*, in: Guhl, OR, § 56, Rn. 2; *Vietmeyer*, in: H/R/S, Rechtsfragen, S. 62; *von Gehlen*, Vertragsstrafe, NJW 2003, 2961, 2963; *von Tuhr/Escher*, OR AT, S. 277.

2352 *Ehrat/Widmer*, in: BSK OR, Art. 160, Rn. 1; *Roth Pellanda*, in: CHK OR, Art. 160, Rn. 5; *Schnyder*, in: Guhl, OR, § 56, Rn. 2.

2353 *G/S/S/E*, OR AT, Rn. 3787; *Hopt*, in: Ba/Ho, § 348 HGB, Rn. 5; *Huguenin*, OR, Rn. 1252; *Roth Pellanda*, in: CHK OR, Art. 160, Rn. 3; *Schnyder*, in: Guhl, OR, § 56, Rn. 2; *von Tuhr/Escher*, OR AT, S. 278.

schwer feststellbar ist[2354], und dient der Verringerung des Prozess-, Beweis- und Kostenrisikos.[2355]

Als Strafe kann z. B. eine feste Summe oder eine Variable in Abhängigkeit vom Umfang der Vertragsverletzung festgesetzt werden.[2356] Auch eine Anlehnung an noch unbestimmte Umstände ist grundsätzlich zulässig.[2357] Es lässt sich feststellen, dass diese Art des Sicherungsmittels effizient und in Bezug auf die Handhabung einfacher ist als bspw. Personal- oder Realsicherungsinstrumente.[2358]

2. *Die Herabsetzung der Vertragsstrafe*

a. *In Individualvereinbarungen*

1) Im deutschen Recht

Gem. § 343 I 1 BGB kann eine verwirkte, aber unverhältnismäßig hohe Strafe auf Antrag des Schuldners durch Urteil auf den angemessenen Betrag herabgesetzt werden. Allerdings wird diese Vorschrift im B2B-Bereich durch § 348 HGB verdrängt[2359], sofern es sich um eine Individualvereinbarung handelt.[2360] Aus § 348 HGB geht hervor, dass eine Herabsetzung der Vertragsstrafe im unternehmerischen Verkehr ausgeschlossen ist. Dies liegt auch im Interesse der Schnelligkeit im kaufmännischen Bereich.[2361] Der Gesetzgeber vertritt schließlich die Auffassung, dass der Kaufmann die Folgen seiner getroffenen Vertragsstrafenvereinbarung selbst ordentlich einschätzen könne.[2362] Dadurch sollen ebenfalls die Flexibilität und der Gestaltungsspielraum im B2B-Verkehr geschützt werden.[2363] Das Gesetz sperrt zunächst lediglich die Anwendung von § 343 BGB.[2364] Der

---

2354 *Ehrat/Widmer*, in: BSK OR, Art. 160, Rn. 1; *G/H/M/P*, Vertragsgestaltung, Rn. 46; *G/S/S/E*, OR AT, Rn. 3787; *Huguenin*, OR, Rn. 1252; *Lichtensteiger*, in: M/B/K/P, Vertragshandbuch, Kap. 5, Rn. 4.6; *Ostendorf*, in: Ostendorf/Kluth, Wirtschaftsverträge, § 6, Rn. 4; *Schnyder*, in: Guhl, OR, § 56, Rn. 2.

2355 *G/S/S/E*, OR AT, Rn. 3787.

2356 *Roth Pellanda*, in: CHK OR, Art. 160, Rn. 12; *von Tuhr/Escher*, OR AT, S. 277.

2357 *Von Tuhr/Escher*, OR AT, S. 277.

2358 *Lichtensteiger*, in: M/B/K/P, Vertragshandbuch, Kap. 5, Rn. 4.2.

2359 BGH, NJW 1981, 1509, 1510; *Hopt*, in: Ba/Ho, § 348 HGB, Rn. 6; *Vietmeyer*, in: H/R/S, Rechtsfragen, S. 62.

2360 *Hopt*, in: Ba/Ho, § 348 HGB, Rn. 6.

2361 *Rieble*, Vertragsstrafe, WM 1995, 828, 832.

2362 *Joost*, in: E/B/J/S, § 348 HGB, Rn. 23; *Jung*, Handelsrecht, § 34, Rn. 24; *K. Schmidt*, in: MüKo HGB, § 348, Rn. 2; *B. Schmidt*, in: Ensthaler, § 348 HGB, Rn. 21.

2363 *B. Schmidt*, in: Ensthaler, § 348 HGB, Rn. 21.

2364 *Ders.*, ebenda, Rn. 24.

Vertragspartner ist allerdings trotzdem vor der Gesetzes-, Sitten- und Treuwidrigkeit der Klausel durch §§ 134, 138, 242 BGB geschützt.[2365] Daneben kann ebenfalls § 313 BGB greifen und die Vertragsstrafe in Gänze entfallen lassen.[2366] Kaufleute sind allerdings in der Lage, sich auch selbst zu helfen, da § 348 HGB vertraglich abdingbar ist.[2367]

2) Im Schweizer Recht

Aus Art. 163 I OR ergibt sich, dass die Höhe der Konventionalstrafe zwischen den Parteien beliebig festgesetzt werden darf. Gem. Art. 163 III OR kann eine übermäßig hohe Konventionalstrafe durch einen Richter nach dessen freiem Ermessen herabgesetzt werden.[2368] Aufgrund der Tatsache, dass dadurch in die Vertragsfreiheit der Parteien eingegriffen wird, muss diese Regelung zurückhaltend angewandt werden[2369], sodass der Richter nur krasse Missverhältnisse korrigieren darf.[2370] Ob ein solches vorliegt, kann nur im jeweiligen Einzelfall bestimmt werden.[2371] Kriterien sind insbesondere die Art und Dauer des Vertrages, die Schwere von Vertragsverletzung und Verschulden, das Interesse des Gläubigers an der Einhaltung des Verbots sowie die wirtschaftliche Lage des Schuldners.[2372] Des Weiteren müssen allfällige Abhängigkeiten aus dem Vertragsverhältnis und die Geschäftserfahrungen der Parteien Berücksichtigung

---

2365 *Hopt*, in: Ba/Ho, § 348 HGB, Rn. 7; *Joost*, in: E/B/J/S, § 348 HGB, Rn. 5; *Jung*, Handelsrecht, § 34, Rn. 24; *Vietmeyer*, in: H/R/S, Rechtsfragen, S. 63.

2366 *Hopt*, in: Ba/Ho, § 348 HGB, Rn. 7; *Jung*, Handelsrecht, § 34, Rn. 24.

2367 *Hartung*, in: H/R/S, Rechtsfragen, S. 152; *Joost*, in: E/B/J/S, § 348 HGB, Rn. 23; *Rieble*, Vertragsstrafe, WM 1995, 828, 832.

2368 Zu den maßgeblichen Beurteilungskriterien siehe auch *Schwenzer*, OR AT, Rn. 71.15; *von Tuhr/Escher*, OR AT, S. 285 f.

2369 BGE 133 III 201, 209; BGE 133 III 43, 48; BGE 114 II 264, 264; BGE 103 II 129, 135; BGer 4A_567/2013 vom 31.03.2014, E. 5.3; BGer 4A_656/2012 vom 01.05.2013, E. 2.3; BGer 4A_233/2009 vom 06.07.2009, E. 4; BGer 4C_5/2003 vom 11.03.2003, E. 2.3.1; *Ehrat/Widmer*, in: BSK OR, Art. 163, Rn. 10; *G/S/S/E*, OR AT, Rn. 3827; *Huguenin*, OR, Rn. 1275; *Schnyder*, in: Guhl, OR, § 56, Rn. 7.

2370 BGE 133 III 201, 209; BGE 133 III 43, 48; BGer 4A_233/2009 vom 06.07.2009, E. 4; *Bucher*, OR AT, S. 532; *Ehrat/Widmer*, in: BSK OR, Art. 163, Rn. 10; *G/S/S/E*, OR AT, Rn. 3828; *Huguenin*, OR, Rn. 1275; *Ostendorf*, in: Ostendorf/Kluth, Wirtschaftsverträge, § 6, Fn. 88; *Schnyder*, in: Guhl, OR, § 56, Rn. 7; *Schwenzer*, OR AT, Rn. 71.15.

2371 BGE 133 III 43, 48; BGE 114 II 264, 265; *Ehrat/Widmer*, in: BSK OR, Art. 163, Rn. 15, 17; *Huguenin*, OR, Rn. 1275.

2372 BGE 133 III 43, 48 f.; BGE 114 II 264, 265; *Ehrat/Widmer*, in: BSK OR, Art. 163, Rn. 16 f.; *Huguenin*, OR, Rn. 1275.

finden, sodass sich gegenüber einer wirtschaftlich schwachen Partei eine Herabsetzung eher rechtfertigen lässt als unter wirtschaftlich gleichgestellten und geschäftskundigen Vertragsparteien.[2373] Die Möglichkeit zur Herabsetzung der Vertragsstrafe ist im Schweizer Recht zwingend mit der Folge, dass ein Verzicht im Voraus nicht möglich ist.[2374]

Lediglich in Extremfällen kann bei einer überhöhten Konventionalstrafe Unsittlichkeit vorliegen[2375], sodass die Bestimmung nichtig ist[2376] oder die Höhe der Vertragsstrafe reduziert wird.[2377] Ein Verstoß gegen die guten Sitten liegt vor, wenn die Konventionalstrafe für den wirtschaftlichen Ruin des Schuldners sorgen würde oder es sich um eine wucherische Ausbeutung handelt.[2378]

b. In AGB

Im deutschen Recht stellen überhöhte Vertragsstrafen einen Verstoß gegen § 307 BGB dar und sind deshalb im Ganzen unwirksam.[2379] Eine *geltungserhaltende Reduktion*[2380] ist nicht zulässig.[2381] Darüber hinaus ist auch die Festlegung einer angemessenen Obergrenze zwingend.[2382]

Im Schweizer Recht ist die Höhe der Vertragsstrafe grundsätzlich frei wählbar und wird gem. Art. 163 III OR nach dem Ermessen des Richters herabgesetzt.[2383] Sonderregelungen für AGB existieren nicht. Eine *geltungserhaltende*

2373 BGE 133 III 43, 49; BGE 114 II 264, 265; *Ehrat/Widmer*, in: BSK OR, Art. 163, Rn. 17.

2374 BGE 133 III 201, 209; *Boog/Stark-Traber*, Werkvertrag, RIW 2012, 817, 831; *Ehrat/Widmer*, in: BSK OR, Art. 163, Rn. 10; *G/S/S/E*, OR AT, Rn. 3824; *Ostendorf*, in: Ostendorf/Kluth, Wirtschaftsverträge, § 6, Rn. 40; *von Tuhr/Escher*, OR AT, S. 286.

2375 *Ehrat/Widmer*, in: BSK OR, Art. 163, Rn. 2; *G/S/S/E*, OR AT, Rn. 3825; *von Tuhr/Escher*, OR AT, S. 284.

2376 *Ehrat/Widmer*, in: BSK OR, Art. 163, Rn. 2; *von Tuhr/Escher*, OR AT, S. 284.

2377 *Von Tuhr/Escher*, OR AT, S. 284.

2378 BGE 38 II 94, 98; *von Tuhr/Escher*, OR AT, S. 284.

2379 BGH, NJW 2003, 1805, 1808; BGH, NJW 1981, 1509, 1510; *Hopt*, in: Ba/Ho, § 348 HGB, Rn. 7; *Thüsing*, in: Vertragsrecht, Vertragsstrafe, Rn. 26; kritisch *Hartung*, in: H/R/S, Rechtsfragen, S. 152; *von Gehlen*, Vertragsstrafe, NJW 2003, 2961, 2961 ff.

2380 Siehe 2. Teil, B., II., 8.

2381 BGH, NJW 2003, 1805, 1808; *Mann*, Vertriebsrecht, Rn. 170; *Thüsing*, in: Vertragsrecht, Vertragsstrafe, Rn. 26; siehe BGH, NJW 1981, 1509, 1510.

2382 BGH, NJW 1999, 2662, 2663; BGH, NJW 1981, 1509, 1510; *Ostendorf*, in: Ostendorf/Kluth, Wirtschaftsverträge, § 6, Rn. 26; *Thüsing*, in: Vertragsrecht, Vertragsstrafe, Rn. 15.

2383 *Rochaix*, in: M/B/K/P, Vertragshandbuch, Kap. 62, Rn. 13.1.

Reduktion[2384] ist ebenfalls denkbar. Darüber hinaus ist zu erwähnen, dass eine Herabsetzung auch bei zu hohen Schadenspauschalen gem. Art. 163 III OR analog möglich sein soll.[2385]

c. Der Vergleich der Rechtsordnungen

Es lässt sich festhalten, dass Art. 163 III OR weitestgehend § 343 I 1 BGB entspricht.[2386] Dennoch sind nach deutschem Recht weitergehende Normen für den B2B-Bereich vorhanden.[2387] Während im Schweizer Recht die Möglichkeit einer Vertragsstrafenreduzierung durch den Richter zwingend gegeben ist[2388], existiert diese für Individualabreden nach deutschem Recht jedenfalls im B2B-Verkehr nicht.[2389] Wird nach Schweizer Recht eine Vertragsstrafe in AGB formuliert, so ist hinsichtlich der Höhe weniger Vorsicht geboten als nach deutschem Recht, da der Richter auch in einem solchen Fall die Summe nach eigenem Ermessen herabsetzen kann[2390], während die Klausel nach deutschem Recht in Gänze unzulässig wäre.[2391]

Diese Unterschiede können sich wiederum sowohl positiv als auch negativ für den deutschen Exporteur auswirken. Bei der Formulierung eigener AGB wird er zwar weniger stark eingeschränkt. Allerdings muss er auch damit rechnen, dass die Höhe der Vertragsstrafe bspw. in den Einkaufsbedingungen des Käufers auf das zulässige Maß herabgesetzt werden kann. Auch eine *geltungserhaltende Reduktion*[2392] ohne richterliche Beteiligung ist durchaus denkbar.[2393] Demnach darf der deutsche Exporteur nicht davon ausgehen, dass eine überhöhte Vertragsstrafenklausel innerhalb der Einkaufsbedingungen in Gänze nichtig ist.

2384 Siehe 2. Teil, B., II., 8.

2385 *Ehrat/Widmer*, in: BSK OR, Art. 160, Rn. 12; *Gelzer*, in: M/B/K/P, Vertragshandbuch, Kap. 18, Rn. 3.4; *Huguenin*, OR, Rn. 1256; *Roth Pellanda*, in: CHK OR, Art. 160, Rn. 18; *Rusch*, in: M/B/K/P, Vertragshandbuch, Kap. 4, Rn. 22; *Schwenzer*, OR AT, Rn. 71.16.

2386 *Von Tuhr/Escher*, OR AT, S. 284, Fn. 57.

2387 Siehe 2. Teil, B., XIII., 2., a., 1).

2388 *Ostendorf*, in: Ostendorf/Kluth, Wirtschaftsverträge, § 6, Rn. 21.

2389 Siehe 2. Teil, B., XIII., 2., a., 1).

2390 *Rochaix*, in: M/B/K/P, Vertragshandbuch, Kap. 62, Rn. 13.1.

2391 BGH, NJW 2003, 1805, 1808; BGH, NJW 1981, 1509, 1510; *Hopt*, in: Ba/Ho, § 348 HGB, Rn. 7; *Thüsing*, in: Vertragsrecht, Vertragsstrafe, Rn. 26; kritisch *Hartung*, in: H/R/S, Rechtsfragen, S. 152; *von Gehlen*, Vertragsstrafe, NJW 2003, 2961, 2961 ff.

2392 Siehe 2. Teil, B., II., 8.

2393 Siehe 2. Teil, B., XIII., 2., b.

Durch die zwingende Möglichkeit der Reduzierung nach richterlichem Ermessen ist eine hohe Rechtsunsicherheit gegeben, zumal die Angemessenheit der Konventionalstrafe erst festgestellt werden kann, wenn die gesicherte Hauptverpflichtung durch den Schuldner verletzt wurde[2394], und nicht bereits vorher.[2395] Dies wird auch dafür sorgen, dass sich der deutsche Exporteur mehrfach überlegen wird, ob er gegen eine – seiner Ansicht nach – überhöhte Vertragsstrafe zu seinen Lasten vorgehen wird. Demnach sollte die Angemessenheit der Höhe bereits im Vorfeld sorgfältig geprüft und ggf. gegen diese Klausel vorgegangen werden.

3. Das Verschuldenserfordernis

Nach deutschem Recht wird für die Geltendmachung der Konventionalstrafe Verschulden vorausgesetzt.[2396] Dieses ist zumindest in AGB regelmäßig nicht abdingbar.[2397] Nach einer Ansicht der Lehre[2398] soll dies ebenfalls für die Individualabrede gelten. Darüber hinaus ist gem. § 339 BGB der Verzug ausdrücklich für die Verwirkung der Konventionalstrafe notwendig.[2399] Um in Verzug geraten zu können, ist gem. § 286 IV BGB wiederum auch immer *Verschulden* notwendig.[2400]

2394 BGE 133 III 43, 48; BGE 69 II 76, 79; *Ehrat/Widmer*, in: BSK OR, Art. 163, Rn. 11; *Huguenin*, OR, Rn. 1276.

2395 BGE 69 II 76, 79; *Ehrat/Widmer*, in: BSK OR, Art. 163, Rn. 11.

2396 BGH, NJW 1998, 2600, 2601; *Junker/Kamanabrou*, Vertragsgestaltung, § 1, Rn. 38; *Ostendorf*, in: Ostendorf/Kluth, Wirtschaftsverträge, § 6, Rn. 24; *Rieble*, in: Staudinger, § 339 BGB, Rn. 378; *Rothermel*, Kauf-, Liefer- und Vertriebsrecht, S. 171; vgl. *Thüsing*, in: Vertragsrecht, Vertragsstrafe, Rn. 23.

2397 BGH, NJW-RR 2008, 615, 616; BGH, NJW 1998, 2600, 2601; BGH, NJW 1997, 135, 135; BGH, NJW-RR 1991, 1013, 1015; *Grüneberg*, in: Palandt, § 309 BGB, Rn. 39; *Ostendorf*, in: Ostendorf/Kluth, Wirtschaftsverträge, § 6, Rn. 26, 62; *Rieble*, in: Staudinger, § 339 BGB, Rn. 134; *Thüsing*, in: Vertragsrecht, Haftungserweiterungsklauseln, Rn. 9, Vertragsstrafe, Rn. 23.

2398 *Rieble*, in: Staudinger, § 339 BGB, Rn. 381; **a. A.** *Coester-Waltjen*, in: Staudinger, § 309 Nr. 6 BGB, Rn. 26; *Grüneberg*, in: Palandt, § 339 BGB, Rn. 15; *Junker/Kamanabrou*, Vertragsgestaltung, § 1, Rn. 38.

2399 *Ostendorf*, in: Ostendorf/Kluth, Wirtschaftsverträge, § 6, Rn. 24; *Rothermel*, Kauf-, Liefer- und Vertriebsrecht, S. 171; *von Tuhr/Escher*, OR AT, S. 280, Fn. 28.

2400 *Ostendorf*, in: Ostendorf/Kluth, Wirtschaftsverträge, § 6, Rn. 24; *Rieble*, in: Staudinger, § 339 BGB, Rn. 378.

Auch nach Schweizer Recht setzt der Verfall der Konventionalstrafe das Verschulden des Schuldners voraus, welches vermutet wird.[2401] Das Gesagte gilt gem. Art. 163 II OR jedoch nur, falls keine andere Abrede getroffen wurde.[2402] Demnach können die Parteien auch vereinbaren, dass ein verschuldensunabhängiger Verfall der Strafe gewollt ist.[2403] Es ist umstritten, ob Verzug erforderlich ist.[2404] Die h. L.[2405] spricht sich jedenfalls bei Leistungspflichten dafür aus.

Das Tatbestandsmerkmal des Verschuldens bietet einen bedeutenden Schutz für den Schuldner, welcher durch eine gegenteilige Parteiabrede entfallen würde. Dies kann ein Vorteil für den deutschen Exporteur sein, sich aber auch als Nachteil darstellen, falls er bspw. mit einer Konventionalstrafe für den Lieferverzug belegt wird. Dem deutschen Exporteur als Schuldner der Vertragsstrafe ist dringend anzuraten, aus Klarstellungsgründen zumindest auf die ausdrückliche Aufnahme des *Verschuldens* als Tatbestandsmerkmal in die Klausel zu beharren[2406], sofern er nicht sogar in der Lage ist, die gesamte Vertragsstrafe aus dem Vertrag herauszuverhandeln.

4. *Die Kumulation von Vertragsstrafe und Schadensersatz*

Nach deutschem Recht gilt ein zwingendes Kumulationsverbot für die Geltendmachung von Vertragsstrafe und Schadensersatz[2407], sodass die Vertragsstrafe auf den Schadensersatz anzurechnen ist.[2408] Dies trifft ebenso für den

---

2401 BGE 87 II 147, 153; *Ehrat/Widmer*, in: BSK OR, Art. 160, Rn. 14; *G/S/S/E*, OR AT, Rn. 3792a; *Huguenin*, OR, 1262; *A. Koller*, OR AT, Rn. 81.32; *Roth Pellanda*, in: CHK OR, Art. 160, Rn. 24; *Schnyder*, in: Guhl, OR, § 56, Rn. 3.

2402 *G/S/S/E*, OR AT, Rn. 3792b; *Huguenin*, OR, Rn. 1262; *A. Koller*, OR AT, Rn. 81.32; *Roth Pellanda*, in: CHK OR, Art. 160, Rn. 24; *von Tuhr/Escher*, OR AT, S. 118, Fn. 29; *Wittibschlager*, Einführung, Rn. 556.

2403 *G/S/S/E*, OR AT, Rn. 3792b; *Ostendorf*, in: Ostendorf/Kluth, Wirtschaftsverträge, § 6, Rn. 43; *Schnyder*, in: Guhl, OR, § 56, Rn. 3; *von Tuhr/Escher*, OR AT, S. 280 f.

2404 *Ehrat/Widmer*, in: BSK OR, Art. 160, Rn. 15; *Roth Pellanda*, in: CHK OR, Art. 160, Rn. 23.

2405 *Ehrat/Widmer*, in: BSK OR, Art. 160, Rn. 15; *Huguenin*, OR, Rn. 1261; *Roth Pellanda*, in: CHK OR, Art. 160, Rn. 23; **a. A.** *von Tuhr/Escher*, OR AT, S. 280.

2406 *Ostendorf*, in: Ostendorf/Kluth, Wirtschaftsverträge, § 6, Rn. 43.

2407 BGH, NJW 2003, 1805, 1808; *Graf von Westphalen*, in: Vertragsrecht, Einkaufsbedingungen, Rn. 16; *ders.*, Einkaufsbedingungen, S. 93; *Mann*, Vertriebsrecht, Rn. 218; *Thüsing*, in: Vertragsrecht, Vertragsstrafe, Rn. 29; *Vietmeyer*, in: H/R/S, Rechtsfragen, S. 62 f.

2408 OLG Düsseldorf, NJW-RR 2001, 1387, 1389; *Graf von Westphalen*, Einkaufsbedingungen, S. 93; *Mann*, Vertriebsrecht, Rn. 218; *Ostendorf*, in: Ostendorf/Kluth,

B2B-Bereich[2409] und bei AGB[2410] zu. Das Verbot ergibt sich dann auch aus § 307 II Nr. 1 BGB i. V. m. § 340 II BGB bzw. § 341 II BGB.[2411] Verstößt eine Klausel gegen diese Vorgaben, ist sie in Gänze unwirksam.[2412] In keinem Fall kann das Kumulationsverbot von der Vertragsstrafe getrennt werden, sodass die Klausel doch Wirksamkeit entfalten würde.[2413]

Grundsätzlich wird auch im Schweizer Recht die Vertragsstrafe auf den diese übersteigenden Schadensersatz angerechnet.[2414] Aufgrund der Dispositivität von Art. 161 OR[2415] ist es jedoch möglich, die Kumulierung von Vertragsstrafe und Schadensersatz zu vereinbaren.[2416] Die Beweislast trägt dann jedoch der Gläubiger.[2417]

Die Möglichkeit zur Kumulation dieser beiden Posten kann zwar für den deutschen Exporteur einen wirtschaftlichen Vorteil bedeuten, aber auch wiederum von großem Nachteil sein, wenn er selbst die Kosten zu tragen hat. Demnach sind die Einkaufsbedingungen bzw. die vertraglichen Regelungen genau zu prüfen und ggf. abzuändern, um das Risiko frühzeitig abwenden zu können.

Wirtschaftsverträge, § 6, Rn. 25; *Thüsing*, in: Vertragsrecht, Vertragsstrafe, Rn. 29; *Vietmeyer*, in: H/R/S, Rechtsfragen, S. 62 f.

2409 BGH, NJW-RR 2009, 1404, 1405; BGH, NJW 1992, 1096, 1097; *Thüsing*, in: Vertragsrecht, Vertragsstrafe, Rn. 29.

2410 BGH, NJW-RR 2009, 1404, 1405; BGH, NJW 1992, 1096, 1097; OLG Düsseldorf, NJW-RR 2001, 1387, 1389; *Ostendorf*, in: Ostendorf/Kluth, Wirtschaftsverträge, § 6, Rn. 26; *Thüsing*, in: Vertragsrecht, Vertragsstrafe, Rn. 29.

2411 BGH, NJW-RR 2009, 1404, 1405; BGH, NJW 1992, 1096, 1097; *Graf von Westphalen*, Einkaufsbedingungen, S. 93; *Thüsing*, in: Vertragsrecht, Vertragsstrafe, Rn. 29.

2412 BGH, NJW 1992, 1096, 1097; *Thüsing*, in: Vertragsrecht, Vertragsstrafe, Rn. 30.

2413 *Thüsing*, in: Vertragsrecht, Vertragsstrafe, Rn. 30; vgl. BGH, NJW-RR 2009, 1404, 1405.

2414 *Bucher*, OR AT, S. 530 f.; *Ehrat/Widmer*, in: BSK OR, Art. 161, Rn. 5; *G/S/S/E*, OR AT, Rn. 3816; *Huguenin*, OR, Rn. 1267; *Ostendorf*, in: Ostendorf/Kluth, Wirtschaftsverträge, § 6, Rn. 38; *Wittibschlager*, Einführung, Rn. 557.

2415 BGE 102 II 420, 425; BGE 95 II 532, 539; *Ehrat/Widmer*, in: BSK OR, Art. 161, Rn. 2; *Huguenin*, OR, Rn. 1269; *Roth Pellanda*, in: CHK OR, Art. 160, Rn. 30.

2416 *Bucher*, OR AT, S. 530 f.; *Ehrat/Widmer*, in: BSK OR, Art. 161, Rn. 2, 5; *G/S/S/E*, OR AT, Rn. 3817a; *Huguenin*, OR, Rn. 1270; *Roth Pellanda*, in: CHK OR, Art. 160, Rn. 28; *von Tuhr/Escher*, OR AT, S. 283.

2417 *Roth Pellanda*, in: CHK OR, Art. 160, Rn. 28; *von Tuhr/Escher*, OR AT, S. 283.

5. *Die Kumulation von Vertragsstrafe und Erfüllung*

Während sich § 340 BGB mit der Thematik *Strafversprechen für Nichterfüllung* beschäftigt, widmet sich § 341 BGB dem *Strafversprechen für nicht gehörige Erfüllung*. Gem. § 341 I BGB ist es dem Gläubiger möglich, die Vertragsstrafe neben der Erfüllung zu verlangen, soweit diese für den Fall der nicht gehörigen Erfüllung versprochen wurde. Dies gilt bspw. für den Fall, dass die Verbindlichkeit nicht zu der bestimmten Zeit erfüllt wurde, § 341 I BGB.

Das Schweizer Recht fasst beide Regelungen in Art. 160 OR zusammen. Jedoch ist zu beachten, dass mangels anderslautender Absprache sowohl das Vertragsstrafeversprechen bei Nichterfüllung als auch bei nicht gehöriger Erfüllung dazu führt, dass zwischen der Erfüllung und der Konventionalstrafe entschieden werden muss, Art. 160 I OR.[2418] Wählt der Gläubiger die Konventionalstrafe, geht die Hauptforderung unter.[2419] Nur für den Fall der Nichteinhaltung der Erfüllungszeit oder des Erfüllungsortes kann die verwirkte Strafe gem. Art. 160 II OR neben der Erfüllung verlangt werden, wenn keine anderweitige vertragliche Absprache vorliegt. Eine Kumulation von Konventionalstrafe und Erfüllung darf aber vertraglich vereinbart werden.[2420] Dies kann sogar konkludent geschehen[2421] und ist durch Auslegung unter Beachtung der Parteiinteressen und

---

2418 *Boog/Stark-Traber*, Werkvertrag, RIW 2012, 817, 831; *Ehrat/Widmer*, in: BSK OR, Art. 160, Rn. 17; *G/S/S/E*, OR AT, Rn. 3799; *Huguenin*, OR, Rn. 1263; *Lichtensteiger*, in: M/B/K/P, Vertragshandbuch, Kap. 5, Rn. 4.8; *Ostendorf*, in: Ostendorf/Kluth, Wirtschaftsverträge, § 6, Rn. 37; *Rochaix*, in: M/B/K/P, Vertragshandbuch, Kap. 62, Rn. 14.1; *Schnyder*, in: Guhl, OR, § 56, Rn. 5; *Schwenzer*, OR AT, Rn. 71.10; *von Tuhr/Escher*, OR AT, S. 281; *Wittibschlager*, Einführung, Rn. 557.

2419 BGE 63 II 84, 84; *Ehrat/Widmer*, in: BSK OR, Art. 160, Rn. 18; *G/S/S/E*, OR AT, Rn. 3799; *Huguenin*, OR, Rn. 1264; *A. Koller*, OR AT, Rn. 81.49; *Roth Pellanda*, in: CHK OR, Art. 160, Rn. 36; *Schnyder*, in: Guhl, OR, § 56, Rn. 5; *von Tuhr/Escher*, OR AT, S. 281.

2420 *Ehrat/Widmer*, in: BSK OR, Art. 160, Rn. 20; *Huguenin*, OR, Rn. 1269; *Lichtensteiger*, in: M/B/K/P, Vertragshandbuch, Kap. 5, Rn. 4.8; *Ostendorf*, in: Ostendorf/Kluth, Wirtschaftsverträge, § 6, Rn. 37; *Roth Pellanda*, in: CHK OR, Art. 160, Rn. 28; *Schnyder*, in: Guhl, OR, § 56, Rn. 12; *von Tuhr/Escher*, OR AT, S. 283.

2421 BGE 122 III 420, 424 ff.; *Ehrat/Widmer*, in: BSK OR, Art. 160, Rn. 20; *G/S/S/E*, OR AT, Rn. 3803; *Huguenin*, OR, Rn. 1269; *Roth Pellanda*, in: CHK OR, Art. 160, Rn. 41.

des Strafzwecks zu ermitteln.[2422] Ist die Konventionalstrafe im Vergleich zum Erfüllungsinteresse gering bemessen, so deutet dies auf eine Kumulation hin.[2423]

Aufgrund der Tatsache, dass nach Schweizer Recht bspw. auch bei einer mangelhaften Lieferung keine Kumulation von Erfüllung und Vertragsstrafe vorgesehen ist, existiert demnach ein Unterschied zwischen den beiden Rechtsordnungen, sofern lediglich das Gesetzesrecht eingreift. Allerdings lässt sich festhalten, dass an dieser Stelle das deutsche Recht sogar günstiger für den deutschen Exporteur sein kann.

Zu beachten ist, dass in einer Rechtsordnung eine Nichterfüllung vorliegen kann, während es sich in der anderen lediglich um eine nicht gehörige Erfüllung handelt. Dies wird regelmäßig den Bereich des Sachmangels[2424] betreffen.[2425] Sofern die Parteien diesbezüglich keine explizite Vereinbarung getroffen haben[2426], empfiehlt es sich spätestens hier, eine entsprechende Regelung in den Vertrag aufzunehmen, um Rechtssicherheit für beide Parteien zu schaffen.

Wird zugunsten des deutschen Exporteurs eine Vertragsstrafenklausel in den Vertrag aufgenommen, so sollte explizit festgehalten werden, dass die Vertragsstrafe neben der Erfüllung zu zahlen ist, da dies für den deutschen Exporteur einen wirtschaftlichen Vorteil darstellt. In der Praxis lässt sich eine Kumulierung der Ansprüche häufig feststellen.[2427] Dies ist auch zulässig.[2428]

Der deutsche Exporteur muss aber bedenken, dass der Vertragspartner evtl. nur auf die Vereinbarung eingehen wird, wenn diese beidseitig ausgestaltet ist, sodass dem Verkäufer auch Nachteile erwachsen können, indem er selbst neben der Vertragsstrafe ebenfalls weiterhin die Erfüllung schuldet. Des Weiteren ist auch damit zu rechnen, dass dem Vertragspartner diese Schweizer Regelung zur Vertragsstrafe nicht bekannt gewesen wäre, wodurch dem deutschen Exporteur im Gegensatz zum deutschen Recht ein Vorteil erwachsen könnte, wenn nur zu seinen Lasten eine Vertragsstrafe vereinbart wird und die Klausel sich nicht zur Kumulation äußert. Dann gilt es aber auch zu beachten, dass ggf. wiederum

---

2422 BGE 122 III 420, 424; *Ehrat/Widmer*, in: BSK OR, Art. 160, Rn. 20; *G/S/S/E*, OR AT, Rn. 3804; *Roth Pellanda*, in: CHK OR, Art. 160, Rn. 41.

2423 BGE 122 III 420, 422; *Ehrat/Widmer*, in: BSK OR, Art. 160, Rn. 20; *Huguenin*, OR, Rn. 1269; *Roth Pellanda*, in: CHK OR, Art. 160, Rn. 41.

2424 Siehe 2. Teil, B., VIII.

2425 Siehe 2. Teil, B., VIII., 2., b. und c.

2426 Siehe 2. Teil, B., VIII., 2., b., 4).

2427 *Ehrat/Widmer*, in: BSK OR, Art. 160, Rn. 24.

2428 *Dies.*, ebenda, Rn. 20 ff.; *G/S/S/E*, OR AT, Rn. 3802 ff.

mit einer konkludenten Kumulation zu rechnen ist, sodass nicht zwingend von einem Vorteil des Schweizer Rechts ausgegangen werden sollte.

6. *Der Vorbehalt in AGB*

§ 341 III BGB bestimmt, dass ein Strafversprechen für eine nicht gehörige Erfüllung neben die Erfüllung treten kann[2429], solange sich der Gläubiger dieses Recht bei der Annahme vorbehält. Gem. Art. 160 II OR muss sich der Gläubiger die Vertragsstrafe für die Nichteinhaltung der Erfüllungszeit oder des Erfüllungsortes vorbehalten, wenn diese neben die Erfüllung des Vertrages treten soll. In der Praxis scheitert die Durchsetzung der Vertragsstrafe regelmäßig an diesem nicht erfolgten Vorbehalt.[2430]

Nach deutscher Rechtsprechung[2431] ist eine Vorbehaltserklärung vor oder nach der Erfüllung nicht ausreichend. Insbesondere darf das Erfordernis des Vorbehalts nicht innerhalb von AGB vollständig ausgeschlossen, sondern nur modifiziert werden.[2432] Demnach muss der Vorbehalt spätestens bei der Schlusszahlung erfolgen.[2433]

Nach Schweizer Recht kann der Vorbehalt der Vertragsstrafe jederzeit vor und bis spätestens mit Annahme geltend gemacht werden.[2434] Darüber hinaus ist der Gläubiger der Vertragsstrafe – im Gegensatz zum deutschen Recht – in der Lage, eine vollständige Abbedingung des Vorbehaltserfordernisses in AGB wirksam zu vereinbaren.[2435] Darauf muss der deutsche Exporteur unbedingt achten und ggf. gegen eine solche Regelung vorgehen. Er kann – und sollte – sich diesen Unterschied aber auch selbst zunutze machen, wenn eine Vertragsstrafe zulasten des Käufers eingefügt wird.

2429 Siehe 2. Teil, B., XIII., 5.

2430 *Ostendorf*, in: Ostendorf/Kluth, Wirtschaftsverträge, § 6, Rn. 75.

2431 BGH, NJW 1983, 384, 385.

2432 BGH, BeckRS 1984, 31078251; BGH, NJW 1983, 385, 386; OLG Düsseldorf, NJW-RR 2001, 1387, 1389; *Grüneberg*, in: Palandt, § 341 BGB, Rn. 5; *Ostendorf*, in: Ostendorf/Kluth, Wirtschaftsverträge, § 6, Rn. 29; *Thüsing*, in: Vertragsrecht, Vertragsstrafe, Rn. 33.

2433 BGH, NJW-RR 1997, 1513, 1513; BGH, BeckRS 1984, 31078251; BGH, NJW 1983, 385, 387; OLG Düsseldorf, NJW-RR 2001, 1387, 1389; *Grüneberg*, in: Palandt, § 341 BGB, Rn. 5; *Thüsing*, in: Vertragsrecht, Vertragsstrafe, Rn. 33.

2434 BGE 97 II 350, 352; *Boog/Stark-Traber*, Werkvertrag, RIW 2012, 817, 831.

2435 *Ostendorf*, in: Ostendorf/Kluth, Wirtschaftsverträge, § 6, Rn. 41, 75.

7. Nur Zahlung einer Geldsumme?

Aus § 342 BGB geht eindeutig hervor, dass auch eine andere Leistung als die Zahlung einer Geldsumme als Vertragsstrafe vereinbart werden kann. Das OR enthält keine entsprechende Regelung. Vielmehr ist umstritten, ob dies auch im Schweizer Recht möglich ist.[2436] Allerdings spricht sich die h. M.[2437] dafür aus. Auch das Bundesgericht[2438] ist mittlerweile der Auffassung, dass die Konventionalstrafe nicht nur in der Verminderung der Aktiva, sondern auch in der Vermehrung der Passiva bestehen könne. Möglich wäre bspw. die Übernahme eines Rechtsnachteils.[2439] Demnach kann der deutsche Exporteur davon ausgehen, dass auch nach Schweizer Recht nicht nur die Zahlung einer Geldsumme als Vertragsstrafe zulässig ist.

8. Der Vergleich der Rechtsordnungen

Grundsätzlich sind die Ähnlichkeiten der Vertragsstrafe nach deutschem und nach Schweizer Recht nicht zu übersehen.[2440] Im Vergleich zum deutschen Recht existiert im Schweizer Recht jedoch insbesondere innerhalb von AGB eine erhöhte Gestaltungsfreiheit in Bezug auf Vertragsstrafeklauseln.[2441] Es liegen kaum Einschränkungen nach Schweizer Recht vor. Sollte dies doch der Fall sein, so können diese Restriktionen zumeist durch vertragliche Regelungen oder die *geltungserhaltende Reduktion*[2442] umgangen werden. Bei der Gestaltung von Vertragsstrafeklauseln ist dennoch höchste Vorsicht geboten.[2443]

Im Ergebnis muss für das deutsche Recht festgehalten werden, dass eine Vereinbarung von Vertragsstrafen in AGB nicht mehr rechtssicher möglich ist.[2444]

2436 *Ehrat/Widmer*, in: BSK OR, Art. 160, Rn. 9; *G/S/S/E*, OR AT, Rn. 3790; *Huguenin*, OR, Rn. 1253; *Lichtensteiger*, in: M/B/K/P, Vertragshandbuch, Kap. 5, Rn. 4.4.

2437 *Boog/Stark-Traber*, Werkvertrag, RIW 2012, 817, 830; *Bucher*, OR AT, S. 522, Fn. 6; *Ehrat/Widmer*, in: BSK OR, Art. 160, Rn. 10a; *G/S/S/E*, OR AT, Rn. 3790; *Huguenin*, OR, Rn. 1253; *Roth Pellanda*, in: CHK OR, Art. 160, Rn. 2; *Schnyder*, in: Guhl, OR, § 56, Rn. 1; *Schwenzer*, OR AT, Rn. 71.01.

2438 BGE 135 III 433, 439; BGer 4A_69/2014 vom 28.04.2014, E. 5.1; BGer 4A_141/2011 vom 06.07.2011, E. 2.4; **a. A.** noch BGE 80 II 123, 133.

2439 *Lichtensteiger*, in: M/B/K/P, Vertragshandbuch, Kap. 5, Rn. 4.4.

2440 *Ostendorf*, in: Ostendorf/Kluth, Wirtschaftsverträge, § 6, Rn. 34.

2441 *Ders.*, ebenda, Rn. 21, 35; siehe auch 2. Teil, B., XIII., 2., b. und 6.

2442 Siehe 2. Teil, B., II., 8.

2443 *Lichtensteiger*, in: M/B/K/P, Vertragshandbuch, Kap. 5, Rn. 4.1; *Ostendorf/Kluth*, in: Ostendorf/Kluth, Wirtschaftsverträge, § 1, Rn. 12.

2444 *Ostendorf/Kluth*, in: Ostendorf/Kluth, Wirtschaftsverträge, § 1, Rn. 12.

Diverse Einschränkungen – z. B. das Kumulationsverbot mit dem Schadensersatz, die angemessene Höhe der Strafe sowie die Deckelung[2445] – sind bei der Gestaltung einer Vertragsstrafe einzuhalten. Schließlich werden die engen Grenzen der Inhaltskontrolle[2446] sowie das Verbot der *geltungserhaltenden Reduktion*[2447] von den Gerichten[2448] strikt eingehalten[2449], sodass bereits ein Fehler bei der Formulierung u. U. zur Unwirksamkeit der ganzen Klausel führt.[2450]

9. *Die Vertragsgestaltung*

Nach Schweizer Recht werden folgende Klauseln als zulässig erachtet und können in der vorliegenden Form vom deutschen Exporteur verwendet werden.

> „Verletzt eine Partei ihre vertraglichen Pflichten, so hat sie der anderen Partei für jede einzelne Verletzungshandlung eine Konventionalstrafe von […] zu bezahlen. Die Bezahlung der Konventionalstrafe entbindet nicht von der weiteren Einhaltung des Vertrags. Schadensersatzforderungen, die den Betrag der Konventionalstrafe übersteigen, bleiben vorbehalten."[2451]

oder

> „Für den Fall der Nichterfüllung der vertraglichen Pflichten verfällt eine Konventionalstrafe in Höhe von […]."[2452]

Eine entsprechende Klausel zur Kumulation von Vertragsstrafe und Erfüllung könnte ebenfalls wie folgt lauten:

> „Unabhängig von der Bezahlung der Konventionalstrafe ist die gegen den Vertrag verstossende [sic!] Partei verpflichtet, den vertragsgemässen [sic!] Zustand nach Möglichkeit wiederherzustellen […] und die […] zu erfüllen."[2453]

Es bleibt jedoch zu erwähnen, dass die vorgenannten Klauseln nicht diejenige Gestaltung darstellen, welche nach Schweizer Recht maximal zum Nachteil des

---

2445 *Vietmeyer*, in: H/R/S, Rechtsfragen, S. 62 ff.

2446 Siehe 2. Teil, B., II., 7., b., 2).

2447 Siehe 2. Teil, B., II., 8., a., 1).

2448 OLG Düsseldorf, NJW-RR 2001, 1387, 1389.

2449 *Ostendorf*, in: Ostendorf/Kluth, Wirtschaftsverträge, § 6, Rn. 22.

2450 BGH, NJW 2003, 1805, 1808; BGH, NJW 1981, 1509, 1510; *Hopt*, in: Ba/Ho, § 348 HGB, Rn. 7; *Thüsing*, in: Vertragsrecht, Vertragsstrafe, Rn. 26; kritisch *Hartung*, in: H/R/S, Rechtsfragen, S. 152; *von Gehlen*, Vertragsstrafe, NJW 2003, 2961, 2961 ff.

2451 *Lichtensteiger*, in: M/B/K/P, Vertragshandbuch, Kap. 5, Rn. 4.

2452 *Ders.*, ebenda.

2453 *Rochaix*, in: M/B/K/P, Vertragshandbuch, Kap. 62, Rn. 14.

Schuldners zulässige wäre. Der deutsche Exporteur muss selbst entscheiden bzw. mit seinem Vertragspartner vereinbaren, was in Bezug auf die Vertragsstrafe gewollt ist. Aufgrund der Tatsache, dass die Vertragsstrafe regelmäßig für den Fall des Lieferverzugs vereinbart wird[2454], hat der deutsche Exporteur sehr vorsichtig zu sein, wenn diese z. B. in den Einkaufsbedingungen des Käufers formuliert wird. Insbesondere sollte er davon ausgehen, dass eine Klausel zu seinen Lasten in Gänze wirksam sein wird, sodass gegen ungewollte Regelungen ausdrücklich und aktiv vorzugehen ist. Dies gilt insbesondere für überhöhte Vertragsstrafen in AGB[2455], die Abbedingung des Verschuldenserfordernisses[2456], die Kumulation von Vertragsstrafe und Schadensersatz[2457] sowie für den vorzeitigen Vorbehalt der Vertragsstrafe oder die vollständige Abbedingung des Vorbehaltserfordernisses in AGB.[2458]

XIV. Die Verjährung

1. Allgemeines

Die Verjährung stellt die Entkräftung einer Forderung durch den Ablauf der Zeit dar.[2459] Diese bezweckt, sowohl die Rechtssicherheit als auch den Rechtsfrieden zu erhalten.[2460] Durch sie sollen mit zunehmender Zeit schwieriger werdende Beweisführungen reduziert und die Gerichte entlastet werden.[2461] In der Praxis kommt ihr eine große Bedeutung zu.[2462] Nach Schweizer Recht zählt die Verjährung zum materiellen Recht[2463], sodass die Rechtswahl maßgeblich ist.

2454 *Graf von Westphalen*, in: Vertragsrecht, Einkaufsbedingungen, Rn. 16; *Ostendorf*, in: Ostendorf/Kluth, Wirtschaftsverträge, § 6, Rn. 4; *Vietmeyer*, in: H/R/S, Rechtsfragen, S. 62.

2455 Siehe 2. Teil, B., XIII., 2.

2456 Siehe 2. Teil, B., XIII., 3.

2457 Siehe 2. Teil, B., XIII., 4.

2458 Siehe 2. Teil, B., XIII., 6.

2459 *G/S/S/E*, OR AT, Rn. 3269; *Ostendorf*, in: Ostendorf/Kluth, Wirtschaftsverträge, § 9, Rn. 5; *Schwenzer*, OR AT, Rn. 83.01; *Wittibschlager*, Einführung, Rn. 504.

2460 *Mann*, Vertriebsrecht, Rn. 106; *Schwenzer*, OR AT, Rn. 83.06.

2461 *Schwenzer*, OR AT, Rn. 83.06.

2462 *Mann*, Vertriebsrecht, Rn. 106.

2463 BGE 118 II 1, 1 ff.; *Schwenzer*, OR AT, Rn. 83.01; *Wittibschlager*, Einführung, Rn. 504.

2. *Die Regelverjährung*

a. *Im deutschen Recht*

Gem. § 195 BGB beträgt die regelmäßige Verjährungsfrist drei Jahre. Betroffen sind alle privatrechtlichen Ansprüche, wenn durch Gesetz oder Rechtsgeschäft nichts Abweichendes geregelt wird.[2464] Dies gilt bspw. auch für den vertraglichen Erfüllungsanspruch des Käufers auf Lieferung der Ware.[2465] Gem. § 438 III 1 BGB i. V. m. § 195 BGB verjähren auch Ansprüche für Mängel, welche der Verkäufer arglistig verschwiegen hat, nach drei Jahren. § 199 I Nr. 1 BGB legt fest, dass die Verjährungsfrist mit dem Schluss des Jahres beginnt, in dem der Anspruch entstanden ist.

b. *Im Schweizer Recht*

Im Schweizer Recht befindet sich die Norm für die Regelverjährung, welche zehn Jahre beträgt, in Art. 127 OR. Sie gilt, wenn keine anderen Vorschriften vorhanden sind[2466] und ist bspw. von dem Käufer bei der Geltendmachung des ursprünglichen Erfüllungsanspruchs zu beachten.[2467] Ansprüche für arglistig verschwiegene Mängel unterliegen ebenfalls einer Verjährungsfrist von zehn Jahren[2468], Art. 210 VI OR bzw. Art. 371 III OR i. V. m. Art. 127 OR. Sollen Ansprüche wegen Rechtsmängeln[2469] geltend gemacht werden, so ist ebenfalls Art. 127 OR maßgeblich.[2470] Auch bei einer positiven Vertragsverletzung ist die zehnjährige Verjährungsfrist anwendbar.[2471] Art. 129 OR legt fest, dass diese Frist nicht durch eine Parteiabrede geändert werden darf. Demnach ist weder

---

2464 *Ellenberger*, in: Palandt, § 195 BGB, Rn. 2.

2465 *Ders.*, ebenda, Rn. 3.

2466 *G/S/S/E*, OR AT, Rn. 3287; *Schwenzer*, OR AT, Rn. 84.01; *Wittibschlager*, Einführung, Rn. 506.

2467 *Akikol*, Sachmängelhaftung, Rn. 192; *G/S/S/E*, OR AT, Rn. 3288; *Ostendorf*, in: Ostendorf/Kluth, Wirtschaftsverträge, § 9, Rn. 35.

2468 BGE 116 II 431, 434 ff.; BGE 107 II 231, 232; BGE 100 II 30, 33 f.; BGE 89 II 405, 409; BGE 81 II 138, 143; BGer 4A_301/2010 vom 07.09.2010, E. 3.2; *G/S/S/E*, OR AT, Rn. 3396; *Honsell*, OR BT, S. 304; *Huguenin*, OR, Rn. 2636, 3180d; *Keller/Siehr*, Kaufrecht, S. 103; *A. Koller*, in: Guhl, OR, § 47, Rn. 65; *Müller-Chen*, in: CHK OR, Art. 210, Rn. 9.

2469 Siehe 2. Teil, B., X., 8. und XIV., 4.

2470 *Huguenin*, OR, Rn. 2570; *Ostendorf*, in: Ostendorf/Kluth, Wirtschaftsverträge, § 9, Rn. 38.

2471 BGE 111 II 170, 172; *G/S/S/E*, OR AT, Rn. 3396.

eine Verlängerung noch eine Verkürzung zulässig.[2472] Aus Art. 130 OR geht hervor, dass die Verjährungsfrist mit Fälligkeit der Forderung beginnt.

c. *Der Vergleich der Rechtsordnungen*

Das deutsche Recht gewährt dem Gläubiger eine dreijährige Regelverjährung[2473] und das Schweizer Recht sogar eine zehnjährige, sodass dem Käufer nach Schweizer Recht im Ergebnis eine um etwa sieben Jahre längere Regelverjährung zusteht, welche auch nicht abbedungen werden kann.[2474] Dies stellt für den deutschen Exporteur einen großen Nachteil dar. Anzumerken bleibt jedoch, dass die längere Frist auch für den Verkäufer gilt und demnach je nach Situation positiv für diesen sein kann.

Während im deutschem Recht die Verjährungsfrist mit dem Schluss des Jahres beginnt, in welchem der Anspruch entstanden ist[2475], bestimmt das Schweizer Recht für den Beginn der Verjährungsfrist die Fälligkeit der Forderung.[2476] Demnach existiert an dieser Stelle ein Unterschied, auf welchen der deutsche Exporteur zu achten hat, um bei eigenen Ansprüchen noch rechtzeitig reagieren und bei Ansprüchen des Käufers diese frühzeitig ablehnen zu können.

3. *Die Verjährung bei Sachmängeln*

Sowohl nach § 438 I Nr. 3 BGB als auch nach Art. 210 I OR hat der Käufer zwei Jahre Zeit, um seine Gewährleistungsansprüche geltend zu machen. Allerdings galt bis Ende 2012 im Schweizer Recht noch eine Frist von nur einem Jahr.[2477] Auch für Werklieferungsverträge ist die zweijährige Verjährungsfrist gem. Art. 371 I 1 OR zu beachten.

Es ist wichtig für den deutschen Exporteur, dass er von der revidierten Gesetzeslage in Bezug auf die Verjährungsfrist von Gewährleistungsansprüchen weiß, um nicht von einer einjährigen Frist auszugehen und bei Anwendung des Gesetzes überrascht zu werden. Schließlich bedeutete die sehr kurze Verjährungsfrist einen großen Vorteil für ihn. Wirklich relevant ist die Änderung jedoch primär

2472 *Schwenzer*, OR AT, Rn. 84.11; *von Tuhr/Escher*, OR AT, S. 216 f.
2473 Siehe 2. Teil, B., XIV., 2., a.
2474 Siehe 2. Teil, B., XIV., 2., b.
2475 Siehe 2. Teil, B., XIV., 2., a.
2476 Siehe 2. Teil, B., XIV., 2., b.
2477 *G/S/S/E*, OR AT, Rn. 3393; *Huguenin*, OR, Rn. 2631a; *Müller-Chen*, in: CHK OR, Art. 210, Rn. 1; *Ostendorf*, in: Ostendorf/Kluth, Wirtschaftsverträge, § 9, Rn. 29; *Richter*, AGB, S. 128; *Roberto/Walker*, AGB-Kontrolle, recht 2014, 49, 56, Fn. 64.

nur in Bezug auf verdeckte Mängel, da bei offenen Mängeln die sofortige Untersuchungs- und Rügepflicht gem. Art. 201 I OR[2478] bereits frühzeitig dafür sorgt, dass bei unterbliebener Anzeige eine Genehmigung der Ware eintritt.

4. *Die Verjährung bei Rechtsmängeln*

Nach deutschem Recht unterliegen Rechtsmängel ebenfalls der zweijährigen Verjährungsfrist des § 438 I Nr. 3 BGB.[2479] Im Schweizer Recht ist für die Geltendmachung von Ansprüchen wegen Rechtsmängeln nicht die zweijährige Verjährungsfrist aus Art. 210 I OR maßgeblich[2480], sondern die vertraglich nicht abdingbare zehnjährige Verjährungsfrist gem. Art. 127, 129 OR.[2481] Dies sollte dem deutschen Exporteur bewusst sein, da die Verjährungsfrist zum einen bedeutend länger ist und er zum anderen gegen diese vertraglich nicht vorgehen kann. Allerdings ist auch zu beachten, dass sich die Vorschriften zu den Rechtsmängeln im deutschen und im Schweizer Recht deutlich voneinander unterscheiden.[2482]

5. *Die Verlängerung der Verjährung*

a. *Im deutschen Recht*

Im deutschen Recht kann die Verjährung gem. § 202 II BGB individualvertraglich auf bis zu 30 Jahre ab gesetzlichem Verjährungsbeginn festgesetzt werden.[2483] Innerhalb von AGB könnte ein Verstoß gegen § 307 BGB vorliegen, wenn eine Fristverlängerung statuiert wird, aber kein anzuerkennendes rechtliches Interesse vorliegt.[2484] Bei Sachmängelhaftungsansprüchen darf die Verjährungsfrist

2478 Siehe 2. Teil, B., IX.

2479 *Graf von Westphalen*, Einkaufsbedingungen, S. 154; *Redeker*, Verkäuferhaftung, NJW 2012, 2471, 2474.

2480 *Keller/Siehr*, Kaufrecht, S. 49 f.

2481 *Huguenin*, OR, Rn. 2570; *Ostendorf*, in: Ostendorf/Kluth, Wirtschaftsverträge, § 9, Rn. 38; siehe 2. Teil, B., XIV., 2., b.

2482 Siehe 2. Teil, B., X., 8.

2483 *Dammann*, in: W/L/P, AGB-Recht, 5. Teil, Rn. E 105; *Ostendorf*, in: Ostendorf/Kluth, Wirtschaftsverträge, § 9, Rn. 25.

2484 *Ostendorf*, in: Ostendorf/Kluth, Wirtschaftsverträge, § 9, Rn. 25.

jedoch von zwei auf drei Jahre erweitert werden.[2485] Dies gilt für Rechtsmängel entsprechend.[2486]

b. Im Schweizer Recht

Nach Schweizer Recht ist im Vertrag sowohl eine Verkürzung als auch eine Verlängerung der gesetzlich vorgesehenen Frist möglich.[2487] Letzteres geht unmittelbar aus dem Gesetzeswortlaut des Art. 210 I OR hervor. Zwar ist in Art. 141 I OR geregelt, dass auf die Verjährung im Voraus nicht verzichtet werden kann. Auch Art. 129 OR spricht von einer Unabänderbarkeit der Verjährungsfristen. Allerdings gilt dies nicht für Verjährungsfristen außerhalb des dritten Teils des OR[2488], zu welchem Art. 129 und 141 OR zählen. Zu beachten ist jedoch, dass die Fristbestimmung nicht zwingender Natur sein darf[2489] und die andere Partei keine unbillige Erschwerung der Rechtsverfolgung erfährt.[2490] Eine Verlängerung auf mehr als zehn Jahre gilt jedoch sowohl nach Rechtsprechung[2491] als auch nach h. L.[2492] als unzulässig.

2485 BGH, NJW 2006, 47, 47; *Graf von Westphalen*, in: Vertragsrecht, Einkaufsbedingungen, Rn. 51, Verjährungsklauseln, Rn. 26; *ders.*, Einkaufsbedingungen, S. 175; *Ostendorf*, in: Ostendorf/Kluth, Wirtschaftsverträge, § 9, Rn. 25.

2486 *Graf von Westphalen*, in: Vertragsrecht, Einkaufsbedingungen, Rn. 51; vgl. BGH, NJW 2006, 47, 48.

2487 *Bieger*, Mängelrüge, Rn. 461; *Däppen*, in: BSK OR, Art. 129, Rn. 2; *Gelzer*, Wünschbarkeit, S. 54; *G/S/S/E*, OR AT, Rn. 3397a; *Honsell*, in: BSK OR, Art. 210, Rn. 5; *ders.*, OR BT, S. 97; *Huguenin*, OR, Rn. 2635a; *Müller-Chen*, in: CHK OR, Art. 210, Rn. 10; *Ostendorf*, in: Ostendorf/Kluth, Wirtschaftsverträge, § 9, Rn. 36.

2488 BGE 108 II 194, 196; BGE 99 II 185, 189; BGE 63 II 180, 180; *Däppen*, in: BSK OR, Art. 129, Rn. 2; *Gelzer*, Wünschbarkeit, S. 54; *Honsell*, in: BSK OR, Art. 210, Rn. 5; *ders.*, OR BT, S. 97; *A. Koller*, in: Guhl, OR, § 39, Rn. 15; *Schwenzer*, OR AT, Rn. 84.12; *Trendelberend*, Vorteile, S. 189; *von Tuhr/Escher*, OR AT, S. 216; *Wittibschlager*, Einführung, Rn. 508.

2489 BGE 108 II 194, 196; BGE 99 II 185, 188; *Däppen*, in: BSK OR, Art. 129, Rn. 2.

2490 BGE 108 II 194, 196; *Bieger*, Mängelrüge, Rn. 462; *A. Koller*, in: Guhl, OR, § 39, Rn. 15.

2491 BGE 132 III 226, 240; BGE 99 II 185, 189; BGE 56 II 424, 430.

2492 *Bieger*, Mängelrüge, Rn. 462; *Birkhäuser/Schmid*, in: M/B/K/P, Vertragshandbuch, Kap. 20, Rn. 11.1; *Däppen*, in: BSK OR, Art. 129, Rn. 3; *Gelzer*, Wünschbarkeit, S. 54; *G/S/S/E*, OR AT, Rn. 3397a; *Honsell*, in: BSK OR, Art. 210, Rn. 5; *Huguenin*, OR, 2635a, 3183; *Keller/Siehr*, Kaufrecht, S. 101; *A. Koller*, in: Guhl, OR, § 39, Rn. 15; *Müller-Chen*, in: CHK OR, Art. 210, Rn. 10; *Ostendorf*, in: Ostendorf/Kluth, Wirtschaftsverträge, § 9, Rn. 37; *Schwenzer*, OR AT, Rn. 84.12; *Wittibschlager*, Einführung, Rn. 626.

Innerhalb von AGB muss mangels gegenteiliger Hinweise davon ausgegangen werden, dass eine Verlängerung der Verjährung auf bis zu zehn Jahre ebenfalls als zulässig zu erachten ist. Dies gilt insbesondere, wenn auf die Klausel entsprechend hingewiesen wird[2493] und es sich um den B2B-Bereich handelt.

c. *Der Vergleich der Rechtsordnungen*

Rechtsvergleichend fällt auf, dass die Verjährung nach deutschem Recht[2494] in Individualabreden wesentlich länger sein darf als nach Schweizer Recht.[2495] In Bezug auf Mängelansprüche ist dies für den deutschen Exporteur unter Anwendung des Schweizer Rechts positiv zu werten. U. U. könnten sich für diesen aber auch negative Auswirkungen durch die Limitierung auf zehn Jahre ergeben.

Im Bereich der AGB ist das Schweizer Recht[2496] erneut deutlich liberaler als das deutsche Recht.[2497] Dies kann für den deutschen Exporteur sehr problematisch sein, wenn der Käufer eine Verlängerung für Ansprüche wegen Sachmängeln in seinen Einkaufsbedingungen vorsieht. Gegen eine solche Klausel sollte demnach vorgegangen werden, da dies ein erhebliches Risiko darstellt.

6. *Der Neubeginn der Verjährung bei der Nacherfüllung*

a. *Allgemeines*

Aufgrund der Tatsache, dass dem deutschen Exporteur zu empfehlen ist, ein Nacherfüllungsrecht in den Vertrag aufzunehmen[2498], muss er sich mit den daraus folgenden Konsequenzen vertraut machen. Fraglich ist, was mit der Verjährungsfrist geschieht, wenn ein Mangel beseitigt wird.[2499] Möglich ist zum einen eine Hemmung der Frist[2500], bei welcher nach deutschem Recht gem. § 209 BGB der Zeitraum der Hemmung nicht auf die Verjährungsfrist angerechnet wird.

2493 Siehe 2. Teil, B., II., 7., c., 2), b), (4).

2494 Siehe 2. Teil, B., XIV., 5., a.

2495 Siehe 2. Teil, B., XIV., 5., b.

2496 Ebenda.

2497 Siehe 2. Teil, B., XIV., 5., a.

2498 Siehe 2. Teil, B., X., 3., a., 5), b).

2499 BGH, NJW 1999, 2961, 2961; *Graf von Westphalen/Lehmann-Richter*, in: Vertragsrecht, Mängelrechte in Kauf- und Werkverträgen, Rn. 64; *Graf von Westphalen*, Einkaufsbedingungen, S. 132; *Menges*, Kettengewährleistung, JuS 2008, 395, 395; *Ostendorf*, in: Ostendorf/Kluth, Wirtschaftsverträge, § 9, Rn. 48.

2500 BGH, NJW 1999, 2961, 2961; *Graf von Westphalen*, Einkaufsbedingungen, S. 176; *Menges*, Kettengewährleistung, JuS 2008, 395, 395.

Denkbar ist zum anderen allerdings auch ein Neubeginn der Verjährung wie in § 212 BGB[2501] bzw. Art. 137 I OR.

b. Im deutschen Recht

In der deutschen Literatur ist sehr umstritten, ob bei mangelhafter Nacherfüllung die Verjährung neu beginnt.[2502] Im Falle der Ersatzlieferung ist dies i. d. R. zu bejahen.[2503] Bei einer Nacherfüllung auf der Ebene der Kulanz gilt dies nicht[2504], da der Verkäufer damit kein Anerkenntnis seiner Leistungspflicht gem. § 212 I Nr. 1 BGB ausdrücken möchte.[2505] Dabei ist unter Kulanz gefälliges Verhalten aus Großzügigkeit zu verstehen.[2506]

Bei der Nachbesserung beginnt die Verjährungsfrist regelmäßig nur neu, soweit derselbe Mangel erneut vorliegt oder die Folgen der mangelhaften Nachbesserung betroffen sind.[2507] Ein Anerkenntnis darf lediglich ausnahmsweise angenommen werden.[2508] Ansonsten führt die Nachbesserung nur zum Stillstand der Verjährungsfrist und somit zur Hemmung für die Dauer des Reparaturversuchs.[2509]

2501 BGH, NJW 1999, 2961, 2961; *Graf von Westphalen*, Einkaufsbedingungen, S. 132, 176; *Menges*, Kettengewährleistung, JuS 2008, 395, 395.

2502 *Weidenkaff*, in: Palandt, § 438 BGB, Rn. 16a.

2503 BGH, NJW 2006, 47, 48; *Faust*, in: Ba/Ro, BeckOK BGB, § 438, Rn. 60; *Graf von Westphalen*, Kettengarantie, ZGS 2002, 19, 21; *Menges*, Kettengewährleistung, JuS 2008, 395, 399; *Weidenkaff*, in: Palandt, § 438 BGB, Rn. 16a; **a. A.** OLG Celle, NJW 2006, 2643, 2644; *Dammann*, in: W/L/P, AGB-Recht, 5. Teil, Rn. E 107; *Matusche-Beckmann*, in: Staudinger, § 438 BGB, Rn. 22.

2504 BGH, NJW 2006, 47, 48; BGH, NJW 1999, 2961, 2961; *Auktor/Mönch*, Nacherfüllung, NJW 2005, 1686, 1688; *Graf von Westphalen*, Einkaufsbedingungen, S. 133, 176; *ders.*, Kettengarantie, ZGS 2002, 19, 22; *Grothe*, in: MüKo BGB, § 212, Rn. 6; *Hirsch*, Schuldrecht BT, Rn. 287; *Reinking*, Sachmängelrechte, ZGS 2002, 140, 144.

2505 BGH, NJW 2006, 47, 48; BGH, NJW 1999, 2961, 2961; *Auktor/Mönch*, Nacherfüllung, NJW 2005, 1686, 1688; *Graf von Westphalen*, Einkaufsbedingungen, S. 176; *ders.*, Kettengarantie, ZGS 2002, 19, 22.

2506 *Rusch*, Scheinkulanz, AJP 2015, 1233, 1233.

2507 BGH, NJW 2006, 47, 48; *Ball*, Nacherfüllung, NZV 2004, 217, 226; *Weidenkaff*, in: Palandt, § 438 BGB, Rn. 16a.

2508 *Graf von Westphalen*, in: Vertragsrecht, Einkaufsbedingungen, Rn. 55; *Matusche-Beckmann*, in: Staudinger, § 438 BGB, Rn. 22; *Weidenkaff*, in: Palandt, § 438 BGB, Rn. 16a; vgl. OLG Karlsruhe, NJW 2009, 1150, 1151; LG Koblenz, NJW-RR 2007, 272, 273.

2509 *Honsell*, OR BT, S. 95.

Durch eine späte Aufforderung zur Nacherfüllung könnte auch eine unbillige Verlängerung der Verjährungsfrist erreicht werden.[2510] Eine Klausel in den Einkaufsbedingungen, welche jede Nacherfüllungshandlung des Verkäufers als Anerkenntnis einstuft, ist gem. § 305c I BGB unzulässig.[2511] Auch verstößt sie gegen § 307 II Nr. 1 BGB.[2512]

c. *Im Schweizer Recht*

Wird die Verjährung gem. Art. 135 OR unterbrochen, so wird ein erneuter Fristlauf in Gang gesetzt.[2513] Auch Nachbesserung oder Ersatzlieferung gewähren dem Käufer erneut die ursprüngliche Verjährungsfrist.[2514] Schließlich stellen diese Formen im Schweizer Recht eine konkludente Anerkennung i. S. d. Art. 135 Nr. 1 OR dar.[2515] Insbesondere im Hinblick auf die Nachbesserung erscheint dies zweifelhaft.[2516] Bislang liegt jedoch auch noch keine endgültige Klärung durch das Bundesgericht vor.[2517] Bringt der Verkäufer hingegen zum Ausdruck, dass er lediglich aus Gründen der Kulanz und ohne Anerkennung einer Rechtspflicht handelt, so beginnt die Verjährung nicht erneut.[2518]

2510 *Auktor/Mönch*, Nacherfüllung, NJW 2005, 1686, 1687; *Weidenkaff*, in: Palandt, § 438 BGB, Rn. 16a.

2511 BGH, NJW 2006, 47, 48 f.; *Graf von Westphalen/Lehmann-Richter*, in: Vertragsrecht, Mängelrechte in Kauf- und Werkverträgen, Rn. 64; *Graf von Westphalen*, Einkaufsbedingungen, S. 176; *Grothe*, in: MüKo BGB, § 212, Rn. 6.

2512 *Graf von Westphalen*, in: Vertragsrecht, Einkaufsbedingungen, Rn. 55.

2513 *Däppen*, in: BSK OR, Art. 135, Rn. 1; *Gelzer*, Wünschbarkeit, S. 53; *Honsell*, OR BT, S. 95; *A. Koller*, OR AT, Rn. 69.01; *Rusch*, Scheinkulanz, AJP 2015, 1233, 1233; *Wittibschlager*, Einführung, Rn. 512.

2514 BGE 121 III 270, 272; BGE 116 II 305, 313; *Gelzer*, Wünschbarkeit, S. 53; *G/S/S/E*, OR AT, Rn. 3343; *Honsell*, in: BSK OR, Art. 210, Rn. 4; *ders.*, OR BT, S. 95; *Huguenin*, OR, Rn. 2694; *Rusch*, Scheinkulanz, AJP 2015, 1233, 1233; vgl. *A. Koller*, OR AT, Rn. 69.42.

2515 BGE 116 II 305, 313; BGer 4A_68/2009 vom 18.05.2009, E. 10.3; *G/S/S/E*, OR AT, Rn. 3343; *Honsell*, in: BSK OR, Art. 210, Rn. 3; *ders.*, OR BT, S. 95; *Huguenin*, OR, Rn. 2694; *Rusch*, Scheinkulanz, AJP 2015, 1233, 1233.

2516 *Honsell*, OR BT, S. 96.

2517 *Ders.*, ebenda.

2518 *Rusch*, Scheinkulanz, AJP 2015, 1233, 1233 f.

d. Der Vergleich der Rechtsordnungen

Tab. 6: Die grundsätzliche Einordnung der Nacherfüllungshandlung als Anerkenntnis

Neubeginn?	D	CH
Ersatzlieferung	ja	ja
Nachbesserung	**nein**	**ja**

Demnach hat der deutsche Exporteur davon auszugehen, dass die Verjährungsfrist nach Schweizer Recht bei beiden Arten der Nacherfüllung immer neu zu laufen beginnt[2519], solange er sich nicht vertraglich oder bei Ausführung der Nacherfüllung dazu äußert, während dies nach deutschem Recht für gewöhnlich nicht der Fall ist.[2520]

e. Die Vertragsgestaltung

Der deutsche Exporteur sollte bei Ausführung der Nacherfüllung deutlich zum Ausdruck bringen, dass er *ohne Anerkennung einer Rechtspflicht*[2521] oder *nur aus Kulanzgründen*[2522] handelt. Zu beachten ist dabei jedoch, dass der Käufer nicht verpflichtet ist, die Erfüllungshandlung aus Kulanz anzunehmen; stattdessen kann er eine Frist zur vorbehaltlosen Leistung ansetzen und bei verstrichener Frist bspw. die nötigen Reparaturen durch einen Dritten auf Kosten des Verkäufers ausführen lassen.[2523] Es kann allerdings davon ausgegangen werden, dass dem Käufer diese Rechtslage nicht bewusst ist. Der deutsche Exporteur hat dringend zu beachten, dass ein schriftliches Anerkenntnis gem. Art. 137 II OR dafür sorgt, dass sogar eine zehnjährige Frist zu laufen beginnt.[2524] Dies gilt es unter allen Umständen zu vermeiden, da dadurch ein großer Nachteil für den deutschen Exporteur entstehen würde.

Folglich ist anzuraten, bereits im Vertrag festzulegen, dass Nacherfüllungsmaßnahmen nicht automatisch zu einem Neubeginn der Verjährung führen. Für den Fall, dass die Einkaufsbedingungen bei beiden Arten der Nacherfüllung einen erneuten Fristlauf vorsehen, muss der deutsche Exporteur mit der

2519 Siehe 2. Teil, B., XIV., 6., c.

2520 Siehe 2. Teil, B., XIV., 6., b.

2521 *Graf von Westphalen*, Einkaufsbedingungen, S. 133; *Ostendorf*, in: Ostendorf/Kluth, Wirtschaftsverträge, § 9, Fn. 102.

2522 *Ostendorf*, in: Ostendorf/Kluth, Wirtschaftsverträge, § 9, Fn. 102.

2523 *Rusch*, Scheinkulanz, AJP 2015, 1233, 1234; siehe 2. Teil, B., X., 4.

2524 *Müller-Chen*, in: CHK OR, Art. 210, Rn. 5.

Zulässigkeit der Klausel rechnen, da dies im Grunde bereits der gesetzlichen Regelung entspricht.[2525] Er sollte dann vertraglich gegen diese Bestimmung vorgehen.

7. Die Unterbrechung durch Verhandlungen und andere Unterbrechungshandlungen

Nach § 203 1 BGB findet eine Hemmung der Verjährung durch Verhandlungen zwischen den Parteien statt. Als Verhandlung ist bereits jeder Meinungsaustausch über den Schadensfall zu verstehen.[2526] Die Verjährung wird nach Schweizer Recht jedoch nicht durch Verhandlungen unterbrochen.[2527] Es gilt der Grundsatz „man muss zu Gericht, sonst unterbricht die Verjährung nicht".[2528] Dies ergibt sich aus einem Umkehrschluss zu Art. 135 OR und kann sowohl positiv als auch negativ für den deutschen Exporteur sein.

Darüber hinaus ist Art. 135 OR eine dispositive Norm, sodass die Parteien selbständig weitere Unterbrechungshandlungen – wie z. B. die Erhebung der Mängelrüge[2529] – in den Vertrag aufnehmen können.[2530] Dies ist für den deutschen Exporteur regelmäßig nicht ratsam, sodass er nur auf etwaige Klauseln in den Einkaufsbedingungen des Käufers zu achten hat. Für den Fall, dass weitere Unterbrechungshandlungen vom deutschen Exporteur gewollt sind, sollten diese allerdings in Individualvereinbarungen und nicht in AGB enthalten sein.[2531]

2525 Siehe 2. Teil, B., XIV., 6., c.

2526 BGH, NJW 2007, 587, 587; *Graf von Westphalen*, in: Vertragsrecht, Einkaufsbedingungen, Rn. 56, Verjährungsklauseln, Rn. 47.

2527 *Ostendorf*, in: Ostendorf/Kluth, Wirtschaftsverträge, § 9, Rn. 52; *Rothermel*, Kauf-, Liefer- und Vertriebsrecht, S. 170.

2528 *Rothermel*, Kauf-, Liefer- und Vertriebsrecht, S. 170.

2529 *Bieger*, Mängelrüge, Rn. 461, 497; *Schumacher*, Vertragsgestaltung, Rn. 185; siehe 2. Teil, B., IX.

2530 *Bieger*, Mängelrüge, Rn. 461; *A. Koller*, in: Guhl, OR, § 39, Rn. 45; *Schumacher*, Vertragsgestaltung, Rn. 185, 523; *Schwenzer*, OR AT, Rn. 84.27; **a. A.** *Berti*, in: ZK OR, Art. 135, Rn. 4, 180 f.; *Däppen*, in: BSK OR, Art. 135, Rn. 1.

2531 *Schumacher*, Vertragsgestaltung, Rn. 185.

XV. Die salvatorische Klausel

1. *Im deutschen Recht*

a. *Die Teilwirksamkeitsklausel*

Salvatorische Klauseln können in verschiedenen Erscheinungsformen auftreten.[2532] Regelmäßig soll lediglich der Bestand des Vertrages sichergestellt werden, wenn einzelne Bestimmungen unwirksam sind.[2533] Dann handelt es sich um eine *Teilwirksamkeitsklausel.*[2534] Gem. § 139 BGB gilt grundsätzlich, dass bei Teilnichtigkeit das ganze Rechtsgeschäft als nichtig einzustufen ist, sofern die Parteien den Vertrag nicht auch ohne den nichtigen Teil geschlossen hätten. An dieser Stelle ist die *Teilwirksamkeitsklausel* entscheidend[2535], damit diejenige Partei, welche sich auf die Unwirksamkeit des Vertrages berufen will, die Beweislast trägt.[2536]

§ 306 I BGB bestimmt für AGB, dass der Vertrag grundsätzlich auch wirksam bleibt, wenn einzelne Bestimmungen nicht zulässig sind. Diese Regelung geht § 139 BGB als *lex specialis* vor.[2537] Demnach wird die *Teilwirksamkeitsklausel* in vorformulierten Verträgen im Grunde nicht benötigt.[2538]

b. *Die Ersetzungsklausel*

Eine andere Form der salvatorischen Klausel sieht vor, dass anstelle der unwirksamen Klausel eine Regelung greifen soll, welche dem Sinn des Gewollten am

---

2532 *Hu. Schmidt*, in: Ba/Ro, BeckOK BGB, § 306, Rn. 18; *Schmittat*, Vertragsgestaltung, Rn. 180; *Thüsing*, in: Vertragsrecht, Salvatorische Klauseln, Rn. 1.

2533 *Lichtensteiger*, in: M/B/K/P, Vertragshandbuch, Kap. 5, Rn. 1.1; *Ostendorf*, in: Ostendorf/Kluth, Wirtschaftsverträge, § 11, Rn. 1; *Rochaix*, in: M/B/K/P, Vertragshandbuch, Kap. 62, Rn. 20.1; *Schaeuffelen*, in: H/R/S, Rechtsfragen, S. 41; *Hu. Schmidt*, in: Ba/Ro, BeckOK BGB, § 306, Rn. 18; *Ha. Schmidt*, in: U/B/H, § 306, Rn. 39.

2534 *Dammann*, in: W/L/P, AGB-Recht, 5. Teil, Rn. T 12.

2535 *Ostendorf*, in: Ostendorf/Kluth, Wirtschaftsverträge, § 11, Rn. 59; *Schaeuffelen*, in: H/R/S, Rechtsfragen, S. 42.

2536 BGH, NJW 2010, 1660, 1661; *Ostendorf*, in: Ostendorf/Kluth, Wirtschaftsverträge, § 11, Rn. 59; *Schmittat*, Vertragsgestaltung, Rn. 180.

2537 *Hu. Schmidt*, in: Ba/Ro, BeckOK BGB, § 306, Rn. 1.

2538 *Ostendorf*, in: Ostendorf/Kluth, Wirtschaftsverträge, § 11, Rn. 62; *Schaeuffelen*, in: H/R/S, Rechtsfragen, S. 41; *Hu. Schmidt*, in: Ba/Ro, BeckOK BGB, § 306, Rn. 18.

nächsten kommt.[2539] Diese wird auch als *Ersetzungsklausel* bezeichnet.[2540] Individualvertraglich ist diese grundsätzlich zulässig.[2541] Innerhalb von AGB sehen BGH[2542] und h. L.[2543] darin jedoch eine unangemessene Benachteiligung gem. § 307 BGB, da dadurch die gesetzlich vorgesehene Geltung des dispositiven Rechts gem. § 306 II BGB ausgehebelt würde. Des Weiteren widerspricht die Klausel dem Verbot der *geltungserhaltenden Reduktion*[2544], da die unwirksame Klausel auf das gerade noch zulässige Maß reduziert werden soll.[2545] Zudem darf der Kunde nicht auch in die Formulierungsverantwortung des Verwenders gezwungen werden.[2546]

c. *Der salvatorische Zusatz*

Wird einer AGB-Klausel die Formulierung *soweit gesetzlich zulässig* als *salvatorischer Zusatz* beigefügt, so ist diese nach deutschem Recht in Gänze unzulässig.[2547] Schließlich obliegt es dem Verwender, eine eindeutige Gestaltung vorzunehmen, ohne eine Risikoverlagerung in Bezug auf eine unsichere Rechtslage zulasten des

---

2539 *Dammann*, in: W/L/P, AGB-Recht, 5. Teil, Rn. T 28; *Graf von Westphalen*, Einkaufsbedingungen, S. 201; *Grüneberg*, in: Palandt, § 306 BGB, Rn. 15; *Kuoni*, Haftungsbegrenzung, Rn. 611; *Ostendorf*, in: Ostendorf/Kluth, Wirtschaftsverträge, § 11, Rn. 1; *Schaeuffelen*, in: H/R/S, Rechtsfragen, S. 42; *Ha. Schmidt*, in: U/B/H, § 306, Rn. 39; *Thüsing*, in: Vertragsrecht, Salvatorische Klauseln, Rn. 14.

2540 *Dammann*, in: W/L/P, AGB-Recht, 5. Teil, Rn. T 32; *Grüneberg*, in: Palandt, § 306 BGB, Rn. 15; *Ostendorf*, in: Ostendorf/Kluth, Wirtschaftsverträge, § 11, Rn. 1, 60; *Hu. Schmidt*, in: Ba/Ro, BeckOK BGB, § 306, Rn. 19.

2541 *Ostendorf*, in: Ostendorf/Kluth, Wirtschaftsverträge, § 11, Rn. 60.

2542 BGH, NJW 2016, 401, 402; BGH, NJW 2015, 1952, 1954; BGH, NJW 2002, 894, 895.

2543 *Basedow*, in: MüKo BGB, § 306, Rn. 30; *Dammann*, in: W/L/P, AGB-Recht, 5. Teil, Rn. T 33; *Grüneberg*, in: Palandt, § 306 BGB, Rn. 15; *Hu. Schmidt*, in: Ba/Ro, BeckOK BGB, § 306, Rn. 19; *Ha. Schmidt*, in: U/B/H, § 306, Rn. 39; *Thüsing*, in: Vertragsrecht, Salvatorische Klauseln, Rn. 14.

2544 Siehe 2. Teil, B., II., 8., a., 1).

2545 *Ostendorf*, in: Ostendorf/Kluth, Wirtschaftsverträge, § 11, Rn. 62.

2546 *Hu. Schmidt*, in: Ba/Ro, BeckOK BGB, § 306, Rn. 19.

2547 BGH, NJW-RR 2015, 738, 739; OLG Stuttgart, NJW 1981, 1105, 1106; *Basedow*, in: MüKo BGB, § 306, Rn. 30; *Dammann*, in: W/L/P, AGB-Recht, 5. Teil, Rn. T 30; *Gottschalk*, Transparenzgebot, AcP 206 (2006), 555, 570; *Graf von Westphalen*, Verkaufsbedingungen, S. 252 f.; *ders.*, AGB-Recht 2015, NJW 2016, 2228, 2230; *Hu. Schmidt*, in: Ba/Ro, BeckOK BGB, § 306, Rn. 21; *Thüsing*, in: Vertragsrecht, Salvatorische Klauseln, Rn. 3; differenzierend *Ulmer/Habersack*, in: U/B/H, AGB-Recht, § 305 BGB, Rn. 153.

Kunden zu bewirken.[2548] Eine solche Klausel würde zur Ausweitung der Nachteile für die andere Partei führen.[2549] Zudem handelt es sich um eine intransparente Klausel[2550], welche bereits deshalb unwirksam ist. Auch würde eine *geltungserhaltende Reduktion*[2551] zugelassen, was verhindert werden muss.[2552] Eine Aufrechterhaltung durch den *Blue-Pencil-Test*[2553] kommt ebenfalls nicht in Betracht.[2554]

d. Die ergänzende Vertragsauslegung

Voraussetzung für eine *ergänzende Vertragsauslegung* ist eine Regelungslücke, welche als planwidrige Unvollständigkeit des Vertrages zu verstehen ist.[2555] Das ursprünglich von den Parteien verfolgte Ziel der getroffenen Regelung konnte aufgrund der Lückenhaftigkeit nicht erreicht werden.[2556]

Eine *ergänzende Vertragsauslegung* ist lediglich möglich, wenn die Lückenfüllung nicht durch eine Regelung aus dem dispositiven Recht erfolgen kann.[2557] Dies ist bspw. der Fall, wenn das dispositive Recht dem Willen der Vertragsparteien widerspricht[2558], keine passende Norm vorhanden ist, die zu einer angemessenen Regelung führt[2559] oder der gewählte Vertragstyp gar nicht gesetzlich

---

2548 BGH, NJW 2013, 1668, 1668; *Graf von Westphalen*, AGB-Recht 2015, NJW 2016, 2228, 2231; *Ulmer/Habersack*, in: U/B/H, AGB-Recht, § 305 BGB, Rn. 153.

2549 *Graf von Westphalen*, AGB-Recht 2015, NJW 2016, 2228, 2231; *Ulmer/Habersack*, in: U/B/H, AGB-Recht, § 305 BGB, Rn. 153.

2550 BGH, NJW-RR 2015, 738, 739; BGH, NJW 2013, 1668, 1668; *Graf von Westphalen*, AGB-Recht 2015, NJW 2016, 2228, 2231; *Kuoni*, Haftungsbegrenzung, Rn. 221; *Thüsing*, in: Vertragsrecht, Salvatorische Klauseln, Rn. 3.

2551 Siehe 2. Teil, B., II., 8.

2552 *Hu. Schmidt*, in: Ba/Ro, BeckOK BGB, § 306, Rn. 21.

2553 Siehe 2. Teil, B., II., 8., a., 2).

2554 *Thüsing*, in: Vertragsrecht, Salvatorische Klauseln, Rn. 5.

2555 BGH, NJW 2016, 1718, 1725; *Busche*, in: MüKo BGB, § 157, Rn. 38; *Wendtland*, in: Ba/Ro, BeckOK BGB, § 157, Rn. 35.

2556 BGH, NJW 2016, 1718, 1725; BGH, NJW-RR 2013, 494, 495; *Wendtland*, in: Ba/Ro, BeckOK BGB, § 157, Rn. 35.

2557 BGH, NJW 2016, 401, 402; BGH, NJW 2015, 1952, 1954; BGH, NJW 2015, 49, 51; BGH, NJW 2006, 996, 999; BGH, NJW 1985, 2585, 2587; BGH, NJW 1985, 621, 622; *Busche*, in: MüKo BGB, § 157, Rn. 39; *Graf von Westphalen*, Einkaufsbedingungen, S. 200 f.; *Wendtland*, in: Ba/Ro, BeckOK BGB, § 157, Rn. 38.

2558 BGH, NJW-RR 1990, 817, 818 f.; *Busche*, in: MüKo BGB, § 157, Rn. 46; *Wendtland*, in: Ba/Ro, BeckOK BGB, § 157, Rn. 39.

2559 BGH, NJW 2013, 2820, 2820; *Busche*, in: MüKo BGB, § 157, Rn. 46; *Wendtland*, in: Ba/Ro, BeckOK BGB, § 157, Rn. 39.

geregelt ist.[2560] Auch darf der Wegfall der Klausel keine sachgerechte Lösung darstellen.[2561]

Der *hypothetische Parteiwille* kann als Maßstab dienen, nach welchem zu untersuchen ist, was redliche und verständige Parteien nach Treu und Glauben vereinbart hätten, wenn ihnen die Regelungslücke bekannt gewesen wäre.[2562] Es müssen Anhaltspunkte dafür vorliegen, wie die Parteien eine Lücke gefüllt hätten.[2563] Sind mehrere Gestaltungsmöglichkeiten vorhanden und kann nicht auf den Willen der Parteien geschlossen werden, so darf das Gericht keine *ergänzende Vertragsauslegung* vornehmen.[2564] In jedem Fall darf das Ergebnis der *ergänzenden Vertragsauslegung* nicht im Widerspruch zum tatsächlichen Parteiwillen stehen.[2565]

2. Im Schweizer Recht

a. Die gesetzliche Lage

Art. 20 II OR geht sowohl bei AGB als auch bei Individualabreden davon aus, dass trotz Teilnichtigkeit der Vertrag fortbesteht. Gesamtnichtigkeit soll nur dann die Rechtsfolge sein, wenn dies der Schutzzweck der betroffenen Norm verlangt.[2566]

Grundsätzlich ist anzumerken, dass Art. 20 II OR nur zwei Möglichkeiten vorsieht: die Nichtigkeit des unzulässigen Teils und die Nichtigkeit des gesamten Vertrages.[2567] Dennoch ist nicht zu übersehen, dass die Parteien als

---

2560 *Busche*, in: MüKo BGB, § 157, Rn. 46; *Wendtland*, in: Ba/Ro, BeckOK BGB, § 157, Rn. 39.

2561 BGH, NJW 2016, 401, 402.

2562 BGH, NJW 2016, 1718, 1725; BGH, NJW 2012, 1865, 1866; *Busche*, in: MüKo BGB, § 157, Rn. 57 f.; *Wendtland*, in: Ba/Ro, BeckOK BGB, § 157, Rn. 41; kritisch hierzu *Bärchen*, Vertragsauslegung, RdE 2016, 498, 503 f.

2563 BGH, NJW 2016, 401, 402.

2564 BGH, NJW 2016, 401, 403; BGH, NJW 2015, 49, 51; BGH, NJW 2006, 996, 999; BGH, NJW-RR 2005, 1619, 1621; BGH, NJW 2002, 2310, 2311; *Busche*, in: MüKo BGB, § 157, Rn. 55; *Wendtland*, in: Ba/Ro, BeckOK BGB, § 157, Rn. 42.

2565 BGH, NJW 2009, 1482, 1484; BGH, NJW-RR 2005, 1619, 1621; BGH, NJW 2002, 2310, 2311; *Busche*, in: MüKo BGB, § 157, Rn. 49; *Wendtland*, in: Ba/Ro, BeckOK BGB, § 157, Rn. 43.

2566 BGE 134 III 438, 443; BGE 123 III 292, 298 f.; *Huguenin/Meise*, in: BSK OR, Art. 19/20, Rn. 61; *Huguenin*, OR, Rn. 434; *Lichtensteiger*, in: M/B/K/P, Vertragshandbuch, Kap. 5, Rn. 1.3; *Schwenzer*, OR AT, Rn. 32.34.

2567 *Gauch*, Teilnichtigkeit, recht 1983, 95, 97; *G/S/S/E*, OR AT, Rn. 702.

vernünftige und korrekte Vertragspartner auch eine andere Ersatzregel nach ihrem *hypothetischen Willen* hätten vereinbaren können[2568], dies aber u. U. nicht explizit getan haben. Dann gilt der Vertrag auch mit eben dieser Ersatzregel fort[2569], sodass lediglich eine zulässige *modifizierte Teilnichtigkeit*[2570] vorliegt. Demnach ist auch in diesem Fall von einer *geltungserhaltenden Reduktion*[2571] zu sprechen[2572], sodass Verpflichtungen, welche das gesetzlich erlaubte Höchstmaß übersteigen, in Anlehnung an den *hypothetischen Parteiwillen* und soweit wie dies rechtlich zulässig ist, erhalten werden dürfen.[2573] Der Richter hat dann ggf. zu ermitteln, auf was sich die Parteien nach Treu und Glauben geeinigt hätten, wenn sie von dem geänderten Sachverhalt gewusst hätten.[2574]

Darüber hinaus kann der *hypothetische Parteiwille* auch dazu führen, dass eine *erweiterte Teilnichtigkeit* entsteht, bei welcher sich die Nichtigkeit eines Vertragsteils auf eine andere, jedoch zulässige Abrede erstreckt und den restlichen Vertrag bestehen lässt.[2575] Dies könnte sich im Einzelfall sowohl zugunsten als auch zulasten des deutschen Exporteurs auswirken. Die konkreten Folgen lassen sich allerdings nur im Zusammenhang mit den Umständen der jeweiligen Situation bestimmen.

Das Gesagte gilt jedoch nur für den Fall, dass das Gesetz keine oder keine adäquate, zu dem konkreten Vertrag passende Regelung vorsieht[2576] und die Parteien keine Ersatzregel[2577] bestimmt haben. Existiert eine dispositive Gesetzesregel,

---

2568 *Gauch*, Teilnichtigkeit, recht 1983, 95, 96; *G/S/S/E*, OR AT, Rn. 703.

2569 BGE 138 III 29, 39; BGE 114 II 159, 163 f.; *Gauch*, Teilnichtigkeit, recht 1983, 95, 96; *G/S/S/E*, OR AT, Rn. 703; *A. Koller*, in: Guhl, OR, § 7, Rn. 40.

2570 BGE 114 II 159, 163 f.; BGE 107 II 216, 218 ff.; *Gauch*, Teilnichtigkeit, recht 1983, 95, 97; *A. Koller*, in: Guhl, OR, § 7, Rn. 40; *Lichtensteiger*, in: M/B/K/P, Vertragshandbuch, Kap. 5, Rn. 1.6; *Schumacher*, Vertragsgestaltung, Rn. 963; *Schwenzer*, OR AT, Rn. 32.42.

2571 Siehe 2. Teil, B., II., 8.

2572 BGE 134 III 438, 443; BGE 123 III 292, 298; BGer 4A_502/2012 vom 22.01.2013, E. 2.1; *G/S/S/E*, OR AT, Rn. 693; *Huguenin*, OR, Rn. 438.

2573 BGer 4A_404/2008 vom 18.12.2008, E. 5.6.3.1; *G/S/S/E*, OR AT, Rn. 693; *Huguenin/Reitze*, in: BSK ZGB, Art. 27, Rn. 29; *Huguenin*, OR, Rn. 438; *Rusch*, Schadensabwälzungsklauseln, SZW 2012, 439, 443.

2574 BGE 127 III 300, 307; *Huguenin/Reitze*, in: BSK ZGB, Art. 27, Rn. 29; *Huguenin*, OR, Rn. 306, 441; *Kramer*, in: BK OR, Art. 18, Rn. 326, 358; *Kut*, in: CHK OR, Art. 2, Rn. 7; *Wiegand*, Rechtsprechung 2001/2002, ZBJV 2003, 802, 807.

2575 *Gauch*, Teilnichtigkeit, recht 1983, 95, 100, Fn. 29; *G/S/S/E*, OR AT, Rn. 705.

2576 BGE 107 II 216, 218; *Gauch*, Teilnichtigkeit, recht 1983, 95, 98, 100.

2577 Siehe 2. Teil, B., XV., 2., b.

so ist diese vorrangig anwendbar.[2578] Verstößt eine Klausel gegen zwingendes Recht, wird der Vertrag immer ausschließlich mit dem zwingenden Teil der Norm fortgesetzt.[2579] So wird bspw. auch ein Haftungsausschluss für jegliches Verschulden dahingehend reduziert, dass lediglich die leichte Fahrlässigkeit abbedungen ist.[2580]

b. Vertragliche Möglichkeiten

Generell scheint eine Nichtigkeitsabrede – sprich eine im Voraus getroffene Vereinbarung der Parteien im Falle der Nichtigkeit eines bestimmten Vertragsteils – im Schweizer Recht eher selten vorzukommen.[2581] Dies wird auch daran liegen, dass AGB-Klauseln im B2B-Verkehr keiner offenen Inhaltskontrolle unterzogen werden[2582] und dadurch die Gefahr einer Nichtigkeit nicht sehr groß ist.[2583] Die Parteien können dennoch vertragliche Vorkehrungen in Form von Ersatzregeln treffen, welche zu einer Vertragsanpassung führen.[2584] Diese sind auch in den Schranken des Gesetzes zulässig und verdrängen demnach die dispositive Regel des Art. 20 II OR.[2585] Durch eine vertragliche Regelung wird ebenfalls die richterliche Gestaltung[2586] – zumindest vorläufig – ausgeschlossen.[2587]

2578 BGE 127 III 300, 307; BGE 107 II 216, 218; *Gauch*, Teilnichtigkeit, recht 1983, 95, 96, 100; *Wiegand*, Rechtsprechung 2001/2002, ZBJV 2003, 802, 807; differenzierend *Schwenzer*, OR AT, Rn. 34.04.

2579 *Gauch*, Teilnichtigkeit, recht 1983, 95, 100; *Schwenzer*, OR AT, Rn. 34.03.

2580 *G/S/S/E*, OR AT, Rn. 711; *Kramer*, in: BK OR, Art. 19–20, Rn. 358; *von Tuhr/Escher*, OR AT, S. 119.

2581 *G/S/S/E*, OR AT, Rn. 695; vgl. *Gauch*, Teilnichtigkeit, recht 1983, 95, 100; **a. A.** *Wiegand*, in: BSK OR, Art. 18, Rn. 91.

2582 Siehe 2. Teil, B., II., 7., c., 2), a), (1).

2583 Siehe 2. Teil, B., II., 7., d.

2584 BGE 127 III 300, 307; *A. Koller*, in: Guhl, OR, § 7, Rn. 46; *Schumacher*, Vertragsgestaltung, Rn. 972; *Wiegand*, Rechtsprechung 2001/2002, ZBJV 2003, 802, 807; vgl. BGE 111 II 134, 142.

2585 *Gauch*, Teilnichtigkeit, recht 1983, 95, 100; *G/S/S/E*, OR AT, Rn. 695; *Huguenin/Meise*, in: BSK OR, Art. 19/20, Rn. 68; *Huguenin*, OR, Rn. 439; *Kramer*, in: BK OR, Art. 19–20, Rn. 330 ff.; *Schumacher*, Vertragsgestaltung, Rn. 967; vgl. *Huguenin/Reitze*, in: BSK ZGB, Art. 27, Rn. 29.

2586 Siehe 2. Teil, B., XV., 2., a.

2587 *Wiegand*, Rechtsprechung 2001/2002, ZBJV 2003, 802, 807; vgl. *Schumacher*, Vertragsgestaltung, Rn. 973.

Es besteht die Möglichkeit zur Vertragsanpassung, sodass nichtige durch zulässige Bestimmungen ersetzt werden, welche bspw. dem ursprünglich Vereinbarten möglichst nahekommen.[2588] Des Weiteren wird es auch als zulässig erachtet, wenn die Parteien festlegen, dass eine vertragliche Regelung anwendbar sein soll, die dem *hypothetischen Parteiwillen* bei Vertragsschluss entspricht, wenn den Parteien die Ungültigkeit der Klausel bekannt gewesen wäre.[2589] Dies ergibt sich ebenfalls aus dem Umstand, dass im Schweizer Recht eine *geltungserhaltende Reduktion*[2590] möglich ist, sodass eine Reduktion auf das erlaubte Maß bei Bestimmungen als zulässig erachtet wird, die das gesetzlich erlaubte Höchstmaß überschreiten.[2591] Auch dürfen sich die Parteien verpflichten, gemeinsam eine Bestimmung zu finden, welche der unzulässigen Klausel möglichst nahekommt.[2592] Dies wird als *Verhandlungs-* oder *Neuverhandlungsklausel* bezeichnet.[2593] Selbst die Formulierung *soweit es das anwendbare Recht erlaubt* soll der Rechtslage im Schweizer Recht genügen.[2594]

2588 *Lichtensteiger*, in: M/B/K/P, Vertragshandbuch, Kap. 5, Rn. 1.1; *Rochaix*, in: M/B/K/P, Vertragshandbuch, Kap. 62, Rn. 20.1; *Wiegand*, in: BSK OR, Art. 18, Rn. 91; *ders*., Rechtsprechung 2001/2002, ZBJV 2003, 802, 807.

2589 *Lichtensteiger*, in: M/B/K/P, Vertragshandbuch, Kap. 5, Rn. 1.7.

2590 Siehe 2. Teil, B., II., 8.

2591 Siehe 2. Teil, B., II., 8., b.

2592 *Wiegand*, in: BSK OR, Art. 18, Rn. 91.

2593 *Ders*., ebenda, Rn. 121.

2594 *Baddeley*, Unterwerfungserklärungen, ZBJV 2008, 357, 376; **a. A.** *Perrig*, in: K/P/P, AGB, Rn. 221.

c. Zusammenfassung

Abb. 1: Konsequenzen einer unzulässigen Klausel nach Schweizer Recht

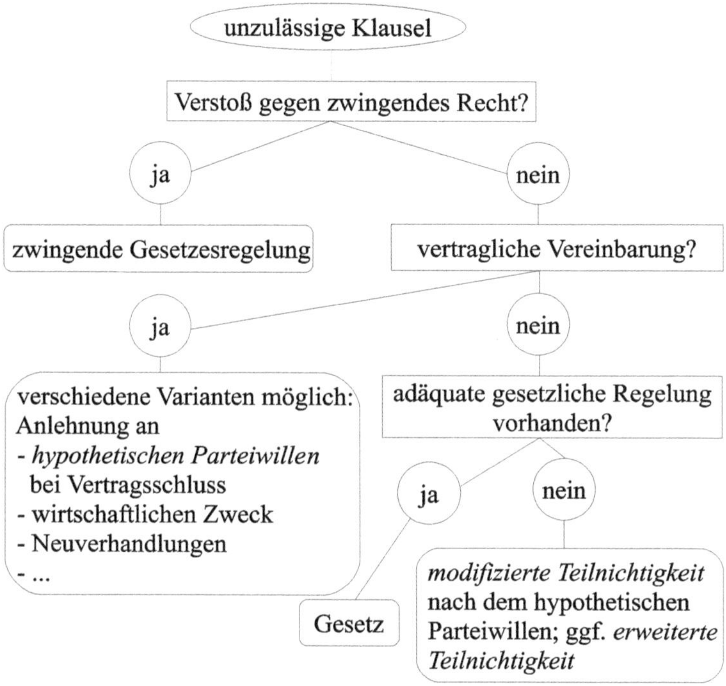

3. Der Vergleich der Rechtsordnungen

Rechtsvergleichend fällt ein Unterschied in Bezug auf die Teilwirksamkeit von Individualvereinbarungen auf. Schließlich kehrt das Schweizer Recht das aus dem deutschen Recht bekannte *Regel-Ausnahme-Verhältnis* bereits kraft Gesetzes um.[2595] Selbst ohne eine vertragliche Bestimmung kann die *modifizierte Teilnichtigkeit* nach Schweizer Recht zu einer richterlichen Vertragsergänzung nach dem *hypothetischen Parteiwillen* führen, soweit keine zwingende oder dispositive Gesetzesnorm vorliegt.[2596] Nach deutschem Recht muss für die *ergänzende*

2595 *G/S/S/E*, OR AT, § 6, Fn. 243; *Kuoni*, Haftungsbegrenzung, Rn. 31; *Ostendorf*, in: Ostendorf/Kluth, Wirtschaftsverträge, § 11, Rn. 63; siehe 2. Teil, B., XV., 1., a. und 2., a.

2596 Siehe 2. Teil, B., XV., 2., a.

Vertragsauslegung auf den tatsächlichen Willen der Parteien geschlossen werden können.[2597]

Darüber hinaus ist erkennbar, dass nach deutschem Recht keine Möglichkeit vorhanden ist, um innerhalb von AGB dafür zu sorgen, dass eine unzulässige Klausel nicht in Gänze unwirksam ist, sondern so abgewandelt werden kann, wie die Parteien es wünschen.[2598] Dagegen existieren im Schweizer Recht mehrere Gestaltungsalternativen wie bspw. der *salvatorische Zusatz* oder auch diverse *Ersetzungsklauseln*.[2599] Dies kann einen Vorteil für den deutschen Exporteur darstellen, wenn z. B. eine Klausel in seinen AGB so abgeändert werden muss, dass der Sinn möglichst erhalten bleibt. Allerdings ist wiederum auch der Käufer in der Lage, bspw. eine *Ersetzungsklausel* in seinen Einkaufsbedingungen zu nutzen. Demnach sind diese salvatorischen Klauseln sehr ambivalent und ebenfalls mit Vorsicht zu genießen, da sie ein potentielles Risiko darstellen, welches im Vorfeld kaum abgeschätzt werden kann. Dies muss sich der deutsche Exporteur bei deren Verwendung bewusst machen und sich fragen, ob dies gewollt ist.

Falls in den Einkaufsbedingungen des Käufers ein *salvatorischer Zusatz* vorhanden ist, wird dieser regelmäßig nur zum Nachteil des deutschen Exporteurs sein, sodass er zwar gestrichen werden sollte. Allerdings gilt es darüber hinaus auch zu beachten, dass die *geltungserhaltende Reduktion*[2600] dennoch eingreifen kann.

4. *Die Vertragsgestaltung*

Für den Fall, dass eine Ersatzregel dennoch gewollt ist, könnte diese wie folgt lauten:

> „Sollten einzelne Bestimmungen dieser Vereinbarung unwirksam oder unvollständig sein oder sollte die Erfüllung unmöglich werden, so wird hierdurch die Wirksamkeit der übrigen Teile des Vertrages nicht beeinträchtigt.
>
> Die Vertragsparteien verpflichten sich für diesen Fall, unverzüglich die unwirksame Bestimmung durch eine zulässige wirksame Bestimmung zu ersetzen, die nach ihrem Inhalt der ursprünglichen Absicht am nächsten kommt.“[2601]

2597 BGH, NJW 2016, 401, 402.
2598 Siehe 2. Teil, B., XV., 1., b. und c.
2599 Siehe 2. Teil, B., XV., 2., b.
2600 Siehe 2. Teil, B., II., 8.
2601 *Lichtensteiger*, in: M/B/K/P, Vertragshandbuch, Kap. 5, Rn. 1.

oder

> „Die allfällige Unwirksamkeit einer Bestimmung [...] berührt die Rechtswirksamkeit der übrigen Bestimmungen nicht. Jede Partei kann in diesem Fall verlangen, dass anstelle der unwirksamen Bestimmung eine solche tritt, welche dem wirtschaftlichen Zweck, der damit erreicht werden sollte, am besten entspricht."[2602]

XVI. Die Schriftformklausel in AGB

Schriftformklauseln, nach welchen Änderungen oder Ergänzungen im Vertrag der Schriftform bedürfen, sind besonders häufig.[2603]

1. Im deutschen Recht

Nach deutschem Recht werden Schriftformklauseln sehr kritisch betrachtet.[2604] Sie scheitern regelmäßig bereits an § 305b BGB, da Individualvereinbarungen stets Vorrang vor AGB haben.[2605] Des Weiteren wird in den meisten Schriftformklauseln eine unangemessene Benachteiligung i. S. d. § 307 I BGB gesehen.[2606] Jedenfalls trifft dies zu, wenn die Klausel für mündliche Vereinbarungen, welche nach Vertragsabschluss getroffen werden, die Schriftform vorsieht.[2607] Der Kunde wird u. U. von der Geltendmachung seiner Rechte abgehalten und durch die unzutreffende Belehrung über die Rechtslage in die Irre geführt.[2608] Schließlich gilt gem. § 127 II 1 BGB, dass zur Wahrung der durch Rechtsgeschäft bestimmten schriftlichen Form die telekommunikative Übermittlung und bei einem

---

2602 *Rochaix*, in: M/B/K/P, Vertragshandbuch, Kap. 62, Rn. 20.

2603 *Lichtensteiger*, in: M/B/K/P, Vertragshandbuch, Kap. 5, Rn. 2.1; *Schaeuffelen*, in: H/R/S, Rechtsfragen, S. 23; *Schumacher*, Vertragsgestaltung, Rn. 1315.

2604 *Schaeuffelen*, in: H/R/S, Rechtsfragen, S. 23.

2605 BGH, NJW 2006, 138, 138; OLG Rostock, NJW 2009, 3376, 3376; *Graf von Westphalen*, Einkaufsbedingungen, S. 37; *Ostendorf*, in: Ostendorf/Kluth, Wirtschaftsverträge, § 11, Rn. 40; *Schaeuffelen*, in: H/R/S, Rechtsfragen, S. 23; siehe 2. Teil, B., II., 4., a.

2606 *Graf von Westphalen*, Einkaufsbedingungen, S. 37; *Ostendorf*, in: Ostendorf/Kluth, Wirtschaftsverträge, § 11, Rn. 40; *Schaeuffelen*, in: H/R/S, Rechtsfragen, S. 23.

2607 BGH, NJW 2007, 3712, 3713; BGH, NJW 2006, 138, 138 f.; BGH, NJW 2001, 292, 292; BGH, NJW 1985, 320, 322; OLG Rostock, NJW 2009, 3376, 3376; *Graf von Westphalen*, in: Vertragsrecht, Schriftformklauseln, Rn. 14, 50; *ders.*, Einkaufsbedingungen, S. 40; *Schaeuffelen*, in: H/R/S, Rechtsfragen, S. 23; *Thüsing*, in: Vertragsrecht, Transparenzgebot, Rn. 26.

2608 BGH, NJW 2007, 3712, 3713; BGH, NJW 2001, 292, 292 f.; OLG Rostock, NJW 2009, 3376, 3376; *Graf von Westphalen*, in: Vertragsrecht, Schriftformklauseln, Rn. 14; *Thüsing*, in: Vertragsrecht, Transparenzgebot, Rn. 26.

Vertrag der Briefwechsel genügt, soweit nicht ein anderer Wille anzunehmen ist. Darüber hinaus ist eine Teilbarkeit der Klausel – bspw. durch den *Blue-Pencil-Test*[2609] – stets unzulässig.[2610]

Qualifizierte oder *doppelte Schriftformklauseln* zielen darauf ab, dass selbst die Schriftformklausel an sich nur dann aufgehoben werden kann, wenn die Änderung schriftlich erfolgt.[2611] Dadurch sollen mündliche oder auch stillschweigende Vereinbarungen vermieden werden.[2612] Diese Klauseln verstoßen ebenfalls gegen §§ 305b, 307 I 1 BGB und werden als unzulässig eingestuft.[2613]

2. *Im Schweizer Recht*

Aufgrund der Vertragsfreiheit sind die Parteien in der Lage, die Anwendung einer besonderen Form zu vereinbaren, auch wenn das Gesetz eine solche nicht vorsieht.[2614] Diese wird dann als *gewillkürte Form* bezeichnet.[2615] Häufig sind Formvorbehalte auch in AGB zu finden.[2616] Formvorschriften für Vertragsänderungen werden zwar ausdrücklich empfohlen.[2617] In der Schweizer Literatur[2618] ist aber erkennbar, dass sich diese nur rudimentär mit Schriftformklauseln befasst, sodass lediglich eine geringe Anzahl an Fundstellen vorhanden ist.

2609 Siehe 2. Teil, B., II., 8., a., 2).

2610 BGH, NJW 1985, 320, 322; *Graf von Westphalen*, Einkaufsbedingungen, S. 41.

2611 OLG Rostock, NJW 2009, 3376, 3376; *Graf von Westphalen*, in: Vertragsrecht, Schriftformklauseln, Rn. 6; *ders.*, Einkaufsbedingungen, S. 44; *Ostendorf*, in: Ostendorf/Kluth, Wirtschaftsverträge, § 11, Rn. 39.

2612 *Graf von Westphalen*, Einkaufsbedingungen, S. 44.

2613 BGH, NJW 2017, 1017, 1018; BGH, NJW 1985, 623, 630; OLG Rostock, NJW 2009, 3376, 3376; *Graf von Westphalen*, Einkaufsbedingungen, S. 44; *Ostendorf*, in: Ostendorf/Kluth, Wirtschaftsverträge, § 11, Rn. 40; *Schmittat*, Vertragsgestaltung, Rn. 179.

2614 BGer 4A_663/2012 vom 06.03.2013, E. 5.2.1; *Gelzer*, in: M/B/K/P, Vertragshandbuch, Kap. 18, Rn. 12.1; *Huguenin*, OR, Rn. 384; *A. Koller*, in: Guhl, OR, § 14, Rn. 6; *Lichtensteiger*, in: M/B/K/P, Vertragshandbuch, Kap. 5, Rn. 2.2; *Schumacher*, Vertragsgestaltung, Rn. 1273, 1308; *Schwenzer*, OR AT, Rn. 31.44; *Wittibschlager*, Einführung, Rn. 399.

2615 *A. Koller*, in: Guhl, OR, § 14, Rn. 6; *Ostendorf*, in: Ostendorf/Kluth, Wirtschaftsverträge, § 11, Rn. 44.

2616 *Schwenzer*, OR AT, Rn. 31.45.

2617 *Schumacher*, Vertragsgestaltung, Rn. 1315.

2618 Siehe jedoch *Gelzer*, in: M/B/K/P, Vertragshandbuch, Kap. 18, Rn. 12 ff.; *Huguenin*, OR, Rn. 384 ff.; *Lichtensteiger*, in: M/B/K/P, Vertragshandbuch, Kap. 5, Rn. 2 ff.; *Schumacher*, Vertragsgestaltung, Rn. 1315; *Schwenzer*, OR AT, Rn. 31.44 ff.

Gem. Art. 16 I OR gilt die gesetzliche Vermutung, dass die Parteien die Einhaltung der Form als Gültigkeitsvoraussetzung ansehen.[2619] Erleichterungen existieren nach Schweizer Recht nicht[2620], sodass auch weiterhin für die Einhaltung der Schriftform die eigenhändige Unterschrift verlangt wird.[2621] Allerdings soll die Übermittlung einer unterschriebenen Originalurkunde per Telefax ebenfalls ausreichend sein.[2622] Die Parteien können zudem ausdrücklich vereinbaren, dass die *gewillkürte Form* durch E-Mail oder Telefax eingehalten wird.[2623] Zu beachten ist, dass die Vermutung des Art. 16 I OR nicht gelten soll, wenn sich die Schriftformklausel in global übernommenen AGB befindet.[2624] Demnach kann sie bspw. optisch hervorgehoben werden[2625], damit nur noch eine *Vollübernahme* vorliegt.[2626]

Individualabreden genießen selbst dann Vorrang vor AGB, wenn eine Schriftformklausel vorhanden ist, diese aber nicht eingehalten wurde.[2627] Allerdings bewirkt diese Klausel dann, dass die Beweislast bei derjenigen Partei liegt, welche sich auf die Gültigkeit der mündlichen Vereinbarung beruft.[2628] Demnach dient die Schriftformklausel der Rechtssicherheit.[2629] Bislang hat sich das Bundesgericht noch nicht dazu geäußert, ob eine *qualifizierte Schriftformklausel* auch formfrei aufgehoben werden kann.[2630] *Schumacher*[2631] nimmt dies jedoch an. Darüber hinaus findet diese Frage in der Lehre keine große Beachtung.

2619 *Huguenin*, OR, Rn. 387; *A. Koller*, in: Guhl, OR, § 14, Rn. 6; *Kuoni*, Haftungsbegrenzung, Rn. 61; *Lichtensteiger*, in: M/B/K/P, Vertragshandbuch, Kap. 5, Rn. 2.3; *Ostendorf*, in: Ostendorf/Kluth, Wirtschaftsverträge, § 11, Rn. 43; *Schumacher*, Vertragsgestaltung, Rn. 1318; *Schwenzer*, OR AT, Rn. 31.47; *Wittibschlager*, Einführung, Rn. 399.

2620 *Ostendorf*, in: Ostendorf/Kluth, Wirtschaftsverträge, § 11, Rn. 44.

2621 *Schumacher*, Vertragsgestaltung, Rn. 1318, 1533; *Schwenzer*, in: BSK OR, Art. 16, Rn. 7; *Schwenzer*, OR AT, Rn. 31.48.

2622 *Kut*, in: CHK OR, Art. 13, Rn. 17; *Schmidlin*, in: BK OR, Art. 13, Rn. 32; *Schwenzer*, in: BSK OR, Art. 13, Rn. 14b.

2623 *Schumacher*, Vertragsgestaltung, Rn. 1319.

2624 *Ders.*, ebenda, Rn. 1321.

2625 Siehe 2. Teil, B., II., 7., c., 2), b), (4).

2626 Ebenda.

2627 *A. Koller*, OR AT, Rn. 12.163 f.; *ders.*, AGB-Recht, AJP 2016, 279, 291.

2628 *Lichtensteiger*, in: M/B/K/P, Vertragshandbuch, Kap. 5, Rn. 2.3; *Schumacher*, Vertragsgestaltung, Rn. 1334; *Schwenzer*, in: BSK OR, Art. 16, Rn. 12.

2629 *Rochaix*, in: M/B/K/P, Vertragshandbuch, Kap. 62, Rn. 19.1.

2630 *Ostendorf*, in: Ostendorf/Kluth, Wirtschaftsverträge, § 11, Rn. 45.

2631 *Schumacher*, Vertragsgestaltung, Rn. 1331.

Koller[2632] schlägt zur Vermeidung dieser Unsicherheit die Vereinbarung eines sog. *Bestätigungsvorbehalts* vor. Ein solcher besteht, wenn sich der AGB-Verwender vorbehält, Erklärungen seiner Hilfspersonen noch bestätigen zu müssen, damit diese ihre Gültigkeit erlangen.[2633] Somit wird die Vertretungsbefugnis der Hilfspersonen beschränkt.[2634] Durch ein solches Vorgehen könnte zwar der Zweck der Schriftformklausel ebenfalls erreicht werden. Allerdings lassen sich derzeit – soweit ersichtlich – weder aus der Rechtsprechung noch aus der weiteren Literatur Belege für die Gültigkeit bzw. Ungültigkeit einer solchen Klausel oder zu deren Gestaltung finden, sodass zumindest eine kleine Rechtsunsicherheit besteht, welche der deutsche Exporteur zu beachten hat. Zudem wird der Geschäftsverkehr durch die Aufnahme einer solchen Klausel in gewisser Weise behindert, weil die Willenserklärungen der Hilfspersonen erst überprüft und anschließend noch einmal bestätigt werden müssten. Im Ergebnis ist der *Bestätigungsvorbehalt* dennoch als sinnvolles Instrument für den deutschen Exporteur einzustufen.

3. Der Vergleich der Rechtsordnungen

Es ist anzumerken, dass nach deutschem Recht bei der *gewillkürten Form* im Zweifel auch die telekommunikative Form für die Einhaltung der Schriftform ausreichend ist[2635], während dies nach Schweizer Recht zumindest für die E-Mail nicht gilt.[2636] Beiden Rechtsordnungen ist gemein, dass Individualabreden stets Vorrang vor AGB genießen[2637], sodass eine Schriftformklausel in diesem Falle immer unwirksam bleibt. Es lässt sich dennoch feststellen, dass das deutsche Recht[2638] in Bezug auf Schriftformklauseln in AGB wesentlich strenger ist und auch klarer Stellung bezieht als das Schweizer Recht.[2639] Im Ergebnis muss dennoch festgehalten werden, dass ein umfassender Schutz vor *nicht-schriftlichen* Änderungen durch eine Schriftformklausel nach keiner der beiden Rechtsordnungen gewährleistet werden kann.[2640]

Ein *Bestätigungsvorbehalt* könnte zumindest im Schweizer Recht dafür sorgen, dass Erklärungen der Hilfspersonen durch den Verwender erst bestätigt

---

2632 *A. Koller*, AGB-Recht, AJP 2016, 279, 291.
2633 *Ders.*, ebenda.
2634 *Ders.*, ebenda.
2635 Siehe 2. Teil, B., XVI., 1.
2636 Siehe 2. Teil, B., XVI., 2.
2637 Siehe 2. Teil, B., II., 4., a. und XVI., 1. und 2.
2638 Siehe 2. Teil, B., XVI., 1.
2639 Siehe 2. Teil, B., XVI., 2.
2640 Siehe 2. Teil, B., XVI., 1. und 2.

werden müssen, bevor diese wirksam werden[2641], sodass im Vergleich zum deutschen Recht bei Bedarf zumindest ein recht starker Schutz erreicht wird. Dieser kann allerdings auch für den Käufer gelten, sofern eine solche Klausel in seinen Einkaufsbedingungen zu finden ist. Dies hat der deutsche Exporteur zu beachten, sodass auch aufgrund der Rechtssicherheit gegen eine solche Regelung vorgegangen werden sollte.

4. *Die Vertragsgestaltung*

Für den Fall, dass der deutsche Exporteur dennoch eine Schriftformklausel aufnehmen möchte, könnte diese wie folgt lauten.

> „Ergänzungen, Abänderungen oder die Aufhebung des vorliegenden Vertrages sind nur in Schriftform und von beiden Vertragspartnern unterzeichnet rechtsgültig. Dies gilt insbesondere auch für diese Schriftformklausel."[2642]

Damit die gesetzliche Vermutung des Art. 16 I OR greift, sollte vorsichtshalber eine Hervorhebung der Klausel vorgenommen werden.[2643] Alternativ kann auch über einen *Bestätigungsvorbehalt* nachgedacht werden, welcher bei Wirksamkeit den Zweck einer Schriftformklausel erfüllt.[2644]

XVII. Die Verteilung der Beweislast in AGB

1. *Allgemeines*

Beweislastregeln sind Bestandteil des materiellen Rechts.[2645] Das Beweislastrisiko obliegt derjenigen Partei, welche dieses billigerweise besser tragen kann.[2646] Sowohl im deutschen[2647] als auch im Schweizer Recht – hier gem. Art. 8 ZGB[2648] – hat grundsätzlich derjenige das Vorhandensein einer behaupteten Tatsache zu beweisen, der aus ihr Rechte ableiten möchte. Ebenfalls identisch ist, dass

2641 *A. Koller*, AGB-Recht, AJP 2016, 279, 291.

2642 *Lichtensteiger*, in: M/B/K/P, Vertragshandbuch, Kap. 5, Rn. 2.

2643 Siehe 2. Teil, B., XVI., 2.

2644 Ebenda.

2645 *Lardelli*, in: BSK ZGB, Art. 8, Rn. 92.

2646 *Baudenbacher*, AGB-Gesetz, ZBJV 1987, 505, 508; *Graf von Westphalen*, in: Vertragsrecht, Beweislastklauseln, Rn. 57.

2647 BGH, NJW 1991, 1052, 1053; BGH, NJW 1964, 1123, 1123; *Pinnells/Eversberg*, Kaufverträge, S. 196; *Trendelberend*, Vorteile, S. 195.

2648 *Akikol*, Sachmängelhaftung, Rn. 550; *Keller/Siehr*, Kaufrecht, S. 79; *Lardelli*, in: BSK ZGB, Art. 8, Rn. 38; *von Tuhr/Escher*, OR AT, S. 32.

gesetzliche Beweislastvorschriften zuvorderst dispositiver Natur sind.[2649] Insbesondere in Individualverträgen werden, soweit im Einzelfall keine besonderen Umstände dagegen sprechen, von dispositiven Gesetzesnormen abweichende Vereinbarungen über die Beweislast wirksam sein.[2650] Durch Modifikationen wird jedoch eine Schlechterstellung des Gläubigers herbeigeführt.[2651]

2. *Im deutschen Recht*

Im deutschen Recht bestimmt § 309 Nr. 12 BGB, dass AGB-Klauseln unwirksam sind, wenn die Beweislast zum Nachteil des anderen Vertragsteils geändert wird. Über § 307 II Nr. 1 BGB ist dieser Rechtsgedanke auch im B2B-Verkehr anwendbar.[2652] Schließlich haben Beweislastregeln einen direkten Bezug zum Gerechtigkeitsgebot.[2653] Es kann nicht mehr als angemessen betrachtet werden, wenn der Kunde die Beweislast für Umstände tragen soll, welche im Verantwortungsbereich des Verwenders liegen.[2654] Folglich wären Abweichungen von den gesetzlich festgelegten Beweislastregeln durch AGB in Gänze unzulässig.[2655]

3. *Im Schweizer Recht*

Im Schweizer Recht kann die Beweislast durch eine entsprechende Vereinbarung auf den Gläubiger übertragen werden.[2656] Entscheidend ist, dass dies im Rahmen

2649 BGH, NJW 1964, 1123, 1123; *Lardelli*, in: BSK ZGB, Art. 8, Rn. 91; *Trendelberend*, Vorteile, S. 195.

2650 BGH, NJW 1964, 1123, 1123.

2651 *Graf von Westphalen*, in: Vertragsrecht, Beweislastklauseln, Rn. 1; *Kuoni*, Haftungsbegrenzung, Rn. 361.

2652 BGH, NJW-RR 2014, 456, 457 f.; BGH, NJW 2006, 47, 49; BGH, NJW 1985, 3016, 3017; *Graf von Westphalen*, in: Vertragsrecht, Beweislastklauseln, Rn. 58; *ders.*, Verkaufsbedingungen, S. 37, 185; *ders.*, Einkaufsbedingungen, S. 79, 172; *ders.*, Reformbedarf, NJW 2009, 2977, 2979; *Grüneberg*, in: Palandt, § 309 BGB, Rn. 110; *Ostendorf*, in: Ostendorf/Kluth, Wirtschaftsverträge, § 8, Rn. 89; vgl. BGH, NJW 2007, 3774, 3775.

2653 BGH, NJW 2006, 47, 49; BGH, NJW 1964, 1123, 1123; *Graf von Westphalen*, in: Vertragsrecht, Beweislastklauseln, Rn. 1, 59; *Trendelberend*, Vorteile, S. 195.

2654 BGH, NJW 2006, 47, 49; BGH, NJW 1996, 1537, 1538 f.; BGH, NJW 1985, 3016, 3017; BGH, NJW 1964, 1123, 1123; *Graf von Westphalen*, in: Vertragsrecht, Beweislastklauseln, Rn. 57.

2655 BGH, NJW 1996, 1537, 1539; *Trendelberend*, Vorteile, S. 195.

2656 *Furrer/Wey*, in: CHK OR, Art. 97–98, Rn. 1; *Schumacher*, Vertragsgestaltung, Rn. 338; *Zindel/Pulver/Schott*, in: BSK OR, Art. 368, Rn. 96.

von Art. 27 ZGB und Art. 20 OR geschieht.[2657] Da Beweislastklauseln lediglich den normalen Bestimmungen unterliegen, ist von deren genereller Zulässigkeit auch innerhalb von AGB auszugehen. Dies gilt insbesondere, wenn auf die Klausel gesondert aufmerksam gemacht wird.[2658] Zudem ist zu berücksichtigen, dass im unternehmerischen Bereich weniger Zurückhaltung geboten ist als im B2C-Verkehr.[2659]

4. Der Vergleich der Rechtsordnungen

Während nach deutschem Recht auch für den B2B-Verkehr eine Änderung der Beweislastverteilung durch AGB nicht zulässig ist[2660], muss nach Schweizer Recht davon ausgegangen werden, dass eine solche Klausel nicht *per se* unwirksam ist.[2661] Der deutsche Exporteur ist demnach in der Lage, i. R. d. Gesetzes Vorteile aus der Schweizer Rechtsordnung zu ziehen. Probleme könnten sich für ihn jedoch dadurch ergeben, dass sich auch der Käufer die liberale Rechtslage zu Beweislastklauseln nach Schweizer Recht in den Einkaufsbedingungen zunutze macht, obwohl dies in diesem Umfang im deutschen Recht nicht zulässig wäre.[2662] Dadurch wird das Prozessrisiko für den deutschen Exporteur erhöht.[2663] Schließlich ist die Frage der Beweislast von extremer Wichtigkeit, sodass sogar der Bestand eines Unternehmens davon abhängen kann.[2664] Vorsorglich sollte der deutsche Exporteur von der Wirksamkeit einer für ihn nachteiligen Beweislastklausel in den Einkaufsbedingungen des Käufers ausgehen und gegen diese vorgehen.

XVIII. Die Gerichtsstandsvereinbarung in AGB

1. Allgemeines

Insbesondere in internationalen Wirtschaftsverträgen sind Gerichtsstandsvereinbarungen unabhängig von Branche oder Vertragstyp unerlässlich.[2665] Sie

2657 *Zindel/Pulver/Schott*, in: BSK OR, Art. 368, Rn. 96.
2658 Siehe 2. Teil, B., II., 7., c., 2), b), (4).
2659 Vgl. *Kuoni*, Haftungsbegrenzung, Rn. 366.
2660 Siehe 2. Teil, B., XVII., 2.
2661 Siehe 2. Teil, B., XVII., 3.
2662 Siehe 2. Teil, B., XVII., 2.
2663 *Trendelberend*, Vorteile, S. 196.
2664 *Pinnells/Eversberg*, Kaufverträge, S. 197.
2665 *Mahnken/Nossek*, in: Ostendorf/Kluth, Wirtschaftsverträge, § 14, Rn. 1; *Perrig*, in: K/P/P, AGB, Rn. 191; *Schnyder*, Dogmatik, in: B/S/E-K, AGB, S. 75.

sind als prozessrechtliche Verträge zu qualifizieren[2666] und befinden sich auch häufig bereits in den AGB.[2667] Die Klausel muss sowohl wirksam in den Vertrag einbezogen worden als auch inhaltlich zulässig sein.[2668] Ihr Ziel ist, den Parteien Klarheit und Gewissheit über den Ort zu verschaffen, an welchem zukünftige Rechtsstreitigkeiten auszutragen sein werden.[2669] Grundsätzlich geht das Gesetz jedoch davon aus, dass sich der Beklagte nicht vor einem fremden Richter wehren müssen soll.[2670]

Als Gründe für eine bestimmte Gerichtsstandswahl werden insbesondere die geografische Lage, sprachliche Hindernisse sowie die fachliche Kompetenz des Gerichts angesehen.[2671] Aber auch Rechtskultur und -tradition[2672] sowie Verfahrensdauer und -kosten[2673] sind entscheidende Faktoren für die Wahl eines bestimmten Gerichts.

2. *Im deutschen Recht*

Auffällig ist, dass die deutschen Gerichte[2674] eine Gerichtsstandsklausel schon bereits aufgrund der Ungewöhnlichkeit gem. § 305c I BGB[2675] auf der Einbeziehungsebene scheitern lassen.[2676] Demnach ist es ratsam, diese hervorzuheben und besonders auf sie hinzuweisen.[2677] Darüber hinaus unterliegen

2666 BGE 121 III 495, 499; BGE 87 I 73, 77; BGer 4A_4/2015 vom 09.03.2015, E. 2; BGer 4A_247/2013 vom 14.10.2013, E. 2.1.2; BGer 4C_392/2002 vom 05.03.2003, E. 2.2; *Perrig*, in: K/P/P, AGB, Rn. 192; *Streiff/Pellegrini/von Kaenel*, Vertragsvorlagen, S. 511.

2667 *Schiller*, Gerichtsstandsklauseln in AGB, NJW 1979, 636, 636; *Schnyder*, Dogmatik, in: B/S/E-K, AGB, S. 75; vgl. *Perrig*, in: K/P/P, AGB, Rn. 194; *Thüsing*, in: Vertragsrecht, Gerichtsstandsklauseln, Rn. 1 ff.

2668 *Rothermel*, Kauf-, Liefer- und Vertriebsrecht, S. 12 f.

2669 *Perrig*, in: K/P/P, AGB, Rn. 191.

2670 *Baudenbacher*, AGB-Gesetz, ZBJV 1987, 505, 508.

2671 *Lichtensteiger*, in: M/B/K/P, Vertragshandbuch, Kap. 5, Rn. 7.1; *Rothermel*, Kauf-, Liefer- und Vertriebsrecht, S. 10; *Schumacher*, Vertragsgestaltung, Rn. 327 ff.

2672 *Rothermel*, Kauf-, Liefer- und Vertriebsrecht, S. 10.

2673 *Mahnken/Nossek*, in: Ostendorf/Kluth, Wirtschaftsverträge, § 14, Rn. 263 f.; *Rothermel*, Kauf-, Liefer- und Vertriebsrecht, S. 10.

2674 OLG Köln, ZIP 1989, 1068, 1069; OLG Düsseldorf, NJW-RR 1988, 1260, 1261.

2675 Siehe 2. Teil, B., II., 5., b.

2676 *Schiller*, Gerichtsstandsklauseln in AGB, NJW 1979, 636, 636; *Trendelberend*, Vorteile, S. 200.

2677 *Trendelberend*, Vorteile, S. 205.

Gerichtsstandsklauseln ebenfalls der Kontrolle nach § 307 I, II BGB[2678], wonach sie unwirksam sind, wenn der Vertragspartner entgegen Treu und Glauben unangemessen benachteiligt wird.[2679]

Grundsätzlich sind mehrere Fallkonstellationen zu unterscheiden: Es ist unterschiedlich zu bewerten, ob der Kunde als Kläger oder als Beklagter agiert. Des Weiteren ist zu differenzieren, ob als Gerichtsstand der Sitz des AGB-Verwenders oder ein anderer Ort – z. B. der Sitz seines Anwalts – festgelegt wird. Ist der Kunde Kläger, so kann grundsätzlich nicht davon ausgegangen werden, dass eine unangemessene Benachteiligung – trotz einiger anerkannter Nachteile[2680] – darin zu sehen ist, wenn die AGB bspw. den Sitz der Anwälte des Verwenders vorsehen.[2681] In Ausnahmefällen wird sich eine solche Abänderung des Gerichtsstandes für den Kunden aber doch als unangemessen erweisen.[2682]

Handelt es sich bei dem Kunden jedoch um den Beklagten, so müssten besondere Gründe vorliegen, um diese schwerwiegende Benachteiligung des Kunden rechtfertigen zu können.[2683] Zu beachten ist, dass die einseitige Durchsetzung der Verwenderinteressen nicht als Rechtfertigung anzusehen ist.[2684] Nach Meinung von Literatur[2685] und Rechtsprechung[2686] ist eine Klausel, welche den Sitz des AGB-Verwenders als Gerichtsstand festlegt, im Handelsverkehr gem. § 310 I 1 BGB üblich, sodass sich grundsätzlich eine Abweichung vom

---

2678 OLG Hamburg, NJW-RR 1999, 1506, 1507; LG Karlsruhe, NJW 1996, 1417, 1417; *Coester*, in: Staudinger, § 307 BGB, Rn. 474; *Grüneberg*, in: Palandt, § 307 BGB, Rn. 93; *Schiller*, Gerichtsstandsklauseln in AGB, NJW 1979, 636, 637; *Trendelberend*, Vorteile, S. 200.

2679 Siehe 2. Teil, B., II., 7., b., 2), b).

2680 Siehe LG Karlsruhe, NJW 1996, 1417, 1417; *Trendelberend*, Vorteile, S. 202 f.

2681 LG Bielefeld, MDR 1977, 672, 672; *Trendelberend*, Vorteile, S. 203; *Wurmnest*, in: MüKo BGB, § 307, Rn. 254.

2682 *Grüneberg*, in: Palandt, § 307 BGB, Rn. 93; *Trendelberend*, Vorteile, S. 203; *Wurmnest*, in: MüKo BGB, § 307, Rn. 254.

2683 OLG Hamburg, NJW-RR 1999, 1506, 1507; *Schiller*, Gerichtsstandsklauseln in AGB, NJW 1979, 636, 637; *Trendelberend*, Vorteile, S. 203.

2684 OLG Hamburg, NJW-RR 1999, 1506, 1507; *Coester*, in: Staudinger, § 307 BGB, Rn. 474; *Schiller*, Gerichtsstandsklauseln in AGB, NJW 1979, 636, 637; *Thüsing*, in: Vertragsrecht, Gerichtsstandsklauseln, Rn. 14; *Trendelberend*, Vorteile, S. 204.

2685 *Coester*, in: Staudinger, § 307 BGB, Rn. 475; *Graf von Westphalen*, Einkaufsbedingungen, S. 199; *Schiller*, Gerichtsstandsklauseln in AGB, NJW 1979, 636, 637; *Thüsing*, in: Vertragsrecht, Gerichtsstandsklauseln, Rn. 15; **a. A.**: *Trendelberend*, Vorteile, S. 205.

2686 OLG Hamburg, NJW-RR 1999, 1506, 1507; OLG Karlsruhe, NJW 1996, 2041, 2041; **a. A.** LG Karlsruhe, NJW 1996, 1417, 1420.

gesetzlichen Gerichtsstand rechtfertigen lässt, selbst wenn der Kunde Beklagter ist. Allerdings genügt als Rechtfertigung für die Festlegung des Gerichtsstandes weder, dass ein Großteil der Geschäfte des Verwenders an diesem Ort abgewickelt werden[2687], noch, dass der Anwalt des Verwenders dort seinen Sitz hat.[2688]

3. Im Schweizer Recht

Eine Besonderheit existiert, wenn die Partei, welche auf ihren gesetzlich vorgesehenen Gerichtsstand verzichtet, in der Schweiz ansässig ist: Gem. Art. 30 II BV hat jede Person einen Anspruch darauf, dass die Rechtslage vor dem Gericht ihres (Wohn-)Sitzes beurteilt wird, wenn das Gesetz keinen anderen Gerichtsstand vorsieht. Klauseln, welche von diesem Grundsatz abweichen, werden *eo ipso* als ungewöhnlich eingestuft und gelten als nicht von der pauschalen Zustimmung (*Globalübernahme*[2689]) umfasst.[2690] Für Verträge zwischen Kaufleuten existieren jedoch keine zwingenden Gerichtsstandsbestimmungen.[2691] Im B2B-Verkehr sind Vereinbarungen über den Gerichtsstand ohnehin üblich geworden, sodass häufig bereits keine objektive Ungewöhnlichkeit[2692] vorliegt.[2693] Zu denken ist an eine solche dennoch, wenn der Gerichtsstand in einem Staat liegen soll, zu welchem keine der Parteien einen vernünftigen Bezug hat.[2694] Eine Verknüpfung des Schweizer Rechts mit einem deutschen Gerichtsstand sollte allerdings zu keinen größeren Schwierigkeiten führen.[2695]

Soweit ersichtlich wird die Frage, wo genau der neue Gerichtsstand liegen soll – z. B. am Ort des Anwalts –, nicht speziell thematisiert, sodass davon auszugehen ist, dass dies irrelevant ist, solange der Kunde Kenntnis von der

---

2687 OLG Hamburg, NJW-RR 1999, 1506, 1507; *Coester*, in: Staudinger, § 307 BGB, Rn. 475.

2688 OLG Hamburg, NJW-RR 1999, 1506, 1507; *Coester*, in: Staudinger, § 307 BGB, Rn. 475; *Rothermel*, Kauf-, Liefer- und Vertriebsrecht, S. 93; **a. A.** *Thüsing*, in: Vertragsrecht, Gerichtsstandsklauseln, Rn. 16.

2689 Siehe 2. Teil, B., II., 7., c., 2), b), (1).

2690 BGE 98 Ia 314, 321; BGer 4C_282/2003 vom 15.12.2003, E. 3.1; *G/H/M/P*, Vertragsgestaltung, Rn. 365; *G/S/S/E*, OR AT, Rn. 1140; *Huguenin*, AGB, recht 1995, 85, 87; *Kramer*, in: BK OR, Art. 1, Rn. 190, 202; *Probst*, in: K/P/P, AGB, Fn. 1639; *Ramstein*, AGB, RIW 1988, 440, 442 f.; *Trendelberend*, Vorteile, S. 121.

2691 *G/S/S/E*, OR AT, Rn. 1142; *Zellweger-Gutknecht/Bucher*, in: BSK OR, Anh. Art. 1, Rn. 61.

2692 Siehe 2. Teil, B., II., 7., c., 2), b), (2), (a).

2693 *Perrig*, in: K/P/P, AGB, Rn. 199.

2694 *Ders.*, ebenda, Fn. 812.

2695 *Pfeiffer*, Flucht, in: FS Graf von Westphalen, 555, 566.

Gerichtsstandsklausel an sich hat oder haben muss. Es gelten demnach nur die allgemeinen Einbeziehungsvoraussetzungen sowie die Schranken des allgemeinen Vertragsrechts.[2696] Sinngemäß ist das Gesagte ebenfalls für Schiedsklauseln anwendbar.[2697] Schließlich sind auch Schiedsvereinbarungen im unternehmerischen Bereich verbreitet und üblich.[2698]

4. *Der Vergleich der Rechtsordnungen*

Grundsätzlich vermag die folgende Tabelle Aufschluss über die derzeitige Rechtslage zu geben.

Tab. 7: Die Zulässigkeit von Gerichtsstandsvereinbarungen in AGB

Gerichtsstandsvereinbarung in AGB zulässig?		**D**	**CH**
Kunde als Kläger	am Sitz des Verwenders	ja	ja
	z. B. am Sitz des Anwalts	ja	ja
Kunde als Beklagter	am Sitz des Verwenders	ja	ja
	z. B. am Sitz des Anwalts	**nein**	**ja**

Grundsätzlich fällt auf, dass das Schweizer Recht in Bezug auf Gerichtsstandsvereinbarungen insbesondere für den AGB-Verwender großzügiger ist als das deutsche Recht.[2699] Für die Beurteilung der Nachteile ist maßgeblich, welche Partei ihre AGB wirksam in den Vertrag einbringt und durchsetzen kann. Verwendet der deutsche Exporteur eine Gerichtsstandsklausel in seinen AGB, ist ihm anzuraten, diese rein vorsorglich unmissverständlich zu formulieren[2700], sie an einer gut sichtbaren Stelle zu positionieren und sie durch eine drucktechnische Gestaltung wie bspw. Fettdruck hervortreten zu lassen.[2701] Ist der Käufer Verwender, muss der deutsche Exporteur damit rechnen, dass er u. U. an dem Ort verklagt wird, an welchem z. B. der Anwalt des Käufers seinen Sitz hat, obwohl

2696 *Trendelberend*, Vorteile, S. 199.

2697 BGer 4C_282/2003 vom 15.12.2003, E. 3.1; *G/S/S/E*, OR AT, Rn. 1142; *Perrig*, in: K/P/P, AGB, Rn. 214.

2698 *Perrig*, in: K/P/P, AGB, Rn. 214.

2699 *Trendelberend*, Vorteile, S. 206; siehe 2. Teil, B., XVIII., 2. und 3.

2700 Vgl. *Probst*, in: K/P/P, AGB, Fn. 1639.

2701 BGE 128 I 273, 277; BGE 118 Ia 294, 297; BGE 104 Ia 278, 279 f.; BGer 4C_282/2003 vom 15.12.2003, E. 3.2; *G/S/S/E*, OR AT, Rn. 1140a; *Kramer*, in: BK OR, Art. 1, Rn. 203; *Trendelberend*, Vorteile, S. 122; siehe 2. Teil, B., II., 7., c., 2), b), (4).

dies nach deutschem Recht in AGB nicht zulässig wäre.[2702] Missfällt dies dem deutschen Exporteur, so sollte er gegen die Klausel vorgehen.

XIX. Der tatsächliche Bezug zur Schweiz

1. Allgemeines

Die folgenden Besonderheiten des Schweizer Rechts können insbesondere relevant werden, wenn sich die Ware tatsächlich während der Vertragsabwicklung in der Schweiz befindet. Dann kommt u. a. das allgemein anerkannte Prinzip des *lex rei sitae*[2703] zur Anwendung, welches auch im Schweizer Sachenrecht gilt. Schlussendlich soll kurz auf das Prozessrecht eingegangen werden, das bei einem Gerichtsstand[2704] in der Schweiz relevant wird.

2. Der Eigentumsvorbehalt und weitere dingliche Sicherungsmittel

a. Allgemeines

Ein Eigentumsvorbehalt liegt vor, wenn sich Käufer und Verkäufer einig sind, dass das Eigentum an einer beweglichen Sache bspw. erst mit vollständiger Zahlung des Kaufpreises übergehen soll.[2705] Bis dahin bleibt der Verkäufer Eigentümer, obwohl die Besitzübertragung bereits stattgefunden hat.[2706] Dies ergibt sich für das deutsche Recht aus § 449 I BGB. Zweck ist die Sicherung des Kaufpreisanspruchs.[2707] Demnach stellt der Eigentumsvorbehalt ein Kreditsicherungsmittel dar.[2708] Die Möglichkeit des Eigentumsvorbehalts besteht nur bei Verträgen

---

2702 Siehe 2. Teil, B., XVIII., 2.

2703 Siehe 2. Teil, A., I.

2704 Siehe 2. Teil, B., XVIII.

2705 *Hitz*, in: CHK ZGB, Art. 715, Rn. 2; *Honsell*, OR BT, S. 132; *Kähr*, in: K/W/A/F, ZGB Handkommentar, Art. 715, Rn. 3; *Pinnells/Eversberg*, Kaufverträge, S. 108; *Ramstein*, AGB, RIW 1988, 440, 444; *Rey*, Sachenrecht, Rn. 279, 1737; *Rothermel*, Kauf-, Liefer- und Vertriebsrecht, S. 398; *Schwander*, in: BSK ZGB, Art. 715, Rn. 3; *Wittibschlager*, Einführung, Rn. 629.

2706 *Honsell*, OR BT, S. 132; *Rey*, Sachenrecht, Rn. 279; *Schwander*, in: BSK ZGB, Art. 715, Rn. 2.

2707 *Honsell*, OR BT, S. 132; *Kähr*, in: K/W/A/F, ZGB Handkommentar, Art. 715, Rn. 3.

2708 *Hitz*, in: CHK ZGB, Art. 715, Rn. 6; *Kähr*, in: K/W/A/F, ZGB Handkommentar, Art. 715, Rn. 3; *Ostendorf*, in: Ostendorf/Kluth, Wirtschaftsverträge, § 3, Rn. 90; *Rey*, Sachenrecht, Rn. 1738.

über bewegliche Sachen.[2709] Es muss sich aber nicht um einen Kaufvertrag handeln.[2710] Insbesondere in AGB wird oft versucht, einen Eigentumsvorbehalt zu vereinbaren.[2711]

b. *Das Eigentumsvorbehaltsregister*

Fraglich ist, ob und insbesondere wie ein Eigentumsvorbehalt wirksam vereinbart werden kann, wenn grenzüberschreitend gehandelt werden soll.[2712] Schließlich ist dann das Sachenrecht des anderen Staates anwendbar.[2713] Grundsätzlich ist im Schweizer Recht zumindest ein einfacher Eigentumsvorbehalt möglich, welcher auch durch eine AGB-Klausel begründet werden kann.[2714]

Die praktische Bedeutung wird jedoch als gering eingestuft.[2715] Schließlich muss gem. Art. 715 I ZGB der Eigentumsvorbehalt in ein öffentliches Register am Wohnort des Erwerbers eingetragen werden. Hat dieser keinen Wohnsitz in der Schweiz, dafür jedoch eine Geschäftsniederlassung, so liegt die Zuständigkeit gem. Art. 1 I 1 EigVV bei dem Betreibungsamt an diesem Ort.[2716] Bei einer Aktiengesellschaft ist das Register am Ort der Hauptniederlassung maßgeblich.[2717] Der Grund für die Notwendigkeit der Eintragung liegt in dem *Publizitätsprinzip* aus Art. 930 OR, welches durch den Eigentumsvorbehalt durchbrochen wird.[2718] Geschützt werden sollen die weiteren Gläubiger, damit der Käufer nicht kreditwürdiger erscheint, als er tatsächlich ist.[2719]

2709 *Hitz*, in: CHK ZGB, Art. 715, Rn. 8; *Kähr*, in: K/W/A/F, ZGB Handkommentar, Art. 715, Rn. 7; *Schwander*, in: BSK ZGB, Art. 715, Rn. 4; *Wittibschlager*, Einführung, Rn. 630.

2710 *Hitz*, in: CHK ZGB, Art. 715, Rn. 7; *Rey*, Sachenrecht, Rn. 1737; **a. A.** *Schwander*, in: BSK ZGB, Art. 715, Rn. 4.

2711 *Pinnells/Eversberg*, Kaufverträge, S. 108; *Ramstein*, AGB, RIW 1988, 440, 444.

2712 *Beckmann*, in: Staudinger, § 449 BGB, Rn. 182; *Pinnells/Eversberg*, Kaufverträge, S. 108.

2713 *Ostendorf*, in: Ostendorf/Kluth, Wirtschaftsverträge, § 3, Rn. 90; *ders./Sauthoff*, ebenda, § 18, Rn. 83; siehe 2. Teil, A., I.

2714 *Rothermel*, Kauf-, Liefer- und Vertriebsrecht, S. 335.

2715 *Hitz*, in: CHK ZGB, Art. 715, Rn. 5; *Schumacher*, Vertragsgestaltung, Rn. 1134.

2716 *Hitz*, in: CHK ZGB, Art. 715, Rn. 15; *Schwander*, in: BSK ZGB, Art. 715, Rn. 6 f.

2717 BGE 106 II 320, 326; *Rey*, Sachenrecht, Rn. 1746.

2718 *Honsell*, OR BT, S. 132; vgl. *Wittibschlager*, Einführung, Rn. 284.

2719 BGE 110 II 153, 155; BGE 102 III 150, 151 f.; *Honsell*, OR BT, S. 132; *Kähr*, in: K/W/A/F, ZGB Handkommentar, Art. 715, Rn. 11; vgl. *Hitz*, in: CHK ZGB, Art. 715, Rn. 2.

Eine Frist zur Eintragung existiert im Gesetz nicht.[2720] Jedoch erlangt der Vorbehalt erst mit dem Eintrag ins Register seine Gültigkeit (*negative Publizität*).[2721] Wird zwar ein Eigentumsvorbehalt vereinbart, dieser aber nicht in das Register eingetragen, so geht das Eigentum dennoch auf den Käufer über.[2722] Findet die Eintragung nachträglich statt, fällt das Eigentum wieder zurück an den Verkäufer, bis der Kaufpreis vollständig durch den Käufer bezahlt wurde.[2723] Des Weiteren gilt es zu beachten, dass der Eintrag an den Sitz des Käufers gebunden ist, sodass dieser gem. Art. 3 III 1 EigVV nach Ablauf von drei Monaten nach Sitzverlegung des Käufers – auch ohne Kenntnis des Verkäufers – seine Wirkung verliert.[2724] Damit der Eigentumsvorbehalt auch weiterhin Gültigkeit hat, muss er an dem neuen Sitz des Käufers erneut eingetragen werden.[2725] Zwar wird ein Sitzwechsel nicht regelmäßig geschehen. Allerdings sollte der deutsche Exporteur von dieser Norm wissen, um rechtzeitig entsprechend agieren zu können.

Positive Publizitätswirkung und Rechtskraft entfaltet das Register im Gegensatz zum Grundbuch nicht.[2726] Demnach ist weder das Vertrauen auf die Richtigkeit noch Vollständigkeit des Registers geschützt.[2727] Der Vorbehalt geht unter, wenn die Sache durch einen Dritten erworben wird.[2728] Ist der Dritte gutgläubig,

---

2720 *Kähr*, in: K/W/A/F, ZGB Handkommentar, Art. 715, Rn. 12; *Rey*, Sachenrecht, Rn. 1747; *Schwander*, in: BSK ZGB, Art. 715, Rn. 6; *Wittibschlager*, Einführung, Rn. 632.

2721 *Hitz*, in: CHK ZGB, Art. 715, Rn. 13; *Honsell*, OR BT, S. 134; *Kähr*, in: K/W/A/F, ZGB Handkommentar, Art. 715, Rn. 15; *Schwander*, in: BSK ZGB, Art. 715, Rn. 6; *Wittibschlager*, Einführung, Rn. 632.

2722 *Hitz*, in: CHK ZGB, Art. 715, Rn. 12; *Huguenin*, OR, Rn. 2335; *Rey*, Sachenrecht, Rn. 1746a; *Schwander*, in: BSK ZGB, Art. 715, Rn. 6; *Wittibschlager*, Einführung, Rn. 632.

2723 BGE 93 III 96, 104; *Hitz*, in: CHK ZGB, Art. 715, Rn. 12; *Huguenin*, OR, Rn. 2335; *Kähr*, in: K/W/A/F, ZGB Handkommentar, Art. 715, Rn. 12; *A. Koller*, in: BSK OR, Art. 184, Rn. 64; *Rey*, Sachenrecht, Rn. 1747; *Schwander*, in: BSK ZGB, Art. 715, Rn. 6; *Wittibschlager*, Einführung, Rn. 632.

2724 *Hitz*, in: CHK ZGB, Art. 715, Rn. 15; *Kähr*, in: K/W/A/F, ZGB Handkommentar, Art. 715, Rn. 13.

2725 *Hitz*, in: CHK ZGB, Art. 715, Rn. 15; *Kähr*, in: K/W/A/F, ZGB Handkommentar, Art. 715, Rn. 13.

2726 BGE 96 III 51, 55; *Hitz*, in: CHK ZGB, Art. 715, Rn. 18; *Honsell*, OR BT, S. 135; *Kähr*, in: K/W/A/F, ZGB Handkommentar, Art. 715, Rn. 15; *A. Koller*, in: Guhl, OR, § 41, Rn. 78; *Wittibschlager*, Einführung, Rn. 632.

2727 *Wittibschlager*, Einführung, Rn. 632.

2728 *Hitz*, in: CHK ZGB, Art. 715, Rn. 19; *Honsell*, OR BT, S. 136; *Kähr*, in: K/W/A/F, ZGB Handkommentar, Art. 715, Rn. 21; *Wittibschlager*, Einführung, Rn. 633.

so wird ihm Schutz gewährt.[2729] Allerdings gelten für bestimmte Geschäftsbranchen auch verschärfte Bedingungen.[2730] Durch den Eintrag im Eigentumsvorbehaltsregister erhält der Verkäufer die Legitimation für eine Vindikationsklage, wenn die Sache dennoch weiterveräußert wurde.[2731]

In internationalen Verträgen sind häufig rein vertragliche Eigentumsvorbehalte anzutreffen, welche sich nicht auf die Eintragung im Eigentumsvorbehaltsregister beziehen.[2732] Dadurch wird der Verkäufer in den Irrglauben versetzt, die Klausel alleine biete bereits einen ausreichenden Schutz.[2733] Aber selbst wenn eine Eintragung vorliegt, gilt das Register als unpraktisch und unzulänglich.[2734] Der Vorbehalt gebe dem Veräußerer nicht die gewünschte Sicherheit[2735] und werde den heutigen Bedürfnissen nicht mehr gerecht.[2736] Die Aufgabe dieses Instituts erscheine die logische Konsequenz zu sein.[2737] Jedoch ist positiv anzuführen, dass der vertragliche Eigentumsvorbehalt – selbst ohne Eintragung in das Register[2738] – bereits dafür sorgt, dass sich der Verkäufer bei einem *Postnumerandokauf* das Rücktrittsrecht gem. Art. 214 III OR bei Verzug des Käufers vorbehält.[2739]

2729 BGE 93 III 96, 111; *Honsell*, OR BT, S. 136; *Kähr*, in: K/W/A/F, ZGB Handkommentar, Art. 715, Rn. 16; *Schwander*, in: BSK ZGB, Art. 715, Rn. 6; *Wittibschlager*, Einführung, Rn. 633.

2730 *Hitz*, in: CHK ZGB, Art. 715, Rn. 18; *Kähr*, in: K/W/A/F, ZGB Handkommentar, Art. 715, Rn. 16.

2731 *Schwander*, in: BSK ZGB, Art. 715, Rn. 8.

2732 *Berni*, Hardware, in: Jörg/Arter, Internet-Recht, S. 29.

2733 *Ders.*, ebenda.

2734 *Honsell*, OR BT, S. 133.

2735 *Hitz*, in: CHK ZGB, Art. 715, Rn. 5.

2736 *Schumacher*, Vertragsgestaltung, Rn. 1134.

2737 *Honsell*, OR BT, S. 133.

2738 BGE 90 II 285, 292; BGE 88 II 81, 85; BGE 73 III 165, 168; BGE 60 II 412, 413; BGE 51 II 135, 139; *Honsell*, OR BT, S. 67; *A. Koller*, in: BSK OR, Art. 214, Rn. 22; *ders.*, in: Guhl, OR, § 41, Rn. 141; *Rey*, Sachenrecht, Rn. 1750; *Wittibschlager*, Einführung, Fn. 722.

2739 BGE 93 III 96, 109; BGE 90 II 285, 292; BGE 88 II 81, 85; BGE 73 III 165, 168; BGE 60 II 412, 413; BGE 51 II 135, 139; *Birkhäuser/Schmid*, in: M/B/K/P, Vertragshandbuch, Kap. 20, Rn. 7.3; *Gelzer*, in: M/B/K/P, Vertragshandbuch, Kap. 18, Rn. 5.2; *Honsell*, OR BT, S. 67, 134; *Huguenin*, OR, Rn. 2540; *Keller/Siehr*, Kaufrecht, S. 44; *A. Koller*, in: BSK OR, Art. 214, Rn. 20, 22; *ders.*, in: Guhl, OR, § 41, Rn. 141; *Rey*, Sachenrecht, Rn. 1750; *Schwander*, in: BSK ZGB, Art. 715, Rn. 9; *von Büren*, OR BT, S. 57, Fn. 243; *Wittibschlager*, Einführung, Rn. 631, Fn. 722; siehe 2. Teil, B., X., 1., d.

c. *Weitere dingliche Sicherungsmittel*

Sowohl der verlängerte[2740] als auch der erweiterte[2741] Eigentumsvorbehalt werden im Schweizer Recht als unwirksam betrachtet. Die nach deutschem Recht üblichen Herstellungs- und Verarbeitungsklauseln[2742] gelten nach Schweizer Recht als Umgehung des *Faustpfandprinzips* und finden demnach ebenfalls keine Anwendung.[2743] Auch das Anwartschaftsrecht wird abgelehnt.[2744] Der Eigentumsvorbehalt ist das einzige besitzlose Kreditsicherungsmittel, welches im Schweizer Recht anerkannt wird.[2745] Zu beachten ist, dass auch im Schweizer Sachenrecht der *numerus clausus* des Sachenrechts gilt, sodass die Vertragsfreiheit zwingend eingeschränkt wird.[2746]

d. *Der Vergleich der Rechtsordnungen*

Dem deutschen Exporteur muss bewusst sein, dass der Eigentumsvorbehalt im Schweizer Recht nicht so weit entwickelt ist wie im deutschen Recht.[2747] Es ist für ihn unumgänglich zu wissen, dass ein einfacher vertraglicher Eigentumsvorbehalt nicht ausreichend ist, sondern der Eintrag in das Eigentumsvorbehaltsregister verlangt wird.[2748] In Deutschland existiert diese Art des Registers nicht, sodass der deutsche Exporteur darauf zu achten hat.

Darüber hinaus muss dem deutschen Exporteur im internationalen Warenverkehr bewusst sein, dass die dinglichen Sicherungsrechte grundsätzlich keine verlässliche Wirkung entfalten und demnach auf diese kein Verlass ist.[2749] Die aus dem deutschen Recht bekannten und häufig anzutreffenden Klauseln zum

---

2740 *Matz*, Eigentumssicherheiten, S. 61; *Rey*, Sachenrecht, Rn. 1754 f.; *Wittibschlager*, Einführung, Rn. 634; *Zobl/Thurnherr*, in: BK, Systematischer Teil, Rn. 1711.

2741 BGE 102 III 150, 152; BGE 56 III 79, 82; *Matz*, Eigentumssicherheiten, S. 61.

2742 *Rey*, Sachenrecht, Rn. 1751 f.; vgl. *Graf von Westphalen*, in: Vertragsrecht, Eigentumsvorbehaltssicherung, Rn. 35 ff.

2743 BGE 102 III 150, 152; *Matz*, Eigentumssicherheiten, S. 61; *Zobl/Thurnherr*, in: BK, Systematischer Teil, Rn. 1711.

2744 *Matz*, Eigentumssicherheiten, S. 65.

2745 *Ders*., ebenda, S. 66; vgl. *Hitz*, in: CHK ZGB, Art. 715, Rn. 2; *Schwander*, in: BSK ZGB, Art. 715, Rn. 2.

2746 *Schumacher*, Vertragsgestaltung, Rn. 235, 1134; *Zobl/Thurnherr*, in: BK, Systematischer Teil, Rn. 291.

2747 *Honsell*, OR BT, S. 132.

2748 Siehe 2. Teil, B., XIX., 2., b.

2749 *Ostendorf/Sauthoff*, in: Ostendorf/Kluth, Wirtschaftsverträge, § 18, Rn. 83; *Pinnells/Eversberg*, Kaufverträge, S. 108.

Eigentumsvorbehalt[2750] sind demnach wirkungslos. Eine ausreichende Zahlungssicherheit muss durch andere Mittel – z. B. durch eine Bürgschaft oder eine harte Patronatserklärung der Muttergesellschaft bei Konzernen – erreicht werden.

e. *Die Vertragsgestaltung*

Grundsätzlich schadet eine vertragliche Regelung zum Eigentumsvorbehalt nicht.[2751] Sinnvoll ist diese jedoch nur, sofern die Sache über einige Zeit – bestenfalls bis zur vollständigen Bezahlung – bei dem Käufer verbleibt und nicht direkt weiterverkauft wird. Für den Fall, dass sich der deutsche Exporteur doch auf einen Eigentumsvorbehalt mit Registereintragung einlassen möchte, könnte eine entsprechende Klausel wie folgt lauten.

> „Das Eigentum am gelieferten Kaufgegenstand verbleibt bis zur Bezahlung des Kaufpreises beim Verkäufer. Kommt der Käufer mit der Zahlung des Kaufpreises in Verzug, so ist der Verkäufer berechtigt, den Eigentumsvorbehalt auf Kosten des Käufers im Eigentumsvorbehaltsregister eintragen zu lassen."[2752]

3. *Das Kausalitätsprinzip*

Nach deutschem Recht ist das *Trennungs-* und *Abstraktionsprinzip* anwendbar.[2753] Verpflichtungs- und Verfügungsgeschäft sind in Bezug auf das Zustandekommen und ihre Wirksamkeit strikt voneinander zu trennen.[2754]

Im Schweizer Recht existiert ebenfalls die Unterteilung in Verpflichtungs- und Verfügungsgeschäft.[2755] Es gilt allerdings das *Kausalitätsprinzip* – d. h. die Abhängigkeit von Verpflichtungs- und Verfügungsgeschäft – gem. Art. 974 I, II

2750 Siehe *Graf von Westphalen*, Verkaufsbedingungen, S. 6 ff.; *Hees*, in: Schmitt, Praxishandbuch, Kap. 8, Rn. 282; *Schmitt/Stange*, B2B, Kap. 3, Rn. 334.

2751 *Ostendorf/Sauthoff*, in: Ostendorf/Kluth, Wirtschaftsverträge, § 18, Rn. 83.

2752 *Gelzer*, in: M/B/K/P, Vertragshandbuch, Kap. 18, Rn. 4.

2753 *Faust*, in: Ba/Ro, BeckOK BGB, § 433, Rn. 12; *Weidenkaff*, in: Palandt, Einf v § 433 BGB, Rn. 1.

2754 *Bucher*, OR AT, S. 48; *Faust*, in: Ba/Ro, BeckOK BGB, § 433, Rn. 12; *Rey*, Sachenrecht, Rn. 356.

2755 *Honsell*, OR BT, S. 24; *Huguenin*, OR, Rn. 62 ff., 2333 f.; *Keller/Siehr*, Kaufrecht, S. 16; *A. Koller*, in: Guhl, OR, § 12, Rn. 6; *Rey*, Sachenrecht, Rn. 17, 348; *Rothermel*, Kauf-, Liefer- und Vertriebsrecht, S. 168; *Schumacher*, Vertragsgestaltung, Rn. 533; *Schwenzer*, OR AT, Rn. 3.31 ff.

ZGB für Grundstücke.[2756] Aber auch für dingliche Rechte an beweglichen Sachen ist dieser Grundsatz anwendbar.[2757] Im Falle des ungültigen Grundgeschäfts wird die getätigte Verfügung also im Ergebnis so behandelt, als hätte es diese nie gegeben.[2758] Bspw. findet eine Eigentumsverschiebung dann nicht statt.[2759] Demnach treten die Folgen ein, ohne dass es eines aktiven Zutuns bedarf.[2760] Des Weiteren ist zu erwähnen, dass das *Kausalitätsprinzip* insbesondere in Bezug auf die Insolvenz des Käufers für den Verkäufer von Vorteil sein wird, wenn das Eigentum wieder an den Verkäufer zurückfällt.[2761] Das *Kausalitätsprinzip* kann nicht durch eine vertragliche Vereinbarung umgangen werden und ist in der Schweizer Lehre unumstritten.[2762]

Welche Rechtsordnung mit ihrem System vorteilhafter ist, lässt sich im Vorfeld nicht sagen.[2763] Der deutsche Exporteur sollte zumindest von den vorgenannten Unterschieden wissen, damit im Handlungsfalle entsprechend verfahren werden kann.

2756 *Bucher*, OR AT, S. 48; *Honsell*, OR BT, S. 45; *Huguenin*, OR, Rn. 69, 2336; *Keller/Siehr*, Kaufrecht, S. 16; *Rey*, Sachenrecht, Rn. 353, 1690; *Rothermel*, Kauf-, Liefer- und Vertriebsrecht, S. 168; *Schönle*, in: ZK OR, Art. 184, Rn. 28; *Schwander*, in: BSK ZGB, Art. 714, Rn. 3; *Schwenzer*, OR AT, Rn. 3.43; *Wittibschlager*, Einführung, Rn. 286; *Zobl/Thurnherr*, in: BK, Systematischer Teil, Rn. 297.

2757 BGE 121 III 345, 347; BGE 93 II 373, 377; BGE 55 II 302, 306 ff.; *Bucher*, OR AT, S. 48; *Honsell*, OR BT, S. 45; *Huguenin*, OR, Rn. 69, 2336; *Keller/Siehr*, Kaufrecht, S. 16; *Rey*, Sachenrecht, Rn. 354; *Schönle*, in: ZK OR, Art. 184, Rn. 28; *Schwander*, in: BSK ZGB, Art. 714, Rn. 3; *Schwenzer*, OR AT, Rn. 3.43; *Wittibschlager*, Einführung, Rn. 286; *Zobl/Thurnherr*, in: BK, Systematischer Teil, Rn. 297; vgl. *Wiegand*, Rechtsprechung 2001/2002, ZBJV 2003, 802, 811.

2758 *Bucher*, OR AT, S. 48; *Huguenin*, OR, Rn. 2336; *Keller/Siehr*, Kaufrecht, S. 16; *Rothermel*, Kauf-, Liefer- und Vertriebsrecht, S. 168; *Zobl/Thurnherr*, in: BK, Systematischer Teil, Rn. 296.

2759 *Honsell*, OR BT, S. 45; *Huguenin*, OR, Rn. 2336; *Schönle*, in: ZK OR, Art. 184, Rn. 28; *Schwander*, in: BSK ZGB, Art. 714, Rn. 3; *Schwenzer*, OR AT, Rn. 3.43.

2760 *Wiegand*, Rechtsprechung 2001/2002, ZBJV 2003, 802, 811.

2761 *A. Koller*, OR AT, Rn. 3.63; *Schwenzer*, OR AT, Rn. 3.43.

2762 *Schwander*, in: BSK ZGB, Art. 714, Rn. 4.

2763 *Bucher*, OR AT, S. 48.

4. *Der Eigentumsübergang*

Nach deutschem Recht wird gem. § 929 BGB ein abstrakter Übereignungsvertrag verlangt, welcher sich aus einer Willenseinigung und einer realen Übergabe zusammensetzt.[2764]

Im Schweizer Recht ist strittig, ob neben der Besitzübergabe eine Einigung über die Eigentumsübertragung – also ein dinglicher Vertrag – benötigt wird.[2765] Die ablehnende Meinung[2766] geht davon aus, dass bereits im Verpflichtungsgeschäft die Einigung zum Übergang des Eigentums zu sehen sei. Argument der befürwortenden Meinung[2767] ist hingegen, dass der Verkäufer nicht bereits bei Abschluss des Kaufvertrages Besitz und Eigentum übertragen wolle, sondern erst später. Ausnahmsweise sei davon nur bei einem Handgeschäft (*brevi manu traditio*) auszugehen.[2768]

Trotz der möglicherweise unterschiedlichen Auffassungen im deutschen und Schweizer Recht dürfte sich für die Praxis kein Risiko für den deutschen Exporteur ergeben.[2769]

5. *Exkurs: Das Telefax im Prozessrecht*

Die vorliegende Arbeit befasst sich hauptsächlich mit dem Schweizer Schuldrecht.[2770] Jedoch ist auch ein Rechtsvergleich anderer Rechtsmaterien erforderlich, um eine erfolgreiche Vertragsdurchführung zu gewährleisten. Dieser wird bspw. bei einem Gerichtsstand[2771] in der Schweiz benötigt, da sich das Prozessrecht nach dem zuständigen Gericht bestimmt.[2772] An dieser Stelle ist erneut auf die Unterscheide zwischen deutschem und Schweizer Recht zu achten. Bereits kleine Fehler, Unachtsamkeiten oder Nichtwissen können dazu führen, dass ein

---

2764 *Honsell*, OR BT, S. 44.

2765 Befürwortend *Honsell*, OR BT, S. 43; *A. Koller*, in: BSK OR, Art. 184, Rn. 65; *Schönle*, in: ZK OR, Art. 184, Rn. 27, 70; *Schwander*, in: BSK ZGB, Art. 714, Rn. 1, 5 f.; ablehnend *Huguenin*, OR, Rn. 2334; *Rey*, Sachenrecht, Rn. 1707.

2766 *Huguenin*, OR, Rn. 2334; *Rey*, Sachenrecht, Rn. 1707.

2767 *A. Koller*, in: BSK OR, Art. 184, Rn. 65.

2768 *Ders.*, ebenda.

2769 *Ders.*, ebenda.

2770 Siehe 2. Teil, A., I.

2771 Siehe 2. Teil, B., XVIII.

2772 *Bugg*, Contracts, S. 88; *Giesecke*, Rechtswahl, S. 189, 271; *Ostendorf*, in: Ostendorf/Kluth, Wirtschaftsverträge, § 3, Rn. 133; *Rothermel*, Kauf-, Liefer- und Vertriebsrecht, S. 8, 405.

Rechtsstreit verloren wird oder es gar nicht erst zu einem kommt. Das vorliegende Beispiel soll dies dem deutschen Exporteur verdeutlichen.

Im deutschen Prozessrecht ist es zulässig, dass prozessbezogene Dokumente wie Klagen und Rechtsmittel per Telefax eingereicht werden.[2773] Von Schweizer Gerichten werden diese hingegen regelmäßig als nicht prozesskonform abgelehnt, weil keine eigenhändige Unterschrift vorhanden sei.[2774] Auch heutzutage wird das Telefax noch verwendet, um mit dem Gericht zu kommunizieren und wichtige Dokumente einzureichen.[2775] Allerdings ist dazu noch anzumerken, dass sich der jeweilige Anwalt mit dem Schweizer Prozessrecht auskennen und den deutschen Exporteur auf die Risiken hinweisen sollte.

C. Allgemeine Hinweise zur Vertragsgestaltung

Insbesondere bei der Gestaltung von internationalen Verträgen werden die Vertragsjuristen vor besondere Herausforderungen gestellt.[2776] Aufgrund der Tatsache, dass die vorliegende Arbeit nicht vollumfänglich alle Nachteile des Schweizer Rechts für den deutschen Exporteur aufzuzeigen vermag, bietet es sich an, die Vertragsgestaltung am Vorbild des insbesondere in England und in den USA vorherrschenden *common law*[2777] zu orientieren. Demnach sollte der Vertrag umfangreich sein und die wichtigsten Problembereiche abdecken.[2778] Dies gilt umso mehr, wenn der Käufer aus dem anglo-amerikanischen Rechtskreis stammt, da dieser ohnehin auf ein umfassendes und umfängliches Vertragswerk Wert legen wird.[2779] Somit muss nur gelegentlich das im Vergleich zum deutschen Recht unbekanntere Schweizer Recht[2780] eingreifen. Dennoch ist hervorzuheben, dass das subsidiär eingreifende Recht dem deutschen Recht sehr ähnlich ist[2781], sodass diese Rechtswahl für den deutschen Exporteur als

---

2773 BGH, NJW 1998, 762, 762 f.; *G/S/S/E*, OR AT, Rn. 518a.

2774 BGE 121 II 252, 254 ff.; BGer 1B_537/2011 vom 16.11.2011, E. 3; BGer 4A_83/2008 vom 11.04.2008, E. 2.3; *G/S/S/E*, OR AT, Rn. 518a; **a. A.** *Schwenzer*, in: BSK OR, Art. 13, Rn. 14e.

2775 Siehe BGH, NJW-RR 2016, 1199, 1199 ff.; VG Ansbach, BeckRS 2015, 118850.

2776 *Ostendorf/Kluth*, in: Ostendorf/Kluth, Wirtschaftsverträge, § 1, Rn. 1.

2777 *Bugg*, Contracts, S. 5.

2778 *Ders.*, ebenda., S. 7.

2779 *Aderhold/Koch/Lenkaitis*, Vertragsgestaltung, § 8, Rn. 24.

2780 *Fountoulakis*, Choice, EJLR 2005, 303, 304; *Giesecke*, Rechtswahl, S. 3; *Kollmann*, AGB, NJOZ 2011, 625, 628; *Kondring*, Flucht, RIW 2010, 184, 191; *Pfeiffer*, Flucht, in: FS Graf von Westphalen, 555, 556; *Pinnells/Eversberg*, Kaufverträge, S. 34.

2781 Siehe 2. Teil, A., V., 1.

risikoärmer angesehen werden kann als für Vertragsparteien aus anderen Staaten.[2782] Nichtsdestotrotz sind die allgemeinen Rechtskenntnisse über die sehr komplexe Schweizer Rechtsordnung für die Vertragsgestaltung unabdingbar.[2783] Schließlich kann insbesondere das Schweizer Kaufrecht als schwierig bezeichnet werden.[2784] Auch sollte sich der Vertragsgestalter durch eigene Klauseln nicht selbst schaden, wenn die Rechtslage nach dispositivem Recht für ihn vorteilhafter wäre als nach der selbst formulierten Regelung.[2785] Außerdem besteht mitunter ein systematischer Zusammenhang zwischen zwei Normen, sodass die andere ggf. ebenfalls zu modifizieren ist, um Widersprüche und Lücken zu vermeiden.[2786] Es muss also ein Bewusstsein für die Chancen und Risiken der gewählten Rechtsordnung existieren.[2787]

Zudem gilt es zu bedenken, dass das Gesetz typischerweise auf einen Binnensachverhalt ausgelegt ist, sodass die Interessenlagen im internationalen Rechtsverkehr zu wenig beachtet werden.[2788] Die dispositiven Normen sind sodann durch sachgerechtere individualisierte Regeln zu ersetzen[2789], wodurch sich der Detailliertheitsgrad erhöht.[2790] Besonders wichtige Gesetzesbestimmungen können auch wörtlich in den Vertrag übernommen werden, um ihre zentrale Bedeutung hervorzuheben.[2791] Eine sinngemäße oder sprachlich abweichende Formulierung ist zu vermeiden.[2792] Beachtet werden sollte, dass die Terminologie

---

2782 Ebenda.

2783 *Schumacher*, Vertragsgestaltung, Rn. 30; vgl. *Aderhold/Koch/Lenkaitis*, Vertragsgestaltung, § 3, Rn. 6; *Junker/Kamanabrou*, Vertragsgestaltung, § 1, Rn. 34; *Ostendorf*, in: Ostendorf/Kluth, Wirtschaftsverträge, § 13, Rn. 1.

2784 *Fountoulakis*, Choice, EJLR 2005, 303, 311; vgl. *Schumacher*, Vertragsgestaltung, Rn. 918.

2785 *Schumacher*, Vertragsgestaltung, Rn. 283.

2786 *Schmittat*, Vertragsgestaltung, Rn. 73, 101; *Schumacher*, Vertragsgestaltung, Rn. 403, 845.

2787 *Schumacher*, Vertragsgestaltung, Rn. 375.

2788 *Schwander*, Gestaltung, in: Furrer/Arter, Vertriebsverträge II, S. 128.

2789 *Aderhold/Koch/Lenkaitis*, Vertragsgestaltung, § 6, Rn. 9; *Schwander*, Gestaltung, in: Furrer/Arter, Vertriebsverträge II, S. 128; vgl. *Schumacher*, Vertragsgestaltung, Rn. 184.

2790 *Schumacher*, Vertragsgestaltung, Rn. 1743; vgl. *Aderhold/Koch/Lenkaitis*, Vertragsgestaltung, § 6, Rn. 11.

2791 *Schumacher*, Vertragsgestaltung, Rn. 411; *Schwander*, Gestaltung, in: Furrer/Arter, Vertriebsverträge II, S. 128; eher ablehnend *Aderhold/Koch/Lenkaitis*, Vertragsgestaltung, § 6, Rn. 11; *Schmittat*, Vertragsgestaltung, Rn. 81.

2792 *Aderhold/Koch/Lenkaitis*, Vertragsgestaltung, § 6, Rn. 11; *Schmittat*, Vertragsgestaltung, Rn. 81; *Schumacher*, Vertragsgestaltung, Rn. 411.

zwischen Vertrag und anwendbarem Gesetz möglichst einheitlich ist[2793], um Rechtssicherheit zu schaffen.

Durch die genaue Festlegung der Rechte und Pflichten im Vertragswerk wird mehr Rechtssicherheit geschaffen.[2794] Die Vertragsgestaltung versetzt die Parteien in die Lage, sowohl die rechtliche Komplexität als auch die Risiken zu reduzieren.[2795] Als Faustregel ist zu beachten, dass je komplexer der Vertragsgegenstand ist, desto individueller sollte der Vertrag ausgestaltet sein.[2796] Allerdings ist auch darauf zu achten, dass Vertragstexte nicht unnötig voluminös ausfallen.[2797]

Die Praxis muss sich an der Rechtsprechung des Bundesgerichts orientieren.[2798] Bei der Vertragsgestaltung ist dabei insbesondere zu berücksichtigen, dass Abweichungen von der gesetzlichen Ordnung immer deutlich zum Ausdruck kommen sollten.[2799] Dies gilt besonders für Regelungen innerhalb von AGB.[2800] Schlussendlich ist immer zu bedenken, dass selbst die beste Vertragsgestaltung nicht in der Lage ist, für alle Eventualitäten vorzusorgen.[2801]

Darüber hinaus sei noch darauf hingewiesen, dass in einigen Fällen auch die Vertragsgestaltung keine Abhilfe schaffen kann, wie dies z. B. im Bereich des Sachenrechts[2802] der Fall ist. Aber auch wenn zwingende Normen des Schweizer Rechts[2803] anwendbar sind, werden Vereinbarungen zwischen den Parteien wertlos.[2804]

2793 *Schumacher*, Vertragsgestaltung, Rn. 409; vgl. *Aderhold/Koch/Lenkaitis*, Vertragsgestaltung, § 6, Rn. 2.

2794 *Bugg*, Contracts, S. 7.

2795 *Ostendorf/Kluth*, in: Ostendorf/Kluth, Wirtschaftsverträge, § 1, Rn. 23.

2796 *Schumacher*, Vertragsgestaltung, Rn. 916.

2797 *Schmittat*, Vertragsgestaltung, Rn. 73; *Schumacher*, Vertragsgestaltung, Rn. 1552.

2798 *Wiegand*, Rechtsprechung 2001/2002, ZBJV 2003, 802, 819; vgl. *Aderhold/Koch/Lenkaitis*, Vertragsgestaltung, § 3, Rn. 7; *Junker/Kamanabrou*, Vertragsgestaltung, § 1, Rn. 33 f.

2799 BGE 91 II 344, 348 f.; *Gelzer*, Wünschbarkeit, S. 65, 82; *Schumacher*, Vertragsgestaltung, Rn. 287.

2800 BGE 124 III 155, 164 f.; BGer 4A_351/2007 vom 15.01.2008, E. 2.3.5; *G/S/S/E*, OR AT, Rn. 3056; *Schumacher*, Vertragsgestaltung, Rn. 287; *Wiegand*, in: BSK OR, Art. 101, Rn. 16.

2801 *Fountoulakis*, Choice, EJLR 2005, 303, 304; *Ostendorf*, in: Ostendorf/Kluth, Wirtschaftsverträge, § 13, Rn. 1; *Schmittat*, Vertragsgestaltung, Rn. 73; *Schumacher*, Vertragsgestaltung, Rn. 216, 914; *Weber*, Rahmenverträge, ZSR 1987, 403, 427.

2802 Siehe 2. Teil, A., I.

2803 Siehe auch 2. Teil, B., II., 7., c., 2), c).

2804 Vgl. *Junker/Kamanabrou*, Vertragsgestaltung, § 1, Rn. 25.

3. Teil: Ergebnisse und Thesen

I. Der Mustervertrag

1. Allgemeines

Die nachfolgenden Übersichten zeigen u. a. den typischen Aufbau eines Kauf- bzw. Werklieferungsvertrages.[2805] Diese können grundsätzlich auch für die Gestaltung der AGB benutzt werden. Neben der groben ist eine detaillierte Übersicht vorhanden, in welcher an den entsprechenden Stellen Anmerkungen zu sinnvollen Klauselgestaltungen gemacht werden. Die in dieser Arbeit verwendeten Klauseln werden erneut abgebildet. Außerdem wird aufgezeigt, wann besondere Vorsicht geboten ist. Nicht zu allen Vertragsbestandteilen sind jedoch Musterklauseln oder Anmerkungen vorhanden. Dann existieren im Schweizer Recht keine Besonderheiten, sodass auch eine Klausel aus einem deutschen Formularbuch verwendet werden kann.

2. Die grobe Übersicht

1. Vertragsbezeichnung; 2. Vertragsrubrum; 3. Präambel/Erwägungsgründe; 4. Geltungsbereich; 5. Definitionskatalog; 6. Vertragsgegenstand; 7. Hauptleistungspflichten; 8. Preise und Zahlungsbedingungen; 9. Lieferzeit; 10. Gefahrübergang; 11. Mängeluntersuchung/Mängelrüge; 12. Rechtsbehelfe bei Vertragsverletzungen; 13. Verjährung; 14. Vertragsstrafe; 15. Haftungsbeschränkungen; 16. Produkthaftung; 17. Rechtsmängelhaftung/Schutzrechte; 18. Eigentumsvorbehalt; 19. Sicherungsmittel; 20. Geheimhaltung; 21. Höhere Gewalt; 22. Exportkontrolle; 23. Schriftformklausel; 24. Salvatorische Klausel; 25. Abtretungsverbot; 26. Rangfolge; 27. Vertragslaufzeit/Vertragsbeendigung; 28. Rechtswahl; 29. Gerichtsstand; 30. Erfüllungsort; 31. Unterschriftenzeile; 32. Vertragsanlagen

---

2805 Gliederung in Anlehnung an *Graf von Westphalen*, Verkaufsbedingungen, S. 3 ff.; *ders.*, Einkaufsbedingungen, S. 1 ff.; *Ostendorf*, in: Ostendorf/Kluth, Wirtschaftsverträge, § 1, Rn. 2; *Schmitt/Stange*, B2B, Kap. 1, Rn. 1 ff.

3. *Die detaillierte Übersicht*

1.	**Vertragsbezeichnung**
2.	**Vertragsrubrum**
3.	**Präambel/Erwägungsgründe** **Angabe des Zwecks**[2806] Der Zweck des Rechtsgeschäfts (z. B. unmittelbarer Weiterverkauf) kann Aufschluss darüber geben, ob *kaufmännischer Verkehr* i. S. d. Schweizer Rechts vorliegt.[2807] Unterschiedliche Ansichten in Rechtsprechung und Literatur führen zu Unsicherheiten.[2808] Sollen die Sonderregelungen für Kaufleute in jedem Fall anwendbar sein, so ist den Parteien anzuraten, dies explizit in einem gesonderten Punkt im Vertrag festzuhalten.[2809]
4.	**Geltungsbereich** **Kollision von AGB**[2810] Obwohl nach Schweizer Recht das *Restgültigkeitsprinzip* vorherrscht[2811], existieren auch noch andere Ansichten, deren potentielle Anwendung nicht vollständig ausgeschlossen werden kann.[2812] Der Einsatz einer Abwehrklausel ist für das Schweizer Recht aufgrund der Gefahren der Einkaufsbedingungen noch wichtiger als nach deutschem Recht.[2813] Zum Schutz vor ergänzenden AGB[2814] ist demnach folgende Musterklausel in die Abwehrklausel aufzunehmen: **Musterklausel** „Der Ausschluss der […] gilt auch dann, wenn die Allgemeinen Geschäftsbedingungen zu einzelnen Regelungspunkten keine gesonderte Regelung enthalten."[2815]

2806 Siehe 2. Teil, A., III.

2807 Ebenda.

2808 Ebenda.

2809 Ebenda.

2810 Siehe 2. Teil, B., II., 3.

2811 *Eugster*, Verweisung, SJZ 1978, 344, 345; *Furrer*, Freizeichnungsklauseln, in: FS Fischer, 109, 126; *A. Koller*, OR AT, Rn. 23.76; *ders.*, AGB-Recht, AJP 2016, 279, 291; *Kramer*, in: BK OR, Art. 1, Rn. 160; *ders.*, in: K/P/P, AGB, Rn. 61; *ders.*, AGB, SJZ 1985, 17, 20; *Kuoni*, Haftungsbegrenzung, § 3, Rn. 112; *Perrig*, in: K/P/P, AGB, Rn. 148, 234; *ders.*, Einbeziehung, in: B/S/E-K, AGB, S. 194; *Ramstein*, AGB, RIW 1988, 440, 442; *Rothermel*, Kauf-, Liefer- und Vertriebsrecht, S. 172; *Schwenzer*, OR AT, Rn. *45.15; Zellweger-Gutknecht/Bucher*, in: BSK OR, Anh. Art. 1, Rn. 68.

2812 Siehe 2. Teil, B., II., 3., b., 1), b) und d).

2813 Siehe 2. Teil, B., II., 3., b., 5).

2814 Siehe 2. Teil, B., II., 3., b., 2).

2815 *Schmitt/Stange*, B2B, Kap. 3, Rn. 1.

5.	**Definitionskatalog** An dieser Stelle eignen sich Wortdefinitionen wie bspw. zu *vertraulichen Informationen*[2816] oder *Fremdwährungsschuld*[2817], um Rechtsunsicherheiten in Bezug auf die Auslegung zu vermeiden.[2818]
6.	**Vertragsgegenstand** **Mittelbar anhaftende Eigenschaften**[2819] Nach Schweizer Recht sind auch bloß mittelbar anhaftende Eigenschaften der Sache in der Lage, einen Sachmangel zu begründen.[2820] Der Käufer kann so seine Marktmacht zum Nachteil des deutschen Exporteurs dazu verwenden, sein Verwendungsrisiko auf den Verkäufer zu übertragen.[2821] Der deutsche Exporteur sollte demnach sehr genau prüfen, was er zusichert.[2822] **Lieferung einer falschen Sache**[2823] Wird bei einem Gattungskauf eine andere Sache geliefert, so handelt es sich nicht um einen Sachmangel, sodass lediglich die Regeln über den Verzug anwendbar sind[2824], welche zu großen Teilen von denjenigen der Sachmängelhaftung abweichen.[2825] Die Abgrenzung von *aliud* und *peius* gestaltet sich jedoch sehr schwierig.[2826] Um Rechtsunsicherheiten zu vermeiden, empfiehlt es sich, entweder im Vertrag Unterscheidungskriterien einzuführen und zu bestimmen, wann kein Mangel gegeben sein soll, oder beides als Sachmangel einzustufen.[2827] Letzteres sollte im Zusammenhang mit *12. Rechtsbehelfe bei Vertragsverletzungen* geschehen. Dies gilt ebenfalls für den Werklieferungsvertrag.[2828]

2816 *Pinnells/Eversberg*, Kaufverträge, S. 44.
2817 *Dies.*, ebenda, S. 42.
2818 Siehe 2. Teil, B., II., 6., b., 4).
2819 Siehe 2. Teil, B., VIII., 2., a.
2820 Siehe 2. Teil, B., VIII., 2., a., 3) und 4).
2821 *Giesecke*, Rechtswahl, S. 79.
2822 Siehe 2. Teil, B., VIII., 2., a., 4).
2823 Siehe 2. Teil, B., VIII., 2., b.
2824 Siehe 2. Teil, B., VIII., 2., b., 1).
2825 Siehe 2. Teil, B., VIII., 2., b., 3).
2826 Siehe 2. Teil, B., VIII., 2., b., 2), b) und c).
2827 Siehe 2. Teil, B., VIII., 2., b., 4).
2828 Siehe 2. Teil, B., VIII., 3.

7. Hauptleistungspflichten

Annahmepflicht des Kaufgegenstandes[2829]

Nach Schweizer Recht ist fraglich, ob eine Pflicht zur Annahme der Kaufsache besteht oder lediglich eine Obliegenheit.[2830] Mit Hilfe einer entsprechenden Klausel wird eine Annahmepflicht explizit vereinbart und Rechtssicherheit geschaffen.[2831] Dem deutschen Exporteur stehen dann die Ansprüche aus Art. 97 OR ff. zu, worunter u. a. auch das Recht zum Rücktritt gem. Art. 107 OR fällt.[2832] Des Weiteren kann der Verkäufer auf Erfüllung klagen[2833] und Ersatz seines Verspätungsschadens (z. B. Lager- oder Versicherungskosten) verlangen, wenn den Käufer gem. Art. 103 OR ein Verschulden in Bezug auf die Annahme trifft.[2834]

Musterklausel

„Der Käufer hat den Kaufgegenstand am Liefertag/während der Lieferfrist am Erfüllungsort anzunehmen/abzuholen."[2835]

oder

„Die Käuferin ist verpflichtet, die vom Käufer vertragsgemäss [sic!] angebotene Leistung anzunehmen. Durch eine Verletzung dieser Annahmepflicht gerät die Käuferin in Schuldnerverzug (Art. 102 ff. OR)."[2836]

2829 Siehe 2. Teil, B., X., 2.

2830 BGE 110 II 148, 150; *Bucher*, OR BT, S. 67; *Birkhäuser/Schmid*, in: M/B/K/P, Vertragshandbuch, Kap. 20, Rn. 8.1; *Gelzer*, in: M/B/K/P, Vertragshandbuch, Kap. 18, Rn. 6.1; *G/H/M/P*, Vertragsgestaltung, Rn. 132; *G/S/S/E*, OR AT, Rn. 2391; *Honsell*, OR BT, S. 49 f.; *Hrubesch-Millauer*, in: CHK OR, Art. 211, Rn. 3; *Huguenin*, OR, Rn. 2462; *Keller/Siehr*, Kaufrecht, S. 22; *A. Koller*, in: BSK OR, Art. 211, Rn. 4; *ders.*, in: Guhl, OR, § 41, Rn. 124; *Schönle*, in: ZK OR, Art. 184, Rn. 93.

2831 Siehe 2. Teil, B., X., 2., d.

2832 *A. Koller*, in: BSK OR, Art. 211, Rn. 4.

2833 BGE 42 II 219, 225; *A. Koller*, in: BSK OR, Art. 211, Rn. 11.

2834 *A. Koller*, in: BSK OR, Art. 211, Rn. 11.

2835 *Gelzer*, in: M/B/K/P, Vertragshandbuch, Kap. 18, Rn. 6.

2836 *G/H/M/P*, Vertragsgestaltung, Rn. 135.

Zahlungsverzug[2837]

Nach Schweizer Recht kann ein Verzugszinssatz von fünf Prozent angenommen werden, welcher jedoch vertraglich angehoben werden sollte.[2838] Ein überhöhter Verzugszinssatz darf vom Richter herabgesetzt werden.[2839] Das Bundesgericht hat sich bislang – soweit ersichtlich – noch nicht explizit dazu geäußert, wann die Höhe des Verzugszinssatzes als überhöht anzusehen ist.[2840] Außerdem ist darauf zu achten, dass die Einkaufsbedingungen die Verzugszinsen nicht gänzlich ausschließen.[2841] Gem. Art. 214 III OR entfällt das Rücktrittsrecht des Verkäufers beim *Postnumerandokauf* wegen Verzugs des Käufers, wenn es nicht ausdrücklich vorbehalten wird.[2842]

Musterklausel

„Der Verkäufer behält sich ausdrücklich das Rücktrittsrecht wegen Zahlungsverzugs des Käufers (Art. 214 Abs. 3 OR) vor."[2843]

Lieferverzug[2844]

Aufgrund der Tatsache, dass das Schweizer Recht im Vergleich zum deutschen Recht weniger streng im Umgang mit dem Verschuldenserfordernis bei Verzug ist[2845], kann bspw. ein gesetzliches Rücktrittsrecht des Käufers existieren, welches im deutschen Recht aufgrund von Entschuldigungsgründen des deutschen Exporteurs nicht gegeben wäre.[2846] Um diesem Risiko zu entgehen, kann z. B. das Rücktrittsrecht aus Art. 102 ff. OR als dispositivem Recht in den Grenzen der Art. 100 f. OR vertraglichen Regelungen unterstellt werden.[2847]

2837 Siehe 2. Teil, B., X., 1., a. und d.

2838 Siehe 2. Teil, B., X., 1., a., 5).

2839 *Von Tuhr/Escher*, OR AT, S. 147.

2840 Siehe 2. Teil, B., X., 1., a., 5).

2841 Ebenda.

2842 Siehe 2. Teil, B., X., 1., d.

2843 *G/H/M/P*, Vertragsgestaltung, Rn. 129.

2844 Siehe 2. Teil, B., X., 1., b.

2845 Siehe 2. Teil, B., X., 1., b., 3).

2846 Ebenda.

2847 *Keller/Siehr*, Kaufrecht, S. 47; *Weber*, in: BK OR, Art. 102, Rn. 32; *Wiegand*, in: BSK OR, Art. 102, Rn. 14.

8. Preise und Zahlungsbedingungen

Währung[2848]

Nach Schweizer Recht trägt der Gläubiger das Risiko des Kursverlustes[2849], sodass dem deutschen Exporteur anzuraten ist, den EURO (€) als Währung zu bestimmen oder zumindest eine *Wertsicherungsklausel* zu vereinbaren.[2850]

Kostenvoranschlag bei einem Werklieferungsvertrag[2851]

Das Kündigungsrecht wegen einer unverhältnismäßigen Überschreitung des Kostenvoranschlags besteht nach Schweizer Recht auch bei vertretbaren Sachen.[2852] Dabei gilt eine Überschreitung von mehr als zehn Prozent bereits als übermäßig.[2853] Die Parteien können aber vertraglich eine zu tolerierende Abweichung festlegen.[2854]

Aufrechnung[2855]

Nach Schweizer Recht ist ein vollständiger Ausschluss der Verrechnung in AGB zulässig.[2856] Ein explizites Verbot der Verrechnung gegen eine Forderung aus einer vorsätzlich begangenen unerlaubten Handlung besteht nicht.[2857] Der deutsche Exporteur sollte dabei den Wortlaut des deutschen Gesetzes übernehmen, sofern nicht ohnehin ein Ausschluss der Verrechnung in Gänze vereinbart wird.[2858] Konzernverrechnungsklauseln sind auch in AGB wirksam und insbesondere als einseitige Gestaltung in den Einkaufsbedingungen zu vermeiden.[2859]

2848 Siehe 2. Teil, B., VI.

2849 *Wittibschlager*, Einführung, Rn. 324.

2850 Siehe 2. Teil, B., VI.

2851 Siehe 2. Teil, B., X., 6., a.

2852 Siehe 2. Teil, B., X., 6., a., 3).

2853 BGE 119 II 249, 254; BGE 115 II 460, 462; BGer 4A_15/2011 vom 03.05.2011, E. 3.1; Kantonsgericht Graubünden, PKG 1976, 53, 56; *Gauch*, Werkvertrag, Rn. 985; *ders.*, Überschreitung, BR 1989, 79, 83; *Honsell*, OR BT, S. 309; *Huguenin*, OR, Rn. 3198; *A. Koller*, in: Guhl, OR, § 47, Rn. 37; *Zindel/Pulver/Schott*, in: BSK OR, Art. 375, Rn. 12.

2854 *Zindel/Pulver/Schott*, in: BSK OR, Art. 375, Rn. 36.

2855 Siehe 2. Teil, B., XII.

2856 Siehe 2. Teil, B., XII., 2., b. und c.

2857 Siehe 2. Teil, B., XII., 3.

2858 Ebenda.

2859 Siehe 2. Teil, B., XII., 4., d.

9. Lieferzeit

10. Gefahrübergang

11. Mängeluntersuchung/Mängelrüge[2860]

Durch die Festlegung, wann ein Sachmangel vorliegt, schaffen die Parteien Rechtssicherheit.[2861] Rechtsmängel müssen nach Schweizer Recht nicht gerügt werden.[2862] Die Parteien können zeitliche Regelungen für die Untersuchung der Ware und die Erhebung der Mängelrüge vorsehen.[2863] Der deutsche Exporteur sollte gegen eine erhebliche Verlängerung der Rügefrist oder gar einen Ausschluss der Mängelrüge in den Einkaufsbedingungen des Käufers vorgehen.[2864]

12. Rechtsbehelfe bei Vertragsverletzungen

Sachmangelbegriff[2865]

Nach Lieferung einer falschen Sache bei Gattungsschulden sind nicht die Mängelgewährleistungsrechte anzuwenden, sondern die Regelungen über die Nichterfüllung.[2866] Um den Abgrenzungsschwierigkeiten von *aliud* und *peius*[2867] zu begegnen, bietet sich folgende Formulierung an, welche auch i. R. d. Nacherfüllung einzusetzen ist:

2860 Siehe 2. Teil, B., IX.

2861 Siehe 2. Teil, B., IX., 8.

2862 Siehe 2. Teil, B., IX., 2.

2863 Siehe 2. Teil, B., IX., 8.

2864 Ebenda.

2865 Siehe 2. Teil, B., VIII., 2., b. und c.

2866 BGE 121 III 453, 457; BGer 4C_204/2002 vom 09.10.2003, E. 5.1; *Akikol*, Sachmängelhaftung, Rn. 105; *Gelzer*, in: M/B/K/P, Vertragshandbuch, Kap. 18, Rn. 7.1; *ders.*, Unterscheidung, AJP 1997, 703, 703; *G/S/S/E*, OR AT, Rn. 2634; *Honsell*, OR BT, S. 81, 129; *Huguenin*, OR, Rn. 2588, 3160; *Keller/Siehr*, Kaufrecht, S. 17, 30, 77; *Kramer*, aliud-Lieferung, recht 1997, 78, 79; *Kren Kostkiewicz*, in: K/W/A/F, OR Handkommentar, Art. 206, Rn. 2; *von Tuhr/Escher*, OR AT, S. 2; *Voser/Boog*, Schweizer Recht, RIW 2009, 126, 129; *Wittibschlager*, Einführung, Rn. 328.

2867 Siehe 2. Teil, B., VIII., 2., b., 2), b).

	Musterklausel „Hat der Verkäufer vertragswidrige Ware geliefert, so …“[2868] Nach Schweizer Recht führt eine Zuweniglieferung bei einem Gattungskauf für die zu geringe Menge zur Nichterfüllung.[2869] Zur Klarstellung sollte ergänzend zur Musterklausel eingefügt werden, dass auch die Zuweniglieferung als Sachmangel behandelt wird.[2870] Die sich daraus ergebenden Nachteile für den deutschen Exporteur sind identisch mit denjenigen bei einer *aliud*-Lieferung.[2871] Allerdings können diese ebenso beseitigt werden.[2872] Dies gilt ebenfalls für den Werklieferungsvertrag.[2873]
	Nacherfüllung[2874] Ein gesetzliches Recht zur Nacherfüllung für den Verkäufer existiert im Schweizer Kaufrecht nur bedingt.[2875] Aufgrund der gewichtigen Vorteile der Nacherfüllung[2876] ist dem deutschen Exporteur zu empfehlen, eine entsprechende Klausel in den Vertrag aufzunehmen, welche ihm möglichst viel Flexibilität bietet.[2877] Dadurch lässt sich ebenfalls die Abgrenzungsproblematik zwischen *aliud* (Falschleistung) und *peius* (Schlechtleistung) vermeiden.[2878] Zudem sollten weitere Ungewissheiten vertraglich geklärt werden.[2879] Der deutsche Exporteur hat dabei darauf zu achten, dass diese zusätzlichen Regelungen ihn nicht unangemessen benachteiligen, wie dies bspw. vor dem 01.01.2018 durch die Einführung einer verschuldensunabhängigen Übernahme der Aus- und Einbaukosten bei Ersatzlieferung in den Einkaufsbedingungen der Fall war.[2880]

2868 *Gelzer*, in: M/B/K/P, Vertragshandbuch, Kap. 18, Rn. 7.

2869 *Akikol*, Sachmängelhaftung, Rn. 192; *Giesecke*, Rechtswahl, S. 62, 82; *Honsell*, in: BSK OR, Art. 197, Rn. 9; *ders.*, OR BT, S. 85; *Huguenin*, OR, Rn. 2611; *Keller/Siehr*, Kaufrecht, S. 77; *Müller-Chen*, CHK OR, Art. 197, Rn. 22; *Voser/Boog*, Schweizer Recht, RIW 2009, 126, 129.

2870 Siehe 2. Teil, B., VIII., 2., c.

2871 Ebenda.

2872 Ebenda.

2873 Siehe 2. Teil, B., VIII., 3.

2874 Siehe 2. Teil, B., X., 3.

2875 Siehe 2. Teil, B., X., 3., a., 2), b).

2876 Siehe 2. Teil, B., X., 3., a., 4).

2877 Siehe 2. Teil, B., X., 3., a., 5), b).

2878 Ebenda.

2879 Siehe 2. Teil, B., X., 3., a., 5), c).

2880 Ebenda.

Musterklausel

„Hat der Verkäufer vertragswidrige Ware geliefert, so kann der Käufer vom Verkäufer zunächst nur verlangen, dass er die Vertragswidrigkeit nach seiner Wahl durch Nachbesserung oder Ersatzlieferung kostenlos und ohne unverhältnismässige [sic!] Unannehmlichkeiten für den Käufer behebt. Der Käufer kann dem Verkäufer dazu eine angemessene Frist von mindestens [Zahl] Tagen setzen. Hat der Verkäufer die Vertragswidrigkeit innert dieser Frist nicht behoben, so kann der Käufer Minderung oder, wenn ihm das Behalten der Lieferung unzumutbar ist, Wandelung verlangen.“[2881]

Im Werkvertragsrecht existiert grundsätzlich kein Recht auf Nacherfüllung für den Hersteller.[2882] Dieses sollte jedoch analog zum Kaufrecht in den Vertrag eingeführt werden.[2883] Obwohl Art. 368 II OR statuiert, dass der Nachbesserungsanspruch des Käufers bei übermäßigen Kosten verweigert werden darf, hat der deutsche Exporteur zu beachten, dass dies nicht gilt und der Anspruch des Käufers durchgesetzt werden kann, wenn zuvor bestimmte Eigenschaften vertraglich besonders vereinbart oder zugesichert wurden.[2884]

Konkurrenz von Irrtumsanfechtung und Mängelhaftung[2885]

Der deutsche Exporteur muss zumindest bei einem Spezieskauf damit rechnen, dass sich der Käufer die Anspruchskonkurrenz von Irrtumsanfechtung und Mängelhaftung bei wesentlichen Eigenschaften zunutze machen möchte.[2886] Um dies auszuschließen und die bestehenden Rechtsunsicherheiten[2887] zu vermeiden, empfiehlt es sich, die nachfolgende, ggf. modifizierungsbedürftige[2888] Klausel sowohl in einen Kauf- als auch in einen Werklieferungsvertrag aufzunehmen.[2889] Schließlich sind die Regelungen über die Anfechtung im Schweizer Recht dispositiver Natur.[2890] Darüber hinaus sollte der deutsche Exporteur auch die Zusicherung von Eigenschaften möglichst vermeiden.[2891]

2881 *Gelzer*, in: M/B/K/P, Vertragshandbuch, Kap. 18, Rn. 7.
2882 Siehe 2. Teil, B., X., 3., b., 1).
2883 Siehe 2. Teil, B., X., 3., b., 3).
2884 BGE 93 II 317, 326; *Honsell*, OR BT, S. 296; *Zindel/Pulver/Schott*, in: BSK OR, Art. 368, Rn. 55.
2885 Siehe 2. Teil, B., VII., 1., a.
2886 Siehe 2. Teil, B., VII., 1., a., 1), c).
2887 Siehe 2. Teil, B., VII., 1., a., 1), b), (2).
2888 Siehe 2. Teil, B., VII., 1., a., 1), d).
2889 Siehe 2. Teil, B., VII., 1., a., 2).
2890 *Kut*, in: CHK OR, Art. 23–24, Rn. 35; *Schwenzer*, in: BSK OR, Art. 24, Rn. 33.
2891 Siehe 2. Teil, B., VII., 1., a., 1), d).

Musterklausel

„Beim Vorliegen eines Sachmangels kann die Käuferin ausschliesslich [sic!] das vertragliche Nachbesserungsrecht geltend machen. Die Irrtumsanfechtung wird hiermit ausdrücklich ausgeschlossen."[2892]

Verschuldenserfordernis[2893]

Schadensersatz wegen einer Irrtumsanfechtung setzt nach Schweizer Recht zumindest Fahrlässigkeit voraus.[2894] Diese muss aber bei einem *Grundlagenirrtum* nicht gegeben sein, da sich der Käufer auch auf die von dem deutschen Exporteur genannten Eigenschaften verlassen darf, sodass die Schadensersatzpflicht des Käufers ggf. sogar entfällt.[2895] Zum einen kann der deutsche Exporteur seine Zusicherungen begrenzen[2896] und zum anderen das Recht zur Irrtumsanfechtung vertraglich ausschließen.[2897]

Selbstvornahme[2898]

Nach Schweizer Kaufrecht könnte sich der Käufer auch innerhalb der Einkaufsbedingungen einen Anspruch auf Selbstvornahme einräumen.[2899] In einem solchen Fall sollte dieser von der ausdrücklichen Einwilligung des deutschen Exporteurs abhängig gemacht werden.[2900] Darüber hinaus darf eine Selbstvornahme auch erfolgen, wenn eine richterliche Ermächtigung vorliegt.[2901] Außerdem ist eine Selbstvornahme für den Käufer ebenfalls bei Werklieferungsverträgen möglich.[2902]

2892 *G/H/M/P*, Vertragsgestaltung, Rn. 186.
2893 Siehe 2. Teil, B., VII., 1., b.
2894 Ebenda.
2895 Ebenda.
2896 Ebenda.
2897 Siehe 2. Teil, B., VII., 1., a., 1), d).
2898 Siehe 2. Teil, B., X., 4.
2899 Siehe 2. Teil, B., X., 4., a., 2) und 4).
2900 Siehe 2. Teil, B., X., 4., a., 4).
2901 Siehe 2. Teil, B., X., 4., a., 2).
2902 Siehe 2. Teil, B., X., 4., b.

Wandelung und Minderung[2903] Das vertraglich vereinbarte Recht auf Nacherfüllung des deutschen Exporteurs sorgt zunächst dafür, dass der Käufer nicht unmittelbar auf Wandelung – d. h. Rücktritt[2904] – oder Minderung klagen kann.[2905] Darüber hinaus sollten die Parteien eine Vereinbarung treffen, dass eine außergerichtliche Geltendmachung der Ansprüche möglich ist oder wenigstens vor Klageerhebung eine Frist gesetzt werden muss.[2906] Zusätzlich ist dem deutschen Exporteur anzuraten, die Zusicherung von Eigenschaften zu vermeiden.[2907]
13. Verjährung[2908] Die Regelverjährungsfrist beträgt zehn Jahre, beginnend mit der Fälligkeit der Forderung, und lässt keine Veränderung zu.[2909] Die Verjährungsfrist von Gewährleistungsansprüchen für Sachmängel ist mittlerweile von einem auf zwei Jahre verlängert worden.[2910] Für Rechtsmängel beträgt die Verjährungsfrist weiterhin zwingend zehn Jahre.[2911] Innerhalb von AGB lässt sich die Verjährungsfrist bei Ansprüchen aus Sachmängelgewährleistung wie bei Individualvereinbarungen auf zehn Jahre erweitern.[2912] Wird ein Sachmangel durch Ersatzlieferung oder Nachbesserung behoben, so beginnt die Verjährungsfrist regelmäßig erneut zu laufen, da ein konkludentes Anerkenntnis vorliegt.[2913] Demnach sollte vertraglich festgehalten werden, dass Nacherfüllungsmaßnahmen nicht automatisch zu einem Neubeginn der Verjährung führen.[2914] Auch ist auf eine entsprechende Klausel in den Einkaufsbedingungen des Käufers zu achten.[2915] Ein schriftliches Anerkenntnis führt zu einer zehnjährigen Verjährungsfrist.[2916]

2903 Siehe 2. Teil, B., X., 5.
2904 *Richter*, AGB, S. 122; *Voser/Boog*, Schweizer Recht, RIW 2009, 126, 130.
2905 Siehe 2. Teil, B., X., 5., a., 4).
2906 Ebenda.
2907 Ebenda.
2908 Siehe 2. Teil, B., XIV.
2909 Siehe 2. Teil, B., XIV., 2., b. und c.
2910 Siehe 2. Teil, B., XIV., 3.
2911 *Huguenin*, OR, Rn. 2570; *Ostendorf*, in: Ostendorf/Kluth, Wirtschaftsverträge, § 9, Rn. 38.
2912 Siehe 2. Teil, B., XIV., 5., b.
2913 Siehe 2. Teil, B., XIV., 6., c.
2914 Siehe 2. Teil, B., XIV., 6., e.
2915 Ebenda.
2916 *Müller-Chen*, in: CHK OR, Art. 210, Rn. 5.

Verhandlungen unterbrechen die Verjährung nicht.[2917] Allerdings lassen sich auch weitere Unterbrechungshandlungen in den Vertrag aufnehmen.[2918] Dies sollte vorsichtshalber nicht als AGB, sondern als Individualvereinbarung geschehen.[2919]

14. Vertragsstrafe[2920]

Die Möglichkeit zur Herabsetzung einer überhöhten[2921] Vertragsstrafe ist sowohl in Individualvereinbarungen als auch in AGB zwingend und kann nicht vertraglich ausgeschlossen werden, sodass der deutsche Exporteur die Höhe vor Vertragsschluss genau prüfen sollte.[2922] Das Tatbestandsmerkmal des Verschuldens kann vertraglich abbedungen werden.[2923] Demnach ist es für den deutschen Exporteur ratsam, zumindest auf dessen ausdrückliche Aufnahme in die Klausel zu bestehen.[2924] Aufgrund der vertraglichen Möglichkeit, den Schadensersatz und die Vertragsstrafe zu kumulieren, entsteht eine weitere Gefahrenquelle durch den Vertragstext und insbesondere durch die Einkaufsbedingungen, gegen welche der deutsche Exporteur im Zweifel vorgehen sollte.[2925] Bei der Kumulation von Vertragsstrafe und Erfüllung hat der deutsche Exporteur zu beachten, dass durch eine ausdrückliche oder konkludente Vertragsgestaltung eine Angleichung an das deutsche Recht erreicht werden kann, sodass mögliche Vorteile für ihn entfallen würden.[2926] Der Vorbehalt, dass die Vertragsstrafe neben die Erfüllung treten soll, kann jederzeit vor der Annahme geltend gemacht werden.[2927] Darüber hinaus ist auch eine vollständige Abbedingung des Vorbehaltserfordernisses in AGB zulässig.[2928]

2917 *Ostendorf*, in: Ostendorf/Kluth, Wirtschaftsverträge, § 9, Rn. 52; *Rothermel*, Kauf-, Liefer- und Vertriebsrecht, S. 170.

2918 *Bieger*, Mängelrüge, Rn. 461; *A. Koller*, in: Guhl, OR, § 39, Rn. 45; *Schumacher*, Vertragsgestaltung, Rn. 185, 523; *Schwenzer*, OR AT, Rn. 84.27; **a. A.** *Berti*, in: ZK OR, Art. 135, Rn. 4, 180 f.; *Däppen*, in: BSK OR, Art. 135, Rn. 1.

2919 *Schumacher*, Vertragsgestaltung, Rn. 185.

2920 Siehe 2. Teil, B., XIII.

2921 Siehe 2. Teil, B., XIII., 2., a., 2).

2922 Siehe 2. Teil, B., XIII., 2., c.

2923 *G/S/S/E*, OR AT, Rn. 3792b; *Ostendorf*, in: Ostendorf/Kluth, Wirtschaftsverträge, § 6, Rn. 43; *Schnyder*, in: Guhl, OR, § 56, Rn. 3; *von Tuhr/Escher*, OR AT, S. 280 f.

2924 *Ostendorf*, in: Ostendorf/Kluth, Wirtschaftsverträge, § 6, Rn. 43.

2925 Siehe 2. Teil, B., XIII., 4.

2926 Siehe 2. Teil, B., XIII., 5.

2927 BGE 97 II 350, 352; *Boog/Stark-Traber*, Werkvertrag, RIW 2012, 817, 831.

2928 *Ostendorf*, in: Ostendorf/Kluth, Wirtschaftsverträge, § 6, Rn. 41, 75.

Musterklauseln

„Verletzt eine Partei ihre vertraglichen Pflichten, so hat sie der anderen Partei für jede einzelne Verletzungshandlung eine Konventionalstrafe von [...] zu bezahlen. Die Bezahlung der Konventionalstrafe entbindet nicht von der weiteren Einhaltung des Vertrags. Schadensersatzforderungen, die den Betrag der Konventionalstrafe übersteigen, bleiben vorbehalten."[2929]

oder

„Für den Fall der Nichterfüllung der vertraglichen Pflichten verfällt eine Konventionalstrafe in Höhe von [...]."[2930]

i. V. m.

„Unabhängig von der Bezahlung der Konventionalstrafe ist die gegen den Vertrag verstossende [sic!] Partei verpflichtet, den vertragsgemässen [sic!] Zustand nach Möglichkeit wiederherzustellen [...] und die [...] zu erfüllen."[2931]

15. Haftungsbeschränkungen[2932]

Bei der Wandelung ist der unmittelbare Schaden des Käufers auch ohne Verschulden des deutschen Exporteurs von diesem zu ersetzen.[2933] Jedoch gestaltet sich die Abgrenzung zwischen unmittelbarem und mittelbarem Schaden schwierig.[2934] Dennoch ist Art. 208 II OR eine käuferfreundliche Norm.[2935] Es sollte vertraglich geregelt werden, welche Schadensposten unter welchen Bedingungen ersetzt werden müssen.[2936] Das vorrangige Nacherfüllungsrecht sorgt zudem für einen gewissen Schutz.[2937]

2929 *Lichtensteiger*, in: M/B/K/P, Vertragshandbuch, Kap. 5, Rn. 4.

2930 *Ders.*, ebenda.

2931 *Rochaix*, in: M/B/K/P, Vertragshandbuch, Kap. 62, Rn. 14.

2932 Siehe 2. Teil, B., X. und XI.

2933 Siehe 2. Teil, B., X., 7., c., 1).

2934 *Akikol*, Sachmängelhaftung, 1. Kap., Fn. 81; *Bucher*, OR BT, S. 104; *Coendet*, Schadenszurechnung, recht 2008, 15, 19; *Fountoulakis*, Choice, EJLR 2005, 303, 310; *G/H/M/P*, Vertragsgestaltung, Rn. 176; *Honsell*, in: BSK OR, Art. 208, Rn. 7; *ders.*, OR BT, S. 110; *ders.*, Mangelfolgeschaden, recht 2007, 154, 155; *A. Koller*, in: Guhl, OR, § 42, Rn. 40; *Voser/Boog*, Schweizer Recht, RIW 2009, 126, 131.

2935 *Rusch*, Grundlagenirrtum, SJZ 2010, 553, 556; *Voser/Boog*, Schweizer Recht, RIW 2009, 126, 137.

2936 *G/H/M/P*, Vertragsgestaltung, Rn. 176.

2937 Siehe 2. Teil, B., X., 7., c., 5).

Die Haftung des Schuldners kann nicht für Vorsatz oder grobe Fahrlässigkeit abbedungen werden.[2938] Die *hypothetische Vorwerfbarkeit* führt zu Rechtsunsicherheiten bei der Hilfspersonenhaftung.[2939] Trotz eines Ausschlusses der Hilfspersonenhaftung muss der Schuldner für einen von seiner Hilfsperson verursachten Schaden einstehen, wenn eigenes Verschulden vorliegt.[2940] Es ist wichtig, eine Hilfsperson als eine solche identifizieren zu können, damit nicht überraschenderweise die verschärfte Organhaftung greift und die Freizeichnung wirkungslos wird.[2941] Insbesondere können auch Prokuristen als Organ zu werten sein.[2942]

Auf eine allgemein gehaltene Freizeichnungsklausel sollte zugunsten einer möglichst umfassenden Bestimmung verzichtet werden.[2943] Sowohl auf die allgemeinen Nichtigkeitsgründe[2944] als auch auf die systematische Stellung im Vertrag[2945] ist zu achten.

Exemplarische Musterklausel

„Alle Fälle von Vertragsverletzungen und deren Rechtsfolgen, sowie alle Ansprüche des Bestellers, gleichgültig aus welchem Rechtsgrund sie gestellt werden, sind in diesem Vertrag [Variante: in diesen Bedingungen] abschliessend [sic!] geregelt. Insbesondere sind alle nicht ausdrücklich genannten Ansprüche auf Schadenersatz, Minderung, Aufhebung oder Rücktritt vom Vertrag ausgeschlossen. In keinem Fall bestehen Ansprüche des Bestellers auf Ersatz von Schäden, die nicht am Liefergegenstand selbst entstanden sind, wie namentlich aus Produktionsausfall, Nutzungsverlusten, entgangenem Gewinn, nicht realisierten Einsparungen [verlorenen Ver- oder Bearbeitungs-, Montage- oder Energiekosten, Datenverlust, Aus- und Einbaukosten, Suchkosten, zusätzlichen Prüf-, und Sortier- und sonstigen Handling-Kosten, Rückrufkosten, Kosten für verlorene Ausgangsstoffe, Entsorgungskosten] sowie auf Ersatz solcher Ansprüche von Kunden des Bestellers oder Dritter.

Diese Haftungsbeschränkung gilt auch, soweit der Lieferant für seine Hilfspersonen haftet.

Sie gilt nicht, soweit ihr zwingendes Recht entgegensteht, wie insbesondere für rechtswidrige Absicht oder grobe Fahrlässigkeit des Lieferanten [Variante: oder seiner Hilfspersonen], für arglistig verschwiegene Mängel, für direkte Ansprüche aus Personenschäden sowie für zwingende Ansprüche nach dem anwendbaren Produkthaftungsgesetz.“[2946]

2938 Siehe 2. Teil, B., XI., 3., c.
2939 Siehe 2. Teil, B., XI., 3., d., 2).
2940 *Probst*, in: K/P/P, AGB, Rn. 537; vgl. BGE 112 II 450, 456.
2941 Siehe 2. Teil, B., XI., 3., f.
2942 BGE 102 II 256, 264; *Schwenzer*, OR AT, Rn. 23.28.
2943 Siehe 2. Teil, B., XI., 3., j., 3) und 6., a.
2944 Siehe 2. Teil, B., XI., 3., k.
2945 Siehe 2. Teil, B., XI., 3., m.
2946 *Furrer*, Freizeichnungsklauseln, in: FS Fischer, 109, 136.

16. Produkthaftung
17. Rechtsmängelhaftung/Schutzrechte[2947] Die Sach- und die Rechtsmängelhaftung unterscheiden sich sehr stark voneinander.[2948] Wegen eines Rechtsmangels muss keine Mängelrüge erhoben werden.[2949] Es existiert neben den Ansprüchen des AT nur die Wandelung, welche *ipso iure* eintritt.[2950] Der Schadensersatzanspruch für unmittelbare Schäden ist verschuldensunabhängig.[2951] Die Irrtumsanfechtung wegen eines *Grundlagenirrtums* kann alternativ zur Rechtsmängelhaftung von dem Käufer geltend gemacht werden.[2952] Eine Haftungsbeschränkung ist u. a. zur Vermeidung von Unsicherheiten angebracht.[2953]
18. Eigentumsvorbehalt[2954] Damit der Eigentumsvorbehalt für Waren innerhalb der Schweiz wirksam wird, ist eine Eintragung in das Eigentumsvorbehaltsregister am Sitz des Käufers erforderlich.[2955] Auf eine Sitzverlegung ist zu achten.[2956] Sinnvoll ist die Statuierung eines Eigentumsvorbehalts jedoch nur, sofern die Sache über einige Zeit – bestenfalls bis zur vollständigen Bezahlung – bei dem Käufer verbleibt und nicht direkt weiterverkauft wird.[2957] Andere Arten des Eigentumsvorbehalts werden im Schweizer Recht nicht anerkannt.[2958] Somit entfalten dingliche Sicherungsrechte für den internationalen Warenverkehr keine verlässliche Wirkung.[2959] **Musterklausel** „Das Eigentum am gelieferten Kaufgegenstand verbleibt bis zur Bezahlung des Kaufpreises beim Verkäufer. Kommt der Käufer mit der Zahlung des Kaufpreises in Verzug, so ist der Verkäufer berechtigt, den Eigentumsvorbehalt auf Kosten des Käufers im Eigentumsvorbehaltsregister eintragen zu lassen."[2960]

2947 Siehe 2. Teil, B., X., 8.
2948 Siehe 2. Teil, B., X., 8., a. und c.
2949 BGE 57 II 403, 406; *Keller/Siehr*, Kaufrecht, S. 49 f.; *von Büren*, OR BT, S. 17 f.
2950 Siehe 2. Teil, B., X., 8., c.
2951 Siehe 2. Teil, B., X., 8., d.
2952 Siehe 2. Teil, B., X., 8., e.
2953 *G/H/M/P*, Vertragsgestaltung, Rn. 159, 164.
2954 Siehe 2. Teil, B., XIX., 2.
2955 Siehe 2. Teil, B., XIX., 2., b.
2956 Ebenda.
2957 Siehe 2. Teil, B., XIX., 2., e.
2958 Siehe 2. Teil, B., XIX., 2., c.
2959 *Ostendorf/Sauthoff*, in: Ostendorf/Kluth, Wirtschaftsverträge, § 18, Rn. 83; *Pinnells/Eversberg*, Kaufverträge, S. 108.
2960 *Gelzer*, in: M/B/K/P, Vertragshandbuch, Kap. 18, Rn. 4.

19.	**Sicherungsmittel** Weitergehende Zahlungssicherheit kann durch eine harte Patronatserklärung oder eine Bürgschaft erreicht werden.[2961]
20.	**Geheimhaltung**
21.	**Höhere Gewalt**
22.	**Exportkontrolle**
23.	**Schriftformklausel**[2962] Vorsichtshalber ist eine Schriftformklausel in AGB optisch hervorzuheben.[2963] Sie schützt dennoch nicht vor formfreien Individualvereinbarungen.[2964] Der deutsche Exporteur sollte sich die Frage stellen, ob alternativ ein *Bestätigungsvorbehalt* gewünscht ist.[2965] Gegen einen solchen in den Einkaufsbedingungen des Käufers sollte jedoch vertraglich vorgegangen werden.[2966] **Musterklausel** „Ergänzungen, Abänderungen oder die Aufhebung des vorliegenden Vertrages sind nur in Schriftform und von beiden Vertragspartnern unterzeichnet rechtsgültig. Dies gilt insbesondere auch für diese Schriftformklausel."[2967]
24.	**Salvatorische Klausel**[2968] Der *salvatorische Zusatz* und weitere Gestaltungsalternativen sorgen dafür, dass auch AGB-Klauseln nach den Wünschen der Parteien abgeändert werden können, wodurch ein nicht zu unterschätzendes Risiko für den deutschen Exporteur entsteht.[2969]

2961 Siehe 2. Teil, B., XIX., 2., d.

2962 Siehe 2. Teil, B., XVI.

2963 Siehe 2. Teil, B., XVI., 2. und 4.

2964 *A. Koller*, OR AT, Rn. 12.163 f.; *ders.*, AGB-Recht, AJP 2016, 279, 291.

2965 Siehe 2. Teil, B., XVI., 4.

2966 Siehe 2. Teil, B., XVI., 3.

2967 *Lichtensteiger*, in: M/B/K/P, Vertragshandbuch, Kap. 5, Rn. 2.

2968 Siehe 2. Teil, B., XV.

2969 Siehe 2. Teil, B., XV., 3.

Musterklausel „Sollten einzelne Bestimmungen dieser Vereinbarung unwirksam oder unvollständig sein oder sollte die Erfüllung unmöglich werden, so wird hierdurch die Wirksamkeit der übrigen Teile des Vertrages nicht beeinträchtigt. Die Vertragsparteien verpflichten sich für diesen Fall, unverzüglich die unwirksame Bestimmung durch eine zulässige wirksame Bestimmung zu ersetzen, die nach ihrem Inhalt der ursprünglichen Absicht am nächsten kommt."[2970] oder „Die allfällige Unwirksamkeit einer Bestimmung [...] berührt die Rechtswirksamkeit der übrigen Bestimmungen nicht. Jede Partei kann in diesem Fall verlangen, dass anstelle der unwirksamen Bestimmung eine solche tritt, welche dem wirtschaftlichen Zweck, der damit erreicht werden sollte, am besten entspricht."[2971]
25. Abtretungsverbot
26. Rangfolge An dieser Stelle eignen sich *Widerspruchsregeln*, um Rechtsunsicherheiten vorzubeugen.[2972] Diese legen fest, welche Vertragsbestandteile – bspw. Rahmenvertrag oder AGB – vorrangig gelten.[2973]
27. Vertragslaufzeit/Vertragsbeendigung
28. Rechtswahl Das materielle Schweizer Recht wird vereinbart. Dabei ist das UN-Kaufrecht – CISG – auszuschließen.[2974]
29. Gerichtsstand[2975] Es besteht die Möglichkeit, den Sitz des Anwalts des Verwenders auch in AGB als Gerichtsstand zu vereinbaren, selbst wenn der Kunde Beklagter ist.[2976] Eine Gerichtsstandsklausel sollte vorsorglich unmissverständlich formuliert werden, an einem gut sichtbaren Ort zu finden sein und drucktechnisch hervorgehoben werden.[2977]

2970 *Lichtensteiger*, in: M/B/K/P, Vertragshandbuch, Kap. 5, Rn. 1.

2971 *Rochaix*, in: M/B/K/P, Vertragshandbuch, Kap. 62, Rn. 20.

2972 Siehe 2. Teil, B., II., 6., b., 4).

2973 *G/S/S/E*, OR AT, Rn. 1238; *Perrig*, in: K/P/P, AGB, Rn. 271; vgl. *Perrig*, Einbeziehung, in: B/S/E-K, AGB, S. 179 f.; *Schmittat*, Vertragsgestaltung, Rn. 102; *Schumacher*, Vertragsgestaltung, Rn. 337, 699, 852.

2974 Siehe 2. Teil, A., I.

2975 Siehe 2. Teil, B., XVIII.

2976 Siehe 2. Teil, B., XVIII., 3. und 4.

2977 Siehe 2. Teil, B., XVIII., 4.

30. Erfüllungsort[2978] Aufgrund der Abweichung in Bezug auf den Leistungsort bei Stückschulden nach Schweizer Recht sollte der deutsche Exporteur explizit einen solchen Ort wählen.[2979] Die Verwendung einer *Incoterms 2010*-Klausel allein könnte dazu nicht ausreichend sein.[2980]	
31. Unterschriftenzeile	
32. Vertragsanlagen	

II. Weitere Nachteile und Besonderheiten des Schweizer Rechts

1. Allgemeine Vor- und Nachteile des Schweizer Rechts[2981]

Aufgrund der im Vergleich zum deutschen Recht weniger strengen und technischen Begriffs- und Systembildung können sich Ungenauigkeiten ergeben.[2982] Außerdem fällt der Zugang zur Schweizer Literatur im Vergleich schwerer.[2983] Zudem existieren kaum ausführliche Formularbücher mit Musterklauseln für den internationalen Einsatz.[2984] Aufgrund des weit verbreiteten Dialekts in der Schweiz wird zumindest die mündliche Kommunikation mit einem deutschsprachigen Schweizer Anwalt schwerer fallen als mit einem deutschen Anwalt.[2985] Zudem sind Abweichungen zu deutschen Rechtsbegriffen und Rechtsvorstellungen denkbar.[2986] Die Dreiteilung der Amtssprachen in der Schweiz sorgt für einen komplizierteren Umgang mit dem Gesetzestext.[2987] Urteile des Bundesgerichts können auch lediglich auf Französisch oder Italienisch vorliegen.[2988] Die geringe Anzahl an Schweizer Einwohnern führt dazu, dass weniger geklagt wird, sodass eine Rechtsfrage seltener durch die höchstrichterliche Rechtsprechung geklärt wird.[2989] Auch das Fallmaterial zu AGB-Klauseltypen fällt geringer aus[2990],

2978 Siehe 2. Teil, B., V.
2979 Siehe 2. Teil, B., V., 3.
2980 Ebenda.
2981 Siehe 2. Teil, A., V.
2982 *Honsell*, OR BT, S. 2.
2983 *Giesecke*, Rechtswahl, S. 3.
2984 Siehe 2. Teil, A., V., 2.
2985 *Schumacher*, Vertragsgestaltung, Rn. 1184.
2986 *Ders.*, ebenda, Rn. 1223.
2987 *Ders.*, ebenda, Rn. 921.
2988 Siehe 2. Teil, A., V., 2.
2989 *Akikol*, Sachmängelhaftung, Rn. 1187; *Pfeiffer*, Flucht, in: FS Graf von Westphalen, 555, 556.
2990 *Pfeiffer*, Flucht, in: FS Graf von Westphalen, 555, 561.

wodurch die Rechtssicherheit leidet.[2991] Zudem sind keine Klausellisten zur Orientierung vorhanden.[2992] Der Richter hat im Schweizer Recht außerdem eine sehr große Machtfülle[2993], sodass die Rechtsunsicherheit steigt. Aufgrund der Tatsache, dass die Schweiz kein Mitglied der EU ist[2994], sind die Verordnungen, Richtlinien und Entscheidungen des EuGH nicht unmittelbar bindend.[2995] Die Transaktionskosten werden im Bereich der Prüfung der Einkaufsbedingungen regelmäßig höher sein.[2996] Schließlich besteht die Möglichkeit, dass sich der Käufer nicht auf den Vertrag einlassen möchte, da das Schweizer Recht für seinen liberalen Umgang mit AGB und insbesondere Haftungsfreizeichnungsklauseln bekannt ist.[2997]

2. *Die Systematik des Schweizer Rechts*[2998]

Die bekannte Verweisungstechnik des BGB wird nur sporadisch verwendet.[2999] Somit ist die systematische Anordnung des Schweizer Rechts nicht immer stringent.[3000] Der Grundsatz *lex specialis derogat legi generali* gilt nicht uneingeschränkt.[3001] Insgesamt genügt der Gesetzestext nicht mehr den aktuellen Anforderungen des Rechts- und Handelsverkehrs[3002], sodass Kenntnisse von Rechtsprechung und Lehre unumgänglich sind.[3003]

3. *Der Entwurf zum Obligationenrecht 2020*

In Bezug auf das geplante *Obligationenrecht 2020* gilt es abzuwarten, ob Änderungen des Gesetzgebers erfolgen und falls ja, wie diese aussehen werden.[3004]

2991 *Ders.*, ebenda, 555, 557.
2992 *Ders.*, ebenda, 555, 559; *Trendelberend*, Vorteile, S. 84.
2993 *Schumacher*, Vertragsgestaltung, Rn. 306, 379.
2994 *Huguenin/Meise*, OR 2020, SZW 2015, 280, 284; *Probst*, in: K/P/P, AGB, Rn. 314; *Rothermel*, Kauf-, Liefer- und Vertriebsrecht, S. 361.
2995 Siehe 2. Teil, A., V., 1.
2996 Siehe 2. Teil, A., V., 2.
2997 Ebenda.
2998 Siehe 2. Teil, A., VI.
2999 Siehe 2. Teil, A., VI., 2., b.
3000 *Huguenin/Meise*, OR 2020, SZW 2015, 280, 288.
3001 Siehe 2. Teil, A., VI., 2., d.
3002 *Schumacher*, Vertragsgestaltung, Rn. 184.
3003 *Huguenin/Meise*, OR 2020, SZW 2015, 280, 282.
3004 Siehe 2. Teil, A., VII.

4. *Der Werklieferungsvertrag*[3005]

Werklieferungsverträge zählen nach Schweizer Recht zu den Werkverträgen.[3006] Aufgrund der Tatsache, dass sich die Mängelgewährleistung zwischen Kauf- und Werkvertrag noch stark unterscheidet[3007], muss der deutsche Exporteur seinen Vertrag richtig qualifizieren oder entsprechende Regelungen einfügen.[3008]

5. *Vertragsverhandlungen und der Vorrang der Individualabrede*[3009]

Nach Schweizer Recht lassen Verhandlungen AGB schneller zu Individualabreden erstarken.[3010] Die *Ausstrahlungswirkung* sorgt dafür, dass u. U. auch nichtverhandelte Klauseln betroffen sind.[3011] Eine *AGB-Falle* kann nicht gestellt werden.[3012] Der Nachteil für den deutschen Exporteur besteht darin, dass sich auch sein Vertragspartner als Verwender diese Möglichkeiten zunutze machen kann.[3013]

6. *Die Einbeziehungs- und Geltungskontrolle*[3014]

Das Schweizer Recht ist restriktiver im Umgang mit der Einbeziehung von AGB ohne Vereinbarung oder mittels Handelsbrauchs als das deutsche Recht, sodass auf die AGB explizit hinzuweisen ist.[3015] Außerdem wird empfohlen, die AGB bereits dem Vertragsangebot beizulegen und von der anderen Partei gegenzeichnen zu lassen.[3016]

3005 Siehe 2. Teil, B., I., 1.

3006 BGE 117 II 425, 428; BGE 117 II 273, 274; BGE 103 II 33, 35; BGE 72 II 347, 349; *Akikol*, Sachmängelhaftung, Rn. 235; *Bühler*, in: ZK OR, Art. 363, Rn. 142; *Honsell*, OR BT, S. 283; *Huguenin*, OR, Rn. 3127; *Keller/Siehr*, Kaufrecht, S. 13; *A. Koller*, in: Guhl, OR, § 47, Rn. 7; *Straub*, in: M/B/K/P, Vertragshandbuch, Kap. 64, Rn. 0.1; *Zindel/Pulver/Schott*, in: BSK OR, Art. 363, Rn. 21.

3007 *Boog/Stark-Traber*, Werkvertrag, RIW 2012, 817, 817; *Huguenin*, OR, Rn. 2399; *Keller/Siehr*, Kaufrecht, S. 13; *Voser/Boog*, Schweizer Recht, RIW 2009, 126, 127.

3008 Siehe 2. Teil, B., I., 2., a. und b.

3009 Siehe 2. Teil, B., II., 4.

3010 Siehe 2. Teil, B., II., 4., d., 3).

3011 Siehe 2. Teil, B., II., 4., c. und d., 3).

3012 Siehe 2. Teil, B., II., 4., c. und d., 3) und 7., d.

3013 Siehe 2. Teil, B., II., 4., d., 3).

3014 Siehe 2. Teil, B., II., 5.

3015 Siehe 2. Teil, B., II., 5., a.

3016 Ebenda.

7. *Die Auslegung*[3017]

Im Bereich der Auslegung sind diverse Unterschiede zwischen dem deutschen und dem Schweizer Recht zu beachten[3018], welche auch dafür sorgen, dass der Verwender von AGB nach Schweizer Recht im Vergleich zum deutschen Recht weniger Einschränkungen erfährt.[3019] Bei einer wirksamen Einbeziehung der Einkaufsbedingungen des Käufers sind u. a. die Ablehnung der *kundenfeindlichsten* Auslegung, die Anwendung des *Restriktionsprinzips* und u. U. die Zulässigkeit der historischen Auslegung als Nachteil anzusehen.[3020] Die Einbeziehung des Einzelfalles sorgt für eine Variation der Auslegungsmöglichkeiten, welche sich negativ auf die Rechtssicherheit auswirkt und sowohl den Verwender als auch den Kunden betrifft.[3021] Mangels adäquater Vergleichsmöglichkeiten in ähnlichen Fällen können auch die Erfolgschancen im Prozess für beide Vertragsparteien häufig schlecht vorhergesagt werden.[3022] Dies wird die Bereitschaft des deutschen Exporteurs, gerichtliche Hilfe gegen AGB in Anspruch zu nehmen, mindern.[3023] Aus Sicht aller Beteiligten kann es demnach sinnvoll sein, eigene Auslegungsregeln zu bestimmen.[3024]

8. *Die Inhaltskontrolle*[3025]

Eine offene Inhaltskontrolle im B2B-Bereich existiert nach Schweizer Recht nicht.[3026] Die *verdeckte Inhaltskontrolle* kann relativ mühelos umgangen werden[3027], sofern sie überhaupt Anwendung findet.[3028] Mit Hilfe einer Individualabrede darf sogar eine an sich unzulässige AGB-Klausel kompensiert werden.[3029] Liegen Einkaufsbedingungen vor, so erfährt der deutsche Exporteur kaum Schutz durch das Schweizer Recht.[3030] Durch den Wegfall von Art. 8 UWG a. F.

3017 Siehe 2. Teil, B., II., 6.
3018 Siehe 2. Teil, B., II., 6., c.
3019 Ebenda.
3020 Ebenda.
3021 Ebenda.
3022 Ebenda.
3023 Ebenda.
3024 Siehe 2. Teil, B., II., 6., b., 4).
3025 Siehe 2. Teil, B., II., 7.
3026 Siehe 2. Teil, B., II., 7., c., 2), a), (1) und d.
3027 Siehe 2. Teil, B., II., 7., c., 2), b), (4) und d.
3028 Siehe 2. Teil, B., II., 7., d.
3029 *Schumacher*, Vertragsgestaltung, Rn. 1649 f.
3030 Siehe 2. Teil, B., II., 7., d.

für den B2B-Bereich wird dieser Eindruck noch verstärkt.[3031] Der deutsche Exporteur ist auf seinen Selbstschutz angewiesen.[3032] Aufgrund der reduzierten Einheitlichkeit und Rechtssicherheit ergeben sich Nachteile für den Verkäufer, welche unabhängig von seiner Stellung als Verwender oder Kunde auftreten.[3033] Darüber hinaus ist mit erhöhten Transaktionskosten zu kalkulieren: Zum einen sollten die Einkaufsbedingungen gründlicher geprüft werden, zum anderen muss der deutsche Exporteur als Verwender damit rechnen, dass der Käufer in zusätzliche Verhandlungen eintritt.[3034]

9. Die geltungserhaltende Reduktion[3035]

Die *geltungserhaltende Reduktion* von AGB ist nach Schweizer Recht zulässig.[3036] Ist der deutsche Exporteur Verwender, so können sich für ihn Nachteile durch weite AGB-Bestimmungen in Form von kosten- und zeitintensiven Verhandlungen und Gerichtsprozessen ergeben.[3037] Als Kunde muss er damit rechnen, dass auch der Käufer die Vorteile der *geltungserhaltenden Reduktion* nutzt, wodurch mitunter Rechtsunsicherheit entsteht.[3038] Den Prozessrisiken kann mit einer proaktiven Vertragsverhandlung begegnet werden, welche aber wiederum Transaktionskosten für beide Parteien verursacht.[3039]

10. Die Geltung von Handelsbräuchen

Dem deutschen Exporteur muss bewusst sein, dass ihm bekannte Handelsbräuche keine Geltung entfalten müssen, sodass eine vertragliche Fixierung zu empfehlen ist.[3040]

3031 Siehe 2. Teil, B., II., 7., c., 2), a), (3) und d.
3032 Siehe 2. Teil, B., II., 7., d.
3033 Ebenda.
3034 Ebenda.
3035 Siehe 2. Teil, B., II., 8.
3036 Siehe 2. Teil, B., II., 8., b. und c.
3037 Siehe 2. Teil, B., II., 8., c.
3038 Ebenda.
3039 Ebenda.
3040 Siehe 2. Teil, B., III.

11. Das kaufmännische Bestätigungsschreiben

Da auch bei Anwendung des Schweizer Rechts das *kaufmännische Bestätigungsschreiben* zu einer wirksamen Einbeziehung der Einkaufsbedingungen führen kann, muss der deutsche Exporteur umgehend reagieren.[3041]

12. Die Anfechtung[3042]

Der Anfechtungsberechtigte hat im Schweizer Recht viel länger Zeit als im deutschem Recht, wodurch die zwischenzeitliche Unsicherheit zu einem Nachteil für den deutschen Exporteur als Anfechtungsgegner führt.[3043] Je mehr Zeit verstreicht, desto geringer ist die Möglichkeit zur Risikoabwälzung auf den eigenen Lieferanten.[3044]

Auch der Wucher führt als Übervorteilung nach Schweizer Recht zu einem Anfechtungsrecht.[3045] Nachteilig für den deutschen Exporteur ist, dass er bis zu einem Jahr nach Vertragsschluss nicht weiß, ob das Recht zur Anfechtung durch den Käufer genutzt wird, wodurch Unsicherheit entsteht.[3046] Diese ergibt sich ebenfalls, wenn die *Teilunverbindlichkeit* nur zum Wegfall oder zur Änderung einzelner Vertragspassagen führt.[3047] Falls der deutsche Exporteur der Übervorteilte ist, muss er daran denken, sein Anfechtungsrecht zu nutzen, und darf nicht von einer automatischen Nichtigkeit ausgehen.[3048]

13. Der Montagefehler und die mangelhafte Montageanleitung[3049]

Weder eine fehlerhafte Montage noch eine solche Montageanleitung führt nach Schweizer Kaufrecht zu den Mängelgewährleistungsrechten.[3050] Vielmehr

---

3041 Siehe 2. Teil, B., IV.
3042 Siehe 2. Teil, B., VII.
3043 Siehe 2. Teil, B., VII., 1., c., 3).
3044 *Wiegand*, Picasso-Entscheid, recht 1989, 101, 104.
3045 Siehe 2. Teil, B., VII., 2., b. und c.
3046 Siehe 2. Teil, B., VII., 2., c.
3047 Ebenda.
3048 Ebenda.
3049 Siehe 2. Teil, B., VIII., 2., d.
3050 *Akikol*, Sachmängelhaftung, Rn. 1111; *Gelzer*, Wünschbarkeit, S. 24; *Giesecke*, Rechtswahl, S. 77; *Voser/Boog*, Schweizer Recht, RIW 2009, 126, 129.

handelt es sich nur um die Verletzung einer vertraglichen (Neben-)Pflicht[3051], sodass ggf. ein Schadensersatzanspruch gem. Art. 97 I OR entsteht.[3052]

14. *Die zu kurze Nachfristsetzung bei Verzug*[3053]

Auf eine zu kurze Nachfristsetzung hat der Schuldner unbedingt hinzuweisen, damit eine angemessene Frist in Gang gesetzt wird.[3054] Unterbleibt dies, so gilt die gesetzte Frist als akzeptiert.[3055]

15. *Der Selbsthilfeverkauf*

Bei einem Selbsthilfeverkauf hat der deutsche Exporteur zu beachten, dass er eine richterliche Einwilligung einholen muss, wenn nicht zeitgleich Annahme- und Zahlungsverzug des Käufers vorliegen.[3056]

16. *Die Minderungs- und Wandelungsklage*

Ein Wechsel von der Wandelung, d. h. vom Rücktritt[3057], zur Minderung und umgekehrt ist nach Schweizer Recht möglich[3058], sofern nicht gegen das Verbot des *venire contra factum proprium* und den Vertrauensgrundsatz verstoßen wird.[3059]

17. *Das Kündigungsrecht des Bestellers gegen Schadloshaltung*

Dem Besteller steht ein Rücktrittsrecht gegen Schadloshaltung auch bei Werklieferungsverträgen über vertretbare Sachen zu.[3060]

3051 *Akikol*, Sachmängelhaftung, Rn. 1111; *Müller-Chen*, CHK OR, Art. 197, Rn. 23; *Voser/Boog*, Schweizer Recht, RIW 2009, 126, 129.

3052 *Furrer/Wey*, in: CHK OR, Art. 97–98, Rn. 6; *Huguenin*, OR, Rn. 846.

3053 Siehe 2. Teil, B., X., 1., c.

3054 Ebenda.

3055 BGE 116 II 436, 440; BGE 105 II 28, 34; *Giesecke*, Rechtswahl, S. 228; *G/S/S/E*, OR AT, Rn. 2736; *A. Koller*, OR AT, Rn. 55.92; *ders.*, in: Guhl, OR, § 32, Rn. 15; *Kren Kostkiewicz*, in: K/W/A/F, OR Handkommentar, Art. 107, Rn. 6; *Ostendorf*, in: Ostendorf/Kluth, Wirtschaftsverträge, § 16, Rn. 22; *Schwenzer*, OR AT, Rn. 66.17; **a. A.** BGE 91 II 344, 351; BGE 29 II 243, 251.

3056 Siehe 2. Teil, B., X., 1., e.

3057 *Richter*, AGB, S. 122; *Voser/Boog*, Schweizer Recht, RIW 2009, 126, 130.

3058 Siehe 2. Teil, B., X., 5., b.

3059 *Huguenin*, OR, Rn. 2652.

3060 Siehe 2. Teil, B., X., 6., b.

18. *Der Schadensersatz*[3061]

Im Kaufrecht existiert eine Anspruchskonkurrenz zwischen AT und BT in Bezug auf Schadensersatzansprüche, wobei die Besonderheiten des BT wie Mängelrüge und Verjährungsfrist zu beachten sind, während für den Werklieferungsvertrag nur der BT gilt.[3062] Nach Schweizer Recht sind die *hypothetische Kausalität* und die *Schutzzwecklehre* zur Reduzierung der Schadensersatzpflicht noch nicht vollends anerkannt.[3063] Es liegt im Ermessen des Richters, ob Naturalrestitution, Geldersatz oder eine Mischung aus beidem zuerkannt wird[3064], wobei der Geldersatz üblich ist.[3065] Obwohl eine gewisse Rechtsunsicherheit in Bezug auf die Beweislastverteilung bei Art. 97 OR besteht, sollte der deutsche Exporteur davon ausgehen, dass der Gläubiger nicht das Verschulden des Schuldners zu beweisen hat.[3066] Wird eine Leistung unerschwinglich, so bedeutet dies nicht den Wegfall der Geschäftsgrundlage, sondern führt zu den Regelungen der Unmöglichkeit oder des Verzugs.[3067]

19. *Die Verteilung der Beweislast in AGB*

Der deutsche Exporteur hat damit zu rechnen, dass auch Beweislastklauseln innerhalb der Einkaufsbedingungen wirksam sein können, und sollte gegen diese vorgehen.[3068]

20. *Das Kausalitätsprinzip*

Nach Schweizer Recht gilt das unabdingbare *Kausalitätsprinzip*, sodass das getätigte Verfügungsgeschäft entfällt, wenn sich das Verpflichtungsgeschäft als ungültig erweist.[3069]

3061 Siehe 2. Teil, B., X., 7.
3062 Siehe 2. Teil, B., X., 7., b.
3063 Siehe 2. Teil, B., X., 7., d.
3064 Siehe 2. Teil, B., X., 7., e.
3065 *Schwenzer*, OR AT, Rn. 15.02; *Wittibschlager*, Einführung, Rn. 346.
3066 Siehe 2. Teil, B., X., 7., f.
3067 Siehe 2. Teil, B., X., 7., g.
3068 Siehe 2. Teil, B., XVII., 4.
3069 Siehe 2. Teil, B., XIX., 3.

21. Exkurs: Das Telefax im Prozessrecht[3070]

Schweizer Gerichte lehnen prozessbezogene Dokumente ab, wenn diese lediglich per Telefax eingereicht werden.[3071]

22. Allgemeine Hinweise zur Vertragsgestaltung[3072]

Der Vertrag sollte relativ umfangreich sein und sich zu den wichtigsten Bereichen äußern.[3073] Aufgrund der Tatsache, dass das Schweizer Recht als sehr komplex zu bezeichnen ist, sind allgemeine Rechtskenntnisse unverzichtbar.[3074] Zur Anpassung an den internationalen Rechtsverkehr sind die dispositiven Normen zu modifizieren.[3075] Eine lediglich sinngemäße Übernahme von Gesetzesbestimmungen ist dabei zu vermeiden.[3076] Selbst die beste Vertragsgestaltung ist aber nicht in der Lage, alle Eventualitäten abzudecken.[3077] Zwingende Bestimmungen können zudem nicht durch vertragliche Vereinbarungen umgangen werden.[3078]

3070 Siehe 2. Teil, B., XIX., 5.

3071 BGE 121 II 252, 254 ff.; BGer 1B_537/2011 vom 16.11.2011, E. 3; BGer 4A_83/2008 vom 11.04.2008, E. 2.3; *G/S/S/E*, OR AT, Rn. 518a; **a. A.** *Schwenzer*, in: BSK OR, Art. 13, Rn. 14e.

3072 Siehe 2. Teil, C.

3073 *Bugg*, Contracts, S. 7.

3074 *Schumacher*, Vertragsgestaltung, Rn. 30; vgl. *Aderhold/Koch/Lenkaitis*, Vertragsgestaltung, § 3, Rn. 6; *Junker/Kamanabrou*, Vertragsgestaltung, § 1, Rn. 34; *Ostendorf*, in: Ostendorf/Kluth, Wirtschaftsverträge, § 13, Rn. 1.

3075 *Aderhold/Koch/Lenkaitis*, Vertragsgestaltung, § 6, Rn. 9; *Schwander*, Gestaltung, in: Furrer/Arter, Vertriebsverträge II, S. 128; vgl. *Schumacher*, Vertragsgestaltung, Rn. 184.

3076 *Aderhold/Koch/Lenkaitis*, Vertragsgestaltung, § 6, Rn. 11; *Schmittat*, Vertragsgestaltung, Rn. 81; *Schumacher*, Vertragsgestaltung, Rn. 411.

3077 *Fountoulakis*, Choice, EJLR 2005, 303, 304; *Ostendorf*, in: Ostendorf/Kluth, Wirtschaftsverträge, § 13, Rn. 1; *Schmittat*, Vertragsgestaltung, Rn. 73; *Schumacher*, Vertragsgestaltung, Rn. 216, 914; *Weber*, Rahmenverträge, ZSR 1987, 403, 427.

3078 Vgl. *Junker/Kamanabrou*, Vertragsgestaltung, § 1, Rn. 25.

III. Thesen

1. *These: Der deutsche Exporteur muss sich der fünf großen Risikobereiche bewusst sein.*[3079]

Bei der Vereinbarung des Schweizer Rechts sind fünf große Risikobereiche zu beachten, die der deutsche Exporteur kennen sollte: die Individualvereinbarung, die eigenen AGB, die Einkaufsbedingungen des Käufers, die Normen des Gesetzes sowie allgemeine Nachteile der Schweiz und deren Rechtssystem.[3080] Der deutsche Exporteur hat auf alle Gefahrenquellen zu achten.[3081]

2. *These:* Fremdes *Recht ist mit mehr Risiken behaftet als das* eigene *Recht.*[3082]

Festzustellen ist, dass das Schweizer Recht wie auch jedes andere ausländische und demnach weniger vertraute Recht ein Risiko darstellen kann.[3083] Dieses lässt sich nur durch umfangreiche Detailkenntnisse[3084] und ständige Verfolgung der Rechtsprechung reduzieren.[3085] Darüber hinaus ist eine ausführliche Vertragsgestaltung geboten.[3086]

Das Schweizer Recht wird daher im Vergleich zum deutschen Recht regelmäßig höhere Transaktionskosten mit sich bringen.[3087] Dies liegt bspw. daran, dass sich der deutsche Exporteur mehr mit den Einkaufsbedingungen beschäftigen muss, als dies unter deutschem Recht notwendig wäre.[3088]

3079 Siehe 2. Teil, A., VIII.

3080 Ebenda.

3081 Ebenda.

3082 Ebenda.

3083 Ebenda.

3084 *Schumacher*, Vertragsgestaltung, Rn. 30; vgl. *Aderhold/Koch/Lenkaitis*, Vertragsgestaltung, § 3, Rn. 6; *Junker/Kamanabrou*, Vertragsgestaltung, § 1, Rn. 34; *Ostendorf*, in: Ostendorf/Kluth, Wirtschaftsverträge, § 13, Rn. 1; siehe 2. Teil, C.

3085 *Ostendorf/Kluth*, in: Ostendorf/Kluth, Wirtschaftsverträge, § 1, Rn. 16; vgl. *Schumacher*, Vertragsgestaltung, Rn. 916; siehe 2. Teil, A., VII.

3086 *Bugg*, Contracts, S. 7; siehe 2. Teil, C.

3087 Siehe 2. Teil, A., V., 2.

3088 Siehe 2. Teil, A., V., 2. und B., II., 7., d.

3. *These: Geplante Reformen sowie Rechtsprechung und Literatur sind regelmäßig zu verfolgen.*[3089]

Zu beachten ist, dass die erste Abteilung des Schweizer OR durch den Entwurf zum *Obligationenrecht 2020* verändert werden könnte.[3090] Ob dies der Fall sein wird und wie die Neuerungen konkret aussehen würden, ist derzeit noch nicht abschätzbar.[3091] Auch ist es nicht völlig ausgeschlossen, dass sich zusätzliche Veränderungen im Bereich der einzelnen Vertragsverhältnisse wie z. B. dem Kaufvertrag ergeben.[3092] Demnach ist es die Pflicht des deutschen Exporteurs, die Rechtslage in der Schweiz von Zeit zu Zeit zu prüfen.[3093] Darüber hinaus ist es auch geboten, die aktuellen Urteile des Bundesgerichts regelmäßig zu verfolgen.[3094] Diesen Ratschlag wird auch der Käufer befolgen, sodass auf seine Unkenntnis nicht vertraut werden sollte.[3095]

4. *These: Es herrscht Rechtsunsicherheit auch in relevanten Bereichen.*[3096]

In der Schweiz ergibt sich die Rechtsunsicherheit bspw. daraus, dass im Vergleich zu Deutschland weniger Gerichte weniger Entscheidungen treffen.[3097] Die Anzahl an Formularbüchern für AGB-Klauseln ist zudem sehr begrenzt[3098], wodurch dem Verwender keine *sicheren* Klauseln zur Verfügung stehen.[3099]

3089 *Ostendorf/Kluth*, in: Ostendorf/Kluth, Wirtschaftsverträge, § 1, Rn. 16; vgl. *Schumacher*, Vertragsgestaltung, Rn. 916; siehe 2. Teil, A., VII.

3090 *Huguenin/Meise*, OR 2020, SZW 2015, 280, 281; *Kern/Bettinger*, OR 2020, ZEuP 2014, 562, 564; *Probst*, in: K/P/P, AGB, Rn. 449; siehe 2. Teil, A., VII.

3091 *Huguenin/Meise*, OR 2020, SZW 2015, 280, 289; *Kern/Bettinger*, OR 2020, ZEuP 2014, 562, 562; *Perrig*, in: K/P/P, AGB, Rn. 100; siehe 2. Teil, A., VII.

3092 Siehe 2. Teil, A., VII.

3093 Ebenda.

3094 *Ostendorf/Kluth*, in: Ostendorf/Kluth, Wirtschaftsverträge, § 1, Rn. 16; vgl. *Schumacher*, Vertragsgestaltung, Rn. 916; siehe 2. Teil, A., VII.

3095 Siehe 2. Teil, A., VII.

3096 Siehe 2. Teil, B., VII., 1., a., 1), b), (1) und VIII., 2., b., 2) und X., 2., c. und 7., c. und XI., 3., i., 2).

3097 *Akikol*, Sachmängelhaftung, Rn. 1187; *Pfeiffer*, Flucht, in: FS Graf von Westphalen, 555, 556; siehe 2. Teil, A., V., 2.

3098 Siehe jedoch *Berni*, Hardware, in: Jörg/Arter, Internet-Recht, S. 17 ff.; *Furrer*, Freizeichnungsklauseln, in: FS Fischer, 109, 109 ff.; *G/H/M/P*, Vertragsgestaltung; M/B/K/P, Vertragshandbuch; *Streiff/Pellegrini/von Kaenel*, Vertragsvorlagen; siehe 2. Teil, A., V., 2.

3099 Siehe 2. Teil, A., V., 2.

Darüber hinaus herrschen innerhalb der Schweizer Rechtsordnung diverse Meinungsstreite[3100], welche verheerende Folgen für den deutschen Exporteur haben können, sollte das Bundesgericht diese zulasten des Verkäufers entscheiden.[3101] Dies betrifft insbesondere die sehr bedeutsamen Haftungsfreizeichnungs- oder -beschränkungsklauseln innerhalb, aber auch außerhalb von AGB.[3102]

Demnach stellt die Rechtsunsicherheit ein sehr großes Risiko dar, welches der deutsche Exporteur eingeht.[3103] Dieses kann zumindest für AGB dadurch eingeschränkt werden, dass eine Individualabrede getroffen wird.[3104] Außerdem können die Klauseln sehr eindeutig formuliert werden, um keine Zweifel bei der Auslegung zu begründen.[3105] Wiederum ist eine umfangreiche Vertragsgestaltung zu empfehlen.[3106]

5. *These: Die Qualifikation des Vertrages ist entscheidend.*[3107]

Im Schweizer Recht ist es unumgänglich, dass sich der deutsche Exporteur bewusst ist, um welche Art von Vertrag es sich handelt.[3108] Es kann einen eklatanten Unterschied machen, ob dieser als Kauf- oder Werklieferungsvertrag zu qualifizieren ist.[3109] Falls sich der deutsche Exporteur bei der Einstufung nicht sicher ist, sollte innerhalb des Vertrages explizit geregelt sein, welche Rechte und Pflichten für die Parteien gelten und auch welche ggf. ausgeschlossen sind.[3110] Wahlweise kann ebenfalls vereinbart werden, dass die Regelungen des Kaufvertrages wie im deutschen Recht auf den Werklieferungsvertrag anzuwenden sind.[3111]

3100 Siehe 2. Teil, B., VII., 1., a., 1), b), (1) und VIII., 2., b., 2) und X., 2., c. und 7., c. und XI., 3., i., 2).

3101 Siehe 2. Teil, B., X., 7., c., 3).

3102 Siehe 2. Teil, B., XI., 3., f. und i., 2), c).

3103 Siehe 2. Teil, A., V., 2. und B., II., 7., d.

3104 Siehe 2. Teil, B., II., 4., d., 3).

3105 Siehe 2. Teil, B., II., 6., c.

3106 *Bugg*, Contracts, S. 7; siehe 2. Teil, C.

3107 *Boog/Stark-Traber*, Werkvertrag, RIW 2012, 817, 817; *Honsell*, OR BT, S. 283; *Huguenin*, OR, Rn. 2399; *Voser/Boog*, Schweizer Recht, RIW 2009, 126, 127; siehe 2. Teil, B., I., 2., a.

3108 *Boog/Stark-Traber*, Werkvertrag, RIW 2012, 817, 817; *Honsell*, OR BT, S. 283; *Huguenin*, OR, Rn. 2399; *Voser/Boog*, Schweizer Recht, RIW 2009, 126, 127; siehe 2. Teil, B., I., 2., a.

3109 Siehe 2. Teil, B., I., 2., a.

3110 Siehe 2. Teil, B., I., 2., b.

3111 Ebenda.

6. *These: Die sich aus dem Gesetz ergebenden Vorteile für den Käufer sind vertraglich einzuschränken.*[3112]

Das Schweizer Recht gestaltet sich zuweilen sehr verkäuferfreundlich.[3113] Dies gilt insbesondere für die weiten Haftungsfreizeichnungsmöglichkeiten innerhalb der AGB.[3114] Doch auch zugunsten des Käufers hat der Schweizer Gesetzgeber Regelungen getroffen, die im deutschen Recht so nicht existieren.[3115] Gegen diese Nachteile sollte der deutsche Exporteur vertraglich vorgehen.[3116]

7. *These: Das frühzeitige Vorliegen einer Individualvereinbarung kann besonders gefährlich werden.*[3117]

Im Schweizer Recht wird aus AGB durch Verhandlungen schneller eine Individualabrede als im deutschen Recht.[3118] Diese genießt eine größere Gestaltungsfreiheit als AGB.[3119] Der Käufer kann diese Strategie anwenden, um aus seinen Einkaufsbedingungen ohne größeren Aufwand eine Individualabrede zu machen.[3120] Auf diese Art und Weise werden Abwehrklauseln leicht umgangen und für den Verkäufer unliebsame Bestimmungen wirksam in den Vertrag eingebracht.[3121] Nach Verhandlungen mit dem Käufer und der Zustimmung zu Klauseln sollte der deutsche Exporteur demnach vorsichtshalber davon ausgehen, dass die Einkaufsbedingungen nun als Individualabreden Einzug in den Vertrag gefunden haben.[3122] Dies stellt ein erhebliches Gefahrenpotential für den deutschen Exporteur dar, welches nicht zu unterschätzen ist.[3123]

3112 *Bugg*, Contracts, S. 7; siehe 2. Teil, C.
3113 Siehe 2. Teil, B., XI., 4.
3114 Siehe 2. Teil, B., XI., 4., b.
3115 Siehe 2. Teil, B., VII., 1., a. und X., 2., c. und 3., a., 2).
3116 *Bugg*, Contracts, S. 7; siehe 2. Teil, C.
3117 Siehe 2. Teil, B., II., 4., d., 3).
3118 *Ehle/Brunschweiler*, AGB-Recht, RIW 2012, 262, 264; *Trendelberend*, Vorteile, S. 24; siehe 2. Teil, B., II., 4., d., 2).
3119 *Kramer*, in: K/P/P, AGB, Rn. 22; *Leuschner*, AGB-Kontrolle, JZ 2010, 875, 878; *Trendelberend*, Vorteile, S. 24; siehe 2. Teil, B., II., 7., d.
3120 Siehe 2. Teil, B., II., 4., d., 3).
3121 Ebenda.
3122 Ebenda.
3123 Ebenda.

8. *These: Die Einkaufsbedingungen des Käufers sind die bedeutendste Gefahrenquelle.*[3124]

Besonders gefährlich können die Einkaufsbedingungen des Käufers sein, da sie ebenfalls die vielen Vorteile des Schweizer AGB-Rechts für sich in Anspruch nehmen können.[3125] Insbesondere die Kombination aus *geltungserhaltender Reduktion* und einer lediglich *verdeckten Inhaltskontrolle* sorgt für erhebliches Gefahrenpotential.[3126] Wirksame Rechtsbehelfe gegen die Einkaufsbedingungen bleiben dem deutschen Exporteur verwehrt.[3127] Er muss sich selbst schützen und darf nicht auf bekannte Mechanismen oder Handlungsweisen vertrauen.[3128] Demnach ist gegen alle nicht gewollten Klauseln aktiv vorzugehen.[3129] Es wird dringend geraten, nicht nur eine Abwehrklausel in die AGB aufzunehmen, sondern auch zu bestimmen, dass entweder die Einkaufsbedingungen des Käufers gar nicht gelten sollen oder nur die mit den eigenen AGB übereinstimmenden Klauseln.[3130] Ließe man auch die sich ergänzenden oder in Gänze neuen Klauseln zu, so bestünde eine erhebliche Gefahr für den deutschen Exporteur.[3131] Dazu ist jedoch besonders wichtig, dass die eigenen AGB wirksam in den Vertrag eingebracht werden.[3132] Am sichersten ist eine Individualvereinbarung, welche den AGB und demnach auch den Einkaufsbedingungen vorgeht.[3133]

9. *These: Die erhöhte Eigenverantwortung bildet die Schattenseite der ausgeprägten Selbstbestimmung.*[3134]

Während insbesondere das deutsche AGB-Recht als unflexibel bezeichnet werden kann, bietet das Schweizer Recht in diesem Bereich deutlich mehr Freiheiten.[3135] Die Parteien haben einen erweiterten Handlungsspielraum, aber die Risiken sind ebenso deutlich höher und bilden die Schattenseite dieser Selbstbestimmung.[3136]

3124 Siehe 2. Teil, B., II., 7., d.
3125 Ebenda.
3126 Siehe 2. Teil, B., II., 7., c. und 8., b.
3127 Siehe 2. Teil, B., II., 7., d.
3128 Ebenda.
3129 Ebenda.
3130 Siehe 2. Teil, B., II., 3., b., 5).
3131 Ebenda.
3132 Siehe 2. Teil, B., II., 5.
3133 Siehe 2. Teil, B., II., 4., d., 3).
3134 Siehe 2. Teil, B., II., 7., d.
3135 Ebenda.
3136 Ebenda.

Der Vertragsgestaltung und vor allen Dingen der Abwandlung fremder Bestimmungen muss noch mehr Beachtung geschenkt werden als im deutschen Recht.[3137] Dabei ist regelmäßig denjenigen Klauseln vorrangige Aufmerksamkeit zu schenken, welche auch im deutschen Recht als gefährlich einzustufen sind.[3138]

10. These: Die Wahl des Schweizer Rechts ist nicht lediglich vorteilhaft und lädt zur Unterschätzung des eigenen Risikos ein.[3139]

Die pauschalisierte Aussage, dass eine *Flucht in das Schweizer Recht* immer vorteilhaft sei, lässt sich nicht treffen.[3140] Vielmehr müssen diverse Faktoren in Betracht gezogen werden, um feststellen zu können, ob sich die Wahl des Schweizer Rechts für den deutschen Exporteur lohnen könnte oder nicht.[3141] Insbesondere darf der deutsche Exporteur nicht davon ausgehen, dass alle seine AGB-Klauseln ausnahmslos und in jedem Fall wirksam sind oder seine Haftung in Gänze ausgeschlossen werden kann.[3142] Auch das Schweizer Recht kennt Grenzen[3143], sodass im Zweifel dennoch vorsichtig zu kalkulieren ist.[3144]

11. These: Die Vertragsgestaltung ist von enormer Bedeutung.[3145]

Unumgänglich ist eine die eigenen Interessen schützende Vertragsgestaltung[3146], welche nicht nur die sich aus dem Gesetz ergebenden Nachteile für den deutschen Exporteur beseitigt[3147], sondern insbesondere auch diejenigen aus den Einkaufsbedingungen des Käufers.[3148] Darüber hinaus sorgt ein sorgfältig formulierter Vertrag dafür, dass Rechtsunsicherheiten, welche auch im Schweizer Recht anzutreffen sind, im Keim erstickt werden[3149], wodurch die Effizienz des Vertrages zugunsten beider Parteien gesteigert werden kann.[3150]

3137 Ebenda.
3138 Siehe 2. Teil, B., II., 7., a.
3139 Siehe 2. Teil, B., II., 7., d. und 8., c. und X., 7., c. und XI., 5., a. und b.
3140 Siehe 2. Teil, B., II., 7., d. und 8., c. und X., 7., c. und XI., 5., b.
3141 Siehe 2. Teil, A., V., 2. und B.
3142 Siehe 2. Teil, B., XI., 5., a.
3143 Siehe 2. Teil, B., II., 7., c., 2), c).
3144 Siehe 2. Teil, B., XI., 3., i., 2), c).
3145 *Bugg*, Contracts, S. 7; siehe 2. Teil, C.
3146 *Bugg*, Contracts, S. 7; siehe 2. Teil, C.
3147 Siehe 2. Teil, B., VII., 1., a. und X., 2., c. und 3., a., 2).
3148 Siehe 2. Teil, B., II., 7., d.
3149 *Bugg*, Contracts, S. 7; siehe 2. Teil, C.
3150 *Fountoulakis*, Choice, EJLR 2005, 303, 315; siehe 2. Teil, A., V., 1.

Literaturverzeichnis

Adams, Michael: Ökonomische Begründung des AGB-Gesetzes – Verträge bei asymmetrischer Information in: BB 1989, S. 781–788 (zit.: *Adams*, Begründung, BB 1989, S.)

Aderhold, Lutz/Koch, Raphael/Lenkaitis, Karlheinz: Vertragsgestaltung 3. Auflage, Baden-Baden 2018 (zit.: *Aderhold/Koch/Lenkaitis*, Vertragsgestaltung, §, Rn.)

Adomeit, Klaus: Die gestörte Vertragsparität – ein Trugbild in: NJW 1994, S. 2467–2469 (zit.: *Adomeit*, Vertragsparität, NJW 1994, S.)

Akikol, Diana: Die Voraussetzungen der Sachmängelhaftung beim Warenkauf: Obligationenrecht und UN-Kaufrecht (CISG) Diss., Zürich 2008 (zit.: *Akikol*, Sachmängelhaftung, Rn.)

Arnet, Ruth: Bemerkungen zu BGE 126 III 59 ff. in: AJP 2000, S. 1162–1168 (zit.: *Arnet*, Bemerkungen, AJP 2000, S.)

Arnold, Arnd: Freizeichnungsklauseln für leichte Fahrlässigkeit in AGB in: ZGS 2004, S. 16–21 (zit.: *Arnold*, Freizeichnungsklauseln, ZGS 2004, S.)

Auktor, Christian/Mönch, Harald J.: Nacherfüllung – nur noch auf Kulanz? in: NJW 2005, S. 1686–1689 (zit.: *Auktor/Mönch*, Nacherfüllung, NJW 2005, S.)

Baddeley, Margareta: Unterwerfungserklärungen von Athleten – ein Anwendungsfall allgemeiner Geschäftsbedingungen in: ZBJV 2008, S. 357–392 (zit.: *Baddeley*, Unterwerfungserklärungen, ZBJV 2008, S.)

Ball, Wolfgang: Die Nacherfüllung beim Autokauf in: NZV 2004, S. 217–227 (zit.: *Ball*, Nacherfüllung, NZV 2004, S.)

Bamberger, Heinz Georg/Roth, Herbert/Hau, Wolfgang/Poseck, Roman (Hrsg.): Beck'scher Online-Kommentar BGB München 2018, 45. Edition, Stand: 01.03.2018 (zit.: *Bearbeiter*, in: Ba/Ro, BeckOK BGB, §, Rn.)

Basler Kommentar: Zivilgesetzbuch I, Art. 1–456 ZGB; Zivilgesetzbuch II, Art. 457–977 ZGB, Art. 1–61 SchlT ZGB 5. Auflage, Basel ab 2014 (zit.: *Bearbeiter*, in: BSK ZGB, Art., Rn.)

Basler Kommentar: Obligationenrecht I, Art. 1–529 OR 6. Auflage, Basel 2015 (zit.: *Bearbeiter*, in: BSK OR, Art., Rn.)

Baudenbacher, Carl: Braucht die Schweiz ein AGB-Gesetz? in: ZBJV 1987, S. 505–531 (zit.: *Baudenbacher*, AGB-Gesetz, ZBJV 1987, S.)

Baumbach, Adolf/Hopt, Klaus J. (Hrsg.): Handelsgesetzbuch mit GmbH & Co., Handelsklauseln, Bank- und Börsenrecht, Transportrecht (ohne Seerecht) 38. Auflage, München 2018 (zit.: *Bearbeiter*, in: Ba/Ho, §, Rn.)

Becker, Felix: Die gebotene Grenze zwischen AGB und Individualvereinbarungen im unternehmerischen Geschäftsverkehr Diss., Berlin 2011 (zit.: *Becker*, Grenze, S.)

Berger, Klaus Peter: Aushandeln von Vertragsbedingungen im kaufmännischen Geschäftsverkehr – Stellen, Handeln, Behandeln, Verhandeln, Aushandeln...? in: NJW 2001, S. 2152–2154 (zit.: *Berger*, Aushandeln, NJW 2001, S.)

Ders.: Für eine Reform des AGB-Rechts im Unternehmerverkehr in: NJW 2010, S. 465–470 (zit.: *Berger*, Reform, NJW 2010, S.)

Ders./Kleine, Lucas: AGB-Gestaltung und Transparenzgebot – Beispiele aus der jüngeren BGH-Rechtsprechung zum unternehmerischen Geschäftsverkehr in: NJW 2007, S. 3526–3530 (zit.: *Berger/Kleine*, AGB-Gestaltung, NJW 2007, S.)

Berner Kommentar: Kommentar zum schweizerischen Privatrecht Obligationenrecht – Allgemeine Bestimmungen: Die Entstehung durch Vertrag, Art. 1–18 OR Bern 1986 (zit.: *Bearbeiter*, in: BK OR, Art., Rn.)

Ders.: Kommentar zum schweizerischen Privatrecht Obligationenrecht – Allgemeine Bestimmungen: Inhalt des Vertrages, Art. 19–22 OR Bern 1991 (zit.: *Bearbeiter*, in: BK OR, Art., Rn.)

Ders.: Kommentar zum schweizerischen Privatrecht Obligationenrecht – Allgemeine Bestimmungen: Mängel des Vertragsabschlusses, Art. 23–31 OR 2. Auflage, Bern 2013 (zit.: *Bearbeiter*, in: BK OR, Art., Rn.)

Ders.: Kommentar zum schweizerischen Privatrecht Obligationenrecht – Allgemeine Bestimmungen: Die Entstehung durch unerlaubte Handlungen, Art. 41–61 OR 4. Auflage, Bern 2013 (zit.: *Bearbeiter*, in: BK OR, Art., Rn.)

Ders.: Kommentar zum schweizerischen Privatrecht Obligationenrecht – Allgemeine Bestimmungen: Die Erfüllung der Obligation, Art. 68–96 OR 2. Auflage, Bern 2004 (zit.: *Bearbeiter*, in: BK OR, Art., Rn.)

Ders.: Kommentar zum schweizerischen Privatrecht Obligationenrecht – Allgemeine Bestimmungen: Die Folgen der Nichterfüllung, Art. 97–109 OR Bern 2000 (zit.: *Bearbeiter*, in: BK OR, Art., Rn.)

Ders.: Kommentar zum schweizerischen Privatrecht Obligationenrecht – Die einzelnen Vertragsverhältnisse: Der Werkvertrag, Art. 363–366 OR Bern 1998 (zit.: *Bearbeiter*, in: BK OR, Art., Rn.)

Ders.: Kommentar zum schweizerischen Privatrecht Die beschränkten dinglichen Rechte: Das Fahrnispfand, Systematischer Teil und Art. 884–887 ZGB 3. Auflage, Bern 2010 (zit.: *Bearbeiter*, in: BK, Systematischer Teil, Rn.)

Berni, Markus: Beschaffung und Wartung von Hardware in: Jörg, Florian S./ Arter, Oliver (Hrsg.), Internet-Recht und IT-Verträge, S. 17–48 5. Tagungsband, Bern 2005 (zit.: *Berni*, Hardware, in: Jörg/Arter, Internet-Recht, S.)

Bieger, Alain: Die Mängelrüge im Vertragsrecht Diss., Zürich 2009 (zit.: *Bieger*, Mängelrüge, Rn.)

Bock, Yves/Zons, Jörn (Hrsg.): Rechtshandbuch Anlagenbau – Praxisfragen deutscher und internationaler Anlagenbauprojekte München 2015 (zit.: *Bearbeiter*, in: Bock/Zons, Anlagenbau, Teil, Kap., Rn.)

Boerner, Dietmar: Kaufrechtliche Sachmängelhaftung und Schuldrechtsreform in: ZIP 2001, S. 2264–2273 (zit.: *Boerner*, Sachmängelhaftung, ZIP 2001, S.)

Bohnstedt, Jan: Vertragsrecht im Einkauf 3. Auflage, Wiesbaden 2018 (zit.: *Bohnstedt*, Vertragsrecht, S.)

Boog, Christopher/Stark-Traber, Sonja: Der Werkvertrag nach Schweizer Recht – Wissenswertes für den Praktiker in: RIW 2012, S. 817–832 (zit.: *Boog/Stark-Traber*, Werkvertrag, RIW 2012, S.)

Boog, Christopher/Eschment, Jörn: Der Auftrag nach Schweizer Recht in: RIW 2015, S. 245–256 (zit.: *Boog/Eschment*, Auftrag, RIW 2015, S.)

Bornhauser, Philip R./Rusch, Arnold F.: Korrektiv zur Freizeichnung von der Hilfspersonenhaftung in: AJP 2010, S. 1228–1238 (zit.: *Bornhauser/Rusch*, Hilfspersonenhaftung, AJP 2010, S.)

Brachert, Sebastian/Dietzel, Andreas: Deutsche AGB-Rechtsprechung und Flucht ins Schweizer Recht in: ZGS 2005, S. 241 (zit.: *Brachert/Dietzel*, Flucht, ZGS 2005, S.)

Brand, Oliver: Schadensersatzrecht 2. Auflage, München 2015 (zit.: *Brand*, Schadensersatzrecht, §, Rn.)

Breitenmoser, Stephan/Weyeneth, Robert: Die Abkommen zwischen der Schweiz und der EU in: EuZW 2012, S. 854–858 (zit.: *Breitenmoser/Weyeneth*, Abkommen, EuZW 2012, S.)

Brödermann, Eckardt: Risikomanagement in der internationalen Vertragsgestaltung – Handlungsempfehlungen für ein zunehmend wichtiges Praxisthema in: NJW 2012, S. 971–977 (zit.: *Brödermann*, Vertragsgestaltung, NJW 2012, S.)

Brunner, Alexander: Entwicklung des schweizerischen Rechts der Allgemeinen Geschäftsbedingungen in: Brunner, Alexander/Schnyder, Anton K./Eisner-Kiefer, Andrea (Hrsg.), Allgemeine Geschäftsbedingungen nach neuem Schweizer Recht, S. 13–38 Zürich 2014 (zit.: *Brunner*, Entwicklung, in: B/S/E-K, AGB, S.)

Bucher, Eugen: Hundert Jahre schweizerisches Obligationenrecht: Wo stehen wir heute im Vertragsrecht? in: ZSR 1983, S. 251–383 (zit.: *Bucher*, Jahre, ZSR 1983, S.)

Ders.: Schweizerisches Obligationenrecht – Allgemeiner Teil ohne Deliktsrecht 2. Auflage, Zürich 1988 (zit.: *Bucher*, OR AT, S.)

Ders.: Schweizerisches Obligationenrecht – Besonderer Teil 3. Auflage, Zürich 1988 (zit.: *Bucher*, OR BT, S.)

Ders.: Die Entwicklung des deutschen Schuldrechts im 19. Jahrhundert und die Schweiz – Zugleich Besprechung der Materialien-Edition zum schweiz. Handels- und Obligationenrecht von Urs Fasel in: ZEuP 2003, S. 353–374 (zit.: *Bucher*, Entwicklung, ZEuP 2003, S.)

Büren, Bruno von: Schweizerisches Obligationenrecht – Besonderer Teil Zürich 1972 (zit.: *von Büren*, OR BT, S.)

Bugg, Stuart G.: Contracts in English – An introductory guide to understanding, using and developing ‚Anglo-American' style contracts 3. Auflage, München 2016 (zit.: *Bugg*, Contracts, S.)

Canaris, Claus-Wilhelm: Die Reform des Rechts der Leistungsstörungen in: JZ 2001, S. 499–528 (zit.: *Canaris*, Reform, JZ 2001, S.)

Coendet, Thomas: Schadenszurechnung im Kaufrecht in: recht 2008, S. 15–26 (zit.: *Coendet*, Schadenszurechnung, recht 2008, S.)

Derleder, Peter: Der Wechsel zwischen den Gläubigerrechten bei Leistungsstörungen und Mängeln in: NJW 2003, S. 998–1003 (zit.: *Derleder*, Wechsel, NJW 2003, S.)

Deutsch, Erwin: Einschränkung des Aufrechnungsverbots bei vorsätzlich begangener unerlaubter Handlung in: NJW 1981, S. 735–736 (zit.: *Deutsch*, Aufrechnungsverbot, NJW 1981, S.)

Ebenroth, Carsten Thomas/Boujong, Karlheinz/Joost, Detlef/Strohn, Lutz (Hrsg.): Handelsgesetzbuch, Band 2: §§ 343–475 h 3. Auflage, München 2015 (zit.: *Bearbeiter*, in: E/B/J/S, §, Rn.)

Egger, Walter H.: Probleme des einstweiligen Rechtsschutzes bei auf erstes Verlangen zahlbaren Bankgarantien in: SZW 1990, S. 12–19 (zit.: *Egger*, Probleme, SZW 1990, S.)

Ehle, Bernd/Brunschweiler, André: Schweizer AGB-Recht im Umbruch in: RIW 2012, S. 262–271 (zit.: *Ehle/Brunschweiler*, AGB-Recht, RIW 2012, S.)

Eisner-Kiefer, Andrea: AVB und die aufgeschobene VVG-Totalrevision in: Brunner, Alexander/Schnyder, Anton K./Eisner-Kiefer, Andrea (Hrsg.), Allgemeine Geschäftsbedingungen nach neuem Schweizer Recht, S. 83–128 Zürich 2014 (zit.: *Eisner-Kiefer*, AVB, in: B/S/E-K, AGB, S.)

Emmenegger, Susan: Haftungsbeschränkung und Haftungsausschluss im Vertrauenskontext in: ZBJV 2005, S. 537–548 (zit.: *Emmenegger*, Haftungsbeschränkung, ZBJV 2005, S.)

Dies./Zbinden, Andrea: Die Inanspruchnahme der Bankgarantie in: Emmenegger, Susan (Hrsg.), Kreditsicherheiten, S. 139–174 Basel 2008 (zit.: *Emmenegger/Zbinden*, Bankgarantie, in: Emmenegger, Kreditsicherheiten, S.)

Emmerich, Volker: BGB – Schuldrecht Besonderer Teil 15. Auflage, Heidelberg 2018 (zit.: *Emmerich*, Schuldrecht BT, §, Rn.)

Ensthaler, Jürgen (Hrsg.): Gemeinschaftskommentar zum Handelsgesetzbuch mit UN-Kaufrecht 8. Auflage, Köln 2015 (zit.: *Bearbeiter*, in: Ensthaler, §, Rn.)

Eugster, Bruno: Gegensätzliche Verweisung auf Allgemeine Geschäftsbedingungen durch Offerenten und Akzeptanten in: SJZ 1978, S. 344–345 (zit.: *Eugster*, Verweisung, SJZ 1978, S.)

Fastricht, Lorenz: Zur Frage der Konkurrenz von kaufrechtlicher Sachmängelhaftung und Schadensersatz aus Delikt in: AJP 1995, S. 1115–1124 (zit.: *Fastricht*, Konkurrenz, AJP 1995, S.)

Förster, Christian: Schuldrecht Allgemeiner Teil 3. Auflage, Heidelberg 2015 (zit.: *Förster*, Schuldrecht AT, Rn.)

Fountoulakis, Christiana: The Parties' Choice of ‚Neutral Law' in International Sales Contracts in: EJLR 2005, S. 303–329 (zit.: *Fountoulakis*, Choice, EJLR 2005, S.)

Fuhrer, Stephan: Anmerkungen zu privatversicherungsrechtlichen Entscheiden des Bundesgerichts in: HAVE 2010, S. 32–37 (zit.: *Fuhrer*, Anmerkungen, HAVE 2010, S.)

Furrer, Richard: Freizeichnungsklauseln in internationalen Lieferverträgen in: Böhme, Anna/Gähwiler, Fabian/Theus Simoni, Fabiana/Zuberbühler, Ivo (Hrsg.): Ohne jegliche Haftung – Beiträge zum schweizerischen Haftpflicht- und Schuldrecht. Festschrift für Willi Fischer, S. 109–142 Zürich 2016 (zit.: *Furrer*, Freizeichnungsklauseln, in: FS Fischer, S.)

Gauch, Peter: „Modifizierte" Teilnichtigkeit – Anmerkungen zu BGE 107 II 216 ff. in: recht 1983, S. 95–100 (zit.: *Gauch*, Teilnichtigkeit, recht 1983, S.)

Ders.: Grundlagenirrtum und Gewährleistung: Verjährung des Bereicherungsanspruchs bei einseitiger Unverbindlichkeit des Kaufvertrages (Urteilsanmerkung zum „Picasso-Entscheid": BGE 114 II 131 ff.) in: SAG 1989, S. 152–160 (zit.: *Gauch*, Grundlagenirrtum, SAG 1989, S.)

Ders.: Überschreitung des Kostenvoranschlags – Notizen zur Vertragshaftung des Architekten (oder Ingenieurs) in: BR 1989, S. 79–86 (zit.: *Gauch*, Überschreitung, BR 1989, S.)

Ders.: Sachgewährleistung und Willensmängel beim Kauf einer mangelhaften Sache – Alternativität der Rechtsbehelfe und Genehmigung des Vertrages in: recht 2001, S. 184–190 (zit.: *Gauch*, Sachgewährleistung, recht 2001, S.)

Ders.: Die Vertragshaftung der Banken und ihre AVB in: recht 2006, S. 77–91 (zit.: *Gauch*, Vertragshaftung, recht 2006, S.)

Ders.: Der Werkvertrag 5. Auflage, Zürich 2011 (zit.: *Gauch*, Werkvertrag, Rn.)

Ders./Schluep, Walter R./Schmid, Jörg/Emmenegger, Susan: Schweizerisches Obligationenrecht – Allgemeiner Teil, Band I: §§ 1–18; Band II: §§ 19–38 10. Auflage, Zürich 2014 (zit.: *G/S/S/E*, OR AT, Rn.)

Gehlen, Hans von: Angemessene Vertragsstrafe wegen Verzugs im Bau- und Industrieanlagenbauvertrag in: NJW 2003, S. 2961–2963 (zit.: *von Gehlen*, Vertragsstrafe, NJW 2003, S.)

Gelzer, Philipp: Bemerkungen zur Unterscheidung zwischen aliud und peius beim Gattungskauf in: AJP 1997, S. 703–708 (zit.: *Gelzer*, Unterscheidung, AJP 1997, S.)

Ders.: Zur Wünschbarkeit der Anpassung des schweizerischen Kaufrechts an die EU-Richtlinie zum Verbrauchsgüterkauf und das UN-Kaufrecht Diss., Basel 2003 (zit.: *Gelzer*, Wünschbarkeit, S.)

Giesecke, Cordula: Interessengerechte Rechtswahl im Kaufrecht – Vertragswidrigkeit, Mängelrüge und Vertragsaufhebung – UN-Kaufrecht, deutsches, französisches und schweizerisches Recht im Vergleich Diss., Frankfurt a.M. 2014 (zit.: *Giesecke*, Rechtswahl, S.)

Girsberger, Daniel/Huguenin, Claire/Müller-Chen, Markus/Purtschert, Tina: Vertragsgestaltung und Vertragsdurchsetzung Zürich 2012 (zit.: *G/H/M/P*, Vertragsgestaltung, Rn.)

Gloor, Simone: Das vertragliche Übernahmeverschulden – Einordnung und Erweiterung zur fahrlässigen Leistungsübernahme Diss., Zürich 2012 (zit.: *Gloor*, Übernahmeverschulden, Rn.)

Gonzenbach, Rainer: Konsumenten-AGB und kein Ende – oder doch? in: recht 1993, S. 28–30 (zit.: *Gonzenbach*, Kosumenten-AGB, recht 1993, S.)

Gordon-Vrba, Lucy: AGB-Kontrolle durch Verbandsklagen der Konsumentenverbände in: Brunner, Alexander/Schnyder, Anton K./Eisner-Kiefer, Andrea (Hrsg.), Allgemeine Geschäftsbedingungen nach neuem Schweizer Recht, S. 265–285 Zürich 2014 (zit.: *Gordon-Vrba*, AGB-Kontrolle, in: B/S/E-K, AGB, S.)

Gottschalk, Eckardt: Das Transparenzgebot und allgemeine Geschäftsbedingungen in: AcP 206 (2006), S. 555–597 (zit.: *Gottschalk*, Transparenzgebot, AcP 206 (2006), S.)

Greiner, Marc C. H.: Die Wahl Schweizer Rechts aufgrund von Vorteilen bei der AGB-Kontrolle – Ein Rechtsvergleich Saarbrücken 2012 (zit.: *Greiner*, Wahl, S.)

Grolimund, Pascal: Aufsichtsrechtliche und vertragsrechtliche Grundlagen für die Überprüfung Allgemeiner Versicherungsbedingungen in: HAVE 2007, S. 145–161 (zit.: *Grolimund*, Überprüfung, HAVE 2007, S.)

Ders.: AGB in Unternehmerverträgen in: Brunner, Alexander/Schnyder, Anton K./Eisner-Kiefer, Andrea (Hrsg.), Allgemeine Geschäftsbedingungen nach neuem Schweizer Recht, S. 227–237 Zürich 2014 (zit.: *Grolimund*, AGB, in: B/S/E-K, AGB, S.)

Guhl, Theo (Hrsg.): Das Schweizerische Obligationenrecht mit Einschluss des Handels- und Wertpapierrechts 9. Auflage, Zürich 2000 (zit.: *Bearbeiter*, in: Guhl, OR, §, Rn.)

Habscheid, Walther J.: Der Anspruch auf Zahlung von Verzugszins im Prozess in: SJZ 1994, S. 287–290 (zit.: *Habscheid*, Verzugszins, SJZ 1994, S.)

Häublein, Martin/Hoffmann-Theinert, Roland (Hrsg.): Beck'scher Online-Kommentar HGB München 2018, 20. Edition, Stand: 15.04.2018 (zit.: *Bearbeiter*, in: BeckOK HGB, §, Rn.)

Handkommentar zum Schweizer Privatrecht: Obligationenrecht Allgemeine Bestimmungen (Art. 1–183 OR); Vertragsverhältnisse Teil 1: Innominatkontrakte, Kauf, Tausch, Schenkung, Miete, Leihe (Art. 184–318 OR); Vertragsverhältnisse Teil 2: Arbeitsvertrag, Werkvertrag, Auftrag, GoA, Bürgschaft (Art. 319–529 OR) 3. Auflage, Zürich 2016 (zit.: *Bearbeiter*, in: CHK OR, Art., Rn.)

Handkommentar zum Schweizer Privatrecht: Personen- und Familienrecht (Art. 1–456 ZGB) inkl. Partnerschaftsgesetz; Sachenrecht (Art. 641–977 ZGB) 3. Auflage, Zürich 2016 (zit.: *Bearbeiter*, in: CHK ZGB, Art., Rn.)

Handschin, Lukas: Keine Angst vor der einfachen Gesellschaft in: SJZ 2013, S. 485–491 (*Handschin*, Gesellschaft, SJZ 2013, S.)

Ders.: Begriff und Wirkung von Konzernverrechnungsklauseln in: SZW 2013, S. 263–274 (zit.: *Handschin*, Konzernverrechnungsklauseln, SZW 2013, S.)

Hartung, Sven/Regula, Sven/Schaeuffelen, Angelika (Hrsg.): Rechtsfragen in der Automobil- und Zulieferindustrie Frankfurt a.M. 2015 (zit.: *Bearbeiter*, in: H/R/S, Rechtsfragen, S.)

*Heidel, Thomas/Schall, Alexander (*Hrsg.): Handelsgesetzbuch – Handkommentar 2. Auflage, Baden-Baden 2015 (zit.: *Bearbeiter*, in: Heidel/Schall, §, Rn.)

Heinrich, Martin: Die Abwehr des Anspruchs des Käufers auf Nacherfüllung in: ZGS 2003, S. 253–258 (zit.: *Heinrich*, Nacherfüllung, ZGS 2003, S.)

Herresthal, Carsten/Riehm, Thomas: Die eigenmächtige Selbstvornahme im allgemeinen und besonderen Leistungsstörungsrecht in: NJW 2005, S. 1457–1461 (zit.: *Herresthal/Riehm*, Selbstvornahme, NJW 2005, S.)

Hertel, Christian: Rechtskreise im Überblick in: Notarius International 1-2/2009, S. 157–170 abrufbar unter: <http://www.notarius.uinl.org/DataBase/2009/Notarius_2009_01_02_hertel_de.pdf> (zit.: *Hertel*, Rechtskreise, Notarius International 1-2/2009, S.)

Hess, Markus/Ruckstuhl, Lea: AGB-Kontrolle nach dem neuen Art. 8 UWG – eine kritische Auslegeordnung in: AJP 2012, S. 1188–1212 (zit.: *Hess/Ruckstuhl*, AGB-Kontrolle, AJP 2012, S.)

Hirsch, Christoph: Schuldrecht Besonderer Teil 5. Auflage, Baden-Baden 2018 (zit.: *Hirsch*, Schuldrecht BT, Rn.)

Hochstrasser, Michael: Freizeichnung von der Haftung für Personenschäden in: AJP 2016, S. 910–920 (zit.: *Hochstrasser*, Personenschäden, AJP 2016, S.)

Honsell, Heinrich: Bürgschaft und Mithaftung einkommens- und vermögensloser Familienmitglieder in: NJW 1994, S. 565–566 (zit.: *Honsell*, Bürgschaft, NJW 1994, S.)

Ders.: Der Mangelfolgeschaden beim Kauf – der Papageienfall des Bundesgerichts BGE 133 III 257 ff. in: recht 2007, S. 154–158 (zit.: *Honsell*, Mangelfolgeschaden, recht 2007, S.)

Ders.: Die Konkurrenz von Sachmängelhaftung und Irrtumsanfechtung – Irrungen und Wirrungen in: SJZ 2007, S. 137–141 (zit.: *Honsell*, Konkurrenz, SJZ 2007, S.)

Ders.: Schweizerisches Obligationenrecht, Besonderer Teil 9. Auflage, Bern 2010 (zit.: *Honsell*, OR BT, S.)

Huguenin, Claire: Allgemeine Geschäftsbedingungen in der Schweiz im Lichte der neuen EU-Richtlinie über missbräuchliche Klauseln in Verbraucherverträgen in: recht 1995, S. 85–95 (zit.: *Huguenin*, AGB, recht 1995, S.)

Dies.: Obligationenrecht – Allgemeiner und Besonderer Teil 2. Auflage, Zürich 2014 (zit.: *Huguenin*, OR, Rn.)

Dies./Meise, Barbara: OR 2020: Braucht die Schweiz ein neues Vertragsrecht? – Eine Einführung in: SZW 2015, S. 280–300 (zit.: *Huguenin/Meise*, OR 2020, SZW 2015, S.)

Jansen, Nils: Klauselkontrolle im europäischen Privatrecht – Ein Beitrag zur Revision des Verbraucheracquis in: ZEuP 2010, S. 69–106 (zit.: *Jansen*, Klauselkontrolle, ZEuP 2010, S.)

Jauernig, Othmar (Hrsg.): Kommentar zum BGB 16. Auflage, 2015 (zit.: *Bearbeiter*, in: Jauernig, §, Rn.)

Joussen, Peter: Konzernverrechnungsklauseln in: ZIP 1982, S. 279–287 (zit.: *Joussen*, Konzernverrechnungsklauseln, ZIP 1982, S.)

Jung, Peter: Die systematische Stellung der offenen AGB-Inhaltskontrolle im UWG – Vertrags- und wettbewerbsrechtliche Folgeprobleme in: Brunner, Alexander/Schnyder, Anton K./Eisner-Kiefer, Andrea (Hrsg.), Allgemeine Geschäftsbedingungen nach neuem Schweizer Recht, S. 129–167 Zürich 2014 (zit.: *Jung*, AGB-Inhaltskontrolle, in: B/S/E-K, AGB, S.)

Ders.: Handelsrecht 11. Auflage, München 2016 (zit.: *Jung*, Handelsrecht, §, Rn.)

Ders./Spitz, Philippe (Hrsg.): Bundesgesetz gegen den unlauteren Wettbewerb (UWG) 2. Auflage, Bern 2016 (zit.: *Bearbeiter*, in: Jung/Spitz, UWG, Art., Rn.)

Junker, Abbo/Kamanabrou, Sudabeh: Vertragsgestaltung 4. Auflage, München 2014 (zit.: *Kamanabrou*, Vertragsgestaltung, §, Rn.)

Kähler, Lorenz: Aushandlung von AGB-Klauseln aufgrund begründeten Verhandlungsverzichts in: BB 2015, S. 450–455 (zit.: *Kähler*, Aushandlung, BB 2015, S.)

Kästli, Rolf: Produkthaftung – eine Herausforderung für den schweizerischen Gesetzgeber? Rechtsvergleichende Aspekte zur Entwicklung des Produkthaftungsrechts unter Berücksichtigung der aktuellen Entwicklung im Recht der Europäischen Gemeinschaft (EG) in: recht 1990, S. 85–98 (zit.: *Kästli*, Produkthaftung, recht 1990, S.)

Kappus, Andreas: Der „steinige Weg“ des AGB-Verwenders zur Individualvereinbarung – Mietverträge im Fokus in: NJW 2016, S. 33–36 (zit.: *Kappus*, Weg, NJW 2016, S.)

Kaufhold, Sylvia: Anmerkung von Sylvia Kaufhold in: ZIP 2010, S. 631–635 (zit.: *Kaufhold*, Anmerkung, ZIP 2010, S.)

Dies.: AGB-Anschein trotz Verhandlungsbestätigung – Ist der Individualvertrag im Unternehmerverkehr noch zu retten? in: NJW 2014, S. 3488–3492 (zit.: *Kaufhold*, AGB-Anschein, NJW 2014, S.)

Keller, Max/Siehr, Kurt: Kaufrecht 3. Auflage, Zürich 1995 (zit.: *Keller/Siehr*, Kaufrecht, S.)

Kern, Christoph A./Bettinger, Nicole Jasmin: Schuldrechtsmodernisierung in der Schweiz? – Der Entwurf Obligationenrecht 2020 in: ZEuP 2014, S. 562–583 (zit.: *Kern/Bettinger*, OR 2020, ZEuP 2014, S.)

Kessel, Christian/Jüttner, Andreas: Der Vorbehalt der Individualabrede im unternehmerischen Geschäftsverkehr in: BB 2008, S. 1350–1355 (zit.: *Kessel/Jüttner*, Individualabrede, BB 2008, S.)

Kessel, Christian/Stomps, Andreas: Haftungsklauseln im Geschäftsverkehr zwischen Unternehmern – Plädoyer für eine Änderung der Rechtsprechung in: BB 2009, S. 2666–2675 (zit.: *Kessel/Stomps*, Haftungsklauseln, BB 2009, S.)

Klett, Kathrin/Hurni, Christoph: Eckpunkte der bisherigen bundesgerichtlichen AGB-Geltungskontrolle in: recht 2012, S. 80–85 (zit.: *Klett/Hurni*, AGB-Geltungskontrolle, recht 2012, S.)

Koch, Raphael: Das AGB-Recht im unternehmerischen Verkehr: Zu viel des Guten oder Bewegung in die richtige Richtung in: BB 2010, S. 1810–1815 (zit.: *Koch*, AGB-Recht, BB 2010, S.)

Köhler, Helmut: Die Überschreitung des Kostenanschlags in: NJW 1983, S. 1633–1635 (zit.: *Köhler*, Überschreitung, NJW 1983, S.)

Kötz, Hein: Der Schutzzweck der AGB-Kontrolle – Eine rechtsökonomische Skizze in: JuS 2003, S. 209–214 (zit.: *Kötz*, Schutzzweck, JuS 2003, S.)

Koller, Alfred: AGB-Recht – Eine Übersicht im Lichte der neuen Entwicklungen in Gesetzgebung, Rechtsprechung und Lehre in: AJP 2016, S. 279–292 (zit.: *A. Koller*, AGB-Recht, AJP 2016, S.)

Ders.: Schweizerisches Obligationenrecht Allgemeiner Teil – Handbuch des allgemeinen Schuldrechts ohne Deliktsrecht 4. Auflage, Bern 2017 (zit.: *A. Koller*, OR AT, Rn.)

Koller, Thomas: Fragen zum Recht der Allgemeinen Geschäftsbedingungen – dargestellt anhand einer Deckungsausschlussklausel in der Betriebshaftpflichtversicherung in: recht 1999, S. 43–62 (zit.: *T. Koller*, AGB, recht 1999, S.)

Ders.: Schleichende Einschränkung des Haftungsprivilegs von Art. 44 Abs. 2 UVG durch schleichende Ausweitung des Organbegriffs nach Art. 55 Abs. 2 ZGB? – Bemerkungen zu BGE 4c. 296/2001 in: recht 2002, S. 122–124 (zit.: *T. Koller*, Ausweitung, recht 2002, S.)

Ders.: Einmal mehr: das Bundesgericht und seine verdeckte AGB-Inhaltskontrolle in: AJP 2008, S. 943–953 (zit.: *T. Koller*, AGB-Inhaltskontrolle, AJP 2008, S.)

Kollmann, Andreas: AGB: Nicht nur theoretische Probleme (in) der Praxis in: NJOZ 2011, S. 625–629 (zit.: *Kollmann*, AGB, NJOZ 2011, S.)

Kondring, Jörg: Flucht vor dem deutschen AGB-Recht bei Inlandsverträgen in: RIW 2010, S. 184–191 (zit.: *Kondring*, Flucht, RIW 2010, S.)

Kramer, Ernst A.: Allgemeine Geschäftsbedingungen: Status quo, Zukunftsperspektiven in: SJZ 1985, S. 17–25 (zit.: *Kramer*, AGB, SJZ 1985, S.)

Ders.: Schweigen auf kaufmännische Bestätigungsschreiben und rechtsgeschäftlicher Vertrauensgrundsatz – Urteilsanmerkung Zivilrecht BGE 114 II 250 in: recht 1990, S. 99–106 (zit.: *Kramer*, Schweigen, recht 1990, S.)

Ders.: Noch einmal zur aliud-Lieferung dem Gattungskauf in: recht 1997, S. 78–83 (zit.: *Kramer*, aliud-Lieferung, recht 1997, S.)

Ders.: Bemerkungen zu BGE 123 III 165 ff. in: AJP 1997, S. 1287 (zit.: *Kramer*, Bemerkungen, AJP 1997, S.)

Ders.: Bemerkungen zu BGE 127 III 83 ff. in: AJP 2001, S. 1454–1456 (zit.: *Kramer*, Bemerkungen, AJP 2001, S.)

Ders.: Juristische Methodenlehre 5. Auflage, Bern 2016 (zit.: *Kramer*, Methodenlehre, S.)

Ders./Probst, Thomas/Perrig, Roman (Hrsg.): Schweizerisches Recht der Allgemeinen Geschäftsbedingungen Bern, 2016 (zit.: *Bearbeiter*, in: K/P/P, AGB, Rn.)

Kren Kostkiewicz, Jolanta/Wolf, Stephan/Amstutz, Marc/Fankhauser, Roland (Hrsg.): Schweizerisches Obligationenrecht – OR Handkommentar 3. Auflage, Zürich 2016 (zit.: *Bearbeiter*, in: K/W/A/F, OR Handkommentar, Art., Rn.)

Dies. (Hrsg.): Schweizerisches Zivilgesetzbuch – ZGB Handkommentar 3. Auflage, Zürich 2016 (zit.: *Bearbeiter*, in: K/W/A/F, ZGB Handkommentar, Art., Rn.)

Kuoni, Anina: Haftungsbegrenzung im schweizerischen, deutschen und englischen Recht Diss., Zürich 2016 (zit.: *Kuoni*, Haftungsbegrenzung, Rn.)

Kuster, Matthias: Der Verzugszinssatz unter Kaufleuten nach Art. 104 Abs. 3 OR in: AJP 2008, S. 275–279 (zit.: *Kuster*, Verzugszinssatz, AJP 2008, S.)

Langer, Oliver: Haftungsausschluss und Haftungsbegrenzung gegenüber Unternehmern in Allgemeinen Geschäftsbedingungen in: WM 2006, S. 1233–1237 (zit.: *Langer*, Haftungsausschluss, WM 2006, S.)

Lanz, Raphael: Die Abgrenzung zwischen Falschlieferung (aliud) und Schlechtlieferung (peius) und ihre Relevanz in: recht 1996, S. 248–259 (zit.: *Lanz*, Abgrenzung, recht 1996, S.)

Lenkaitis, Karlheinz/Löwisch, Stephan: Zur Inhaltskontrolle von AGB im unternehmerischen Geschäftsverkehr – Ein Plädoyer für eine dogmatische Korrektur in: ZIP 2009, S. 441–450 (zit.: *Lenkaitis/Löwisch*, Inhaltskontrolle, ZIP 2009, S.)

Leuschner, Lars: Gebotenheit und Grenzen der AGB-Kontrolle – Weshalb M&A-Verträge nicht der Inhaltskontrolle der §§ 305 ff. AGB unterliegen in: AcP 207 (2007), S. 491–529 (zit.: *Leuschner*, AGB-Kontrolle, AcP 207 (2007), S.)

Ders.: AGB-Kontrolle im unternehmerischen Verkehr in: JZ 2010, S. 875–884 (zit.: *Leuschner*, AGB-Kontrolle, JZ 2010, S.)

Ders.: Die Kontrollstrenge des AGB-Rechts – Empirische Belege für eine systematische Fehleinschätzung in der unternehmerischen Praxis in: NJW 2016, S. 1222–1225 (zit.: *Leuschner*, Kontrollstrenge, NJW 2016, S.)

Leyens, Patrick/Schäfer, Hans-Bernd: Inhaltskontrolle allgemeiner Geschäftsbedingungen – Rechtsökonomische Überlegungen zu einer einheitlichen Konzeption von BGB und DCFR in: AcP 210 (2010), S. 771–803 (zit.: *Leyens/Schäfer*, Inhaltskontrolle, AcP 210 (2010), S.)

Lischek, Jan/Mahnken, Volker: Vertragsverhandlungen zwischen Unternehmen und AGB – Anmerkungen aus der Sicht der Praxis in: ZIP 2007, S. 158–163 (zit.: *Lischek/Mahnken*, Vertragsverhandlungen, ZIP 2007, S.)

Lorenz, Stephan: Voreilige Selbstvornahme der Nacherfüllung im Kaufrecht: Der BGH hat gesprochen und nichts ist geklärt in: NJW 2005, S. 1321–1324 (zit.: *Lorenz*, Selbstvornahme, NJW 2005, S.)

Ders.: Nacherfüllungsanspruch und Obliegenheiten des Käufers: Zur Reichweite des „Rechts zur zweiten Andienung" in: NJW 2006, S. 1175–1179 (zit.: *Lorenz*, Nacherfüllungsanspruch, NJW 2006, S.)

Magaud, Nadine: Die Vorteile der Anwendung schweizerischen Rechts bei verborgenen Mängeln im Recht der internationalen Warenkaufverträge in: RIW 1996, S. 387–389 (zit.: *Magaud*, Vorteile, RIW 1996, S.)

Maier-Reimer, Georg: AGB-Recht im unternehmerischen Rechtsverkehr – Der BGH überdreht die Schraube in: NJW 2017, S. 1–6 (zit.: *Maier-Reimer*, AGB-Recht, NJW 2017, S.)

Mann, Marius: Vertriebsrecht in Handel und Industrie München 2017 (zit.: *Mann*, Vertriebsrecht, Rn.)

Markus, Alexander R.: Vertragsgerichtsstände nach Art. 5 Ziff. 1 revLugÜ/EuGVVO – ein EuGH zwischen Klarheit und grosser Komplexität in: AJP 2010, S. 971–986 (zit.: *Markus*, Vertragsgerichtsstände, AJP 2010, S.)

Matz, Henry: Regulierung von Eigentumssicherheiten an beweglichen Sachen Diss., Tübingen 2014 (zit.: *Matz*, Eigentumssicherheiten, S.)

Menges, Moritz: Kettengewährleistung – Neubeginn der Verjährung als Folge kaufrechtlicher Nachlieferung in: JuS 2008, S. 395–399 (zit.: *Menges*, Kettengewährleistung, JuS 2008, S.)

Merz, Hans: Die privatrechtliche Rechtsprechung des Bundesgerichts im Jahr 1988 – Obligationenrecht in: ZBJV 1990, S. 252–274 (zit.: *Merz*, Rechtsprechung, ZBJV 1990, S.)

Miethaner, Tobias: AGB oder Individualvereinbarung – die gesetzliche Schlüsselstelle „im Einzelnen ausgehandelt" in: NJW 2010, S. 3121–3127 (zit.: *Miethaner*, Schlüsselstelle, NJW 2010, S.)

Mönnich, Ulrike: AGB und intertemporales Recht in: Brunner, Alexander/Schnyder, Anton K./Eisner-Kiefer, Andrea (Hrsg.), Allgemeine Geschäftsbedingungen nach neuem Schweizer Recht, S. 287–299 Zürich 2014 (zit.: *Mönnich*, AGB, in: B/S/E-K, AGB, S.)

Müller, Werner: Plädoyer für eine weniger starre AGB-Kontrolle im unternehmerischen Geschäftsverkehr am Beispiel des Gewerberaummietrechts in: NZM 2016, S. 185–192 (zit: *Müller*, Plädoyer, NZM 2016, S.)

Ders./Griebeler, Carsten/Pfeil, Julia: Für eine maßvolle AGB-Kontrolle im unternehmerischen Geschäftsverkehr in: BB 2009, S. 2658–2665 (zit.: *Müller/Griebeler/Pfeil*, AGB-Kontrolle, BB 2009, S.)

Münch, Peter/Böhringer, Peter/Kasper Lehne, Sabina/Probst, Franz (Hrsg.): Schweizer Vertragshandbuch – Musterverträge für die Praxis 2. Auflage, Basel 2010 (zit.: *Bearbeiter*, in: M/B/K/P, Vertragshandbuch, Kap., Rn.)

Münchener Kommentar zum Bürgerlichen Gesetzbuch:

Band 1, Allgemeiner Teil, §§ 1–240 BGB

Band 2, Schuldrecht – Allgemeiner Teil, §§ 241–432 BGB

Band 3, Schuldrecht – Besonderer Teil I, §§ 433–534 BGB

Band 4, Schuldrecht – Besonderer Teil II, §§ 535–630 BGB

Band 5/1, Schuldrecht – Besonderer Teil III/1, §§ 631–651 BGB

7. Auflage, München ab 2015 (zit.: *Bearbeiter*, in: MüKo BGB, §, Rn.)

Münchener Kommentar zum Handelsgesetzbuch: Band 5, Handelsgeschäfte, §§ 343–406 HGB: 4. Auflage, München 2018 (zit.: *Bearbeiter*, in: MüKo HGB, §, Rn.)

Münchener Kommentar zur Insolvenzordnung: Band 1, §§ 1–379 InsO, Insolvenzrechtliche Vergütungsverordnung (InsVV) 3. Auflage, München 2013 (zit.: *Bearbeiter*, in: MüKo InsO, §, Rn.)

Oechsler, Jürgen: Praktische Anwendungsprobleme des Nacherfüllungsanspruchs in: NJW 2004, S. 1825–1830 (zit.: *Oechsler*, Anwendungsprobleme, NJW 2004, S.)

Oetker, Hartmut (Hrsg.): Kommentar zum Handelsgesetzbuch (HGB) 5. Auflage, München 2017 (zit.: *Bearbeiter*, in: Oetker, §, Rn.)

Oguzman, Kemal: L'annulation d'un contrat à cause de dol est-elle limitée par un délai maximum? in: SJZ 1963, S. 265–269 (zit.: *Oguzman*, L'annulation, SJZ 1963, S.)

Ostendorf, Patrick/Kluth, Peter (Hrsg.): Internationale Wirtschaftsverträge 2. Auflage, München 2017 (zit.: *Bearbeiter*, in: Ostendorf/Kluth, Wirtschaftsverträge, §, Rn.)

Palandt: Bürgerliches Gesetzbuch 77. Auflage, München 2018 (zit.: *Bearbeiter*, in: Palandt, §, Rn.)

Pause, Hans-Egon: Die Geltendmachung von Gewährleistungsansprüchen der Wohnungseigentümer gegen den Bauträger in: NJW 1993, S. 553–561 (zit.: *Pause*, Geltendmachung, NJW 1993, S.)

Perrig, Roman: Einbeziehung von Allgemeinen Geschäftsbedingungen (AGB) – Zugänglichkeitsregel in: Brunner, Alexander/Schnyder, Anton K./Eisner-Kiefer, Andrea (Hrsg.), Allgemeine Geschäftsbedingungen nach neuem Schweizer Recht, S. 169–203 Zürich 2014 (zit.: *Perrig*, Einbeziehung, in: B/S/E/-K, AGB, S.)

Pfeiffer, Thomas: Flucht ins schweizerische Recht? Zu den AGB-rechtlichen Folgen der Wahl schweizerischen Rechts in: Genzow, F. Christian (Hrsg.): Zwischen Vertragsfreiheit und Verbraucherschutz. Festschrift für Friedrich Graf von Westphalen zum 70. Geburtstag, S. 555–567 Köln 2010 (zit.: *Pfeiffer*, Flucht, in: FS Graf von Westphalen, S.)

Piltz, Burghard: Internationales Kaufrecht in: NJW 1989, S. 615–621 (zit.: *Piltz*, Kaufrecht, NJW 1989, S.)

Pinnells, James/Eversberg, Arndt: Internationale Kaufverträge optimal gestalten – Leitfaden mit zahlreichen Musterklauseln 3. Auflage, Wiesbaden 2009 (zit.: *Pinnells/Eversberg*, Kaufverträge, S.)

Rabe, Dieter: Die Auswirkungen des AGB-Gesetzes auf den kaufmännischen Verkehr in: NJW 1987, S. 1978–1985 (zit.: *Rabe*, Auswirkungen, NJW 1987, S.)

Ramstein, Christoph R.: Allgemeine Geschäftsbedingungen in der Schweiz in: RIW 1988, S. 440–446 (zit.: *Ramstein*, AGB, RIW 1988, S.)

Redeker, Philipp: Die Verkäuferhaftung beim Unternehmens- und Grundstückskauf – Die Grenzziehung zwischen Gewährleistungsrecht und Informationshaftung in: NJW 2012, S. 2471–2474 (zit.: *Redeker*, Verkäuferhaftung, NJW 2012, S.)

Reinking, Kurt: Die Geltendmachung von Sachmängelrechten und ihre Auswirkung auf die Verjährung in: ZGS 2002, S. 140–145 (zit.: *Reinking*, Sachmängelrechte, ZGS 2002, S.)

Rey, Heinz: Die Grundlagen des Sachenrechts und das Eigentum 3. Auflage, Bern 2007 (zit.: *Rey*, Sachenrecht, Rn.)

Richter, Bettina Charlotte: Allgemeine Geschäftsbedingungen im B2B-Verkehr in Deutschland, der Schweiz und England – unter besonderer Berücksichtigung von Haftungsklauseln in Kaufverträgen und der ökonomischen Analyse des Rechts Diss., Köln 2013 abrufbar unter: <http://kups.ub.uni-koeln.de/5711/> (zit.: *Richter*, AGB, S.)

Rieble, Volker: Das Ende des Fortsetzungszusammenhangs im Recht der Vertragsstrafe in: WM 1995, S. 828–832 (zit.: *Rieble*, Vertragsstrafe, WM 1995, S.)

Roberto, Vito/Walker, Marisa: AGB-Kontrolle nach dem revidierten Art. 8 UWG in: recht 2014, S. 49–66 (zit.: *Roberto/Walker*, AGB-Kontrolle, recht 2014, S.)

Rohlfing, Bernd/Thiele, Markus: Überschreitung des Kostenvoranschlags durch den Werkunternehmer in: MDR 1998, S. 632–636 (zit.: *Rohlfing/Thiele*, Überschreitung, MDR 1998, S.)

Rothermel, Martin: Internationales Kauf-, Liefer- und Vertriebsrecht Frankfurt a.M. 2016 (zit.: *Rothermel*, Kauf-, Liefer- und Vertriebsrecht, S.)

Rusch, Arnold F.: Grundlagenirrtum bei mangelhaften Gattungssachen und Werken in: SJZ 2010, S. 553–559 (zit.: *Rusch*, Grundlagenirrtum, SJZ 2010, S.)

Ders.: Schadensabwälzungsklauseln in der Inhaltskontrolle in: SZW 2012, S. 439–444 (zit.: *Rusch*, Schadensabwälzungsklauseln, SZW 2012, S.)

Ders.: Recht einfach – Heuristik und Recht in: LeGes 2012/3, S. 337–354 (zit.: *Rusch*, Recht einfach, LeGes 2012/3, S.)

Ders.: Bitte recht feindlich – zur Auslegung allgemeiner Geschäftsbedingungen in: AJP 2014, S. 205–210 (zit.: *Rusch*, Auslegung, AJP 2014, S.)

Ders.: Scheinkulanz in: AJP 2015, S. 1233–1236 (zit.: *Rusch*, Scheinkulanz, AJP 2015, S.)

Schenk, Simon M.: Der Kostenvoranschlag nach § 650 BGB und seine Folgen in: NZBau 2001, S. 470–475 (zit.: *Schenk*, Kostenvoranschlag, NZBau 2001, S.)

Schiller, Volker: Gerichtsstandsklauseln in AGB zwischen Vollkaufleuten und das AGB-Gesetz in: NJW 1979, S. 636–637 (zit.: *Schiller*, Gerichtsstandsklauseln in AGB, NJW 1979, S.)

Schlewing, Anja: Vertragsgestaltung – Auslegung, Unklarheitenregel, geltungserhaltende Reduktion, blue-pencil-Test, ergänzende Vertragsauslegung und Verweisungsklauseln in: NZA-Beil. 2012, S. 33–41 (zit.: *Schlewing*, Vertragsgestaltung, NZA-Beil. 2012, S.)

Schmid, Jörg: Die Inhaltskontrolle Allgemeiner Geschäftsbedingungen: Überlegungen zum neuen Art. 8 UWG in: ZBJV 2012, S. 1–22 (zit.: *Schmid*, AGB, ZBJV 2012, S.)

Ders.: AGB und die Rolle des dispositiven Rechts in: Brunner, Alexander/Schnyder, Anton K./Eisner-Kiefer, Andrea (Hrsg.), Allgemeine Geschäftsbedingungen nach neuem Schweizer Recht, S. 205–226 Zürich 2014 (zit.: *Schmid*, AGB, in: B/S/E/-K, AGB, S.)

Schmidt, Joachim: Vom „Stellen" zum „Aushandeln" von AGB – Konsequenzen für die (gewerbliche) Mietvertragspraxis aus BGH, NZM 2016, 214 in: NZM 2016, S. 377–380 (zit.: *J. Schmidt*, Konsequenzen, NZM 2016, S.)

Schmitt, Christoph (Hrsg.): Praxishandbuch Gestaltung von Wirtschaftsverträgen Berlin 2015 (zit.: *Bearbeiter*, in: Schmitt, Praxishandbuch, Kap., Rn.)

Ders./Stange, Martin: Allgemeine Verkaufs- und Lieferbedingungen (B2B) – Musterklauseln für die unternehmerische Praxis Berlin 2016 (zit.: *Schmitt/Stange*, B2B, Kap., Rn.)

Schmittat, Karl-Oskar: Einführung in die Vertragsgestaltung 4. Auflage, München 2015 (zit.: *Schmittat*, Vertragsgestaltung, Rn.)

Schneider, David/Katerndahl, Christoph: Ein- und Ausbaukosten mangelhafter Kaufsachen im unternehmerischen Rechtsverkehr – Vertragliche Vereinbarung einer Selbstvornahme durch den Käufer in: NJW 2007, S. 2215–2220 (zit.: *Schneider/Katerndahl*, Ein- und Ausbaukosten, NJW 2007, S.)

Schnyder, Anton K.: Einführung in die Dogmatik der AGB nach schweizerischem und europäischem Recht in: Brunner, Alexander/Schnyder, Anton K./Eisner-Kiefer, Andrea (Hrsg.), Allgemeine Geschäftsbedingungen nach neuem Schweizer Recht, S. 39–81 Zürich 2014 (zit.: *Schnyder*, Dogmatik, in: B/S/E-K, AGB, S.)

Schroeter, Ulrich G.: Das Recht zur zweiten Andienung im System des Schuldrechts in: AcP 207 (2007), S. 28–63 (zit.: *Schroeter*, Recht, AcP 207 (2007), S.)

Schulze, Reiner/Ebers, Martin: Streitfragen im neuen Schuldrecht in: JuS 2004, S. 462–468 (zit.: *Schulze/Ebers*, Streitfragen, JuS 2004, S.)

Schumacher, Rainer: Vertragsgestaltung – Systemtechnik für die Praxis Zürich 2004 (zit.: *Schumacher*, Vertragsgestaltung, Rn.)

Schwander, Ivo: Planung und Gestaltung von Vertriebsverträgen im internationalen Verhältnis in: Furrer, Andreas/Arter, Oliver (Hrsg.), Vertriebsverträge II, S. 101–142 Bern 2010 (zit.: *Schwander*, Gestaltung, in: Furrer/Arter, Vertriebsverträge II, S.)

Schwenzer, Ingeborg: Schweizerisches Obligationenrecht Allgemeiner Teil 7. Auflage, Bern 2016 (zit.: *Schwenzer*, OR AT, Rn.)

Spiro, Karl: Die Haftung für Erfüllungsgehilfen Bern 1984 (zit.: *Spiro*, Erfüllungsgehilfen, S.)

Starke, Christian Paul: Die ergänzende Vertragsauslegung des BGH im Falle unwirksamer Preisanpassungsklauseln in Energielieferverträgen in: RdE 2016, S. 498–505 (zit.: *Bärchen*, Vertragsauslegung, RdE 2016, S.)

Staudinger: Kommentar zum Bürgerlichen Gesetzbuch Buch 2 – Recht der Schuldverhältnisse: §§ 305–310; UKlaG, Recht der Allgemeinen Geschäftsbedingungen Neubearbeitung 2013, Berlin 2013 (zit.: *Bearbeiter*, in: Staudinger, §, Rn.)

Ders.: Kommentar zum Bürgerlichen Gesetzbuch Buch 2 – Recht der Schuldverhältnisse: §§ 315–326, Leistungsstörungsrecht 2 Neubearbeitung 2015, Berlin 2015 (zit.: *Bearbeiter*, in: Staudinger, §, Rn.)

Ders.: Kommentar zum Bürgerlichen Gesetzbuch Buch 2 – Recht der Schuldverhältnisse: §§ 328–345, Vertrag zugunsten Dritter, Draufgabe, Vertragsstrafe Neubearbeitung 2015, Berlin 2015 (zit.: *Bearbeiter*, in: Staudinger, §, Rn.)

Ders.: Kommentar zum Bürgerlichen Gesetzbuch Buch 2 – Recht der Schuldverhältnisse: §§ 433–480, Kaufrecht Neubearbeitung 2014, Berlin 2014 (zit.: *Bearbeiter*, in: Staudinger, §, Rn.)

Ders.: Kommentar zum Bürgerlichen Gesetzbuch Buch 2 – Recht der Schuldverhältnisse: §§ 631–651, Werkvertragsrecht Neubearbeitung 2013, Berlin 2013 (zit.: *Bearbeiter*, in: Staudinger, §, Rn.)

Stöckli, Hubert: Der neue Art. 8 UWG – offene Inhaltskontrolle, aber nicht für alle in: BR 2011, S. 184–188 (zit.: *Stöckli*, Art. 8 UWG, BR 2011, S.)

Stoffels, Markus: AGB-Recht 3. Auflage, München 2015 (zit.: *Stoffels*, AGB-Recht, Rn.)

Stoffel, Walter A./Seitz, Claudia: „Autonomer Nachvollzug" – Das Wirtschaftsrecht der Schweiz zwischen Angleichung und Eigenständigkeit in: EuZW 2012, S. 841–843 (zit.: *Stoffel/Seitz*, Autonomer Nachvollzug, EuZW 2012, S.)

Streiff, Ullin/Pellegrini, Bruno/von Kaenel, Adrian: Vertragsvorlagen – Eine Sammlung kommentierter Vertragsmuster für die Praxis 4. Auflage, Zürich 2008 (zit.: *Streiff/Pellegrini/von Kaenel*, Vertragsvorlagen, S.)

Sturm, Fritz: Der Rechtsmissbrauch im Schweizer Recht – Ein Überblick über die neuere Judikatur des Bundesgerichts in: SJZ 1993, S. 373–380 (zit.: *Sturm*, Rechtsmissbrauch, SJZ 1993, S.)

Trendelberend, Daniela: Die Vorteile des schweizerischen Rechts für AGB-Verwender im internationalen B2B-Verkehr Diss., München 2011 (zit.: *Trendelberend*, Vorteile, S.)

Tuhr, Andreas von/Escher, Arnold: Allgemeiner Teil des Schweizerischen Obligationenrechts, Band II 3. Auflage, Zürich 1974 (zit.: *von Tuhr/Escher*, OR AT, S.)

Ulmer, Peter/Brandner, Hans Erich/Hensen, Horst-Diether (Hrsg.): AGB-Recht – Kommentar zu den §§ 305–310 BGB und zum UKlaG 12. Auflage, Köln 2016 (zit.: *Bearbeiter*, in: U/B/H, AGB-Recht, §, Rn.)

Voser, Nathalie/Boog, Christopher: Die Wahl des Schweizer Rechts – was man wissen sollte in: RIW 2009, S. 126–139 (zit.: *Voser/Boog*, Schweizer Recht, RIW 2009, S.)

Wackerbarth, Ulrich: Unternehmer, Verbraucher und die Rechtfertigung der Inhaltskontrolle vorformulierter Verträge in: AcP 200 (2000), S. 45–90 (zit.: *Wackerbarth*, Inhaltskontrolle, AcP 200 (2000), S.)

Walter, Hans Peter: Der Methodenpluralismus des Bundesgerichts bei der Gesetzesauslegung in: recht 1999, S. 157–166 (zit.: *Walter*, Methodenpluralismus, recht 1999, S.)

Weber, Rolf H.: Rahmenverträge als Mittel zur rechtlichen Ordnung langfristiger Geschäftsbeziehungen in: ZSR 1987, S. 403–434 (zit.: *Weber*, Rahmenverträge, ZSR 1987, S.)

Wertenbruch, Johannes: Die eingeschränkte Bindung des Käufers an Rücktritt und Minderung in: JZ 2002, S. 862–866 (zit.: *Wertenbruch*, Bindung, JZ 2002, S.)

Westphalen, Friedrich Graf von: Kettengarantie ohne Ende? in: ZGS 2002, S. 19–23 (zit.: *Graf von Westphalen*, Kettengarantie, ZGS 2002, S.)

Ders.: AGB-Recht ins BGB – Eine erste „Bestandsaufnahme" in: NJW 2002, S. 12–25 (zit.: *Graf von Westphalen*, Bestandsaufnahme, NJW 2002, S.)

Ders.: Wider einen Reformbedarf beim AGB-Recht im Unternehmerverkehr in: NJW 2009, S. 2977–2982 (zit.: *Graf von Westphalen*, Reformbedarf, NJW 2009, S.)

Ders.: AGB-Recht im Jahr 2010 in: NJW 2011, S. 2098–2106 (zit.: *Graf von Westphalen*, AGB-Recht 2010, NJW 2011, S.)

Ders.: Plädoyer für ein Beibehalten der strengen Rechtsprechung zur AGB-Klauselkontrolle im unternehmerischen Bereich am Beispiel des Gewerberaummietrechts in: NJW 2016, S. 369–377 (zit.: *Graf von Westphalen*, Plädoyer, NJW 2016, S.)

Ders.: AGB-Recht im Jahr 2015 in: NJW 2016, S. 2228–2235 (zit.: *Graf von Westphalen*, AGB-Recht 2015, NJW 2016, S.)

Ders.: Allgemeine Verkaufsbedingungen 8. Auflage, München 2016 (zit.: *Graf von Westphalen*, Verkaufsbedingungen, S.)

Ders.: Allgemeine Einkaufsbedingungen 7. Auflage, München 2018 (zit.: *Graf von Westphalen*, Einkaufsbedingungen, S.)

Ders./Thüsing, Gregor (Hrsg.): Vertragsrecht und AGB-Klauselwerke München 2018, Stand: Oktober 2017, 40. EL (zit.: *Bearbeiter*, in: Vertragsrecht, Klausel, Rn.)

Wiegand, Wolfgang: Bemerkungen zum Picasso-Entscheid in: recht 1989, S. 101–111 (zit.: *Wiegand*, Picasso-Entscheid, recht 1989, S.)

Ders.: Die privatrechtliche Rechtsprechung des Bundesgerichts im Jahre 1999 und 2000 in: ZBJV 2002, S. 316–355 (zit.: *Wiegand*, Rechtsprechung 1999/2000, ZBJV 2002, S.)

Ders.: Die privatrechtliche Rechtsprechung des Bundesgerichts in den Jahren 2001 und 2002 in: ZBJV 2003, S. 802–864 (zit.: *Wiegand*, Rechtsprechung 2001/2002, ZBJV 2003, S.)

Wildhaber, Isabelle: Inhaltskontrolle von Allgemeinen Geschäftsbedingungen im unternehmerischen Verkehr – Gefahr für die Vertragsfreiheit? in: SJZ 2011, S. 537–545 (zit.: *Wildhaber*, Inhaltskontrolle, SJZ 2011, S.)

Wittibschlager, Martina: Einführung in das schweizerische Recht München 2000 (zit.: *Wittibschlager*, Einführung, Rn.)

Wolf, Manfred/Lindacher, Walter F./Pfeiffer, Thomas (Hrsg.): AGB-Recht 6. Auflage, München 2013 (zit.: *Bearbeiter*, in: W/L/P, AGB-Recht, Teil, Rn.)

Zellweger-Gutknecht, Corinne: Gewährleistung, Mangelfolgeschaden und Verjährung – Stellung und Wirkung der Gewähr im Leistungsstörungsrecht – Anmerkungen zu BGE 133 III 257, BGE 133 III 335 und zur Risikoverantwortlichkeit in: ZBJV 2007, S. 763–784 (zit.: *Zellweger-Gutknecht*, Mangelfolgeschaden, ZBJV 2007, S.)

Dies.: Finanzmarktprivatrecht – Rechtsprechungschronik 2009/2010 (Teil 1) in: recht 2011, S. 82–100 (zit.: *Zellweger-Gutknecht*, Finanzmarktprivatrecht, recht 2011, S.)

Zirlick, Beat: Freizeichnung von der Deliktshaftung – Haftungsbeschränkung und -ausschluss im ausservertraglichen Bereich Diss., Bern 2003 (zit.: *Zirlick*, Haftungsbeschränkung, S.)

Zürcher Kommentar : Kommentar zum schweizerischen Zivilrecht Art. 18 OR, Auslegung, Ergänzung und Anpassung der Verträge; Simulation 4. Auflage, Zürich 2015 (zit.: *Bearbeiter*, in: ZK OR, Art., Rn.)

Ders.: Kommentar zum schweizerischen Zivilrecht Art. 68–96 OR, Die Erfüllung der Obligation 3. Auflage, Zürich 2000 (zit.: *Bearbeiter*, in: ZK OR, Art., Rn.)

Ders.: Kommentar zum schweizerischen Zivilrecht Art. 127–142 OR, Das Erlöschen der Obligation 3. Auflage, Zürich 2002 (zit.: *Bearbeiter*, in: ZK OR, Art., Rn.)

Ders.: Kommentar zum schweizerischen Zivilrecht Art. 184–191 OR, Kauf und Tausch/Schenkung 3. Auflage, Zürich 1993 (zit.: *Bearbeiter*, in: ZK OR, Art., Rn.)

Ders.: Kommentar zum schweizerischen Zivilrecht Art. 192–204 OR, Kauf und Tausch/Schenkung 3. Auflage, Zürich 2005 (zit.: *Bearbeiter*, in: ZK OR, Art., Rn.)

Ders.: Kommentar zum schweizerischen Zivilrecht Art. 363–379 OR, Der Werkvertrag 3. Auflage, Zürich 1998 (zit.: *Bearbeiter*, in: ZK OR, Art., Rn.)

Ders.: Kommentar zum schweizerischen Zivilrecht Art. 1–7 ZGB, Einleitung 3. Auflage, Zürich 1998 (zit.: *Bearbeiter*, in: ZK ZGB, Art., Rn.)

Rechtsprechungsverzeichnis

Urteile europäischer Gerichte

EuGH, Urteil vom 30.05.2013 – C-488/11, NJW 2013, 2579, Anwendbarkeit der AGB-Richtlinie auf Wohnraummietverträge – Verwerfungskompetenz

Urteile deutscher Gerichte

RG, Urteil vom 26.07.1939 – II 37/39, RGZ 161, 100

BGH, Urteil vom 24.09.1952 – II ZR 305/51, NJW 1952, 1369, BGH, Urteil vom 24.9.1952 - II ZR 305/51 (Hamburg)

BGH, Urteil vom 28.04.1953 – I ZR 47/52, NJW 1953, 1180, Unerlaubte Handlung durch Verletzung einer gewerblichen Fürsorgepflicht; Verjährung bei Anspruchskonkurrenz

BGH, Urteil vom 19.02.1962 – III ZR 200/60, NJW 1962, 1012, Verzugszinsen bei öffentlich-rechtlichen Verpflichtungen

BGH, Urteil vom 17.02.1964 – II ZR 98/62, NJW 1964, 1123, Nichtigkeit von Allgemeinen Geschäftsbedingungen wegen Verstoßes gegen Treu und Glauben

BGH, Urteil vom 09.07.1970 – VII ZR 70/68, NJW 1970, 2021, Kaufmännisches Bestätigungsschreiben nach schriftlich angenommener telefonischer Vertragsofferte

BGH, Urteil vom 30.06.1971 – VIII ZR 39/70, NJW 1971, 1793, Vertretbare Sachen bei Anfertigung nach Muster; Voraussetzungen eines Ersatzanspruchs des Käufers

BGH, Urteil vom 26.09.1973 – VIII ZR 106/72, NJW 1973, 2106, Zu den Rechtswirkungen des Schweigens auf eine modifizierte Auftragsbestätigung

BGH, Urteil vom 16.03.1977 – VIII ZR 194/75, NJW 1977, 1150, Mängelrüge erst nach Beginn der Serienproduktion

BGH, Urteil vom 08.06.1979 – V ZR 191/76, NJW 1979, 2387, Formularmäßige Verknüpfung eines Erbbaurechts mit einer Ankaufsverpflichtung

BGH, Urteil vom 12.05.1980 – VII ZR 166/79, NJW 1980, 1953, Haftungsbeschränkung in AGB eines Reinigungsunternehmens

BGH, Urteil vom 29.10.1980 – VIII ZR 148/79, NJW 1981, 222, Keine gewährleistungsrechtliche Zusicherung für in Ausschreibung geforderte Eigenschaften

BGH, Urteil vom 12.03.1981 – VII ZR 293/79, NJW 1981, 1509, Vertragsstrafe in AGB-Bauvertrag gegenüber Kaufmann

BGH, Urteil vom 03.06.1981 – VIII ZR 171/80, NJW 1981, 2257, Keine Konkursaufrechnung aufgrund Konzernverrechnungsklausel

BGH, Urteil vom 15.01.1982 – V ZR 164/80, WM 1982, 399

BGH, Urteil vom 10.02.1982 – VIII ZR 27/81, NJW 1982, 1279, Auslegung einer Rücktrittserklärung

BGH, Urteil vom 17.05.1982 – VII ZR 316/81, NJW 1982, 2309, Keine teilweise Aufrechterhaltung einer AGB-Klausel

BGH, Urteil vom 04.11.1982 – VII ZR 11/82, NJW 1983, 384, Vorbehalt auch bei vorheriger Aufrechnung mit Vertragsstrafenanspruch

BGH, Urteil vom 18.11.1982 – VII ZR 305/81, NJW 1983, 385, Vertragsstrafeklausel in Bauvertrag

BGH, Urteil vom 26.01.1983 – VIII ZR 342/81, NJW 1983, 1320, Unzulässige AGB-Klauseln im Möbelhandel

BGH, Urteil vom 19.09.1983 – VIII ZR 84/82, NJW 1984, 48, Keine teilweise Aufrechterhaltung unwirksamer AGB-Klauseln im Individualprozeß

BGH, Urteil vom 23.02.1984 – VII ZR 274/82, NJW 1985, 3016, Unwirksame Haftungsbeschränkung in AGB einer Textilveredelungsfirma

BGH, Urteil vom 08.03.1984 – VII ZR 349/82, NJW 1984, 1750, Unzulässige Verkürzung der Gewährleistungsfrist im kaufmännischen Verkehr

BGH, Urteil vom 28.05.1984 – III ZR 63/83, NJW 1984, 2816, Unwirksamer Ausschluß des Überweisungswiderrufs in AGB

BGH, Urteil vom 20.06.1984 – VIII ZR 137/83, NJW 1985, 914, Haftung bei Mißbrauch des "Tankschecksystems"

BGH, Urteil vom 12.07.1984 – VII ZR 91/83, BeckRS 1984, 31078251

BGH, Urteil vom 16.10.1984 – X ZR 97/83, NJW 1985, 319, Ausschluß der Aufrechnung in AGB

BGH, Urteil vom 31.10.1984 – VIII ZR 226/83, NJW 1985, 320, AGB im Möbelhandel

BGH, Urteil vom 31.10.1984 – VIII ZR 220/83, NJW 1985, 621, Ergänzende Vertragsauslegung bei Kfz-Tagespreisklauseln

BGH, Urteil vom 26.11.1984 – VIII ZR 214/83, NJW 1985, 623, Zulässigkeit von Formularbestimmungen in Kfz-Vertragshändlervertrag

BGH, Urteil vom 30.01.1985 – VIII ZR 238/83, NJW 1985, 1333, Kein Gewährleistungsausschluß gegenüber vorheriger Eigenschaftszusicherung

BGH, Urteil vom 28.02.1985 – IX ZR 92/84, NJW 1985, 2585, Kündigung eines formularmäßigen Internatsschulvertrags

BGH, Urteil vom 20.03.1985 – VIII ZR 342/83, NJW 1985, 1836, Auslegung und Wirksamkeit von Eigentumsvorbehaltsklauseln

BGH, Urteil vom 20.03.1985 – VIII ZR 327/83, NJW 1985, 1838, Abwehrklauseln in AGB

BGH, Urteil vom 12.06.1985 – IVa ZR 261/83, BeckRS 2010, 20703

BGH, Urteil vom 21.06.1985 – V ZR 134/84, NJW 1985, 2640, Nachfristsetzung bei Abtretung des Kaufpreisanspruchs

BGH, Urteil vom 24.09.1985 – VI ZR 4/84, NJW 1986, 1610, Geltungserhaltende Reduktion von formularmäßigen Haftungsfreizeichnungsklauseln

BGH, Urteil vom 31.10.1985 – IX ZR 175/84, NJW-RR 1986, 1281, Anwaltshaftung aus positiver Vertragsverletzung

BGH, Urteil vom 06.03.1986 – III ZR 195/84, NJW 1986, 1803, Zinsanpassungsklausel in Kreditverträgen

BGH, Urteil vom 23.04.1986 – IVa ZR 209/84, NJW-RR 1987, 94, Haftungsfreizeichnung des Holzmaklers für Zahlungsfähigkeit des Käufers

BGH, Urteil vom 09.10.1986 – VII ZR 245/85, NJW-RR 1987, 144, Klauseln in Architekten-Formularvertrag

BGH, Urteil vom 04.12.1986 – VII ZR 197/85, NJW-RR 1987, 337, Höchstpreisgarantie durch Architekten

BGH, Urteil vom 26.02.1987 – I ZR 110/85, NJW-RR 1987, 883, Keine Berufung auf Aufrechnungsverbot bei Vermögensverfall

BGH, Urteil vom 29.09.1987 – VI ZR 70/87, NJW-RR 1988, 113, Haftung der Betreiber eines Anschlußgleises

BGH, Urteil vom 30.09.1987 – IVa ZR 6/86, NJW 1988, 410, Verwendung einer Allgemeinen Geschäftsbedingung

BGH, Urteil vom 24.11.1988 – III ZR 188/87, NJW 1989, 222, Unwirksame Tilgungsklausel in Darlehensbedingungen

BGH, Urteil vom 29.11.1988 – X ZR 112/87, NJW-RR 1989, 953, Schadenshaftungsbeschränkung einer Reparaturwerft auf 5 % des Schiffswertes

BGH, Urteil vom 17.01.1989 – XI ZR 54/88, NJW 1989, 582, Unwirksame Wertstellungsklausel für Bareinzahlungen

BGH, Urteil vom 18.04.1989 – X ZR 31/88, NJW 1989, 3215, Aufrechnungseinschränkung in AGB

BGH, Urteil vom 24.01.1990 – VIII ZR 22/89, NJW 1990, 1290, Rügeobliegenheit bei Handelskauf und Leasingvertrag

BGH, Urteil vom 14.03.1990 – VIII ZR 18/89, NJW-RR 1990, 817, Ergänzende Vertragsauslegung bei Verkauf eines Pfandrechts ohne die Forderung

BGH, Urteil vom 10.07.1990 – XI ZR 275/89, NJW 1990, 2383, Unwirksame Tilgungsklausel in Darlehensbedingungen

BGH, Urteil vom 14.01.1991 – II ZR 190/89, NJW 1991, 1052, Beweislast für Geltung des Haustürwiderrufsgesetzes

BGH, Urteil vom 27.03.1991 – IV ZR 90/90, NJW 1991, 1678, Eigenverkaufsklausel im Maklervertrag

BGH, Urteil vom 23.04.1991 – XI ZR 128/90, NJW 1991, 1886, Unwirksame Klausel in Kreditkartenbedingungen

BGH, Urteil vom 24.04.1991 – VIII ZR 180/90, NJW-RR 1991, 1013, Unzulässige Garantiebeschränkungen für Verschleißschutz-Produkte

BGH, Urteil vom 19.06.1991 – VIII ZR 149/90, NJW 1991, 2633, Unwirksames Abbedingen der unverzüglichen Untersuchungs- und Rügepflicht in AGB

BGH, Urteil vom 25.06.1991 – XI ZR 257/90, NJW 1991, 2414, Unwirksame Haftungsklausel in AGB der Banken und Sparkassen

BGH, Urteil vom 10.10.1991 – III ZR 141/90, NJW 1992, 575, Unwirksame Schiedsklausel in AGB

BGH, Urteil vom 21.11.1991 – I ZR 87/90, NJW 1992, 1096, Unangemessene Kumulation von Vertragsstrafe und Schadensersatz

BGH, Urteil vom 26.02.1992 – XII ZR 129/90, NJW 1992, 2283, Mietvertragsänderung durch bezugnehmende Nachtragsurkunde

BGH, Urteil vom 25.06.1992 – VII ZR 128/91, NJW 1992, 2759, Unwirksamkeit einer "ausgehandelten" Anspruchsverjährungsklausel im Architektenvertrag

BGH, Urteil vom 29.09.1992 – XI ZR 265/91, NJW 1992, 3235, Keine grobe Fahrlässigkeit bei der Hereinnahme von Bankorderschecks

BGH, Urteil vom 11.11.1992 – VIII ZR 238/91, NJW 1993, 335, Unwirksame Freizeichnung von Hauptleistungspflichten

BGH, Urteil vom 16.11.1992 – II ZR 184/91, NJW 1993, 2442, Unwirksame Klauseln im Seeversicherungsrecht

BGH, Beschluss vom 02.12.1992 – VIII ARZ 5/92, NJW 1993, 532, Unwirksamer Summierungseffekt von Schönheitsreparaturklausel und Anfangsrenovierungspflicht

BGH, Urteil vom 26.01.1993 – X ZR 90/91, NJW-RR 1993, 560, Entbehrlichkeit der Nachfristsetzung bei notwendiger sofortiger Leistung

BGH, Urteil vom 28.01.1993 – I ZR 294/90, NJW 1993, 1786, Nutzung von Kundenanschriften durch ausgeschiedenen Handelsvertreter

BGH, Urteil vom 14.07.1993 – VIII ZR 147/92, NJW 1993, 2436, Wandlung von Soft- und Hardwarevertrag

BGH, Urteil vom 31.01.1994 – II ZR 83/93, NJW 1994, 1288, Rechtsverbindlichkeit des Schweigens auf ein kaufmännisches Bestätigungsschreiben

BGH, Urteil vom 02.03.1994 – XII ZR 175/92, BeckRS 2009, 20713

BGH, Urteil vom 30.06.1994 – VII ZR 116/93, NJW 1994, 2825, Haftung des Baubetreuers entsprechend den Grundsätzen zum Architektenvertrag

BGH, Beschluss vom 26.10.1994 – VIII ARZ 3/94, NJW 1995, 254, Unwirksame Mietvertrags-AGB

BGH, Urteil vom 18.05.1995 – IX ZR 108/94, NJW 1995, 2553, Globalbürgschaft in der Klauselkontrolle (limitierter Kontokorrentkredit)

BGH, Urteil vom 30.06.1995 – V ZR 184/94, NJW 1995, 2637, Time-Sharing-Treuhand-Modell in der Klauselkontrolle - Century

BGH, Urteil vom 05.07.1995 – IV ZR 133/94, NJW-RR 1995, 1303, Risiken aus Gabelstaplergebrauch in Betriebshaftpflichtversicherung

BGH, Urteil vom 05.12.1995 – X ZR 14/93, NJW-RR 1996, 783, Unwirksamer Haftungsausschluß für zugesicherte Sicherheitstechnik im Anlagenbau

BGH, Urteil vom 07.02.1996 – IV ZR 16/95, NJW 1996, 1676, Berichtigter Neuabdruck von BGH, NJW 1996, 1208 – AGB-Begriff bei Ausfüllungsalternativen und vorformuliertem Vorschlag (Zehnjahreslaufzeit)

BGH, Urteil vom 13.03.1996 – VIII ZR 333/94, NJW 1996, 1537, Hinweispflicht des Verkäufers bei Änderung von Beschaffenheitsmerkmalen

BGH, Urteil vom 26.09.1996 – VII ZR 318/95, NJW 1997, 135, AGB-Charakter einer für eine Ausschreibung gegenüber mehreren Bietern vorformulierten Vertragsstrafenregelung

BGH, Urteil vom 11.03.1997 – X ZR 146/94, NJW 1997, 3434, Vorformulierter Abtretungsausschluß im Konkurs des Verwendungsgegners (Weiterabtretung)

BGH, Urteil vom 07.05.1997 – VIII ZR 349/96, NJW 1997, 3233, Steigerungsfähige Vertragsstrafenklausel ohne Zeit- bzw. Summenbegrenzung zur Bewehrung unterschiedlicher Vertragsverstöße (Vertragshändler)

BGH, Beschluss vom 05.06.1997 – VII ZR 54/96, NJW-RR 1997, 1513, Unwirksame AGB-Klauseln eines Auftraggebers von Bauarbeiten

BGH, Beschluss vom 08.10.1997 – XII ZB 124/97, NJW 1998, 762, Berufsbegründung per Telefax

BGH, Urteil vom 19.02.1998 – I ZR 233–95, NJW-RR 1998, 1426, Haftungsbeschränkungsklausel in Betriebsordnung der Bremer Lagerhaus-Gesellschaft

BGH, Urteil vom 25.03.1998 – VIII ZR 244–97, NJW 1998, 2284, Vorformulierte Gefahrabwälzung auf Kfz-Leasingnehmer (Jeep Cherokee)

BGH, Urteil vom 03.04.1998 – V ZR 6–97, NJW 1998, 2600, Vertragsstrafenbewehrung von Investorenpflichten (Treuhand–BvS)

BGH, Urteil vom 14.01.1999 – VII ZR 73–98, NJW 1999, 1108, Vertragsstrafenklausel und Fristen

BGH, Urteil vom 21.01.1999 – III ZR 289–97, NJW 1999, 1031, Wirksamkeit von Ausschlußfristen in AGB von Bewachungsverträgen

BGH, Versäumnisurteil vom 26.05.1999 – VIII ZR 102–98, NJW 1999, 2662, Vertragsstrafeversprechen in Treuhandverträgen

BGH, Urteil vom 02.06.1999 – VIII ZR 322–98, NJW 1999, 2961, Verjährung kaufrechtlicher Gewährleistungsansprüche bei Nachbesserungsarbeiten

BGH, Urteil vom 03.11.1999 – VIII ZR 269/98, NJW 2000, 1110, Optionsklausel zur Laufzeitverlängerung einer Tankstellen-Alleinbezugsverpflichtung

BGH, Urteil vom 11.11.1999 – III ZR 98/99, NJW 2000, 947, Hausverwalterhaftung für Frostschäden bei Untätigkeit des beauftragten Handwerkers

BGH, Urteil vom 17.05.2000 – IV ZR 113/99, NJW-RR 2000, 1341, Auslegung der Bewusstseinsstörungsklausel in den AUB

BGH, Urteil vom 27.09.2000 – VIII ZR 155/99, NJW 2001, 292, Neuwagen-Verkaufsbedingungen in der Klauselkontrolle

BGH, Urteil vom 24.10.2000 – X ZR 42/99, NJW-RR 2001, 484, Umfassende Abwehrklausel in Besteller-AGB

BGH, Urteil vom 24.10.2000 – XI ZR 273/99, NJW-RR 2001, 1420, Inkassotätigkeit aus abgetretenem Recht

BGH, Urteil vom 18.01.2001 – VII ZR 238/00, NJW-RR 2001, 738, Isolierte Inhaltskontrolle zusammengefasster Vertragsstrafen im VOB-Vertrag

BGH, Urteil vom 21.06.2001 – IX ZR 69/00, NJW-RR 2002, 485, Überraschender Haftungsausschluss bei Bürgschaft auch bei Verwendung von Fettdruck

BGH, Versäumnisurteil vom 22.11.2001 – VII ZR 208/00, NJW 2002, 894, Unwirksamkeit einer Allgemeinen Geschäftsbedingung zum Sicherheitseinbehalt des Auftraggebers

BGH, Urteil vom 16.04.2002 – VI ZR 227/01, NJW 2002, 2232, Zurechnungszusammenhang bei selbstschädigendem Verhalten des Verletzten

BGH, Urteil vom 17.04.2002 – VIII ZR 297/01, NJW 2002, 2310, Ergänzende Auslegung einer Erklärung im Unternehmenskaufvertrag

BGH, Urteil vom 03.07.2002 – XII ZR 327/00, NJW 2002, 3232, Formularmäßiger Ausschluss der Gewährleistung für anfängliche Mängel

BGH, Urteil vom 29.11.2002 – V ZR 105/02, NJW 2003, 888, Inhaltskontrolle städtebaulicher Verträge – Klauselkompensation im Einheimischenmodell

BGH, Urteil vom 23.01.2003 – VII ZR 210/01, NJW 2003, 1805, Höchstbetrag einer Vertragsstrafe in AGB eines Bauvertrags

BGH, Urteil vom 19.02.2003 – XII ZR 142/00, NJW 2003, 1860, Sittenwidrigkeit bei Grundstücksverkauf an Ehegatten vor Scheidung

BGH, Urteil vom 25.06.2003 – VIII ZR 344/02, NJW 2003, 2899, Fortgeltung teilunwirksamer Mietkautionsabrede – Unwirksame Fälligkeitsklausel

BGH, Urteil vom 27.11.2003 – VII ZR 53/03, NJW 2004, 502, Unwirksame Schriftformklausel für Zusatz- und Nachtragsaufträge

BGH, Urteil vom 11.12.2003 – III ZR 118/03, NJW-RR 2004, 780, Haftungsbegrenzungsklausel für Dritten im Immobilienfondsprospekt – Überraschende Klausel

BGH, Urteil vom 17.02.2004 – XI ZR 140/03, NJW 2004, 1588, Zinsänderungsklausel im langfristigen Sparvertrag

BGH, Urteil vom 17.06.2004 – VII ZR 75/03, NJW-RR 2004, 1248, Auslegung der VOB/C – Aufmaß für Fassadendämmung

BGH, Urteil vom 15.07.2004 – IX ZR 224/03, NJW 2004, 3185, Keine Insolvenzfestigkeit von Konzernverrechnungsklauseln

BGH, Versäumnisurteil vom 28.10.2004 – VII ZR 385/02, NJW-RR 2005, 247, Unwirksame AGB-Verkürzung der Baumängelrügefrist gegenüber Kaufleuten

BGH, Urteil vom 11.01.2005 – X ZR 163/02, NJW 2005, 1420, Reiseunfall bei Dauerlauf auf Flughafen und rechtzeitige Mängelrüge

BGH, Urteil vom 23.02.2005 – VIII ZR 100/04, NJW 2005, 1348, Selbstvornahme der Reparatur ohne Fristsetzung zur Nacherfüllung

BGH, Beschluss vom 15.03.2005 – VI ZB 74/04, NJW 2005, 1869, Begründungsfrist für Antrag auf Ablehnung eines Sachverständigen

BGH, Urteil vom 06.04.2005 – VIII ZR 27/04, NJW 2005, 1574, Zulässige Dauer des formularmietvertraglichen Kündigungsrechtsverzichts – Gleichlauf mit Staffelmiete

BGH, Urteil vom 06.04.2005 – XII ZR 308/02, NJW 2005, 2006, Klauselkombination Schönheitsreparatur/Endrenovierung im Gewerbemietrecht

BGH, Urteil vom 14.04.2005 – VII ZR 56/04, NJW-RR 2005, 1040, Keine Umdeutung der unwirksamen Gewährleistungsbürgschaftsklausel auf erstes Anfordern

BGH, Urteil vom 19.05.2005 – III ZR 437/04, NJW 2005, 2543, „Aushandeln" von Allgemeinen Geschäftsbedingungen – Kündigungsrechtsausschluss bei Partnerschaftsvermittlungsvertrag

BGH, Urteil vom 22.06.2005 – VIII ZR 1/05, NJW 2005, 3211, Schadensersatz statt der Leistung ohne Nachfristsetzung beim Tierkauf

BGH, Urteil vom 20.07.2005 – VIII ZR 397/03, NJW-RR 2005, 1619, Nichtige Übertragung eines GmbH-Geschäftsanteils

BGH, Versäumnisurteil vom 21.09.2005 – XII ZR 312/02, NJW 2006, 138, Vorrang mündlicher Individualvereinbarung vor Schriftformklausel – Reduzierung der Miete

BGH, Urteil vom 05.10.2005 – VIII ZR 16/05, NJW 2006, 47, Baumarktbetreiber-AGB in der Klauselkontrolle – Lieferantenverhältnis (u. a. Verjährungsverlängerung)

BGH, Urteil vom 26.10.2005 – VIII ZR 48/05, NJW 2006, 996, Transparenzkontrolle formularmäßiger Hauptleistungsbestimmung – Gesellschaftergarantie für Verbindlichkeit aus Franchisevertrag

BGH, Versäumnis- und Endurteil vom 23.11.2005 – VIII ZR 154/04, NJW 2006, 1056, Inhaltskontrolle des Kündigungsrechtsausschlusses in der Staffelmiete – Mahnkostenklausel

BGH, Urteil vom 07.12.2005 – VIII ZR 126/05, NJW 2006, 988, Angemessene Frist zur Nacherfüllung bei Kauf oder Tausch eines Tieres

BGH, Urteil vom 25.01.2006 – VIII ZR 3/05, NJW 2006, 1059, Formularmäßiger Ausschluss des Kündigungsrechts in der Staffelmiete für fünf Jahre

BGH, Urteil vom 05.04.2006 – VIII ZR 163/05, NJW 2006, 2116, Summierungseffekt aus Formular- und Individualklausel – laufende Dekoration und Arbeiten am Mietende

BGH, Urteil vom 07.06.2006 – VIII ZR 209/05, NJW 2006, 2839, Ersatzlieferung beim Stückkauf

BGH, Urteil vom 26.10.2006 – VII ZR 194/05, NJW 2007, 587, Hemmung der Verjährung eines Schadensersatzanspruchs gegen Architekten durch Verhandeln

BGH, Urteil vom 15.11.2006 – VIII ZR 166/06, NJW 2007, 504, Fehlschlagen von Kfz-Reparaturversuchen in anerkannter Drittwerkstatt unter Neuwagenverkaufs-AGB – Mehrdeutige Informationspflichtenklausel

BGH, Urteil vom 05.12.2006 – X ZR 165/03, NJW 2007, 997, Gepäckinhalts- und Haftungsbegrenzungsklauseln in der Luftfracht – „Klauselinfektion"

BGH, Urteil vom 10.05.2007 – VII ZR 288/05, NJW 2007, 3712, Klausel über Zusatzvergütung des Architekten in Vertrag mit Bundesrepublik Deutschland

BGH, Urteil vom 27.06.2007 – XII ZR 54/05, NJW 2007, 3421, Vorbehalt der Zustimmung des Klauselverwenders zur Aufrechnung mit unstreitiger (Miet-) Forderung

BGH, Urteil vom 18.07.2007 – VIII ZR 227/06, NJW-RR 2007, 1697, Auslegung einer Rückkaufklausel in Kfz-Vertragshändlervertrag

BGH, Versäumnisurteil vom 19.09.2007 – VIII ZR 141/06, NJW 2007, 3774, „Gleichschritt" von AGB-Verbotsnorm im Verbraucher- und Unternehmerverkehr – Gebrauchtwagenkauf mit Laufleistungsangabe „unter Ausschluss jeder Gewährleistung" (exorbitante Überschreitung)

BGH, Versäumnisurteil vom 10.10.2007 – VIII ZR 330/06, NJW 2008, 53, Abgrenzung zwischen Sachmangel und Bagatellschaden am Gebrauchtfahrzeug

BGH, Beschluss vom 18.10.2007 – V ZB 44/07, NJW-RR 2008, 222, Gewährleistungsausschluss und Irrtumsanfechtung des Meistgebots in Grundstücks-Zwangsversteigerung

BGH, Urteil vom 06.12.2007 – VII ZR 28/07, NJW-RR 2008, 615, Witterungsbedingte Verzögerung und Auftragssumme in Bauvertragsstrafenklausel

BGH, Urteil vom 20.12.2007 – III ZR 144/07, NJW 2008, 987, Zulässigkeit der Vertretung bei so genannter Chefarztbehandlung

BGH, Urteil vom 15.04.2008 – X ZR 126/06, NJW 2008, 2250, Darlegungs-/Beweislast des Verbrauchers für Vorformulierung einer „Einmal-Klausel" – Laufzeit eines „Haarkreationen-Befestigungsabonnements"

BGH, Teilurteil vom 29.04.2008 – KZR 2/07, NJW 2008, 2172, Unwirksame Preiserhöhungsklausel in Erdgassondervertrag

BGH, Urteil vom 15.07.2008 – VIII ZR 211/07, NJW 2008, 2837, Inhalt des Nacherfüllungsanspruchs – Neuverlegung mangelfreier Parkettstäbe

BGH, Urteil vom 10.02.2009 – VI ZR 28/08, NJW 2009, 1482, Wechselseitige Haftungsbeschränkung bei gemeinsamer Mietwagenfahrt in Südafrika

BGH, Urteil vom 18.03.2009 – XII ZR 200/06, NJW-RR 2009, 947, Individualabrede über Endrenovierung

BGH, Urteil vom 21.04.2009 – XI ZR 78/08, NJW 2009, 2051, Entgelt-AGB der Sparkassen in der Klauselkontrolle – Rechtsprechungsänderung

BGH, Urteil vom 29.05.2009 – V ZR 201/08, NJW-RR 2010, 63, Auslegung einer nicht eindeutig vorformulierten Vertragsklausel

BGH, Versäumnisurteil vom 16.06.2009 – XI ZR 145/08, NJW 2009, 3422, Unangemessene Benachteiligung des Werkunternehmers durch formularmäßige Gewährleistungsbürgschaft mit umfassendem Einredeverzicht

BGH, Urteil vom 24.06.2009 – VIII ZR 332/07, NJW-RR 2009, 1404, Unerlaubte Konkurrenz des für Versicherungsmakler tätigen Vertreters (Mindestschadensschätzung)

BGH, Versäumnisurteil vom 12.08.2009 – VIII ZR 254/08, NJW 2009, 3153, Fristsetzung durch Aufforderung zur „umgehenden" Mangelbeseitigung

BGH, Versäumnisurteil vom 21.10.2009 – VIII ZR 244/08, NJW 2010, 293, Wohnflächenermittlung im Dachgeschoss – Mietergünstigkeit bei Unschärfe in Miet-AGB

BGH, Urteil vom 09.12.2009 – XII ZR 109/08, NJW 2010, 671, Wirksamkeit der Umlage von „Kosten der kaufmännischen und technischen Hausverwaltung" in Miet-AGB

BGH, Urteil vom 14.01.2010 – VII ZR 213/07, NJW 2010, 1195, Verjährung des Anspruchs auf Rückzahlung des Mängelbeseitigungsvorschusses – Grob fahrlässige Unkenntnis des Unternehmers

BGH, Urteil vom 17.02.2010 – VIII ZR 67/09, NJW 2010, 1131, Gebrauchtwagenkauf „von privat" unter abgestimmtem Einsatz eines Mustervertrags – Begriff des „Stellens" von AGB

BGH, Urteil vom 17.02.2010 – VIII ZR 70/07, NJW-RR 2010, 1289, Falsche Wagenfarbe als erheblicher Sachmangel

BGH, Beschluss vom 15.03.2010 – II ZR 84/09, NJW 2010, 1660, Umkehrung der Vermutung einer Gesamtnichtigkeit durch salvatorische Erhaltungsklausel

BGH, Urteil vom 24.03.2010 – VIII ZR 122/08, NJW-RR 2010, 1436, Bedeutung einer „Übernahmebestätigung" beim Mietkauf im Unternehmerverkehr – Leasingtypisches Dreiecksverhältnis

BGH, Urteil vom 05.11.2010 – V ZR 228/09, NJW 2011, 1217, Schadensersatzanspruch bei Minderungsausschluss wegen unmöglicher Wertermittlung

BGH, Urteil vom 27.01.2011 – VII ZR 186/09, NJW 2011, 1965, Hemmung der Verjährung – Heilung unterbliebener Zustellung des Antrags auf selbstständiges Beweisverfahren durch tatsächlichen Zugang

BGH, Urteil vom 14.03.2012 – VIII ZR 113/11, NJW 2012, 1865, Preisanpassung trotz AGB-Verdikts in Energieversorgungsvertrag mit einem Sonderkunden

BGH, Urteil vom 27.06.2012 – IV ZR 212/10, NJW 2012, 3238, Leistungsausschluss für Schäden „durch Schwamm" in der Wohngebäudeversicherung

BGH, Urteil vom 10.07.2012 – VI ZR 127/11, NJW 2012, 2964, Keine Haftung bei Begehrensneurose

BGH, Urteil vom 18.07.2012 – VIII ZR 337/11, NJW 2013, 291, Wirksamkeit von AGB in Stromlieferungsverträgen mit Endverbrauchern

BGH, Urteil vom 12.10.2012 – V ZR 222/11, NJW-RR 2013, 494, Ergänzende Vertragsauslegung nach Parteiwillen

BGH, Urteil vom 17.10.2012 – VIII ZR 226/11, NJW 2013, 220, Kein Ersatz der Aus- und Einbaukosten bei Kaufverträgen zwischen Unternehmern

BGH, Urteil vom 25.10.2012 – VII ZR 56/11, NJW 2013, 2027, Unwirksamkeit einer nachvertraglich vereinbarten Wettbewerbsabrede

BGH, Urteil vom 07.11.2012 – VIII ZR 108/12, NJW-RR 2013, 309, Vereinbarung des Incoterms „DDP" als Bestimmungsort – Auslegung und Zuständigkeit am Erfüllungsort

BGH, Urteil vom 22.11.2012 – VII ZR 222/12, NJW 2013, 856, Individualabrede bei „unverhandelbarer" Position – „bring-or-pay-Klausel"

BGH, Urteil vom 06.02.2013 – VIII ZR 374/11, NJW 2013, 1365, Anspruch auf „fabrikneues" Fahrzeug trotz Nachbesserungsverlangens beim Neuwagenkauf

BGH, Beschluss vom 05.03.2013 – VIII ZR 137/12, NJW 2013, 1668, Wirksamkeit salvatorischer Klauseln in den AGB eines Mietvertrags – „soweit gesetzlich zulässig"

BGH, Urteil vom 19.04.2013 – V ZR 113/12, NJW 2013, 1948, Berechnung des Schadensersatzes bei Nichtübertragung eines Vorkaufsrechts

BGH, Urteil vom 19.06.2013 – VIII ZR 183/12, NJW 2014, 211, Erkundigungspflicht des Gebrauchtwagenhändlers zur „Historie" des Fahrzeugs

BGH, Urteil vom 10.07.2013 – VIII ZR 388/12, NJW 2013, 2820, Vertragsbindung von bis zu 13 Jahren auf Wunsch des Mieters

BGH, Beschluss vom 06.02.2014 – VII ZR 160/12, NJW-RR 2014, 456, Darlegungs- und Beweislast für die Verursachung von Baumängeln nach Teilkündigung und Abnahme

BGH, Urteil vom 20.03.2014 – VII ZR 248/13, NJW 2014, 1725, Unwirksamkeit einer individualrechtlichen Bestätigungsklausel zum Aushandeln von AGB

BGH, Urteil vom 14.05.2014 – VIII ZR 114/13, NJW 2014, 2708, Inhaltskontrolle einer Preisanpassungsklausel im Gaslieferungsvertrag

BGH, Urteil vom 20.05.2014 – VI ZR 381/13, NJW 2014, 2190, Haftung des Arztes wegen Information über Erbkrankheit des geschiedenen Ehepartners

BGH, Urteil vom 28.05.2014 – VIII ZR 94/13, NJW 2014, 3229, Ausschluss des Rücktritts bei unerheblichem Sachmangel

BGH, Urteil vom 01.10.2014 – VII ZR 344/13, NJW 2015, 49, Überraschende Stoffpreisgleitklausel in einem Bauvertrag

BGH, Urteil vom 04.02.2015 – VIII ZR 26/14, NJW-RR 2015, 738, Haftungsfreizeichnung im Gebrauchtwagenkauf

BGH, Urteil vom 26.03.2015 – VII ZR 92/14, NJW 2015, 1952, Unwirksamkeit einer bauvertraglichen Rückgabeklausel zur Gewährleistungsbürgschaft

BGH, Urteil vom 28.07.2015 – XI ZR 434/14, NJW 2015, 3025, Unwirksame Kontoführungsgebühren in den AGB eines Kreditinstituts

BGH, Urteil vom 28.10.2015 – VIII ZR 158/11, NJW 2016, 1718, Weitergabe von Kostensteigerungen aufgrund ergänzender Vertragsauslegung

BGH, Urteil vom 03.12.2015 – VII ZR 100/15, NJW 2016, 401, Unwirksames nachvertragliches Wettbewerbsverbot durch AGB für einen Handelsvertreter

BGH, Urteil vom 20.01.2016 – VIII ZR 26/15, NJW 2016, 1230, „Stellen" und „Aushandeln" von AGB – Vertragsstrafe

BGH, Urteil vom 20.01.2016 – VIII ZR 152/15, NJW-RR 2016, 526, Heizkostenabrechnungsklausel mit Fristangabe und Nachforderungsausschluss

BGH, Urteil vom 24.02.2016 – VIII ZR 38/15, NJW 2016, 2645, Anforderungen an Untersuchung und Rüge gekaufter Sachen im Einzelfall

BGH, Beschluss vom 01.06.2016 – XII ZB 382/15, NJW-RR 2016, 1199, Keine Fristwahrung durch Fax-Eingang bei in Nebenstelle ansässiger Justizkasse

BGH, Urteil vom 15.06.2016 – VIII ZR 134/15, NJW 2016, 2874, Herstellergarantie als Beschaffenheitsmerkmal

BGH, Beschluss vom 25.01.2017 – XII ZR 69/16, NJW 2017, 1017, Vorrang der Individualvereinbarung gegenüber doppelter Schriftformklausel

OLG Celle, Urteil vom 10.05.1957 – 11 U 12/57, BB 1957, 595, Verspätete Mängelrüge beim Handelskauf

OLG Celle, Urteil vom 20.06.2006 – 16 U 287/05, NJW 2006, 2643, Gewährleistungsverjährung bei fehlgeschlagener Nachbesserung

OLG Düsseldorf, Urteil vom 21.01.1988 – 6 U 139/87, NJW-RR 1988, 1260, Auftrag zum Abschluß von Termingeschäften durch im Ausland wohnhaften Auftraggeber

OLG Düsseldorf, Urteil vom 30.06.2000 – 22 U 209/99, NJW-RR 2001, 1387, Fristsetzung für Erfüllung von Bauleistungen

OLG Frankfurt, Urteil vom 01.06.1989 – 6 U 76/88, NJW-RR 1989, Unwirksame Klausel mit Hinweis auf ausländisches Recht

OLG Hamburg, Urteil vom 26.03.1999 – 1 U 162–98, NJW-RR 1999, 1506, Vom Firmensitz abweichende Gerichtsstandsklausel

OLG Hamm, Urteil vom 07.01.1986 – 26 U 76/85, NJW-RR 1986, 477, Verjährung bei Lieferung einer Wärmepumpe

OLG Hamm, Urteil vom 09.01.1990 – 26 U 21/89, NJW-RR 1990, 523, Werkvertragsanfechtung wegen Nichteintragung in Handwerksrolle

OLG Hamm, Beschluss vom 04.05.1992 – 31 U 24/92, CR 1994, 99, Vertragskosten

OLG Hamm, Urteil vom 10.10.1995 – 7 U 12/95, NJW-RR 1996, 969, Haftungsbeschränkungsklausel im Gewerberaummietvertrag und Streitverkündung an Streitgenossen

OLG Hamm, Urteil vom 29.11.2004 – 13 U 59/04, NJW-RR 2006, 104, Regressausschluss für Feuerversicherer gegen Schwiegersohn der Versicherungsnehmerin

OLG Karlsruhe, Urteil vom 22.03.1996 – 10 U 249/95, NJW 1996, 2041, AGB-Gerichtsstandsvereinbarung unter Kaufleuten

OLG Karlsruhe, Urteil vom 25.11.2008 – 8 U 34/08, NJW 2009, 1150, Mangelanerkenntnis durch vorbehaltlosen Beseitigungsversuch

OLG Karlsruhe, Urteil vom 22.03.2016 – 8 U 138/14, NJW 2016, 2670, AGB-Kontrolle in Verträgen über Fertig- oder Massivhäuser

OLG Köln, Urteil vom 20.06.1989 – 24 U 44/89, ZIP 1989, 1068

OLG Köln, Urteil vom 10.11.2004 – 2 U 168/03, NJW 2005, 1127, Keine Insolvenzfestigkeit von Konzernverrechnungsklauseln bei öffentlichen Aufträgen

OLG Köln, Urteil vom 12.12.2006 – 3 U 70/06, NJW 2007, 1694, Unerheblichkeit eines Kfz-Mangels

OLG Köln, Urteil vom 22.07.2011 – 6 U 45/11, BeckRS 2011, 26071

OLG München, Urteil vom 05.08.1955 – 6 U 731/55, NJW 1955, 1560, Untersuchungs- und Rügefrist bei Vorhandensein verborgener Mängel

OLG München, Urteil vom 15.01.1987 – 29 U 4348/86, NJW-RR 1987, 661, AGB in Bauverträgen

OLG Rostock, Beschluss vom 19.05.2009 – 3 U 16/09, NJW 2009, 3376, Unwirksamkeit „doppelter" Schriftformklausel in Miet-AGB – Vorrang der Individualabrede

OLG Saarbrücken, Urteil vom 24.06.2015 – 2 U 37/14, NJW-RR 2016, 53, „Aushandeln" von Miet-AGB – Optionsrechte und Verlängerungsautomatik

OLG Stuttgart, Urteil vom 19.12.1980 – 2 U 122/80, NJW 1981, 1105, Unwirksame Klauseln in Lieferbedingungen eines Fensterherstellers

LG Bielefeld, Urteil vom 27.01.1977 – 13 S 74/76, MDR 1977, 672

LG Frankfurt a.M., Urteil vom 20.03.2003 – 3/10 O 179/02, NZBau 2004, 44, Keine AGB trotz unverhandelter Klausel

LG Itzehoe, Urteil vom 21.05.2002 – 1 S 285/01, NJW 2002, 2479, Geschäftserfahrungsgefälle zwischen Unternehmern als Umstand der Klauselkontrolle

LG Karlsruhe, Beschluss vom 31.10.1995 – 12 O 492/95, NJW 1996, 1417, Unwirksamkeit von Gerichtsstands- und Erfüllungsortsklauseln in vollkaufmännischen Verträgen

LG Koblenz, Urteil vom 10.10.2006 – 6 S 132/06, NJW-RR 2007, 272, Neubeginn der Verjährung nach Mangelbeseitigung

AG Regensburg, Urteil vom 16.03.1999 – 4 C 4376/98, NJW 2000, 1047, Keine Erstattung von Heilungskosten nach Verletzung einer erschreckten Katze

BAG, Urteil vom 14.12.1979 – 7 AZR 38/78, NJW 1980, 1302, Anfechtung des Arbeitsvertrages wegen Irrtums

VG Ansbach, Beschluss vom 28.12.2015 – AN 3 K 15.2399, BeckRS 2015, 118850

Urteile Schweizer Gerichte

Bundesgericht, Urteil vom 12.05.1894, BGE 20 I 491

Bundesgericht, Urteil vom 21.01.1898, BGE 24 II 62

Bundesgericht, Urteil vom 21.06.1900, BGE 26 II 739

Bundesgericht, Urteil vom 19.02.1903, BGE 29 II 243

Bundesgericht, Urteil vom 15.12.1905, BGE 31 II 707

Bundesgericht, Urteil vom 27.11.1908, BGE 34 II 701

Bundesgericht, Urteil vom 08.03.1912, BGE 38 II 94

Bundesgericht, Urteil vom 14.09.1912, BGE 38 II 494

Bundesgericht, Urteil vom 20.06.1914, BGE 40 II 480

Bundesgericht, Urteil vom 20.05.1916, BGE 42 II 219

Bundesgericht, Urteil vom 13.12.1916, BGE 42 II 622

Bundesgericht, Urteil vom 11.12.1919, BGE 45 II 660

Bundesgericht, Urteil vom 22.02.1921, BGE 47 II 82

Bundesgericht, Urteil vom 27.02.1922, BGE 48 II 98

Bundesgericht, Urteil vom 11.05.1922, BGE 48 II 145

Bundesgericht, Urteil vom 18.01.1923, BGE 49 II 28

Bundesgericht, Urteil vom 26.04.1923, BGE 49 II 12

Bundesgericht, Urteil vom 09.05.1923, BGE 49 II 220

Bundesgericht, Urteil vom 29.05.1923, BGE 49 II 232

Bundesgericht, Urteil vom 18.03.1925, BGE 51 II 135

Bundesgericht, Urteil vom 11.04.1927, BGE 53 II 143

Bundesgericht, Urteil vom 29.11.1929, BGE 55 II 302, *Kausalprinzip bei Mobiliarübereignung*

Bundesgericht, Urteil vom 02.05.1930, BGE 56 III 79
Bundesgericht, Urteil vom 11.11.1930, BGE 56 II 424
Bundesgericht, Urteil vom 16.06.1931, BGE 57 II 403
Bundesgericht, Urteil vom 01.06.1932, BGE 58 II 207
Bundesgericht, Urteil vom 13.09.1933, BGE 59 II 305
Bundesgericht, Urteil vom 06.11.1934, BGE 60 II 412
Bundesgericht, Urteil vom 27.11.1935, BGE 61 II 339
Bundesgericht, Urteil vom 27.04.1937, BGE 63 II 84
Bundesgericht, Urteil vom 13.07.1937, BGE 63 II 180
Bundesgericht, Urteil vom 14.12.1937, BGE 63 II 401
Bundesgericht, Urteil vom 04.10.1938, BGE 64 II 355
Bundesgericht, Urteil vom 17.01.1939, BGE 65 II 2
Bundesgericht, Urteil vom 22.11.1939, BGE 65 II 171
Bundesgericht, Urteil vom 21.05.1941, BGE 67 II 132, *Worms*
Bundesgericht, Urteil vom 09.12.1941, BGE 67 II 221
Bundesgericht, Urteil vom 07.10.1942, BGE 68 II 295
Bundesgericht, Urteil vom 18.11.1942, BGE 68 II 287
Bundesgericht, Urteil vom 12.04.1943, BGE 69 II 76
Bundesgericht, Urteil vom 13.04.1943, BGE 69 II 139
Bundesgericht, Urteil vom 06.07.1943, BGE 69 II 234
Bundesgericht, Urteil vom 29.02.1944, BGE 70 II 48
Bundesgericht, Urteil vom 24.10.1944, BGE 70 II 215
Bundesgericht, Urteil vom 10.07.1945, BGE 71 II 236
Bundesgericht, Urteil vom 25.09.1945, BGE 71 II 239
Bundesgericht, Urteil vom 02.07.1946, BGE 72 II 267
Bundesgericht, Urteil vom 07.11.1946, BGE 72 II 347
Bundesgericht, Urteil vom 03.12.1946, BGE 72 II 405
Bundesgericht, Urteil vom 23.10.1947, BGE 73 III 165
Bundesgericht, Urteil vom 28.10.1947, BGE 73 II 218
Bundesgericht, Urteil vom 28.02.1950, BGE 76 II 33
Bundesgericht, Urteil vom 20.02.1951, BGE 77 II 154
Bundesgericht, Urteil vom 26.06.1951, BGE 77 II 243
Bundesgericht, Urteil vom 27.05.1952, BGE 78 II 216
Bundesgericht, Urteil vom 17.11.1953, BGE 79 II 376

Bundesgericht, Urteil vom 30.03.1954, BGE 80 II 49
Bundesgericht, Urteil vom 06.07.1954, BGE 80 II 123
Bundesgericht, Urteil vom 16.11.1954, BGE 80 II 327
Bundesgericht, Urteil vom 22.02.1955, BGE 81 II 56
Bundesgericht, Urteil vom 26.04.1955, BGE 81 II 207
Bundesgericht, Urteil vom 17.05.1955, BGE 81 II 138
Bundesgericht, Urteil vom 07.06.1955, BGE 81 II 213
Bundesgericht, Urteil vom 13.09.1955, BGE 81 II 346
Bundesgericht, Urteil vom 24.05.1956, BGE 82 II 445
Bundesgericht, Urteil vom 16.10.1956, BGE 82 II 411, *Van Gogh*
Bundesgericht, Urteil vom 11.12.1956, BGE 82 II 525
Bundesgericht, Urteil vom 05.02.1957, BGE 83 II 18
Bundesgericht, Urteil vom 04.02.1958, BGE 84 II 13
Bundesgericht, Urteil vom 14.02.1958, BGE 84 II 107
Bundesgericht, Urteil vom 18.11.1958, BGE 84 II 515
Bundesgericht, Urteil vom 01.12.1959, BGE 85 II 402
Bundesgericht, Urteil vom 29.03.1961, BGE 87 I 73
Bundesgericht, Urteil vom 06.09.1961, BGE 87 II 147
Bundesgericht, Urteil vom 24.10.1961, BGE 87 II 244
Bundesgericht, Urteil vom 05.12.1961, BGE 87 II 234
Bundesgericht, Urteil vom 12.12.1961, BGE 87 II 364
Bundesgericht, Urteil vom 30.03.1962, BGE 88 II 81
Bundesgericht, Urteil vom 11.09.1962, BGE 88 II 364
Bundesgericht, Urteil vom 16.10.1962, BGE 88 II 341
Bundesgericht, Urteil vom 30.11.1962, BGE 88 II 410
Bundesgericht, Urteil vom 10.09.1963, BGE 89 II 405
Bundesgericht, Urteil vom 16.03.1964, BGE 90 II 86
Bundesgericht, Urteil vom 22.09.1964, BGE 90 II 285
Bundesgericht, Urteil vom 13.07.1965, BGE 91 II 275
Bundesgericht, Urteil vom 13.07.1965, BGE 91 II 291
Bundesgericht, Urteil vom 09.11.1965, BGE 91 II 344
Bundesgericht, Urteil vom 16.11.1965, BGE 91 II 356
Bundesgericht, Urteil vom 01.02.1966, BGE 92 II 15
Bundesgericht, Urteil vom 01.11.1966, BGE 92 II 234

Bundesgericht, Urteil vom 09.12.1966, BGE 92 II 342
Bundesgericht, Urteil vom 01.04.1967, BGE 93 II 189
Bundesgericht, Urteil vom 06.07.1967, BGE 93 III 96, *Pneuhandel*
Bundesgericht, Urteil vom 24.10.1967, BGE 93 II 317
Bundesgericht, Urteil vom 13.12.1967, BGE 93 II 373
Bundesgericht, Urteil vom 30.01.1968, BGE 94 II 26
Bundesgericht, Urteil vom 25.06.1968, BGE 94 I 248
Bundesgericht, Urteil vom 08.10.1968, BGE 94 II 197
Bundesgericht, Urteil vom 20.05.1969, BGE 95 II 333
Bundesgericht, Urteil vom 27.05.1969, BGE 95 III 21
Bundesgericht, Urteil vom 28.05.1969, BGE 95 II 119
Bundesgericht, Urteil vom 28.10.1969, BGE 95 II 532
Bundesgericht, Urteil vom 16.11.1969, BGE 95 II 547
Bundesgericht, Urteil vom 12.05.1970, BGE 96 II 18
Bundesgericht, Urteil vom 05.06.1970, BGE 96 III 51
Bundesgericht, Urteil vom 23.06.1970, BGE 96 II 129
Bundesgericht, Urteil vom 07.07.1970, BGE 96 II 101
Bundesgericht, Urteil vom 27.10.1970, BGE 96 II 192
Bundesgericht, Urteil vom 23.11.1970, BGE 96 II 172
Bundesgericht, Urteil vom 11.02.1971, BGE 97 II 72
Bundesgericht, Urteil vom 06.07.1971, BGE 97 II 221
Bundesgericht, Urteil vom 26.10.1971, BGE 97 II 350
Bundesgericht, Urteil vom 21.03.1972, BGE 98 II 15
Bundesgericht, Urteil vom 11.04.1972, BGE 98 II 118
Bundesgericht, Urteil vom 13.06.1972, BGE 98 Ia 314
Bundesgericht, Urteil vom 14.11.1972, BGE 98 II 299
Bundesgericht, Urteil vom 01.03.1973, BGE 99 II 67
Bundesgericht, Urteil vom 08.03.1973, BGE 99 II 185
Bundesgericht, Urteil vom 30.10.1973, BGE 99 II 313
Bundesgericht, Urteil vom 18.12.1973, BGE 99 II 290
Bundesgericht, Urteil vom 21.01.1974, BGE 100 II 30
Bundesgericht, Urteil vom 08.02.1974, BGE 100 II 18
Bundesgericht, Urteil vom 06.12.1974, BGE 100 II 332
Bundesgericht, Urteil vom 22.05.1975, BGE 101 II 203

Bundesgericht, Urteil vom 01.09.1976, BGE 102 III 150
Bundesgericht, Urteil vom 14.09.1976, BGE 102 II 256
Bundesgericht, Urteil vom 30.11.1976, BGE 102 II 420
Bundesgericht, Urteil vom 05.04.1977, BGE 103 II 33, *Werklieferung vs. Materiallieferung*
Bundesgericht, Urteil vom 05.04.1977, BGE 103 II 129
Bundesgericht, Urteil vom 01.03.1978, BGE 104 Ia 278
Bundesgericht, Urteil vom 05.10.1978, BGE 104 II 281
Bundesgericht, Urteil vom 29.11.1978, BGE 104 II 259
Bundesgericht, Urteil vom 30.11.1978, BGE 104 II 265
Bundesgericht, Urteil vom 14.12.1978, BGE 104 II 348
Bundesgericht, Urteil vom 30.01.1979, BGE 105 II 28
Bundesgericht, Urteil vom 20.02.1979, BGE 105 II 23, *Damenring*
Bundesgericht, Urteil vom 26.06.1980, BGE 106 II 369
Bundesgericht, Urteil vom 30.10.1980, BGE 106 II 320
Bundesgericht, Urteil vom 27.01.1981, BGE 107 II 50
Bundesgericht, Urteil vom 12.05.1981, BGE 107 II 172
Bundesgericht, Urteil vom 02.06.1981, BGE 107 II 161
Bundesgericht, Urteil vom 16.06.1981, BGE 107 II 226
Bundesgericht, Urteil vom 23.06.1981, BGE 107 II 231
Bundesgericht, Urteil vom 14.07.1981, BGE 107 II 216
Bundesgericht, Urteil vom 01.09.1981, BGE 107 Ia 168
Bundesgericht, Urteil vom 10.11.1981, BGE 107 II 419
Bundesgericht, Urteil vom 22.06.1982, BGE 108 II 102
Bundesgericht, Urteil vom 21.09.1982, BGE 108 II 194
Bundesgericht, Urteil vom 01.12.1982, BGE 108 II 416
Bundesgericht, Urteil vom 21.03.1983, BGE 109 II 24
Bundesgericht, Urteil vom 21.06.1983, BGE 109 II 213
Bundesgericht, Urteil vom 11.10.1983, BGE 109 II 333
Bundesgericht, Urteil vom 25.10.1983, BGE 109 II 319
Bundesgericht, Urteil vom 06.12.1983, BGE 109 II 452
Bundesgericht, Urteil vom 13.12.1983, BGE 109 II 462
Bundesgericht, Urteil vom 21.02.1984, BGE 110 II 239
Bundesgericht, Urteil vom 08.03.1984, BGE 110 II 153

Bundesgericht, Urteil vom 10.04.1984, BGE 110 II 136

Bundesgericht, Urteil vom 27.06.1984, BGE 110 II 148

Bundesgericht, Urteil vom 09.10.1984, BGE 110 II 456, *Exkulpation bei Produktemängeln*

Bundesgericht, Urteil vom 26.02.1985, BGE 111 II 67

Bundesgericht, Urteil vom 23.05.1985, BGE 111 II 134

Bundesgericht, Urteil vom 28.05.1985, BGE 111 II 504

Bundesgericht, Urteil vom 04.06.1985, BGE 111 II 156

Bundesgericht, Urteil vom 06.08.1985, BGE 111 II 170

Bundesgericht, Urteil vom 06.11.1985, BGE 111 II 330

Bundesgericht, Urteil vom 18.11.1986, BGE 112 II 450

Bundesgericht, Urteil vom 10.02.1987, BGE 113 II 25

Bundesgericht, Urteil vom 11.02.1987, BGE 113 II 49

Bundesgericht, Urteil vom 28.10.1987, BGE 113 II 424

Bundesgericht, Urteil vom 30.11.1987, BGE 113 II 501

Bundesgericht, Urteil vom 08.03.1988, BGE 114 Ib 67

Bundesgericht, Urteil vom 07.06.1988, BGE 114 II 131, *Anfechtung eines Picasso-Kaufs*

Bundesgericht, Urteil vom 21.06.1988, BGE 114 II 159

Bundesgericht, Urteil vom 22.06.1988, BGE 114 II 264

Bundesgericht, Urteil vom 11.10.1988, BGE 114 II 239

Bundesgericht, Urteil vom 27.10.1988, BGE 114 II 250

Bundesgericht, Urteil vom 17.07.1989, BGE 115 II 264, *Basler Versicherungsgesellschaft*

Bundesgericht, Urteil vom 26.09.1989, BGE 115 II 232

Bundesgericht, Urteil vom 24.10.1989, BGE 115 II 474

Bundesgericht, Urteil vom 28.11.1989, BGE 115 II 440

Bundesgericht, Urteil vom 20.12.1989, BGE 115 II 460

Bundesgericht, Urteil vom 15.05.1990, BGE 116 II 140

Bundesgericht, Urteil vom 22.05.1990, BGE 116 II 431

Bundesgericht, Urteil vom 06.06.1990, BGE 116 II 305

Bundesgericht, Urteil vom 12.07.1990, BGE 116 II 450

Bundesgericht, Urteil vom 24.09.1990, BGE 116 II 436, *Omniut*

Bundesgericht, Urteil vom 12.10.1990, BGE 116 II 459

Bundesgericht, Urteil vom 17.12.1990, BGE 116 II 685
Bundesgericht, Urteil vom 28.05.1991, BGE 117 II 256
Bundesgericht, Urteil vom 13.06.1991, BGE 117 II 273, *Fertighaus*
Bundesgericht, Urteil vom 12.09.1991, BGE 117 II 425
Bundesgericht, Urteil vom 12.11.1991, BGE 117 II 609
Bundesgericht, Urteil vom 10.12.1991, BGE 117 II 550
Bundesgericht, Urteil vom 12.12.1991, BGE 117 II 570
Bundesgericht, Urteil vom 12.12.1991, BGE 117 V 349
Bundesgericht, Urteil vom 23.01.1992, BGE 118 II 1
Bundesgericht, Urteil vom 17.02.1992, BGE 118 II 142
Bundesgericht, Urteil vom 17.06.1992, BGE 118 II 295
Bundesgericht, Urteil vom 06.08.1992, BGE 118 Ia 294
Bundesgericht, Urteil vom 22.06.1993, BGE 119 II 337
Bundesgericht, Urteil vom 01.07.1993, BGE 119 II 368
Bundesgericht, Urteil vom 22.07.1993, BGE 119 II 249
Bundesgericht, Urteil vom 05.08.1993, BGE 119 II 443, *Kaskoversicherung*
Bundesgericht, Urteil vom 27.12.1993, BGE 119 II 456
Bundesgericht, Urteil vom 13.01.1994, BGE 120 II 58
Bundesgericht, Urteil vom 15.11.1994, BGE 120 II 296
Bundesgericht, Urteil vom 05.12.1994, BGE 120 V 445
Bundesgericht, Urteil vom 21.03.1995, BGE 121 III 176
Bundesgericht, Urteil vom 01.06.1995, BGE 121 III 270
Bundesgericht, Urteil vom 13.07.1995, BGE 121 II 252
Bundesgericht, Urteil vom 06.10.1995, BGE 121 III 345
Bundesgericht, Urteil vom 05.12.1995, BGE 121 III 453
Bundesgericht, Urteil vom 20.12.1995, BGE 121 III 495
Bundesgericht, Urteil vom 25.01.1996, BGE 122 III 53
Bundesgericht, Urteil vom 07.03.1996, BGE 122 III 118
Bundesgericht, Urteil vom 03.04.1996, BGE 122 III 225
Bundesgericht, Urteil vom 29.07.1996, BGE 122 III 420
Bundesgericht, Urteil vom 20.08.1996, BGE 123 III 35
Bundesgericht, Urteil vom 27.09.1996, BGE 122 II 411
Bundesgericht, Urteil vom 21.11.1996, BGE 123 III 165
Bundesgericht, Urteil vom 28.11.1996, BGE 123 III 200

Bundesgericht, Urteil vom 04.02.1997, BGE 123 III 110

Bundesgericht, Urteil vom 07.05.1997, BGE 123 III 241

Bundesgericht, Urteil vom 26.06.1997, BGE 123 III 292

Bundesgericht, Urteil vom 07.10.1997, BGE 124 III 155

Bundesgericht, Urteil vom 27.08.1998, BGE 124 III 456

Bundesgericht, Urteil vom 20.10.1998, BGE 124 III 418

Bundesgericht, Urteil vom 29.04.1999, BGE 125 III 263

Bundesgericht, Urteil vom 30.09.1999, BGE 125 III 443

Bundesgericht, Urteil vom 10.11.1999, BGE 125 V 456

Bundesgericht, Urteil vom 07.12.1999, BGE 126 III 59

Bundesgericht, Urteil vom 18.07.2000, BGE 126 III 388

Bundesgericht, Urteil vom 28.07.2000, 4C_159/1999 [Nicht publizierte Entscheide des Schweizerischen Bundesgerichtes]

Bundesgericht, Urteil vom 14.12.2000, BGE 127 III 83

Bundesgericht, Urteil vom 24.01.2001, 4C_16/2000 [Nicht publizierte Entscheide des Schweizerischen Bundesgerichtes]

Bundesgericht, Urteil vom 15.02.2001, 5C_146/2000 [Nicht publizierte Entscheide des Schweizerischen Bundesgerichtes]

Bundesgericht, Urteil vom 04.04.2001, 4C_80/2000 [Nicht publizierte Entscheide des Schweizerischen Bundesgerichtes]

Bundesgericht, Urteil vom 24.04.2001, BGE 127 III 300

Bundesgericht, Urteil vom 05.07.2001, BGE 127 III 444

Bundesgericht, Urteil vom 07.01.2002, BGE 128 III 76

Bundesgericht, Urteil vom 12.03.2002, 4C_382/2001 [Nicht publizierte Entscheide des Schweizerischen Bundesgerichtes]

Bundesgericht, Urteil vom 07.05.2002, 5C_74/2002 [Nicht publizierte Entscheide des Schweizerischen Bundesgerichtes]

Bundesgericht, Urteil vom 17.05.2002, BGE 128 III 265

Bundesgericht, Urteil vom 28.05.2002, 4C_395/2001 [Nicht publizierte Entscheide des Schweizerischen Bundesgerichtes]

Bundesgericht, Urteil vom 05.09.2002, BGE 128 III 416

Bundesgericht, Urteil vom 05.09.2002, 4C_258/2001 [Nicht publizierte Entscheide des Schweizerischen Bundesgerichtes]

Bundesgericht, Urteil vom 06.09.2002, 4C_374/2001 [Nicht publizierte Entscheide des Schweizerischen Bundesgerichtes]

Bundesgericht, Urteil vom 17.09.2002, BGE 128 I 273

Bundesgericht, Urteil vom 14.10.2002, BGE 129 III 118

Bundesgericht, Urteil vom 28.11.2002, 4P_135/2002 [Nicht publizierte Entscheide des Schweizerischen Bundesgerichtes]

Bundesgericht, Urteil vom 19.12.2002, BGE 129 V 177

Bundesgericht, Urteil vom 22.01.2003, 4C_301/2002 [Nicht publizierte Entscheide des Schweizerischen Bundesgerichtes]

Bundesgericht, Urteil vom 05.03.2003, 4C_392/2002 [Nicht publizierte Entscheide des Schweizerischen Bundesgerichtes]

Bundesgericht, Urteil vom 11.03.2003, 4C_5/2003 [Nicht publizierte Entscheide des Schweizerischen Bundesgerichtes]

Bundesgericht, Urteil vom 25.03.2003, BGE 129 III 335

Bundesgericht, Urteil vom 05.09.2003, BGE 129 III 664

Bundesgericht, Urteil vom 09.10.2003, 4C_204/2002 [Nicht publizierte Entscheide des Schweizerischen Bundesgerichtes]

Bundesgericht, Urteil vom 17.11.2003, 4C_205/2003 [Nicht publizierte Entscheide des Schweizerischen Bundesgerichtes]

Bundesgericht, Urteil vom 21.11.2003, BGE 130 III 66

Bundesgericht, Urteil vom 04.12.2003, BGE 130 III 49

Bundesgericht, Urteil vom 15.12.2003, 4C_282/2003 [Nicht publizierte Entscheide des Schweizerischen Bundesgerichtes]

Bundesgericht, Urteil vom 27.04.2004, BGE 130 III 417

Bundesgericht, Urteil vom 09.07.2004, 5C_45/2004 [Nicht publizierte Entscheide des Schweizerischen Bundesgerichtes]

Bundesgericht, Urteil vom 13.08.2004, BGE 130 III 591

Bundesgericht, Urteil vom 01.10.2004, 5C_134/2004 [Nicht publizierte Entscheide des Schweizerischen Bundesgerichtes]

Bundesgericht, Urteil vom 06.10.2004, BGE 130 III 686

Bundesgericht, Urteil vom 06.10.2004, 4C_242/2004 [Nicht publizierte Entscheide des Schweizerischen Bundesgerichtes]

Bundesgericht, Urteil vom 10.01.2005, 4P_235/2004 [Nicht publizierte Entscheide des Schweizerischen Bundesgerichtes]

Bundesgericht, Urteil vom 11.01.2005, BGE 131 III 145

Bundesgericht, Urteil vom 25.01.2005, BGE 131 III 217

Bundesgericht, Urteil vom 16.03.2005, 4P_271/2004 [Nicht publizierte Entscheide des Schweizerischen Bundesgerichtes]

Bundesgericht, Urteil vom 14.04.2005, BGE 131 II 467

Bundesgericht, Urteil vom 13.05.2005, 5P_115/2005 [Nicht publizierte Entscheide des Schweizerischen Bundesgerichtes]

Bundesgericht, Urteil vom 01.06.2005, 4C_103/2005 [Nicht publizierte Entscheide des Schweizerischen Bundesgerichtes]

Bundesgericht, Urteil vom 24.06.2005, 4C_460/2004 [Nicht publizierte Entscheide des Schweizerischen Bundesgerichtes]

Bundesgericht, Urteil vom 12.07.2005, 5C_271/2004 [Nicht publizierte Entscheide des Schweizerischen Bundesgerichtes]

Bundesgericht, Urteil vom 05.08.2005, BGE 131 III 606

Bundesgericht, Urteil vom 25.10.2005, 4C_241/2005 [Nicht publizierte Entscheide des Schweizerischen Bundesgerichtes]

Bundesgericht, Urteil vom 23.01.2006, BGE 132 III 264

Bundesgericht, Urteil vom 13.02.2006, BGE 132 III 226

Bundesgericht, Urteil vom 25.07.2006, 4C_77/2006 [Nicht publizierte Entscheide des Schweizerischen Bundesgerichtes]

Bundesgericht, Urteil vom 05.09.2006, BGE 132 III 737

Bundesgericht, Urteil vom 26.10.2006, BGE 133 III 61

Bundesgericht, Urteil vom 30.10.2006, BGE 133 III 43

Bundesgericht, Urteil vom 28.11.2006, BGE 133 III 257, *Mülleramazonen-Papageien*

Bundesgericht, Urteil vom 19.02.2007, BGE 133 III 335

Bundesgericht, Urteil vom 19.02.2007, 4C_300/2006 [Nicht publizierte Entscheide des Schweizerischen Bundesgerichtes]

Bundesgericht, Urteil vom 15.03.2007, BGE 133 III 201

Bundesgericht, Urteil vom 22.05.2007, 4A_70/2007 [Nicht publizierte Entscheide des Schweizerischen Bundesgerichtes]

Bundesgericht, Urteil vom 06.06.2007, BGE 133 III 406

Bundesgericht, Urteil vom 02.08.2007, BGE 133 III 607

Bundesgericht, Urteil vom 29.10.2007, BGE 133 III 675

Bundesgericht, Urteil vom 14.01.2008, BGE 134 III 151

Bundesgericht, Urteil vom 15.01.2008, 4A_351/2007 [Nicht publizierte Entscheide des Schweizerischen Bundesgerichtes]

Bundesgericht, Urteil vom 18.02.2008, 4A_36/2008 [Nicht publizierte Entscheide des Schweizerischen Bundesgerichtes]

Bundesgericht, Urteil vom 11.04.2008, 4A_83/2008 [Nicht publizierte Entscheide des Schweizerischen Bundesgerichtes]

Bundesgericht, Urteil vom 09.05.2008, 4A_187/2007 [Nicht publizierte Entscheide des Schweizerischen Bundesgerichtes]

Bundesgericht, Urteil vom 12.06.2008, BGE 134 III 438

Bundesgericht, Urteil vom 25.08.2008, 4A_88/2008 [Nicht publizierte Entscheide des Schweizerischen Bundesgerichtes]

Bundesgericht, Urteil vom 28.10.2008, BGE 135 III 1

Bundesgericht, Urteil vom 18.12.2008, 4A_404/2008 [Nicht publizierte Entscheide des Schweizerischen Bundesgerichtes]

Bundesgericht, Urteil vom 28.01.2009, BGE 135 III 225

Bundesgericht, Urteil vom 11.03.2009, 4A_21/2009 [Nicht publizierte Entscheide des Schweizerischen Bundesgerichtes]

Bundesgericht, Urteil vom 20.03.2009, BGE 135 III 295

Bundesgericht, Urteil vom 07.04.2009, 4A_39/2009 [Nicht publizierte Entscheide des Schweizerischen Bundesgerichtes]

Bundesgericht, Urteil vom 23.04.2009, BGE 135 III 433

Bundesgericht, Urteil vom 18.05.2009, 4A_68/2009 [Nicht publizierte Entscheide des Schweizerischen Bundesgerichtes]

Bundesgericht, Urteil vom 10.06.2009, BGE 135 III 537

Bundesgericht, Urteil vom 06.07.2009, 4A_233/2009 [Nicht publizierte Entscheide des Schweizerischen Bundesgerichtes]

Bundesgericht, Urteil vom 28.07.2009, 4A_291/2009 [Nicht publizierte Entscheide des Schweizerischen Bundesgerichtes]

Bundesgericht, Urteil vom 26.10.2009, 4A_237/2009 [Nicht publizierte Entscheide des Schweizerischen Bundesgerichtes]

Bundesgericht, Urteil vom 02.03.2010, BGE 136 III 178

Bundesgericht, Urteil vom 01.04.2010, BGE 136 III 273

Bundesgericht, Urteil vom 09.06.2010, 4A_603/2009 [Nicht publizierte Entscheide des Schweizerischen Bundesgerichtes]

Bundesgericht, Urteil vom 07.09.2010, 4A_301/2010 [Nicht publizierte Entscheide des Schweizerischen Bundesgerichtes]

Bundesgericht, Urteil vom 06.10.2010, 4A_218/2010 [Nicht publizierte Entscheide des Schweizerischen Bundesgerichtes]

Bundesgericht, Urteil vom 15.12.2010, 4A_206/2010 [Nicht publizierte Entscheide des Schweizerischen Bundesgerichtes]

Bundesgericht, Urteil vom 04.01.2011, 4A_529/2010 [Nicht publizierte Entscheide des Schweizerischen Bundesgerichtes]

Bundesgericht, Urteil vom 04.03.2011, BGE 137 III 145

Bundesgericht, Urteil vom 18.03.2011, BGE 137 III 226

Bundesgericht, Urteil vom 03.05.2011, 4A_15/2011 [Nicht publizierte Entscheide des Schweizerischen Bundesgerichtes]

Bundesgericht, Urteil vom 06.07.2011, 4A_141/2011 [Nicht publizierte Entscheide des Schweizerischen Bundesgerichtes]

Bundesgericht, Urteil vom 07.11.2011, BGE 138 III 29

Bundesgericht, Urteil vom 16.11.2011, 1B_537/2011 [Nicht publizierte Entscheide des Schweizerischen Bundesgerichtes]

Bundesgericht, Urteil vom 03.05.2012, 4A_721/2011 [Nicht publizierte Entscheide des Schweizerischen Bundesgerichtes]

Bundesgericht, Urteil vom 30.05.2012, BGE 138 III 411

Bundesgericht, Urteil vom 16.07.2012, 4A_753/2011 [Nicht publizierte Entscheide des Schweizerischen Bundesgerichtes]

Bundesgericht, Urteil vom 02.10.2012, BGE 138 III 659

Bundesgericht, Urteil vom 30.10.2012, 4A_303/2012 [Nicht publizierte Entscheide des Schweizerischen Bundesgerichtes]

Bundesgericht, Urteil vom 22.11.2012, 4A_492/2012 [Nicht publizierte Entscheide des Schweizerischen Bundesgerichtes]

Bundesgericht, Urteil vom 10.01.2013, BGE 139 III 217

Bundesgericht, Urteil vom 22.01.2013, 4A_502/2012 [Nicht publizierte Entscheide des Schweizerischen Bundesgerichtes]

Bundesgericht, Urteil vom 25.02.2013, 4A_648/2012 [Nicht publizierte Entscheide des Schweizerischen Bundesgerichtes]

Bundesgericht, Urteil vom 06.03.2013, 4A_663/2012 [Nicht publizierte Entscheide des Schweizerischen Bundesgerichtes]

Bundesgericht, Urteil vom 01.05.2013, 4A_656/2012 [Nicht publizierte Entscheide des Schweizerischen Bundesgerichtes]

Bundesgericht, Urteil vom 27.05.2013, 4A_699/2012 [Nicht publizierte Entscheide des Schweizerischen Bundesgerichtes]

Bundesgericht, Urteil vom 07.10.2013, 4A_226/2013 [Nicht publizierte Entscheide des Schweizerischen Bundesgerichtes]

Bundesgericht, Urteil vom 14.10.2013, 4A_247/2013 [Nicht publizierte Entscheide des Schweizerischen Bundesgerichtes]

Bundesgericht, Urteil vom 20.01.2014, 4A_415/2013 [Nicht publizierte Entscheide des Schweizerischen Bundesgerichtes]

Bundesgericht, Urteil vom 31.03.2014, 4A_567/2013 [Nicht publizierte Entscheide des Schweizerischen Bundesgerichtes]

Bundesgericht, Urteil vom 28.04.2014, 4A_69/2014 [Nicht publizierte Entscheide des Schweizerischen Bundesgerichtes]

Bundesgericht, Urteil vom 27.10.2014, 4A_387/2014 [Nicht publizierte Entscheide des Schweizerischen Bundesgerichtes]

Bundesgericht, Urteil vom 09.03.2015, 4A_4/2015 [Nicht publizierte Entscheide des Schweizerischen Bundesgerichtes]

Bundesverwaltungsgericht, Urteil vom 14.01.2009, A-1662/2006 [Nicht publizierte Entscheide des Schweizerischen Bundesverwaltungsgerichtes]

Appellationsgericht Basel-Stadt, Urteil vom 07.03.1978, BJM 1978, 305

Kantonsgericht Freiburg, Urteil vom 22.09.1986, SJZ 1989, 118

Kantonsgericht Graubünden, Urteil vom 22.11.1976, PKG 1976, 53

Bezirksgericht Affoltern, Urteil vom 29.12.1965, SJZ 1967, 160

Bezirksgericht Horgen, Urteil vom 11.03.1992, SJZ 1994, 65

Landgericht Uri, Urteil vom 17.10.1991, SJZ 1993, 12

Kantonsgericht Zug (1. Instanz), Urteil vom 24.04.1964, SJZ 1966, 330

Gesetzesverzeichnis

Aus dem BGB in der bis zum 31.12 2001 geltenden Fassung

§ 454 BGB a. F.

Hat der Verkäufer den Vertrag erfüllt und den Kaufpreis gestundet, so steht ihm das im § 325 Abs. 2 und im § 326 bestimmte Rücktrittsrecht nicht zu.

§ 462 BGB a. F.

Wegen eines Mangels, den der Verkäufer nach den Vorschriften der §§ 459, 460 zu vertreten hat, kann der Käufer Rückgängigmachung des Kaufes (Wandelung) oder Herabsetzung des Kaufpreises (Minderung) verlangen.

§ 480 BGB a. F.

(1) Der Käufer einer nur der Gattung nach bestimmten Sache kann statt der Wandelung oder der Minderung verlangen, daß ihm an Stelle der mangelhaften Sache eine mangelfreie geliefert wird.

Aus dem BGB

§ 439 BGB

(3) Hat der Käufer die mangelhafte Sache gemäß ihrer Art und ihrem Verwendungszweck in eine andere Sache eingebaut oder an eine andere Sache angebracht, ist der Verkäufer im Rahmen der Nacherfüllung verpflichtet, dem Käufer die erforderlichen Aufwendungen für das Entfernen der mangelhaften und den Einbau oder das Anbringen der nachgebesserten oder gelieferten mangelfreien Sache zu ersetzen.

Aus dem OR

Art. 16 OR

(1) Ist für einen Vertrag, der vom Gesetze an keine Form gebunden ist, die Anwendung einer solchen vorbehalten worden, so wird vermutet, dass die Parteien vor Erfüllung der Form nicht verpflichtet sein wollen.

(2) Geht eine solche Abrede auf schriftliche Form ohne nähere Bezeichnung, so gelten für deren Erfüllung die Erfordernisse der gesetzlich vorgeschriebenen Schriftlichkeit.

Art. 18 OR

(1) Bei der Beurteilung eines Vertrages sowohl nach Form als nach Inhalt ist der übereinstimmende wirkliche Wille und nicht die unrichtige Bezeichnung

oder Ausdrucksweise zu beachten, die von den Parteien aus Irrtum oder in der Absicht gebraucht wird, die wahre Beschaffenheit des Vertrages zu verbergen.

Art. 19 OR
(1) Der Inhalt des Vertrages kann innerhalb der Schranken des Gesetzes beliebig festgestellt werden.
(2) Von den gesetzlichen Vorschriften abweichende Vereinbarungen sind nur zulässig, wo das Gesetz nicht eine unabänderliche Vorschrift aufstellt oder die Abweichung nicht einen Verstoss gegen die öffentliche Ordnung, gegen die guten Sitten oder gegen das Recht der Persönlichkeit in sich schliesst.

Art. 20 OR
(1) Ein Vertrag, der einen unmöglichen oder widerrechtlichen Inhalt hat oder gegen die guten Sitten verstösst, ist nichtig.
(2) Betrifft aber der Mangel bloss einzelne Teile des Vertrages, so sind nur diese nichtig, sobald nicht anzunehmen ist, dass er ohne den nichtigen Teil überhaupt nicht geschlossen worden wäre.

Art. 21 OR
(1) Wird ein offenbares Missverhältnis zwischen der Leistung und der Gegenleistung durch einen Vertrag begründet, dessen Abschluss von dem einen Teil durch Ausbeutung der Notlage, der Unerfahrenheit oder des Leichtsinns des andern herbeigeführt worden ist, so kann der Verletzte innerhalb Jahresfrist erklären, dass er den Vertrag nicht halte, und das schon Geleistete zurückverlangen.
(2) Die Jahresfrist beginnt mit dem Abschluss des Vertrages.

Art. 23 OR
Der Vertrag ist für denjenigen unverbindlich, der sich beim Abschluss in einem wesentlichen Irrtum befunden hat.

Art. 24 OR
(1) Der Irrtum ist namentlich in folgenden Fällen ein wesentlicher:
1. wenn der Irrende einen andern Vertrag eingehen wollte als denjenigen, für den er seine Zustimmung erklärt hat;
2. wenn der Wille des Irrenden auf eine andere Sache oder, wo der Vertrag mit Rücksicht auf eine bestimmte Person abgeschlossen wurde, auf eine andere Person gerichtet war, als er erklärt hat;
3. wenn der Irrende eine Leistung von erheblich grösserem Umfange versprochen hat oder eine Gegenleistung von erheblich geringerem Umfange sich hat versprechen lassen, als es sein Wille war;

4. wenn der Irrtum einen bestimmten Sachverhalt betraf, der vom Irrenden nach Treu und Glauben im Geschäftsverkehr als eine notwendige Grundlage des Vertrages betrachtet wurde.

Art. 25 OR
(1) Die Berufung auf Irrtum ist unstatthaft, wenn sie Treu und Glauben widerspricht.
(2) Insbesondere muss der Irrende den Vertrag gelten lassen, wie er ihn verstanden hat, sobald der andere sich hierzu bereit erklärt.

Art. 26 OR
(1) Hat der Irrende, der den Vertrag nicht gegen sich gelten lässt, seinen Irrtum der eigenen Fahrlässigkeit zuzuschreiben, so ist er zum Ersatze des aus dem Dahinfallen des Vertrages erwachsenen Schadens verpflichtet, es sei denn, dass der andere den Irrtum gekannt habe oder hätte kennen sollen.

Art. 28 OR
(1) Ist ein Vertragschliessender durch absichtliche Täuschung seitens des andern zu dem Vertragsabschlusse verleitet worden, so ist der Vertrag für ihn auch dann nicht verbindlich, wenn der erregte Irrtum kein wesentlicher war.

Art. 31 OR
(1) Wenn der durch Irrtum, Täuschung oder Furcht beeinflusste Teil binnen Jahresfrist weder dem anderen eröffnet, dass er den Vertrag nicht halte, noch eine schon erfolgte Leistung zurückfordert, so gilt der Vertrag als genehmigt.
(2) Die Frist beginnt in den Fällen des Irrtums und der Täuschung mit der Entdeckung, in den Fällen der Furcht mit deren Beseitigung.
(3) Die Genehmigung eines wegen Täuschung oder Furcht unverbindlichen Vertrages schliesst den Anspruch auf Schadenersatz nicht ohne weiteres aus.

Art. 41 OR
(1) Wer einem andern widerrechtlich Schaden zufügt, sei es mit Absicht, sei es aus Fahrlässigkeit, wird ihm zum Ersatze verpflichtet.
(2) Ebenso ist zum Ersatze verpflichtet, wer einem andern in einer gegen die guten Sitten verstossenden Weise absichtlich Schaden zufügt.

Art. 43 OR
1 Art und Grösse des Ersatzes für den eingetretenen Schaden bestimmt der Richter, der hiebei sowohl die Umstände als die Grösse des Verschuldens zu würdigen hat.

Art. 44 OR
(1) Hat der Geschädigte in die schädigende Handlung eingewilligt, oder haben Umstände, für die er einstehen muss, auf die Entstehung oder Verschlimmerung des Schadens eingewirkt oder die Stellung des Ersatzpflichtigen sonst erschwert, so kann der Richter die Ersatzpflicht ermässigen oder gänzlich von ihr entbinden.

Art. 55 OR
(1) Der Geschäftsherr haftet für den Schaden, den seine Arbeitnehmer oder andere Hilfspersonen in Ausübung ihrer dienstlichen oder geschäftlichen Verrichtungen verursacht haben, wenn er nicht nachweist, dass er alle nach den Umständen gebotene Sorgfalt angewendet hat, um einen Schaden dieser Art zu verhüten, oder dass der Schaden auch bei Anwendung dieser Sorgfalt eingetreten wäre.
(2) Der Geschäftsherr kann auf denjenigen, der den Schaden gestiftet hat, insoweit Rückgriff nehmen, als dieser selbst schadenersatzpflichtig ist.

Art. 74 OR
(1) Der Ort der Erfüllung wird durch den ausdrücklichen oder aus den Umständen zu schliessenden Willen der Parteien bestimmt.
(2) Wo nichts anderes bestimmt ist, gelten folgende Grundsätze:
1. Geldschulden sind an dem Orte zu zahlen, wo der Gläubiger zur Zeit der Erfüllung seinen Wohnsitz hat;
2. wird eine bestimmte Sache geschuldet, so ist diese da zu übergeben, wo sie sich zur Zeit des Vertragsabschlusses befand;
3. andere Verbindlichkeiten sind an dem Orte zu erfüllen, wo der Schuldner zur Zeit ihrer Entstehung seinen Wohnsitz hatte.

Art. 82 OR
Wer bei einem zweiseitigen Vertrage den andern zur Erfüllung anhalten will, muss entweder bereits erfüllt haben oder die Erfüllung anbieten, es sei denn, dass er nach dem Inhalte oder der Natur des Vertrages erst später zu erfüllen hat.

Art. 84 OR
(1) Geldschulden sind in gesetzlichen Zahlungsmitteln der geschuldeten Währung zu bezahlen.
(2) Lautet die Schuld auf eine Währung, die am Zahlungsort nicht Landeswährung ist, so kann die geschuldete Summe nach ihrem Wert zur Verfallzeit dennoch in Landeswährung bezahlt werden, sofern nicht durch den Gebrauch des Wortes «effektiv» oder eines ähnlichen Zusatzes die wortgetreue Erfüllung des Vertrags ausbedungen ist.

Art. 91 OR
Der Gläubiger kommt in Verzug, wenn er die Annahme der gehörig angebotenen Leistung oder die Vornahme der ihm obliegenden Vorbereitungshandlungen, ohne die der Schuldner zu erfüllen nicht imstande ist, ungerechtfertigterweise verweigert.

Art. 93 OR
(1) Ist nach der Beschaffenheit der Sache oder nach der Art des Geschäftsbetriebes eine Hinterlegung nicht tunlich, oder ist die Sache dem Verderben ausgesetzt, oder erheischt sie Unterhaltungs- oder erhebliche Aufbewahrungskosten, so kann der Schuldner nach vorgängiger Androhung mit Bewilligung des Richters die Sache öffentlich verkaufen lassen und den Erlös hinterlegen.
(2) Hat die Sache einen Börsen- oder Marktpreis oder ist sie im Verhältnis zu den Kosten von geringem Werte, so braucht der Verkauf kein öffentlicher zu sein und kann vom Richter auch ohne vorgängige Androhung gestattet werden.

Art. 97 OR
(1) Kann die Erfüllung der Verbindlichkeit überhaupt nicht oder nicht gehörig bewirkt werden, so hat der Schuldner für den daraus entstehenden Schaden Ersatz zu leisten, sofern er nicht beweist, dass ihm keinerlei Verschulden zur Last falle.

Art. 98 OR
(1) Ist der Schuldner zu einem Tun verpflichtet, so kann sich der Gläubiger, unter Vorbehalt seiner Ansprüche auf Schadenersatz, ermächtigen lassen, die Leistung auf Kosten des Schuldners vorzunehmen.
(2) Ist der Schuldner verpflichtet, etwas nicht zu tun, so hat er schon bei blossem Zuwiderhandeln den Schaden zu ersetzen.
(3) Überdies kann der Gläubiger die Beseitigung des rechtswidrigen Zustandes verlangen und sich ermächtigen lassen, diesen auf Kosten des Schuldners zu beseitigen.

Art. 99 OR
(1) Der Schuldner haftet im Allgemeinen für jedes Verschulden.
(2) Das Mass der Haftung richtet sich nach der besonderen Natur des Geschäftes und wird insbesondere milder beurteilt, wenn das Geschäft für den Schuldner keinerlei Vorteil bezweckt.
(3) Im übrigen finden die Bestimmungen über das Mass der Haftung bei unerlaubten Handlungen auf das vertragswidrige Verhalten entsprechende Anwendung.

Art. 100 OR
(1) Eine zum voraus getroffene Verabredung, wonach die Haftung für rechtswidrige Absicht oder grobe Fahrlässigkeit ausgeschlossen sein würde, ist nichtig.
(2) Auch ein zum voraus erklärter Verzicht auf Haftung für leichtes Verschulden kann nach Ermessen des Richters als nichtig betrachtet werden, wenn der Verzichtende zur Zeit seiner Erklärung im Dienst des anderen Teiles stand, oder wenn die Verantwortlichkeit aus dem Betriebe eines obrigkeitlich konzessionierten Gewerbes folgt.

Art. 101 OR
(1) Wer die Erfüllung einer Schuldpflicht oder die Ausübung eines Rechtes aus einem Schuldverhältnis, wenn auch befugterweise, durch eine Hilfsperson, wie Hausgenossen oder Arbeitnehmer vornehmen lässt, hat dem andern den Schaden zu ersetzen, den die Hilfsperson in Ausübung ihrer Verrichtungen verursacht.
(2) Diese Haftung kann durch eine zum voraus getroffene Verabredung beschränkt oder aufgehoben werden.
(3) Steht aber der Verzichtende im Dienst des andern oder folgt die Verantwortlichkeit aus dem Betriebe eines obrigkeitlich konzessionierten Gewerbes, so darf die Haftung höchstens für leichtes Verschulden wegbedungen werden.

Art. 102 OR
(1) Ist eine Verbindlichkeit fällig, so wird der Schuldner durch Mahnung des Gläubigers in Verzug gesetzt.
(2) Wurde für die Erfüllung ein bestimmter Verfalltag verabredet, oder ergibt sich ein solcher infolge einer vorbehaltenen und gehörig vorgenommenen Kündigung, so kommt der Schuldner schon mit Ablauf dieses Tages in Verzug.

Art. 103 OR
(1) Befindet sich der Schuldner im Verzuge, so hat er Schadenersatz wegen verspäteter Erfüllung zu leisten und haftet auch für den Zufall.
(2) Er kann sich von dieser Haftung durch den Nachweis befreien, dass der Verzug ohne jedes Verschulden von seiner Seite eingetreten ist oder dass der Zufall auch bei rechtzeitiger Erfüllung den Gegenstand der Leistung zum Nachteile des Gläubigers betroffen hätte.

Art. 104 OR
(1) Ist der Schuldner mit der Zahlung einer Geldschuld in Verzug, so hat er Verzugszinse zu fünf vom Hundert für das Jahr zu bezahlen, selbst wenn die vertragsmässigen Zinse weniger betragen.

(2) Sind durch Vertrag höhere Zinse als fünf vom Hundert, sei es direkt, sei es durch Verabredung einer periodischen Bankprovision, ausbedungen worden, so können sie auch während des Verzuges gefordert werden.
(3) Unter Kaufleuten können für die Zeit, wo der übliche Bankdiskonto am Zahlungsorte fünf vom Hundert übersteigt, die Verzugszinse zu diesem höheren Zinsfusse berechnet werden.

Art. 107 OR
(1) Wenn sich ein Schuldner bei zweiseitigen Verträgen im Verzuge befindet, so ist der Gläubiger berechtigt, ihm eine angemessene Frist zur nachträglichen Erfüllung anzusetzen oder durch die zuständige Behörde ansetzen zu lassen.
(2) Wird auch bis zum Ablaufe dieser Frist nicht erfüllt, so kann der Gläubiger immer noch auf Erfüllung nebst Schadenersatz wegen Verspätung klagen, statt dessen aber auch, wenn er es unverzüglich erklärt, auf die nachträgliche Leistung verzichten und entweder Ersatz des aus der Nichterfüllung entstandenen Schadens verlangen oder vom Vertrage zurücktreten.

Art. 108 OR
Die Ansetzung einer Frist zur nachträglichen Erfüllung ist nicht erforderlich:
1. wenn aus dem Verhalten des Schuldners hervorgeht, dass sie sich als unnütz erweisen würde;
2. wenn infolge Verzuges des Schuldners die Leistung für den Gläubiger nutzlos geworden ist;
3. wenn sich aus dem Vertrage die Absicht der Parteien ergibt, dass die Leistung genau zu einer bestimmten oder bis zu einer bestimmten Zeit erfolgen soll.

Art. 109 OR
(1) Wer vom Vertrage zurücktritt, kann die versprochene Gegenleistung verweigern und das Geleistete zurückfordern.
(2) Überdies hat er Anspruch auf Ersatz des aus dem Dahinfallen des Vertrages erwachsenen Schadens, sofern der Schuldner nicht nachweist, dass ihm keinerlei Verschulden zur Last falle.

Art. 119 OR
(1) Soweit durch Umstände, die der Schuldner nicht zu verantworten hat, seine Leistung unmöglich geworden ist, gilt die Forderung als erloschen.
(2) Bei zweiseitigen Verträgen haftet der hienach freigewordene Schuldner für die bereits empfangene Gegenleistung aus ungerechtfertigter Bereicherung und verliert die noch nicht erfüllte Gegenforderung.
(3) Ausgenommen sind die Fälle, in denen die Gefahr nach Gesetzesvorschrift oder nach dem Inhalt des Vertrages vor der Erfüllung auf den Gläubiger übergeht.

Art. 126 OR
Auf die Verrechnung kann der Schuldner zum voraus Verzicht leisten.

Art. 127 OR
Mit Ablauf von zehn Jahren verjähren alle Forderungen, für die das Bundeszivilrecht nicht etwas anderes bestimmt.

Art. 129 OR
Die in diesem Titel aufgestellten Verjährungsfristen können durch Verfügung der Beteiligten nicht abgeändert werden.

Art. 130 OR
(1) Die Verjährung beginnt mit der Fälligkeit der Forderung.

Art. 135 OR
Die Verjährung wird unterbrochen:
1. durch Anerkennung der Forderung von seiten des Schuldners, namentlich auch durch Zins- und Abschlagszahlungen, Pfand- und Bürgschaftsbestellung;
2. durch Schuldbetreibung, durch Schlichtungsgesuch, durch Klage oder Einrede vor einem staatlichen Gericht oder einem Schiedsgericht sowie durch Eingabe im Konkurs.

Art. 137 OR
(1) Mit der Unterbrechung beginnt die Verjährung von neuem.
(2) Wird die Forderung durch Ausstellung einer Urkunde anerkannt oder durch Urteil des Richters festgestellt, so ist die neue Verjährungsfrist stets die zehnjährige.

Art. 141 OR
(1) Auf die Verjährung kann nicht zum voraus verzichtet werden.

Art. 160 OR
(1) Wenn für den Fall der Nichterfüllung oder der nicht richtigen Erfüllung eines Vertrages eine Konventionalstrafe versprochen ist, so ist der Gläubiger mangels anderer Abrede nur berechtigt, entweder die Erfüllung oder die Strafe zu fordern.
(2) Wurde die Strafe für Nichteinhaltung der Erfüllungszeit oder des Erfüllungsortes versprochen, so kann sie nebst der Erfüllung des Vertrages gefordert werden, solange der Gläubiger nicht ausdrücklich Verzicht leistet oder die Erfüllung vorbehaltlos annimmt.

Art. 161 OR
(1) Die Konventionalstrafe ist verfallen, auch wenn dem Gläubiger kein Schaden erwachsen ist.
(2) Übersteigt der erlittene Schaden den Betrag der Strafe, so kann der Gläubiger den Mehrbetrag nur so weit einfordern, als er ein Verschulden nachweist.

Art. 163 OR
(1) Die Konventionalstrafe kann von den Parteien in beliebiger Höhe bestimmt werden.
(2) Sie kann nicht gefordert werden, wenn sie ein widerrechtliches oder unsittliches Versprechen bekräftigen soll und, mangels anderer Abrede, wenn die Erfüllung durch einen vom Schuldner nicht zu vertretenden Umstand unmöglich geworden ist.
(3) Übermässig hohe Konventionalstrafen hat der Richter nach seinem Ermessen herabzusetzen.

Art. 184 OR
(1) Durch den Kaufvertrag verpflichten sich der Verkäufer, dem Käufer den Kaufgegenstand zu übergeben und ihm das Eigentum daran zu verschaffen, und der Käufer, dem Verkäufer den Kaufpreis zu bezahlen.
(2) Sofern nicht Vereinbarung oder Übung entgegenstehen, sind Verkäufer und Käufer verpflichtet, ihre Leistungen gleichzeitig – Zug um Zug – zu erfüllen.

Art. 185 OR
(1) Sofern nicht besondere Verhältnisse oder Verabredungen eine Ausnahme begründen, gehen Nutzen und Gefahr der Sache mit dem Abschlusse des Vertrages auf den Erwerber über.
(2) Ist die veräusserte Sache nur der Gattung nach bestimmt, so muss sie überdies ausgeschieden und, wenn sie versendet werden soll, zur Versendung abgegeben sein.
(3) Bei Verträgen, die unter einer aufschiebenden Bedingung abgeschlossen sind, gehen Nutzen und Gefahr der veräusserten Sache erst mit dem Eintritte der Bedingung auf den Erwerber über.

Art. 190 OR
(1) Ist im kaufmännischen Verkehr ein bestimmter Lieferungstermin verabredet und kommt der Verkäufer in Verzug, so wird vermutet, dass der Käufer auf die Lieferung verzichte und Schadenersatz wegen Nichterfüllung beanspruche.
(2) Zieht der Käufer vor, die Lieferung zu verlangen, so hat er es dem Verkäufer nach Ablauf des Termines unverzüglich anzuzeigen.

Art. 192 OR
(1) Der Verkäufer hat dafür Gewähr zu leisten, dass nicht ein Dritter aus Rechtsgründen, die schon zur Zeit des Vertragsabschlusses bestanden haben, den Kaufgegenstand dem Käufer ganz oder teilweise entziehe.
(2) Kannte der Käufer zur Zeit des Vertragsabschlusses die Gefahr der Entwehrung, so hat der Verkäufer nur insofern Gewähr zu leisten, als er sich ausdrücklich dazu verpflichtet hat.
(3) Eine Vereinbarung über Aufhebung oder Beschränkung der Gewährspflicht ist ungültig, wenn der Verkäufer das Recht des Dritten absichtlich verschwiegen hat.

Art. 195 OR
(1) Ist die Entwehrung eine vollständige, so ist der Kaufvertrag als aufgehoben zu betrachten und der Käufer zu fordern berechtigt:
1. Rückerstattung des bezahlten Preises samt Zinsen unter Abrechnung der von ihm gewonnenen oder versäumten Früchte und sonstigen Nutzungen;
2. Ersatz der für die Sache gemachten Verwendungen, soweit er nicht von dem berechtigten Dritten erhältlich ist;
3. Ersatz aller durch den Prozess veranlassten gerichtlichen und aussergerichtlichen Kosten, mit Ausnahme derjenigen, die durch Streitverkündung vermieden worden wären;
4. Ersatz des sonstigen durch die Entwehrung unmittelbar verursachten Schadens.
(2) Der Verkäufer ist verpflichtet, auch den weitern Schaden zu ersetzen, sofern er nicht beweist, dass ihm keinerlei Verschulden zur Last falle.

Art. 197 OR
(1) Der Verkäufer haftet dem Käufer sowohl für die zugesicherten Eigenschaften als auch dafür, dass die Sache nicht körperliche oder rechtliche Mängel habe, die ihren Wert oder ihre Tauglichkeit zu dem vorausgesetzten Gebrauche aufheben oder erheblich mindern.
(2) Er haftet auch dann, wenn er die Mängel nicht gekannt hat.

Art. 199 OR
Eine Vereinbarung über Aufhebung oder Beschränkung der Gewährspflicht ist ungültig, wenn der Verkäufer dem Käufer die Gewährsmängel arglistig verschwiegen hat.

Art. 201 OR
(1) Der Käufer soll, sobald es nach dem üblichen Geschäftsgange tunlich ist, die Beschaffenheit der empfangenen Sache prüfen und, falls sich Mängel ergeben, für die der Verkäufer Gewähr zu leisten hat, diesem sofort Anzeige machen.
(2) Versäumt dieses der Käufer, so gilt die gekaufte Sache als genehmigt, soweit es sich nicht um Mängel handelt, die bei der übungsgemässen Untersuchung nicht erkennbar waren.
(3) Ergeben sich später solche Mängel, so muss die Anzeige sofort nach der Entdeckung erfolgen, widrigenfalls die Sache auch rücksichtlich dieser Mängel als genehmigt gilt.

Art. 205 OR
(1) Liegt ein Fall der Gewährleistung wegen Mängel der Sache vor, so hat der Käufer die Wahl, mit der Wandelungsklage den Kauf rückgängig zu machen oder mit der Minderungsklage Ersatz des Minderwertes der Sache zu fordern.
(2) Auch wenn die Wandelungsklage angestellt worden ist, steht es dem Richter frei, bloss Ersatz des Minderwertes zuzusprechen, sofern die Umstände es nicht rechtfertigen, den Kauf rückgängig zu machen.
(3) Erreicht der geforderte Minderwert den Betrag des Kaufpreises, so kann der Käufer nur die Wandelung verlangen.

Art. 206 OR
(1) Geht der Kauf auf die Lieferung einer bestimmten Menge vertretbarer Sachen, so hat der Käufer die Wahl, entweder die Wandelungs- oder die Minderungsklage anzustellen oder andere währhafte Ware derselben Gattung zu fordern.
(2) Wenn die Sachen dem Käufer nicht von einem andern Orte her zugesandt worden sind, ist auch der Verkäufer berechtigt, sich durch sofortige Lieferung währhafter Ware derselben Gattung und Ersatz allen Schadens von jedem weiteren Anspruche des Käufers zu befreien.

Art. 208 OR
(1) Wird der Kauf rückgängig gemacht, so muss der Käufer die Sache nebst dem inzwischen bezogenen Nutzen dem Verkäufer zurückgeben.
(2) Der Verkäufer hat den gezahlten Verkaufspreis samt Zinsen zurückzuerstatten und überdies, entsprechend den Vorschriften über die vollständige Entwehrung, die Prozesskosten, die Verwendungen und den Schaden zu ersetzen, der dem Käufer durch die Lieferung fehlerhafter Ware unmittelbar verursacht worden ist.
(3) Der Verkäufer ist verpflichtet, den weitern Schaden zu ersetzen, sofern er nicht beweist, dass ihm keinerlei Verschulden zur Last falle.

Art. 209 OR
(1) Sind von mehreren zusammen verkauften Sachen oder von einer verkauften Gesamtsache bloss einzelne Stücke fehlerhaft, so kann nur rücksichtlich dieser die Wandelung verlangt werden.
(2) Lassen sich jedoch die fehlerhaften Stücke von den fehlerfreien ohne erheblichen Nachteil für den Käufer oder den Verkäufer nicht trennen, so muss die Wandelung sich auf den gesamten Kaufgegenstand erstrecken.

Art. 210 OR
(1) Die Klagen auf Gewährleistung wegen Mängel der Sache verjähren mit Ablauf von zwei Jahren nach deren Ablieferung an den Käufer, selbst wenn dieser die Mängel erst später entdeckt, es sei denn, dass der Verkäufer eine Haftung auf längere Zeit übernommen hat.
(6) Der Verkäufer kann die Verjährung nicht geltend machen, wenn ihm eine absichtliche Täuschung des Käufers nachgewiesen wird. Dies gilt nicht für die 30-jährige Frist gemäss Absatz 3.

Art. 211 OR
(1) Der Käufer ist verpflichtet, den Preis nach den Bestimmungen des Vertrages zu bezahlen und die gekaufte Sache, sofern sie ihm von dem Verkäufer vertragsgemäss angeboten wird, anzunehmen.
(2) Die Empfangnahme muss sofort geschehen, wenn nicht etwas anderes vereinbart oder üblich ist.

Art. 213 OR
(1) Ist kein anderer Zeitpunkt bestimmt, so wird der Kaufpreis mit dem Übergange des Kaufgegenstandes in den Besitz des Käufers fällig.

Art. 214 OR
(1) Ist die verkaufte Sache gegen Vorausbezahlung des Preises oder Zug um Zug zu übergeben und befindet sich der Käufer mit der Zahlung des Kaufpreises im Verzuge, so hat der Verkäufer das Recht, ohne weiteres vom Vertrage zurückzutreten.
(2) Er hat jedoch dem Käufer, wenn er von seinem Rücktrittsrecht Gebrauch machen will, sofort Anzeige zu machen.
(3) Ist der Kaufgegenstand vor der Zahlung in den Besitz des Käufers übergegangen, so kann der Verkäufer nur dann wegen Verzuges des Käufers von dem Vertrage zurücktreten und die übergebene Sache zurückfordern, wenn er sich dieses Recht ausdrücklich vorbehalten hat.

Art. 215 OR
(1) Kommt der Käufer im kaufmännischen Verkehr seiner Zahlungspflicht nicht nach, so hat der Verkäufer das Recht, seinen Schaden nach der Differenz zwischen dem Kaufpreis und dem Preise zu berechnen, um den er die Sache in guten Treuen weiter verkauft hat.
(2) Bei Waren, die einen Markt- oder Börsenpreis haben, kann er ohne einen solchen Verkauf die Differenz zwischen dem Vertragspreis und dem Markt- und Börsenpreis zur Erfüllungszeit als Schadenersatz verlangen.

Art. 366 OR
(1) Beginnt der Unternehmer das Werk nicht rechtzeitig oder verzögert er die Ausführung in vertragswidriger Weise oder ist er damit ohne Schuld des Bestellers so sehr im Rückstande, dass die rechtzeitige Vollendung nicht mehr vorauszusehen ist, so kann der Besteller, ohne den Lieferungstermin abzuwarten, vom Vertrage zurücktreten.
(2) Lässt sich während der Ausführung des Werkes eine mangelhafte oder sonst vertragswidrige Erstellung durch Verschulden des Unternehmers bestimmt voraussehen, so kann ihm der Besteller eine angemessene Frist zur Abhilfe ansetzen oder ansetzen lassen mit der Androhung, dass im Unterlassungsfalle die Verbesserung oder die Fortführung des Werkes auf Gefahr und Kosten des Unternehmers einem Dritten übertragen werde.

Art. 367 OR
(1) Nach Ablieferung des Werkes hat der Besteller, sobald es nach dem üblichen Geschäftsgange tunlich ist, dessen Beschaffenheit zu prüfen und den Unternehmer von allfälligen Mängeln in Kenntnis zu setzen.
(2) Jeder Teil ist berechtigt, auf seine Kosten eine Prüfung des Werkes durch Sachverständige und die Beurkundung des Befundes zu verlangen.

Art. 368 OR
(1) Leidet das Werk an so erheblichen Mängeln oder weicht es sonst so sehr vom Vertrage ab, dass es für den Besteller unbrauchbar ist oder dass ihm die Annahme billigerweise nicht zugemutet werden kann, so darf er diese verweigern und bei Verschulden des Unternehmers Schadenersatz fordern.
(2) Sind die Mängel oder die Abweichungen vom Vertrage minder erheblich, so kann der Besteller einen dem Minderwerte des Werkes entsprechenden Abzug am Lohne machen oder auch, sofern dieses dem Unternehmer nicht übermässige Kosten verursacht, die unentgeltliche Verbesserung des Werkes und bei Verschulden Schadenersatz verlangen.

Art. 370 OR
(1) Wird das abgelieferte Werk vom Besteller ausdrücklich oder stillschweigend genehmigt, so ist der Unternehmer von seiner Haftpflicht befreit, soweit es sich nicht um Mängel handelt, die bei der Abnahme und ordnungsmässigen Prüfung nicht erkennbar waren oder vom Unternehmer absichtlich verschwiegen wurden.
(2) Stillschweigende Genehmigung wird angenommen, wenn der Besteller die gesetzlich vorgesehene Prüfung und Anzeige unterlässt.
(3) Treten die Mängel erst später zu Tage, so muss die Anzeige sofort nach der Entdeckung erfolgen, widrigenfalls das Werk auch rücksichtlich dieser Mängel als genehmigt gilt.

Art. 371 OR
(1) Die Ansprüche des Bestellers wegen Mängel des Werkes verjähren mit Ablauf von zwei Jahren nach der Abnahme des Werkes. Soweit jedoch Mängel eines beweglichen Werkes, das bestimmungsgemäss in ein unbewegliches Werk integriert worden ist, die Mangelhaftigkeit des Werkes verursacht haben, beträgt die Verjährungsfrist fünf Jahre.
(3) Im Übrigen kommen die Regeln für die Verjährung der entsprechenden Ansprüche des Käufers sinngemäss zur Anwendung.

Art. 375 OR
(1) Wird ein mit dem Unternehmer verabredeter ungefährer Ansatz ohne Zutun des Bestellers unverhältnismässig überschritten, so hat dieser sowohl während als nach der Ausführung des Werkes das Recht, vom Vertrag zurückzutreten.

Art. 377 OR
Solange das Werk unvollendet ist, kann der Besteller gegen Vergütung der bereits geleisteten Arbeit und gegen volle Schadloshaltung des Unternehmers jederzeit vom Vertrag zurücktreten.

Art. 930 OR
Das Handelsregister mit Einschluss der Anmeldungen und der Belege ist öffentlich.

Aus dem Entwurf zum OR 2020
Art. 33 OR 2020
(1) Vertragsklauseln, welche in Treu und Glauben verstossender Weise ein erhebliches und ungerechtfertigtes Missverhältnis zwischen den vertraglichen Rechten und den vertraglichen Pflichten einer Partei begründen, sind ungültig.

(2) Die Ungültigkeit ist innerhalb eines Jahres seit Vertragsabschluss geltend zu machen.

Aus dem ZGB

Art. 2 ZGB

(1) Jedermann hat in der Ausübung seiner Rechte und in der Erfüllung seiner Pflichten nach Treu und Glauben zu handeln.

(2) Der offenbare Missbrauch eines Rechtes findet keinen Rechtsschutz.

Art. 8 ZGB

Wo das Gesetz es nicht anders bestimmt, hat derjenige das Vorhandensein einer behaupteten Tatsache zu beweisen, der aus ihr Rechte ableitet.

Art. 27 ZGB

(1) Auf die Rechts- und Handlungsfähigkeit kann niemand ganz oder zum Teil verzichten.

(2) Niemand kann sich seiner Freiheit entäussern oder sich in ihrem Gebrauch in einem das Recht oder die Sittlichkeit verletzenden Grade beschränken.

Art. 55 ZGB

(1) Die Organe sind berufen, dem Willen der juristischen Person Ausdruck zu geben.

(2) Sie verpflichten die juristische Person sowohl durch den Abschluss von Rechtsgeschäften als durch ihr sonstiges Verhalten.

(3) Für ihr Verschulden sind die handelnden Personen ausserdem persönlich verantwortlich.

Art. 715 ZGB

(1) Der Vorbehalt des Eigentums an einer dem Erwerber übertragenen beweglichen Sache ist nur dann wirksam, wenn er an dessen jeweiligem Wohnort in einem vom Betreibungsbeamten zu führenden öffentlichen Register eingetragen ist.

Art. 974 ZGB

(1) Ist der Eintrag eines dinglichen Rechtes ungerechtfertigt, so kann sich der Dritte, der den Mangel kennt oder kennen sollte, auf den Eintrag nicht berufen.

(2) Ungerechtfertigt ist der Eintrag, der ohne Rechtsgrund oder aus einem unverbindlichen Rechtsgeschäft erfolgt ist.

Aus dem UWG in der bis zum 30.06.2012 geltenden Fassung

Art. 8 UWG a. F.

Unlauter handelt insbesondere, wer vorformulierte allgemeine Geschäftsbedingungen verwendet, die in irreführender Weise zum Nachteil einer Vertragspartei:

a. von der unmittelbar oder sinngemäss anwendbaren gesetzlichen Ordnung erheblich abweichen oder

b. eine der Vertragsnatur erheblich widersprechende Verteilung von Rechten und Pflichten vorsehen.

Aus dem UWG

Art. 2 UWG

Unlauter und widerrechtlich ist jedes täuschende oder in anderer Weise gegen den Grundsatz von Treu und Glauben verstossende Verhalten oder Geschäftsgebaren, welches das Verhältnis zwischen Mitbewerbern oder zwischen Anbietern und Abnehmern beeinflusst.

Art. 8 UWG

Unlauter handelt insbesondere, wer allgemeine Geschäftsbedingungen verwendet, die in Treu und Glauben verletzender Weise zum Nachteil der Konsumentinnen und Konsumenten ein erhebliches und ungerechtfertigtes Missverhältnis zwischen den vertraglichen Rechten und den vertraglichen Pflichten vorsehen.

Art. 10 UWG

(1) Die Klagen gemäss Artikel 9 stehen ebenso den Kunden zu, die durch unlauteren Wettbewerb in ihren wirtschaftlichen Interessen bedroht oder verletzt sind.

Aus dem PrHG

Art. 8 PrHG

Vereinbarungen, welche die Haftpflicht nach diesem Gesetz gegenüber dem Geschädigten beschränken oder wegbedingen, sind nichtig.

Aus der BV

Art. 30 BV

(1) Jede Person, deren Sache in einem gerichtlichen Verfahren beurteilt werden muss, hat Anspruch auf ein durch Gesetz geschaffenes, zuständiges, unabhängiges und unparteiisches Gericht. Ausnahmegerichte sind untersagt.

(2) Jede Person, gegen die eine Zivilklage erhoben wird, hat Anspruch darauf, dass die Sache vom Gericht des Wohnsitzes beurteilt wird. Das Gesetz kann einen anderen Gerichtsstand vorsehen.

Art. 70 BV
(1) Die Amtssprachen des Bundes sind Deutsch, Französisch und Italienisch.

Aus der EigVV

Art. 1 EigVV
(1) Zuständig zur Entgegennahme der Anmeldung und zur Vornahme der Eintragung der Eigentumsvorbehalte ist nur das Betreibungsamt des Wohnorts des Erwerbers. Wohnt der Erwerber im Ausland, hat er aber in der Schweiz eine Geschäftsniederlassung, so ist das Betreibungsamt des Orts der Geschäftsniederlassung hiezu kompetent.

Art. 3 EigVV
(1) Verlegt der Erwerber seinen Wohnort oder seine Geschäftsniederlassung in einen andern Betreibungskreis und zugleich in eine andere Ortschaft (Art. 1 Abs. 2), so kann dort der Veräusserer oder sein Rechtsnachfolger sowie der Erwerber jederzeit eine neue Eintragung nachsuchen.
(3) Die frühere Eintragung behält ihre Wirkung noch drei Monate nach der Verlegung des Wohnortes oder der Geschäftsniederlassung. Wird die neue Eintragung später erwirkt, so tritt der Eigentumsvorbehalt erst mit ihrer Vornahme wieder in Kraft.

Aus dem VVG

Art. 33 VVG
Soweit dieses Gesetz nicht anders bestimmt, haftet der Versicherer für alle Ereignisse, welche die Merkmale der Gefahr, gegen deren Folgen Versicherung genommen wurde, an sich tragen, es sei denn, dass der Vertrag einzelne Ereignisse in bestimmter, unzweideutiger Fassung von der Versicherung ausschliesst.

www.ingramcontent.com/pod-product-compliance
Ingram Content Group UK Ltd.
Pitfield, Milton Keynes, MK11 3LW, UK
UKHW020715041026
15590UKWH00002B/684

9 783631 769348